Martin Weimann

Strukturmaßnahmen und Kapitalmarktkommunikation

Martin Weimann

Strukturmaßnahmen und Kapitalmarktkommunikation

Empirische Daten und Vorschläge zum Regelungsrahmen und Spruchverfahren

DE GRUYTER

Dr. *Martin Weimann*, Rechtsanwalt, Berlin

ISBN 978-3-11-076804-6
e-ISBN (PDF) 978-3-11-076985-2
e-ISBN (EPUB) 978-3-11-076988-3

Library of Congress Control Number: 2023944938

Bibliografische Information der Deutschen Nationalbibliothek
Die Deutsche Nationalbibliothek verzeichnet diese Publikation in der Deutschen Nationalbibliografie; detaillierte bibliografische Daten sind im Internet über http://dnb.dnb.de abrufbar.

Einbandabbildung: Kosamtu / E+ / Getty Images
Satz: WMTP Wendt-Media Text-Processing GmbH, Birkenau
Druck und Bindung: CPI books GmbH, Leck

www.degruyter.com

„Man muss die Dinge auch so tief sehen, dass sie einfach sind. Wenn man nur an der Oberfläche der Dinge bleibt, sind sie nicht einfach. Aber wenn man in die Tiefe sieht, dann sieht man das Wirkliche und das ist immer einfach. Ob das angenehm ist, das ist eine andere Frage."

Dr. Konrad Adenauer im Gespräch mit Dr. Günter Gaus am 29. Dezember 1965

"Take care of your employees, and they'll take care of your business. It's as simple as that: http://virg.in/tcob"

Richard Branson, zum Beispiel auf Twitter / X

„Nachhaltiger Erfolg beruht auf dem unternehmerischen Gespür für Tendenzen und Strömungen, die den Ansprüchen der Menschen gerecht werden."

Alfons Doblinger

Inhaltsverzeichnis

Hinweis

Das Buch enthält eine Vielzahl von wörtlichen Zitaten, insbesondere aus Gesetzgebungsmaterialien und Gerichtsentscheidungen. Die hier z. T. vorgenommenen **Unterstreichungen** kommen im Original nicht vor.

Im Buch umfasst das **generische Maskulinum** für alle Wortarten das weibliche und das dritte Geschlecht. Ein Unterschied zwischen Männern und Frauen zeigt sich in dieser Studie nur einmal: Berufstätige Männer haben deutlich mehr Vertrauen in eine Altersvorsorge mit Wertpapieren als Frauen[1].

In sämtlichen tabellarischen und grafischen Darstellungen stehen die **Jahreszahlen** jeweils für das Jahr der über Strukturmaßnahmen beschließenden Hauptversammlung.

1 Siehe unten Teil 1 § 1 II 3 Abbildung 12 (Seite 17).

https://doi.org/10.1515/9783110769852-203

Vorwort

Die Renten- und Pensionskassen in Deutschland und Europa, aber auch die einzelnen Anleger stehen vor großen Herausforderungen. Sie ergeben sich unter anderem aus der demografischen Entwicklung, einer langanhaltenden Niedrigzinsphase sowie inflationären Tendenzen. Hinzu treten weitere hausgemachte volkswirtschaftliche Risiken.

Der Koalitionsvertrag zwischen SPD, Bündnis 90/Die Grünen und FDP für die 20. Legislaturperiode befasst sich auch mit der Sicherung der Rente: Wie soll die Altersversorgung zukünftig gestaltet werden im Zusammenspiel von gesetzlicher Rente, Betriebsrenten und privater Vorsorge? Damit verbindet sich die grundsätzliche Frage, ob und wie der langfristige Vermögensaufbau breiter Bevölkerungsschichten systematisch vorangebracht werden soll. Dazu heißt es in der Stellungnahme des Wissenschaftlichen Beirats beim Bundesministerium der Finanzen vom 17. August 2022:

> „Deutschland liegt bei den Sparquoten der Bevölkerung in der europäischen Spitzengruppe, aber das durchschnittliche Finanzvermögen pro Kopf rangiert nur im Mittelfeld. Eine starke Veranlagung von Mitteln in Spareinlagen und anderen Anlageklassen mit anhaltend geringer Verzinsung erschwert zunehmend den langfristigen Vermögensaufbau und damit die Altersvorsorge vieler Menschen.“[2]

Die Pläne der Bundesregierung orientieren sich an anderen europäischen Modellen, insbesondere Schweden. Das rechnet die Stellungnahme des Beirats vor:

> „Dort müssen Arbeitnehmer neben ihrem Beitrag zu einer umlagefinanzierten Rentenversicherung (derzeit 16 %) als Anleger einen weiteren Beitrag (derzeit 2,5 %) in Kapitalmarktfonds investieren. Anders als bei der Riester-Rente in Deutschland ist die Anlage in einen Kapitalmarktfonds hier verpflichtend. Dabei stehen den Anlegern unterschiedliche Fonds zur Auswahl. Als Standard gibt es einen staatlichen Aktienfonds, der von den meisten Anlegern gewählt wird. Dieser Fonds zeichnet sich durch geringe Kosten und eine über die letzten Jahre signifikante Rendite aus.“[3]

Die gleiche Stellungnahme arbeitet dann heraus, dass sich nur durch kapitalgedeckte Renten nachhaltige Erträge generieren lassen:

> „Der Aufbau einer kapitalgedeckten Altersvorsorge kann die Probleme, die eine sinkende Anzahl an Beitragszahlern und längere Rentenbezugsdauern für die umlagefinanzierte Rente mit sich bringen, nicht aus der Welt schaffen. Die Kapitaldeckung kann aber zusätzliche Alterseinkünfte

---

2 Stellungnahme des Wissenschaftlichen Beirats beim Bundesministerium der Finanzen vom 17. August 2022: *„Kapitalgedeckte Rente: Ein neuer Anlauf?“*, Seite 5.

3 Stellungnahme des Wissenschaftlichen Beirats beim Bundesministerium der Finanzen vom 17. August 2022 *„Kapitalgedeckte Rente: Ein neuer Anlauf?“*, Seite 6.

https://doi.org/10.1515/9783110769852-204

hervorbringen und so die umlagefinanzierte Rente, die in den kommenden Jahrzehnten demographiebedingt langsamer wachsen wird als der allgemeine Wohlstand, ergänzen."[4]

Die in dieser Studie vor allem in § 1 dargestellten volkswirtschaftlichen und demoskopischen Daten zeigen das Sparverhalten der deutschen Haushalte sowie deren Auswirkungen. Dabei zeigt sich, dass die Deutschen Aktien meiden und vermeintlich sichere Geldanlagen wie Lebensversicherungen oder Anleihen bevorzugen. Das verschärft nicht nur die Gleichheitsfrage und schützt nicht vor Inflation. Dieses Anlegerverhalten reduziert auch die Spielräume in der Altersversorgung. Im ungünstigsten Fall müssen die Steuer- oder Beitragszahler einspringen.

Diese Studie setzt sich nicht näher mit den im Koalitionsvertrag vereinbarten Gesetzgebungsverfahren auseinander. Sie untersucht auch nicht, ob und in welchem Umfang Rentenreformen staatlich zu reglementieren oder durch einen Kapitalstock in der Höhe von 10 Milliarden Euro[5] zu fördern wären. Stattdessen beleuchtet die Studie das volkswirtschaftliche und regulatorische Umfeld des deutschen Kapitalmarktes im Hinblick auf das gegenwärtige Anlageverhalten und den Rechtsschutz von Anlegern. Unter der Grundannahme, dass ein besserer Anlegerschutz die Aktie attraktiver macht, unterbreitet diese Studie mehrere Vorschläge zur Weiterentwicklung des Rechtsrahmens.

Einen weiteren Schwerpunkt bilden empirische Daten zu den verschiedenen Phasen von Unternehmensübernahmen. Dabei handelt es sich schwerpunktmäßig um Übernahmeangebote, Delistings und kompensationspflichtige Strukturmaßnahmen. Hierzu werden weitere Vorschläge für den Schutz von Investitionsstrategien unterbreitet, die auf den Zukunftserfolgswert abzielen. Es gilt, einen gespaltenen Kurszettel zu vermeiden und die Methodenvielfalt bei der Bewertung von Unternehmensanteilen, insbesondere den Dualismus von Börsen- und Ertragswert, zu stärken. Dem folgen Vorschläge für eine Weiterentwicklung des Aktien- und Kapitalmarktrechts. Dabei geht es nicht um Interessenoptimierung, sondern um Interessenausgleich zwischen den beiden Aktionärsgruppen, die es in allen Publikumsaktiengesellschaften gibt: Die Hauptaktionäre entsenden häufig Vertreter in die Organe und vermögen so auch das Verhalten der Gesellschaft gegenüber den Minderheitsaktionären zu prägen. Die hier bestehenden strukturellen Ungleichgewichte sowie Informationsasymmetrien gilt es zu nivellieren:

– Die in den Organen vertretenen (Haupt-)Aktionäre verfügen zur Vorbereitung der Hauptversammlung zum Beispiel auf der Grundlage des § 327b Abs. 1 Satz 2 AktG über einen strukturellen Informationsvorsprung. Nur sie verfügen über alle bewertungsrelevanten Informationen. Damit nehmen sie nicht nur Einfluss auf die Höhe von Kompensationen für Minderheitsaktionäre im Falle aktienrecht-

4 Stellungnahme des Wissenschaftlichen Beirats beim Bundesministerium der Finanzen vom 17. August 2022 *„Kapitalgedeckte Rente: Ein neuer Anlauf?“*, Seite 6.
5 Koalitionsvertrag für die 20. Legislaturperiode von 2021 bis 2025, Seite 57.

licher Strukturmaßnahmen. Sie bestimmen mit der Auswahl der Informationen, die sie preisgeben oder geheim halten, auch die Reichweite ihrer eigenen rechtlichen Kontrolle.
- Die sich daraus ergebenden asymmetrischen Prozesslagen reduzieren den grundgesetzlichen Gewährleistungsumfang für Minderheitsaktionäre. Der gegenwärtige Rechtsrahmen kollidiert mehrfach mit dem Verbot eines Untermaßes an staatlichem Schutz. Dazu gehören auch ein unterschiedlicher Zugang zu bewertungsrelevanten Tatsachen und dem sich daraus ergebenden strukturellen Informationsgefälle.
- Die empirischen Daten rechnen die wirtschaftlichen Auswirkungen dieses strukturellen Ungleichgewichts vor. Dabei zeigt sich keine Gleichwertigkeit von Börsenwert und Ertragswert. Wäre allein auf den Börsenwert abgestellt worden, wären die Unternehmenswerte im Zuge von Squeeze-out um 112,2 Mrd. Euro (entspricht 16,6 Prozent) und die den Minderheitsaktionären zu zahlenden Abfindungen um 2,4 Mrd. Euro (entspricht 12,9 Prozent) zu niedrig ausgefallen.

In diese Studie fließen die Erfahrungen aus hunderten Spruchverfahren ein, die vor allem für die Verbraucherzentrale für Kapitalanleger e.V. geführt werden und wurden. Eine Aufstellung der laufenden und anstehenden Spruchverfahren in Deutschland bzw. Österreich enthalten
- für Deutschland http://www.vzfk.de/spruchverfahren/ und
- für Österreich http://www.vzfk.de/spruchverfahren/gremialverfahren-oesterreich/

Anregungen und Kommentare richten Sie bitte an:

Dr. Martin Weimann
Prenzlauer Allee 8
D-10405 Berlin
E-Mail: office@weimann.de
Telefon: +49 (0)30 86422011
Telefax: +49 (0)30 86422012
www.weimann.de
https://www.linkedin.com/in/dr-martin-weimann-2482a1230/
www.spruchverfahren.info
https://kollektiverrechtsschutz.de/
https://whistleblowing.international/
www.vzfk.de

Eine umfassende Sammlung mit den relevanten Gerichtsentscheidungen aus Spruchverfahren bietet diese Seite an: https://www.spruchverfahren-direkt.de/

Gang der Darstellung

Das ist die dritte Studie zur qualitativen empirischen Justizforschung. Sie baut auf die bereits vorliegenden Studien auf. Nur vereinzelt werden daraus Daten und Texte übernommen.

- Der Datenbestand aus der ersten Studie „Spruchverfahren nach Squeeze-out“[6] wurde weiterentwickelt und um neue Auswertungen ergänzt. Die in dieser Studie ausgewerteten Daten umfassen nunmehr den Zeitraum vom 1. Januar 2002 bis zum 31. Dezember 2022.
- Die Daten der zweiten Studie „Ertragswert und Börsenwert – Empirische Daten zur Preisfindung beim Delisting“[7] aus der Zeit vom 8. Oktober 2013 bis zum 31. Dezember 2019 sind weitgehend übernommen und um die Daten bis zum 31. Dezember 2022 ergänzt worden.

Diese Studie entwickelt insgesamt 26 Vorschläge für eine Weiterentwicklung des Aktien- und Kapitalmarktrechts bzw. des Spruchverfahrens.

- Teil 1 führt in den Regelungsrahmen ein mit Daten zur **volkswirtschaftlichen Bedeutung** der Aktie (§ 1), den **grundgesetzlichen Gewährleistungen** (§ 2), Überlegungen zur **Preisbildung bei börsennotierten Gesellschaften**[8] (§ 3) und zum **Spruchverfahren** (§ 4).
- Teil 2 wertet die empirischen Daten aus. Er beginnt mit einer **Evaluierung der Gerichtsverfahren** (§ 5). Die vielfach behauptete **Gleichwertigkeit von Börsenwert und innerem Wert** lässt sich empirisch widerlegen (§ 6). Diese Überlegungen reflektieren auch die in Teil 1 § 3 XI für 26 Emittenten ausgewerteten Charts. Sie stellen die Auswirkungen von Einzelinformationen auf den Kursverlauf dar.
- Teil 3 zeigt Handlungsmöglichkeiten zur Weiterentwicklung des Spruchverfahrens auf. Im Mittelpunkt stehen Überlegungen zur **Beschleunigung des Spruchverfahrens** (§ 7) sowie weitere prozessuale **Verfahrensfragen** (§ 8). Weitere Vorschläge betreffen eine **Verfahrensbeendigung durch Vergleich** (§ 9) und die **Auszahlung der Nachbesserung** (§ 10).

---

6 *Weimann* „Spruchverfahren nach Squeeze-out“, Berlin/Boston 2015, Verlag de Gruyter.

7 *Weimann* „Ertragswert und Börsenwert – Empirische Daten zur Preisfindung beim Delisting“, Berlin/Boston 2020, Verlag de Gruyter.

8 Teil 1 § 3 XI untersucht die Auswirkungen der Kapitalmarktinformationen von Emittenten im Umfeld von aktienrechtlichen Strukturmaßnahmen auf die weitere Kursentwicklung.

https://doi.org/10.1515/9783110769852-205

Ausgewertete empirische Daten

Diese Studie konzentriert sich auf den Ausschluss von Minderheitsaktionären durch einen aktienrechtlichen Squeeze-out, die häufigste kompensationspflichtige Strukturmaßnahme. Insoweit baut sie auf den Datenbeständen und -auswertungen aus der ersten, bereits zitierten Studie „Spruchverfahren nach Squeeze-out" aus dem Jahr 2015 auf. Die erfassten und ausgewerteten empirischen Daten erfassen für jedes Verfahren teilweise mehr als 300 Kriterien:

- Soweit in Einzelfällen andere Strukturmaßnahmen oder ein Delisting vorausgingen, werden sie im Verhältnis zum Squeeze-out ausgewertet.
- Die Untersuchung umfasst den Zeitraum seit Einführung des aktienrechtlichen Squeeze-out am 1. Januar 2002 bis zum 31. Dezember 2022[9]. Dabei kommt es für Auswertungszwecke immer auf das Jahr der beschlussfassenden Hauptversammlung an. Zu den Squeeze-out-Verfahren werden vor allem die folgenden Sachverhalte erfasst und ausgewertet:
  - Die zeitlichen Abläufe durch Aufnahme der Daten zur ersten Mitteilung des beabsichtigten Ausschlusses, der Konkretisierung dieses Verlangens, der Einladung zur Hauptversammlung, der beschlussfassenden Hauptversammlung, der Eintragung im Handelsregister und deren Bekanntmachung bis hin zu den Gerichtsverfahren durch alle Instanzen;
  - Die beteiligten Wirtschaftsprüfungsgesellschaften, die für Bewertungs- und Prüfungszwecke sowie für die Erstattung von Sachverständigengutachten bestellt wurden;
  - Die Gerichtsverfahren zur Rechtmäßigkeitskontrolle der Hauptversammlungsbeschlüsse und zur Prüfung der Angemessenheit der Barabfindung;
  - Die Bewertung der Zielgesellschaften durch Hauptaktionäre, gerichtlich bestellte Abfindungsprüfer und Sachverständige sowie Gerichte, aufgeteilt nach Gesamtwert, auf Haupt- und Minderheitsaktionäre entfallende Anteile und getrennt nach den jeweils angewandten Bewertungsmethoden;
  - Die jeweils von Hauptaktionären und Gerichten angewandten Bewertungsmethoden – bei Bewertungen nach Zukunftserfolgswertmethoden einschließlich Angaben zur Vergangenheitsanalyse, Detail- und Konvergenzphasen sowie zum Terminal Value;
  - Der Umgang mit persönlichen Steuern, welche in Deutschland – abweichend zu anderen Ländern – grundsätzlich in der Unternehmensbewertung berücksichtigt werden;

9 Die im Jahresvergleich ausgewerteten Datenreihen enden am 31. Dezember 2022. Für die weiteren Daten (Stand Spruchverfahren und Auswertung Gerichtsverfahren) war der Redaktionsschluss am 31. August 2023. Einzelne Ereignisse wie der Börsengang der RENK Group AG konnten noch bis Ende September berücksichtigt werden. Das vermeidet Darstellungsprobleme in den Auswertungen mit einem Ganzjahresvergleich.

https://doi.org/10.1515/9783110769852-206

- Von Hauptaktionären und Gerichten zugrunde gelegte Parameter des Kapitalisierungszinssatzes zur Diskontierung zukünftiger finanzieller Überschüsse auf den jeweiligen Bewertungsstichtag und deren methodische Herleitung. Dabei wird der Basiszinssatz den tatsächlichen Zinsstrukturkurven der Deutschen Bundesbank gegenübergestellt.
- Behandlung und Bewertung nicht betriebsnotwendigen Vermögens;
- Börsennotierungen sowie die an allen Börsenplätzen feststellbaren Kurse und Handelsdaten vom Tag der beschlussfassenden Hauptversammlung zurück mindestens umfassend die jeweils nach der Rechtsprechung maßgeblichen Referenzzeiträume zur Ermittlung des Umsatzes gewichteten Durchschnittskurses;

Die Studie führt auch die im Jahr 2020 erschienene Studie „Ertragswert und Börsenwert – **Empirische Daten zur Preisfindung beim Delisting**" fort[10]. Sie analysiert jetzt die Daten aus dem Zeitraum seit der „FRoSTA-Entscheidung" des Bundesgerichtshofes am 8. Oktober 2013 bis zum 31. Dezember 2022. Eine Zäsur bildet das Inkrafttreten des § 39 BörsG am 26. November 2015.

Diese dritte Studie zur qualitativen empirischen Justizforschung befasst sich darüber hinaus auch mit den **Wechselwirkungen** zwischen **Strukturmaßnahmen** und **Kapitalmarktkommunikation**. Beim gegenwärtigen Rechtsstand enthalten nur die Vertrags- bzw. Übertragungsberichte, Bewertungsgutachten und Prüfungsberichte[11] die für Investitionsentscheidungen **relevanten Informationen zum inneren Wert**. Dieser wird in Deutschland fast ausschließlich nach dem Ertragswertverfahren ermittelt. Auch die verfassungsrechtlichen Gewährleistungen zum **Aktieneigentum** stellen auf den inneren Wert ab.

Die erfassten Daten werden mittels **MS-Office-Systemen** – Access und Excel – technisch analysiert und mathematisch / statistisch ausgewertet. Für Mittelwertberechnungen wird grundsätzlich auf die arithmetische Mittelung zurückgegriffen. Ergänzend werden in Einzelfällen, insbesondere zur Glättung von Ausreißern, zusätzlich Mediane und um jeweils 20 Prozent gestutzte Mittelwerte dargestellt. Auf weitere **Mittlungsmethoden**, insbesondere Modi, geometrische, harmonische oder winsorisierte Mittel, wurde dagegen verzichtet.

---

10 *Weimann* „Ertragswert und Börsenwert – Empirische Daten zur Preisfindung beim Delisting" aus dem Jahr 2020: https://www.degruyter.com/document/doi/10.1515/9783110629231/html. Textpassagen wurden nicht übernommen, aber einzelne Auswertungen weiterentwickelt bzw. fortgeführt. Siehe auch *Weimann* „Empirische Daten zu Ertragswert und Börsenwert", AG Report 2020, R 156; *Weimann* „Ertrags-/DCF-Wert und Börsenwert bei Unternehmensbewertungen und in Spruchverfahren", BewertungsPraktiker 2020, 113; *Weimann* „Empirische Erkenntnisse zum Verhältnis von Ertragswert / DCF-Wert und Börsenwert", Wirtschaftsprüfung 2021, 530.

11 Im Folgenden wird der Begriff „Bericht" als Synonym für Vertrags- bzw. Übertragungsberichte, Bewertungsgutachten und Prüfungsberichte verwendet.

Wesentliche Ergebnisse

Strukturmaßnahmen und Verfahren

Die wesentlichen empirischen Erkenntnisse lassen sich wie folgt zusammenfassen:

- Seit Einführung des aktienrechtlichen Squeeze-out am 1. Januar 2002 bis zum 31. Dezember 2022 sollten Minderheitsaktionäre aus **652** Gesellschaften ausgeschlossen werden.
- In **3** Fällen stellten Hauptaktionäre ihr Übertragungsverlangen gar nicht erst zur Abstimmung.
- Von den verbleibenden **649** Squeeze-out-Beschlüssen wurden **632** durch Eintragung im Handelsregister **wirksam**.
- Den Squeeze-out-Beschlüssen gingen **222 Übernahmeangebote** voraus[12], davon 172 freiwillige Angebote, 43 Pflichtangebote und 7 Delisting-Erwerbsangebote.
- Zwar behaupten Bieter regelmäßig, hohe **Prämien** auf die Börsenkurse im Zeitraum von sechs Monaten vor Ankündigung des Angebots gezahlt zu haben. Tatsächlich liegen aber die Angebotspreise in den meisten Fällen – 60,8 Prozent – immer noch unter den Barabfindungen in nachfolgenden Squeeze-out. Damit zeigt auch diese Datenlage keine **Gleichwertigkeit** von Börsen- und Ertragswert. Vielmehr erweist sich das Übernahmeangebot als Möglichkeit für den Großaktionär, die Aktien der Zielgesellschaft unter dem inneren Wert zu erwerben.
- Insgesamt liegen die **Übernahmeangebote**[13] um **408,6 Mio. Euro** unter den von Hauptaktionären festgelegten Abfindungen in nachfolgenden Squeeze-out. Unter Einbeziehung bereits ergangener **Gerichtsentscheidungen**[14] erhöht sich dieser Betrag sogar auf **815,8 Mio. Euro**.
- Außerdem gingen den Squeeze-out-Beschlüssen 137 **Unternehmensverträge** voraus, davon 93 Beherrschungs- und Gewinnabführungsverträge, 22 isolierte Beherrschungsverträge und 22 isolierte Gewinnabführungsverträge.
- Der **Gesamtwert** der von Squeeze-out betroffenen Unternehmen betrug laut Bewertung durch die Hauptaktionäre **708,9 Mrd. Euro**. Der auf die **Abfindungen** der Minderheitsaktionäre entfallende Anteil betrug **18,5 Mrd. Euro**[15].

---

12 Soweit in Einzelfällen mehrere Übernahmeangebote vorausgingen, wurde nur das zeitlich jeweils letzte vor Abschluss der Strukturmaßnahme ausgewertet.

13 Das bezieht sich auf die Anzahl der Aktien im Freefloat im nachfolgenden Squeeze-out. Das Gesamtvolumen aller so erworbenen Aktien ist weitaus höher.

14 Das umfasst alle Squeeze-out-Verfahren, in denen die vergleichsweise Beendigung einer Anfechtungsklage die Abfindung angehoben hat oder in denen es wenigstens eine erstinstanzliche Endentscheidung im Spruchverfahren gibt.

15 In Einzelfällen ist die Anzahl der Aktien im Freefloat nicht bekannt. Meist sind diese Berichte nicht öffentlich zugänglich und nicht im Handelsregister hinterlegt. Dann wurde jeweils nur ein Freefloat von einer Aktie erfasst.

https://doi.org/10.1515/9783110769852-207

- **17** Beschlüsse wurden durch Anfechtungsklagen für nichtig erklärt.
- Insgesamt haben Minderheitsaktionäre gegen **210** Übertragungsbeschlüsse **Anfechtungsklagen** erhoben, denen Hauptaktionäre in **105** Fällen mit **Freigabeverfahren** nach § 246a AktG begegneten.
- Bei der konsensualen Beendigung der Beschlussmängelklagen wurden die Barabfindungen in **82** Fällen erhöht, in 128 Fällen dagegen nicht.
- In **545** Fällen beantragten Minderheitsaktionäre die gerichtliche Nachprüfung der Angemessenheit der Abfindung in einem Spruchverfahren. In **87** Fällen ist kein (oder noch kein) Spruchverfahren eingeleitet worden.
- In **475** Spruchverfahren gibt es wenigstens eine erstinstanzliche Entscheidung.
- Im Ergebnis der Gerichtsverfahren wurden die **Barabfindungen** bereits **in 328 Fällen um** gesamt **1,0 Mrd. Euro erhöht**. Das entspricht einer **Erfolgsquote** von **67,5 Prozent**.

Örtliche Unterschiede

Jedoch fallen einzelne Gerichtsbezirke durch weit unterdurchschnittliche Erfolgsquoten auf. Insbesondere das mit Spruchverfahren oft befasste Landgericht Stuttgart weist eine weit unterdurchschnittliche Erfolgsquote von nur 36,4 Prozent auf. Dagegen zählt das zweite für Baden-Württemberg zuständige Landgericht Mannheim mit 80,0 Prozent zu den Gerichten mit den höchsten Erfolgsquoten. Das führt zu der Frage, ob, warum und inwieweit in Baden-Württemberg derartig unterschiedliche Lebens-, Rechts- und Wirtschaftsverhältnisse bestehen sollen. Dabei geht es letztlich auch um den verfassungsrechtlichen Anspruch auf Rechtsanwendungsgleichheit. Das Grundgesetz lässt es nicht zu, dass der Rechtsschutz der am Zukunftserfolgswert orientierten Investitionsstrategien und damit das Aktieneigentum derart von der Arbeitsweise einzelner Gerichte abhängt.

Angewandte Bewertungsmethoden

Die Stellungnahme des FAUB vom 14. Juni 2023[16] zur „WCM-Entscheidung" des Bundesgerichtshofs vom 21. Februar 2023[17] befasst sich schwerpunktmäßig mit den vom Bundesgerichtshof angesprochenen möglichen Methoden für eine Unternehmensbewertung. Danach kann jede Methode angewandt werden, die den „wahren" Wert der Unternehmensbeteiligung an dem arbeitenden Unternehmen widergibt[18].

In keinem einzigen Fall haben Hauptaktionäre die Barabfindung allein nach dem Börsenkurs bewertet. Stattdessen erfolgte die Bewertung zur Ermittlung eines fundamentalen Unternehmenswerts überwiegend nach dem Ertragswertverfahren:

Tabelle 1: Bewertungsmethoden bei Squeeze-out

VzfK e.V.	Bewertungsmethoden bei Squeeze-out	
Rang	**Bewertungsmethode**	**Wert**
1	Ertragswertmethode	89,1 %
4	DCF-Methode	2,8 %
2	Net Asset Value	3,3 %
5	Substanzwert	0,9 %
2	Liquidationswert	3,3 %
6	Multiplikatoren	0,2 %
6	Kaufpreis	0,2 %
6	Vergangenheitswert	0,2 %
Summe		**100,0 %**

Das schließt nicht aus, dass der Börsenkurs als Wertuntergrenze berücksichtigt wird. Dafür ist es nicht erforderlich, dass der Kurs den „wahren" Wert der Anteile widerspiegelt, sondern allein, dass die Minderheitsaktionäre in der Lage waren, sich von ihren Aktien zu trennen:

> „Denn es geht bei der Ermittlung des Börsenkurses als Untergrenze der Abfindung gerade nicht um die realistische Einschätzung des Wertes der Gesellschaft, sondern um die Sicherung der frei-

16 „FAUB zur Relevanz von Börsenkursen" vom 14. Juni 2023, zu beziehen über: https://www.idw.de/idw/themen-branchen/unternehmensbewertung-bwl/boersenkurse.html und WPg 2023, 765.

17 BGH vom 21. Februar 2023 – II ZB 12/21, Spruchverfahren zum Beherrschungsvertrag zwischen der TLG IMMOBILIEN AG als herrschender und der WCM Beteiligungs- und Grundbesitz-AG (WCM AG) als beherrschter Gesellschaft. Als Abfindung erhielten die Aktionäre der WCM AG nach § 305 Abs. 3 Satz 1 AktG für 23 Aktien von der Antragsgegnerin 4 Aktien. Dem lag ein Ertragswert von 3,40 Euro bzw. 20,58 Euro zugrunde. Die Börsenwerte lagen bei 3,21 Euro bzw. 18,36 Euro, Rz. 5 f.

18 BGH vom 21. Februar 2023 – II ZB 12/21, juris Tz. 19, 45 ff mit weiteren Nachweisen auf die gefestigte Rechtsprechung.

en Deinvestitionsentscheidung des Minderheitsaktionärs zu einem – wenngleich gegebenenfalls nicht realistischen – Kurs."[19]

Entsprechend haben Hauptaktionäre in 124 Fällen auf den Börsenkurs als Wertuntergrenze zurückgegriffen:

Tabelle 2: Methodik zur Festlegung der Barabfindung durch Hauptaktionäre

VzfK e.V.	**Methode, auf der die Barabfindung beruht**	
Rang	**Barabfindung beruht auf**	**Wert**
1	Ertragswertmethode	47,4 %
8	DCF-Methode	1,7 %
2	Börsenkurs als Wertuntergrenze	29,5 %
7	Vorangegangener Unternehmensvertrag	2,1 %
6	Barwert Ausgleichszahlung als Wertuntergrenze	2,4 %
4	Net Asset Value	3,6 %
10	Substanzwert	1,1 %
5	Liquidationswert	3,2 %
11	Multiplikatoren	0,2 %
3	Kaufpreis / Angebotspreis	7,3 %
11	Vergangenheitswert	0,2 %
9	Sonstige Methoden	1,3 %
Summe		**100,0 %**

Gerichte hingegen haben nur in 81 Fällen von dem Börsenkurs als Wertuntergrenze Gebrauch gemacht.

Wirtschaftliche Auswirkungen der Methodenwahl

Wäre die Abfindung hingegen allein nach dem Börsenwert bestimmt worden, wären die Unternehmenswerte schon nach den Berechnungen der Hauptaktionäre um insgesamt **71,8 Mrd. Euro** und die Abfindungen um **1,5 Mrd. Euro** niedriger ausgefallen. Unter Einbeziehung bereits vorliegender Gerichtsentscheidungen erhöhen sich diese Werte auf **112,2 Mrd. Euro** bzw. **2,4 Mrd. Euro**:

19 OLG Frankfurt am Main vom 27. August 2020 – 21 W 59/19, juris Tz. 34.

Tabelle 3: Vergleich Unternehmenswerte / Börsenwerte

VzfK e.V.	**Vergleich Unternehmenswerte / Börsenwerte**		**Wert**
Anzahl Squeeze-out mit Angabe von Börsenkursen			**338 Fälle**
Verhältnisse zur Hauptversammlung	Unternehmenswerte laut Hauptaktionären (Barabfindung × Anzahl Aktien [ohne eigene Aktien der Zielgesellschaft])	635.063.798.783,01 €	100,0 %
	Börsenwerte (Börsenkurse × Anzahl Aktien [ohne eigene Aktien der Zielgesellschaft])	563.257.852.085,85 €	88,7 %
	Differenz (Unternehmenswert)	71.805.946.697,16 €	11,3 %
	Barabfindungen laut Hauptaktionären (Barabfindung × Anzahl Aktien im Streubesitz)	17.801.998.931,57 €	100,0 %
	Barabfindungen zu Börsenkursen (Börsenkurse × Anzahl Aktien im Streubesitz)	16.263.337.193,92 €	91,4 %
	Differenz (Streubesitz = Barabfindung)	1.538.661.737,65 €	8,6 %
Verhältnisse nach Spruchverfahren	Unternehmenswerte laut Gerichten (Barabfindung × Anzahl Aktien [ohne eigene Aktien der Zielgesellschaft])	675.462.693.675,86 €	100,0 %
	Börsenwerte (Börsenkurse × Anzahl Aktien [ohne eigene Aktien der Zielgesellschaft])	563.257.852.085,85 €	83,4 %
	Differenz (Unternehmenswert)	112.204.841.590,01 €	16,6 %
	Barabfindungen laut Gerichten (Barabfindung × Anzahl Aktien im Streubesitz)	18.672.369.693,77 €	100,0 %
	Barabfindungen zu Börsenkursen (Börsenkurse × Anzahl Aktien im Streubesitz)	16.263.337.193,92 €	87,1 %
	Differenz (Streubesitz = Barabfindung)	2.409.032.499,85 €	12,9 %

Eine Gleichwertigkeit von Börsenwert und „wahrem" (intrinsischen) Wert lässt sich empirisch also widerlegen.

Verfahrensdauer

Überlange Verfahrensdauern können nicht zur Begründung des Rückgriffs auf den Börsenkurs dienen. Denn die Verfahrensdauern von Spruchverfahren sind seit Langem rückläufig und betrugen zuletzt (erstinstanzlich) weniger als zwei Jahre[20]:

20 Das ist der Zeitraum zwischen dem Wirksamwerden der Squeeze-out-Beschlüsse – durch Eintragung im Handelsregister – bis zur erstinstanzlichen Entscheidung durch die Landgerichte.

Tabelle 4: Verfahrensdauern von Spruchverfahren in 1. Instanz

VzfK e.V.	Durchschnittliche Verfahrensdauer der (beendeten) Spruchverfahren in 1. Instanz vor den Landgerichten					
Jahr	**Arithmetisches Mittel**		**Median**		**Gestutztes Mittel (20 %)**	
	Monate	**entspricht**	**Monate**	**entspricht**	**Monate**	**entspricht**
2002	61,8	5 Jahre, 1 Monat und 24 Tage	45,1	3 Jahre, 9 Monate und 4 Tage	55,6	4 Jahre, 7 Monate und 19 Tage
2003	60,8	5 Jahre und 24 Tage	55,1	4 Jahre, 7 Monate und 3 Tage	57,8	4 Jahre, 9 Monate und 23 Tage
2004	50,7	4 Jahre, 2 Monate und 20 Tage	37,0	3 Jahre, 1 Monat und 0 Tage	44,1	3 Jahre, 8 Monate und 4 Tage
2005	53,6	4 Jahre, 5 Monate und 17 Tage	35,7	2 Jahre, 11 Monate und 22 Tage	44,6	3 Jahre, 8 Monate und 17 Tage
2006	64,6	5 Jahre, 4 Monate und 19 Tage	41,2	3 Jahre, 5 Monate und 5 Tage	61,1	5 Jahre, 1 Monat und 2 Tage
2007	48,3	4 Jahre und 8 Tage	39,1	3 Jahre, 3 Monate und 3 Tage	43,2	3 Jahre, 7 Monate und 7 Tage
2008	33,7	2 Jahre, 9 Monate und 21 Tage	30,0	2 Jahre, 5 Monate und 30 Tage	31,0	2 Jahre, 6 Monate und 29 Tage
2009	42,2	3 Jahre, 6 Monate und 7 Tage	37,3	3 Jahre, 1 Monat und 10 Tage	40,8	3 Jahre, 4 Monate und 24 Tage
2010	44,9	3 Jahre, 8 Monate und 27 Tage	29,0	2 Jahre, 5 Monate und 1 Tag	41,1	3 Jahre, 5 Monate und 4 Tage
2011	34,8	2 Jahre, 10 Monate und 24 Tage	22,6	1 Jahr, 10 Monate und 19 Tage	32,9	2 Jahre, 8 Monate und 27 Tage
2012	38,9	3 Jahre, 2 Monate und 28 Tage	26,5	2 Jahre, 2 Monate und 15 Tage	32,3	2 Jahre, 8 Monate und 10 Tage
2013	40,8	3 Jahre, 4 Monate und 25 Tage	28,6	2 Jahre, 4 Monate und 17 Tage	37,3	3 Jahre, 1 Monat und 8 Tage
2014	26,6	2 Jahre, 2 Monate und 18 Tage	23,4	1 Jahr, 11 Monate und 12 Tage	25,4	2 Jahre, 1 Monat und 13 Tage
2015	36,5	3 Jahre und 14 Tage	30,5	2 Jahre, 6 Monate und 14 Tage	34,2	2 Jahre, 10 Monate und 7 Tage
2016	29,3	2 Jahre, 5 Monate und 10 Tage	25,2	2 Jahre, 1 Monat und 7 Tage	26,2	2 Jahre, 2 Monate und 6 Tage
2017	35,2	2 Jahre, 11 Monate und 5 Tage	30,9	2 Jahre, 6 Monate und 26 Tage	35,0	2 Jahre, 11 Monate und 1 Tag
2018	23,9	1 Jahr, 11 Monate und 26 Tage	18,5	1 Jahr, 6 Monate und 14 Tage	23,9	1 Jahr, 11 Monate und 26 Tage
2019	18,6	1 Jahr, 6 Monate und 19 Tage	21,0	1 Jahr, 8 Monate und 29 Tage	18,6	1 Jahr, 6 Monate und 19 Tage
2020	16,7	1 Jahr, 4 Monate und 20 Tage	16,1	1 Jahr, 4 Monate und 2 Tage	16,7	1 Jahr, 4 Monate und 20 Tage
2021	15,2	1 Jahr, 3 Monate und 5 Tage	14,1	1 Jahr, 2 Monate und 3 Tage	15,2	1 Jahr, 3 Monate und 5 Tage
2022	10,7	10 Monate und 22 Tage	10,7	10 Monate und 22 Tage	10,7	10 Monate und 22 Tage
Summe	37,5	3 Jahre, 1 Monat und 15 Tage	29,4	2 Jahre, 5 Monate und 12 Tage	34,7	2 Jahre, 10 Monate und 20 Tage

Örtliche Zuständigkeiten

Die Spruchverfahren verteilen sich aufgrund von landesrechtlichen Zuständigkeitsregelungen und gerichtlichen Geschäftsverteilungsplänen auf wenige Spruchkammern. § 2 Abs. 4 SpruchG ermöglicht jetzt auch, dass die Länder in einem **Staatsvertrag** grenzüberschreitende Zuständigkeiten für Landgerichte vereinbaren.

Die eingeleiteten 545 Spruchverfahren finden vor 32 Gerichten in der 1. Instanz statt. Davon entfallen 495 – das sind 90,8 Prozent – auf nur 11 Gerichte:

Tabelle 5: Mit Spruchverfahren am häufigsten befasste Landgerichte

VzfK e.V.	Mit Spruchverfahren am häufigsten befasste Landgerichte		
Rang	**Landgericht**	**Spruchverfahren**	
		Anzahl	**entspricht**
1	München I	88	16,1 %
2	Frankfurt am Main	75	13,8 %
3	Stuttgart	50	9,2 %
4	Düsseldorf	47	8,6 %
5	Köln	43	7,9 %
6	Hamburg	40	7,3 %
7	Dortmund	39	7,2 %
8	Hannover	29	5,3 %
8	Nürnberg-Fürth	29	5,3 %
10	Berlin	28	5,1 %
11	Mannheim	27	5,0 %
Summe		**495**	**90,8 %**

Übertragungsprüfer und Sachverständiger

Es kommt in der Praxis kaum vor, dass ein Abfindungsprüfer wesentliche Prüfungsfeststellungen widerruft. Zudem bestehen zwischen der Beurteilung durch den gesetzlichen Abfindungsprüfer und einem vom Gericht bestellten Sachverständigen qualitative Unterschiede, weil sie einen unterschiedlichen gesetzlichen Auftrag haben. Daraus kann für die Praxis ein Arbitriumwertebereich zwischen Haupt- und Minderheitsaktionären resultieren:

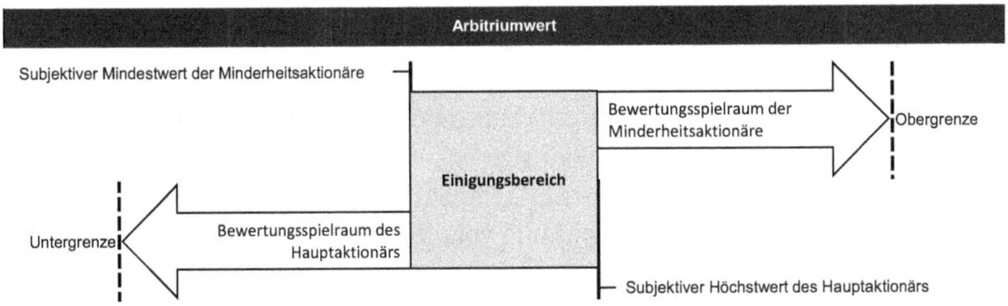

Abbildung 1: Definition Arbitriumwert

Während der Abfindungsprüfer auch dann die Angemessenheit der vom Hauptaktionär festgelegten Abfindung bestätigt, wenn diese am unteren Rand einer möglichen Bandbreite von Unternehmenswerten liegt, hat ein gerichtlich bestellter Sachverständiger (mittlere) Erwartungswerte anzunehmen.

Daten zum Delisting

Seit der FRoSTA-Entscheidung des Bundesgerichtshofs[21] kam es zu **142** Delisting-Verfahren.

- **Vor der Novellierung des § 39 BörsG** zum 26. November 2015 waren es **57 Delisting-Verfahren**, davon **25** aus dem **Regulierten Markt** und **32** aus dem **Freiverkehr**.
- **Danach** folgten bis zum 31. Dezember 2022 insgesamt **85 Delisting-Verfahren**, davon **32** aus dem **Regulierten Markt** und **53** aus dem **Freiverkehr**.
- Für die betroffenen Gesellschaften liegen die **Handelsumsätze** und **Börsenkurse** für den gesamten Zeitraum von 6 Monaten vor Ankündigung des Delisting bis zu dessen Wirksamkeit vor.
- Im Untersuchungszeitraum kam es zu **40 Delisting-Erwerbsangeboten**, die veröffentlicht wurden. Davon waren 31 von § 39 Abs. 2 Satz 3 Nr. 1 BörsG vorgeschrieben, 1 nicht. In weiteren 8 Fällen wurden Erwerbsangebote für nur im Freiverkehr notierte Aktien abgegeben.

Die Daten zu Kursen und Umsätzen zeigen einen nachweisbaren Trend zum Kursverfall. Das verfestigt den **Prüfungsvorbehalt** aus der **„Delisting-Entscheidung“** des Bundesverfassungsgerichts[22], der eine **aktienrechtliche Ausgestaltung** erfordert.

21 BGH vom 8. Oktober 2013 – II ZB 26/12.

22 BVerfG vom 11. Juli 2012 – 1 BvR 3142/07, 1 BvR 1569/08, juris Tz. 68.

Kapitalmarktkommunikation und Kursentwicklung

Die in Teil 1 § 3 XI dargestellten Auswirkungen der **Kapitalmarktkommunikation** auf die Kursentwicklung konzentrieren sich vor allem auf Emittenten, bei denen es nach einem Übernahmeangebot zu einer kompensationspflichtigen Strukturmaßnahme gekommen ist. Dazu wird der Zeitraum von drei Jahren vor der Veröffentlichung des Übernahmeangebots bis zum Beschluss der Hauptversammlung über eine kompensationspflichtige Strukturmaßnahme dargestellt. Der Zeitraum von drei Jahren entspricht der Vergangenheitsanalyse bei Unternehmensbewertungen, welcher in der Rechtsprechung meist drei bis fünf Jahre umfasst[23]. Mittels Charts werden die Kapitalmarktkommunikation und die Kursreaktionen auf die Mitteilungen der Emittenten dargestellt.

Bewertungsdualismus und Homo oeconomicus

Aus mehreren Gründen kann es keine Gleichwertigkeit von Börsenwert und Ertragswert geben. Vielmehr besteht ein Bewertungsdualismus. Neben der fundamentalen Unternehmensbewertung steht der Börsenkurs, zu dem eine Deinvestition möglich gewesen wäre.

Die immer wieder behauptete Gleichwertigkeit von Börsenwert und Ertragswert entspricht keinem rationalen Anlegerverhalten. Das zeigen schon die Grundüberlegungen eines Homo oeconomicus als Idealtyp der Verhaltensökonomie:

23 OLG Frankfurt am Main vom 20. November 2019 – 21 W 77/14, juris Tz. 111, 112.

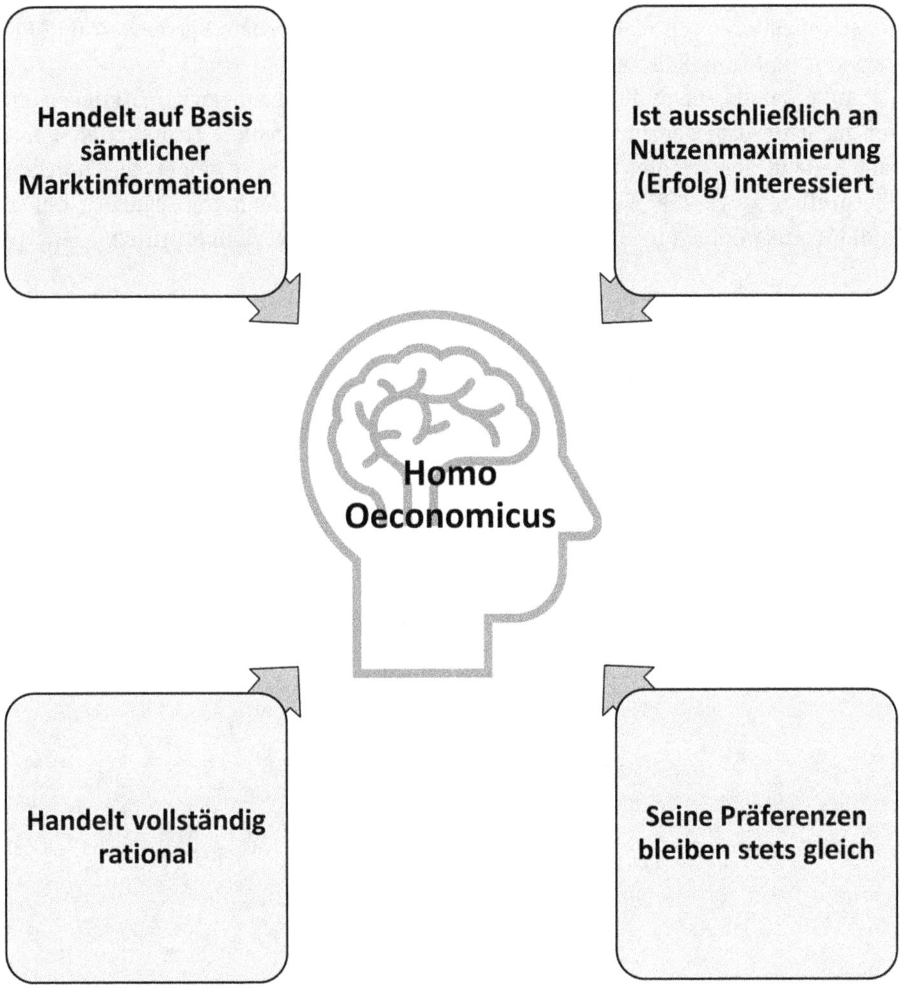

Abbildung 2: Modellbild des Homo oeconomicus

Ein rational denkender und handelnder Investor bezahlt niemals einen Börsenpreis, wenn er selbst den Zukunftserfolgswert nicht höher einschätzt. Denn er könnte den Börsenwert[24] nach eigener Beurteilung in Zukunft niemals erwirtschaften!

Eine Gleichwertigkeit von Börsenwert und der Ertragswert scheitert auch an den unterschiedlichen Informationsgrundlagen. Während der Börsenwert nur öffentlich zugängliche Informationen einpreist, liegen dem Ertragswert interne bewertungsrelevante Informationen aus der Unternehmensplanung zugrunde. Kapitalmarktinforma-

24 Der Börsenwert ergibt sich aus dem Börsenpreis multipliziert mit der Anzahl ausgegebener Aktien.

tionen reflektieren nur einen Teil dieser Informationen, weshalb Börsenwert und Ertragswert im Normalfall nicht gleichwertig sein können[25].

Außerdem lassen es die verfassungsmäßigen Gewährleistungen zum Aktieneigentum nicht zu, dass der zur Leistung der Abfindung verpflichtete Hauptaktionär mit dem Umfang der erteilten Informationen auch die Reichweite seiner gerichtlichen Überprüfung sowie die Wertverhältnisse bei der Preisbestimmung reguliert. Daher ist die Wertermittlung in einem Spruchverfahren gerichtlich zu überprüfen.

---

25 Die unterschiedlichen Informationsgrundlagen von Börsenwert und Ertragswert stellt der FAUB in seiner Stellungnahme „FAUB zur Relevanz von Börsenkursen" vom 14. Juni 2023 besonders gründlich dar, beziehen über https://www.idw.de/idw/idw-aktuell/faub-boersenkurse-koennen-bei-angemessenheitspruefungen-eine-fundamentale-unternehmensbewertung-nicht-ersetzen.html und https://www.idw.de/idw/themen-branchen/unternehmensbewertung-bwl/boersenkurse.html und WPg 2023, 765.
Der *FAUB* hatte dazu bereits im Jahr 2021 eine Stellungnahme abgegeben: „Zur Bedeutung des Börsenkurses für die Abfindungsbemessung aus Sicht der wirtschaftswissenschaftlichen Theorie und Praxis", WPg 2021, S. 958 bis 961 und AG 2021, 588 bis 590.

Teil 1 Einführung

Der erste Teil beginnt mit **volkswirtschaftlichen und demoskopischen Daten** zur Einordnung der Aktie (§ 1). Den wesentlichen **grundgesetzlichen Gewährleistungen** (§ 2) folgen die Grundzüge zur **Preisbildung** im Aktien- und Kapitalmarktrecht (§ 3) sowie zum **Spruchverfahren** (§ 4).

§ 1 Volkswirtschaftliche und demoskopische Daten

Aktien haben zusammen mit Dampfmaschine und Elektrizität die industrielle Revolution im 19. Jahrhundert ermöglicht. Über Aktien konnten kapitalintensive Innovationen durch eine Vielzahl von Investoren finanziert werden. Gleichzeitig konnten die Aktionäre an der volkswirtschaftlichen Wertschöpfung teilhaben.

Ihre heutigen Bezüge und Funktionsweisen zeigen beispielhaft die nachfolgenden volkswirtschaftlichen und demoskopischen Untersuchungen[26]:

- Aktuelle **Prognoserechnungen für die Altersversorgung** (I) ergeben, dass eine eigenständige private Vorsorge erforderlich ist.[27]
- Dazu bietet sich die Aktie als „Sachwert des kleinen Mannes" an. Jedoch erfahren Aktien und große Wirtschaftsunternehmen eine nur geringe Akzeptanz in der Bevölkerung. Nicht zuletzt bei den Börsengängen der Deutschen Telekom AG haben sich erhebliche Lücken im **Vermögensschutz für Anleger** aufgetan, die das **Anlegerverhalten** nachhaltig geprägt haben (II).
- In dieses Gesamtbild passt, dass große Wirtschaftsunternehmen im **Vertrauensindex** vom ROLAND Rechtsreport (Allensbach) seit Jahren fast immer die „rote Laterne" tragen (III).
- In anderen vergleichbaren Volkswirtschaften sind deutlich höhere **Aktionärsquoten** als in Deutschland zu verzeichnen. Daher überrascht die **Eigentümerstruktur**

26 *Weimann* „Ertragswert und Börsenwert – Empirische Daten zur Preisfindung beim Delisting", Berlin/Boston 2020, S. 24 ff. und S. 30 ff. stellt noch weitere Studien vor, die dieses Buch aus Platzgründen nicht mehr aufgreift. Dabei handelt es sich zum Beispiel um den Global Trust Report vom Nürnberg Institut für Meinungsforschung e.V. – NIM, Seiten 24 ff. Weitere Daten zum Aktieneigentum in Deutschland bietet das Deutsches Aktieninstitut e.V., eine Studie von EY zu ausländischen Aktionären in Deutschland, der World Wealth Report von Capgemini und zur Marktkapitalisierung der größten Unternehmen eine Studie von EY.

27 Die Initiative Minderheitsaktionäre e.V. hat im Juni 2021 eine repräsentative Befragung zur Aktienrente als einer möglichen Rentenreform in der 20. Wahlperiode durchgeführt: https://initiative-minderheitsaktionaere.org/wp-content/uploads/2021/08/InitiativeMinderheitsaktionaere_Umfrage-Altersvorsorge_20210721.pdf

https://doi.org/10.1515/9783110769852-001

der DAX-Unternehmen nicht: Sie gehören mehrheitlich **Ausländern**, die selbst aber keinen Beitrag zum Aufbau und Erhalt der Infrastruktur in Deutschland leisten (IV).

– Die Daten der Deutschen Bundesbank und im Global Wealth Report zum **Geldvermögen** zeigen, dass die Deutschen „sichere" Geldanlagen gegenüber Aktien bevorzugen und sich auf diese Weise „arm" sparen (V).

I Prognosen für die Altersversorgung

Der Koalitionsvertrag von SPD, Bündnis 90/Die Grünen und FDP hat sich den Aufbau kapitalgestützter Renten auf die Agenda gesetzt (1). Darüber hinaus befassen sich mehrere Studien mit Prognosen für die Altersversorgung, zum Beispiel vom Wissenschaftlichen Beirat beim BMWi (2), der Initiative Minderheitsaktionäre e.V. (3) und dem Institut der deutschen Wirtschaft (IW) (4).

1 Bundesregierung

Die Bundesregierung hat sich im Koalitionsvertrag von 2021 für die 20. Wahlperiode den Aufbau einer kapitalgedeckten Rentenvorsorge zum Ziel gesetzt:

> „Es wird keine Rentenkürzungen und keine Anhebung des gesetzlichen Renteneintrittsalters geben. Um diese Zusage generationengerecht abzusichern, werden wir zur langfristigen Stabilisierung von Rentenniveau und Rentenbeitragssatz in eine teilweise Kapitaldeckung der gesetzlichen Rentenversicherung einsteigen. Diese teilweise Kapitaldeckung soll als dauerhafter Fonds von einer unabhängigen öffentlich-rechtlichen Stelle professionell verwaltet werden und global anlegen. Dazu werden wir in einem ersten Schritt der Deutschen Rentenversicherung im Jahr 2022 aus Haushaltsmitteln einen Kapitalstock von 10 Milliarden Euro zuführen. Der kapitalgedeckte Teil der gesetzlichen Rente muss für das Kollektiv der Beitragszahler dauerhaft eigentumsgeschützt sein. Wir werden der Deutschen Rentenversicherung auch ermöglichen, ihre Reserven am Kapitalmarkt reguliert anzulegen."[28]

Damit soll der zunehmenden Überalterung der Bevölkerung mit der Folge, dass immer weniger Beitragszahler für immer mehr Rentenempfänger aufkommen müssen, entgegengewirkt werden:

---

28 Koalitionsvertrag 2021 zwischen SPD, Bündnis 90/Die Grünen und FDP Seite 73, zu beziehen über https://www.bundesregierung.de/resource/blob/974430/1990812/1f422c60505b6a88f8f3b3b5b8720bd4/2021-12-10-koav2021-data.pdf?download=1

- Machte 1950 nach Erhebungen des Statistischen Bundesamtes[29] der Anteil der Über-67-Jährigen nur rund 8 Prozent der Gesamtbevölkerung aus,

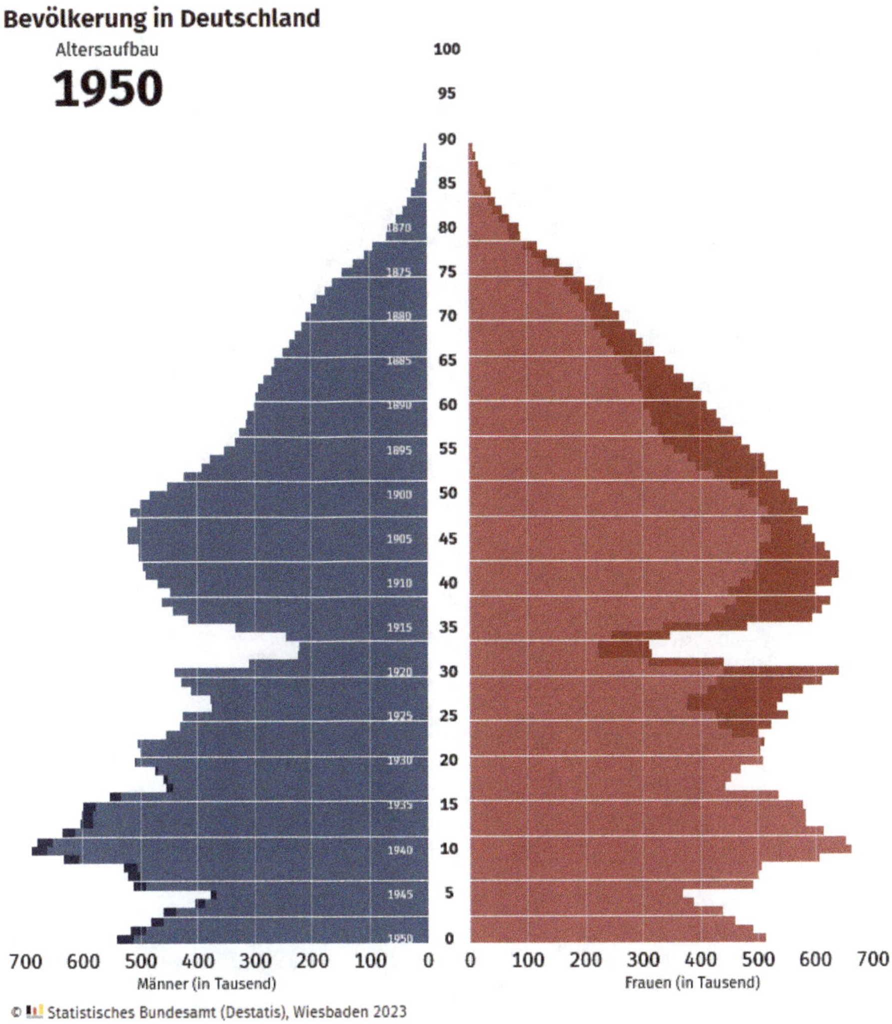

Abbildung 3: Altersaufbau der Bevölkerung Deutschlands im Jahr 1950

- stieg deren Anteil zur Jahrtausendwende bereits auf 14 Prozent.

29 Statistisches Bundesamt: Altersaufbau der Bevölkerung Deutschlands, zu beziehen über https://service.destatis.de/bevoelkerungspyramide/#!y=2070

– 2022 betrug der Anteil der Über-67-Jährigen schon rund 20 Prozent:

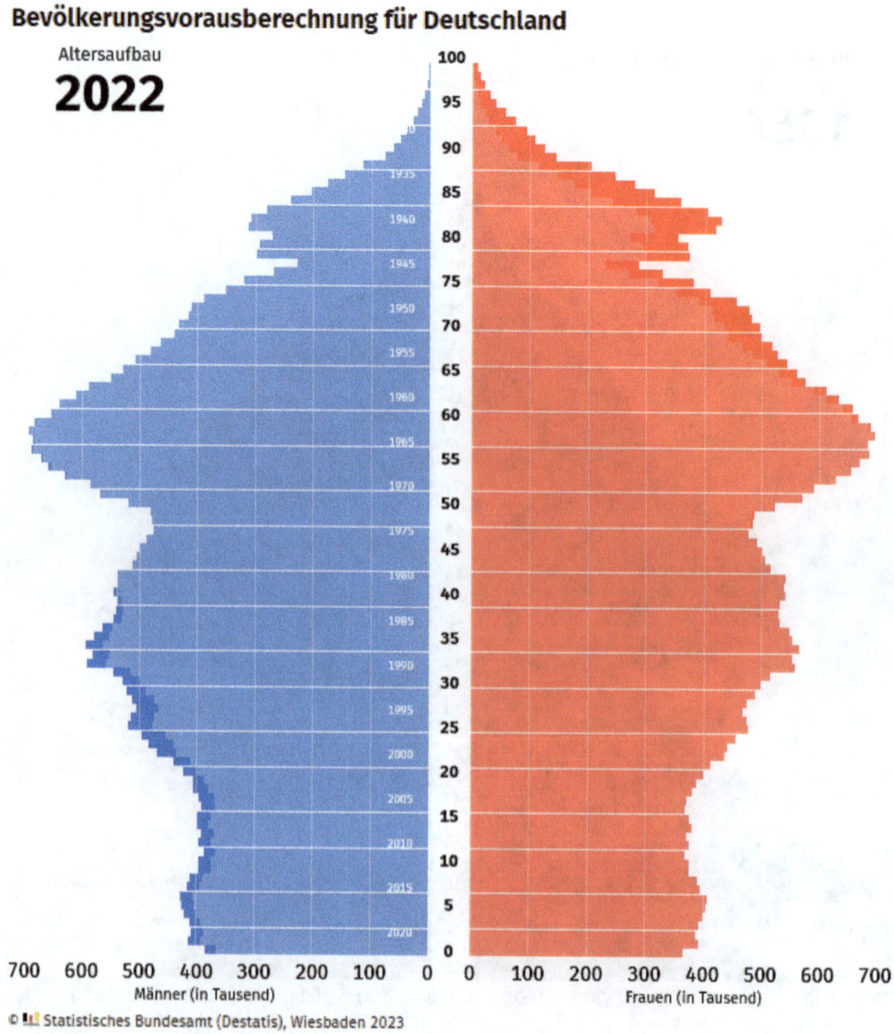

Abbildung 4: Prognose Altersaufbau der Bevölkerung Deutschlands im Jahr 2022

– Deren Anteil steigt nach der Prognose des Statistischen Bundesamtes bis 2070 auf rund 27 Prozent an. Gleichzeitig sinkt der Anteil der berufsfähigen Bevölkerung (20- bis 67-Jährige) von 62 Prozent in 1950 auf 54 Prozent in 2070:

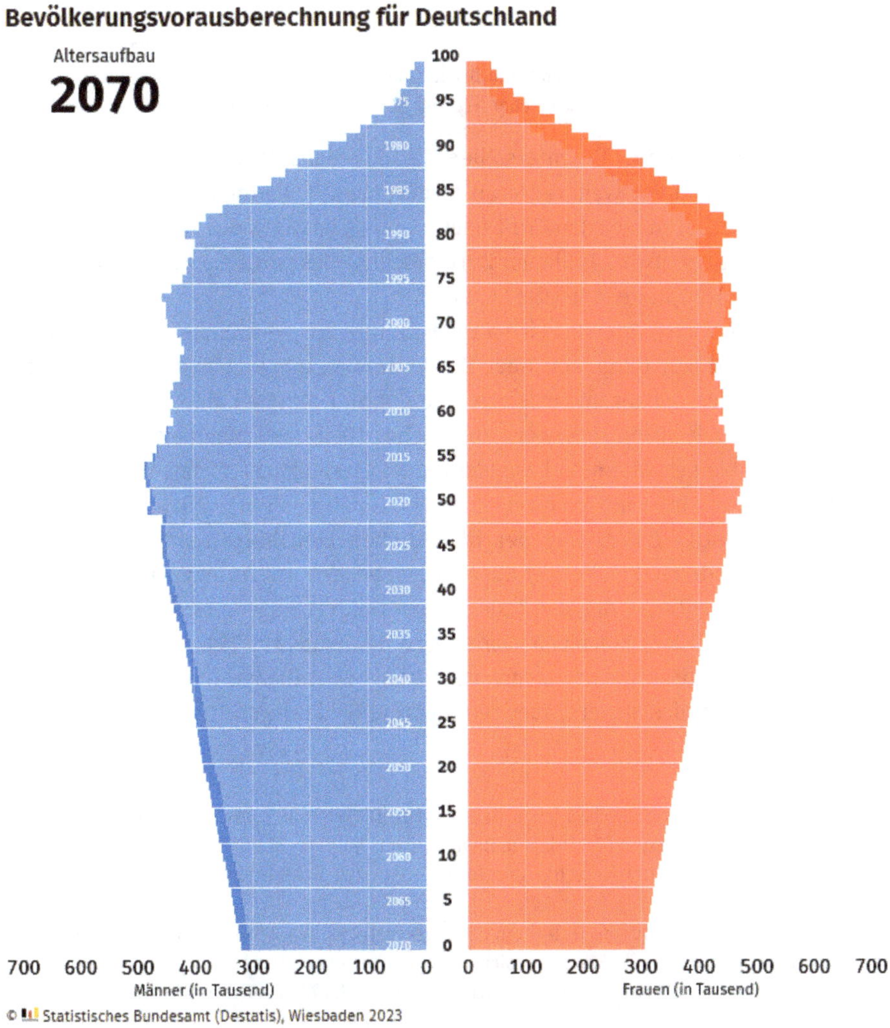

Abbildung 5: Prognose Altersaufbau der Bevölkerung Deutschlands im Jahr 2070

Das führt zu der Frage, wie sich das auf den Generationenvertrag auswirkt. Falls sich zum Beispiel die jüngeren Jahrgänge nicht mehr daran gebunden fühlen, belastet das den Steuerzahler und die übrigen Beitragszahler. Eine weitere Belastung ergibt sich aus der impliziten Verschuldung durch Pensionszusagen an Beamte.

2 Wissenschaftlicher Beirat beim BMWi

Die Prognose des wissenschaftlichen Beirats beim BMWi zur Lage der gesetzlichen Rentenversicherungen zeigt ebenfalls die **volkswirtschaftliche Erforderlichkeit** eines ertragsorientierten **privaten Anlegerverhaltens**:

> „2019 flossen knapp 26 Prozent des Bundeshaushalts in die Rentenversicherung. Dieser Anteil müsste bis 2040 auf über 44 Prozent und bis 2060 auf über 55 Prozent ansteigen, wenn der Beitragssatz unter 22 Prozent und das Sicherungsniveau über 48 Prozent gehalten werden sollen."[30]

Die **Pensionszusagen für Beamte** stellen die Haushaltsplanungen von Bund, Ländern und Gemeinden vor weitere Herausforderungen[31]. Die impliziten Schulden aufgrund Pensionszusagen wurden 2019 nach einer Schätzung des Instituts der deutschen Wirtschaft bei etwa 2 Billionen Euro gesehen. Das verdoppelt die Schuldenlast der öffentlichen Haushalte (explizite Schulden)[32].

Daher sollten bzw. müssen sich Erwerbstätige zur Vermeidung einer **Versorgungslücke** frühzeitig Gedanken über ihre **Altersversorgung** machen und **Eigenvorsorge** betreiben. Im gegenwärtigen, von Inflation geprägten, Zins- und Währungsumfeld spricht Vieles für den Erwerb von Sachwerten. Dazu bietet sich die Aktie als „Sachwert des kleinen Mannes" besonders an. Sie ermöglicht neben Wertsteigerungen und Schutz vor Inflation auch regelmäßige Einnahmen durch Dividenden.

Eine **dauerhafte Entlastung der öffentlichen Haushalte** bzw. eine **Reduzierung von Haushaltsrisiken** gelingt aber nur, wenn sich das **Anlegerverhalten** deutlich ändert. Wie die Daten der Bundesbank zum Geldvermögen der deutschen Privathaushalte (Teil 1 § 1 V 1) aufzeigen, sparen sich die deutschen Haushalte arm: Sie investieren nicht in die Aktie als Sachwert, sondern in Anleihen und Lebensversicherungen als vermeintlich sichere, aber renditearme Geldanlagen.

---

30 Pressemitteilung des wissenschaftlichen Beirats beim BMWi vom 7. Juni 2021, zu beziehen über https://www.bmwk.de/Redaktion/DE/Publikationen/Ministerium/Veroeffentlichung-Wissenschaftlicher-Beirat/wissenschaftlicher-beirat-vorschlaege-reform-der-gesetzlichen-rentenversicherung.pdf?__blob=publicationFile&v=16

Die Lage der Renten beschreibt das Gutachten des Wissenschaftlichen Beirats beim BMWi „Vorschläge für eine Reform der gesetzlichen Rentenversicherung", zu beziehen über https://www.bmwk.de/Redaktion/DE/Publikationen/Ministerium/Veroeffentlichung-Wissenschaftlicher-Beirat/wissenschaftlicher-beirat-vorschlaege-reform-gutachten.pdf?__blob=publicationFile&v=14

31 Einen Überblick geben *Raffelhüschen/Kohlstruck* Status quo und Ausgabenprojektionen der Beamtenversorgung, WiSt 2022, 27 und der „Wirtschaftsweise" Prof. Dr. Martin Werding am 29.12.2022 https://www.bild.de/politik/2022/politik/wirtschaftsweiser-werding-fordert-kuerzt-die-beamtenpensionen-82380440.bild.html Prognoserechnungen für die Landeshaushalte erstellen *Martin Beznoska / Tobias Hentze*, Pensionszusagen setzen öffentlichen Haushalten zu, IW Kurzbericht Nr. 104 vom 23. Oktober 2020, zu beziehen über https://www.iwkoeln.de/studien/martin-beznoska-tobias-hentze-pensionszusagen-setzen-oeffentlichen-haushalten-zu-486771.html

32 Für weitere Einzelheiten siehe https://de.statista.com/infografik/25790/schulden-des-oeffentlichen-gesamthaushalts-und-pensionslasten-von-bund-und-laendern/

Das liegt auch daran, dass in mehreren großen Schadensfällen kein effektiver **Vermögensschutz** für Investoren bzw. Minderheitsaktionäre gewährt wurde (Teil 1 § 1 II). Hier zitierte Studien zum **Anlegerverhalten** zeigen, dass auch Personenkreise, die selbst in Aktien investieren, diese Rechtsschutzdefizite sehen[33]. Eine Verbesserung der rechtlichen Rahmenbedingungen für Anleger könnte also einen wesentlichen Beitrag zur Entlastung der öffentlichen Haushalte leisten.

Hierzu könnten auch Steuerentlastungen auf kapitalgedeckte Rentenbeiträge beitragen. In den USA hat sich dazu der **401(k)-Altersvorsorgeplan**[34] etabliert. Hierbei zahlen Arbeitnehmer einen Teil des Lohns steuerfrei auf ein Sparkonto ein, von dem Aktien und Aktienzertifikate gekauft werden. Pro Jahr können Arbeitnehmer unter 50 Jahren 19.500 USD und solche über 50 Jahren 26.000 USD[35] ansparen. Ab einem Alter von 59 ½ Jahren können die Beträge dann steuerfrei wieder entnommen werden, auch zwischenzeitliche Gewinne bleiben steuerfrei. Arbeitgeber können dazu Beiträge leisten, weshalb das Programm von den Unternehmen auch zur Gewinnung qualifizierten Personals genutzt wird.

3 Initiative Minderheitsaktionäre e.V.

Die **Menschen** haben jedenfalls längst erkannt, dass das Rentenniveau absinken und es zu einer **Versorgungslücke** bei der gesetzlichen Rente kommen wird. Eine repräsentative Befragung der **Initiative Minderheitsaktionäre e.V.** im Juni 2021 hat gezeigt, dass eine große Mehrheit von 86 Prozent in Deutschland kein Vertrauen in die Stabilität und Sicherheit der gesetzlichen Rentenversicherung in ihrer aktuellen Form hat[36].

33 Vor allem fehlen z.B. ein effektiver, von Verbandsinteressen unabhängiger und auf einen Leistungstitel gerichteter Kollektiver Rechtsschutz, eine Haftung für die Vollständigkeit und Richtigkeit der Kapitalmarktkommunikation bzw. Erfüllung der Zulassungsfolgepflichten sowie eine Rechtmäßigkeitskontrolle im Rahmen der Entlastungsbeschlüsse.

34 Benannt nach seiner Regulierung in § 401(k) der US-Steuergesetze (Internal Revenue Code).

35 Die Höchstbeträge wurden in den letzten Jahren mehrfach angehoben.

36 Die Studie kann bezogen werden über https://initiative-minderheitsaktionaere.org/ziele/altersvorsorge-und-aktienrente/ und https://initiative-minderheitsaktionaere.org/wp-content/uploads/2021/08/InitiativeMinderheitsaktionaere_Umfrage-Altersvorsorge_20210721.pdf

Das stellt sich für die relevanten Zielgruppen wie folgt dar:

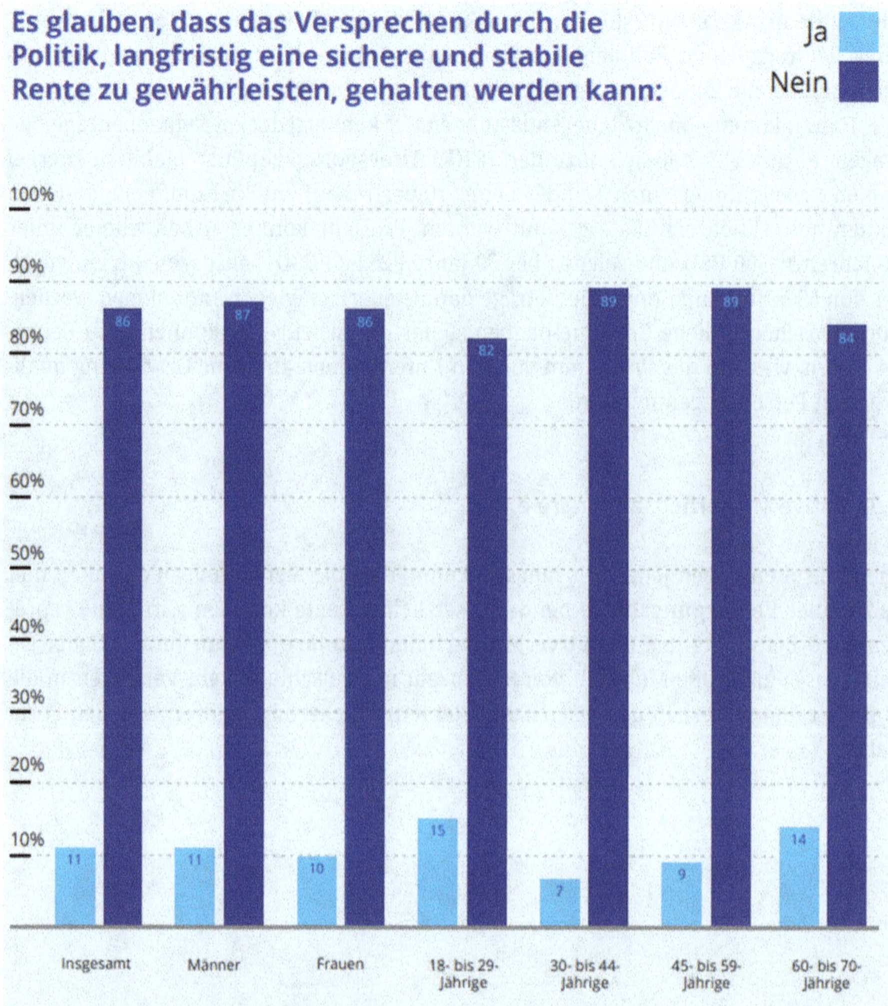

Abbildung 6: Initiative Minderheitsaktionäre – Vertrauen in das Rentensystem

Weite Bevölkerungskreise befürworten eine Aktienrente als Bestandteil der gesetzlichen Rente, wie das der Koalitionsvertrag für die 20. Legislaturperiode vorsieht.

4 Institut der deutschen Wirtschaft Köln e.V.

Am 20. Januar 2022 ist das Gutachten „Kapitaldeckung in der gesetzlichen Rente und Privaten Altersvorsorge – Offene Fragen für die neue Legislaturperiode“ – im Auftrag der INSM (Initiative Neue Soziale Marktwirtschaft GmbH beim Institut der deutschen Wirtschaft Köln e.V. erschienen[37].

Das Gutachten teilt im Wesentlichen die Analyse und Bewertung der Rentenversicherung und anderen Einrichtungen zur Finanzierung der Altersversorgung und der bestehenden Versorgungslücke. Um ein Rentenniveau von 48 Prozent der Einkünfte zu sichern, müsste der Beitragssatz zur Rentenversicherung nach bisherigem Regelungsstand von derzeit 18,6 Prozent auf über 25 Prozent ansteigen. Dem kann nur durch eine kapitalgedeckte Rente entgegengesteuert werden. Daher stellt es Überlegungen zu einem möglichen Kapitalbedarf an:

Tabelle 2-1: Fiktiver Kapitalbedarf

Eine kontrafaktische Modellrechnung bei dauerhaftem Erhalt des Fondsvermögens

Jahr	Rentenniveau	Beitragssatz	Beitragssatzdifferenz umgerechnet in Einnahmeäquivalent 2021	Erforderlicher Kapitalstock bei einer unterstellten Rendite von …		
	Status-quo-Szenario		Szenario mit fixiertem Beitragssatz	3	4	5
				Prozent		
	In Prozent			In Milliarden Euro		
2038	45,9	22,0	22,0		0	
2040	45,8	22,1		54	41	32
2045	45,6	22,4		216	162	130
2050	45,4	22,7		378	284	227
2055	44,9	23,2		648	486	389
2060	44,4	23,6		864	648	518

Einem Beitragssatzpunkt in der GRV entsprachen im Jahr 2021 Einnahmen in Höhe von 16,2 Milliarden Euro, die sich zu 13,7 Milliarden Euro aus Beitragszahlungen und weiteren 2,5 Milliarden Euro Bundeszuschuss zusammensetzen.

Quellen: Deutsche Rentenversicherung, 2021a, 10; Pimpertz/Schüler, 2021a; eigene Berechnungen

Abbildung 7: IW / INSM – Modellrechnung für Kapitalbedarf einer „Aktienrente“

37 Abrufbar unter: https://www.iwkoeln.de/fileadmin/user_upload/Studien/Gutachten/PDF/2022/INSM_Kurzexpertise_Kapitaldeckung_Altersicherung.pdf

Diese Modellrechnung berücksichtigt noch nicht die Ende 2022 / Anfang 2023 bestehenden Inflationserwartungen. Hätte man den „Burgbacher-Plan“[38] in den Jahren nach 1969 umgesetzt, gäbe es heute bereits einen solchen Kapitalstock.

Ein solcher Fonds würde jedenfalls ausweislich der Studie „Who owns the German DAX in 2022?“ des Deutschen Investor Relations Verbands und S&P Global Market Intelligence (ehemals IHS Markitsofort) zu den größten Investoren in DAX-Werte zählen:

Top 15 DAX Investors

Rank	Firm Name	DAX Value in $M Dec-21	% Share DAX Insti.	% Share Change (pp)	DAX Value in $M Dec-20	DAX Value in $M Dec-19	DAX Value Change in $M	Total Equity Assets in $M	Style	Turnover	City
1	The Vanguard Group, Inc.	43,757.9	5.5%	0.3%	44,034.5	28,116.1	15,641.8	4,191,323.4	Index	Low	Malvern
2	BlackRock Fund Advisors	32,771.3	4.1%	0.1%	33,702.2	24,533.6	8,237.8	2,876,001.0	Index	Low	San Francisco
3	Norges Bank Investment Management (Norway)	28,786.6	3.6%	-0.4%	34,014.6	23,128.2	5,658.4	949,098.6	Value	Low	Oslo
4	DWS Investment GmbH	21,441.7	2.7%	-0.3%	25,597.4	20,362.1	1,079.6	137,885.8	Value	Low	Frankfurt am Main
5	Amundi Asset Management S.A.S.	16,485.7	2.1%	-0.1%	18,315.4	19,489.9	(3,004.2)	155,052.9	Value	Moderate	Paris
6	Capital World Investors (U.S.)	15,476.2	2.0%	0.4%	13,063.4	8,260.0	7,216.2	834,099.8	Value	Low	Los Angeles
7	BlackRock Asset Management (Deutschland) AG	14,307.4	1.8%	-0.1%	15,961.9	12,574.9	1,732.5	51,892.7	Index	Low	Munich
8	BlackRock Advisors (U.K.), LTD	13,442.2	1.7%	-0.1%	14,925.6	10,183.6	3,258.6	205,382.6	Index	Low	London
9	Deka Investment GmbH	13,046.0	1.6%	0.1%	13,264.7	10,136.1	2,910.0	69,516.5	Value	Low	Frankfurt am Main
10	Union Investment Privatfonds GmbH	12,480.7	1.6%	0.0%	13,063.2	8,620.8	3,860.0	85,443.4	GARP	Moderate	Frankfurt am Main
11	Allianz Global Investors GmbH	11,974.6	1.5%	0.0%	12,272.5	9,165.4	2,809.3	80,227.5	Growth	Moderate	Frankfurt am Main
12	Fidelity Management & Research Company, LLC	11,744.8	1.5%	-0.1%	13,298.3	10,236.5	1,509.3	1,248,536.7	Growth	Low	Boston
13	BlackRock Investment Management (U.K.), LTD	10,323.8	1.3%	0.0%	10,580.6	6,642.3	3,681.5	710,383.1	Growth	Low	London
14	Baillie Gifford & Company, LTD	9,055.3	1.1%	0.2%	8,020.3	1,583.9	7,471.4	298,252.0	Growth	Low	Edinburgh
15	T. Rowe Price Associates, Inc.	8,896.2	1.1%	0.6%	4,282.6	2,160.5	6,735.7	1,055,629.9	Growth	Low	Baltimore
	Total	263,990.6	33.3%	0.6%	274,397.3	196,192.7	68,797.9				

Source: S&P Global Market Intelligence

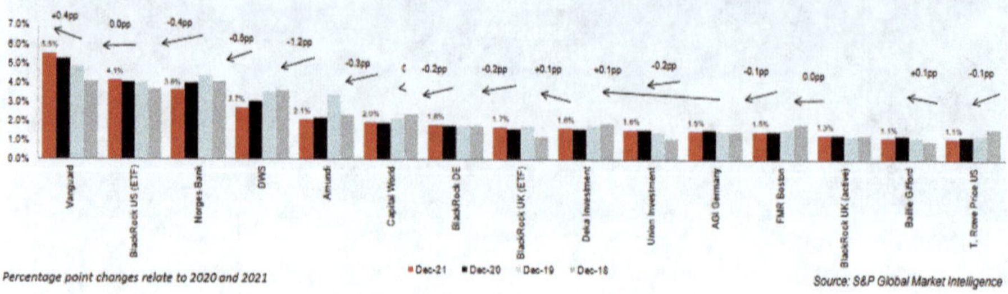

Abbildung 8: DIRK / S&P Global Market Intelligence –Top 15 DAX Investors, Who owns the German DAX? (Tenth Edition 2023) – Seite 11[39]

38 Siehe dazu: https://www.kas.de/c/document_library/get_file?uuid=b92281f9-5d6f-83fd-8d49-a582c3ca0945&groupId=252038

39 Zu beziehen über: https://www.dirk.org/?s=who+owns+dax

II Anlegerverhalten und Rechtsschutz

Die Risikoaversion deutscher Anleger ist nicht nur in mangelnder Finanzbildung begründet, sondern auch im mangelnden Rechtsschutz.

Immer wieder erleiden Anleger Vermögensschäden in Milliardenhöhe, die der gegenwärtige Rechtsrahmen nicht ausgleicht. Damit verlieren die Anleger nicht nur die Gegenleistung für ihre Arbeits- bzw. Lebensleistung. Hinzu kommen auch die **volkswirtschaftlichen Schäden**: Das verlorene Kapital fehlt sowohl der Altersversorgung als auch für Investitionen in der Realwirtschaft. Die Wirkungen eines effektiven Anleger- und Investorenschutz gehen somit über den Schutz der Lebensleistung von Arbeitnehmern, Selbstständigen und Erblassern hinaus.

- Eine Studie des Deutschen Instituts für Wirtschaftsforschung e.V. (DIW) aus dem Juni 2021 zeigt (2), dass die mit den Börsengängen der **Deutschen Telekom AG** verursachten Vermögensverluste heute noch das Anlegerverhalten von Aktionären prägen (1). Darüber hinaus besteht auch weiterhin eine gewisse Skepsis (3).
- Das dürfte auch den am **Neuen Markt** eingetretenen Vermögensverluste geschuldet sein (4).
- Weitere Emittenten wie zum Beispiel die **Rocket Internet SE** (5), die **Volkswagen AG** (6) und die **Wirecard AG** (7) dürften das Anlegerverhalten ebenfalls nachhaltig beeinflusst haben bzw. noch beeinflussen.

1 Deutsche Telekom AG – Börsengänge

Die als „Volksaktie“ angepriesene T-Aktie bescherte den Anlegern Milliardenverluste.

Die 3 Börsengänge der Deutschen Telekom AG erfolgten zu Kursen, die weit über dem inneren Wert der Aktie lagen. Der **Ausgabepreis** beim ersten Börsengang am 18. November 1996 in Höhe von 14,57 Euro wurde erst nach etwa zwanzig Jahren wieder erreicht. Die weiteren Ausgabepreise in Höhe von 39,50 Euro am 28. Juni 1999 und 66,50 Euro am 19. Juni 2000 sowie der Höchststand von 103,50 Euro am 6. März 2000 dürften auf absehbare Zeit nicht wieder erzielt werden.

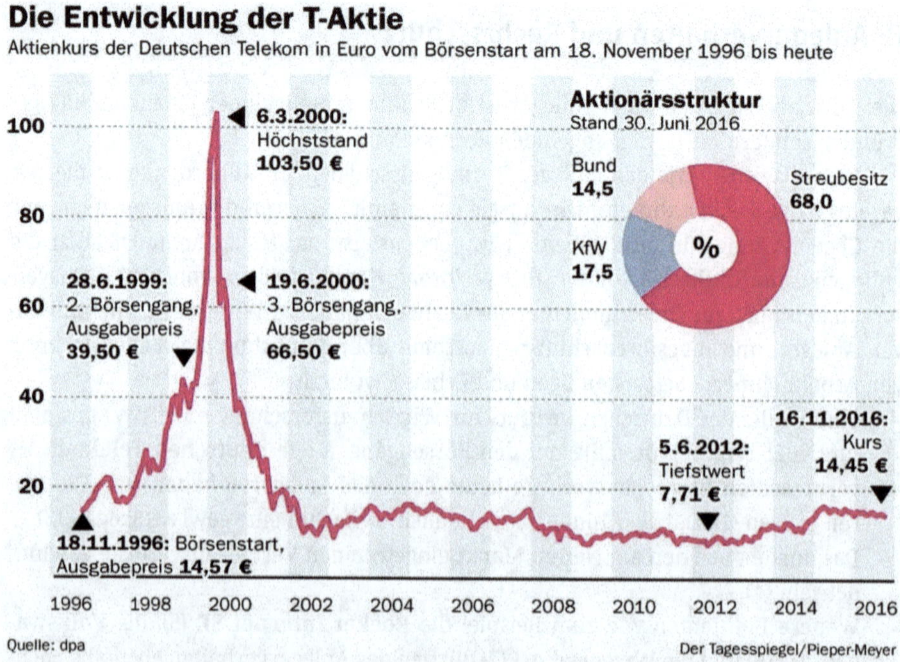

Abbildung 9: Kursentwicklung der „T-Aktie" 1996 bis 2016[40]

Die **Wertpapierprospekte** für die 3 Börsengänge[41] enthielten keine Angaben zum inneren Wert der Aktie.

Investitionsentscheidungen und **Investitionsstrategien** stellen aber auf den **Zukunftserfolgswert** ab. Anleger wollen an den Gewinnen über Dividenden und Kurssteigerungen teilhaben. Für die Deutsche Telekom AG hätten sich jedoch kaum belastbare Planungsrechnungen darstellen lassen, um die Ausgabepreise zu untermauern. Stattdessen hätten sie verdeutlicht, dass es jenseits der Ausgabepreise keine realistischen Kurssteigerungspotenziale mehr gab.

---

40 Quelle: https://tradingfreaks.com/aktien-crash-oder-korrektur-marktphasen-richtig-einordnen/

41 Die drei Prospekte konnten auch Ende September 2023 noch über die Homepage der Deutschen Telekom AG bezogen werden: https://www.telekom.com/de/investor-relations/aktie/boersengaenge

Trotzdem verlangt der gegenwärtige Rechtsrahmen solche Angaben zum inneren Wert immer noch nicht[42].

Vorschlag 1: Verpflichtende Angaben zum inneren Wert im Wertpapierprospekt
- **Informationsgrundlage** für die Anlegerentscheidung
- **Haftungsgrundlage** im Rahmen einer Informationshaftung
- Reduzierung der Berichtspflichten beim **Börsengang** auf die für Investoren relevanten Angaben

2 Deutsches Institut für Wirtschaftsforschung e.V.

Eine **Studie des DIW zum Anlegerverhalten** nach den Börsengängen der Deutschen Telekom AG zeigt, dass 60 Prozent der Haushalte, die durch die T-Aktie Verluste erlitten haben, auch noch nach zwanzig Jahren nicht wieder in Aktien investieren[43]. Das lässt vermuten, dass das Anlegerverhalten generationsübergreifend geprägt wird.[44]

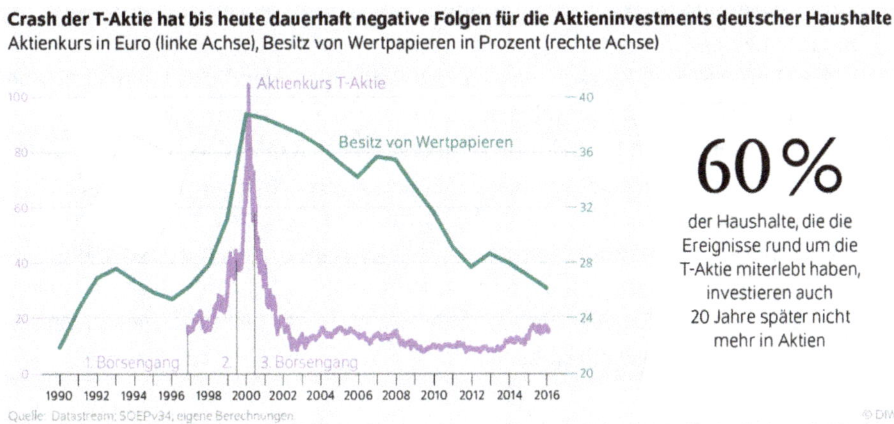

Abbildung 10: DIW – T-Aktie und Auswirkungen auf Aktieninvestments

42 Einen Überblick über die inhaltlichen Anforderungen an einen Börsenzulassungsprospekt bzw. Wertpapierprospekt gibt https://www.deutsche-boerse.com/dbg-de/unternehmen/wissen/boersenlexikon/boersenlexikon-article/B-rsenzulassungsprospekt-245746

43 Quelle: DIW Wochenbericht 25/2021, Seiten 423 bis 429, zu beziehen über https://www.diw.de/de/diw_01.c.820255.de/publikationen/wochenberichte/2021_25_1/der_fall_der_t-aktie__boersencrashs_koennen_dauerhaft_investitionsentscheidungen_von_haushalten_negativ_beeinflussen.html

44 Diese Erkenntnis lässt sich wohl auch demoskopisch verifizieren: Interview mit Alexander Kriwoluzky vom DIW, Wochenbericht 25/2021, S. 430 ff., zu beziehen über https://www.diw.de/de/diw_01.c.820257.de/publikationen/wochenberichte/2021_25_2/der_wirecard-skandal_zeigt_viele_parallelen_zum_telekom-skandal__interview.html

Die Studie des DIW befasst sich mit den Wechselwirkungen zwischen Kapitalmarktinformationen, effektivem Rechtsschutz und langfristigem Anlegerverhalten. Die Börsengänge der Deutschen Telekom AG stellen den **Anlegerrechtsschutz** zur Diskussion:

- Zunächst stellt sich die Frage, ob die Anleger vor und nach den Börsengängen die wert- und **kursrelevanten Informationen** erhalten haben. Damit steht die gesamte **Kapitalmarktkommunikation** auf dem Prüfstand: Wertpapierprospekte, die gesetzlichen Regelinformationen sowie die Zulassungsfolgepflichten.
- Die gesetzlichen **Anspruchsgrundlagen** sowie die zumindest teilweise noch rechtshängigen 17.000 „Telekom-Klagen“[45] werfen die Frage nach einem effektiven kollektiven Rechtsschutz auf. Während es in Deutschland nur um einen Schadensbetrag in Höhe von 80 Millionen Euro (ohne Zinsen) geht, hat die Deutsche Telekom AG in den USA bereits im Jahr 2005 Anlegern 120 Millionen Dollar Schadensersatz gezahlt[46]. Das spricht für einen Systemwechsel im kollektiven Rechtsschutz in Deutschland: An die Stelle einer Feststellungsklage muss eine Leistungsklage für alle Anspruchsinhaber und nicht nur für Verbraucher treten[47]. Außerdem macht die Ausgestaltung als Verbandsklage für den Anspruchsinhaber keinen Sinn.
- Die vielen „Telekom-Klagen“ werden sich nicht ohne deutlich effektiveren **kollektiven Rechtsschutz** bewältigen lassen. Nach fast zwanzig Jahren zeichnet sich immer noch kein rechtskräftiger Abschluss der KapMuG-Verfahren ab. Zwar hat die Deutsche Telekom AG Ende 2022 eine vergleichsweise Erledigung der Klagen angestrebt[48]. Dem haben sich aber nicht alle Kläger bzw. deren Rechtsnachfolger angeschlossen. Daher wird es auf der Grundlage der in den KapMuG-Verfahren getroffenen Feststellungen noch zu tausenden Leistungsklagen kommen, die das zuständige Landgericht Frankfurt am Main gar nicht in einem angemessenen Zeitrahmen bewältigen kann.

---

45 Nach der Entscheidung des BGH Anfang 2021 haben mehr als 60 Prozent der Kläger den Vergleichsvorschlag des OLG Frankfurt angenommen: https://www.tagesschau.de/wirtschaft/unternehmen/telekom-boersengang-klaeger-verfahren-101.html

46 Die gesamte Entwicklung vom ersten Börsengang im Jahr 1996 sowie die Schadensprozesse in den USA und in Deutschland bis zum Jahr 2016 beschreibt: https://www.tagesspiegel.de/wirtschaft/20-jahre-telekom-boersengang-eine-aktie-fuers-volk/14852362.html

47 Weitere Vorschläge enthält *Weimann* „Kollektiver Rechtsschutz – Ein Memorandum der Praxis“, Berlin/Boston 2018.

48 Die Pressemitteilung der Deutsche Telekom AG vom 14. November 2022 enthält dazu weitere Einzelheiten: https://www.telekom.com/de/medien/medieninformationen/detail/deutsche-telekom-treibt-beendigung-der-vergleichsverfahren-zum-dritten-boersengang-voran-1020810

- Auch die Klagen wegen „Dieselgate“ gegen die Volkswagen AG sowie nach Wirecard haben zu einer erheblichen Justizbelastung geführt. Die **Tagung der Präsidentinnen und Präsidenten der großen Landgerichte in Deutschland** hat sich am 16. September 2021 daher mit dem Umgang und der Bewältigung von Massenklagen befasst. Die im Jahr 2018 eingeführte Musterfeststellungsklage hat sich danach als wenig tauglich erwiesen und nicht die vom Gesetzgeber angenommene Verbreitung gefunden[49]. Zu ähnlichen Feststellungen gelangte auch die 73. Tagung der **Präsidenten der Oberlandesgerichte** am 13. Oktober 2021 in Koblenz[50].

Die Dieselgate- und Telekom-Verfahren in den USA haben gezeigt, dass effektiver kollektiver Rechtsschutz möglich ist und in erster Instanz nicht länger als etwa zwei Jahre beanspruchen muss. Dazu gehören auch weitere Regelungen, die einen möglichst frühen Vergleich wirtschaftlich sinnvoll machen. Außerdem spricht alles für eine nicht als Verbandsklage ausgestaltete Gruppenleistungsklage, die sich nicht auf Verbraucher beschränkt. Nichts spricht für eine Überlagerung des Verfahrens durch die Eigeninteressen eines Vereins. Außerdem dürfte es keinen Verein geben, der immer über die erforderlichen Kompetenzen und wirtschaftlichen Mittel verfügt.[51]

---

49 Pressemitteilung des LG Frankfurt vom 21. September 2021, Quelle: https://ordentliche-gerichtsbarkeit.hessen.de/presse/erklaerung-der-praesidentinnen-und-praesidenten-der-grossen-landgerichte-in-deutschland

50 Pressemitteilung des OLG Koblenz vom 13. Oktober 2021, Quelle: https://olgko.justiz.rlp.de/presse-aktuelles/detail/ergebnisse-der-73-tagung-der-praesidentinnen-und-praesidenten-der-oberlandesgerichte-des-kammergerichts-des-bayerischen-obersten-landesgerichts-und-des-bundesgerichtshofs-in-koblenz

51 Vorschläge für einen effektiven kollektiven Rechtsschutz enthält *Weimann* „Kollektiver Rechtsschutz – Ein Memorandum der Praxis“, Berlin/Boston 2018.

3 HDI – „Berufe-Studie 2022“

Das Spannungsverhältnis zwischen den Chancen einer Anlage in Aktien und den Risiken zeigt besonders deutlich die am 8. Dezember 2022[52] veröffentlichte „Berufe-Studie 2022“ der HDI Lebensversicherung AG[53].

Danach erkennt zwar die Mehrheit der Berufstätigen die Eignung der Aktie für den Aufbau der Altersvorsorge an. Jedoch schrecken Komplexität und Risiken vor Aktieninvestitionen ab:

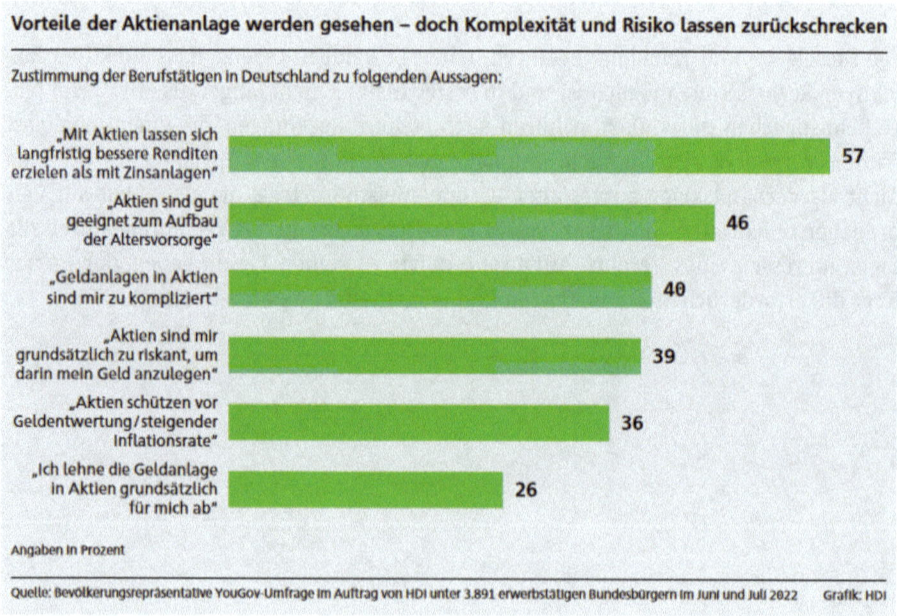

Abbildung 11: HDI – Umfrage zu Chancen- und Risiken bei Aktien

52 Die am 21. September 2023 veröffentlichte weitere „HDI Berufe-Studie 2023“ hat einen anderen Schwerpunkt und aktualisiert diese Daten nicht.

53 Die Daten zu den Aktien in der „Berufe-Studie 2022“ können bezogen werden über: https://www.berufe-studie.de/2022_12-aktien.html

Dabei zeigt sich beim Vergleich der unterschiedlichen Anlageklassen, dass Männer deutlich mehr Vertrauen in eine Altersvorsorge mit Wertpapieren haben als Frauen:

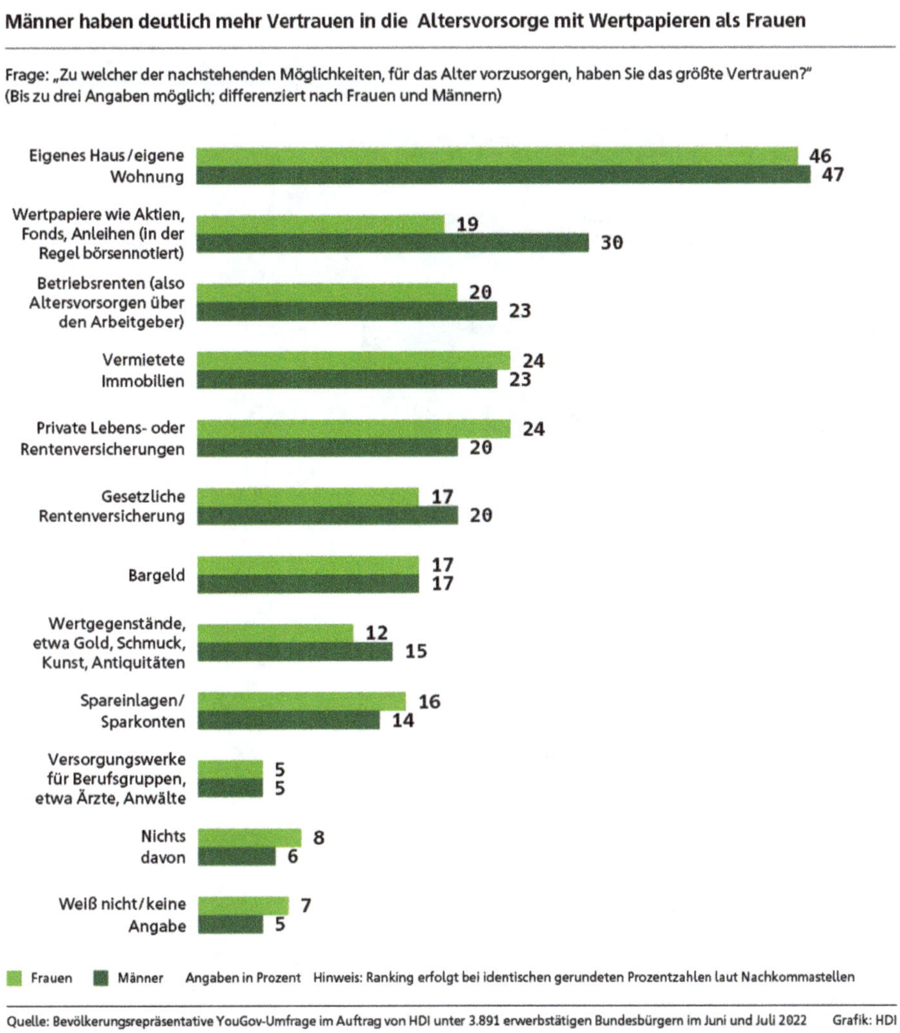

Abbildung 12: HDI – Vertrauen in Aktien bei Männern und Frauen

Im Vergleich der Jahre 2020 bis 2022 hat das Vertrauen in Wertpapiere gegenüber der gesetzlichen Rente und dem Eigenheim zwar leicht zugenommen. Es geht aber immer noch zu viel Geld in Anlageformen, die nicht mit Sachwerten unterlegt und daher inflationsgefährdet sind. Damit unterscheidet sich das Anlegerverhalten in Deutschland auch weiterhin deutlich von anderen vergleichbaren Industriegesellschaften.

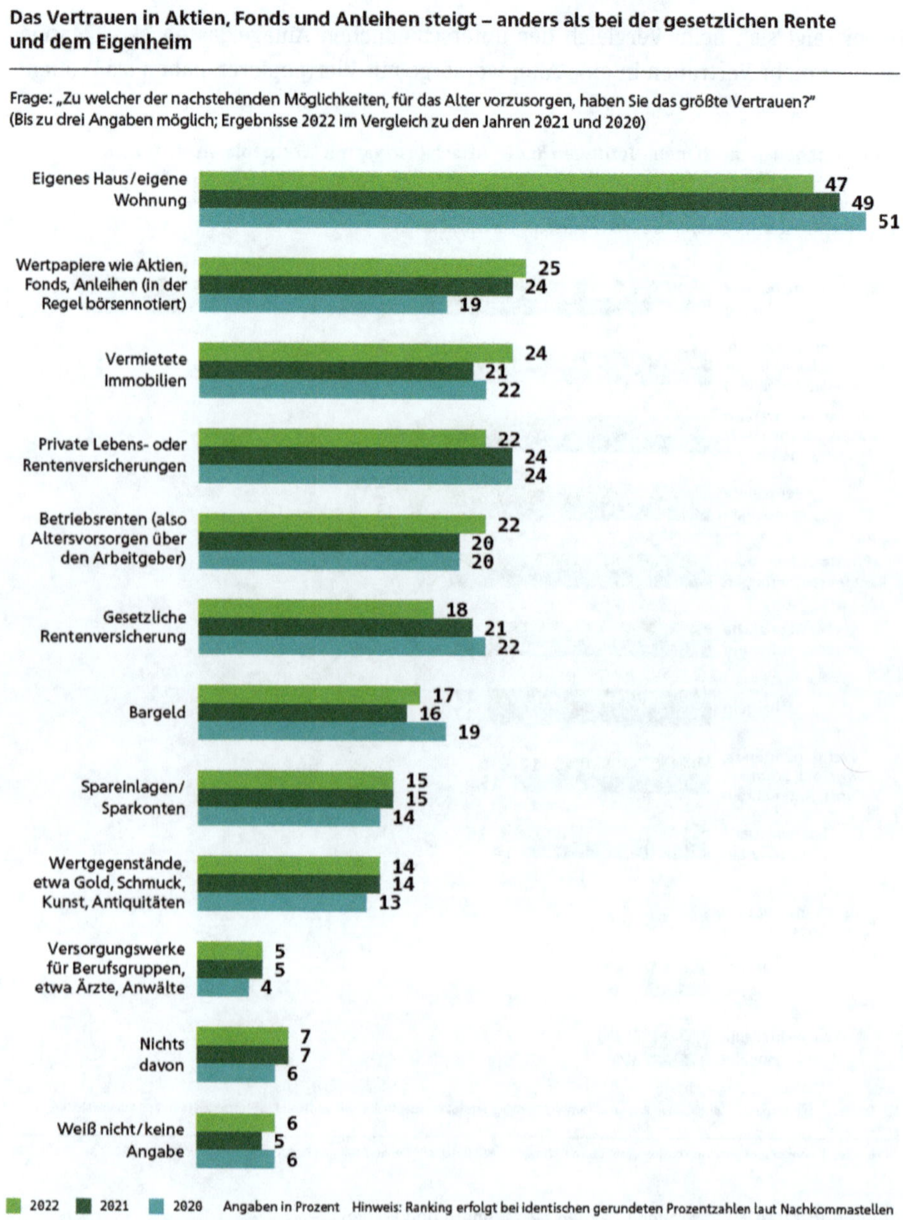

Abbildung 13: HDI – Vertrauen in Aktien und andere Anlageklassen

Diese Daten führen auch weiterhin zu der Vermutung, dass bei der Aktie erhebliche Rechtsschutzdefizite gesehen werden. Das stützt die zuvor aufgestellte These, dass das Anlegerverhalten generationsübergreifend geprägt wird. Damit erreichen große Schadensfälle wie bei der Deutschen Telekom AG, Rocket Internet SE, Volkswagen AG und Wirecard AG mittelbar auch nachfolgende Generationen. Das stellt den Gesetzgeber vor die Aufgabe, auch zur Entlastung der öffentlichen Haushalte, den Rechtsrahmen für Anleger zu verbessern.

4 Neuer Markt

Auch die Kursentwicklungen am Neuen Markt haben das Anlegerverhalten nachhaltig geprägt.

In den ersten drei Jahren, zwischen März 1997 und März 2000, legte der Nemax[54] mit allen Neuer Markt-Aktien über 1.600 Prozent Zuwachs aufs Parkett, um dann noch steiler abzustürzen. Zwischen Hoch und Tief lagen wiederum nur drei Jahre und knapp 96 Prozent (!) Verlust, bis die Deutsche Börse am 5. Juni 2003 den **Neuen Markt** beendete[55].

54 NEMAX All Share: Dieser Index umfasste alle Aktien am Neuen Markt.

55 Einen zusammenfassenden Überblick mit der nachfolgenden Abbildung 14 gibt: https://www.focus.de/finanzen/experts/boerse-20-jahre-neuer-markt-was-von-den-truemmern-uebrig-blieb_id_6767013.html

Der Verlauf des Nemax lässt **Anlegerschäden in Milliardenhöhe** vermuten:

Abbildung 14: Kursverlauf des Nemax, Quelle: Focus-Online, 10. März 2017

5 Rocket Internet SE – Delisting

Das Delisting der Rocket Internet SE Ende 2020 ist ein Beispiel dafür, wie weit **Börsenwerte unter inneren („wahren") Werten** liegen können.

– Am **1. September 2020** hat die Rocket Internet SE die Absicht für ein öffentliches **Delisting-Erwerbsangebot zu 18,57 Euro** bekannt gegeben. Für weitere Kapitalmaßnahmen sollte eine außerordentliche Hauptversammlung einberufen und ein paralleles Aktienrückkaufprogramm durchgeführt werden[56].

56 Ad-hoc-Mitteilung vom 1. September 2020: https://www.dgap.de/dgap/News/adhoc/rocket-internet-beschliesst-abgabe-eines-oeffentlichen-delistingrueckerwerbsangebots-und-beruft-dafuer-ausserordentliche-hauptversammlung-ein-paralleles-aktienrueckkaufprogramm/?newsID=1393507

- Schon etwa ein Jahr später, am **21. Dezember 2021** folgte dann ein **weiteres Übernahmeangebot zu 35,00 Euro**[57].

Vorhandene Kapitalmarktinformationen lassen nicht auf Entwicklungen schließen, welche innerhalb von nur 15 Monaten zu einem um 88 Prozent höheren Unternehmenswert geführt haben können.

Im wirtschaftlichen Ergebnis spricht stattdessen einiges dafür, dass sich der neue Angebotspreis dem „wahren" inneren Wert annäherte, der schon 2020 bestand. Die wesentlichen Eckdaten lassen sich wie folgt zusammenfassen:

- Das öffentliche Übernahmeangebot 2020 erfolgte zu **18,57 Euro**[58]. Die Wertermittlung erfolgte anhand der Börsenkurse auf der Grundlage der WpÜG-Angebotsverordnung (Sechs-Monats-Durchschnittskurs vor Veröffentlichung der Entscheidung zur Abgabe des Angebots).
- Das in der Bilanz ausgewiesene Eigenkapital stellte bereits einen Wert von **29,01 Euro** pro Aktie **vor Vollzug des Übernahmeangebots** bzw. **31,68 Euro nach Vollzug des Übernahmeangebots** dar.
- Die Rocket Internet SE verfügte aufgrund ihres Geschäftsmodells über mehr als 100 Unternehmensbeteiligungen. Wären diese nach dem **Ertragswertverfahren** bewertet worden, hätte das wohl zu einem noch höheren inneren Wert geführt.
- Nach dem Delisting und nach der Eintragung der von der Hauptversammlung am 24. September 2020 beschlossenen Kapitalmaßnahmen nahm der **Börsenwert** deutlich zu. Der Kurs stieg auf mehr als 20 Euro.
- Die Übernahme der Aktien erfolgte durch die **Zielgesellschaft** selbst und nicht durch eine dritte Person als Bieter. Das unterscheidet diese Transaktion von dem regulatorischen Grundkonzept im Aktien- und Kapitalmarktrecht. Denn danach sind Bieter und Zielgesellschaft regelmäßig nicht personenidentisch. Beim Erwerb eigener Aktien stellt sich ohnehin die Frage, inwieweit das dem Gesellschaftszweck entspricht.
- Die Rocket Internet SE musste im ersten Übernahmeangebot für den Erwerb von 27.596.228 eigenen Aktien rund 512,5 Mio. Euro aufwenden. Mit der Einziehung dieser Aktien stieg der Wert der Aktien der Aktionäre aus dem Umfeld der Unternehmensgründer – den Samwer Brüdern – gemessen am Eigenkapital um rund 179,2 Mio. Euro, ohne dass diese dafür auch nur einen Cent investieren mussten. Diese Transaktionsstruktur ermöglicht damit im wirtschaftlichen Ergebnis eine

---

57 DGAP-News vom 21. Dezember 2021: https://www.dgap.de/dgap/News/corporate/rocket-internet-erwaegt-unbedingtes-oeffentliches-aktienrueckerwerbsangebot-und-beruft-dafuer-ausserordentliche-hauptversammlung-ein-rocket-internet-und-elliott-unterzeichnen-annahmevereinbarung/?newsID=1496427

58 Die Angebotsunterlage kann bezogen werden über die BaFin: https://www.bafin.de/SharedDocs/Downloads/DE/Angebotsunterlage/rocket_internet_se.pdf?__blob=publicationFile&v=1

Vermögensverschiebung von Minderheitsaktionären bzw. Finanzinvestoren, die ihre Aktien unter dem inneren Wert angedient haben, hin zu den unternehmerisch investierten Großaktionären. Diese Wertverlagerung widerspricht dem **Eigeninteresse der juristischen Person** Rocket Internet: Die für den Aktienkauf aufgewendeten Mittel können nicht mehr zum satzungsmäßigen Gesellschaftszweck, insbesondere Gründung und Entwicklung neuer Unternehmen, verwendet werden. Stattdessen haben sich hier Partikularinteressen der unternehmerisch investierten Aktionäre und ihrem Umfeld zum Nachteil der juristischen Person und der Finanzinvestoren durchgesetzt.

- Am 21. Dezember 2021 kündigte die Rocket Internet SE ein weiteres **Übernahmeangebot zu 35,00 Euro** an[59]. Daraufhin wurden ihr 26.405.444 Aktien mit einem Rückerwerbsvolumen in Höhe von rund 924,2 Mio. Euro angedient[60].

59 Unternehmensmitteilung vom 21. Dezember 2021: https://www.eqs-news.com/de/news/corporate/rocket-internet-se-erwaegt-unbedingtes-oeffentliches-aktienrueckerwerbsangebot-und-beruft-dafuer-ausserordentliche-hauptversammlung-ein-rocket-internet-se-und-elliott-unterzeichnen-annahmevereinbaru/1496427

60 Unternehmensmitteilung vom 15. März 2022: https://www.eqs-news.com/de/news/corporate/rocket-internet-se-schliest-ruckerwerbsangebot-mit-einem-ruckerwerbsvolumen-von-924-190-54000-millionen-euro-ab/1532679

Unter Auswertung des Jahresabschlusses für das Jahr 2021 stellen sich die Wertverlagerungen in der nachfolgenden **Abbildung 15a** mit der Gesamtkalkulation zur Übernahme der Rocket Internet SE wie folgt dar:

Berechnung Rocket Internet (in Mio. Euro)					
		Rocket Internet			
	Anmerkung	zum 30.06.2020	Vollzug Angebot	Einziehung Aktien	nach Vollzug und Einziehung
AKTIVA					
Anlagevermögen		**1.960,6**			**1.960,6**
Umlaufvermögen		**2.218,3**	**-514,3**		**1.704,0**
Kassenbestand, Guthaben bei Kreditinstituten	1	1.386,4	-514,3		872,1
Sonstiges Umlaufvermögen		831,9			831,9
Rechnungsabgrenzungsposten		**0,9**			**0,9**
SUMME AKTIVA		**4.179,8**	**-514,3**	**0,0**	**3.665,5**
PASSIVA					
Eigenkapital		**3.936,3**	**-513,7**	**0,0**	**3.422,6**
gezeichnetes Kapital	2	137,3		-29,2	108,1
Eigene Anteile	3	-1,6	-27,6	29,2	0,0
Kapitalrücklage		2.261,5			2.261,5
Gewinnrücklagen	4	67,8		27,6	95,4
Bilanzgewinn	5	1.471,3	-486,1	-27,6	957,6
Rückstellungen	**6**	**20,4**	**-0,6**		**19,8**
Verbindlichkeiten		**223,0**			**223,0**
SUMME PASSIVA		**4.179,7**	**-514,3**	**0,0**	**3.665,4**

Erläuterung zu Anmerkung	1	Gemäß Mitteilung der Gesellschaft wurde das Delisting-Angebot für 27.596.228 Aktien angenommen; damit fließen der Gesellschaft 514,3 Mio.EUR ab (27.596.228 Aktien x 18,57 EUR Angebotspreis + 1,85 Mio. Transaktionskosten [vgl. Delisting-Angebot Seite 79])
Erläuterung zu Anmerkung	2	Das gezeichnete Kapital verteilte sich zum 30.06.2020 auf 135.690.619 Aktien + 1,6 Mio. Eigene Aktien); nach Einzug der eigenen und erworbenen Aktien verbleiben noch 108.094.391 Stück Aktien.
Erläuterung zu Anmerkung	3	Die erworbenen 27.596.228 Stück Aktien werden zunächst zu eigenen Aktien und dann zusammen mit den bereits vorhandenen eigenen Aktien eingezogen.
Erläuterung zu Anmerkung	4	Von den Gewinnrücklagen werden die auf die erworbenen Aktien entfallenden Grundkapitalanteile abgezogen.
Erläuterung zu Anmerkung	5	Der Bilanzgewinn mindert sich um den Aufwand für den Erwerb der Aktien (514,3 Mio. EUR) und erhöht sich um die Auflösung der Steuerrückstellung (0,6 Mio. EUR).
Erläuterung zu Anmerkung	6	Auflösung Steuerrückstellung (vgl. dazu Delisting-Angebot Seite 79)
Wertauswirkungen der Veränderung des EK pro Aktie		Wert EK pro Aktie per 30.06.2020: 29,01 EUR (3.936,3 Mio. EUR EK ÷ 135.690.619 Aktien) Wert EK pro Aktie nach Vollzug Angebot: 31,66 EUR (3.422,6 Mio. EUR EK ÷ 108.094.361 Aktien [135.690.619 - 27.596.228]) Differenz je Aktie: 2,65 EUR Davon entfällt auf

Global Founders	61.210.467 Aktien	162,43 Mio. EUR
Oliver Samwer	6.148.683 Aktien	16,32 Mio. EUR
Prof. Dr. Marcus Englert	3.500 Aktien	0,01 Mio. EUR
Norbert Lang	150.000 Aktien	0,40 Mio. EUR
Summe	67.512.650 Aktien	179,16 Mio. EUR

Abbildung 15a: Gesamtkalkulation zur Übernahme der Rocket Internet SE

Damit gelang das Delisting zu fast historischen Tiefstkursen und deutlich unter dem inneren Wert:

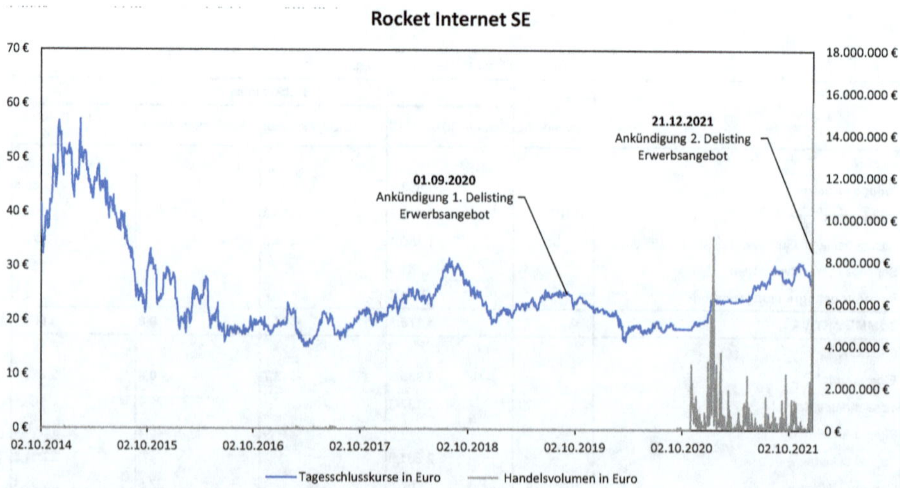

Abbildung 15b: Kursverlauf und Handelsentwicklung Rocket Internet SE[61]

Zu berücksichtigen sind auch die **Mehrheitsverhältnisse**. Bei den in § 1 SpruchG kodifizierten Strukturmaßnahmen ist mindestens eine Mehrheit von 75 Prozent des auf der beschlussfassenden Hauptversammlung vertretenen Kapitals erforderlich, siehe § 293 Abs. 1 AktG. Beim Delisting kommt es zu einer ähnlichen Verlagerung von Vermögenswerten zwischen den beiden Aktionärsgruppen. Jedoch hielten die Hauptaktionäre der Rocket Internet SE bei Abgabe des ersten Übernahmeangebots am 30. September 2020 nicht einmal 50 Prozent der Aktien[62]. Das zeigt einen weiteren regulatorischen Handlungsbedarf auf: Die Finanzinvestoren müssen vor Großaktionären geschützt werden, die mit einfacher Mehrheit auf der Hauptversammlung nachteilige Kapitalmaßnahmen für die Gesellschaft und die übrigen Aktionäre herbeiführen können.

Wie nachfolgend Teil 1 § 3 VII noch im Einzelnen aufzeigt, genügt eine rein **finanzmarkttechnische Kodifizierung** nicht: Denn bereits die Ankündigung eines Delisting löst einen allgemeinen Verkaufsdruck aus, weil bei nicht mehr handelbaren

61 Datenquelle: www.ariva.de/rocket_internet-aktie/

62 Nach den Angaben im Öffentlichen Übernahmeangebot vom 30. September 2020 auf Seite 41 hielten die Global Founders GmbH 45,11 Prozent und Herr Oliver Samwer 4,53 Prozent, also zusammen 49,64 Prozent. Bezugsquelle: https://www.bafin.de/SharedDocs/Downloads/DE/Angebotsunterlage/rocket_internet_se.html?nn=7845970 Weitere Einzelheiten enthält die als Abbildung 15a vorgelegte Gesamtkalkulation zur Übernahme der Rocket Internet SE.

Vermögensgegenständen eine **Wertrealisierung** nicht mehr jederzeit möglich ist. Die Aktie verliert ihre Fungibilität und damit ihre Attraktivität.

Zudem entfallen mit den Zulassungsfolgepflichten umfassende, wertrelevante Informationsansprüche gegenüber dem Emittenten. Damit eröffnen sich für die in den Organen vertretenen informierten Aktionäre Arbitragen, weswegen sich der „Homo oeconomicus“ aus dem Markt zurückzieht.

Außerdem begründet § 193 Abs. 1 Satz 1 Nr. 1 KAGB beim Delisting eine **mittelbare Verkaufspflicht** für inländische OGAW-Kapitalverwaltungsgesellschaften, weil diese nur Aktien an börsennotierten Emittenten halten dürfen. Damit wirkt das Delisting für diese Aktionärsgruppe faktisch wie ein Squeeze-out aber ohne eine angemessene Kompensation.

Diese hier angesprochenen auch **grundrechtsrelevanten Auswirkungen eines Delisting** verlangen nach einer **Kodifizierung als abfindungspflichtige Strukturmaßnahme** im Aktienrecht, mindestens jedoch in § 1 SpruchG.

Die verfassungsrechtlich gebotene Kompensation ist im **Kompetenzgefüge einer Aktiengesellschaft** zu regeln. Entsprechendes gilt für das Delisting: So vermögen zwar § 39 BörsG oder das Übernahmerecht ein Übernahmeangebot zu kodifizieren. Der dort bestehende Rechtsrahmen zielt allerdings auf eine Konzerneingangskontrolle[63]. Sie verfolgt einen anderen Regelungszweck als eine Kompensation. Hier kommt es nach wie vor über § 193 Abs. 1 Satz 1 Nr. 1 KAGB im wirtschaftlichen Ergebnis zu einer faktischen Enteignung.

Bei der Rocket Internet SE zeigt sich beispielhaft, wie ein Delisting die Realisierung des inneren Werts einer Aktie erschwert. Die unter Teil 1 § 3 IX dargestellten Daten zeigen einen regelhaften Kursverfall, der die Substanz des Aktieneigentums trifft. Das hat bereits das Bundesverfassungsgericht in der „Delisting-Entscheidung“ vom 11. Juli 2012 für möglich gehalten. Es erteilt für diesen Fall den **Gesetzgebungsauftrag**, das Delisting wieder im Aktienrecht zu regulieren:

> „Es kann dahingestellt bleiben, ob der verfassungsrechtlich zu gewährleistende Schutz des Aktieneigentums in seinem vermögensrechtlichen Element eine andere Beurteilung rechtfertigen könnte, wenn mit dem Widerruf regelmäßig ein Kursverfall einträte, der nach seinem Ausmaß die wirtschaftliche Substanz des Aktieneigentums träfe. Denn ein solcher Effekt lässt sich jedenfalls für die hier in Rede stehenden Zeiträume ab 2004 und die heutigen Verhältnisse nicht mehr tragfähig belegen. Ein regelhaft zu verzeichnender Kursverfall nach Ankündigung der Widerrufsabsicht lässt sich nach keiner der Stellungnahmen sachkundiger Dritter hinreichend abstützen.“[64]

---

63 Für weitere Einzelheiten zur Konzerneingangskontrolle siehe Teil 1 § 3 IV 1 und § 3 I mit Abbildung 29.

64 BVerfG vom 11. Juli 2012 – 1 BvR 3142/07, 1 BvR 1569/08, juris Tz. 68.

Die beiden Übernahmeangebote der Rocket Internet SE zu 18,57 Euro und 35,00 Euro zeigen zudem, dass der Börsenwert nicht der **wirtschaftlichen Substanz des Aktieneigentums** entspricht. Der Börsenwert deckt sich schon nicht mit dem Anteil je Aktie am Eigenkapital, der hier schon rechnerisch bei 29,01 Euro vor bzw. 31,68 Euro nach Vollzug des Delisting lag. Die wirtschaftliche Substanz des Aktieneigentums wird somit durch den **regelmäßigen Kursverfall** und die **fehlende Ermittlung** des inneren Werts nach dem Ertragswertverfahren beeinträchtigt.

Der Gesetzgebungsauftrag aus der „Delisting-Entscheidung" verlangt daher, das Delisting nach den Grundsätzen der **„Macrotron-Entscheidung"**[65] im Aktienrecht zu kodifizieren.

Vorschlag 2: Kodifizierung des Delisting in AktG und SpruchG
- Angesichts der **Grundrechtsrelevanz** besteht wie bei den anderen Strukturmaßnahmen in § 1 SpruchG eine Zuständigkeit der Hauptversammlung. Der Verlust der Fungibilität sowie die mittelbare Verkaufspflicht aus § 193 Abs. 1 Satz 1 Nr. 1 KAGB erfordern eine Kompensation.
- **Mitteilungspflichten zu den Beteiligungsverhältnissen** ausweiten und die Regelungskonzepte in § 20 Abs. 1 AktG und § 33 Abs. 1 WpHG aufeinander abstimmen, (Vorschlag 3).
- Angaben zum **Bieter für das Erwerbsangebot**: Eine Aktiengesellschaft darf nach § 71 Abs. 2 Satz 1 AktG höchstens 10 Prozent der eigenen Aktien erwerben, siehe auch §§ 71a, 71c Abs. 2 AktG.
- Wertermittlung nach dem **Ertragswertverfahren** und Überprüfung im Spruchverfahren.

6 Volkswagen AG – Short Squeeze

Auch der **Short Squeeze** bei der **Volkswagen Stamm-Aktie** im Oktober 2008 hat bei Anlegern zu großen Schäden geführt: Leerverkäufer hatten sich 12 Prozent der Aktien geliehen, nicht wissend, dass aufgrund geheimer Derivatgeschäfte nur noch 6 Prozent der Aktien frei handelbar waren[66]. Das gab die Porsche Automobil Holding SE erst am 26. Oktober 2008 per Pressemitteilung bekannt:

> „Aufgrund der dramatischen Verwerfungen auf den Finanzmärkten hat sich die Porsche Automobil Holding SE, Stuttgart, am Wochenende entschlossen, ihre Aktien und Kurssicherungspositionen im Zusammenhang mit der Übernahme der Volkswagen AG, Wolfsburg, offen zu legen. Demnach hält die Porsche SE am Ende der vergangenen Woche 42,6 Prozent der Volkswagen Stammaktien sowie zusätzlich 31,5 Prozent cash gesettelte Optionen auf Volkswagen Stammaktien zur Kurssicherung, was in der Summe einen Betrag von 74,1 Prozent ergibt. [...]
>
> Porsche hat sich zu dieser Bekanntgabe entschlossen, nachdem offenkundig geworden ist, dass deutlich mehr Shortpositionen im Markt sind als erwartet. Die Offenlegung soll deshalb den sogenannten Shortsellern – also Finanzinstituten, die auf einen fallenden VW Kurs gewettet ha-

65 BGH vom 25. November 2002 – II ZR 133/01.

66 Die Antworten auf eine parlamentarische Anfrage in der BT-Drucks 16/11528 geben einen kurzen Überblick über die wesentlichen Ereignisse: https://dserver.bundestag.de/btd/16/115/1611528.pdf
Eine weitere Zusammenfassung enthält: https://de.wikipedia.org/wiki/Short_Squeeze

ben oder noch wetten – Gelegenheit geben, ihre Positionen in Ruhe und ohne größeres Risiko aufzulösen."[67]

Diese Meldung führte dazu, dass Shortseller ihre Positionen physisch durch Aktien unterlegen mussten. Der Kurs der VW-Aktie stieg von zuvor knapp 200 Euro in der Spitze auf über 1.000 Euro. VW war damit plötzlich das wertvollste Unternehmen der Welt.

Die so ausgelösten Kursentwicklungen führten zu massiven Schäden[68]. Das betraf vor allem Fondsgesellschaften, die nach ihren Anlagebedingungen einen Index nachbilden oder bestimmte Relationen / Gewichtungen zwischen einzelnen Werten abbilden mussten.

Die Kursentwicklung der Volkswagen-Stammaktie stellt sich wie folgt dar:

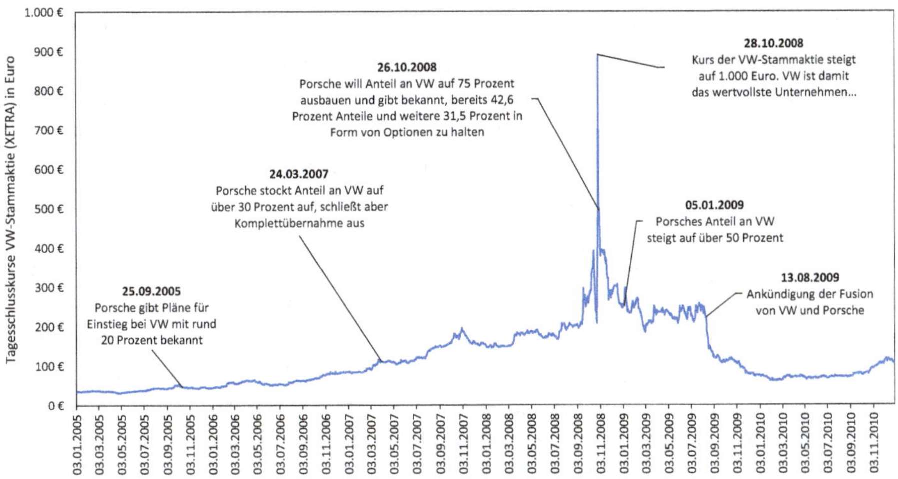

Abbildung 16: Chart Short Squeeze Volkswagen-Stammaktie – Auswirkungen der Ereignisse[69]

Der Gesetzgeber hat diesen Schadensfall noch nicht aufgearbeitet. In der Zukunft ließen sich solche **Gefahrenlagen** mit weiteren Mitteilungen über die jeweiligen Beteiligungsverhältnisse vermeiden. Bislang sieht § 33 Abs. 1 WpHG Mitteilungspflichten nur für die Schwellen in Höhe von 3, 5, 10, 15, 20, 25, 30, 50 und 75 Prozent vor. Diese Meldewerte verschaffen dem Hauptaktionär bzw. der Gesellschaft einen Überblick über die Beteiligungsverhältnisse. Sie melden Aktionäre,

67 Pressemitteilung der Porsche Automobil Holding SE vom 26. Oktober 2008, abrufbar über https://www.porsche-se.com/mitteilungen/pressemitteilungen/details/news/detail/News/porsche-strebt-beherrschungsvertrag-an

68 Den vielschichtigen Einzelfall Adolf Merckle schildert https://de.wikipedia.org/wiki/Adolf_Merckle

69 Datenquelle für Kurse: www.ariva.de

- an deren (Sperr-)Beteiligung ein Squeeze-out oder eine andere kompensationspflichtige Strukturmaßnahme scheitern könnte, oder
- die sich an die Beteiligungshöhe von 30 Prozent annähern. Sie verpflichtet nach § 35 Abs. 1 WpÜG zur Abgabe eines Übernahmeangebots, womit die Konzerneingangskontrolle beginnt.

Die **Mitteilungspflichten aus § 20 Abs. 1 AktG** setzen schon bei einer Beteiligung in der Höhe von mehr als dem vierten Teil ein. Auch hier stellt sich unter Verweis auf den Bundesgerichtshof die Frage, warum es im Kapitalmarktrecht einen anderen Regelungsrahmen gibt als im Aktienrecht[70] und ob die Ad-hoc-Mitteilungen rechtzeitig und im erforderlichen Umfang gemacht werden.

Vor allem die gegenwärtig bestehenden **Mitteilungspflichten im WpHG** entsprechen in erster Linie dem Informationsinteresse der Großaktionäre und ihrer Verwaltung. Denn sie decken die (Sperr-)Schwellen für Beteiligungsverhältnisse bei kompensationspflichtigen Strukturmaßnahmen ab, die ein Hauptaktionär kennen muss. Sie schützen aber nicht die übrigen Aktionäre. Dazu fehlen Mitteilungspflichten zu den Schwellenwerten für die in § 1 Nr. 1 bis Nr. 4 SpruchG genannten Strukturmaßnahmen zwischen 70 Prozent[71] bis 95 Prozent. Zur Vermeidung eines Short Squeeze wie bei der Volkswagen AG bietet es sich an, in 5-Prozent-Schritten weitere Mitteilungspflichten zu statuieren.

Die Mitteilungspflichten aus § 33 Abs. 1 WpHG gelten nach § 33 Abs. 2 WpHG nur für Emittenten, deren Aktien an einem **organisierten Markt** zum Handel zugelassen sind. Darunter versteht § 2 Abs. 11 WpHG ein *„durch staatliche Stellen genehmigtes, geregeltes und überwachtes multilaterales System“* zum Handel von Wertpapieren. Das ist in Deutschland (nur) der „Regulierte Markt“[72]. Der Informationsbedarf der Anleger besteht aber gleichermaßen im Freiverkehr und auch nach einem Delisting. Daher sollten auch die Mitteilungspflichten in § 20 Abs. 1 AktG entsprechend auf die zuvor genannten Schwellenwerte erweitert werden.

---

70 BGH vom 11. Juni 2013 – II ZR 80/12, juris Tz. 19. Gerade bei größeren Gesellschaften wie zum Beispiel Rocket Internet SE mit vielen außenstehenden Aktionären besteht ein Informationsbedarf über die Beteiligungsverhältnisse.

71 Die Zustimmung der Hauptversammlung zu einem Unternehmensvertrag bedarf einer Mehrheit von mindestens drei Viertel des vertretenen Grundkapitals, § 293 Abs. 1 Satz 2 AktG. Das gilt auch für eine Verschmelzung, § 65 Abs. 1 Satz 1 UmwG. Angesichts der Präsenzverhältnisse auf deutschen Hauptversammlungen müssen relevante Mitteilungspflichten wahrscheinlich schon mit 50 Prozent beginnen.

72 Der „Regulierte Markt“ der Deutschen Börse ist ein Zulassungssegment für Wertpapiere mit besonders strengen Zulassungsvoraussetzungen und Folgepflichten. Es handelt sich um einen organisierten Markt im Sinne von § 2 Abs. 5 WpHG. Für weitere Einzelheiten: https://deutsche-boerse.com/dbg-de/unternehmen/wissen/boersenlexikon/boersenlexikon-article/Regulierter-Markt-244348
Daher spricht § 39 BörsG auch vom „regulierten Markt“. Das WpHG orientiert sich begrifflich am Normgeber EU und verwendet daher „organisierter Markt“.

Vorschlag 3: Mitteilungspflichten über Beteiligungshöhen ausweiten
- **Ausweitung der Mitteilungspflichten** auch auf die Spanne von 30 Prozent bis 95 Prozent in 5-Prozent-Schritten in § 33 Abs. 1 WpHG.
- **Mitteilungspflichten aus § 33 Abs. 1 WpHG** für organsierten Markt auf alle Aktiengesellschaften in § 20 Abs. 1 AktG übernehmen.

Damit werden für Anleger die Beteiligungsverhältnisse im Vorfeld von den nach § 1 Nr. 1 bis 4 SpruchG kompensationspflichtigen Strukturmaßnahmen erkennbar:
- Die Zustimmung zu einem **Unternehmensvertrag** erfordert eine Mehrheit von **75 Prozent** auf der Hauptversammlung, § 293 Abs. 1 Satz 2 AktG. Das gilt auch für Maßnahmen nach dem Umwandlungsgesetz, § 65 Abs. Satz 1 UmwG. In der Praxis besteht bei vielen Gesellschaften eine Beteiligungshöhe des die Strukturmaßnahme betreibenden Hauptaktionärs von 75 Prozent. Bei den gegenwärtigen Präsenzverhältnissen auf den Hauptversammlungen deutscher Aktiengesellschaften lässt sich diese Mehrheit jedoch auch schon mit einer Beteiligung deutlich unter 75 Prozent erreichen[73].
- Bei einer **Eingliederung** müssen sich **95 Prozent** der Aktien in der Hand des zukünftigen Hauptgesellschafters befinden, § 320 Abs. 1 Satz 1 AktG.
- Ein **Squeeze-out** nach §§ 327a ff. AktG und § 39a Abs. 1 Satz 1 WpÜG setzt eine Beteiligung von **95 Prozent** voraus. Für einen verschmelzungsrechtlichen Squeeze-out genügen schon **90 Prozent**, § 62 Abs. 5 Satz 1 UmwG. Beim übernahmerechtlichen Squeeze-out gibt es kein Spruchverfahren.
- Der **Umwandlungsbeschluss** bedarf einer Mehrheit von **drei Viertel des vertretenen Grundkapitals**, § 65 Abs. 1 Satz 1 UmwG. Meist handelt es sich hier um Verschmelzungen.
- Beim **Delisting** gibt es keine Mehrheitserfordernisse. Bei der Rocket Internet SE konnte sogar ein Delisting von einer Aktionärsgruppe durchgesetzt werden, die nicht einmal 50 Prozent der Aktien hielt. Daher muss schon bei einer Beteiligung in Höhe von 30 Prozent durch eine Aktionärsgruppe mit einem Delisting gerechnet werden.

Die **Mitteilungspflichten** aus § 33 WpHG bzw. § 20 AktG müssen schon weit unterhalb dieser Beteiligungswerte einsetzen:
- Die **Präsenzverhältnisse** auf deutschen Hauptversammlungen sind zu berücksichtigen. Eine Mehrheit von 75 Prozent des vertretenen Eigenkapitals wird vielfach schon bei einer Beteiligung in Höhe von nur 50 Prozent erreicht. Die Konzerneingangskontrolle aus § 35 WpHG beginnt jedenfalls schon mit einer Betei-

73 So besaß der Hauptaktionär der ADVA Optical Networking SE, die ADTRAN Holdings, Inc., nur rund 65 Prozent der Aktien, erreichte aber auf der Hauptversammlung am 30. November 2022 trotzdem die erforderliche Mehrheit zum Abschluss des Beherrschungs- und Gewinnabführungsvertrags.

ligung in der Höhe von 30 Prozent. Bei den gegenwärtigen Präsenzverhältnissen vermag diese Beteiligungshöhe eine Hauptversammlungsmehrheit zu vermitteln.

- Außerdem lässt die ständige Rechtsprechung des Bundesgerichtshofes seit der „Lindner-Entscheidung“[74] auch zu, die Schwellenwerte für Strukturmaßnahmen im Wege der **Wertpapierleihe** zu überschreiten. Das Beispiel der Axel Springer SE[75] zeigt, dass die Mitteilungspflichten schon unter einer Beteiligung in Höhe von 50 Prozent beginnen müssen. Außerdem gilt es ein gegebenenfalls kollusives Zusammenwirken von Aktionärsgruppen, die zusammen die Schwellenwerte für Meldepflichten erfüllen, zu veröffentlichen.
- Der bereits oben angesprochene **Short Squeeze** bei der Volkswagen AG lässt sich vor allem auf die fehlenden Kenntnisse der Kapitalmarktteilnehmer über die Beteiligungsverhältnisse an der Volkswagen AG mittels Finanzderivaten zurückführen.

7 Wirecard AG – Multiples Kontrollversagen

Das jahrelange **multiple Kontrollversagen** bei der Wirecard AG hat das Misstrauen in Aktieninvestments noch weiter verstärkt[76]. Die Erkenntnisse des Untersuchungsausschusses des Deutschen Bundestages haben gezeigt, dass keine Haftung für **fehlerhafte Regel- und Kapitalmarktinformationen** existiert. Zudem sind die gesetzlichen Regelinformationen lückenhaft und haben als **Organisationsnormen** keine Drittwirkung. Außerdem gibt es keinen sachlichen Grund für die **Haftungsprivilegierung** der Jahresabschlussprüfer in § 323 HGB.

Bei 123.565.586 Stückaktien hat sich die **Marktkapitalisierung** der Wirecard AG von weit mehr als 10 Milliarden Euro nahezu vollständig aufgelöst:

74 BGH vom 16.03.2009 – II ZR 302/06.

75 Der Hauptaktionär KKR hielt vor dem Squeeze-out nur 47,62 Prozent der Aktien. Im Wege der Wertpapierleihe erhielt er die weiteren Aktien, die für einen Squeeze-out erforderlich waren. Die Einzelheiten ergeben sich aus dem Übertragungsbericht, Seite 26 ff., zu beziehen über https://www.axelspringer.com/data/uploads/2020/10/uebertragungsbericht-mit-anlagen.pdf

76 Der Bericht des 3. Untersuchungsausschusses (Wirecard) in der 19. Wahlperiode (BT-Drucks 19/30900) stellt das im Einzelnen dar. Er kann über die Homepage des Deutschen Bundestages bezogen werden: https://www.bundestag.de/dokumente/textarchiv/2021/kw25-pa-3ua-uebergabe-bericht-849006

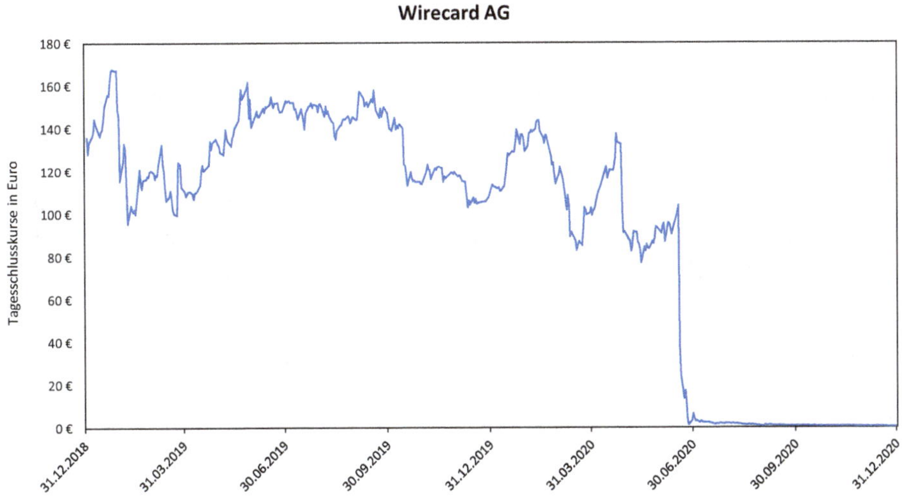

Abbildung 17: Chart der Wirecard AG vom 1. Januar 2019 bis zum 31.12.2020[77]

Hinzu kommen weitere Schäden bei Vertragspartnern und Kreditgebern. Bei einigen Rechtsanwälten sollen sich mehr als 100.000 Anspruchsinhaber für eine weitere Rechtsverfolgung registriert haben. Das führt zu der Frage, welcher Verursacher für diese Schäden über die erforderliche Bonität verfügt – die Wirecard AG selbst, deren Organe, die Abschlussprüfer, Beraterfirmen, Anlageberater oder doch der Staat?

Der **3. Untersuchungsausschuss** des Deutschen Bundestages hat den Niedergang von Wirecard aufgearbeitet[78]. Das **BMF** sieht mit einem **Sieben-Punkte-Plan** konkrete Veränderungen für die BaFin vor, damit sie ihre Aufgaben künftig besser erledigen kann[79]. Nach wie vor haben aber diese und andere Organisationsnormen immer noch keinen drittschützenden Charakter. Damit gibt es für Anleger auch weiterhin keine neuen und praktikablen **Anspruchsgrundlagen**. Dazu hätte es sich angeboten, beispielsweise die gesetzlichen Regelinformationen auf den Prüfstand zu stellen und individualschützend auszugestalten. Außerdem zeigt sich auch hier, dass ein effektiver auf Leistungstitel und **Justizentlastung** gerichteter kollektiver Rechtsschutz fehlt[80].

---

77 Datenquelle: www.ariva.de

78 Der Abschlussbericht des 3. Parlamentarischen Untersuchungsausschusses BT-Drucks 19/30900 vom 22. Juni 2021 kann bezogen werden über https://www.bundestag.de/dokumente/textarchiv/2021/kw25-pa-3ua-uebergabe-bericht-849006

79 Artikel auf der Homepage des BMF vom 24. Februar 2021: https://www.bundesfinanzministerium.de/Content/DE/Standardartikel/Themen/Internationales_Finanzmarkt/Finanzmarktpolitik/2021-02-02-mehr-biss-fuer-die-finanzaufsicht.html

80 Der Rechtsrahmen in den USA ermöglicht eine zügigere Regulierung gegenüber deutschen Verursachern, wohingegen sich die Verfahren in Deutschland lange hinziehen. Gute Beispiele sind die

III Vertrauensindex im ROLAND Rechtsreport

Der ROLAND Rechtsreport ermittelt durch das **Institut für Demoskopie Allensbach** seit 2010 jährlich die öffentliche Meinung zum deutschen Rechtssystem und zu ausgewählten rechtspolitischen Themen[81].

Dazu gehört auch ein Vertrauensindex, der seit Jahren für große Wirtschaftsunternehmen das gleiche Bild zeigt: Während kleine und mittlere Unternehmen hohes Vertrauen genießen, fehlt dieses bei großen Wirtschaftsunternehmen:

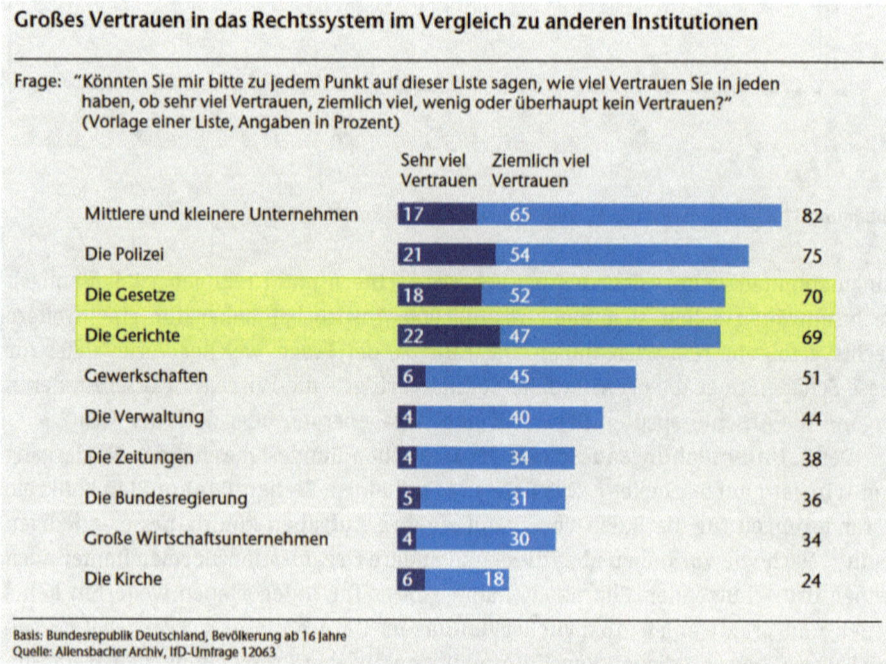

Abbildung 18: ROLAND Rechtsreport 2023 – Vertrauensindex[82]

Börsengänge bei der Deutschen Telekom AG und „Dieselgate" beim Volkswagen-Konzern. Vorschläge für einen effektiven kollektiven Rechtsschutz enthält *Weimann* „Kollektiver Rechtsschutz – Ein Memorandum der Praxis", Berlin/Boston 2018.

81 Alle Ausgaben des ROLAND Rechtsreport seit 2010 können über diese Seite bezogen werden: https://www.roland-rechtsschutz.de/unternehmen/presse/index.html

82 ROLAND Rechtsreport 2023, Seite 10 ff., Schaubild 1 auf Seite 11, zu beziehen über https://www.roland-rechtsschutz.de/media/roland-rechtsschutz/pdf-rr/042-presse-pressemitteilungen/roland-rechtsreport/roland_rechtsreport_2023.pdf

Besonders deutlich wird das im Mehrjahresvergleich für den Zeitraum von 1991 bis 2021:

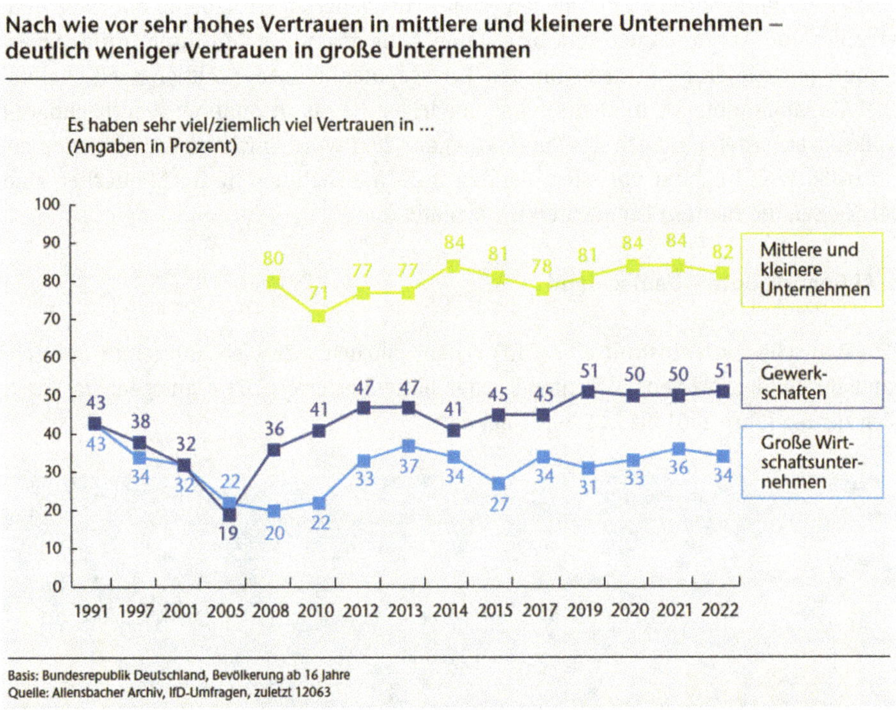

Abbildung 19: ROLAND Rechtsreport 2023 – Vertrauen in Wirtschaftsunternehmen 1991 bis 2022[83]

Der Vertrauensindex reflektiert den **Grundkonsens einer Gesellschaft**[84]. Große Wirtschaftsunternehmen bieten auf vielen Märkten führende Technologien und Produkte an und gehören oft zu den beliebtesten Arbeitgebern. Die Steuerzahler bezahlen für diese Unternehmen Infrastrukturen und schaffen weitere Rahmenbedingungen. Der gleiche Personenkreis ist aber nicht bereit, in diese Unternehmen zu investieren. Das wirft die Frage nach Gründen und Ursachen auf. Hier dürften die nicht aufgearbeiteten Skandale und der fehlende Rechtsschutz die Vertrauensgrundlage reduziert haben.

83 ROLAND Rechtsreport 2023, Seite 14, Schaubild 4: https://www.roland-rechtsschutz.de/media/roland-rechtsschutz/pdf-rr/042-presse-pressemitteilungen/roland-rechtsreport/roland_rechtsreport_2023.pdf

84 Zu diesem Ergebnis kommt auch Friedrich Merz in einem Essay in der Wochenzeitschrift Die Zeit vom 11. Juni 2019, zu beziehen über https://www.zeit.de/wirtschaft/2019-04/wirtschaftspolitik-deutschland-wohlstand-soziale-gerechtigkeit-demokratie-kapitalismuskritik/komplettansicht

IV Aktieneigentum in Deutschland

Deutsche Steuerzahler bezahlen die Infrastruktur und viele börsennotierte Aktiengesellschaften gehören zu den beliebtesten Arbeitgebern[85]. Trotzdem erwerben Steuerzahler und Arbeitnehmer kein bzw. kaum Aktieneigentum. Mit ihrem **Anlegerverhalten** partizipieren sie nicht an den Ertragspotentialen der Aktiengesellschaften. Die Aktionärsquote ist in Deutschland niedriger (1) als in anderen, vergleichbaren Volkswirtschaften (2). Auch das gute Aktienjahr 2021 wurde nicht zu Aktienkäufen genutzt (3). Weil Inländer vor allem bei den DAX-Unternehmen in der Minderheit sind (4), fließen die meisten Dividenden ins Ausland (5).

1 Aktionärsquote – Deutschland

Das Deutsche Aktieninstitut e.V. (DAI) erhebt jährlich, wie viele Bürger in Deutschland ihr Geld in Aktien, Aktienfonds oder aktienbasierten ETF's anlegen. Das stellt sich für die Jahre 2001 bis 2022 wie folgt dar:

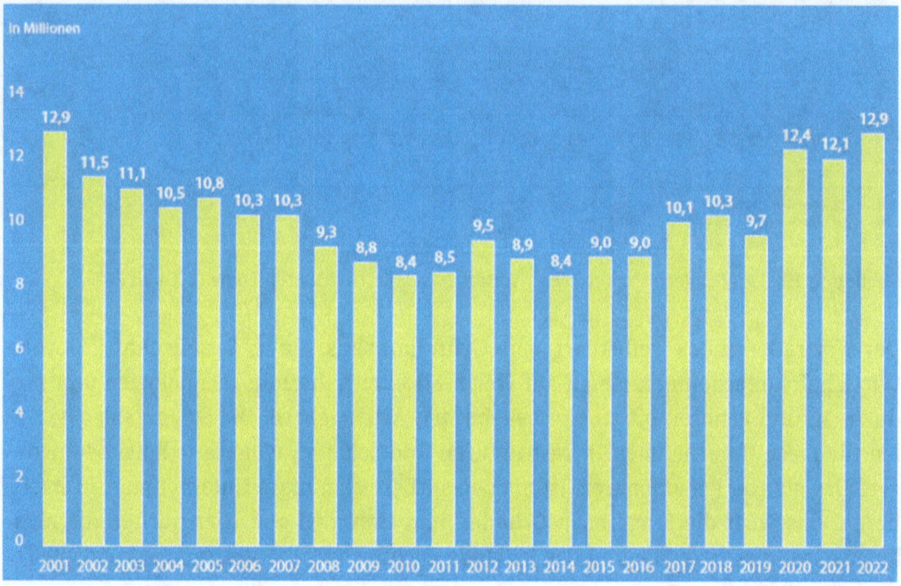

Abbildung 20: Aktionärszahlen des DAI 2022, Seite 7[86]

85 Ranking im Wettbewerb „Great Place to Work", zu beziehen über https://www.greatplacetowork.de/ und https://www.handelsblatt.com/karriere/great-place-to-work-das-bieten-die-besten-arbeitgeber-ihren-mitarbeitern/29054486.html

86 Zu beziehen über https://www.dai.de/fileadmin/user_upload/230117_Deutsches_Aktieninstitut_Aktionaerszahlen_2022.pdf

Die prozentuale Aufteilung auf die verschiedenen Anlegergruppen setzt sich wie folgt zusammen:

	Aktiensparer Insgesamt	Aktionäre Insgesamt	Anleger in Fonds/ETFs Insgesamt	Anleger in Aktien und Fonds/ETFs	Anleger nur Aktien	Anleger nur in Fonds/ETFs
2022	18,3 %	7,4 %	14,9 %	4,0 %	3,3 %	10,8 %
2021	17,1 %	7,3 %	12,6 %	2,9 %	4,5 %	9,8 %
2020	17,5 %	7,6 %	13,2 %	3,3 %	4,3 %	9,9 %
2019	15,2 %	6,5 %	11,2 %	2,5 %	4,0 %	8,7 %
2018	16,2 %	7,1 %	12,2 %	3,1 %	4,0 %	9,1 %
2017	15,7 %	7,7 %	11,2 %	3,2 %	4,5 %	8,0 %
2016	14,0 %	6,8 %	9,8 %	2,6 %	4,2 %	7,2 %
2015	14,0 %	6,8 %	9,5 %	2,3 %	4,5 %	7,2 %
2014	13,1 %	6,4 %	9,3 %	2,6 %	3,8 %	6,7 %
2013	13,8 %	7,1 %	9,5 %	2,8 %	4,3 %	6,7 %
2012	14,7 %	7,0 %	10,2 %	2,5 %	4,5 %	7,7 %
2011	13,1 %	6,0 %	9,5 %	2,4 %	3,6 %	7,1 %
2010	12,9 %	5,6 %	9,3 %	2,0 %	3,6 %	7,3 %
2009	13,6 %	5,6 %	10,2 %	2,2 %	3,4 %	8,0 %
2008	14,4 %	5,5 %	11,0 %	2,1 %	3,4 %	8,9 %
2007	15,9 %	6,2 %	12,3 %	2,6 %	3,6 %	9,7 %
2006	15,8 %	6,5 %	12,2 %	2,9 %	3,6 %	9,3 %
2005	16,6 %	7,3 %	12,4 %	3,1 %	4,2 %	9,3 %
2004	16,2 %	7,1 %	12,1 %	3,0 %	4,1 %	9,1 %
2003	17,3 %	7,8 %	12,7 %	3,2 %	4,6 %	9,5 %
2002	18,0 %	7,8 %	13,4 %	3,2 %	4,6 %	10,2 %
2001	20,0 %	8,9 %	15,2 %	4,1 %	4,8 %	11,1 %
2000	18,5 %	9,7 %	13,1 %	4,3 %	5,4 %	8,8 %
1999	12,9 %	7,8 %	7,4 %	2,3 %	5,5 %	5,1 %

Abbildung 21: Aktionärszahlen des DAI 2022, Seite 22[87]

87 Zu beziehen über https://www.dai.de/fileadmin/user_upload/230117_Deutsches_Aktieninstitut_Aktionaerszahlen_2022.pdf

Die vergleichsweise geringe Aktionärsquote führt zu einem vergleichsweise geringen Geldvermögen privater Haushalte. Damit haben weite Personenkreise nicht an den Wertzuwächsen der letzten Jahre teilgenommen. Zudem können weitere Belastungen auf die Steuer- und Beitragszahler zukommen, wenn die Eigenleistungen nicht für die Altersversorgung ausreichen, siehe Teil 1 § 1 1.

2 Aktionärsquote – Internationaler Vergleich

Der Anteil der Aktien am Geldvermögen privater Haushalte in Deutschland ist in den letzten Jahren deutlich zurückgegangen. Im **internationalen Vergleich** nimmt Deutschland nur einen hinteren Rang ein. Andere Länder wie die Niederlande, Japan oder die USA weisen sehr viel höhere Aktionärsquoten auf:

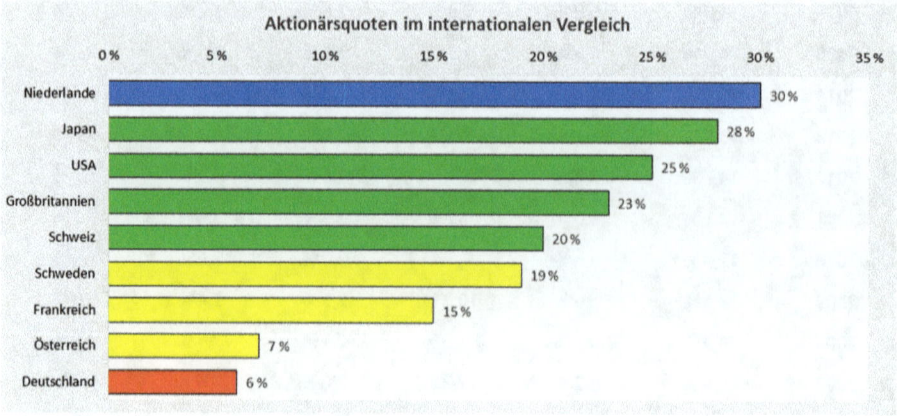

Abbildung 22: Aktionärsquoten international[88]

In diesen Ländern partizipieren die **Anleger** in größerem Umfang von den Erträgen, welche die von ihnen als Steuerzahler eingerichtete Infrastruktur erwirtschaftet. Damit partizipieren sie auch als Anleger von der Innovations- und Ertragskraft der jeweiligen Wirtschaftsstandorte. Die in Deutschland erwirtschafteten Dividenden gehen, wie die Wertsteigerungen, stattdessen an ausländische Anleger.

88 Eigene Berechnungen für 2019, vgl. auch https://de.wikipedia.org/wiki/Aktion%C3%A4rsquote

3 Marktverhalten 2021

Eine Studie des Deutschen Instituts für Wirtschaftsforschung e.V. (DIW) aus dem Juni 2021 zeigt, dass der steigende DAX nicht zu **Aktienkäufen** genutzt wurde[89]:

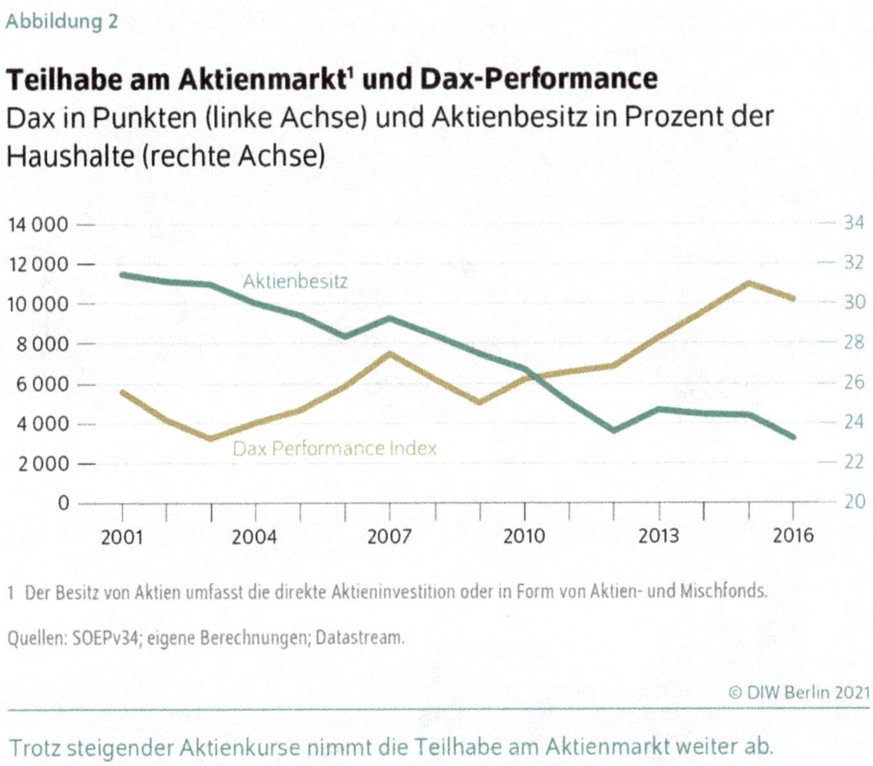

Abbildung 23: DIW – Teilhabe am Aktienmarkt und DAX-Performance

4 Wem gehört der DAX?

Internationale Investoren haben die **Chancen am deutschen Aktienmarkt** erkannt: Deutsche Aktien gelten im internationalen Vergleich als unterbewertet. Daher gehören die DAX-Unternehmen mehrheitlich ausländischen Investoren.

89 DIW Wochenbericht 25/2021, Seiten 423 bis 429, zu beziehen über https://www.diw.de/de/diw_01.c.820255.de/publikationen/wochenberichte/2021_25_1/der_fall_der_t-aktie__boersencrashs_koennen_dauerhaft_investitionsentscheidungen_von_haushalten_negativ_beeinflussen.html

Die jährlich vom DIRK – Deutscher Investor Relations Verband e.V. – und S&P Global Market Intelligence (ehemals IHS Markit) erstellte Studie „Who owns the German DAX? The Ownership Structure of the German DAX 40 in 2022“ zeigt auch in der zehnten Ausgabe für das Jahr 2022 auf, wie sich diese Entwicklung darstellt. Zu einem ähnlichen Ergebnis kommt die Studie „Wem gehört der DAX?“ 2023 von EY.[90] Deutsche Anleger sind unmittelbar nur noch mit 11,9 Prozent nach 12,5 Prozent im Vorjahr 2021 an den im DAX notierten Unternehmen beteiligt:

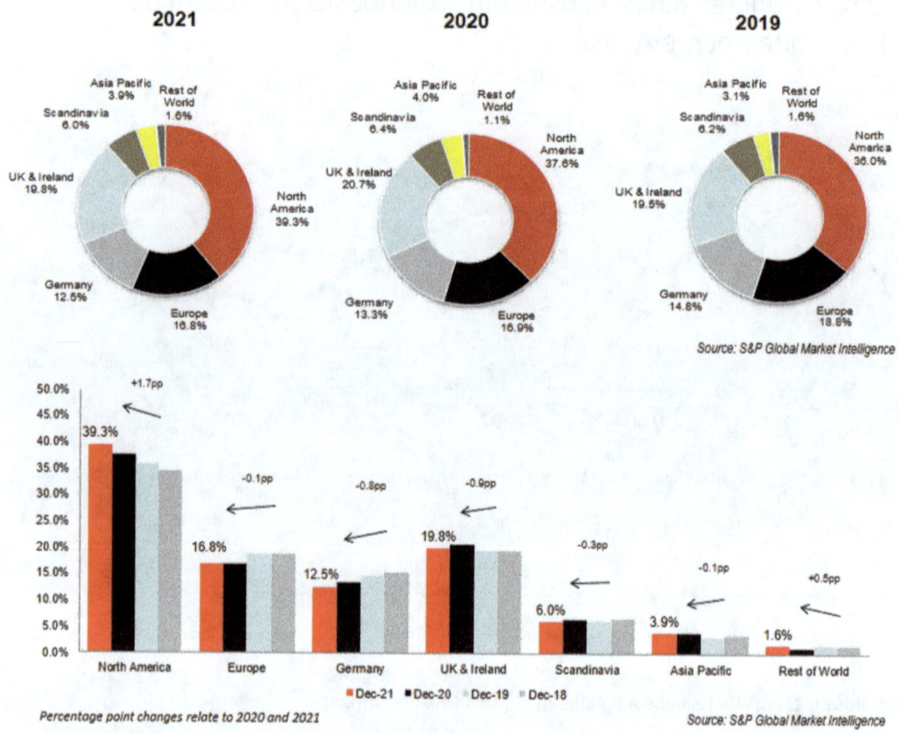

Abbildung 24: DIRK / S&P Global Market Intelligence –Shareholder Structure by Region, Who owns the German DAX? (Tenth Edition 2023) – Seite 9[91]

90 Die Studie kann bezogen werden über https://www.ey.com/de_de/forms/download-forms/2023/07/wem-gehoert-der-dax-2023

91 Bezugsquelle: https://www.dirk.org/?s=who+owns+dax, Seite 9.

Die Pressemitteilung vom 19. Juni 2023[92] zur Studie fasst die Haupterkenntnisse wie folgt zusammen:

- Im Jahr 2022 ist der Anteil der **institutionellen Investoren** weiter gesunken und liegt nun bei 58 % (−2 Prozentpunkte [pp]). Gleichzeitig hat sich der Streubesitz um ca. 2 pp auf etwa 73 % verringert.
- **Nordamerikanische Investoren** haben ihr Engagement im DAX erneut um 4,0 Prozentpunkte gesteigert und halten nun 43,3 % des institutionellen Streubesitzes im DAX. Im Vergleich der letzten zehn Jahre ist Nordamerika um fast 40 % gewachsen, seit im Dezember 2013 betrug ihr Anteil ungefähr 32 %.
- Langfristig betrachtet zeigt sich eine **Internationalisierung der Eigentümerstruktur** im DAX: Deutsche und europäische Investoren verzeichnen seit der ersten Studie im Jahr 2013 einen Rückgang ihres Engagements im DAX, während nordamerikanische Anleger und Investoren aus dem asiatischen Raum zunehmendes Interesse am Leitindex zeigen. Trotz des Brexits bleibt der Anteil der Investoren aus dem Vereinigten Königreich stabil bei 18 % des DAX-Streubesitzes.
- Im Jahresvergleich haben auch Anleger aus dem Vereinigten Königreich und Irland, Kontinentaleuropa, Deutschland und dem asiatisch-pazifischen Raum **Rückzüge** aus dem DAX verzeichnet, jeweils zwischen 0,3 und 2,0 pp.
- **Privatanleger** spielen weiterhin eine wichtige Rolle im DAX. Derzeit machen sie etwa 13 % des DAX-Kapitals aus, was einen Rückgang um 0,7 % seit 2021 darstellt. Seit 2013 hat sich ihr Anteil am DAX von etwa 15 % auf aktuell 13 % verringert.
- **BlackRock** bleibt weiterhin führend bei allen DAX-Unternehmen mit einem verwalteten Anteil am DAX-Streubesitz von 5 % (2021: 5 %). Gemessen am gesunkenen Streubesitz im Jahr 2022 hat BlackRock seinen Gesamtanteil im Leitindex erhöht. Besonders die in den USA ansässigen ETF-Portfolios des Unternehmens haben dazu beigetragen. Seit 2013 hat sich der Anteil der BlackRock Gruppe um ungefähr 1,4 pp verringert. Der größte Rückgang war innerhalb von BlackRock Deutschland zu verzeichnen (−3,1 pp)

Die **Unterbewertung deutscher Aktien** zeigt sich auch in vielen **Spruchverfahren.** In der Planungsrechnung werden vermeintliche Risiken überbewertet, die Aussichten und Ertragspotentiale dagegen deutlich unterbewertet, damit die Börsenwerte nicht überschritten werden.

Eine realistische Einschätzung der Zukunftsaussichten findet man dagegen eher in den Kapitalmarktinformationen der Hauptaktionäre. Diese stellen ihren Aktionären die Akquisitionen in Deutschland und die daraus resultierenden Ertragspotentiale regelmäßig besser dar als in den Berichten nach §§ 293a, 293e, 327c Abs. 2, 3 AktG an die Minderheitsaktionäre der Zielgesellschaften.

92 Bezugsquellen: https://www.eqs-news.com/de/company/dirk-deutscher-investor-relations-verband-e-v/news/5c1f6c29-ea7c-11e8-902f-2c44fd856d8c?newsType=all und https://www.dirk.org/?s=who+owns+dax

5 Abfluss von Dividenden

Die Eigentumsverhältnisse führen dazu, dass die Dividenden überwiegend an ausländische Anleger fließen. Das zeigt eine Datenerhebung von EY für 2022[93]:

- Im Jahr 2022 wurden Dividenden in Höhe von 51 Milliarden Euro (Vorjahr: 36 Milliarden Euro) an Aktionäre ausgeschüttet.
- Davon flossen mindestens 27 Milliarden Euro (Vorjahr 19,5 Milliarden Euro) ins Ausland. Diese Aktionäre finanzieren nicht über Steuerzahlungen die Infrastruktur, die von den Aktiengesellschaften genutzt werden.
- Zahlungen an Aktionäre im Inland sind von 12,9 Milliarden Euro im Vorjahr auf 18,3 Milliarden Euro gestiegen.

Damit zeigt sich, dass inländische Anleger konkrete Ertragschancen nicht genutzt haben und auch künftig nicht nutzen. Schließlich reduzieren bei Aktien die möglichen Wertsteigerungen die Wertverluste durch Inflation, was etwa bei Anleihen und Lebensversicherungen nicht möglich ist.

V Geldvermögen deutscher Privathaushalte

Die **Deutsche Bundesbank** ermittelt quartalsweise das Geldvermögen der deutschen Privathaushalte (1). Diese Daten liegen auch anderen Auswertungen, wie dem Global Wealth Report, zugrunde. Darin vergleicht die **Credit Suisse** Daten zum Anlegerverhalten aus fast allen Ländern der Welt (2).

1 Deutsche Bundesbank

Die **Zusammensetzung des Geldvermögens** der **privaten Haushalte in Deutschland** stellt sich nach Angaben der Deutschen Bundesbank zum 31. März 2023 wie folgt dar:

93 Zitiert nach der Pressemitteilung vom 23. September 2022: https://www.ey.com/de_de/news/2022-pressemitteilungen/09/rekord-dividende-der-dax-konzerne-fliesst-zum-grossteil-an-auslaendische-anleger

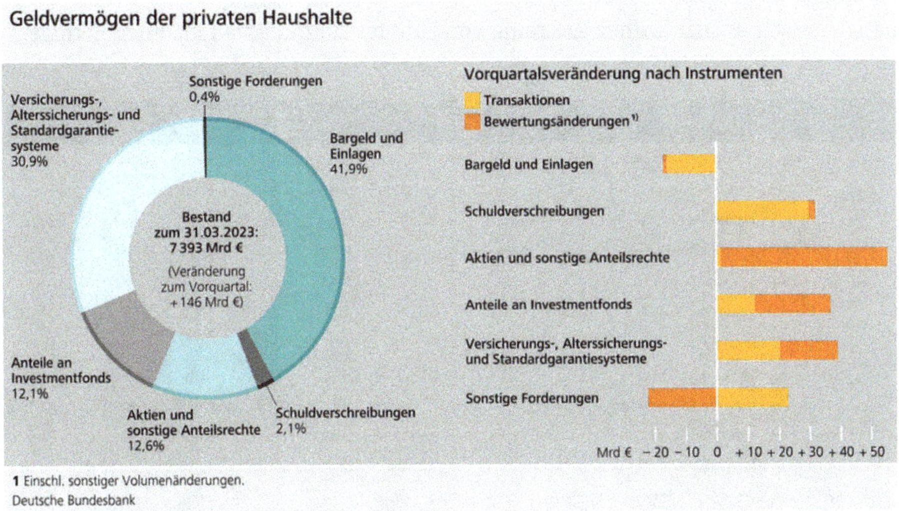

Abbildung 25: Deutsche Bundesbank – Geldvermögen zum 31. März 2023[94]

So hat sich die Verteilung auf die verschiedenen Anlageklassen im Zeitraum vom März 1999 bis zum Dezember 2022 entwickelt:

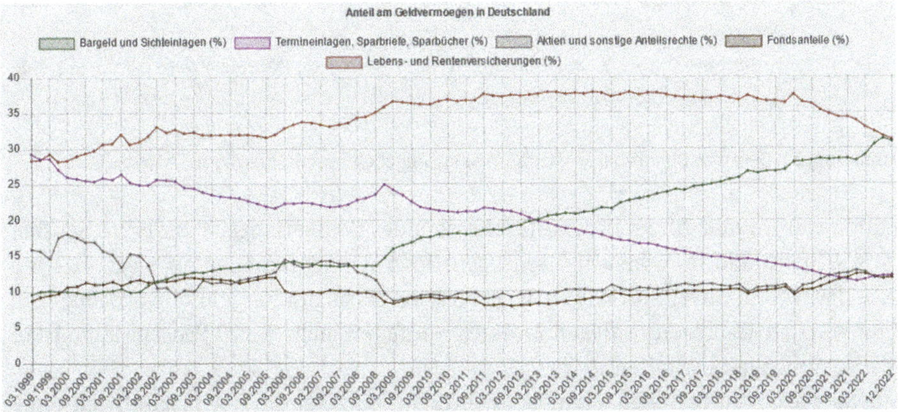

Abbildung 26: Deutsche Bundesbank – Anlage des Geldvermögens in Deutschland 03.1999 bis 12.2022[95]

94 Pressenotiz der Deutschen Bundesbank vom 21. Juli 2023 mit weiteren Links: https://www.bundesbank.de/de/presse/pressenotizen/geldvermoegensbildung-und-aussenfinanzierung-in-deutschland-im-ersten-quartal-2023-913284

95 Die unteren beiden Linien stellen Aktien und sonstige Anteilsrechte sowie Fondsanteile dar: Quelle: https://www.tagesgeldvergleich.net/statistiken/geldvermoegen.html#veraenderungen

Dabei handelt es sich für den Zeitraum von 2018 bis 2022 um die folgenden Beträge:

Geldvermögen*	2018	2019	2020	2021	1. Quartal 2022	2. Quartal 2022	3. Quartal 2022	4. Quartal 2022
Bargeld und Einlagen gesamt	2457,2	2647,4	2860,2	3005,6	3017,2	3047,2	3083,7	3113,7
Bargeld und Sichteinlagen	1625,1	1771,7	1998,5	2149,5	2162,1	2196,7	2230,9	2241,3
Termineinlagen	252,4	301,6	302,8	297,3	298,5	297,9	307,6	330,1
Spareinlagen und Sparbriefe	579,7	574,2	558,9	558,8	556,7	552,6	545,3	542,3
Schuldverschreibungen	117,6	121,4	113,3	109,6	109,5	107,8	110,4	125,1
inländische Kapitalgesellschaften	76,7	79,0	74,1	73,1	73,2	72,2	73,1	84,2
des Staates	3,4	2,5	2,6	2,2	2,0	2,5	3,0	4,2
des Auslands	37,4	39,9	36,5	34,3	34,3	33,1	34,3	36,7
Aktien und sonstige Anteilsrechte	589,2	708,0	806,4	968,0	927,8	845,3	828,2	875,0
börsennotierte Aktien inländischer Kapital gesellschaften	184,1	223,9	243,3	296,0	271,0	236,1	223,2	255,9
börsennotierte Aktien des Auslands	100,1	136,3	180,6	249,3	241,1	210,7	210,2	213,8
nicht-börsennotierte Aktien und Sonstige Anteilsrechte	305,0	347,8	382,6	422,7	415,7	398,5	394,8	405,3
Anteile an Investmentfonds	573,4	680,3	734,6	932,5	913,6	849,3	833,0	851,9
Versicherungs-, Alterssicherungs- und Standard-garantie-Systeme	2262,4	2387,4	2481,1	2580,9	2453,7	2320,7	2260,6	2260,1
Ansprüche aus Rückstellungen bei Nichtlebensversicherungen und Rückstellungen für Forderungen im Rahmen standardisierter Garantien	375,90	393,8	412,2	432,5	51,3	48,9	46,8	45,2
Ansprüche aus Rückstellungen bei Lebensversicherungen	1011,1	1069,1	1112,1	1162,2	1278,4	1157,0	1103,2	1094,8
Ansprüche gegenüber Alterssicherungssystemen	875,40	924,5	956,8	986,2	1124,0	1114,8	1110,6	1120,1
Finanzderivate und Mitarbeiteraktienoptionen	0,0	0,0	0,0	0,0	0,0	0,0	0,0	0,0
Sonstige Forderungen	29,6	29,6	27,9	27,5	25,8	27,5	27,3	27,8
Insgesamt	**6029,40**	**6574,1**	**7023,6**	**7624,0**	**7447,5**	**7197,8**	**7143,2**	**7253,7**

* in Mrd. Euro (unkonsolidiert) - Stand: 04/2023 - Quelle: Bundesbank

Abbildung 27: Deutsche Bundesbank – betragsmäßige Angaben zum Geldvermögen 2018 bis 2022[96]

Mithin war im Jahr 2022 nur rund 12,0 Prozent des Geldvermögens der Privathaushalte in Deutschland in Aktien und sonstigen Unternehmensanteilen angelegt, 42,2 Prozent dagegen in unverzinsliches bzw. niedrig verzinsliches Bargeld und Spareinlagen. Und von den 12 Prozent Anlagen in Aktien entfallen mehr als 25 Prozent auf ausländische Aktiengesellschaften.

So verharren Billionen Vermögenswerte auf Bankkonten – **wirtschaftlich ungenutzt** und ohne eine nennenswerte Verzinsung sowie ohne Schutz gegen Inflation. Damit sparen sich die Deutschen arm und bringen sich so um einen großen Teil der benötigten **Altersversorgung**. Sie „versparen“ damit den Gegenwert ihrer Lebensleistung. Weil sie sich nicht angemessen über Aktien am Produktivkapital der Volkswirtschaft beteiligen, profitieren sie auch nicht von der Infrastruktur und den weiteren Rahmenbedingungen, die sie mit ihrem Steueraufkommen geschaffen haben.

96 Quelle: https://www.tagesgeldvergleich.net/statistiken/geldvermoegen.html#veraenderungen

2 Global Wealth Report

Die Credit Suisse hat bis zum Jahr 2022 mit dem Global Wealth Report[97] für fast alle Länder die **Vermögensentwicklung pro Kopf** untersucht. Seit 2023 gibt die UBS Group AG den Global Wealth Report heraus[98]. Zu ähnlichen, aber nicht so detaillierten Ergebnissen gelangt der World Wealth Report[99] von Capgemini.

Die am 15. August 2023 erschienene 14. Ausgabe des Global Wealth Report 2023 enthält die Daten für das Jahr 2022. Diese Studie übernimmt die Daten für zwei Vermögenswerte:

- Das **durchschnittliche Vermögen** verteilt das Vermögen auf alle Einwohner eines Landes.
- Der **Median-Vermögen** liegt genau in der Mitte zwischen der reicheren und ärmeren Hälfte. Damit lässt sich die wirtschaftliche Gleichheit messen. Der Median zeigt für Deutschland, dass der Vermögensaufbau im Unterschied zu anderen vergleichbaren Ländern nicht dem Leistungsvermögen der Volkswirtschaft entspricht. Wenn weite Bevölkerungskreise auch in Aktien investiert wären, hätten sie auch von den Kurssteigerungen der letzten Jahre profitiert.

Während das **durchschnittliche Vermögen** in Deutschland im Jahr 2020 bei 268.680 US-Dollar (Platz 16) lag, befindet sich Deutschland im Jahr 2022 mit 256.180 US-Dollar wieder auf Platz 16. In Österreich beträgt das durchschnittliche Vermögen 245.225 US-Dollar, in der Schweiz 685.226 US-Dollar.[100] Das **Median-Vermögen** nahm von 65.374 US-Dollar im Jahr 2020 (Platz 29) auf 66.735 US-Dollar im Jahr 2022 zu. Im Vergleich dazu betrugen die Median-Vermögen unserer Nachbarländer Österreich und Schweiz 68.492 US-Dollar bzw. 167.353 US-Dollar.

---

97 Der Global Wealth Report 2022 mit den Daten für das Jahr 2021 kann bezogen werden über https://www.credit-suisse.com/media/assets/corporate/docs/about-us/research/publications/global-wealth-report-2022-en.pdf

98 Bezugsquelle: https://www.ubs.com/global/en/family-office-uhnw/reports/global-wealth-report-2023.html Das Databook kann bezogen werden über https://www.ubs.com/global/en/family-office-uhnw/reports/global-wealth-report-2023.html#deeperdive

99 Der World Wealth Report 2023 mit den Daten für das Jahr 2022 kann bezogen werden über https://www.capgemini.com/insights/research-library/world-wealth-report/

100 Die Daten stammen aus dem DATA Book, Seiten 113 ff., zu beziehen über https://www.ubs.com/global/en/family-office-uhnw/reports/global-wealth-report-2023.html#deeperdive

Ein tabellarischer **Vergleich der Durchschnittswerte** stellt sich für das Jahr 2022 wie folgt dar:

Table 2: Market rankings by mean and median wealth per adult, 2022

Median wealth divides the wealth distribution into two equal groups where half the adults have wealth above the median and the other half below the median. Mean wealth is obtained by dividing the total aggregate wealth by the number of adults.

Rank	Mean wealth per adult (USD)			Median wealth per adult (USD)		
2022	Market	2022	Change 2021–22	Market	2022	Change 2021–22
1	Switzerland	685,230	−13,450	Belgium	249,940	−7,860
2	United States	551,350	−27,700	Australia	247,450	−28,630
3	Hong Kong SAR	551,190	−2,170	Hong Kong SAR	202,410	−130
4	Australia	496,820	−57,660	New Zealand	193,060	−30,640
5	Denmark	409,950	−30,390	Denmark	186,040	−10,210
6	New Zealand	388,760	−67,420	Switzerland	167,350	−1,230
7	Norway	385,340	39,440	United Kingdom	151,820	−3,990
8	Singapore	382,960	22,590	Norway	143,890	6,860
9	Canada	369,580	−44,320	Canada	137,630	−15,320
10	Netherlands	358,230	−44,230	France	133,140	−7,080
11	Belgium	352,810	−13,940	Netherlands	112,450	−31,220
12	France	312,230	−12,270	Taiwan	108,250	−3,720
13	United Kingdom	302,780	−15,720	United States	107,740	14,460
14	Sweden	296,800	−69,110	Spain	107,510	170
15	Taiwan	273,790	−18,930	Italy	107,320	−7,100
16	Germany	256,180	−14,360	Japan	103,680	−13,460
17	Ireland	247,080	−11,290	Singapore	99,490	5,790
18	Austria	245,220	−1,480	Korea	92,720	−10,230
19	Israel	235,440	−24,610	Ireland	90,740	−3,650
20	Korea	230,760	−2,130	Qatar	90,260	3,740

Source: James Davies, Rodrigo Lluberas and Anthony Shorrocks, Global Wealth Databook 2023

Abbildung 28: Global Wealth Report (UBS, 14. Auflage 2023) – durchschnittliche Vermögen[101]

101 Global Wealth Report 2023, Table 2, Seite 16, zu beziehen über https://www.ubs.com/de/de/wealth-management/insights/global-wealth-report.html

§ 2 Grundgesetzlicher Gewährleistungsrahmen

Der für Aktionäre bestehende verfassungsrechtliche **Gewährleistungsrahmen** (I) normiert auch **Wertentscheidungen für das Zivilrecht** (II). Dabei bestehen für das Aktien- und Kapitalmarktrecht besondere Anforderungen:

- Das Grundgesetz verlangt vom Gesetzgeber und den Gerichten, das zwischen den Minderheitsaktionären auf der einen und den Groß- bzw. Hauptaktionären auf der anderen Seite bestehende **strukturelle Ungleichgewicht** zu nivellieren (III).
- Dabei geht es auch um den **Schutz von** Investitionsstrategien (IV). Das umfasst nicht nur den Rechtsschutz gegen Beeinträchtigungen des Aktieneigentums, sondern auch den Anspruch auf die für die anstehenden Investitionsentscheidungen erforderlichen Informationen.
- Eine sachgerechte Grundrechtsausübung verlangt im Umfeld von kompensationspflichtigen Strukturmaßnahmen nach zeitnahen, ausführlichen **Informationen**. Dazu gehört beispielsweise eine möglichst frühe und umfassende Offenlegung der Beteiligungshöhe möglicher Groß- bzw. Hauptaktionäre (V). Nur so lässt sich erkennen, bei welchen Gesellschaften eine Sondersituation entstehen könnte, die sich auf das Aktieneigentum auswirkt.
- Jeder Gewährleistungsrahmen läuft ohne Anspruch auf **Rechtsanwendungsgleichheit** ins Leere (VI).
- Wie im Übernahmeangebot nach §§ 29 ff. WpÜG ist auch hier nach § 13 WpÜG die **Finanzierung** einer Übernahme der Aktien der Minderheitsaktionäre sowie einer möglichen Anhebung der Abfindung im Spruchverfahren dar- und sicherzustellen (VII).
- Besondere **komplexe Transaktionsstrukturen** erfordern eine **Nachhaftung** (VIII).

I Ausgangspunkt

Die verfassungsrechtlichen Gewährleistungen zum Aktieneigentum umfassen neben Leitungs- und Herrschaftsrechten auch einen umfassenden **Vermögensschutz**. Dazu gehört auch ein effektiver Rechtsschutz zur Abwehr von Beeinträchtigungen des Aktieneigentums:

> „Voraussetzung für die Zulässigkeit dieser gesetzgeberischen Wertung ist freilich, daß die berechtigten Interessen der zum Ausscheiden gezwungenen Minderheit gewahrt werden. Dazu gehört einmal, daß ihr wirksame Rechtsbehelfe gegen einen Mißbrauch der wirtschaftlichen Macht zur Verfügung stehen; zum anderen muß Vorsorge getroffen sein, daß sie für den Verlust ihrer Rechtsposition wirtschaftlich voll entschädigt wird.“[102]

102 BVerfG vom 07. August 1962 – 1 BvL 16/60, juris Tz. 65.

https://doi.org/10.1515/9783110769852-002

Die einzelnen **Ausprägungen des Aktieneigentums** ergeben sich aus der Eigentumsgarantie gemäß Art. 14 Abs. 1 GG, dem Rechtsstaatsprinzip, dem Justizgewährleistungsanspruch und den Justizgrundrechten.

Bei kompensationspflichtigen **Strukturmaßnahmen** besteht eine besonders **grundrechtsintensive Gefährdungslage**, die sich regulatorisch nicht entschärfen lässt: Der Hauptaktionär entscheidet mit den veröffentlichten Informationen zu den Wertverhältnissen der Zielgesellschaft sowohl über die Höhe der Kompensation als auch die Reichweite der gerichtlichen Prüfung. Damit besteht ein **strukturelles Informationsgefälle**, welches regelmäßig zu **asymmetrischen Prozesslagen** führt. Folglich sind Minderheitsaktionäre zur Nivellierung auf gerichtliche Hilfe angewiesen. Außerdem ermöglichen solche Informationsgefälle **Arbitrage-Spekulationen**, die bei weiteren Kenntnissen über anstehende Strukturmaßnahmen den Verdacht von **Insidergeschäften** begründen können.

Im Zivilrecht besteht schon im Bürgerlichen Gesetzbuch und in der Zivilprozessordnung ein wesentlicher, auch verfassungsrechtlich relevanter, **Konstruktionsmangel**. Es geht davon aus, dass sich die Parteien auf gleicher Augenhöhe begegnen. Das ist aber häufig nicht der Fall. Die Nivellierung erfolgt dann durch die Rechtsprechung. Sie hat bereits im Arzthaftungsrecht oder Transportrecht die Darlegungs- und Beweislast modifiziert. Das ist auch im **Aktien- und Kapitalmarktrecht** geboten:

- In jeder **Publikumsaktiengesellschaft** gibt es zwei Aktionärsgruppen. Zwischen der Gesellschaft bzw. den unternehmerisch investierten (Haupt-)Aktionären auf der einen und den Finanzinvestoren bzw. Minderheitsaktionären auf der anderen Seite besteht immer ein **strukturelles Ungleichgewicht** mit vielschichtigen Ausprägungen.
- Das zeigt sich unter anderem in einem **strukturellen** Informationsgefälle und setzt sich in **asymmetrischen Prozesslagen** fort. Während die in den Organen vertretenen (Groß- bzw. Haupt-) Aktionäre Zugang zu allen wertrelevanten Informationen haben, greift insoweit das informationsbezogene Gleichheitsgebot aus § 131 Abs. 4 Satz 1 AktG nicht. Daher ist es im **Prozessrecht** gerichtlich zu nivellieren.
- Die nicht in den Organen vertretenen **Finanzanleger** haben als Anspruchsinhaber keinen Zugriff auf die Bücher und Schriften der zu bewertenden Gesellschaft und damit auch keinen Zugriff auf die erforderlichen Beweismittel. Damit hat es die Gesellschaft zusammen mit ihrem Groß- bzw. Hauptaktionär in der Hand, mit dem Umfang der erteilten Informationen über die Wertverhältnisse und die Reichweite der eigenen rechtlichen Kontrolle zu entscheiden[103]. Die verfassungsrechtlichen Gewährleistungen sehen einen solchen Filter allerdings nicht vor.

---

103 Bei Wirecard und Volkswagen hat sich beispielhaft gezeigt, wie sich ein nicht nivellierter Informationsvorsprung auswirken kann:

Ein solcher Filter ist in Rechtsordnungen anderer Länder auch nicht enthalten. So können etwa Anleger in den USA im Wege einer Discovery mit Document Production die **Herausgabe aller bewertungserheblichen Unterlagen** verlangen. In Deutschland wird ein solcher Herausgabe- oder Vorlageanspruch von den Gerichten auch auf der Grundlage von §§ 142, 273 Abs. 2 ZPO regelmäßig verneint.

Besonders gravierend wirkt sich das strukturelle Ungleichgewicht auf die Informationen zu den **Wertverhältnissen** bei kompensationspflichtigen Strukturmaßnahmen aus. Die kompensationstypische Grundrechtsgefährdung hat verschiedene Ausprägungen:

- Bei der Ermittlung und Festlegung der **Kompensationshöhe** gibt es keine Preisverhandlungen auf Augenhöhe. Stattdessen wird die Kompensation einseitig vom Hauptaktionär bzw. Antragsgegner im Spruchverfahren festgesetzt, der sie auch bezahlen muss.
- Der Vorstand der Zielgesellschaft hat auf der Grundlage von zum Beispiel § 327b Abs. 1 Satz 2 AktG dem Hauptaktionär alle für die Ermittlung der Abfindung notwendigen Unterlagen zur Verfügung zu stellen und Auskünfte zu erteilen. Minderheitsaktionären sind diese **Informationen** jedoch nicht zugänglich zu machen. Sie können daher die Unterlagen und die darin enthaltenen Angaben zum Unternehmenswert weder auf ihre Vollständigkeit und Richtigkeit überprüfen noch auf deren Basis (Des-)Investitionsentscheidungen treffen.
- Das setzt sich in **asymmetrischen Prozesslagen** vor Gericht fort. Sie lassen sich im Beweisverfahren zwar teilweise auflösen. Außerdem besteht im Spruchverfahren eine eingeschränkte Amtsermittlungspflicht. Mit gerichtlicher Hilfe erhalten die Anleger bzw. Minderheitsaktionäre dadurch Zugang zu bewertungsrelevanten Informationen. Das gilt aber nicht umfassend, sondern nur punktuell für einzelne Bewertungsfragen, die von den Minderheitsaktionären trotz fehlender Kenntnis der bewertungsrelevanten Tatsachen aufzuwerfen sind.

- Wirecard hat Geschäftspartner, Mitarbeiter, Kapitalmarktteilnehmer und Aktionäre jahrelang über das eigene Geschäftsmodell getäuscht. Das gilt gleichermaßen für die gesetzlichen Regelinformationen, die Zulassungsfolgepflichten und Testate der Abschlussprüfer.
- Volkswagen stellte auf der Hauptversammlung am 22. Juli 2021 die Vergleichsvereinbarungen mit den ehemaligen Vorstandsmitgliedern Prof. Martin Winterkorn und Rupert Stadler zur Beschlussfassung. Zuvor hatten die Volkswagen AG und ihre Anwälte in vielen Gerichtsverfahren von Kfz-Haltern und Anlegern noch behauptet, namentlich nicht weiter benannte Einzeltäter hätten die Dieselthematik bzw. Dieselgate zu verantworten, nicht aber die Organe. Bislang ist unklar, wann sich der Kenntnisstand geändert hat und warum es bei diesen beiden Personen als Einzeltäter bleiben soll. Es wird auch nicht erläutert, ob und wie sich der geänderte Kenntnisstand auf laufende bzw. abgeschlossene Klageverfahren auswirkt. Auch der bereits oben angesprochene Short Squeeze ist das Ergebnis verspäteter Informationen über die Beteiligungsverhältnisse.

Die Daten zum Ausgang von Spruchverfahren nach einem Squeeze-out im Zeitraum vom 1. Januar 2002 bis 31. Dezember 2022 im Anhang V zeigen die Erforderlichkeit des Spruchverfahrens[104].

Die empirischen Daten zeigen, dass Finanzanleger bzw. Minderheitsaktionäre bei der Erzielung einer angemessenen Kompensation für den Verlust ihres Aktieneigentums auf **gerichtliche Hilfe** angewiesen sind. Dazu gehört auch der Anspruch auf Rechtsanwendungsgleichheit, wie sich im Hinblick auf das Beispiel Baden-Württemberg[105] zeigt. Nur so erhalten sie den von der Verfassung gewährleisteten angemessenen Anteil am inneren Wert.

Aus den verfassungsmäßigen Gewährleistungen ergibt sich über den novellierten § 39 BörsG hinaus ein legislatorischer Handlungsbedarf für das Delisting. Der Börsenwert liegt zum Zeitpunkt der Ankündigung deutlich unter dem inneren Wert. Das zeigt ein Vergleich mit Bewertungen aus zeitlich nachfolgenden kompensationspflichtigen Strukturmaßnahmen.

Auch der novellierte § 39 BörsG[106] verhindert nicht einen **regelhaften Kursverfall**, den bereits das Bundesverfassungsgericht in seinem Urteil vom 11. Juli 2012 für möglich gehalten hat[107]. Der mit dem Verlust der Fungibilität der Aktie einhergehende Verkaufsdruck nach der Ankündigung eines Delisting führt zu einem Absinken der Kurse.

Aus § 193 Abs. 1 Satz 1 Nr. 1 KAGB ergibt sich bei einem Delisting zudem eine Verkaufspflicht für inländische OGAW-Kapitalverwaltungsgesellschaften. Im wirtschaftlichen Ergebnis wirkt das Delisting dann wie ein **faktischer Squeeze-out** ohne einen Anspruch auf eine justiziable Kompensation.

Deshalb verlangen die grundgesetzlichen Vorgaben nach einer Kodifizierung des Delisting von jedem Börsenhandel im Aktienrecht.

---

104 Umfassende empirische Daten enthält *Weimann*, „Spruchverfahren nach Squeeze-out", Berlin/Boston 2015. Eine modifizierte Weiterentwicklung mit einem modifizierten Untersuchungsgegenstand zum 31. März 2020 kann bezogen werden über http://www.vzfk.de/fortschreibung-31-maerz-2020/

105 Dort unterscheiden sich die Erfolgsquoten vor den Landgerichten Stuttgart und Mannheim ganz frappierend (vgl. unten Teil 1 § 5 VI 2).

106 Der novellierte § 39 BörsG verlangt nur für ein Delisting vom Regulierten Markt, nicht aber vom Freiverkehr ein Übernahmeangebot. Auch der BGH wirft im Urteil vom 11. Juni 2013 – II ZR 80/12 – in der juris Tz. 19 die Frage nach den Gründen für eine unterschiedliche Behandlung von Freiverkehr und organisiertem Markt auf.

107 BVerfG vom 11. Juli 2012 – 1 BvR 3142/07, juris Tz. 68.

II Wertentscheidungen für das Zivilrecht

Im Verfassungsrecht ist anerkannt, dass und wie **grundgesetzliche Wertentscheidungen** im Zivilrecht wirken:

> „Im Privatrechtsverkehr entfalten die Grundrechte ihre Wirkkraft als verfassungsrechtliche Wertentscheidungen durch das Medium der Vorschriften, die das jeweilige Rechtsgebiet unmittelbar beherrschen (vgl. BVerfGE 7, 198 <205 f.>; 42, 143 <148>; 103, 89 <100>). Den Gerichten obliegt es, diesen grundrechtlichen Schutz durch Auslegung und Anwendung des einfachen Rechts zu gewähren und im Einzelfall zu konkretisieren. Ihrer Beurteilung und Abwägung von Grundrechtspositionen im Verhältnis zueinander kann das Bundesverfassungsgericht nur dann entgegentreten, wenn eine angegriffene Entscheidung Auslegungsfehler erkennen lässt, die auf einer grundsätzlich unrichtigen Auffassung von der Bedeutung eines Grundrechts beruhen (vgl. BVerfGE 18, 85 <93>; 42, 143 <148 f.>; 54, 148 <151 f.>; BVerfGE 9, 353 <357 f.>; stRspr).“[108]

Vor allem der von der Eigentumsgarantie erfasste **Vermögensschutz** verlangt, dass der **Vermögenswert von Beteiligungen an einer Gesellschaft** dem „wahren“ Wert entspricht[109]. Das gilt nicht nur für die kodifizierten kompensationspflichtigen **Strukturmaßnahmen**, sondern auch für das **Delisting**. Zum **Grundrechtsschutz im Privatrechtsverkehr** gegenüber Dritten heißt es in der Literatur:

> „Grundrechtsbeeinträchtigungen und Grundrechtsgefährdungen durch Tätigkeiten dritter Staaten sowie private, häufig global operierende Unternehmen stellen erhebliche neuartige Gefährdungen der Geltungskraft der Grundrechte dar. Da insoweit die Grundrechte als justiziable und unmittelbar geltende Abwehrrechte des Einzelnen nicht zu Anwendung gelangen können, gewinnt die objektiv-rechtliche Funktion der Grundrechte als verfassungsrechtliche Wertentscheidung und Grundlage staatlicher Schutzpflichten eine zunehmende Bedeutung. Insbesondere im Privatrechtsverkehr ist die Geltungskraft der Grundrechte in aller Regel aber nicht von der Stringenz und Eindeutigkeit wie im Staat-Bürger-Verhältnis. Der staatliche Gesetzgeber hat hier einen angemessenen Ausgleich zwischen den bedrohten Freiheitsrechten auf der einen Seite und den ebenfalls grundrechtlich abgesicherten Gewährleistungen der Privatautonomie, der unternehmerischen Betätigung sowie des Privateigentums auf der anderen Seite herzustellen. Die Freiheitsrechte entfalten hier nur eine Wirkung als Verbot eines Untermaßes an staatlichem Schutz.“[110]

Das Beispiel Rocket Internet SE zeigt, dass die **Regulierung des Delisting** in § 39 BörsG wie ein **faktischer Squeeze-out** wirkt. Das untergräbt die verfassungsrechtlichen Gewährleistungen vor allem zum Vermögens- und Rechtsschutz.

Auch die **Wissenschaftlichen Dienste** des Deutschen Bundestages haben sich mit der Drittwirkung von Grundrechten und Schutzpflichten des Gesetzgebers be-

---

108 BVerfG vom 17. Juli 2013 – 1 BvR 3167/08, juris Tz. 17.

109 BVerfG vom 24. Mai 2012 – 1 BvR 3221/10, juris Tz. 21.

110 *Papier* Rechtsstaatlichkeit und Grundrechtsschutz in der digitalen Gesellschaft, NJW 2017, 3025, 3030.

fasst[111]. Diese Überlegungen lassen sich im Hinblick auf die **fehlende aktienrechtliche Kodifizierung** auch auf das Delisting übertragen. Die verfassungsrechtlichen Gewährleistungen für Minderheitsaktionäre bzw. der mit finanziellen Interessen investierten Aktionäre bedürfen einer umfassenden institutionellen Ausgestaltung.

Zwar mag es sich nicht vermeiden lassen, dass der Antragsgegner im Spruchverfahren – also der mit unternehmerischen Zielsetzungen investierte Groß- bzw. Hauptaktionär – den Unternehmenswert und damit auch die Kompensation zunächst einseitig festlegt. Diese bedarf aber einer **umfassenden gerichtlichen Kontrolle** im Hinblick auf die bestehenden verfassungsmäßigen Gewährleistungen zugunsten der anderen Aktionärsgruppe, den Minderheitsaktionären.

Dieser grundgesetzliche Korrekturauftrag als Ausprägung des verfassungsrechtlichen **Verbots** eines **Untermaßes an staatlichem Schutz** lässt sich nicht als *„vermeidbare Kosten für das Unternehmen“* bagatellisieren, wie dies manche interessenorientierte Literaturbeiträge insinuieren. Bei der Abfindung handelt es um eine Zahlung des an der Strukturmaßnahme interessierten Hauptaktionärs und nicht des ehemaligen Aktien-Emittenten an die Minderheitsaktionäre. Für den Verlust der Eigentumsposition ist dem Minderheitsaktionär der wahre bzw. volle Wert der Beteiligung zu ersetzen. Dazu ist zwingend auf den Zukunftserfolgswert abzustellen.

III Nivellierung der Ungleichgewichte

Das **Aktieneigentum** gewährleistet Vermögensschutz und effektiven Rechtsschutz. Das impliziert auch das **Verbot eines Untermaßes an staatlichem Schutz** und einen Anspruch auf **Rechtsanwendungsgleichheit**.

Gesetzgeber und Gerichte haben daher bei allen Publikumsaktiengesellschaften verschiedene strukturelle Ungleichgewichte zu nivellieren, insbesondere das **strukturelle Informationsgefälle**. Die verfassungsmäßigen Gewährleistungen lassen es nicht zu, dass z. B. die Reichweite der eigenen gerichtlichen Kontrolle sowie die Höhe der Kompensation durch die Informationen bestimmt werden können, die Zielgesellschaft und Hauptaktionär zur Verfügung stellen bzw. verweigern.

Eine sachgerechte Entscheidungsgrundlage für die **Ausübung von Freiheits- und Abwehrgrundrechten** erfordert einen umfassenden Zugang zu den wert- bzw. entscheidungserheblichen Informationen. In einer Publikumsaktiengesellschaft geht es dabei um die Drittwirkung von Grundrechten.

---

111 Wissenschaftliche Dienste des Deutschen Bundestages, WD 3 -3000 – 223/20, Gutachten vom 5. Oktober 2020, Drittwirkung von Grundrechten – Gewährleistung des Rechts auf informationelle Selbstbestimmung bei ungleicher Machtverteilung zwischen den Vertragspartnern im Privatrecht, zu beziehen über https://www.bundestag.de/resource/blob/813908/e3c649ff5bb33c3c95ec0eb225a0c3fa/WD-3-223-20-pdf-data.pdf

Daher müssen die Gewährleistungen zum **Aktieneigentum** nicht nur einen Vermögensschutz und effektiven Rechtsschutz umfassen. Es sind auch die Informationen in den **verfassungsrechtlichen Gewährleistungsrahmen** aufzunehmen, die zur Ausübung dieser Verfassungsrechte erforderlich sind:

- Das sind bei kompensationspflichtigen Strukturmaßnahmen **Informationen zum inneren Wert** der Beteiligung. Sie sind ansatzweise in den Berichten nach §§ 293a, 293e, 327c Abs. 2, 3 AktG enthalten.
- Außerdem sind die Angaben zu den **Beteiligungsverhältnissen** frühzeitig offenzulegen. Nur so können die Anleger erkennen, ob sich die Beteiligung eines Aktionärs der Beteiligungsschwelle für eine kompensationspflichtige Strukturmaßnahme nähert. Auf dieser Informationsgrundlage lassen sich dann Investitionsstrategien evaluieren.

IV Schutz von Investitionsstrategien

Zur Reichweite der Eigentumsgarantie und des Rechtsschutzes für Aktien stellt sich die Frage, ob und inwieweit der Vermögensschutz auch Investitionsstrategien umfasst, also die Entscheidungsgrundlage für etwaige Aktienkäufe oder -verkäufe. Die regulatorischen Rahmenbedingungen müssen für Anleger die dazu erforderlichen Informationen generieren. Zum Zusammenhang zwischen **Rechtssicherheit** und **Vertrauensschutz** heißt es beim Bundesverfassungsgericht:

> „Rechtssicherheit und Vertrauensschutz gewährleisten im Zusammenwirken mit den Grundrechten die Verlässlichkeit der Rechtsordnung als wesentliche Voraussetzung für die Selbstbestimmung über den eigenen Lebensentwurf und seinen Vollzug (vgl. bereits BVerfGE 60, 253 <267 f.>; 63, 343 <357>; 132, 302 <317 Rn 41>). Die Bürgerinnen und Bürger sollen die ihnen gegenüber möglichen staatlichen Eingriffe voraussehen und sich dementsprechend einrichten können (vgl. bereits BVerfGE 13, 261 <271>; 63, 215 <223>). Dabei knüpft der Grundsatz des Vertrauensschutzes an ihr berechtigtes Vertrauen in bestimmte Regelungen an. Er besagt, dass sie sich auf die Fortwirkung bestimmter Regelungen in gewissem Umfang verlassen dürfen. Das Rechtsstaatsprinzip gewährleistet darüber hinaus aber unter bestimmten Umständen Rechtssicherheit auch dann, wenn keine Regelungen bestehen, die Anlass zu spezifischem Vertrauen geben oder wenn Umstände einem solchen Vertrauen sogar entgegenstehen. Es schützt in seiner Ausprägung als Gebot der Belastungsklarheit und -vorhersehbarkeit davor, dass lange zurückliegende, in tatsächlicher Hinsicht abgeschlossene Vorgänge unbegrenzt zur Anknüpfung neuer Lasten herangezogen werden können. Als Elemente des Rechtsstaatsprinzips sind Rechtssicherheit und Vertrauensschutz eng miteinander verbunden, da sie gleichermaßen die Verlässlichkeit der Rechtsordnung gewährleisten (BVerfGE 133, 143 <158 Rn 41>).“[112]

Investitionsstrategien stellen jedenfalls im Sinne eines typisierten Homo oeconomicus auf den inneren Wert eines Unternehmens ab. Dabei geht es um den **Zukunfts-**

---

112 BVerfG vom 7. April 2021 – 1 BvR 176/15, juris Tz. 22.

erfolgswert, der sich in steigenden Kursen und Dividenden widerspiegelt. Bei kompensationspflichtigen Strukturmaßnahmen sichern Wertermittlungen, z. B. nach dem **Ertragswertverfahren** und das **Spruchverfahren** diese Investitionsstrategien ab.

Das Aktieneigentum gewährt Zugang zum inneren Wert der Aktie. Zusammen mit dem Grundsatz des Vertrauensschutzes begründet das einen Gewährleistungsrahmen für Investitionsstrategien:

- Bei den in § 1 SpruchG enthaltenen kompensationspflichtigen Strukturmaßnahmen muss der wahre, innere Wert der Beteiligung ermittelt werden. Diese Wertermittlung hat nach dem **Ertragswert-, DCF- oder gleichwertigen Verfahren** zu erfolgen. Das schützt das Vertrauen in Investitionsstrategien, die auf den inneren Wert abstellen.
- Das **Delisting** ist im Aktiengesetz zu regeln und in § 1 SpruchG aufzunehmen. Nur so erhalten Minderheitsaktionäre und die nach § 193 Abs. 1 Satz 1 Nr. 1 KAGB zum Verkauf der Aktien verpflichteten inländischen OGAW-Kapitalverwaltungsgesellschaften eine angemessene Kompensation. Weil erst die jederzeitige Handelbarkeit der Aktie eine Wertrealisierung ermöglicht, muss an die Stelle der Fungibilität auch ein Andienungsrecht treten.

V Informationsansprüche

Jede sachgerechte **Rechtsausübung** sowie jede Investitionsstrategie benötigt eine **verlässliche Informationsgrundlage**. Für Kapitalmarktteilnehmer und Aktionäre gibt es verschiedene Informationsansprüche. Teil 1 § 3 XI zeigt am Beispiel verschiedener Emittenten auf, wie einzelne gesetzlich vorgeschriebene Informationen den Entscheidungen über eine Investition oder Deinvestition zugrunde gelegt werden und sich auf den weiteren Kursverlauf auswirken:

- Die **gesetzlichen Regelinformationen** sowie die **Zulassungsfolgepflichten** gewährleisten keinen Anspruch auf Informationen zum inneren Wert. Stattdessen beschränken sie sich auf stichtagsbezogene Einzelinformationen.
- In diesen Zusammenhang gehört auch die **Ad-hoc-Publizität** nach Art. 17 Abs. 1 MMVO. Informationen über Strukturmaßnahmen, Delisting oder andere ergebnisrelevante Geschäftsvorfälle wirken sich häufig sehr schnell auf die weitere Kursentwicklung an den Finanzmärkten aus. Für die Richtigkeit haften der Emittent nach §§ 97, 98 WpHG und der Vorstand nach § 826 BGB.
- Die **Angebotsunterlage** für ein öffentliches Übernahmeangebot nach § 11 WpÜG beschränkt sich überwiegend auf formale Angaben. Sie ermittelt nur dann den inneren Wert, wenn sich der Angebotspreis nicht aus Börsenkursen oder Vorerwerbspreisen ableiten lässt.
- Angaben zum **Unternehmenswert** enthalten nur die Berichte, die nach §§ 293a, 293e, 327c Abs. 2, 3 AktG bei kompensationspflichtigen Strukturmaßnahmen vorzulegen sind. Aus ihnen folgt auch der Verfahrensgegenstand für das Spruchver-

fahren, §§ 4 Abs. 2 Satz 2 Nr. 4, 7 Abs. 3 SpruchG. Entsprechend ist schon beim Börsengang im Wertpapierprospekt ein Unternehmenswert in Form eines Zukunftserfolgswerts abzubilden.
- Die Möglichkeit einer kompensationspflichtigen **Strukturmaßnahme** bzw. eines Delisting und die Auswirkungen auf die Wertverhältnisse lassen sich nur dann in eine Anlageentscheidung einbeziehen, wenn die **Beteiligungsverhältnisse** bekannt sind. Damit stehen die Mitteilungspflichten in § 33 Abs. 1 WpHG bzw. § 20 AktG auf dem Prüfstand. Die Kapitalmarktteilnehmer müssen erkennen können, wann sich ein Aktionär den Schwellenwerten von 75 Prozent bzw. 90 oder 95 Prozent annähert.

Der FAUB hat sich in zwei Stellungnahmen 2021 und 2023 eingehend mit den Informationsgrundlagen für einen Börsenwert und einen Ertragswert befasst.
- Danach komme es bei der Abfindungsbemessung darauf an, dass eine Methode in der Wirtschaftswissenschaft anerkannt und in der Praxis gebräuchlich sei. Messlatte für die alleinige Maßgeblichkeit des Börsenwerts sei die strenge Form der Informationseffizienz. Sie sei aber in der Realität nicht anzutreffen[113].
- Der FAUB hält es nicht für sachgerecht, eine Kompensation bei Strukturmaßnahmen ausschließlich am Börsenkurs und nicht am Zukunftserfolgswert auszurichten. Schließlich kennen die Kapitalmarktteilnehmer nicht die mittel- und langfristigen Unternehmensplanungen sowie die weiteren bewertungsrelevanten internen und externen Informationen[114].

VI Rechtsanwendungsgleichheit

Der **Gleichheitsgrundsatz** aus Art. 3 Abs. 1 GG und das Rechtsstaatsprinzip gewähren Anspruch auch auf Rechtsanwendungsgleichheit:

> „Der allgemeine Gleichheitssatz gebietet Rechtsanwendungsgleichheit als eine Grundforderung des Rechtsstaats. Das bestehende Recht ist ausnahmslos ohne Ansehen der Person zu verwirklichen; jeder wird in gleicher Weise durch die Normierungen des Rechts berechtigt und verpflichtet; es ist den Gerichten verwehrt, bestehendes Recht zugunsten oder zu Lasten einzelner Personen nicht anzuwenden."[115]

113 *FAUB* Zur Bedeutung des Börsenkurses für die Abfindungsbemessung aus Sicht der wirtschaftswissenschaftlichen Theorie und Praxis, WPg 2021, S. 958 bis 961 und AG 2021, 588 bis 590.

114 *FAUB* Zur Relevanz von Börsenkursen, zu beziehen über: https://www.idw.de/idw/themen-branchen/unternehmensbewertung-bwl/boersenkurse.html und WPg 2023, 765.

115 BVerfG vom 4. April 1984 – 1 BvR 276/83, juris Tz. 18; siehe auch BVerfG vom 14. Januar 1986 – 1 BvR 209/79 und 1 BvR 221/79 und BVerfG vom 14. September 1992 – 2 BvR 1941/89, juris Tz. 18.

Das Rechtsstaatsprinzip, der Justizgewährleistungsanspruch und die Gewährleistungen zum Aktieneigentum konkretisieren den Anspruch auf Rechtsanwendungsgleichheit. Eine unterschiedliche Rechtshandhabung einzelner Gerichte führt zu einem **Untermaß von staatlichem Schutz**.

Daraus folgt für das Spruchverfahren, dass sich Anleger auf **einheitliche Rechtsanwendung** verlassen können müssen. Dazu haben die meisten Landesjustizverwaltungen durch landesrechtliche Zuständigkeitsverordnungen zwar hinreichend spezialisierte Spruchkörper geschaffen[116]. Trotzdem kommt es im Ergebnis zu einer teilweise sehr unterschiedlichen Rechtspraxis.

Das lässt sich nur zum Teil mit der **Komplexität** von Unternehmensbewertungen auf der Schnittstelle zwischen Rechts- und Wirtschaftswissenschaften erklären. Hierbei handelt es sich weitgehend um **Richterrecht**, welches publizistisch nicht aufgearbeitet ist. Das schafft bei einem Richterwechsel für Investoren und Verfahrensbeteiligte vermeidbare Unsicherheiten und Risiken.

Auffälligkeiten sind in der Rechtsprechung in **Baden-Württemberg** zu verzeichnen. Denn in den Gerichtsbezirken der Oberlandesgerichte Stuttgart und Karlsruhe, mithin den Landgerichten Stuttgart und Mannheim, sind völlig unterschiedliche Verfahrensausgänge zu beobachten, das entspricht nicht dem Grundsatz der **Rechtsanwendungsgleichheit**.

- Während das Landgericht Stuttgart nur in 36,4 Prozent der Spruchverfahren die Abfindung anhebt,
- sind das in den Spruchverfahren vor dem Landgericht Mannheim 80,0 Prozent.

Das setzt sich in den Beschwerdeverfahren fort:

- Während die Erfolgsquote bei dem für das Landgericht Stuttgart zuständigen Oberlandesgericht Stuttgart bei nur 17,9 Prozent liegt,
- beträgt diese bei dem für das Landgericht Mannheim zuständigen Oberlandesgericht Karlsruhe 78,6 Prozent.

Zudem fallen immer wieder **uneinheitliche Tendenzen** in der Rechtsprechung der Oberlandesgerichte auf. Das gilt vor allem für die Oberlandesgerichte Düsseldorf und Hamburg, welche immer wieder anlassbezogen ihre Beschlussbegründungen jeweils zu Gunsten von Hauptaktionären bzw. Antragsgegnern austauschen. Das schafft keinen **Rechtsschutz für Investitionsstrategien**, in denen es um den Zukunftserfolgswert geht.

Auch die Anwendung der **Empfehlungen von Fachverbänden** ist in den einzelnen Bundesländern und innerhalb dieser sogar zwischen einzelnen Landgerichten unterschiedlich stark ausgeprägt:

116 Die landesrechtlichen Zuständigkeitsverordnungen wertet diese Seite aus: http://www.vzfk.de/zustaendigkeitsverordnungen/

- Während zum Beispiel die Landgerichte in Dortmund und Düsseldorf, ebenso wie das Oberlandesgericht Düsseldorf, den Empfehlungen des FAUB mantraartig folgen,
- hinterfragt das Landgericht Köln die Grundlagen der einzelnen Bewertungsschritte des IDW S 1 in einem förmlichen Beweisverfahren[117].

VII Finanzierung

Bislang gibt es nur beim aktienrechtlichen Squeeze-out eine Regelung zum **Finanzierungsnachweis der Abfindung** (1). Er umfasst aber nicht die **Finanzierung** der im Spruchverfahren festgesetzten **Nachzahlungen** nebst Zinsen (2). Hierhin passen die schon bestehenden Regelungen für **Übernahmeangebote** aus § 13 WpÜG (3). Diese Regelungsmechanismen lassen sich auf alle kompensationspflichtigen Strukturmaßnahmen übertragen.

1 Strukturmaßnahme

Bei kompensationspflichtigen Strukturmaßnahmen verlangt der Gesetzgeber nur beim **Squeeze-out** einen Nachweis zur Finanzierung der Kompensation. Hier hat ein Kreditinstitut die Verpflichtung des Hauptaktionärs zu garantieren, den Minderheitsaktionären nach Eintragung des Übertragungsbeschlusses die festgelegte Abfindung zu zahlen, § 327b Abs. 3 AktG[118].

2 Nachzahlungen

Für Minderheitsaktionäre gibt es bei den nach § 1 Nr. 1 bis 4 SpruchG kompensationspflichtigen Strukturmaßnahmen keinen gesetzlichen Anspruch auf eine Finanzierungsbestätigung zur **Bonität des Antragsgegners** oder eine **Sicherheit für etwaige Nachzahlungen**.

Das kann sich insbesondere dann nachteilig auf die Minderheitsaktionäre auswirken, wenn der Hauptaktionär insolvent wird[119].

---

117 Beweisbeschluss des LG Köln vom 13. April 2021 – 82 O 2/16 mit der Frage, ob der objektivierte Unternehmenswert gemäß IDW S 1 das Bewertungsziel (Verkehrswert des Unternehmens) erreicht.

118 Die Regelung gilt gemäß § 14 Abs. 4 Satz 2 WStBG nicht für Squeeze-out durch den Finanzmarkt- oder Wirtschaftsstabilisierungsfonds.

119 So z. B. beim Ausschluss der Minderheitsaktionäre der Dom-Brauerei AG (LG Köln – 91 O 57/10).

3 Übernahmeangebote

Anders verhält es sich bei Übernahmeangeboten. § 13 Abs. 1 WpÜG verlangt Angaben zur Finanzierung in der Angebotsunterlage und eine Bankbestätigung mit einem Finanzierungsnachweis. § 13 Abs. 2, 3 WpÜG überträgt den Haftungsanspruch aus § 12 Abs. 2 bis 6 WpÜG auch auf diese Angaben. Für eine Ungleichbehandlung von kompensationspflichtigen Strukturmaßnahmen und Übernahmeangeboten gibt es keinen sachlichen Grund.

Zur **Finanzierungsbestätigung** heißt es in der Gesetzesbegründung zu § 13 WpÜG:

> „Von entscheidender Bedeutung für ein Angebot ist die Fähigkeit des Bieters, den Erwerb der Wertpapiere der Zielgesellschaft zu finanzieren. Der Bieter hat daher die erforderlichen Maßnahmen zu treffen, um sicherzustellen, dass ihm die zur vollständigen Erfüllung des Angebots notwendigen Mittel zur Verfügung stehen, Entsprechende Vorgaben enthalten auch der britische City Code in Rule 2.5 und das österreichische Übernahmegesetz in § 4 Nr.1.“[120]

Das gilt entsprechend auch für die von § 327b Abs. 3 AktG verlangte Finanzierungsbestätigung:

> „Durch die entsprechend einer Anregung aus der Praxis vorgesehene Bankgarantie soll den Minderheitsaktionären zusätzlich ein unmittelbarer Anspruch gegen ein Kreditinstitut eingeräumt und damit die Durchsetzung ihres Abfindungsanspruchs gegen den Hauptaktionär erleichtert werden.“[121]

Das **Informations- und Haftungskonzept** aus § 13 WpÜG für Unternehmensübernahmen lässt sich auch auf die anderen kompensationspflichtigen Strukturmaßnahmen übertragen. Dabei geht es vor allem um **Informationen** zur Finanzierung und die **Sicherstellung** der Finanzierung der Kompensation und einer etwaigen Nachbesserung. Sie bewirken gleichermaßen Selbstkontrolle und Transparenz:

- Kompensationspflichtige Strukturmaßnahmen umfassen meist **geringere Gesamtbeträge** als Übernahmeangebote, weil nach der Gesetzeslage bereits die Aktienmehrheit in der Hand eines Hauptaktionärs gebündelt sein muss. Daher ist eine Übertragung des Schutzkonzeptes aus § 13 WpÜG auch wirtschaftlich zumutbar. In der Praxis wird allenfalls die Unbestimmbarkeit einer möglichen Nachzahlung Probleme bereiten.
- Die **Richtigkeit und Vollständigkeit** dieser Angaben lassen sich in einer Haftungsklage wie nach § 13 Abs. 2, 3 WpÜG in Verbindung mit § 12 Abs. 2 bis 6 WpÜG

---

120 Gesetzentwurf WPüG BT-Drucks 14/7034, Seite 44, zu beziehen über https://dserver.bundestag.de/btd/14/070/1407034.pdf

121 Gesetzentwurf WPüG BT-Drucks 14/7034, Seite 72, zu beziehen über https://dserver.bundestag.de/btd/14/070/1407034.pdf

klären. Als Annexverfahren zum Spruchverfahren bietet sich die gleiche Zuständigkeit wie für eine Leistungsklage nach § 16 SpruchG an.

- Das ist besonders relevant für die Fälle einer **Wertpapierleihe** sowie bei **verschachtelten Eigentümerstrukturen** in der Person des Antragsgegners.

Vorschlag 4: Finanzierung von Kompensation / Nachzahlung

Einheitliche Regelung für die Gegenleistung im Übernahmeangebot und die Kompensation in den Strukturmaßnahmen aus § 1 SpruchG:

- Angaben im **Vertragsbericht** nach § 293a AktG bzw. Übertragungsbericht nach § 327c Abs. 2 Satz 1 AktG über Finanzierung der Kompensation sowie etwaiger Nachzahlungen.
- Hauptaktionäre aus dem Ausland müssen wie in § 110 ZPO eine **Sicherheitsleistung** erbringen.
- Bei **komplexen Transaktionsstrukturen**, z. B. einer **Wertpapierleihe**, muss die Finanzierung von Kompensation und Nachbesserung besonders erläutert und bis zur Obergesellschaft dargestellt werden.
- **Finanzierungsbestätigung** wie in § 13 Abs. 1 WpÜG.
- **Haftung** für die Finanzierungsbestätigung wie in § 13 Abs. 2, 3 WpÜG i.V.m. § 12 Abs. 2 bis 6 WpÜG.

VIII Nachhaftung

Nicht nur bei überlangen Spruchverfahren stellt sich die Frage, ob der Antragsgegner nach dem rechtskräftigen Abschluss des Spruchverfahrens eine gerichtlich festgesetzte **Nachbesserung** nebst Zinsen überhaupt zahlen kann.

Bei der Nachhaftung geht es nicht nur, aber auch, um das **Insolvenzrisiko** des Hauptaktionärs, das gegenwärtig vom Anleger zu tragen ist[122]. Zwar führt die Insolvenz des Hauptaktionärs / Antragsgegners nicht zur Unzulässigkeit des Spruchverfahrens[123]. Jedoch erschwert eine Insolvenz die Ermittlung der bewertungsrelevanten Tatsachen, z. B. die Erstellung eines Sachverständigengutachtens[124]. Eine Insolvenz führt aber nicht zu einem Dispens von den Pflichten eines Verfahrensbeteiligten. Das gilt sinngemäß auch für die Insolvenz der Gesellschaft, deren Aktionäre kompensationsberechtigt sind. Ihre Ansprüche bestehen weiter gegenüber dem Hauptaktionär und Antragsgegner. Daher greifen auch hier die zivilprozessualen Grundsätze zur Relationstechnik ein, wenn eine Partei nicht ihren Darlegungs- und Beweispflichten nachkommt.

Besondere Risiken entstehen zudem dann, wenn die wirtschaftliche Berechtigung und die formale Funktion eines Hauptaktionärs bzw. Antragsgegners im Spruchverfahren nach § 5 SpruchG auseinanderfallen. Vor allem bei **komplexen Transaktionsstrukturen** wirken oft eine Vielzahl von Teilnehmern kollusiv zusammen, deren Un-

122 Vgl. BGH vom 25. Juli 2005 – II ZR 327/03, juris Tz. 5.
123 OLG Frankfurt am Main vom 15. Januar 2016 – 21 W 22/13, juris Tz. 50 m.w.N.
124 OLG Frankfurt am Main vom 15. Januar 2016 – 21 W 22/13, juris Tz. 61 ff.

ternehmenszweck sich nicht aus den Berichten ergibt. Dabei handelt es sich z. T. um „Briefkastenfirmen". Die wirtschaftliche Berechtigung, die sich daraus ergebenden Leitungsbefugnisse und das wirtschaftliche Leistungsvermögen bleiben meist unaufgeklärt[125].

In Einzelfällen wird die Beteiligungshöhe auch nur über eine **Wertpapierleihe** erreicht, die nach Eintragung des Squeeze-out endet:

- Der eindeutige Wortlaut des § 327a Abs. 1 AktG spricht von einer Person als Hauptaktionär, welche die erforderliche Anzahl Aktien halten muss. Die „**Lindner-Entscheidung**" des Bundesgerichtshofs lässt es bei einer Familiengesellschaft zu, im Wege der Aktienleihe die Beteiligungsschwelle von 95 Prozent zu überschreiten[126].
- Beim Ausschluss der Minderheitsaktionäre der **Axel Springer SE** agierte mit der Traviata B.V. eine „Briefkastenfirma" als Hauptaktionär. Sie ist dem Investor KKR zuzurechnen, der Anlagen im Wert von rund 222 Milliarden Euro verwaltet. Dazu gehörten auch rund 47,62 Prozent der Aktien an der Axel Springer SE. Dieser Anteil stieg auf 99,07 Prozent durch Aktien, die auf der Grundlage von Aktienleihen zuzurechnen waren. Unmittelbar nach dem Wirksamwerden des Squeeze-out sollten diese Aktien an die Eigentümer zurückübertragen werden[127].
- Beim Ausschluss der Minderheitsaktionäre von Europas größtem Waggonvermieter, der **VTG AG**, griffen komplexe Transaktionsstrukturen und Wertpapierleihen ineinander: Die Antragsgegnerin ist eine mittelbare Tochtergesellschaft des Fondsriesen Morgan Stanley und des kanadischen Pensionsfonds OMERS. Für Zwecke des Squeeze-out mussten sie sich trotzdem noch das 15-Prozent-Aktienpaket der Joachim Herz Stiftung leihen, um so die gesetzliche 95-Prozent-Schwelle zu erreichen. Unmittelbar nach dem Wirksamwerden des Squeeze-out endete die Darlehensvereinbarung.

Gesetzgeber und Rechtsprechung haben sich dahingehend festgelegt, dass die Minderheitsaktionäre im Hinblick auf ein **Insolvenzrisiko** des Kompensationspflichtigen während der Dauer eines Spruchverfahrens nicht entlastet werden sollen. Das mag insoweit nachvollziehbar sein, wie die Anlageentscheidung des einzelnen Aktionärs (auch zeitlich) reicht. Er muss aber nicht für **Risiken** und Entwicklungen einstehen, die sich aus den wirtschaftlichen Verhältnissen des Hauptaktionärs nach Vollzug des Squeeze-out oder aus einer **komplexen Transaktionsstruktur** ergeben. Diese Risi-

---

125 Ein gutes Beispiel ist die Gesellschafterstruktur der Traviata B.V. (KKR) bei der Übernahme der Axel Springer SE, siehe Übertragungsbericht vom 7. Oktober 2020, Seite 21 f., s.a. Fn. 127.

126 BGH vom 16. März 2009 – II ZR 302/06.

127 Der Übertragungsbericht vom 7. Oktober 2020 enthält auf den Seiten 20 ff. die Angaben zur Hauptaktionärseigenschaft und auf Seite 22 eine schematische Darstellung des Hauptaktionärs. Zu beziehen über https://www.axelspringer.com/data/uploads/2020/10/uebertragungsbericht-mit-anlagen.pdf

ken gehören nicht zu den erkennbaren unternehmerischen Risiken einer aktienrechtlichen Beteiligung. Stattdessen ist der einzelne Aktionär so zu stellen, wie er ohne die streitgegenständliche Strukturmaßnahme gestanden hätte.

Beim gegenwärtigen Rechtsstand reflektieren die vorliegenden Berichte diese Risiken nicht. Während sich der Aktionär bei einer freien Desinvestitionsentscheidung nur Zug um Zug gegen Zahlung des vollen Kaufpreises von seinem Aktieneigentum trennt, muss er bei aktienrechtlichen Strukturmaßnahmen zumindest teilweise in Vorlage treten. Er verliert per Gesetz sein Aktieneigentum und kann ggf. seine gerichtlich (höher) festgesetzte volle Abfindung nicht durchsetzen. Das ist bei **Zwangsmaßnahmen zugunsten eines Mehrheitsaktionärs** nicht systemgerecht. Der Minderheitsaktionär kann sich zwar für oder gegen eine Investition entscheiden. Er kann aber nicht einen Hauptaktionär auswählen. Daher bedarf er insoweit einer Absicherung.

Die dazu vom Bundesgerichtshof erteilte Begründung, dass

> „[…] die in § 327 c Abs. 2 Satz 2 AktG vorgeschriebene Angemessenheitsprüfung durch unabhängige Prüfer eine Gewähr dafür bietet, daß es im Spruchverfahren im Regelfall nicht zu erheblichen Mehrbeträgen kommen wird“[128]

greift vor dem Hintergrund bereits gerichtlich festgesetzter Nachzahlungen nur in Squeeze-out-Fällen in Höhe von rund 1,0 Mrd. Euro jedenfalls ersichtlich zu kurz.

128 BGH vom 25. Juli 2005 – II ZR 327/03, juris Tz. 5.

§ 3 Preisbildung im Aktien- und Kapitalmarktrecht

Die Bewertungsmethoden zur Preisbildung ergeben sich aus den jeweiligen **Bewertungsanlässen** (I). Für börsennotierte Gesellschaften gibt es im Aktien- und Kapitalmarktrecht hauptsächlich diese Möglichkeiten:

- Der **innere Wert** wird mit anerkannten betriebswirtschaftlichen Methoden der Unternehmensbewertung anhand von internen Daten aus der Unternehmensplanung ermittelt. Meist findet das Ertragswertverfahren auf der Grundlage des IDW S 1 Anwendung (II). Dagegen fristet das international übliche DCF-Verfahren in Deutschland nur ein Schattendasein.
- Beim **Börsenwert** handelt es sich um eine **marktgestützte Bewertung** durch Kapitalmarktteilnehmer (III). Dabei bestimmen der Emittent und seine Großaktionäre mit dem Inhalt der veröffentlichten Informationen die Wertverhältnisse sowie die Reichweite ihrer eigenen gerichtlichen Kontrolle.
- Bei vielen Transaktionen – außerhalb aktienrechtlicher Strukturmaßnahmen – werden die Unternehmenspreise auch über **multiplikatorbasierte Verfahren** ermittelt[129]. Weil der Bewertungsstandard IDW S 1 sie nicht als gleichberechtigt beurteilt[130], dienen sie den im IDW organisierten Wirtschaftsprüfern[131] allein zur Plausibilitätsbeurteilung. Das erscheint insoweit sachgerecht, als sie nur externe und keine internen bewertungsrelevanten Informationen reflektieren.
- Entgegen einer Entscheidung des Bundesverfassungsgerichts aus dem Jahr 1999 kommt es immer häufiger auch auf **Vorerwerbspreise** als weitere Wertuntergrenze an (V.).
- Die Überlegungen zu Vorerwerbspreisen lassen sich auch auf **Weiterverkaufspreise** übertragen (VI).
- Im Konzernrecht zeigt sich, wie die Ansätze ineinandergreifen (VII.): Die Konzerneingangskontrolle beginnt mit einem im WpÜG geregelten **Übernahmeangebot** (IV). Die Höhe der Gegenleistung entspricht mindestens dem durchschnittlichen, auf der Grundlage der WpÜG-Angebotsverordnung ermittelten Börsenkurs, alternativ einem höheren Vorerwerbspreis. Dagegen stellt die konzernrechtliche **Kompensationspflicht** auf den inneren Wert ab, der nur mit betriebswirtschaftlich anerkannten Methoden der Unternehmensbewertung messbar ist.[132]

---

129 Vgl. dazu die Best-Practice-Empfehlungen Unternehmensbewertung der Deutschen Vereinigung für Finanzanalyse und Asset Management.

130 IDW S 1 i.d.F. 2008 Tz. 144, siehe auch *FAUB* WPg 2021, 958-961 [961] = AG 2021, 588-590 [590] und *FAUB* Stellungnahme vom 14. Juni 2023, WPg 2023, 765.

131 Der FAUB legt für die Mitglieder des IDW auf der Grundlage der Satzung die Standards für die beruflichen Tätigkeiten fest, § 4 Abs. 8 und 9 der Satzung des IDW.

132 Ständige Rechtsprechung, siehe BVerfG vom 27. April 1999 – 1 BvR 1613/94, siehe auch die zuvor zitierten Stellungnahmen vom FAUB aus den Jahren 2021 und 2023.

https://doi.org/10.1515/9783110769852-003

- Effektiven **Rechtsschutz** für jeden einzelnen Minderheitsaktionär gewährleisten nur Spruchverfahren bei den in § 1 SpruchG genannten kompensationspflichtigen Strukturmaßnahmen (VIII).
- Das **Delisting** hat mit der „FRoSTA-Entscheidung" einen Bedeutungswandel erfahren. Es führt jetzt kein Schattendasein mehr, sondern hat einen festen Platz zwischen Übernahmeangebot und nachfolgender Strukturmaßnahme, um Minderheitsaktionäre zum Verkauf ihrer Aktien zu zwingen und / oder den Börsenkurs als Wertuntergrenze auszuschließen (IX).
- Die im Schrifttum intensiv erörterte und vielfach vertretene **Gleichwertigkeit von Börsen- und Ertragswert** (X) findet jedenfalls in diesem System der Preisbildung keine empirische oder rechtliche Stütze.
- Die **Charts von ausgewählten Emittenten** zeigen die vielfältigen Zusammenhänge zwischen bewertungsrelevanten Informationen und dem weiteren Kursverlauf (XI.).

I Bewertungsanlässe und Methoden

Die Methode der Wertermittlung ergibt sich aus dem jeweiligen Normzweck und der damit geschützten Investitionsstrategie. Das lässt sich stichwortartig wie folgt zusammenfassen:

Bewertungsanlässe und Methoden der Wertermittlung

- Konzerneingangskontrolle: Beteiligung überschreitet 30 %, §§ 29, 35 WpÜG (Regulierter Markt)
  - Anspruch für Aktionär bei möglicher Änderung des Geschäftsmodells
  - Schutz der bisherigen Investitionsstrategie (Art. 14 I GG)
    - Angebot zum Börsenwert nach AngebVO
- Verantwortlichkeit bei Fehlen eines Beherrschungsvertrags, §§ 311 ff. AktG
  - Anspruch für Gesellschaft nach Durchsetzung von Partikularinteressen
  - Schadensersatz / Nachteilsausgleich
  - Klagerecht für Aktionär auf Leistung an die Gesellschaft
- Kompensationspflichtige Strukturmaßnahmen, § 1 Nr. 1 bis Nr. 4 SpruchG
  - Anspruch für Aktionär bei anstehenden Eingriffen in die Unternehmenssubstanz
  - Schutz von Investitionsstrategien, die auf Zukunftserfolgswert zielen (Art. 14 I GG)
    - Innerer Wert nach Ertragswertverfahren
    - Börsenwert als Wertuntergrenze

Abbildung 29: Bewertungsanlässe und Methoden der Wertermittlung

Diese Gegenüberstellung zeigt, dass der Börsenwert einer anderen **Zielsetzung** entspricht als der mit einer fundamentalen Unternehmensbewertung ermittelte innere

Wert bzw. Zukunftserfolgswert. Er entspricht nicht den verfassungsmäßigen Vorgaben bei kompensationspflichtigen Strukturmaßnahmen.

II Innerer Wert

Bundesverfassungsgericht und Bundesgerichtshof bezeichnen in gefestigter Rechtsprechung als „inneren" oder „wahren" Wert einen solchen, der dem Gegenwert der Gesellschaftsbeteiligung entspricht. Bei der Wertbestimmung dürfe die **Verkehrsfähigkeit** der Aktie jedoch nicht außer Betracht bleiben:

> „Die Verkehrsfähigkeit als Eigenschaft des Aktieneigentums darf bei der Wertbestimmung des Eigentumsobjekts nicht außer Betracht bleiben. Der Ausgleich für außenstehende Aktionäre muß vielmehr so bemessen sein, daß sie auch künftig solche Renditen erhalten, die sie erhalten hätten, wenn der Unternehmensvertrag nicht geschlossen worden wäre; die Abfindung muß so bemessen sein, daß die Minderheitsaktionäre den Gegenwert ihrer Gesellschaftsbeteiligung erhalten. Dementsprechend gehen Judikatur und Literatur davon aus, daß die Entschädigung nur dann als „volle" bezeichnet werden kann, wenn sie den „wirklichen" oder „wahren" Wert der Unternehmensbeteiligung an dem arbeitenden Unternehmen unter Einschluß der stillen Reserven und des inneren Geschäftswerts widerspiegelt (vgl. etwa BGHZ 71, 40 <51>; Krieger, in: Münchener Handbuch des Gesellschaftsrechts, Bd 4, 1988, § 70 Rn 80). Darüber hinaus muß die Abfindung so bemessen sein, daß die Minderheitsaktionäre jedenfalls nicht weniger erhalten, als sie bei einer freien Deinvestitionsentscheidung zum Zeitpunkt des Unternehmensvertrags oder der Eingliederung erlangt hätten. Eine geringere Abfindung würde der Dispositionsfreiheit über den Eigentumsgegenstand nicht hinreichend Rechnung tragen."[133]

Die **Methodenwahl** für die Unternehmensbewertung[134] lässt die Rechtsprechung, zuletzt in der „WCM-Entscheidung"[135], offen. Erneut verweist der Bundesgerichtshof auf die Handhabung in der Praxis und in der Betriebswirtschaftslehre:

> „Entscheidend ist, dass die Bewertungsmethode und das innerhalb der Bewertungsmethode gewählte Rechenverfahren den gesetzlichen Bewertungszielen, insbesondere den verfassungsrechtlichen Vorgaben, entspricht, in der Wirtschaftswissenschaft oder Betriebswirtschaftslehre anerkannt und in der Praxis gebräuchlich ist."[136]

---

133 BVerfG vom 27. April 1999 – 1 BvR 1613/94, juris Tz. 56. Der BGH ist diesen Grundsätzen gefolgt.

134 Einen ersten Überblick über gegenwärtig angewandte Methoden zur Unternehmensbewertung verschaffen: Unternehmensbewertung – Wikipedia und https://www.frankfurt-main.ihk.de/hauptnavigation/gruendung-und-foerderung/unternehmensnachfolge/wirtschaftliche-vorbereitung-5193506

135 BGH vom 21. Februar 2023 – II ZB 12/21, zur Methodenwahl Rn 17 mit weiteren Nachweis zur bisherigen Rechtsprechung. Weitere Einzelheiten enthält die zu dieser Entscheidung veröffentlichte Stellungnahme des IDW: „FAUB zur Relevanz von Börsenkursen" vom 14. Juni 2023, zu beziehen über: https://www.idw.de/idw/themen-branchen/unternehmensbewertung-bwl/boersenkurse.html und WPg 2023, 765.

136 BGH vom 15. September 2020 – II ZB 6/20, juris Tz. 20 in der Folge von z. B. BGH vom 12. Januar 2016 – II ZB 25/14, juris Tz. 21 und BGH vom 29. September 2015 – II ZB 23/14, juris Tz. 33.

In der Praxis hat sich dafür das Ertragswertverfahren auf der Grundlage des IDW S 1 – Grundsätze zur Durchführung von Unternehmensbewertungen durchgesetzt[137]. Seit den DAT/Altana-Entscheidungen von Bundesverfassungsgericht[138] und Bundesgerichtshof[139] gilt der Börsenwert unbestritten als Wertuntergrenze, weil zu diesem Preis eine Desinvestition als möglich gilt. Damit besteht ein **Bewertungsdualismus**, der zusammen mit dem Spruchverfahren die auf einen Zukunftserfolgswert orientierten Investitionsstrategien schützt. Andernfalls droht ein **gespaltener Kurszettel**, wenn angesichts der Beteiligungsverhältnisse mit einer Kompensation auf der Grundlage eines Börsenwertes zu rechnen ist.

Neben dem Ertragswertverfahren gibt es noch weitere Methoden für besonders gelagerte Einzelfälle:

- Für vermögensverwaltende Unternehmen, insbesondere der Immobilienbranche, hat sich daneben das **Net Asset Value-Verfahren**[140], eine Unterart des Substanzwertverfahrens, etabliert. Dieses kodifiziert § 168 KAGB.
- Soll das Bewertungsobjekt nicht auf unbestimmte Zeit fortgeführt werden, ist ggf. ein **Liquidationswert** zu ermitteln.
- In besonderen Fällen, etwa bei der Bewertung nicht gewinnorientierter Unternehmen der öffentlichen Daseinsvorsorge, kann der **Rekonstruktions-/Substanzwert** maßgeblich sein[141].
- Darüber hinaus verlangt der Bundesgerichtshof in der „Wella-Entscheidung", wie schon zuvor in einem obiter dictum der „Nestlé-Entscheidung"[142], für die Bestimmung der Abfindung beim Squeeze-out den **Barwert der Ausgleichszahlung** aus einem etwa bestehenden Unternehmensvertrag als weitere Wertuntergrenze zu berücksichtigen:

> „Die angemessene Abfindung im Falle des Ausschlusses von Minderheitsaktionären nach §§ 327a, 327b AktG kann nach dem Barwert der aufgrund eines Beherrschungs- und Gewinnabführungsvertrags dem Minderheitsaktionär zustehenden Ausgleichszahlungen bestimmt werden, wenn dieser höher ist als der auf den Anteil des Minderheitsaktionärs entfallende Anteil des Unternehmenswerts, der Unternehmensvertrag zum nach § 327b Abs. 1 Satz 1 AktG maßgeblichen Zeitpunkt bestand und von seinem Fortbestand auszugehen war."[143]

137 Einen Überblick über alle angewandten Bewertungsmethoden enthält Tabelle 1.

138 BVerfG vom 27. April 1999 – 1 BvR 1613/94.

139 BGH vom 12. März 2001 – II ZB 15/00.

140 Für nur bestandshaltende Unternehmen gibt es den EPRA NRV, zur Erläuterung siehe https://www.institutional-money.com/news/maerkte/headline/epra-performanceindikatoren-mehr-transparenz-mit-neuen-nav-kennzahlen-196020 und https://www.epra.com/

141 IDW S 1 (2008) Tz. 152 f.

142 BGH vom 12. Januar 2016 – II ZB 25/14, juris Tz. 30.

143 BGH vom 15. September 2020 – II ZB 6/20 [Wella], juris Leitsatz.

Der FAUB hat sich als satzungsmäßiger Normgeber für seine Mitglieder in weiteren Stellungnahmen in den Jahren 2021[144] und 2023[145] vor allem mit dem **Bewertungsdualismus** bestehend aus Börsenwert und Ertragswert befasst.

III Kapitalmarktbewertung

Im Jahr 2013 hat ein **Nobelpreis** wichtige Erkenntnisse zur Preisfindung auf den Kapitalmärkten prämiert (1). Seit der DAT/Altana-Entscheidung des **Bundesverfassungsgerichts** dient der Börsenwert als Wertuntergrenze (2). Nachfolgend hat der **Bundesgerichtshof** mehrfach auch den Zusammenhang zwischen bewertungsrelevanten Informationen und Kursbildung betont (3). Die insoweit **bewertungsrelevanten Informationen** enthalten nur die in §§ 293a, 293e, 327c AktG genannten Berichte, nicht aber die gesetzlichen Regelinformationen (4). Der Bundesgerichtshof hält auch **Abfindungsspekulationen** für marktgerecht (5). Allerdings ist der **Referenzzeitraum** anzupassen, damit die bewertungsrelevanten Informationen aus den Berichten eingepreist werden können (6.).

1 Effizienzmarkthypothese

Im Jahr 2013 erhielt **Eugene F. Fama** für seine Beiträge zur Effizienzmarkthypothese den **„Preis der Schwedischen Nationalbank in Wirtschaftswissenschaft in Erinnerung an Alfred Nobel“** (Nobelpreis). Sie erklären den Zusammenhang zwischen Informationen und der Preisfindung auf den Kapitalmärkten[146]. Auch der Fachausschuss für Unternehmensbewertung (FAUB) beim IDW legt diesen von Fama beschriebenen Preisbildungsmechanismus seinen Überlegungen zu Börsen- und Ertragswert zugrunde[147].

Danach kommt es entscheidend darauf an, ob den Finanzmärkten die **kursrelevanten Informationen** überhaupt bekannt sind und von diesen reflektiert werden.

---

144 *FAUB* Zur Bedeutung des Börsenkurses für die Abfindungsbemessung aus Sicht der wirtschaftswissenschaftlichen Theorie und Praxis, WPg 2021, 958 und AG 2021, 588.

145 „FAUB zur Relevanz von Börsenkursen“ vom 14. Juni 2023, zu beziehen über: https://www.idw.de/idw/themen-branchen/unternehmensbewertung-bwl/boersenkurse.html und WPg 2023, 765.

146 Weitere Einzelheiten enthält die Begründung des Nobelpreis-Komitees: https://www.nobelprize.org/prizes/economic-sciences/2013/prize-announcement/

Erste Informationen gibt: https://de.wikipedia.org/wiki/Markteffizienzhypothese#cite_ref-:0_1-12 Das ist die Homepage von Eugene Fama: https://www.chicagobooth.edu/faculty/directory/f/eugene-f-fama

147 *Fachausschuss für Unternehmensbewertung und Betriebswirtschaft (FAUB) des IDW*, „Zur Bedeutung des Börsenkurses für die Abfindungsbemessung aus Sicht der wirtschaftswissenschaftlichen Theorie und Praxis“, WPg 2021, 958 und AG 2021, 588.

Wie bereits oben aufgezeigt, besteht bei börsennotierten Aktiengesellschaften zwischen der Gesellschaft selbst, zusammen mit den unternehmerisch investierten Aktionären, und den übrigen Kapitalmarktteilnehmern sowie den außenstehenden Aktionären ein **strukturelles Informationsgefälle**.

Das führt zu der Frage, auf welche **Informationen** es zur Preisbildung bei einer kompensationspflichtigen Strukturmaßnahme ankommt und ob es entsprechende Informationspflichten aus Gesetz bzw. Regelwerk der Finanzmärkte gibt. Gleichzeitig gilt es eine „interessenorientierte Kurspflege" zu verhindern, um nicht den inneren Wert im Vorfeld von kompensationspflichtigen Maßnahmen abzusenken.

In jedem Fall ungeschützt im Rahmen aktienrechtlicher Strukturmaßnahmen sind außenstehende Aktionäre gegen ein gezieltes „Abwirtschaften" des Bewertungsobjekts zum Zwecke des Ausweises eines möglichst niedrigen Unternehmenswertes. Das ist zum Beispiel durch Verlagerung, Nichtausnutzung oder zeitliche Verschiebung von Geschäftschancen möglich.

2 Bundesverfassungsgericht

Seit der DAT/Altana-Entscheidung des Bundesverfassungsgerichts vom 27. April 1999 ist der Börsenwert als **Wertuntergrenze** zu berücksichtigen:

> „Dagegen darf ein existierender Börsenkurs bei der Ermittlung des Werts der Unternehmensbeteiligung nicht unberücksichtigt bleiben.
>
> Art. 14 Abs. 1 GG schreibt für die Wertermittlung von Unternehmensbeteiligungen allerdings keine bestimmte Methode vor. In der Praxis hat sich für die zur Bestimmung der angemessenen Abfindung und des angemessenen Ausgleichs notwendige Ermittlung des „wahren" Unternehmenswerts die sogenannte Ertragswertmethode durchgesetzt (vgl. Grundsätze zur Durchführung von Unternehmensbewertungen, Die Wirtschaftsprüfung 1983, S. 468 ff.). In der Judikatur findet sie praktisch allein Anwendung, während eine Bewertung des Anteilseigentums nach anderen Methoden, etwa anhand des Börsenkurses, weitgehend abgelehnt wird (vgl. jüngst OLG Celle, NZG 1998, S. 987 <988>; ferner die Nachweise bei Hüffer, a.a.O., § 305 Rn 19 f.). Gegen eine Unternehmensbewertung nach dieser Methode bestehen im Prinzip keine verfassungsrechtlichen Bedenken. Ihr liegt die Annahme zugrunde, daß der Wert eines Unternehmens in erster Linie von seiner Fähigkeit abhängt, künftig Erträge zu erwirtschaften. Das ist ein verfassungsrechtlich unbedenklicher Ansatz.
>
> Es ist aber mit Art. 14 Abs. 1 GG unvereinbar, wenn dabei der Kurswert der Aktie außer Betracht bleibt. Das ergibt sich daraus, daß die Entschädigung und folglich auch die Methode ihrer Berechnung dem entzogenen Eigentumsobjekt gerecht werden muß. Das Aktieneigentum ist – im Vergleich zu einer Beteiligung an einer Personenhandelsgesellschaft oder an einer Gesellschaft mit beschränkter Haftung – nicht zuletzt durch seine Verkehrsfähigkeit geprägt. Das gilt vor allem für die börsennotierte Aktie. Sie wird an der Börse gehandelt und erfährt dort aus dem Zusammenspiel von Angebot und Nachfrage eine Wertbestimmung, an der sich die Aktionäre bei ihren Investitionsentscheidungen orientieren. Insbesondere Kleinaktionären, die regelmäßig nicht über alle relevanten Informationen verfügen, steht kein anderer Maßstab zur Verfügung, an dem sie den Wert dieses spezifischen Eigentumsobjekts messen könnten.

Der Vermögensverlust, den der Minderheitsaktionär durch den Unternehmensvertrag oder die Eingliederung erleidet, stellt sich für ihn als Verlust des Verkehrswerts der Aktie dar. Dieser ist mit dem Börsenkurs der Aktie regelmäßig identisch. Da der Verkehrswert aber die Untergrenze der „wirtschaftlich vollen Entschädigung" bildet, die Art. 14 Abs. 1 GG für die Entwertung oder Aufgabe der Anteilsrechte fordert, steht es mit diesem Grundrecht grundsätzlich nicht in Einklang, im aktienrechtlichen Spruchstellenverfahren eine Barabfindung festzusetzen, die niedriger ist als der Börsenkurs. Sonst erhielten die Minderheitsaktionäre für ihre Aktien weniger, als sie ohne die zur Entschädigung verpflichtende Intervention des Mehrheitsaktionärs bei einem Verkauf erlöst hätten.

Diese Anforderung steht auch im Einklang mit der Praxis, die in anderen Rechtsgebieten geübt wird, wenn es um die Feststellung von Unternehmens- oder Aktienwerten geht. So bemißt sich etwa der Wert verkaufter Gegenstände, die einen Markt- oder Börsenpreis haben, nach diesem (vgl. §§ 385, 1221, 1235 Abs. 2, 1295 BGB, § 376 Abs. 2 und 3 HGB). Im Steuerrecht ist als Wert der an einer deutschen Börse zugelassenen Wertpapiere der niedrigste am Stichtag amtlich notierte Kurs anzusetzen (§ 11 Abs. 1 BewG). Zugewinn- und Pflichtteilsansprüche sind gegebenenfalls auf der Grundlage von Börsenkursen zu ermitteln (vgl. im einzelnen Luttermann, ZIP 1999, S. 45 <47 ff.>). Schließlich knüpft auch das Aktiengesetz selbst im Zusammenhang mit einem zulässigen Bezugsrechtsausschluß in § 186 Abs. 3 Satz 4 an den Börsenpreis an.[148]"

Damit erfolgte eine Abkehr von der bis dahin gültigen Rechtsprechung, wonach der Börsenkurs nicht zu berücksichtigen war:

„Der Börsenkurs kann sich mit dem wahren Wert der Aktien decken, er kann aber auch niedriger oder höher sein. Er ergibt sich aus dem im Augenblick der Kursbildung vorhandenen Verhältnis von Angebot und Nachfrage, das von der Größe oder Enge des Marktes, von zufallsbedingten Umsätzen, von spekulativen Einflüssen und sonstigen nicht wertbezogenen Faktoren wie politischen Ereignissen, Gerüchten, Informationen, psychologischen Momenten oder einer allgemeinen Tendenz abhängt. Außerdem unterliegt der Börsenkurs unberechenbaren Schwankungen und Entwicklungen, wie die Aktienkurse der letzten Jahre besonders deutlich gemacht haben. Das schließt es aus, der Berechnung der angemessenen Abfindung den Börsenkurs zugrunde zu legen."[149]

3 Bundesgerichtshof

Der Bundesgerichtshof hat in der **„Nestle-Entscheidung"** unter Verweis auf vorangegangene Entscheidungen von Bundesverfassungsgericht und Bundesgerichtshof festgehalten, dass die Kursbildung von zutreffenden **Informationen zur Ertragskraft eines Unternehmens** abhängt. Dort wird sogar die Anwendung des Börsenwerts ausgeschlossen, wenn eine entsprechende Informationsgrundlage fehlt:

„Bei der Bestimmung der Abfindung durch Ermittlung des Unternehmenswerts oder durch Berücksichtigung des Börsenwerts der Aktien handelt es sich nicht um die Wahl zwischen verschie-

148 BVerfG vom 27. April 1999 – 1 BvR 1613/94, BVerfGE 100, 289–313, Tz. 60 bis 64.
149 BGH vom 30. März 1967 – II ZR 141/64, juris Tz. 11.

denen Bewertungsobjekten. Maßgeblich ist immer der „wahre" Wert der Beteiligung des Minderheitsaktionärs, den die Entschädigung für den Verlust des Aktieneigentums aus verfassungsrechtlichen Gründen widerspiegeln muss. Wie dieser Wert ermittelt wird, ist dagegen verfassungsrechtlich nicht festgelegt. Er kann folglich grundsätzlich als quotaler Anteil an dem durch eine geeignete Methode der Unternehmensbewertung ermittelten Wert des Unternehmens (mittelbar) berechnet oder auf andere Weise (unmittelbar) festgestellt werden, insbesondere unter Rückgriff auf den Börsenwert der Anteile. Die eine oder andere Methode scheidet nur dann aus, wenn sie aufgrund der Umstände des konkreten Falles den „wahren" Wert nicht zutreffend abbildet (BVerfG, ZIP 2011, 170 Rn 12 ff.; ZIP 2011, 1051 Rn 23 ff.; ZIP 2012, 1408 Rn 20). Auch bei der zum Schutz der Minderheitsaktionäre gebotenen Berücksichtigung des Börsenwerts wird der Wert eines Anteils aber nicht unabhängig vom Wert des Unternehmens ermittelt. Denn die Berücksichtigung des Börsenwerts beruht auf der Annahme, dass die Marktteilnehmer auf der Grundlage der ihnen zur Verfügung gestellten Informationen und Informationsmöglichkeiten die Ertragskraft des Unternehmens, um dessen Aktien es geht, zutreffend bewerten und sich die Marktbewertung im Börsenkurs der Aktien niederschlägt (vgl. BGH, Beschluss vom 12. März 2001 – II ZB 15/00, BGHZ 147, 108, 116). Kann im konkreten Fall von der Möglichkeit einer solchen effektiven Informationsbewertung nicht ausgegangen werden, so dass der Börsenkurs keine verlässliche Aussage über den (mindestens zu gewährenden) Verkehrswert der Unternehmensbeteiligung erlaubt, ist der Anteilswert aufgrund einer Unternehmensbewertung zu ermitteln (vgl. BVerfG, ZIP 2011, 170 Rn 13 f.; ZIP 2011, 1051 Rn 25; ZIP 2012, 1408 Rn 20)."[150]

Dieser Beschluss führt die vorangegangene, hier im Einzelnen aus Platzgründen nicht dargestellte Rechtsprechung zu der Frage fort, wie Kapitalmärkte auf **kursrelevante Informationen** reagieren[151]. Wie weiter unten noch aufgezeigt wird, hält es daher der Bundesgerichtshof zutreffend für sachgerecht, Verbundeffekte und Abfindungsspekulationen einzupreisen:

„Die Gleichstellung von Börsen- und Verkehrswert beruht auf der Annahme, daß die Börse auf der Grundlage der ihr zur Verfügung gestellten Informationen und Informationsmöglichkeiten die Ertragskraft des Gesellschaftsunternehmens, um dessen Aktien es geht, zutreffend bewertet, der Erwerber von Aktien sich an dieser Einschätzung durch den Markt orientiert und sich daher Angebot und Nachfrage danach regulieren, so daß sich die Marktbewertung in dem Börsenkurs der Aktien niederschlägt. Beabsichtigt ein anderes – herrschendes – Unternehmen, sich dieses Gesellschaftsunternehmen mit seiner Ertragskraft im Rahmen eines Unternehmensvertrages zunutze zu machen, muß es bei der Verwirklichung seiner Intentionen diese Wertschätzung des Marktes akzeptieren und daran die Abfindung der außenstehenden Aktionäre ausrichten, die sich zum Ausscheiden aus der sich in die Abhängigkeit begebenden Gesellschaft entschließen."[152]

In diesen – aber auch in anderen Entscheidungen befasst sich der Bundesgerichtshof mit der Wirkungsweise von Informationen auf die weitere Kursentwicklung. Im

150 BGH vom 12. Januar 2016 – II ZB 25/14, juris Tz. 23.

151 Wesentliche Entscheidungen zu der Frage Börsenwert oder Ertragswert enthält *Weimann*, „Ertragswert und Börsenwert – Empirische Daten zur Preisfindung beim Delisting", Berlin/Boston 2020 in § 11 (BVerfG) und § 12 (BGH).

152 BGH vom 12. März 2001 – II ZB 15/00, juris Tz. 19.

praktischen Ergebnis entspricht das den Beobachtungen der **Effizienzmarkthypothese**.

4 Bewertungsrelevante Informationen

Die zuvor zitierte DAT-Altana-Entscheidung lässt offen, auf welche Informationen zur Ertragskraft es ankommen soll. Schließlich bietet das **Aktien- und Kapitalmarktrecht** keinen Anspruch auf umfassende Informationen zum inneren Wert bzw. – wie vom Bundesgerichtshof gefordert – zur Ertragskraft des Unternehmens:

- Die meisten **gesetzlichen Informationspflichten** ergeben sich aus dem Gesellschafts- und Kapitalmarktrecht[153].
- Die **Folgepflichten einer Börsenzulassung** gehen über die gesetzlichen Regelinformationen teilweise deutlich hinaus. Beide berichten aber nur über einzelne Ereignisse und verschaffen keinen umfassenden Überblick über zukünftige Ertragsaussichten. Insbesondere zukunftsgerichtete Planungsrechnungen finden sich allenfalls in den für Strukturmaßnahmen vorzulegenden Berichten. Diese Erkenntnisse aber werden in dem von der Rechtsprechung als für den Börsenkurs maßgeblich beurteilten Referenzzeitraum – 3 Monate vor Bekanntgabe der Strukturmaßnahme[154] – naturgemäß nicht eingepreist, weil die Berichte erst danach veröffentlicht werden.
- Der **Gesetzgeber** hat nur für den Regulierten Markt Vorschriften geschaffen, nicht aber für den Freiverkehr. So schreibt § 39 BörsG nur für ein Delisting aus dem Regulierten Markt ein Übernahmeangebot vor, nicht aber für ein Delisting aus dem Freiverkehr. Die Grundrechtswirkungen des Aktieneigentums hängen aber nicht vom Marktsegment ab. Sie gelten gleichermaßen für alle Aktionäre. Entsprechend nimmt auch die Rechtsprechung bei Notierung von Aktien sowohl im Regulierten Markt als auch im Freiverkehr für die Ermittlung des Börsenkurses keine Unterscheidung zwischen den einzelnen Börsenplätzen vor[155].
- Eine **Schadensersatzpflicht** gibt es bislang nur für fehlerhafte Ad-hoc-Mitteilungen (Art. 17 Marktmissbrauchsverordnung der EU – MAR). Sie ergibt sich aus §§ 97, 98 WpHG.
- Auch das **Übernahmeangebot** nach §§ 11, 29 ff., 35 ff. WpÜG enthält in der Regel keine Angaben zum inneren Wert, sondern vor allem zu den Absichten des Bie-

---

153 Eine erste und nicht vollständige Aufstellung enthält Teil 1 § 3 III 4.

154 BGH vom 19. Juli 2010 – II ZB 18/09 (Stollwerck).

155 Hanseatisches OLG Hamburg vom 7. September 2020 – 13 W 122/20, juris Tz. 26; LG Düsseldorf vom 17. März 2022 – 31 O 27/17 [AktE], Seite 11 (Squeeze-out „KÖLN – DÜSSELDORFER Deutsche Rheinschiffahrt AG“ zu beziehen über https://www.spruchverfahren-direkt.de/wp-content/uploads/2022/05/KOeLN-DUeSSELDORFER-Deutsche-Rheinschifffahrt-AG-2022-03-17-LG-Duesseldorf-Squeeze-out.pdf).

ters. Die Wertermittlung erfolgt in der Regel nicht auf der Grundlage einer Unternehmensbewertung. Stattdessen wird die Höhe der Gegenleistung nach den Bestimmungen der WpÜG-Angebotsverordnung aufgrund der durchschnittlichen Börsenkurse in einem Referenzzeitraum ermittelt, der mit dem Übernahmeangebot endet, oder alternativ nach höheren Vorerwerbspreisen.
- Das **CSR-Richtlinie-Umsetzungsgesetz**[156] begründet in den §§ 289a ff. HGB weitere Informationspflichten zur Umsetzung der Richtlinie (EU) 2014/95. Ihre Kapitalmarktrelevanz ist nicht Gegenstand dieser Studie. Das gilt auch für die Ausdehnung dieser Informationspflichten auf nachhaltigkeitsbezogene CSRD-Maßnahmen in der Richtlinie (EU) 2022/2464.[157]

Belastbare Informationen zum „wahren" Wert bzw. zur Ertragskraft des Unternehmens enthalten nur die **Berichte nach §§ 293a, 293e, 327c AktG**. Sie sind für alle kompensationspflichtigen Strukturmaßnahmen im Aktien- und Umwandlungsrecht zu erstellen. Aus ihnen ergibt sich der Verfahrensgegenstand für das Spruchverfahren, § 4 Abs. 2 Ziffer 4, § 7 Abs. 3 SpruchG. Ein relevanter Börsenwert als Wertuntergrenze kann sich erst dann bilden, wenn der Referenzzeitraum die Offenlegung dieser Berichte umfasst. Damit sichert das Spruchverfahren im Schutzbereich des **Aktieneigentums** die **Investitionsstrategien** ab, die auf steigende Kurse und Dividenden und damit auf den Zukunftserfolgswert abstellen. Damit verhindert ein auf den inneren Wert gerichtetes Spruchverfahren zugleich einen gespaltenen Kurszettel. Die „Stollwerck-Entscheidung" des Bundesgerichtshofs eröffnet dazu eine Anpassung des Referenzzeitraums unter Verweis auf weitere **Erkenntnisse in der Kapitalmarktforschung**.[158]

---

156 Zum Gesetzgebungsverfahren: https://www.bmj.de/SharedDocs/Gesetzgebungsverfahren/DE/2016_CSR-Richtlinie-Umsetzungsgesetz.html

157 Die Richtlinie kann bezogen werden über https://eur-lex.europa.eu/legal-content/DE/TXT/PDF/?uri=CELEX:32022L2464&from=D

158 BGH vom 19. Juli 2010 – II ZB 18/09, juris Tz. 20.

Die bewertungsrelevanten Informationen lassen sich wie folgt tabellarisch zusammenfassen:

Bewertungsrelevante Informationen

Strukturelles Informationsgefälle: Der Emittent verfügt über einen kaum justiziablen Informationsvorsprung (so etwa aus § 327b Abs. 1 Satz 2 AktG). Er bestimmt so die Reichweite der gerichtlichen Kontrolle und die Wertverhältnisse = asymmetrische Prozesslagen. (Art. 14, 19 GG)

Finanzmarktinformationen

Stichtagsbezogene eigene Angaben und (investigative) Wirtschaftspresse

- Gesetzliche Regelinformationen
  - z.B. „Geschäftsberichte"
- Zulassungsfolgepflichten
- Ad-hoc-Publizität
- Angaben zu Beteiligungsverhältnissen (Short Squeeze VW Stammaktie)
- short seller / Presse

Innerer Wert (Art. 14 Abs. 1 GG)

Angaben zu Wertverhältnissen

- Ertrags- / DCF-Wert (IDW S 1)
  - Unternehmensplanung
- Net-Asset-Value (NAV)
  - Aufstellung der Vermögenswerte: z.B. Immobilien oder Wertpapiere (Substanzwert)
- Wertuntergrenzen
  - Börsenwert
  - Liquidationswert
  - Barwert Ausgleichszahlung (Wella 3)

Abbildung 30: Bewertungsrelevante Informationen

5 Abfindungsspekulationen

Der Bundesgerichtshof hat in der „DAT/Altana-Entscheidung" zutreffend festgestellt, dass und wie Kapitalmärkte auf **kursrelevante Informationen** reagieren. Er hält es daher auch für sachgerecht, Verbundeffekte und Abfindungsspekulationen einzupreisen:

> „Die Gleichstellung von Börsen- und Verkehrswert beruht auf der Annahme, daß die Börse auf der Grundlage der ihr zur Verfügung gestellten Informationen und Informationsmöglichkeiten die Ertragskraft des Gesellschaftsunternehmens, um dessen Aktien es geht, zutreffend bewertet, der Erwerber von Aktien sich an dieser Einschätzung durch den Markt orientiert und sich daher Angebot und Nachfrage danach regulieren, so daß sich die Marktbewertung in dem Börsenkurs der Aktien niederschlägt (vgl. dazu Fleischer, ZGR 2001, 1, 27 f.). Beabsichtigt ein anderes – herrschendes – Unternehmen, sich dieses Gesellschaftsunternehmen mit seiner Ertragskraft im Rahmen eines Unternehmensvertrages zunutze zu machen, muß es bei der Verwirklichung seiner Intentionen diese Wertschätzung des Marktes akzeptieren und daran die Abfindung der außenstehenden Aktionäre ausrichten, die sich zum Ausscheiden aus der sich in die Abhängigkeit begebenden Gesellschaft entschließen. [...]
>
> Im Schrifttum wird weiter die Ansicht vertreten, „Abfindungsspekulationen" müßten nach der Entscheidung des Bundesverfassungsgerichts unberücksichtigt bleiben (Wilm, NZG 1999, 234, 239). Das trifft nur insoweit zu, als sie auf Börsenkursmanipulationen beruhen. Entwickeln sich jedoch höhere Börsenpreise aufgrund der Erwartung der Marktteilnehmer, infolge des Abschlusses des Unternehmensvertrages eine günstige Abfindung erreichen zu können, beruht das einmal

auf dem Marktgesetz, daß Angebot und Nachfrage die Preise bestimmen, zum anderen darauf, daß darin die Einschätzung des Marktes über die zu erwartenden unechten und echten Synergieeffekte zum Ausdruck kommt. In den Beschlußgründen des Bundesverfassungsgerichts wird das mit der Aussage berücksichtigt, die Minderheitsaktionäre dürften nicht weniger erhalten als sie bei einer freien Deinvestitionsentscheidung zum Zeitpunkt des Zustandekommens des Unternehmensvertrages erlangt hätten (Beschl. v. 27. April 1999 aaO S. 1440)."[159]

Bislang gibt es noch keinen Regulierungsrahmen, der einer **interessenorientierten Kurspflege** entgegentritt bzw. deren Auswirkungen beseitigt. Ein gutes Beispiel dafür ist die Preisbildung im Vorfeld des Delisting bei der Rocket Internet SE[160].

6 Referenzzeitraum

Mit der „Stollwerck-Entscheidung" steht die Frage im Raum, ob der Preisbildung am Kapitalmarkt im maßgeblichen Referenzzeitraum die relevanten Informationen vorliegen. Dazu stellt der Bundesgerichtshof auf die **weiteren Erkenntnisse in der Kapitalmarktforschung** ab:

„Der Börsenwert ist nach dem gewichteten durchschnittlichen inländischen Börsenkurs während der letzten drei Monate vor der Bekanntmachung, die nicht notwendig eine Bekanntmachung im Sinne des § 15 WpHG sein muss, zu bestimmen, weil dieser Zeitraum besser geeignet ist, den Verkehrswert der Aktie zu ermitteln, als ein mit dem Tag der Hauptversammlung endender Referenzzeitraum, solange die Kapitalmarktforschung keine noch besser geeigneten Anhaltspunkte entwickelt."[161]

Diese Erkenntnisse liegen mit der im Jahr 2013 mit einem Nobelpreis [162] prämierten Effizienzmarkthypothese vor.

Auf Grundlage dieser Erkenntnisse lässt sich der Referenzzeitraum für den zu beachtenden Börsenkurs anpassen. Die bewertungsrelevanten Informationen enthalten nur die Berichte nach §§ 293a, 293e, 327c AktG. Die Effizienzmarkthypothese zeigt auf, dass der **Referenzzeitraum** nicht vor Veröffentlichung dieser Informationen enden darf. Zudem ist nicht ausgeschlossen, dass auf der beschlussfassenden Hauptversammlung weitere bewertungsrelevante Erkenntnisse zu gewinnen sind, die in die Preisbildung hätten einfließen müssen.

---

159 BGH vom 12. März 2001 – II ZB 15/00, juris Tz. 19 und 29.

160 Vgl. dazu oben Teil 1 § 1 II 5 und Abbildung 15a mit der Gesamtkalkulation zur Übernahme der Rocket Internet SE.

161 BGH vom 19. Juli 2010 – II ZB 18/09, juris Tz. 20.

162 Weitere Einzelheiten enthält die Begründung des Nobelpreis-Komitees: https://www.nobelprize.org/prizes/economic-sciences/2013/prize-announcement/
Erste Informationen gibt: https://de.wikipedia.org/wiki/Markteffizienzhypothese#cite_ref-:0_1-12
Das ist die Homepage von Eugene Fama: https://www.chicagobooth.edu/faculty/directory/f/eugene-f-fama

IV Übernahmeangebot

Der Gesetzgeber hat die Übernahmeangebote nach §§ 29 Abs. 1, 35 Abs. 1 Satz 1 WpÜG im kapitalmarktrechtlichen Anlegerschutz als **Konzerneingangskontrolle** konzipiert (1). In der Rechtspraxis kam es dann zu einem **Bedeutungswandel** (2). Die **Preisfindung** erfolgt dabei über den Börsenkurs (3) für einen **Referenzzeitraum**, der mit der Ankündigung des Übernahmeangebots endet (4). Das Regelungskonzept gilt nur für den Regulierten Markt, was die Anzahl der möglichen **Zielgesellschaften** reduziert (5). Die Beteiligungsverhältnisse nach dem Übernahmeangebot lassen verschiedene Regelungsmechanismen aus dem **Konzernrecht** eingreifen (6). Außerhalb der konzernrechtlichen Regelungsziele nutzen Großaktionäre Übernahmeangebote zum weiteren **Erwerb von Aktien** (7). Vor allem diese Daten werfen die Frage nach dem **Schutzzweck des Übernahmeangebots** auf. Soweit im konkreten Fall die Gegenleistung unter der Abfindung liegt, erfolgt die Übertragung unter dem inneren Wert.

1 Regelungskonzept WpÜG

Das Regelungskonzept des WpÜG geht unter anderem auf den „*Vorschlag für eine Richtlinie des Europäischen Parlaments und des Rates betreffend Übernahmeangebote*" vom 2. Oktober 2002 zurück[163]. Die **Konzernbildungskontrolle** bzw. **Konzerneingangskontrolle** oder der **Konzerneingangsschutz**[164] beginnt mit dem freiwilligen Übernahmeangebot nach §§ 29 ff. WpÜG und dem Pflichtangebot nach §§ 35 ff. WpÜG[165]:

- Das **freiwillige Übernahmeangebot** nach § 29 Abs. 1 WpÜG erfolgt vor einem Kontrollerwerb.
- Ein **Pflichtangebot** ist nach einem Kontrollerwerb innerhalb von sieben Kalendertagen nach § 35 Abs. 1 Satz 1 WpÜG zu unterbreiten. Damit schaffen die Über-

163 KOM (2002) 534 = Ratsdokument 12846/02 = BR-Drucks. 800/11 sowie Neye NZG 2002, 1144 ff. zu beziehen über https://eur-lex.europa.eu/LexUriServ/LexUriServ.do?uri=OJ:C:2003:045E:0001:0017:DE:PDF
Einen Überblick über die Bezüge zum Europäischen Recht und zum Gesetzgebungsverfahren gibt Schlitt in MüKo AktG Band 6, 5. Auflage 2021, § 35 WpÜG Rn 10 ff., 17 ff., hier bes. Rn 15

164 Diese drei Begriffe werden häufig synonym verwendet. Die unterschiedlichen Regelungsziele zeigen die §§ 20, 35 ff WpÜG für einen Konzerneingangsschutz und die §§ 291 ff. AktG für einen Konzernbinnenschutz. Soweit möglich, wird hier der Begriff „Konzerneingangskontrolle" verwendet.
Einen besonders ausführlichen Überblick über die Diskussion im Gesetzgebungsverfahren zum Pflichtangebot und damit auch zum Regelungsziel gibt *Schlitt* in MüKo AktG Band 6, 5. Auflage 2021, § 35 WpÜG Rn 38 ff. Abbildung 29 zeigt die weiteren Bewertungsansätze und Methoden der Wertermittlung.

165 *Habersack* in Emmerich/Habersack Aktien- und GmbH-Konzernrecht 9. Auflage 2019, Vor. § 311 Rn 10. Das einfache, nicht auf den Erwerb einer Kontrollmehrheit gerichtete Angebot nach § 10 WpÜG spielt hier keine Rolle mehr.

nahmeangebote aus §§ 20, 35 WpÜG einen **Konzerneingangsschutz**, während die §§ 291 ff. AktG einen **Konzernbinnenschutz** ausüben.

Am Rande sei hier angemerkt, dass die Wertermittlung für das nach § 39 BörsG vor einem Delisting zu unterbreitende **Erwerbsangebot** auch nach den Grundsätzen einer Wertermittlung bei der Konzerneingangskontrolle zu erfolgen hat. Das entspricht aber nicht dem Schutzbereich der Grundrechte und ist deshalb systemwidrig.

Bei beiden Angeboten geht es um die **Kontrolle der Zielgesellschaft**. Nach § 29 Abs. 2 Satz 1 WpÜG wird der **Kontrollerwerb** beim Überschreiten einer Beteiligung in Höhe von 30 Prozent vermutet. Diese Grenze orientiert sich an den **Präsenz- und Mehrheitsverhältnissen** auf Hauptversammlungen von Publikumsaktiengesellschaften bzw. börsennotierten Gesellschaften und liegt so auch den Regelungen in anderen europäischen Staaten zugrunde[166].

Angesichts der **Präsenzverhältnisse** auf deutschen Hauptversammlungen verschafft eine Beteiligung von mehr als 30 Prozent in der Regel eine einfache Stimmenmehrheit, § 133 Abs. 1 AktG[167]. Eine solche **Mehrheit** reicht für die meisten Beschlussgegenstände, wie zum Beispiel die Wahl zum Aufsichtsrat nach § 101 Abs. 1 AktG, aus. Weil der Aufsichtsrat den Vorstand bestellt, ermöglicht eine Neuwahl des Aufsichtsrats einen Austausch des Vorstands. Damit vermag ein neuer Großaktionär die weitere Unternehmensentwicklung und die Nutzung der **Geschäftschancen** ebenso zu prägen wie die Planung der zukünftigen finanziellen Überschüsse und die Berichterstattung darüber.

Für den Anleger bzw. Minderheitsaktionär ändert sich damit der Blick auf den **Zukunftserfolgswert**, was sich auch auf seine **Investitionsstrategie** auswirkt[168]. Anleger müssen damit rechnen, dass die Zielgesellschaft ihre unternehmerische Eigenständigkeit verliert und sich den Zielsetzungen des Hauptaktionärs fügt. Zum Schutz der Anleger und ihrer Investitionsstrategien verlangt der **kapitalmarktrechtliche Aktionärsschutz** ein Übernahmeangebot. Die Aktionäre sollen die Möglichkeit erhalten, ihre Aktien an den (neuen) Großaktionär zu veräußern, bevor es zu Kursverlusten kommt. Beim Übernahmeangebot handelt es sich um eine freiwillige Transaktion zwischen den beiden Aktionärsgruppen: Der unternehmerisch investierte Großaktionär unterbreitet den Anlegern ein freiwilliges Kaufangebot. Der **Schutzzweck des Kaufangebots** begründet aber keine Veräußerungspflicht:

---

166 Gesetzentwurf WPüG BT-Drucks 14/7034, Seiten 29 f., zu beziehen über https://dserver.bundestag.de/btd/14/070/1407034.pdf

167 Der Gesetzgeber verifiziert diese Annahme nicht durch empirische Daten. Allerdings ist zu berücksichtigen, dass viele Satzungen andere Mehrheitserfordernisse vorsehen, § 133 Abs. 2 AktG.

168 Einen besonders ausführlichen Überblick über den Diskussionsverlauf im Gesetzgebungsverfahren gibt *Schlitt* in MüKo AktG Band 6, 5. Auflage 2021, § 35 WpÜG Rn 38 ff.

> „Aber auch für die Aktionäre hat eine Übernahme in vielen Fällen Auswirkungen. Dies betrifft insbesondere die geschäftspolitische Ausrichtung des Unternehmens und die Werthaltigkeit der Unternehmensanteile.“[169]

Damit beginnt die **Konzerneingangskontrolle**[170]. Die Investition durch einen Großaktionär verändert die Grundlagen der Investitionsentscheidung und **Investitionsstrategie** von Minderheitsaktionären, in eine eigenständige Gesellschaft zu investieren. Damit schützt das Übernahmeangebot das Vertrauen in die Kontinuität der bisherigen Mehrheitsverhältnisse[171]. Allerdings ist mit dem Bundesgerichtshof in der „BKN-Entscheidung“ zu monieren, dass es diese Konzerneingangskontrolle nur für den **organisierten Markt** (§ 1 Abs. 1 WpÜG) – in Deutschland ist das der Regulierte Markt – und nicht für den Freiverkehr gibt:

> „Ziel des Wertpapiererwerbs- und Übernahmegesetzes ist es, Rahmenbedingungen bei Unternehmensübernahmen und anderen öffentlichen Angeboten zum Erwerb von Wertpapieren in Deutschland zu schaffen, die den Anforderungen der Globalisierung und der Finanzmärkte angemessen Rechnung tragen und hierdurch den Wirtschaftsstandort und Finanzplatz Deutschland auch im internationalen Wettbewerb weiter stärken (BT-Drucks. 14/7034, S. 28) . Damit hat das Gesetz eine vorwiegend kapitalmarktrechtliche Ausrichtung (Kleindiek, ZGR 2002, 546, 558 ff.; Habersack in Emmerich/Habersack, Aktien- und GmbH-Konzernrecht, 6. Aufl., vor § 311 Rn 10, 25; a.A. Altmeppen, ZIP 2001, 1073, 1082; vermittelnd Hopt, ZHR 166 [2002], 383, 386). Dementsprechend ist seine Anwendung nach § 1 Abs. 1 WpÜG beschränkt auf Angebote zum Erwerb von Wertpapieren, die zum Handel an einem organisierten Markt zugelassen sind. Ginge es vornehmlich um einen konzernrechtlichen Eingangsschutz und damit um eine gesellschaftsrechtliche Ausrichtung, wäre nicht verständlich, dass im Freiverkehr gehandelte Wertpapiere von dem Gesetz nicht erfasst werden. In diesen Regelungszweck fügt sich § 35 Abs. 2 WpÜG in der Auslegung des Senats ohne Widersprüche ein.“[172]

Die **grundgesetzlichen Gewährleistungen** zum Aktieneigentum hängen aber nicht von einem Handel im Regulierten Markt und seiner Ausgestaltung ab. Stattdessen besteht bei allen Publikumsaktiengesellschaften die Gefahr, dass ein Aktionär mit seiner Hauptversammlungsmehrheit seine Partikularinteressen zu Lasten der Gesellschaft und der übrigen Aktionäre durchsetzt. Daher spricht alles dafür, die Konzerneingangskontrolle auf **alle Publikumsaktiengesellschaften** auszudehnen, in denen sich unternehmerisch investierte Aktionäre und Finanzanleger gegenüberstehen. Nur so gelingt bei Unternehmensübernahmen ein Interessenausgleich zwischen den beiden Aktionärsgruppen. Hier darf es keine Rolle spielen, ob die Gesellschaft (nur) im Freiverkehr notiert ist oder (schon) ein Delisting stattgefunden hat. Dazu bietet sich

---

169 Gesetzentwurf WPüG BT-Drucks 14/7034, Seite 27 links unten, zu beziehen über https://dserver.bundestag.de/btd/14/070/1407034.pdf

170 Zur rechtssystematischen Einordnung: § 35 Rn 1 ff.; *Schlitt* in MüKo AktG Band 6, 5. Auflage 2021, § 35 WpÜG Rn 8.

171 *Noack/Zetzsche* in KMRK 5. Auflage 2020, § 35 WpÜG Rn 3 f.

172 BGH vom 11. Juni 2013 – II ZR 80/12, juris Tz. 19.

eine Kodifizierung der konzernrechtlichen Eingangskontrolle im Aktiengesetz bei den anderen konzernrechtlichen Regelungen in den §§ 15 ff., 291 ff. AktG an. Der Schutzbedarf besteht nach § 293a Abs. 3 AktG nicht mehr, wenn alle Anteilsinhaber auf ihn verzichten bzw. die Gesellschaft nach § 304 Abs. 1 Satz 3 AktG keinen außenstehenden Aktionär hat.

Diese Überlegungen gelten auch für andere Regelungen, bei denen in Publikumsaktiengesellschaften zwischen den beiden Aktionärsgruppen ein Interessenausgleich herzustellen ist. So verlangt § 29 Abs. 1 Satz 1 UmwG nur bei einer Verschmelzung einer börsennotierten Gesellschaft die Gewährung einer angemessenen Barabfindung. Um dieses Angebot zu vermeiden, hat die MyHammer Holding AG eine für 2021 angekündigte Verschmelzung in das Jahr 2021 verschoben, um zunächst zum 24. August 2021 ein Delisting vom Regulierten Markt durchzuführen[173].

Vorschlag 5: Schutzregelungen für Publikumsaktiengesellschaften von Börsenzulassung abkoppeln
- Kodifizierung des Regelungskonzepts aus den §§ 29 ff. WpÜG **(freiwilliges Übernahmeangebot)** und §§ 35 ff. WpÜG **(Pflichtangebot)** im AktG für alle Publikumsaktiengesellschaften.
- Pflicht zum Erwerb gegen eine angemessene **Barabfindung bei allen Verschmelzungen** unter Beteiligung einer Publikumsaktiengesellschaft, § 29 Abs. 1 Satz 1 UmwG.

Bei allen **Publikumsaktiengesellschaften** gibt es zwei **Aktionärsgruppen**, zwischen denen ein strukturelles Ungleichgewicht besteht. Dabei besteht kein Unterschied zu einer Notierung am Regulierten Markt oder in einem anderen Handelssegment wie zum Beispiel im Freiverkehr. Die verfassungsmäßigen Gewährleistungen zum Aktieneigentum verlangen in jeder Konstellation eine Nivellierung. In einem entsprechenden Umfang gilt das auch für Familienaktiengesellschaften.

2 Bedeutungswandel

In der Rechtspraxis hat sich das **Normengefüge** zumindest teilweise anders entwickelt als im Gesetzgebungsverfahren vorgesehen. Dort stand noch die Frage der Zumutbarkeit einer Belastung von Unternehmen mit den Kosten eines Übernahmeangebots im Vordergrund[174]. Empirische Daten zeigen aber, dass die auf der Grundlage eines Übernahmeangebots erworbenen Aktien meist deutlich billiger sind als die Abfin-

173 Die Ankündigung einer Verschmelzung für 2021 erfolgte mit einer Insiderinformation am 11. Februar 2021: https://www.pressetext.com/news/20210211006 . Die Insiderinformation vom 17. Juni 2021 kündigt für 2021 ein Delisting vom Regulierten Markt mit Übernahmeangebot an und verschiebt die Verschmelzung in das Jahr 2022.

174 Einen besonders ausführlichen Überblick über die Diskussion im Gesetzgebungsverfahren zum Pflichtangebot gibt *Schlitt* in MüKo AktG Band 6, 5. Auflage 2021, § 35 WpÜG Rn 38 ff.

dung bei einer kompensationspflichtigen Strukturmaßnahme[175]. Damit verfolgt ein Übernahmeangebot (zumindest auch) das Ziel, möglichst viele Aktien unter dem inneren Wert zu erwerben. Das erklärt, warum viele Übernahmeangebote eine **Prämie** enthalten, damit der Bieter bzw. der neue Großaktionär möglichst viele Aktien erwerben kann. Soweit ersichtlich, wurde diese Funktion vor und während des Gesetzgebungsverfahrens nicht diskutiert.

Das Übernahmeangebot eröffnet dem Erwerber bzw. Bieter auch die **Möglichkeit zu einem Aktienerwerb** von deutlich mehr als 30 Prozent der Aktien. Der übernahmerechtliche Squeeze-out nach §§ 39a, 39b WpÜG setzt den Erwerb von 95 Prozent der Aktien voraus, wovon 90 Prozent auf der Grundlage des Übernahmeangebots erfolgt sein müssen. Diese Schwellen werden aber nur selten erreicht.

Zu den **Wechselwirkungen** zwischen Unternehmensübernahmen und anderen kompensationspflichtigen Strukturmaßnahmen enthält die Gesetzesbegründung einen Prüfungsvorbehalt:

> „Übernahmen stellen neben strukturändernden Maßnahmen, die sich nach aktienrechtlichen und umwandlungsrechtlichen Vorschriften richten, nur eine Möglichkeit dar, um bestimmte unternehmerische Ziele durchzusetzen. Dabei beurteilt sich die Zulässigkeit derartiger Maßnahmen stets nach den jeweils einschlägigen Rechtsvorschriften. Ob und inwieweit für bestimmte Fallkonstellationen im Schnittbereich zwischen Umwandlungs-, Aktien- und Übernahmerecht in der Praxis besondere gesetzliche Regelungen erforderlich sind, bleibt abzuwarten, da zunächst mit den neuen Vorschriften dieses Gesetzes Erfahrungen gewonnen werden sollen."[176]

Der hier aufgezeigte **Wandel des Normzwecks** führt zu der Frage, ob die damit gemachten Erfahrungen nicht den Regelungsrahmen modifizieren müssen:

- Vor allem der **Preisfindungsmechanismus** aus § 5 Abs. 1 WpÜGAngebV steht auf dem Prüfstand. Schließlich ermöglicht er den Erwerb eines Emittenten deutlich unter dessen innerem Wert.
- Die Präsenzverhältnisse auf Hauptversammlungen ermöglichen häufig über die Neuwahl des Aufsichtsrats einen Austausch des Managements. Damit entsteht eine **konzernrechtliche Gefährdungslage**, die auch zu einer Verlagerung von Geschäftschancen und weiteren Nachteilen führen kann. Das spricht für eine Verschärfung der konzernrechtlichen Haftung für die Phase, in der es noch keinen Unternehmensvertrag gibt.

175 Zu den Wertverhältnissen siehe unten Teil 1 § 3 IV 7.

176 Gesetzentwurf WpÜG BT-Drucks 14/7034, Seite 31 rechte Spalte, zu beziehen über https://dserver.bundestag.de/btd/14/070/1407034.pdf

3 Bewertungsmethode

Die Preisermittlung erfolgt beim Übernahmeangebot fast ausschließlich über den **Börsenwert**. Damit hat der Gesetzgeber hier eine **Bewertungsmethode** festgelegt. Er verlangt in § 5 Abs. 1 WpÜGAngebV, dass die Gegenleistung mindestens den gewichteten durchschnittlichen inländischen Börsenkursen der letzten drei Monate vor der Veröffentlichung nach § 10 Abs. 1 Satz 1 WpÜG bei Übernahmeangeboten und nach § 35 Abs. 1 Satz 1 WpÜG bei Pflichtangeboten entspricht. **Empirische Daten** zeigen jedoch, dass die Abfindungen bei nachfolgenden kompensationspflichtigen Strukturmaßnahmen meist über den Angebotspreisen in Übernahmeangeboten liegen. Hier bestehen häufig erhebliche Spielräume, weshalb deutsche Unternehmen im internationalen Vergleich auch als unterbewertet gelten. Daher überrascht es nicht, dass sich DAX-Unternehmen überwiegend in der Hand ausländischer Anleger befinden.

4 Bewertungszeitraum

Das wertprägende Ereignis ist die sich abzeichnende Unternehmensübernahme. Sie ist dazu geeignet, sich auf den Zukunftserfolgswert werterhöhend oder -reduzierend auszuwirken. Der **Schutzzweck des Übernahmeangebots** lässt es zu, dass der Bewertungszeitraum vor der Bekanntgabe des Übernahmeangebots als kursrelevante Information endet. Das entspricht dem Regelungskonzept, die bisherige Investitionsstrategie zu schützen. Es gibt noch keine kompensationspflichtige Strukturmaßnahme mit einem Zugriff auf den inneren Wert durch den Großaktionär:

- Erst mit der Bekanntgabe entsteht für die Anleger eine neue Situation, die sie ihren Anlageentscheidungen zugrunde legen können. Erst dann zeichnet sich ein Kontroll- bzw. Machtwechsel ab.
- Soweit es sich nicht um ein Pflichtangebot handelt, gab es zuvor noch keine Mehrheitsverhältnisse, die auf einer Hauptversammlung, zum Beispiel durch den Austausch des Aufsichtsrats, eine neue Unternehmenspolitik ermöglichten.

5 Zielgesellschaften

Wie bereits zuvor ausgeführt, gelten diese Regelungen nur für Gesellschaften mit Aktien, die an **einem Regulierten Markt** notiert sind, §§ 1 Abs. 1, 2 Abs. 7 WpÜG. Damit gibt es diesen Schutz, wie auch beim Delisting nach § 39 Abs. 2 BörsG, nicht für Aktionäre der im Freiverkehr notierten Gesellschaften. Die Vorgaben der EU ergeben sich aus dem „*Vorschlag für eine Richtlinie des Europäischen Parlaments und des Rates betreffend Übernahmeangebote*", von der Kommission vorgelegt am 2. Oktober 2002[177].

Nicht zuletzt deshalb wirft der Bundesgerichtshof in der „**BKN-Entscheidung**" die Frage auf, warum Gesellschaften am Regulierten Markt anders behandelt werden als Publikumsaktiengesellschaften im Freiverkehr[178] oder nach einem Delisting. Die **Gewährleistungen aus dem Grundgesetz** unterscheiden nicht nach dem **Handelsplatz**. Der Schutzbedarf besteht nach § 293a Abs. 3 AktG nur dann nicht mehr, wenn alle Anteilsinhaber auf ihn verzichten bzw. die Gesellschaft nach § 304 As. 1 Satz 3 AktG keinen außenstehenden Aktionär hat. Solange aber nicht das gesamte Grundkapital in der Hand eines einzigen Aktionärs vereint ist, gelten für alle Aktionäre die gleichen verfassungsmäßigen Gewährleistungen zum Aktieneigentum.

Mit dem Erreichen der Beteiligungsschwelle von 30 Prozent verändert sich für Anleger bzw. Minderheitsaktionäre der Blick auf den Zukunftserfolgswert. Hinzu kommen weitere vor allem konzernrechtliche **Gefährdungslagen**. Das Konzernrecht gilt unabhängig von einer Notierung der Zielgesellschaft am Regulierten Markt oder im Freiverkehr auch für Publikumsaktiengesellschaften nach einem Delisting.

- Für den kontrollierenden Aktionär bestehen Möglichkeiten, seine **Partikularinteressen** durchzusetzen. Er kann die mit seiner Investition verbundenen unternehmerischen Zielsetzungen geltend machen[179]. Das umfasst zum Beispiel die Verlagerung von Geschäftschancen oder Umstrukturierungen.
- Es kann zu vielfältigen weiteren **Nachteilszufügungen** kommen, die einem Ausgleich über die §§ 311 ff. AktG nicht zugeführt werden (können). Dazu mag auch gehören, dass Vorstand und Aufsichtsrat im Wege des „vorauseilenden Gehorsams" und ohne nachweisbare Weisung im Interesse des Hauptaktionärs agieren. Es ist auch unwahrscheinlich, dass sich Wirtschaftsprüfer bzw. Abschlussprüfer über den **Abhängigkeitsbericht** nach § 313 AktG die Fortführung ihrer Tätigkeiten verbauen.
- In besonders gelagerten Einzelfällen kommt es zu einem **Business Combination Agreement (BCA)**, welches sich faktisch wie ein Unternehmensvertrag oder eine Verschmelzung auswirken kann, ohne dass darüber die Hauptversammlung abgestimmt hat oder die Minderheitsaktionäre nur informiert worden sind. Dabei legen solche Vereinbarungen frühzeitig aufeinander abgestimmte Verhaltensweisen von Zielgesellschaften und Hauptaktionären fest.

---

177 KOM (2002) 534 endg., zu beziehen über https://eur-lex.europa.eu/LexUriServ/LexUriServ.do?uri=OJ:C:2003:045E:0001:0017:DE:PDF

178 BGH vom 11. Juni 2013 – II ZR 80/12, juris Tz. 19.

179 Zum Normzweck: *Andreas H. Meyer* in Geibel / Süßmann WpÜG 2. Auflage 2008, § 35 Rn 9. Einen ersten Überblick über die Diskussionen im Gesetzgebungsverfahren § 35 Rn 1 ff.; *Schlitt* in MüKo AktG Band 6, 5. Auflage 2021, § 35 WpÜG Rn 5 ff.; *Krause/Pötzsch* in Assmann/Pötzsch/Schneider WpÜG 3. Auflage 2020, § 35 Rn 8.

Zudem stellt sich die Frage, ob angesichts der beobachteten Wertverhältnisse der **kapitalmarktrechtliche Aktionärsschutz** nicht neu definiert werden muss. Nur die Bieter im Übernahmeangebot sowie die Antragsgegner im Spruchverfahren haben ein strukturelles Interesse an möglichst niedrigen Preisen für die jeweilige Aktie. Damit entspricht der im Übernahmeangebot angebotene Preis nicht dem hier verfolgten Schutzzweck der Norm. Das zeigen besonders deutlich die **empirischen Daten** zu Gegenleistung und Abfindung.

6 Stellung im Konzernrecht

Die §§ 291 ff., 311 ff. AktG regeln vor allem den Schutz der bereits abhängigen oder konzernierten Gesellschaft, ihrer Gläubiger sowie der außenstehenden Aktionäre. Sie enthalten keinen vorbeugenden Schutz gegen abhängigkeits- oder konzernbegründende Maßnahmen im Interesse der unternehmerisch investierten Aktionäre, die von den Finanzinvestoren hinzunehmen sind. Die Finanzanleger erhalten durch die Übernahmeangebote die Möglichkeit, zu Börsenkursen vor Bekanntgabe der Übernahme die Aktien an den neuen Großaktionär zu veräußern[180]. Damit schaffen die Übernahmeangebote aus §§ 20, 35 WpÜG einen **Konzerneingangsschutz**, während die §§ 291 ff. AktG einen **Konzernbinnenschutz** ausüben[181].

Die Übernahmeangebote überschneiden sich nicht mit dem **Konzernrecht** bzw. den in § 1 SpruchG genannten kompensationspflichtigen Strukturmaßnahmen, zu denen bis zur „FRoSTA-Entscheidung" auch das Delisting gehörte. Die verbleibenden Aktionäre stehen weiterhin uneingeschränkt unter dem Schutz der §§ 311 ff. AktG, solange es keinen Unternehmensvertrag nach §§ 291 ff. AktG oder eine andere vergleichbare kompensationspflichtige Strukturmaßnahme gibt[182].

7 Empirische Daten: Gegenleistung – Abfindung

Der Gesetzgeber beabsichtigte zunächst den kapitalmarktrechtlichen Rechtsschutz der **Minderheitsaktionäre** durch eine Konzerneingangskontrolle zu stärken. In der Praxis hat sich eine zweite Funktion herausgebildet. Viele Erwerber bzw. **Großaktionäre** nutzen das Übernahmeangebot dazu, ihren Aktienbestand meist deutlich unter

180 *Habersack* in Emmerich/Habersack Aktien- und GmbH-Konzernrecht 9. Auflage 2019, Einl. Rn 11 f.
181 *Hasselbach* in KK-WpÜG 2. Auflage 2010, § 35 Rn 1.
182 Gesetzentwurf WPüG BT-Drucks 14/7034, Seiten 29 f., zu beziehen über https://dserver.bundestag.de/btd/14/070/1407034.pdf; *Habersack* in Emmerich/Habersack Aktien- und GmbH-Konzernrecht 9. Auflage 2019 , Vor. § 311 Rn 26.

dem inneren Wert weiter aufzubauen[183]. Besonders erfolgreichen Übernahmeangeboten hat der Gesetzgeber mit den §§ 39a, 39b WpÜG den Weg in den Squeeze-out eröffnet. Bislang haben aber nur einzelne wenige Bieter aufgrund des Angebots mehr als 90 Prozent der Aktien erworben und einen Ausschluss der Minderheitsaktionäre nach § 39a Abs. 3 Satz 3 WpÜG verlangt. Dieses Regelungskonzept hat daher keine praktische Bedeutung erlangt.

Empirische Daten zeigen, dass die Gegenleistung im Übernahmeangebot meist unter dem inneren Wert einer Aktiengesellschaft liegt. Das belegt eine Gegenüberstellung der Gegenleistung in Übernahmeangeboten mit den Abfindungen in (nachfolgenden) kompensationspflichtigen **Strukturmaßnahmen**:

Tabelle 6: Vergleich Angebotspreise zu Abfindungen in Strukturmaßnahmen

Vzfk e.V.	**Vergleich Preise Übernahme- / Delisting-Erwerbsangebote – Wert im nachfolgenden Squeeze-out**	
Bezeichnung		**Wert**
Anzahl Squeeze-out mit vorangegangenen Übernahme- / Delisting-Erwerbsangeboten		**222 Fälle**
Verhältnisse zur Hauptversammlung	Angebotspreis (Freefloat) (Angebotspreis × Anzahl Aktien im Streubesitz zum Zeitpunkt der HV)	10.951.256.609,10 €
	Barabfindung laut Hauptversammlung (Barabfindung × Anzahl Aktien im Streubesitz)	11.359.809.736,00 €
	Differenz	**408.553.126,90 €**
	entspricht	3,7 %
	Anzahl Erhöhungen (Barabfindungen höher als Angebotspreise)	135 Fälle
	entspricht	60,8 %
	Anzahl Verringerungen (Barabfindungen niedriger als Angebotspreise)	55 Fälle
	entspricht	24,8 %
	Anzahl identisch (Barabfindungen gleich Angebotspreise)	32 Fälle
	entspricht	14,4 %

183 Soweit ersichtlich, war diese Funktion des Übernahmeangebots nicht Gegenstand des Gesetzgebungsverfahrens zum WpÜG.

Tabelle 6 (fortgesetzt)

Vzfk e.V.	**Vergleich Preise Übernahme- / Delisting-Erwerbsangebote – Wert im nachfolgenden Squeeze-out**	
Bezeichnung		**Wert**
Anzahl Squeeze-out mit vorangegangenen Übernahme- / Delisting-Erwerbsangeboten		**222 Fälle**
Verhältnisse nach Spruchverfahren	Angebotspreis (Freefloat) (Angebotspreis × Anzahl Aktien im Streubesitz zum Zeitpunkt der HV)	10.951.256.609,10 €
	Barabfindung laut Gericht (bzw. HV, wenn noch kein Gerichtsbeschluss ergangen) (Barabfindung × Anzahl Aktien im Streubesitz)	11.767.089.352,38 €
	Differenz	**815.832.743,28 €**
	entspricht	7,4 %
	Anzahl Erhöhungen (Barabfindungen höher als Angebotspreise)	168 Fälle
	entspricht	75,7 %
	Anzahl Verringerungen (Barabfindungen niedriger als Angebotspreise)	37 Fälle
	entspricht	16,7 %
	Anzahl identisch (Barabfindungen gleich Angebotspreise)	17 Fälle
	entspricht	7,7 %

Davon ohne Delisting-Erwerbsangebote:

Tabelle 7: Vergleich Angebotspreise (ohne Delisting-Erwerbsangebote) zu Abfindungen in Strukturmaßnahmen

Vzfk e.V.	**Vergleich Preise Übernahmeangebote (ohne Delisting-Angebote) – Wert im nachfolgenden Squeeze-out**	
Bezeichnung		**Wert**
Anzahl Squeeze-out mit vorangegangenen Übernahmeangeboten		**215 Fälle**
Verhältnisse zur Hauptversammlung	Angebotspreis (Freefloat) (Angebotspreis × Anzahl Aktien im Streubesitz zum Zeitpunkt der HV)	10.729.077.077,95 €
	Barabfindung laut Hauptversammlung (Barabfindung × Anzahl Aktien im Streubesitz)	11.078.614.687,88 €
	Differenz	**349.537.609,93 €**
	entspricht	3,3 %
	Anzahl Erhöhungen (Barabfindungen höher als Angebotspreise)	130 Fälle
	entspricht	60,5 %
	Anzahl Verringerungen (Barabfindungen niedriger als Angebotspreise)	54 Fälle
	entspricht	25,1 %
	Anzahl identisch (Barabfindungen gleich Angebotspreise)	31 Fälle
	entspricht	14,4 %

Tabelle 7 (fortgesetzt)

Vzfk e.V.	**Vergleich Preise Übernahmeangebote (ohne Delisting-Angebote) – Wert im nachfolgenden Squeeze-out**	
Bezeichnung		**Wert**
Anzahl Squeeze-out mit vorangegangenen Übernahmeangeboten		**215 Fälle**
Verhältnisse nach Spruchverfahren	Angebotspreis (Freefloat) (Angebotspreis × Anzahl Aktien im Streubesitz zum Zeitpunkt der HV)	10.729.077.077,95 €
	Barabfindung laut Gericht (bzw. HV, wenn noch kein Gerichtsbeschluss ergangen) (Barabfindung × Anzahl Aktien im Streubesitz)	11.479.569.155,06 €
	Differenz	**750.492.077,11 €**
	entspricht	7,0 %
	Anzahl Erhöhungen (Barabfindungen höher als Angebotspreise)	163 Fälle
	entspricht	75,8 %
	Anzahl Verringerungen (Barabfindungen niedriger als Angebotspreise)	36 Fälle
	entspricht	16,7 %
	Anzahl identisch (Barabfindungen gleich Angebotspreise)	16 Fälle
	entspricht	7,4 %

Diese Daten erfordern eine Diskussion über den Umfang und die Reichweite des **kapitalmarktrechtlichen Vermögensschutzes**. Im wirtschaftlichen Ergebnis reflektiert eine Wertermittlung auf der Grundlage der WpÜG-Angebotsverordnung nicht den inneren Wert. Vielmehr führt die Annahme eines Übernahmeangebots im Vergleich zur Abfindung in einer kompensationspflichtigen Strukturmaßnahme regelmäßig zu Abschlägen:

Vergleich Angebote und in Squeeze-out beschlossene Barabfindungen

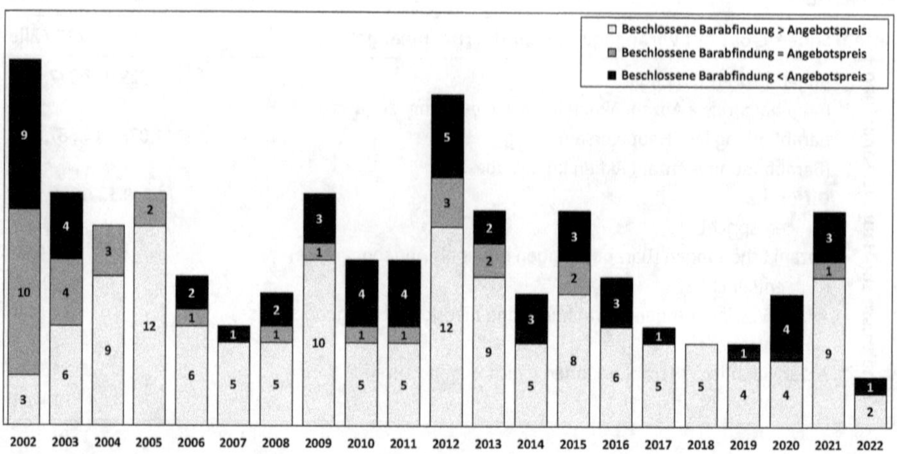

Abbildung 31: Anzahl Erhöhungen / Verringerungen beschlossene Abfindungen im Vergleich zu den Angeboten

Tabelle 8: Anzahl Erhöhungen / Verringerungen beschlossene Abfindungen im Vergleich zu den Angeboten (gestaffelt nach Jahr der Beschlussfassung zum Squeeze-out)

VzfK e.V.	Vergleich Übernahme- / Delistingerwerbsangebote und in Squeeze-out beschlossene Barabfindungen					
Jahr	**Barabfindung > Angebotspreis**		**Barabfindung = Angebotspreis**		**Barabfindung < Angebotspreis**	
	Anzahl	**entspricht**	**Anzahl**	**entspricht**	**Anzahl**	**entspricht**
2002	3	2,2 %	10	31,3 %	9	16,4 %
2003	6	4,4 %	4	12,5 %	4	7,3 %
2004	9	6,7 %	3	9,4 %	0	0,0 %
2005	12	8,9 %	2	6,3 %	0	0,0 %
2006	6	4,4 %	1	3,1 %	2	3,6 %
2007	5	3,7 %	0	0,0 %	1	1,8 %
2008	5	3,7 %	1	3,1 %	2	3,6 %
2009	10	7,4 %	1	3,1 %	3	5,5 %
2010	5	3,7 %	1	3,1 %	4	7,3 %
2011	5	3,7 %	1	3,1 %	4	7,3 %
2012	12	8,9 %	3	9,4 %	5	9,1 %
2013	9	6,7 %	2	6,3 %	2	3,6 %
2014	5	3,7 %	0	0,0 %	3	5,5 %
2015	8	5,9 %	2	6,3 %	3	5,5 %
2016	6	4,4 %	0	0,0 %	3	5,5 %
2017	5	3,7 %	0	0,0 %	1	1,8 %
2018	5	3,7 %	0	0,0 %	0	0,0 %
2019	4	3,0 %	0	0,0 %	1	1,8 %
2020	4	3,0 %	0	0,0 %	4	7,3 %
2021	9	6,7 %	1	3,1 %	3	5,5 %
2022	2	1,5 %	0	0,0 %	1	1,8 %
Summe	**135**	**100,0 %**	**32**	**100,0 %**	**55**	**100,0 %**

Die Differenzen erhöhen sich noch unter Einbeziehung bereits ergangener Gerichtsentscheidungen in Spruchverfahren und / oder Beschlussmängelklagen:

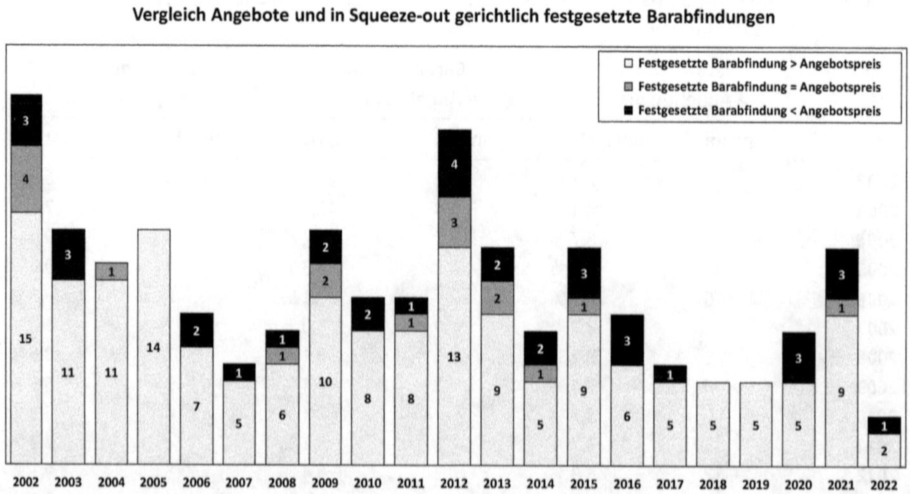

Abbildung 32: Anzahl Erhöhungen / Verringerungen (ggf. gerichtlich) festgesetzte Abfindungen im Vergleich zu den Angeboten

Tabelle 9: Anzahl Erhöhungen / Verringerungen (ggf. gerichtlich) der festgesetzten Abfindungen im Vergleich zu den Angeboten (gestaffelt nach Jahr der Beschlussfassung zum Squeeze-out)

VzfK e.V.	Vergleich Übernahme- / Delistingerwerbsangebote und in Squeeze-out festgesetzte Barabfindungen					
Jahr	Barabfindung > Angebotspreis		Barabfindung = Angebotspreis		Barabfindung < Angebotspreis	
	Anzahl	entspricht	Anzahl	entspricht	Anzahl	entspricht
2002	15	8,9 %	4	23,5 %	3	8,1 %
2003	11	6,5 %	0	0,0 %	3	8,1 %
2004	11	6,5 %	1	5,9 %	0	0,0 %
2005	14	8,3 %	0	0,0 %	0	0,0 %
2006	7	4,2 %	0	0,0 %	2	5,4 %
2007	5	3,0 %	0	0,0 %	1	2,7 %
2008	6	3,6 %	1	5,9 %	1	2,7 %
2009	10	6,0 %	2	11,8 %	2	5,4 %
2010	8	4,8 %	0	0,0 %	2	5,4 %
2011	8	4,8 %	1	5,9 %	1	2,7 %
2012	13	7,7 %	3	17,6 %	4	10,8 %
2013	9	5,4 %	2	11,8 %	2	5,4 %

Tabelle 9 (fortgesetzt)

VzfK e.V.	Vergleich Übernahme- / Delistingerwerbsangebote und in Squeeze-out festgesetzte Barabfindungen					
Jahr	**Barabfindung > Angebotspreis**		**Barabfindung = Angebotspreis**		**Barabfindung < Angebotspreis**	
	Anzahl	**entspricht**	**Anzahl**	**entspricht**	**Anzahl**	**entspricht**
2014	5	3,0 %	1	5,9 %	2	5,4 %
2015	9	5,4 %	1	5,9 %	3	8,1 %
2016	6	3,6 %	0	0,0 %	3	8,1 %
2017	5	3,0 %	0	0,0 %	1	2,7 %
2018	5	3,0 %	0	0,0 %	0	0,0 %
2019	5	3,0 %	0	0,0 %	0	0,0 %
2020	5	3,0 %	0	0,0 %	3	8,1 %
2021	9	5,4 %	1	5,9 %	3	8,1 %
2022	2	1,2 %	0	0,0 %	1	2,7 %
Summe	**168**	**100,0 %**	**17**	**100,0 %**	**37**	**100,0 %**

Betragsmäßig stellen sich die Differenzen wie folgt dar:

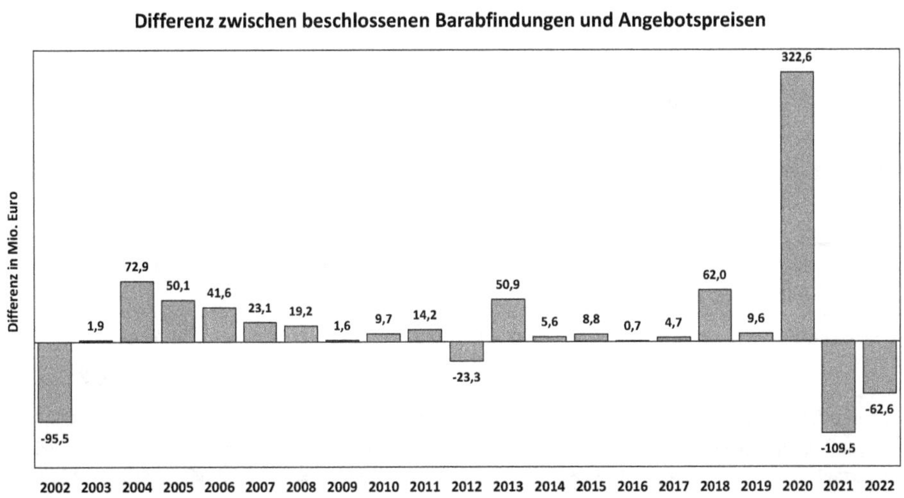

Abbildung 33: Erhöhungen / Verringerungen beschlossene Abfindungen im Vergleich zu den Angeboten

Das stellt sich nach den ersten abgeschlossenen Gerichtsverfahren (Vergleich Anfechtungsklage / Beschluss im Spruchverfahren vor LG / OLG) wie folgt dar:

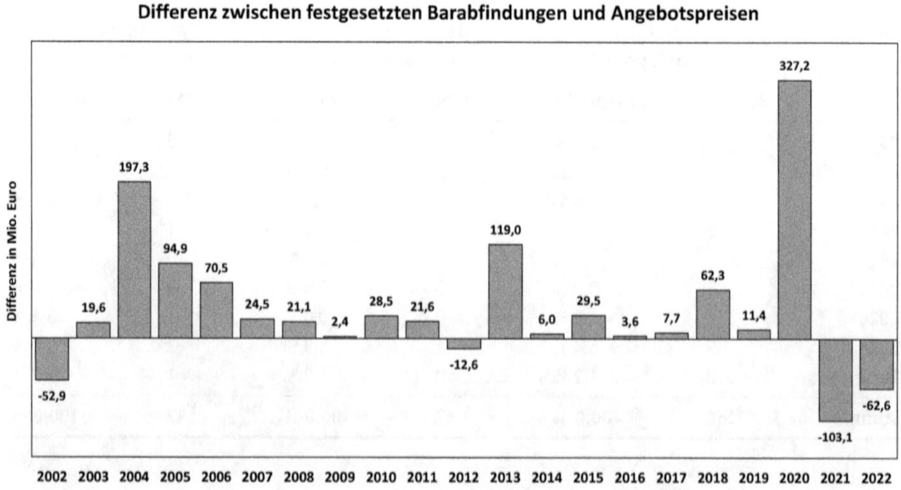

Abbildung 34: Erhöhungen / Verringerungen festgesetzte Abfindungen im Vergleich zu den Angeboten

In zahlreichen Fällen liegen die in nachfolgenden Squeeze-out beschlossenen Abfindungen 50 Prozent oder mehr über den Angebotspreisen:

Tabelle 10: Erhöhungen der beschlossenen Abfindungen um mindestens 50 Prozent im Vergleich zu den Angeboten

VzfK e.V.	Differenzen zwischen Übernahmeangeboten und in Squeeze-out beschlossenen Barabfindungen (Differenzen >= 50 %)			
Gesellschaft	**Barabfindung**		**Differenz**	
	laut HV	**laut Angebot**	**Betrag**	**entspricht**
Dürkopp Adler AG	17.601.617,68 EUR	693.054,48 EUR	16.908.563,20 EUR	2439,7 %
primion Technology AG	2.623.951,82 EUR	915.773,42 EUR	1.708.178,40 EUR	186,5 %
Tarkett AG	18.753.613,50 EUR	7.455.565,00 EUR	11.298.048,50 EUR	151,5 %
Kolbenschmidt Pierburg AG	24.635.669,76 EUR	10.052.640,00 EUR	14.583.029,76 EUR	145,1 %
A. Moksel AG	12.098.947,72 EUR	5.192.327,70 EUR	6.906.620,02 EUR	133,0 %
Walter AG	12.740.549,50 EUR	5.484.342,50 EUR	7.256.207,00 EUR	132,3 %
W.E.T. Automotive Systems AG	1.460.971,20 EUR	648.960,00 EUR	812.011,20 EUR	125,1 %
Schwarz Pharma AG	21.958.694,80 EUR	9.852.250,00 EUR	12.106.444,80 EUR	122,9 %
GARANT SCHUH + MODE AG	3.305.190,67 EUR	1.510.157,38 EUR	1.795.033,29 EUR	118,9 %
Pironet AG	6.908.428,88 EUR	3.224.889,00 EUR	3.683.539,88 EUR	114,2 %

Tabelle 10 (fortgesetzt)

VzfK e.V.	**Differenzen zwischen Übernahmeangeboten und in Squeeze-out beschlossenen Barabfindungen (Differenzen >= 50 %)**			
Gesellschaft	**Barabfindung**		**Differenz**	
	laut HV	**laut Angebot**	**Betrag**	**entspricht**
DIS Deutscher Industrie Service AG	6.827.460,00 EUR	3.292.890,00 EUR	3.534.570,00 EUR	107,3 %
Celanese AG	66.067.346,73 EUR	32.052.377,50 EUR	34.014.969,23 EUR	106,1 %
ATB Antriebstechnik AG	1.425.872,00 EUR	700.205,00 EUR	725.667,00 EUR	103,6 %
Odeon Film AG	1.573.022,25 EUR	801.540,00 EUR	771.482,25 EUR	96,3 %
INKA AG für Beteiligungen	1.837.533,20 EUR	941.520,00 EUR	896.013,20 EUR	95,2 %
Möbel Walther AG	5.880.718,88 EUR	3.083.560,80 EUR	2.797.158,08 EUR	90,7 %
Dr. Scheller Cosmetics AG	1.062.961,62 EUR	564.404,40 EUR	498.557,22 EUR	88,3 %
Felten & Guilleaume AG	2.536.922,08 EUR	1.378.762,00 EUR	1.158.160,08 EUR	84,0 %
ISRA VISION PARSYTEC AG	2.499.000,32 EUR	1.378.842,95 EUR	1.120.157,37 EUR	81,2 %
ERLUS AG	4.692.958,14 EUR	2.637.037,00 EUR	2.055.921,14 EUR	78,0 %
Ariston Real Estate AG	472.455,36 EUR	272.570,40 EUR	199.884,96 EUR	73,3 %
Swarco Traffic Holding AG	1.885.852,26 EUR	1.132.644,00 EUR	753.208,26 EUR	66,5 %
Winkler + Dünnebier AG	3.492.566,16 EUR	2.098.122,00 EUR	1.394.444,16 EUR	66,5 %
VTG Aktiengesellschaft	108.250.007,58 EUR	65.114.634,00 EUR	43.135.373,58 EUR	66,2 %
W.O.M. World of Medicine AG	3.684.475,20 EUR	2.317.280,00 EUR	1.367.195,20 EUR	59,0 %
hotel.de AG	5.169.738,75 EUR	3.326.614,50 EUR	1.843.124,25 EUR	55,4 %
TDS Informations-technologies AG	6.061.210,56 EUR	3.928.562,40 EUR	2.132.648,16 EUR	54,3 %
Sachsenmilch AG	2.897.928,99 EUR	1.899.409,98 EUR	998.519,01 EUR	52,6 %
LHS AG	847.283,89 EUR	562.522,50 EUR	284.761,39 EUR	50,6 %
Autania Aktiengesellschaft für Industriebeteiligungen	2.417.191,44 EUR	1.606.701,21 EUR	810.490,23 EUR	50,4 %
WERBAS AG	463.716,00 EUR	309.144,00 EUR	154.572,00 EUR	50,0 %

In den meisten Fällen liegt die Differenz zwischen 10 und 50 Prozent:

Tabelle 11: Erhöhungen der beschlossenen Abfindungen zwischen 10 und 50 Prozent im Vergleich zu den Angeboten

VzfK e.V.	**Differenzen zwischen Übernahmeangeboten und in Squeeze-out beschlossenen Barabfindungen (Differenzen >= 10 % und < 50 %)**			
Gesellschaft	**Barabfindung**		**Differenz**	
	laut HV	**laut Angebot**	**Betrag**	**entspricht**
Rathgeber AG	193.900,00 EUR	130.900,00 EUR	63.000,00 EUR	48,1 %
MWG-Biotech AG	1.605.580,80 EUR	1.103.836,80 EUR	501.744,00 EUR	45,5 %

Tabelle 11 (fortgesetzt)

VzfK e.V.	**Differenzen zwischen Übernahmeangeboten und in Squeeze-out beschlossenen Barabfindungen (Differenzen >= 10 % und < 50 %)**			
Gesellschaft	**Barabfindung**		**Differenz**	
	laut HV	**laut Angebot**	**Betrag**	**entspricht**
BV Holding AG	466.311,44 EUR	321.437,00 EUR	144.874,44 EUR	45,1 %
PSB AG für Programmierung und Systemberatung	568.464,96 EUR	392.044,80 EUR	176.420,16 EUR	45,0 %
Terex Material Handling & Port Solutions AG	52.114.708,80 EUR	35.975.348,75 EUR	16.139.360,05 EUR	44,9 %
RIB Software SE	81.164.549,48 EUR	56.418.311,00 EUR	24.746.238,48 EUR	43,9 %
Allweiler AG	1.842.831,00 EUR	1.281.463,44 EUR	561.367,56 EUR	43,8 %
Sinner AG	1.130.751,05 EUR	787.286,50 EUR	343.464,55 EUR	43,6 %
LINOS AG	5.726.352,09 EUR	3.988.752,00 EUR	1.737.600,09 EUR	43,6 %
P&I Personal & Informatik AG	13.075.307,10 EUR	9.220.950,00 EUR	3.854.357,10 EUR	41,8 %
Creaton AG	5.278.371,40 EUR	3.732.627,90 EUR	1.545.743,50 EUR	41,4 %
PC-Ware Information Technologies AG	10.688.007,96 EUR	7.565.514,00 EUR	3.122.493,96 EUR	41,3 %
PROCON MultiMedia AG	3.244.035,34 EUR	2.317.168,10 EUR	926.867,24 EUR	40,0 %
Michael Weinig AG	11.714.983,50 EUR	8.392.824,00 EUR	3.322.159,50 EUR	39,6 %
Leica Camera AG	11.151.872,16 EUR	8.140.349,36 EUR	3.011.522,80 EUR	37,0 %
Jetter AG	1.245.543,70 EUR	910.105,00 EUR	335.438,70 EUR	36,9 %
Augusta Technologie AG	21.872.751,25 EUR	16.150.025,00 EUR	5.722.726,25 EUR	35,4 %
WaveLight AG	6.469.643,18 EUR	4.847.385,00 EUR	1.622.258,18 EUR	33,5 %
iXOS Software AG	10.004.338,08 EUR	7.579.044,00 EUR	2.425.294,08 EUR	32,0 %
F24 AG	2.754.926,94 EUR	2.091.820,00 EUR	663.106,94 EUR	31,7 %
INFO Gesellschaft für Informationssysteme AG	5.807.804,98 EUR	4.418.982,05 EUR	1.388.822,93 EUR	31,4 %
Schleicher & Co. International AG	435.996,75 EUR	332.188,00 EUR	103.808,75 EUR	31,3 %
Dresdner Factoring AG	3.234.562,08 EUR	2.469.670,00 EUR	764.892,08 EUR	31,0 %
WMF AG	65.487.929,65 EUR	50.839.320,00 EUR	14.648.609,65 EUR	28,8 %
COMPUTEC MEDIA AG	2.380.582,71 EUR	1.848.892,52 EUR	531.690,19 EUR	28,8 %
Scholz & Friends AG	1.385.656,80 EUR	1.102.227,00 EUR	283.429,80 EUR	25,7 %
RENERCO Renewable Energy Concepts AG	8.122.181,85 EUR	6.497.745,48 EUR	1.624.436,37 EUR	25,0 %
Hymer AG	4.047.459,06 EUR	3.241.101,50 EUR	806.357,56 EUR	24,9 %
Oldenburgische Landesbank AG	26.934.119,52 EUR	21.711.977,28 EUR	5.222.142,24 EUR	24,1 %
Stinnes AG	8.902.861,26 EUR	7.220.621,75 EUR	1.682.239,51 EUR	23,3 %
IBYKUS Aktiengesellschaft für Informationstechnologie	2.129.809,20 EUR	1.736.257,50 EUR	393.551,70 EUR	22,7 %
Edscha AG	4.999.767,50 EUR	4.076.733,50 EUR	923.034,00 EUR	22,6 %
CinemaxX AG	5.351.418,12 EUR	4.391.430,90 EUR	959.987,22 EUR	21,9 %
Wella AG	164.498.904,90 EUR	135.307.331,75 EUR	29.191.573,15 EUR	21,6 %

Tabelle 11 (fortgesetzt)

VzfK e.V.	**Differenzen zwischen Übernahmeangeboten und in Squeeze-out beschlossenen Barabfindungen (Differenzen >= 10 % und < 50 %)**			
Gesellschaft	**Barabfindung**		**Differenz**	
	laut HV	**laut Angebot**	**Betrag**	**entspricht**
YOUNIQ AG	1.379.883,20 EUR	1.136.374,40 EUR	243.508,80 EUR	21,4 %
Curanum AG	7.553.302,17 EUR	6.232.097,50 EUR	1.321.204,67 EUR	21,2 %
STADA Arzneimittel AG	135.081.344,95 EUR	112.071.853,85 EUR	23.009.491,10 EUR	20,5 %
Jerini AG	5.392.986,00 EUR	4.476.250,00 EUR	916.736,00 EUR	20,5 %
GxP German Properties AG	6.301.820,28 EUR	5.234.070,00 EUR	1.067.750,28 EUR	20,4 %
Francono Rhein-Main AG	1.546.198,95 EUR	1.299.387,85 EUR	246.811,10 EUR	19,0 %
Grundstücks- und Baugesellschaft AG	9.005.958,00 EUR	7.597.333,80 EUR	1.408.624,20 EUR	18,5 %
Sanacorp Pharma-holding AG	12.481.792,14 EUR	10.611.768,98 EUR	1.870.023,16 EUR	17,6 %
Quante AG	1.541.853,44 EUR	1.310.976,00 EUR	230.877,44 EUR	17,6 %
ESSANELLE HAIR GROUP AG	4.481.008,35 EUR	3.817.008,00 EUR	664.000,35 EUR	17,4 %
Würzburger Hofbräu AG	1.569.713,40 EUR	1.345.125,00 EUR	224.588,40 EUR	16,7 %
Buderus AG	60.834.092,00 EUR	52.156.287,70 EUR	8.677.804,30 EUR	16,6 %
Softship AG	1.074.317,42 EUR	921.370,00 EUR	152.947,42 EUR	16,6 %
Dyckerhoff AG	65.320.514,28 EUR	56.197.536,00 EUR	9.122.978,28 EUR	16,2 %
PIXELPARK AG	3.340.473,08 EUR	2.897.349,10 EUR	443.123,98 EUR	15,3 %
BIEN-ZENKER AG	3.927.302,94 EUR	3.411.889,80 EUR	515.413,14 EUR	15,1 %
Hannoversche Portland-Cementfabrik AG	258.750,00 EUR	225.000,00 EUR	33.750,00 EUR	15,0 %
Aktiengesellschaft Kühnle, Kopp & Kausch	2.011.269,60 EUR	1.755.171,20 EUR	256.098,40 EUR	14,6 %
innogy SE	2.378.886.510,00 EUR	2.088.331.245,00 EUR	290.555.265,00 EUR	13,9 %
elexis AG	9.622.900,00 EUR	8.466.500,00 EUR	1.156.400,00 EUR	13,7 %
REpower Systems AG	62.019.430,77 EUR	54.734.526,00 EUR	7.284.904,77 EUR	13,3 %
Gauss Interprise AG	575.337,60 EUR	508.214,88 EUR	67.122,72 EUR	13,2 %
WESTGRUND AG	18.453.223,52 EUR	16.362.601,52 EUR	2.090.622,00 EUR	12,8 %
Derby Cycle AG	5.752.409,64 EUR	5.103.532,00 EUR	648.877,64 EUR	12,7 %
Regentalbahn AG	2.591.568,00 EUR	2.305.800,00 EUR	285.768,00 EUR	12,4 %
comdirect bank AG	174.817.608,75 EUR	156.855.956,40 EUR	17.961.652,35 EUR	11,5 %
The NewGen Hotels AG	5.957.289,00 EUR	5.346.285,00 EUR	611.004,00 EUR	11,4 %
Andreae-Noris Zahn AG	12.384.865,40 EUR	11.130.161,60 EUR	1.254.703,80 EUR	11,3 %
Brau und Brunnen AG	13.181.705,79 EUR	11.914.320,00 EUR	1.267.385,79 EUR	10,6 %
Novasoft AG	3.649.492,97 EUR	3.302.368,96 EUR	347.124,01 EUR	10,5 %
Hoechst AG	604.653.847,00 EUR	548.255.160,74 EUR	56.398.686,26 EUR	10,3 %

Tabelle 12: Erhöhungen der beschlossenen Abfindungen bis zu 10 Prozent im Vergleich zu den Angeboten

VzfK e.V.	**Differenzen zwischen Übernahmeangeboten und in Squeeze-out beschlossenen Barabfindungen (Differenzen bis zu 10 %)**			
Gesellschaft	**Barabfindung**		**Differenz**	
	laut HV	**laut Angebot**	**Betrag**	**entspricht**
Generali Deutschland Holding AG	228.085.505,70 EUR	207.408.180,00 EUR	20.677.325,70 EUR	10,0 %
m4e AG	717.615,78 EUR	659.034,90 EUR	58.580,88 EUR	8,9 %
Beru AG	23.023.910,80 EUR	21.176.100,00 EUR	1.847.810,80 EUR	8,7 %
Utimaco Safeware AG	11.795.584,00 EUR	10.874.054,00 EUR	921.530,00 EUR	8,5 %
Lambda Physik AG	6.624.973,50 EUR	6.115.868,75 EUR	509.104,75 EUR	8,3 %
H.I.S. sportswear AG	1.258.555,56 EUR	1.168.839,25 EUR	89.716,31 EUR	7,7 %
ALTANA AG	101.399.679,75 EUR	94.576.650,00 EUR	6.823.029,75 EUR	7,2 %
debitel AG	52.465.500,00 EUR	48.950.000,00 EUR	3.515.500,00 EUR	7,2 %
LHA Internationale Lebensmittelhandels-agentur Krause AG	430.800,00 EUR	402.080,00 EUR	28.720,00 EUR	7,1 %
APCOA Parking AG	3.178.182,50 EUR	2.973.486,00 EUR	204.696,50 EUR	6,9 %
ComputerLinks AG	5.763.544,94 EUR	5.401.145,50 EUR	362.399,44 EUR	6,7 %
Interhyp AG	1.694.324,97 EUR	1.591.616,00 EUR	102.708,97 EUR	6,5 %
GENEART AG	2.963.128,40 EUR	2.790.617,50 EUR	172.510,90 EUR	6,2 %
PETROTEC AG	3.080.401,34 EUR	2.906.039,00 EUR	174.362,34 EUR	6,0 %
GfK SE	56.130.462,72 EUR	52.987.741,50 EUR	3.142.721,22 EUR	5,9 %
G. Kromschröder AG	18.886.563,19 EUR	17.832.551,99 EUR	1.054.011,20 EUR	5,9 %
NTT Com Security AG	6.261.862,32 EUR	5.944.806,00 EUR	317.056,32 EUR	5,3 %
Diebold Nixdorf AG	81.610.023,20 EUR	77.484.845,02 EUR	4.125.178,18 EUR	5,3 %
Impreglon SE	13.516.657,84 EUR	12.943.448,00 EUR	573.209,84 EUR	4,4 %
AXA Konzern AG	132.737.164,00 EUR	127.567.380,00 EUR	5.169.784,00 EUR	4,1 %
Allianz Lebens-versicherung AG	408.309.194,16 EUR	393.634.500,00 EUR	14.674.694,16 EUR	3,7 %
CHORUS Clean Energy AG	16.500.033,52 EUR	15.918.656,50 EUR	581.377,02 EUR	3,7 %
HEINRICH INDUSTRIE AG	1.407.330,00 EUR	1.368.000,00 EUR	39.330,00 EUR	2,9 %
Realtime Technology AG	12.591.879,00 EUR	12.284.760,00 EUR	307.119,00 EUR	2,5 %
Gilde Brauerei AG	5.258.145,26 EUR	5.156.873,42 EUR	101.271,84 EUR	2,0 %
ersol Solar Energy AG	32.290.950,62 EUR	31.734.806,00 EUR	556.144,62 EUR	1,8 %
Epcos AG	50.523.636,84 EUR	49.715.927,10 EUR	807.709,74 EUR	1,6 %
Degussa AG	216.926.654,58 EUR	213.570.546,00 EUR	3.356.108,58 EUR	1,6 %
Linde AG	2.797.019.388,98 EUR	2.757.306.615,01 EUR	39.712.773,97 EUR	1,4 %
Rücker AG	13.542.522,99 EUR	13.350.608,00 EUR	191.914,99 EUR	1,4 %
Bau-Verein zu Hamburg Aktien-Gesellschaft	4.088.061,25 EUR	4.043.137,50 EUR	44.923,75 EUR	1,1 %
MIS AG	1.800.641,55 EUR	1.781.050,00 EUR	19.591,55 EUR	1,1 %
Mannheimer AG Holding	15.829.914,85 EUR	15.702.596,50 EUR	127.318,35 EUR	0,8 %
ricardo.de AG	2.742.337,20 EUR	2.722.888,00 EUR	19.449,20 EUR	0,7 %
SQS Software Quality Systems AG	3.718.317,93 EUR	3.694.558,71 EUR	23.759,22 EUR	0,6 %
VEM Aktienbank AG	1.977.475,36 EUR	1.964.900,00 EUR	12.575,36 EUR	0,6 %

Tabelle 12 (fortgesetzt)

VzfK e.V.	**Differenzen zwischen Übernahmeangeboten und in Squeeze-out beschlossenen Barabfindungen (Differenzen bis zu 10 %)**			
Gesellschaft	**Barabfindung**		**Differenz**	
	laut HV	**laut Angebot**	**Betrag**	**entspricht**
BHW Holding AG	39.230.727,62 EUR	39.048.983,68 EUR	181.743,94 EUR	0,5 %
Medisana AG	1.250.306,69 EUR	1.245.857,20 EUR	4.449,49 EUR	0,4 %
Covivio Office AG	1.593.161,52 EUR	1.588.198,40 EUR	4.963,12 EUR	0,3 %

Das schließt nicht aus, dass der Angebotspreis in Einzelfällen mit der Abfindung im nachfolgenden Squeeze-out identisch ist:

Tabelle 13: Beschlossene Abfindungen gleich Angebotspreisen

VzfK e.V.	**Differenzen zwischen Übernahmeangeboten und in Squeeze-out beschlossenen Barabfindungen (Keine Differenzen)**			
Gesellschaft	**Barabfindung**		**Differenz**	
	laut HV	**laut Angebot**	**Betrag**	**entspricht**
AGAB AG für Anlagen und Beteiligungen	430.114,30 EUR	430.114,30 EUR	0,00 EUR	0,0 %
AIRE GmbH & Co.KGaA	5.178.252,50 EUR	5.178.252,50 EUR	0,00 EUR	0,0 %
AWD Holding AG	38.115.960,00 EUR	38.115.960,00 EUR	0,00 EUR	0,0 %
Bausparkasse Mainz AG	2.014.394,12 EUR	2.014.394,12 EUR	0,00 EUR	0,0 %
CAA AG	2.123.850,36 EUR	2.123.850,36 EUR	0,00 EUR	0,0 %
Concept! AG	4.167.502,40 EUR	4.167.502,40 EUR	0,00 EUR	0,0 %
DAB Bank AG	36.133.272,36 EUR	36.133.272,36 EUR	0,00 EUR	0,0 %
Douglas Holding AG	48.056.662,00 EUR	48.056.662,00 EUR	0,00 EUR	0,0 %
FAG Kugelfischer Georg Schäfer AG	28.270.704,00 EUR	28.270.704,00 EUR	0,00 EUR	0,0 %
GARDENA Holding AG	2.849.834,00 EUR	2.849.834,00 EUR	0,00 EUR	0,0 %
Graphit Kropfmühl AG	5.891.697,84 EUR	5.891.697,84 EUR	0,00 EUR	0,0 %
Holsten-Brauerei AG	9.705.732,00 EUR	9.705.732,00 EUR	0,00 EUR	0,0 %
HVB Real Estate Bank AG	33.743.283,00 EUR	33.743.283,00 EUR	0,00 EUR	0,0 %
itelligence AG	5.080.428,00 EUR	5.080.428,00 EUR	0,00 EUR	0,0 %
Jado AG	250.000,10 EUR	250.000,10 EUR	0,00 EUR	0,0 %
Jobpilot AG	1.945.004,60 EUR	1.945.004,60 EUR	0,00 EUR	0,0 %
Kaufhalle AG	5.141.561,60 EUR	5.141.561,60 EUR	0,00 EUR	0,0 %
Knürr AG	1.297.794,00 EUR	1.297.794,00 EUR	0,00 EUR	0,0 %
MOLDA AG	544.215,10 EUR	544.215,10 EUR	0,00 EUR	0,0 %
Rheinhold & Mahla AG	1.514.695,00 EUR	1.514.695,00 EUR	0,00 EUR	0,0 %
rhenag Rheinische Energie AG	1.035.784,80 EUR	1.035.784,80 EUR	0,00 EUR	0,0 %
SCOR DEUTSCHLAND Rückversicherungs-AG	150,00 EUR	150,00 EUR	0,00 EUR	0,0 %

Tabelle 13 (fortgesetzt)

VzfK e.V.	**Differenzen zwischen Übernahmeangeboten und in Squeeze-out beschlossenen Barabfindungen (Keine Differenzen)**			
Gesellschaft	**Barabfindung**		**Differenz**	
	laut HV	**laut Angebot**	**Betrag**	**entspricht**
Sport1 Medien AG	10.077.015,30 EUR	10.077.015,30 EUR	0,00 EUR	0,0 %
Stollwerck AG	3.172.430,00 EUR	3.172.430,00 EUR	0,00 EUR	0,0 %
TA Triumph-Adler AG	4.809.356,00 EUR	4.809.356,00 EUR	0,00 EUR	0,0 %
Tecis Holding AG	4.530.613,50 EUR	4.530.613,50 EUR	0,00 EUR	0,0 %
telegate Media AG	1.283.802,00 EUR	1.283.802,00 EUR	0,00 EUR	0,0 %
Teutoburger Wald-Eisenbahn AG	400.000,00 EUR	400.000,00 EUR	0,00 EUR	0,0 %
Texas Instruments Berlin AG	1.410.600,00 EUR	1.410.600,00 EUR	0,00 EUR	0,0 %
VIVA Media AG	6.722.627,45 EUR	6.722.627,45 EUR	0,00 EUR	0,0 %
VTG - Lehnkering AG	6.043.085,16 EUR	6.043.085,16 EUR	0,00 EUR	0,0 %
WEDECO Water Technology AG	9.327.330,00 EUR	9.327.330,00 EUR	0,00 EUR	0,0 %

Bisweilen liegt die Abfindung auch unter dem vorherigen Angebotspreis:

Tabelle 14: Angebotspreise größer beschlossene Abfindungen

VzfK e.V.	**Differenzen zwischen Übernahmeangeboten und in Squeeze-out beschlossenen Barabfindungen (Barabfindung kleiner Angebotspreis)**			
Gesellschaft	**Barabfindung**		**Differenz**	
	laut HV	**laut Angebot**	**Betrag**	**entspricht**
Techem AG	25.225.004,00 EUR	25.284.000,00 EUR	-58.996,00 EUR	-0,2 %
Versatel AG	3.318.699,60 EUR	3.333.255,30 EUR	-14.555,70 EUR	-0,4 %
Renk AG	51.552.877,92 EUR	51.786.943,20 EUR	-234.065,28 EUR	-0,5 %
AKASOL AG	50.928.626,52 EUR	51.287.640,00 EUR	-359.013,48 EUR	-0,7 %
Süd-Chemie AG	20.110.618,26 EUR	20.290.435,38 EUR	-179.817,12 EUR	-0,9 %
Sky Deutschland AG	245.373.741,28 EUR	247.945.023,00 EUR	-2.571.281,72 EUR	-1,0 %
SAP SI AG	48.664.707,08 EUR	49.253.746,80 EUR	-589.039,72 EUR	-1,2 %
net mobile AG	3.356.377,60 EUR	3.408.821,00 EUR	-52.443,40 EUR	-1,5 %
MONACHIA Grundstücks-AG	8.313.735,00 EUR	8.452.150,00 EUR	-138.415,00 EUR	-1,6 %
Baden-Württembergische Bank AG	15.879.440,00 EUR	16.184.492,40 EUR	-305.052,40 EUR	-1,9 %
burgbad AG	3.450.255,69 EUR	3.529.188,84 EUR	-78.933,15 EUR	-2,2 %
Analytik Jena AG	3.577.292,64 EUR	3.660.972,00 EUR	-83.679,36 EUR	-2,3 %
Kamps AG	29.512.667,78 EUR	30.387.837,50 EUR	-875.169,72 EUR	-2,9 %
Avinci AG	163.989,00 EUR	168.948,00 EUR	-4.959,00 EUR	-2,9 %
Heiler Software AG	1.748.259,60 EUR	1.809.962,88 EUR	-61.703,28 EUR	-3,4 %
Constantin Film AG	4.878.130,32 EUR	5.063.410,78 EUR	-185.280,46 EUR	-3,7 %
Axel Springer SE	60.186.928,56 EUR	62.944.497,00 EUR	-2.757.568,44 EUR	-4,4 %
Klöckner-Werke AG	32.772.896,29 EUR	34.305.195,00 EUR	-1.532.298,71 EUR	-4,5 %

Tabelle 14 (fortgesetzt)

VzfK e.V.	**Differenzen zwischen Übernahmeangeboten und in Squeeze-out beschlossenen Barabfindungen (Barabfindung kleiner Angebotspreis)**			
Gesellschaft	**Barabfindung**		**Differenz**	
	laut HV	**laut Angebot**	**Betrag**	**entspricht**
TEUTONIA Zementwerk AG	4.450.593,75 EUR	4.664.220,00 EUR	-213.626,25 EUR	-4,6 %
Consors Discount-Broker AG	27.691.060,50 EUR	29.222.906,40 EUR	-1.531.845,90 EUR	-5,2 %
Kraftübertragungswerke Rheinfelden AG	10.689.600,00 EUR	11.330.976,00 EUR	-641.376,00 EUR	-5,7 %
ISRA VISION AG	78.708.297,60 EUR	84.144.000,00 EUR	-5.435.702,40 EUR	-6,5 %
Hypo Real Estate Holding AG	158.291.718,00 EUR	169.250.375,40 EUR	-10.958.657,40 EUR	-6,5 %
ADC African Development Corporation AG	4.445.053,20 EUR	4.778.889,50 EUR	-333.836,30 EUR	-7,0 %
TRIPLAN AG	1.222.350,19 EUR	1.323.563,90 EUR	-101.213,71 EUR	-7,6 %
Solarparc AG	2.576.991,41 EUR	2.837.990,54 EUR	-260.999,13 EUR	-9,2 %
IKB Deutsche Industriebank AG	12.788.726,09 EUR	14.354.692,55 EUR	-1.565.966,46 EUR	-10,9 %
Schramm Holding AG	794.740,80 EUR	893.172,00 EUR	-98.431,20 EUR	-11,0 %
ARBOmedia AG	795.736,00 EUR	917.436,80 EUR	-121.700,80 EUR	-13,3 %
Systematics AG	11.100.205,20 EUR	12.836.972,00 EUR	-1.736.766,80 EUR	-13,5 %
Comarch Software und Beratung AG	916.388,00 EUR	1.071.708,00 EUR	-155.320,00 EUR	-14,5 %
Friatec AG	2.920.725,12 EUR	3.417.418,20 EUR	-496.693,08 EUR	-14,5 %
EURAG-Holding-AG	331.545,28 EUR	390.482,18 EUR	-58.936,90 EUR	-15,1 %
Otto Reichelt AG	1.718.489,94 EUR	2.060.356,50 EUR	-341.866,56 EUR	-16,6 %
Vodafone AG	430.616.745,02 EUR	525.648.452,00 EUR	-95.031.706,98 EUR	-18,1 %
GeneScan Europe AG	2.205.900,00 EUR	2.696.100,00 EUR	-490.200,00 EUR	-18,2 %
HBW Abwicklungs AG i.L.	408.030,00 EUR	525.775,80 EUR	-117.745,80 EUR	-22,4 %
Hanfwerke Oberachern AG	495.928,88 EUR	641.000,00 EUR	-145.071,12 EUR	-22,6 %
MAN SE	586.482.142,80 EUR	760.285.145,60 EUR	-173.803.002,80 EUR	-22,9 %
D+S europe AG	19.557.928,11 EUR	25.760.189,00 EUR	-6.202.260,89 EUR	-24,1 %
KUKA AG	150.522.487,38 EUR	214.313.310,00 EUR	-63.790.822,62 EUR	-29,8 %
BHS tabletop AG	1.889.453,79 EUR	2.825.531,10 EUR	-936.077,31 EUR	-33,1 %
Microlog Logistics AG	1.445.776,40 EUR	2.250.501,00 EUR	-804.724,60 EUR	-35,8 %
Christian Adalbert Kupfer-berg & Compagnie KGaA	237.662,24 EUR	393.600,00 EUR	-155.937,76 EUR	-39,6 %
ANTERRA Vermögens-verwaltungs-AG	375.019,15 EUR	623.483,85 EUR	-248.464,70 EUR	-39,9 %
Landesbank Berlin Holding AG	53.173.987,46 EUR	90.302.956,26 EUR	-37.128.968,80 EUR	-41,1 %
VARTA AG	948.809,29 EUR	1.760.872,23 EUR	-812.062,94 EUR	-46,1 %
Ventegis Capital AG	109.671,30 EUR	203.907,38 EUR	-94.236,08 EUR	-46,2 %
Scheidemandel AG	39.900,00 EUR	75.159,00 EUR	-35.259,00 EUR	-46,9 %
Meyer Burger (Germany) AG	2.737.017,00 EUR	5.638.050,00 EUR	-2.901.033,00 EUR	-51,5 %
Winter AG	310.041,60 EUR	723.430,40 EUR	-413.388,80 EUR	-57,1 %
Ferd. Rückforth Nachfolger AG	36.450,00 EUR	108.000,00 EUR	-71.550,00 EUR	-66,3 %

Tabelle 14 (fortgesetzt)

VzfK e.V.	Differenzen zwischen Übernahmeangeboten und in Squeeze-out beschlossenen Barabfindungen (Barabfindung kleiner Angebotspreis)			
Gesellschaft	**Barabfindung**		**Differenz**	
	laut HV	**laut Angebot**	**Betrag**	**entspricht**
i: FAO AG	5.304.776,73 EUR	15.866.730,00 EUR	-10.561.953,27 EUR	-66,6 %
Schott Zwiesel AG	155,00 EUR	1.278,23 EUR	-1.123,23 EUR	-87,9 %
AS Abwicklung und Solar-Service AG	1.147.603,52 EUR	12.881.264,00 EUR	-11.733.660,48 EUR	-91,1 %

Eine vollständige (alphabetische) Liste aller ausgewerteten Squeeze-out-Verfahren enthält Anhang V.

Unter Einbeziehung der Ergebnisse aus Gerichtsverfahren stellt sich das bei einer Aufschlüsselung nach der Anhebung um mehr als 50 Prozent (Tabelle 15), 10 bis 50 Prozent (Tabelle 16), bis zu 10 Prozent (Tabelle 17) und ohne Anhebung (Tabelle 18) betragsmäßig wie folgt dar:

Tabelle 15: Erhöhungen (ggf. gerichtlich) festgesetzte Abfindungen um mindestens 50 Prozent im Vergleich zu den Angeboten

VzfK e.V.	Differenzen zwischen Übernahmeangeboten und in Squeeze-out festgesetzten Barabfindungen (Differenzen >= 50 %)			
Gesellschaft	**Barabfindung**		**Differenz**	
	laut Gericht	**laut Angebot**	**Betrag**	**entspricht**
Dürkopp Adler AG	17.601.617,68 EUR	693.054,48 EUR	16.908.563,20 EUR	2439,7 %
Tarkett AG	22.366.695,00 EUR	7.455.565,00 EUR	14.911.130,00 EUR	200,0 %
primion Technology AG	2.623.951,82 EUR	915.773,42 EUR	1.708.178,40 EUR	186,5 %
Scholz & Friends AG	2.834.298,00 EUR	1.102.227,00 EUR	1.732.071,00 EUR	157,1 %
A. Moksel AG	13.054.995,36 EUR	5.192.327,70 EUR	7.862.667,66 EUR	151,4 %
Aktiengesellschaft Kühnle, Kopp & Kausch	4.404.240,00 EUR	1.755.171,20 EUR	2.649.068,80 EUR	150,9 %
INKA AG für Beteiligungen	2.353.800,00 EUR	941.520,00 EUR	1.412.280,00 EUR	150,0 %
Kolbenschmidt Pierburg AG	24.635.669,76 EUR	10.052.640,00 EUR	14.583.029,76 EUR	145,1 %
Ariston Real Estate AG	658.711,80 EUR	272.570,40 EUR	386.141,40 EUR	141,7 %
W.E.T. Automotive Systems AG	1.549.878,72 EUR	648.960,00 EUR	900.918,72 EUR	138,8 %
Walter AG	12.740.549,50 EUR	5.484.342,50 EUR	7.256.207,00 EUR	132,3 %
GARANT SCHUH + MODE AG	3.482.117,59 EUR	1.510.157,38 EUR	1.971.960,21 EUR	130,6 %
Schwarz Pharma AG	21.958.694,80 EUR	9.852.250,00 EUR	12.106.444,80 EUR	122,9 %
Möbel Walther AG	6.768.681,41 EUR	3.083.560,80 EUR	3.685.120,61 EUR	119,5 %
Felten & Guilleaume AG	3.024.054,81 EUR	1.378.762,00 EUR	1.645.292,81 EUR	119,3 %
Odeon Film AG	1.723.311,00 EUR	801.540,00 EUR	921.771,00 EUR	115,0 %

Tabelle 15 (fortgesetzt)

VzfK e.V.	**Differenzen zwischen Übernahmeangeboten und in Squeeze-out festgesetzten Barabfindungen (Differenzen >= 50 %)**			
Gesellschaft	**Barabfindung**		**Differenz**	
	laut Gericht	**laut Angebot**	**Betrag**	**entspricht**
Pironet AG	6.908.428,88 EUR	3.224.889,00 EUR	3.683.539,88 EUR	114,2 %
DIS Deutscher Industrie Service AG	6.827.460,00 EUR	3.292.890,00 EUR	3.534.570,00 EUR	107,3 %
Celanese AG	66.067.346,73 EUR	32.052.377,50 EUR	34.014.969,23 EUR	106,1 %
ATB Antriebstechnik AG	1.425.872,00 EUR	700.205,00 EUR	725.667,00 EUR	103,6 %
PSB AG für Programmierung und Systemberatung	796.341,00 EUR	392.044,80 EUR	404.296,20 EUR	103,1 %
Dr. Scheller Cosmetics AG	1.062.961,62 EUR	564.404,40 EUR	498.557,22 EUR	88,3 %
Swarco Traffic Holding AG	2.123.707,50 EUR	1.132.644,00 EUR	991.063,50 EUR	87,5 %
Rathgeber AG	239.120,00 EUR	130.900,00 EUR	108.220,00 EUR	82,7 %
ISRA VISION PARSYTEC AG	2.499.000,32 EUR	1.378.842,95 EUR	1.120.157,37 EUR	81,2 %
ERLUS AG	4.692.958,14 EUR	2.637.037,00 EUR	2.055.921,14 EUR	78,0 %
Lambda Physik AG	10.578.800,00 EUR	6.115.868,75 EUR	4.462.931,25 EUR	73,0 %
Schleicher & Co. International AG	568.871,95 EUR	332.188,00 EUR	236.683,95 EUR	71,3 %
Edscha AG	6.922.755,00 EUR	4.076.733,50 EUR	2.846.021,50 EUR	69,8 %
Winkler + Dünnebier AG	3.492.566,16 EUR	2.098.122,00 EUR	1.394.444,16 EUR	66,5 %
VTG Aktiengesellschaft	108.250.007,58 EUR	65.114.634,00 EUR	43.135.373,58 EUR	66,2 %
Hannoversche Portland-Cementfabrik AG	363.510,00 EUR	225.000,00 EUR	138.510,00 EUR	61,6 %
Buderus AG	84.094.186,00 EUR	52.156.287,70 EUR	31.937.898,30 EUR	61,2 %
Leica Camera AG	13.028.993,12 EUR	8.140.349,36 EUR	4.888.643,76 EUR	60,1 %
LHS AG	900.036,00 EUR	562.522,50 EUR	337.513,50 EUR	60,0 %
Creaton AG	5.936.264,20 EUR	3.732.627,90 EUR	2.203.636,30 EUR	59,0 %
W.O.M. World of Medicine AG	3.684.475,20 EUR	2.317.280,00 EUR	1.367.195,20 EUR	59,0 %
Stinnes AG	11.464.804,00 EUR	7.220.621,75 EUR	4.244.182,25 EUR	58,8 %
WMF AG	79.903.500,00 EUR	50.839.320,00 EUR	29.064.180,00 EUR	57,2 %
hotel.de AG	5.169.738,75 EUR	3.326.614,50 EUR	1.843.124,25 EUR	55,4 %
TDS Informationstechnologies AG	6.061.210,56 EUR	3.928.562,40 EUR	2.132.648,16 EUR	54,3 %
LINOS AG	6.092.818,68 EUR	3.988.752,00 EUR	2.104.066,68 EUR	52,8 %
Sachsenmilch AG	2.897.928,99 EUR	1.899.409,98 EUR	998.519,01 EUR	52,6 %
CinemaxX AG	6.645.017,92 EUR	4.391.430,90 EUR	2.253.587,02 EUR	51,3 %
Jobpilot AG	2.935.856,00 EUR	1.945.004,60 EUR	990.851,40 EUR	50,9 %
Autania Aktiengesellschaft für Industriebeteiligungen	2.417.191,44 EUR	1.606.701,21 EUR	810.490,23 EUR	50,4 %
F24 AG	3.142.959,55 EUR	2.091.820,00 EUR	1.051.139,55 EUR	50,3 %
WERBAS AG	463.716,00 EUR	309.144,00 EUR	154.572,00 EUR	50,0 %

Tabelle 16: Erhöhungen (ggf. gerichtlich) festgesetzte Abfindungen zwischen 10 und 50 Prozent im Vergleich zu den Angeboten

VzfK e.V. **Differenzen zwischen Übernahmeangeboten und in Squeeze-out festgesetzten Barabfindungen (Differenzen >= 10 % und < 50 %)**

Gesellschaft	Barabfindung		Differenz	
	laut Gericht	laut Angebot	Betrag	entspricht
G. Kromschröder AG	26.462.268,69 EUR	17.832.551,99 EUR	8.629.716,70 EUR	48,4 %
Allweiler AG	1.901.314,50 EUR	1.281.463,44 EUR	619.851,06 EUR	48,4 %
WEDECO Water Technology AG	13.835.539,50 EUR	9.327.330,00 EUR	4.508.209,50 EUR	48,3 %
MWG-Biotech AG	1.605.580,80 EUR	1.103.836,80 EUR	501.744,00 EUR	45,5 %
PROCON MultiMedia AG	3.368.805,93 EUR	2.317.168,10 EUR	1.051.637,83 EUR	45,4 %
Augusta Technologie AG	23.431.579,75 EUR	16.150.025,00 EUR	7.281.554,75 EUR	45,1 %
BV Holding AG	466.311,44 EUR	321.437,00 EUR	144.874,44 EUR	45,1 %
Terex Material Handling & Port Solutions AG	52.114.708,80 EUR	35.975.348,75 EUR	16.139.360,05 EUR	44,9 %
RIB Software SE	81.164.549,48 EUR	56.418.311,00 EUR	24.746.238,48 EUR	43,9 %
Knürr AG	1.864.014,72 EUR	1.297.794,00 EUR	566.220,72 EUR	43,6 %
Sinner AG	1.130.751,05 EUR	787.286,50 EUR	343.464,55 EUR	43,6 %
VTG - Lehnkering AG	8.678.898,90 EUR	6.043.085,16 EUR	2.635.813,74 EUR	43,6 %
Softship AG	1.322.165,95 EUR	921.370,00 EUR	400.795,95 EUR	43,5 %
elexis AG	12.080.250,00 EUR	8.466.500,00 EUR	3.613.750,00 EUR	42,7 %
Wella AG	192.023.967,18 EUR	135.307.331,75 EUR	56.716.635,43 EUR	41,9 %
P&I Personal & Informatik AG	13.075.307,10 EUR	9.220.950,00 EUR	3.854.357,10 EUR	41,8 %
PIXELPARK AG	4.107.418,43 EUR	2.897.349,10 EUR	1.210.069,33 EUR	41,8 %
PC-Ware Information Technologies AG	10.688.007,96 EUR	7.565.514,00 EUR	3.122.493,96 EUR	41,3 %
MIS AG	2.511.280,50 EUR	1.781.050,00 EUR	730.230,50 EUR	41,0 %
Regentalbahn AG	3.250.044,00 EUR	2.305.800,00 EUR	944.244,00 EUR	41,0 %
Michael Weinig AG	11.714.983,50 EUR	8.392.824,00 EUR	3.322.159,50 EUR	39,6 %
iXOS Software AG	10.526.450,00 EUR	7.579.044,00 EUR	2.947.406,00 EUR	38,9 %
m4e AG	915.326,25 EUR	659.034,90 EUR	256.291,35 EUR	38,9 %
Generali Deutschland Holding AG	287.810.595,90 EUR	207.408.180,00 EUR	80.402.415,90 EUR	38,8 %
H.I.S. sportswear AG	1.611.102,75 EUR	1.168.839,25 EUR	442.263,50 EUR	37,8 %
Jetter AG	1.245.543,70 EUR	910.105,00 EUR	335.438,70 EUR	36,9 %
HEINRICH INDUSTRIE AG	1.852.500,00 EUR	1.368.000,00 EUR	484.500,00 EUR	35,4 %
Stollwerck AG	4.247.830,00 EUR	3.172.430,00 EUR	1.075.400,00 EUR	33,9 %
Jerini AG	5.980.270,00 EUR	4.476.250,00 EUR	1.504.020,00 EUR	33,6 %
WaveLight AG	6.469.643,18 EUR	4.847.385,00 EUR	1.622.258,18 EUR	33,5 %
Kraftübertragungswerke Rheinfelden AG	15.026.727,04 EUR	11.330.976,00 EUR	3.695.751,04 EUR	32,6 %
debitel AG	64.525.000,00 EUR	48.950.000,00 EUR	15.575.000,00 EUR	31,8 %
INFO Gesellschaft für Informationssysteme AG	5.807.804,98 EUR	4.418.982,05 EUR	1.388.822,93 EUR	31,4 %
burgbad AG	4.632.498,87 EUR	3.529.188,84 EUR	1.103.310,03 EUR	31,3 %

Tabelle 16 (fortgesetzt)

VzfK e.V. Differenzen zwischen Übernahmeangeboten und in Squeeze-out festgesetzten Barabfindungen (Differenzen >= 10 % und < 50 %)

Gesellschaft	Barabfindung		Differenz	
	laut Gericht	laut Angebot	Betrag	entspricht
Dresdner Factoring AG	3.234.562,08 EUR	2.469.670,00 EUR	764.892,08 EUR	31,0 %
Quante AG	1.711.552,00 EUR	1.310.976,00 EUR	400.576,00 EUR	30,6 %
Sanacorp Pharma-holding AG	13.780.192,50 EUR	10.611.768,98 EUR	3.168.423,52 EUR	29,9 %
Hymer AG	4.202.747,00 EUR	3.241.101,50 EUR	961.645,50 EUR	29,7 %
ComputerLinks AG	6.969.220,00 EUR	5.401.145,50 EUR	1.568.074,50 EUR	29,0 %
COMPUTEC MEDIA AG	2.380.582,71 EUR	1.848.892,52 EUR	531.690,19 EUR	28,8 %
FAG Kugelfischer Georg Schäfer AG	36.398.531,40 EUR	28.270.704,00 EUR	8.127.827,40 EUR	28,8 %
Dyckerhoff AG	72.135.122,64 EUR	56.197.536,00 EUR	15.937.586,64 EUR	28,4 %
LHA Internationale Lebensmittelhandels-agentur Krause AG	513.226,40 EUR	402.080,00 EUR	111.146,40 EUR	27,6 %
Gauss Interprise AG	647.254,80 EUR	508.214,88 EUR	139.039,92 EUR	27,4 %
Novasoft AG	4.174.869,85 EUR	3.302.368,96 EUR	872.500,89 EUR	26,4 %
Andreae-Noris Zahn AG	13.963.914,40 EUR	11.130.161,60 EUR	2.833.752,80 EUR	25,5 %
Curanum AG	7.802.586,07 EUR	6.232.097,50 EUR	1.570.488,57 EUR	25,2 %
RENERCO Renewable Energy Concepts AG	8.122.181,85 EUR	6.497.745,48 EUR	1.624.436,37 EUR	25,0 %
Grundstücks- und Baugesellschaft AG	9.467.802,00 EUR	7.597.333,80 EUR	1.870.468,20 EUR	24,6 %
Hoechst AG	682.777.264,40 EUR	548.255.160,74 EUR	134.522.103,66 EUR	24,5 %
Oldenburgische Landesbank AG	26.934.119,52 EUR	21.711.977,28 EUR	5.222.142,24 EUR	24,1 %
ALTANA AG	117.072.381,75 EUR	94.576.650,00 EUR	22.495.731,75 EUR	23,8 %
Würzburger Hofbräu AG	1.660.137,45 EUR	1.345.125,00 EUR	315.012,45 EUR	23,4 %
IBYKUS Aktiengesellschaft für Informations-technologie	2.129.809,20 EUR	1.736.257,50 EUR	393.551,70 EUR	22,7 %
MONACHIA Grundstücks-AG	10.307.500,00 EUR	8.452.150,00 EUR	1.855.350,00 EUR	22,0 %
HVB Real Estate Bank AG	41.006.122,96 EUR	33.743.283,00 EUR	7.262.839,96 EUR	21,5 %
Medisana AG	1.512.826,60 EUR	1.245.857,20 EUR	266.969,40 EUR	21,4 %
YOUNIQ AG	1.379.883,20 EUR	1.136.374,40 EUR	243.508,80 EUR	21,4 %
Rheinhold & Mahla AG	1.835.111,25 EUR	1.514.695,00 EUR	320.416,25 EUR	21,2 %
STADA Arzneimittel AG	135.218.469,45 EUR	112.071.853,85 EUR	23.146.615,60 EUR	20,7 %
REpower Systems AG	66.028.952,00 EUR	54.734.526,00 EUR	11.294.426,00 EUR	20,6 %
GxP German Properties AG	6.301.820,28 EUR	5.234.070,00 EUR	1.067.750,28 EUR	20,4 %
Interhyp AG	1.913.669,55 EUR	1.591.616,00 EUR	322.053,55 EUR	20,2 %
Otto Reichelt AG	2.460.218,28 EUR	2.060.356,50 EUR	399.861,78 EUR	19,4 %
Francono Rhein-Main AG	1.546.198,95 EUR	1.299.387,85 EUR	246.811,10 EUR	19,0 %
TEUTONIA Zementwerk AG	5.506.665,00 EUR	4.664.220,00 EUR	842.445,00 EUR	18,1 %

Tabelle 16 (fortgesetzt)

Gesellschaft	Barabfindung laut Gericht	Barabfindung laut Angebot	Differenz Betrag	Differenz entspricht
VzfK e.V.	**Differenzen zwischen Übernahmeangeboten und in Squeeze-out festgesetzten Barabfindungen (Differenzen >= 10 % und < 50 %)**			
Baden-Württembergische Bank AG	19.055.328,00 EUR	16.184.492,40 EUR	2.870.835,60 EUR	17,7 %
ESSANELLE HAIR GROUP AG	4.481.008,35 EUR	3.817.008,00 EUR	664.000,35 EUR	17,4 %
Kaufhalle AG	5.971.840,00 EUR	5.141.561,60 EUR	830.278,40 EUR	16,1 %
CHORUS Clean Energy AG	18.437.956,92 EUR	15.918.656,50 EUR	2.519.300,42 EUR	15,8 %
Jado AG	289.473,80 EUR	250.000,10 EUR	39.473,70 EUR	15,8 %
Versatel AG	3.847.556,70 EUR	3.333.255,30 EUR	514.301,40 EUR	15,4 %
BIEN-ZENKER AG	3.927.302,94 EUR	3.411.889,80 EUR	515.413,14 EUR	15,1 %
TRIPLAN AG	1.518.205,65 EUR	1.323.563,90 EUR	194.641,75 EUR	14,7 %
innogy SE	2.378.886.510,00 EUR	2.088.331.245,00 EUR	290.555.265,00 EUR	13,9 %
SCOR DEUTSCHLAND Rückversicherungs-AG	170,00 EUR	150,00 EUR	20,00 EUR	13,3 %
WESTGRUND AG	18.453.223,52 EUR	16.362.601,52 EUR	2.090.622,00 EUR	12,8 %
Derby Cycle AG	5.752.409,64 EUR	5.103.532,00 EUR	648.877,64 EUR	12,7 %
BHW Holding AG	43.878.179,80 EUR	39.048.983,68 EUR	4.829.196,12 EUR	12,4 %
AXA Konzern AG	143.137.950,76 EUR	127.567.380,00 EUR	15.570.570,76 EUR	12,2 %
TA Triumph-Adler AG	5.391.541,20 EUR	4.809.356,00 EUR	582.185,20 EUR	12,1 %
comdirect bank AG	174.817.608,75 EUR	156.855.956,40 EUR	17.961.652,35 EUR	11,5 %
The NewGen Hotels AG	5.957.289,00 EUR	5.346.285,00 EUR	611.004,00 EUR	11,4 %
VIVA Media AG	7.440.062,00 EUR	6.722.627,45 EUR	717.434,55 EUR	10,7 %
Brau und Brunnen AG	13.181.705,79 EUR	11.914.320,00 EUR	1.267.385,79 EUR	10,6 %
DAB Bank AG	39.761.718,12 EUR	36.133.272,36 EUR	3.628.445,76 EUR	10,0 %

Tabelle 17: Erhöhungen (ggf. gerichtlich) festgesetzte Abfindungen bis zu 10 Prozent im Vergleich zu den Angeboten

Gesellschaft	Barabfindung laut Gericht	Barabfindung laut Angebot	Differenz Betrag	Differenz entspricht
VzfK e.V.	**Differenzen zwischen Übernahmeangeboten und in Squeeze-out festgesetzten Barabfindungen (Differenzen bis zu 10 %)**			
Beru AG	23.023.910,80 EUR	21.176.100,00 EUR	1.847.810,80 EUR	8,7 %
Utimaco Safeware AG	11.795.584,00 EUR	10.874.054,00 EUR	921.530,00 EUR	8,5 %
Renk AG	56.078.140,00 EUR	51.786.943,20 EUR	4.291.196,80 EUR	8,3 %
Degussa AG	229.384.936,43 EUR	213.570.546,00 EUR	15.814.390,43 EUR	7,4 %
APCOA Parking AG	3.178.182,50 EUR	2.973.486,00 EUR	204.696,50 EUR	6,9 %
GENEART AG	2.963.128,40 EUR	2.790.617,50 EUR	172.510,90 EUR	6,2 %
PETROTEC AG	3.080.401,34 EUR	2.906.039,00 EUR	174.362,34 EUR	6,0 %
GfK SE	56.130.462,72 EUR	52.987.741,50 EUR	3.142.721,22 EUR	5,9 %

Tabelle 17 (fortgesetzt)

VzfK e.V.	**Differenzen zwischen Übernahmeangeboten und in Squeeze-out festgesetzten Barabfindungen (Differenzen bis zu 10 %)**			
Gesellschaft	**Barabfindung**		**Differenz**	
	laut Gericht	**laut Angebot**	**Betrag**	**entspricht**
GeneScan Europe AG	2.853.209,10 EUR	2.696.100,00 EUR	157.109,10 EUR	5,8 %
NTT Com Security AG	6.261.862,32 EUR	5.944.806,00 EUR	317.056,32 EUR	5,3 %
Diebold Nixdorf AG	81.610.023,20 EUR	77.484.845,02 EUR	4.125.178,18 EUR	5,3 %
Teutoburger Wald-Eisenbahn AG	420.000,00 EUR	400.000,00 EUR	20.000,00 EUR	5,0 %
Süd-Chemie AG	21.240.897,30 EUR	20.290.435,38 EUR	950.461,92 EUR	4,7 %
Impreglon SE	13.516.657,84 EUR	12.943.448,00 EUR	573.209,84 EUR	4,4 %
Allianz Lebens-versicherung AG	408.309.194,16 EUR	393.634.500,00 EUR	14.674.694,16 EUR	3,7 %
HBW Abwicklungs AG i.L.	544.040,00 EUR	525.775,80 EUR	18.264,20 EUR	3,5 %
Tecis Holding AG	4.674.442,50 EUR	4.530.613,50 EUR	143.829,00 EUR	3,2 %
Holsten-Brauerei AG	9.986.687,40 EUR	9.705.732,00 EUR	280.955,40 EUR	2,9 %
Realtime Technology AG	12.591.879,00 EUR	12.284.760,00 EUR	307.119,00 EUR	2,5 %
Gilde Brauerei AG	5.258.145,26 EUR	5.156.873,42 EUR	101.271,84 EUR	2,0 %
ersol Solar Energy AG	32.290.950,62 EUR	31.734.806,00 EUR	556.144,62 EUR	1,8 %
CAA AG	2.159.983,92 EUR	2.123.850,36 EUR	36.133,56 EUR	1,7 %
Consors Discount-Broker AG	29.717.810,46 EUR	29.222.906,40 EUR	494.904,06 EUR	1,7 %
Epcos AG	50.523.636,84 EUR	49.715.927,10 EUR	807.709,74 EUR	1,6 %
Linde AG	2.797.019.388,98 EUR	2.757.306.615,01 EUR	39.712.773,97 EUR	1,4 %
Rücker AG	13.542.522,99 EUR	13.350.608,00 EUR	191.914,99 EUR	1,4 %
Concept! AG	4.216.531,84 EUR	4.167.502,40 EUR	49.029,44 EUR	1,2 %
Bau-Verein zu Hamburg Aktien-Gesellschaft	4.088.061,25 EUR	4.043.137,50 EUR	44.923,75 EUR	1,1 %
Mannheimer AG Holding	15.829.914,85 EUR	15.702.596,50 EUR	127.318,35 EUR	0,8 %
ricardo.de AG	2.742.337,20 EUR	2.722.888,00 EUR	19.449,20 EUR	0,7 %
SQS Software Quality Systems AG	3.718.317,93 EUR	3.694.558,71 EUR	23.759,22 EUR	0,6 %
VEM Aktienbank AG	1.977.475,36 EUR	1.964.900,00 EUR	12.575,36 EUR	0,6 %
Covivio Office AG	1.593.161,52 EUR	1.588.198,40 EUR	4.963,12 EUR	0,3 %
Schott Zwiesel AG	1.280,00 EUR	1.278,23 EUR	1,77 EUR	0,1 %

Tabelle 18: (ggf. gerichtlich) festgesetzte Abfindungen gleich Angebotspreisen

VzfK e.V.	**Differenzen zwischen Übernahmeangeboten und in Squeeze-out festgesetzten Barabfindungen (keine Differenzen)**			
Gesellschaft	**Barabfindung**		**Differenz**	
	laut Gericht	**laut Angebot**	**Betrag**	**entspricht**
AGAB AG für Anlagen und Beteiligungen	430.114,30 EUR	430.114,30 EUR	0,00 EUR	0,0 %
AIRE GmbH & Co.KGaA	5.178.252,50 EUR	5.178.252,50 EUR	0,00 EUR	0,0 %
ARBOmedia AG	917.436,80 EUR	917.436,80 EUR	0,00 EUR	0,0 %
AWD Holding AG	38.115.960,00 EUR	38.115.960,00 EUR	0,00 EUR	0,0 %
Bausparkasse Mainz AG	2.014.394,12 EUR	2.014.394,12 EUR	0,00 EUR	0,0 %
Christian Adalbert Kupferberg & Compagnie KGaA	393.600,00 EUR	393.600,00 EUR	0,00 EUR	0,0 %
Constantin Film AG	5.063.410,78 EUR	5.063.410,78 EUR	0,00 EUR	0,0 %
Douglas Holding AG	48.056.662,00 EUR	48.056.662,00 EUR	0,00 EUR	0,0 %
Ferd. Rückforth Nachfolger AG	108.000,00 EUR	108.000,00 EUR	0,00 EUR	0,0 %
GARDENA Holding AG	2.849.834,00 EUR	2.849.834,00 EUR	0,00 EUR	0,0 %
Graphit Kropfmühl AG	5.891.697,84 EUR	5.891.697,84 EUR	0,00 EUR	0,0 %
itelligence AG	5.080.428,00 EUR	5.080.428,00 EUR	0,00 EUR	0,0 %
MOLDA AG	544.215,10 EUR	544.215,10 EUR	0,00 EUR	0,0 %
rhenag Rheinische Energie AG	1.035.784,80 EUR	1.035.784,80 EUR	0,00 EUR	0,0 %
Sport1 Medien AG	10.077.015,30 EUR	10.077.015,30 EUR	0,00 EUR	0,0 %
telegate Media AG	1.283.802,00 EUR	1.283.802,00 EUR	0,00 EUR	0,0 %
Texas Instruments Berlin AG	1.410.600,00 EUR	1.410.600,00 EUR	0,00 EUR	0,0 %

Tabelle 19: Angebotspreise größer (ggf. gerichtlich) festgesetzte Abfindungen

VzfK e.V.	**Differenzen zwischen Übernahmeangeboten und in Squeeze-out festgesetzten Barabfindungen (Barabfindung kleiner Angebotspreis)**			
Gesellschaft	**Barabfindung**		**Differenz**	
	laut Gericht	**laut Angebot**	**Betrag**	**entspricht**
Techem AG	25.225.004,00 EUR	25.284.000,00 EUR	-58.996,00 EUR	-0,2 %
AKASOL AG	50.928.626,52 EUR	51.287.640,00 EUR	-359.013,48 EUR	-0,7 %
Sky Deutschland AG	245.373.741,28 EUR	247.945.023,00 EUR	-2.571.281,72 EUR	-1,0 %
SAP SI AG	48.664.707,08 EUR	49.253.746,80 EUR	-589.039,72 EUR	-1,2 %
net mobile AG	3.356.377,60 EUR	3.408.821,00 EUR	-52.443,40 EUR	-1,5 %
Analytik Jena AG	3.577.292,64 EUR	3.660.972,00 EUR	-83.679,36 EUR	-2,3 %
Kamps AG	29.512.667,78 EUR	30.387.837,50 EUR	-875.169,72 EUR	-2,9 %
Avinci AG	163.989,00 EUR	168.948,00 EUR	-4.959,00 EUR	-2,9 %
Heiler Software AG	1.748.259,60 EUR	1.809.962,88 EUR	-61.703,28 EUR	-3,4 %
Comarch Software und Beratung AG	1.025.112,00 EUR	1.071.708,00 EUR	-46.596,00 EUR	-4,3 %
Axel Springer SE	60.186.928,56 EUR	62.944.497,00 EUR	-2.757.568,44 EUR	-4,4 %
Klöckner-Werke AG	32.772.896,29 EUR	34.305.195,00 EUR	-1.532.298,71 EUR	-4,5 %
ISRA VISION AG	78.708.297,60 EUR	84.144.000,00 EUR	-5.435.702,40 EUR	-6,5 %
Hypo Real Estate Holding AG	158.291.718,00 EUR	169.250.375,40 EUR	-10.958.657,40 EUR	-6,5 %
Microlog Logistics AG	2.093.647,90 EUR	2.250.501,00 EUR	-156.853,10 EUR	-7,0 %
ADC African Development Corporation AG	4.445.053,20 EUR	4.778.889,50 EUR	-333.836,30 EUR	-7,0 %
Solarparc AG	2.576.991,41 EUR	2.837.990,54 EUR	-260.999,13 EUR	-9,2 %
Friatec AG	3.089.119,64 EUR	3.417.418,20 EUR	-328.298,56 EUR	-9,6 %
IKB Deutsche Industrie-bank AG	12.788.726,09 EUR	14.354.692,55 EUR	-1.565.966,46 EUR	-10,9 %
Schramm Holding AG	794.740,80 EUR	893.172,00 EUR	-98.431,20 EUR	-11,0 %
EURAG-Holding-AG	343.937,88 EUR	390.482,18 EUR	-46.544,30 EUR	-11,9 %
Systematics AG	11.100.205,20 EUR	12.836.972,00 EUR	-1.736.766,80 EUR	-13,5 %
Vodafone AG	451.563.638,22 EUR	525.648.452,00 EUR	-74.084.813,78 EUR	-14,1 %
Hanfwerke Oberachern AG	525.004,64 EUR	641.000,00 EUR	-115.995,36 EUR	-18,1 %
ANTERRA Vermögens-verwaltungs-AG	493.446,25 EUR	623.483,85 EUR	-130.037,60 EUR	-20,9 %
MAN SE	586.482.142,80 EUR	760.285.145,60 EUR	-173.803.002,80 EUR	-22,9 %
D+S europe AG	19.557.928,11 EUR	25.760.189,00 EUR	-6.202.260,89 EUR	-24,1 %
Scheidemandel AG	56.700,00 EUR	75.159,00 EUR	-18.459,00 EUR	-24,6 %
i: FAO AG	11.492.801,43 EUR	15.866.730,00 EUR	-4.373.928,57 EUR	-27,6 %
KUKA AG	150.522.487,38 EUR	214.313.310,00 EUR	-63.790.822,62 EUR	-29,8 %

Tabelle 19 (fortgesetzt)

VzfK e.V.	**Differenzen zwischen Übernahmeangeboten und in Squeeze-out festgesetzten Barabfindungen (Barabfindung kleiner Angebotspreis)**			
Gesellschaft	**Barabfindung**		**Differenz**	
	laut Gericht	**laut Angebot**	**Betrag**	**entspricht**
BHS tabletop AG	1.889.453,79 EUR	2.825.531,10 EUR	-936.077,31 EUR	-33,1 %
Landesbank Berlin Holding AG	59.538.953,54 EUR	90.302.956,26 EUR	-30.764.002,72 EUR	-34,1 %
VARTA AG	948.809,29 EUR	1.760.872,23 EUR	-812.062,94 EUR	-46,1 %
Ventegis Capital AG	109.671,30 EUR	203.907,38 EUR	-94.236,08 EUR	-46,2 %
Meyer Burger (Germany) AG	2.737.017,00 EUR	5.638.050,00 EUR	-2.901.033,00 EUR	-51,5 %
Winter AG	310.041,60 EUR	723.430,40 EUR	-413.388,80 EUR	-57,1 %
AS Abwicklung und Solar-Service AG	1.147.603,52 EUR	12.881.264,00 EUR	-11.733.660,48 EUR	-91,1 %

Die Neuregelung des Delisting mit der „FRoSTA-Entscheidung" des Bundesgerichtshofs macht es für Großaktionäre noch einfacher, die Aktien von Kapitalanlegern bzw. Minderheitsaktionären **unter dem inneren Wert** zu erwerben. Die hier in Grundzügen dargestellten empirischen Daten zeigen, dass schon mit der Ankündigung eines Delisting die Kurse sinken und die Umsätze steigen.

In 48 Fällen folgten solche Strukturmaßnahmen einem Delisting. In 38 Fällen lag das Abfindungsangebot im Rahmen der Strukturmaßnahme über dem durchschnittlichen Börsenkurs vor Ankündigung des Delisting, nur in 10 Fällen darunter. Bezogen nur auf die Aktien der Minderheitsaktionäre beträgt der Wertunterschied 347,3 Mio. Euro, entspricht 20,8 Prozent. Die Differenzen zwischen den Börsenwerten beim Delisting und der fundamentalen Unternehmensbewertung bei nachfolgenden Strukturmaßnahmen zeigt Tabelle 20:

Tabelle 20: Vergleich Börsenkurs Delisting zu Abfindung in Strukturmaßnahme (seit FRoSTA)

VzfK e.V.	**Vergleich Börsenkurs beim Delisting mit Barabfindung in nachfolgender Strukturmaßnahme**					
Firma	**Börsenkurs beim Delisting**	**Barabfindung in Strukturmaßnahme**	**Differenz**			**Art Strukturmaßnahme**
			Preis	**entspricht**	**Barabfindung**	
AGO AG Energie + Anlagen	2,09 EUR	3,03 EUR	0,94 EUR	44,7 %	240.170,55 EUR	Squeeze-out
Amira Verwaltungs AG	1.552,34 EUR	1.710,00 EUR	157,66 EUR	10,2 %	1.144.608,27 EUR	Squeeze-out
Analytik Jena AG	13,45 EUR	13,68 EUR	0,23 EUR	1,7 %	61.221,80 EUR	Squeeze-out
Ariston Real Estate AG	0,78 EUR	1,45 EUR	0,67 EUR	87,0 %	306.488,47 EUR	Squeeze-out
AVW Immobilien AG	2,70 EUR	1,58 EUR	-1,12 EUR	-41,5 %	-1.036.333,49 EUR	Squeeze-out
Axel Springer SE	56,98 EUR	60,24 EUR	3,26 EUR	5,7 %	3.261.572,55 EUR	Squeeze-out
Baumaterialien-Handelsgesellschaft AG	338,16 EUR	134,09 EUR	-204,07 EUR	-60,3 %	-247.328,41 EUR	Squeeze-out
Bioenergy Capital AG	1,39 EUR	4,67 EUR	3,28 EUR	235,8 %	29.582,94 EUR	Squeeze-out
Colonia Real Estate AG	7,34 EUR	7,19 EUR	-0,15 EUR	-2,1 %	-752.581,10 EUR	Unternehmensvertrag
CONET Technologies AG	3,07 EUR	34,49 EUR	31,42 EUR	1024,2 %	2.999.452,22 EUR	Squeeze-out
Constantin Medien AG (Sport1 Medien AG)	1,59 EUR	2,30 EUR	0,71 EUR	44,6 %	3.106.280,66 EUR	Squeeze-out
Creaton AG	34,00 EUR	38,98 EUR	4,98 EUR	14,7 %	758.877,73 EUR	Squeeze-out
Custodia Holding AG	233,66 EUR	410,00 EUR	176,34 EUR	75,5 %	9.291.789,71 EUR	Squeeze-out
Design Hotels AG	5,12 EUR	4,00 EUR	-1,12 EUR	-21,9 %	-487.506,15 EUR	Squeeze-out
Easy Software AG	12,69 EUR	11,81 EUR	-0,88 EUR	-7,0 %	-1.229.133,05 EUR	Unternehmensvertrag
elexis AG	23,39 EUR	29,25 EUR	5,86 EUR	25,0 %	2.419.330,92 EUR	Squeeze-out
ERLUS AG	64,02 EUR	96,99 EUR	32,97 EUR	51,5 %	1.595.295,47 EUR	Squeeze-out
Fidor Bank AG	7,62 EUR	13,69 EUR	6,07 EUR	79,6 %	668.360,05 EUR	Squeeze-out
i :FAO AG	26,69 EUR	21,73 EUR	-4,96 EUR	-18,6 %	-2.624.784,70 EUR	Squeeze-out
IKB Deutsche Industriebank AG	0,59 EUR	0,49 EUR	-0,10 EUR	-17,1 %	-2.630.414,78 EUR	Squeeze-out
IMW Immobilien SE	6,78 EUR	20,00 EUR	13,22 EUR	195,2 %	1.721.528,63 EUR	Squeeze-out
ISARIA Wohnbau AG	3,96 EUR	9,20 EUR	5,24 EUR	132,5 %	4.518.310,47 EUR	Squeeze-out
Kofler Energies AG	8,31 EUR	12,00 EUR	3,69 EUR	44,4 %	40.314,47 EUR	Squeeze-out
KWG Kommunale Wohnen AG	10,19 EUR	11,08 EUR	0,89 EUR	8,8 %	1.113.798,56 EUR	Formwechsel

Tabelle 20 (fortgesetzt)

VzfK e.V.	Vergleich Börsenkurs beim Delisting mit Barabfindung in nachfolgender Strukturmaßnahme					
Firma	**Börsenkurs beim Delisting**	**Barabfindung in Strukturmaßnahme**	**Differenz**			**Art Strukturmaßnahme**
			Preis	**entspricht**	**Barabfindung**	
m4e AG	2,32 EUR	3,75 EUR	1,43 EUR	61,6 %	348.807,65 EUR	Squeeze-out
Mercurius AG	5,02 EUR	12,80 EUR	7,78 EUR	154,8 %	468.359,65 EUR	Squeeze-out
msg life AG	2,04 EUR	2,48 EUR	0,44 EUR	21,3 %	4.350.267,35 EUR	Unternehmensvertrag
MyHammer Holding AG	18,90 EUR	20,22 EUR	1,32 EUR	7,0 %	1.448.956,52 EUR	Verschmelzung
Nymphenburg Immobilien AG	497,25 EUR	822,00 EUR	324,75 EUR	65,3 %	18.198.797,18 EUR	Squeeze-out
OnVista AG	2,95 EUR	4,00 EUR	1,05 EUR	35,6 %	253.891,33 EUR	Squeeze-out
OSRAM Licht AG	38,48 EUR	45,54 EUR	7,06 EUR	18,4 %	194.730.969,72 EUR	Unternehmensvertrag
PETROTEC AG	0,70 EUR	1,06 EUR	0,36 EUR	51,6 %	1.048.413,78 EUR	Squeeze-out
Pironet NDH AG	4,52 EUR	9,64 EUR	5,12 EUR	113,4 %	3.670.522,35 EUR	Squeeze-out
Pixelpark AG	2,60 EUR	2,41 EUR	-0,19 EUR	-7,1 %	-315.852,51 EUR	Squeeze-out
Primion Technology AG	4,20 EUR	11,06 EUR	6,86 EUR	163,2 %	1.627.181,89 EUR	Squeeze-out
Roth & Rau AG (Meyer Burger Germany AG)	8,83 EUR	10,68 EUR	1,85 EUR	20,9 %	473.355,50 EUR	Squeeze-out
Sachsenmilch AG	3.929,98 EUR	6.949,47 EUR	3.019,49 EUR	76,8 %	59.130.735,73 EUR	Squeeze-out
Sanacorp Pharmaholding AG	23,59 EUR	33,75 EUR	10,16 EUR	43,1 %	4.149.168,29 EUR	Squeeze-out
Schaltbau Holding AG	51,35 EUR	50,33 EUR	-1,02 EUR	-2,0 %	-2.416.191,81 EUR	Unternehmensvertrag
Schuler AG	23,55 EUR	18,30 EUR	-5,25 EUR	-22,3 %	-5.310.109,28 EUR	Squeeze-out
Sinner AG	9,45 EUR	13,07 EUR	3,62 EUR	38,2 %	312.798,40 EUR	Squeeze-out
Softship AG	7,36 EUR	14,35 EUR	6,99 EUR	94,9 %	643.651,35 EUR	Squeeze-out
Swarco Traffic Holding AG	3,34 EUR	7,50 EUR	4,16 EUR	124,8 %	1.178.818,00 EUR	Squeeze-out
Travel Viva AG	13,11 EUR	15,50 EUR	2,39 EUR	18,3 %	79.131,76 EUR	Squeeze-out
Triplan AG	1,58 EUR	1,95 EUR	0,37 EUR	23,7 %	290.427,25 EUR	Squeeze-out
VTG AG	57,69 EUR	88,11 EUR	30,42 EUR	52,7 %	37.375.706,95 EUR	Squeeze-out
wallstreet:online capital AG	8,80 EUR	47,48 EUR	38,68 EUR	439,8 %	950.984,61 EUR	Squeeze-out
Weber & Ott AG	4,48 EUR	9,50 EUR	5,02 EUR	112,2 %	304.120,06 EUR	Squeeze-out
Summen					**347.261.813,51 EUR**	

V Vorerwerbspreis

Das **Bundesverfassungsgericht** hielt in seiner „DAT-Altana-Entscheidung“ vom 27. April 1999 Vorerwerbspreise noch für unbeachtlich[184]. Auf der Grundlage von § 31 Abs. 1 Satz 2 WpÜG i.V.m. § 4 WpÜGAngebV sind Vorerwerbe seit dem 1. Januar 2002 jedoch als weitere **Wertuntergrenze** zu berücksichtigen. Dazu heißt es in der Gesetzesbegründung unter anderem:

> „Nach § 4 muss der Wert der Gegenleistung des Bieters mindestens dem Wert der höchsten vom Bieter, einer mit ihm gemeinsam handelnden Person oder deren Tochterunternehmen für den Erwerb von Aktien der Zielgesellschaft innerhalb der letzten drei Monate vor der Veröffentlichung der Angebotsunterlage gewährten oder vereinbarten Gegenleistung entsprechen. Die Regelung ist Ausfluss des allgemeinen Gleichbehandlungsgrundsatzes aller Aktionäre. Sie ermöglicht den Aktionären, die Adressaten eines Übernahme- oder Pflichtangebots sind, an Paketzuschlägen, die im Vorfeld von Übernahmen mit einzelnen Aktionären vereinbart wurden, zu partizipieren.“[185]

Auch wenn sich die Rechtslage mit der Einführung des WpÜG und der WpÜGAngebV zum 1. Januar 2022 grundlegend geändert hat, greift die Rechtsprechung immer noch auf die Entscheidung des Bundesverfassungsgerichts aus dem Jahr 1999 zurück. Jedoch darf die Rechtsprechung im Hinblick auf die **Angemessenheit** der Abfindung die klare gesetzgeberische Wertentscheidung im WpÜG nicht außer Betracht lassen[186]. Verschiedene Instanzgerichte haben diesen Rechtsrahmen schon weiterentwickelt. Dazu heißt es beispielsweise im Juris-Leitsatz Nr. 5 einer Entscheidung des LG Stuttgart vom 17. September 2018:

> „5. Verfassungsrechtliche Gesichtspunkte stehen einer fachgerichtlichen Berücksichtigung bei außerbörslichen Aktienerwerben vereinbarter „Vorerwerbspreise“ oder im Rahmen von Übernahmeangeboten angebotener Gegenleistungen bei der Angemessenheitsprüfung nicht entgegen. Aus der Rechtsprechung des BVerfG ergibt sich lediglich, dass ein von einer aktienrechtlichen Strukturmaßnahme betroffener Aktionär verfassungsrechtlich keinen Anspruch darauf habe, eine Abfindung in Höhe außerbörslich bezahlter erhöhter Preise zu bekommen, weil er diesen erhöhten Preis nur hätte erzielen können, wenn es ihm gelungen wäre, gerade seine Aktien an den Mehrheitsaktionär zu veräußern (vergleiche BVerfG, 27. April 1999, 1 BvR 1613/94, WM 1999, 1666). Diese verfassungsrechtliche Beurteilung schließt es jedoch nicht aus, dass die Zivilgerichte im Rahmen der Anwendung einfachgesetzlicher Normen derartige außerbörslich bezahlte höhere Preise im Einzelfall im Wege der Schätzung nach § 287 Abs. 1 ZPO bei der Prüfung der Angemessenheit der Abfindung berücksichtigen (C.II.3.dd).(Rn.193) (Rn.205)“ [187]

---

184 Vgl. BVerfG vom 27. April 1999 – 1 BvR 1613/94, juris Tz. 57 bis 59.

185 Gesetzentwurf WPüG BT-Drucks 14/7034, Seiten 79 f., zu beziehen über https://dserver.bundestag.de/btd/14/070/1407034.pdf Siehe auch 30 f. mit weiteren Überlegungen zum Gleichheitsgrundsatz.

186 *Schüppen* Barabfindung gem. § 327b AktG beim Squeeze out im Vertragskonzern, ZIP 2016 Seiten 1413 bis 1419 [1418].

187 LG Stuttgart vom 17. September 2018 – 31 O 1/15 KfH SpruchG, juris Tz. 204.

Weitere Entscheidungen haben diese Überlegungen aufgegriffen.[188] Sie sind insoweit konsequent als auch Börsenkurse allein aus am Markt beobachtbaren „Vorerwerben" resultieren, nur mit dem Unterschied, dass nicht allein auf die Preisvorstellungen des jeweiligen Hauptaktionärs, sondern die aller Marktteilnehmer abgestellt wird. Das verkennt das Oberlandesgericht Stuttgart[189] in seinem Bemühen, der zuvor zitierten landgerichtlichen Entscheidung den Boden zu entziehen.

VI Weiterverkaufspreis

Auch bei Hauptaktionären gibt es vielschichtige Investitionsstrategien. Dazu gehört auch ein **Weiterverkauf nach dem Squeeze-out** zur kurzfristigen Realisierung von Arbitragen. Immer wieder liegt dann die beim Squeeze-out beschlossene Abfindung deutlich unter dem Preis beim Weiterverkauf.:

- Renk AG
  - Mitte 2020: Übernahmeangebot zu 106,80 Euro.
  - 22. Dezember 2020: Die Hauptversammlung beschließt Squeeze-out zu 105,72 Euro.
  - 31. August 2022: Vergleichsweise Beendigung des Spruchverfahrens zu 115,00 Euro (entspricht 782 Millionen Euro).
  - 27. Februar 2023: Das Handelsblatt berichtet über eine mögliche Rückkehr an die Börse oder einen Weiterverkauf bei einer Bewertung in der Bandbreite von 2,5 bis 3 Milliarden Euro[190].
- Versatel AG
  - 9. Februar 2012: Die Hauptversammlung beschließt Squeeze-out zum Börsenwert: 6,84 Euro, entspricht einem Unternehmenswert von 301 Millionen Euro.
  - Mitte 2014: Weiterverkauf in zwei Tranchen an United Internet AG für 646 Millionen Euro, das sind 14,67 Euro je Aktie.
  - 5. Februar 2021: Das Landgericht Berlin hebt im Spruchverfahren[191] die Abfindung auf 7,93 Euro je Aktie an, das ist ein Unternehmenswert in der Höhe von 349 Millionen Euro.

---

188 OLG Frankfurt am Main vom 13. September 2021 – 21 W 38/15, juris Tz. 37; LG Stuttgart vom 20. Dezember 2018 – 31 O 38/16 KfHSpruchG – Seiten 119 f.

189 Beschluss vom 30. März 2021 – 20 W 8/19.

190 Der Bericht kann bezogen werden über https://www.handelsblatt.com/unternehmen/industrie/ruestungsindustrie-panzergetriebehersteller-renk-plant-boersengang/28996790.html Mit weiteren Angaben zur weiteren Entwicklung und Kurscharts siehe Teil 1 § 3 XI 17.

191 Der Beschluss vom 5. Februar 2021 mit dem Aktenzeichen 102 O 25/12 SpruchG kann bezogen werden über https://www.spruchverfahren-direkt.de/wp-content/uploads/2021/08/Versatel-AG-2021-02-05-LG-Berlin-Squeeze-out.pdf

- VTG AG
  - 2018 und 2019: zwei Übernahmeangebote zu 53,00 Euro.
  - 22. September 2021: Die Hauptversammlung beschließt eine Squeeze-out mit einem Ertragswert in der Höhe von 88,01 Euro je Aktie, der Börsenwert lag bei 44,93 Euro je Aktie. Das entspricht einem Unternehmenswert in der Höhe von 3,016 Milliarden Euro.
  - 26. November 2011: Das Handelsblatt berichtet noch in der Antragsphase für das Spruchverfahren über einen möglichen Weiterverkauf für ca. 7 Milliarden Euro, das sind ca. 204,48 pro Aktie[192].
  - 29. Juni 2022: Die VTG AG berichtet auf ihrer Homepage über den Weiterverkauf für etwa 7 Milliarden Euro[193].
  - Mitte 2023: Im Spruchverfahren kommt kein Vergleich über 108 Euro pro Aktie zustande. Das entspricht in etwa dem Kaufpreis abzüglich Verbindlichkeiten in der Höhe von 3,3 Milliarden Euro. Aus der Sicht der Minderheitsaktionäre kommt es aber nur auf die Frage an, wieviel Geld ein anderer Bieter für eine Aktie zahlt. Das waren hier 204,48 Euro.
- WMF AG
  - 2012: Übernahmeangebot zu 47,00 Euro je Stammaktie bzw. 31,80 Euro je Vorzugsaktie.
  - 2014: Übernahmeangebot nur für die Vorzugsaktie wird von 53,00 auf 58,00 Euro erhöht.
  - 20. Januar 2015: Die Hauptversammlung beschließt einen Squeeze-out mit einer Abfindung in Höhe von 58,37 Euro je Stamm- und Vorzugsaktie. Das entspricht einem Ertragswert von 814,58 Millionen Euro bei einem Börsenwert von 712,86 Millionen Euro.
  - 23. Mai 2016: Weiterverkauf zu einem Preis in der Höhe von etwa 1,5 Milliarden Euro[194]. Das sind etwa 107 Euro pro Aktie.

Das führt zu der Frage, ob der Erwerber neue Werte geschaffen hat oder ob das hier bestehende strukturelle Informationsgefälle mit seinen **vielfältigen Asymmetrien** zu einer interessenorientierten Preisfindung beim Squeeze-out geführt hat. Hier dürfte jeder Einzelfall anders liegen. Angesichts der hohen Grundrechtsrelevanz ist aber zu klären, ob die Minderheitsaktionäre eine angemessene Abfindung erhalten haben.

---

192 Der Bericht kann bezogen werden über https://www.handelsblatt.com/unternehmen/handel-konsumgueter/schienenlogistik-konzern-waggonvermieter-vtg-wird-fuer-verkauf-vorbereitet-bewertung-von-bis-zu-sieben-milliarden-euro/27833688.html

193 Der Bericht kann bezogen werden über https://www.vtg.de/neuigkeiten-und-einblicke/pressemitteilungen/detail/morgan-stanley-infrastructure-partners-und-joachim-herz-stiftung-beschliessen-verkauf-einer-mehrheitsbeteiligung-an-der-vtg-aktiengesellschaft-an-gip-und-adia

194 Der Bericht kann bezogen werden über https://www.handelsblatt.com/unternehmen/handel-konsumgueter/kuechengeraete-moulinex-eigentuemer-kauft-wmf-/13630512.html

Das Spruchverfahren bietet sich auch dazu an, zum Beispiel unter Weiterentwicklung der Wurzeltheorie höhere Preise beim Weiterverkauf auf etwaige **Rückwirkungen auf die beschlossene Abfindung** zu überprüfen. Das drängt sich bei den zuvor angesprochenen Squeeze-out bei der WMF AG und insbesondere der VTG AG geradezu auf. Der Hauptaktionär hat schon in der Antragsfrist für das Spruchverfahren einen Weiterverkauf zu einem deutlich höheren Preis eingeleitet. Hier ist zu prüfen, ob die veränderten Wertverhältnisse zur Hauptversammlung als Bewertungsstichtag wirklich nicht erkennbar waren. Beispielsweise bei der VTG AG dürften angesichts der kurzen Zeit zwischen Bewertungsstichtag und Weiterkauf wesentliche wertsteigernde Maßnahmen ausscheiden.

Damit spricht einiges dafür, den Weiterverkaufspreis als weitere **Wertuntergrenze** nach einer umfassenden Würdigung der besonderen Umstände des Einzelfalls angemessen zu berücksichtigen.

Vorschlag 6: Weiterverkaufspreis als Wertuntergrenze
- Zeitnahe Weiterverkäufe sind im **Spruchverfahren** zu würdigen.
- Der Weiterverkaufspreis kommt als **Wertuntergrenze** in Betracht, wenn das Unternehmen nicht wesentlich verändert oder weiterentwickelt wurde. Andernfalls sind Zu- oder Abschläge von der beschlossenen Abfindung zu prüfen.

VII Kompensationspflicht in Strukturmaßnahmen

Die kompensationspflichtigen Strukturmaßnahmen aus § 1 Nr. 1 bis Nr. 4 gehören zum **Konzernrecht** (1). Bei der Wertermittlung geht es um den **inneren Wert** und damit den Zukunftserfolgswert. Als **Bewertungsmethode** hat sich in der Praxis das Ertragswertverfahren durchgesetzt. Dabei bestehen verschiedene Wertuntergrenzen, wozu auch der Börsenwert zählt (2). **Bewertungsstichtag** ist der Tag der beschlussfassenden Hauptversammlung (3). Dieses **Regelungskonzeptes** gilt für alle Publikumsaktiengesellschaften (4).

1 Regelungskonzept Konzernrecht

Juristische Personen sind wie natürliche Personen nur ihren eigenen Zielen verpflichtet, die sich ausschließlich aus dem satzungsmäßigen Gesellschaftszweck ergeben. Gerät eine Aktiengesellschaft aufgrund der Beteiligungsverhältnisse in die Abhängigkeit eines Groß- bzw. Hauptaktionärs, muss sie sich den **Zielsetzungen des Konzerns** unterordnen. Das zeigt sich vor allem bei nachteiligen Weisungen und der Verlagerung von Geschäftschancen. Bei den in § 1 Nr. 1 bis 4 SpruchG genannten Strukturmaßnahmen kompensiert eine Abfindung oder Ausgleichszahlung die Vorteile, die der Hauptaktionär mit der Durchsetzung seiner Partikularinteressen erzielt bzw. die Nachteile, die die abhängige Gesellschaft und die übrigen (Minderheits-)Aktionäre durch den Eingriff in ihr Aktieneigentum erleiden.

Die Eintragung einer kompensationspflichtigen Strukturmaßnahme gemäß § 1 Nr. 1 bis Nr. 4 SpruchG beendet die Geltung des **konzernrechtlichen Schutzsystems** aus §§ 308 ff.[195], §§ 311 ff. AktG zugunsten der abhängigen Gesellschaft und ihrer Aktionäre. Der Unternehmensvertrag sowie die weiteren kompensationspflichtigen Strukturmaßnahmen aus § 1 Nr. 1 bis 4 SpruchG geben den Aktionären einen Anspruch auf eine Kompensation in Form der Abfindung oder des Ausgleichs. Die Überprüfung der Unternehmensbewertung im Spruchverfahren sichert alle Investitionsstrategien ab, in denen es um den **Zukunftserfolgswert** geht.

Im Konzernrecht gibt es **drei Schutzstufen**:

- Die konzernrechtliche **Eingangskontrolle** beginnt mit dem übernahmerechtlichen Pflichtangebot bzw. Übernahmeangebot aus §§ 29, 35 WpÜG.
- Die Verantwortlichkeiten bei **Fehlen eines Beherrschungsvertrages**, also bis zum Abschluss eines Unternehmensvertrages, Squeeze-out oder einer anderen in § 1 Nr. 1 bis Nr. 4 SpruchG genannten Maßnahme, schützen die §§ 308 ff., §§ 311 ff. AktG. Mittelbar umfasst das auch die Minderheitsaktionäre.
- Sobald eine der in § 1 Nr. 1 bis Nr. 4 SpruchG **enthaltenen konzernrechtlichen Strukturmaßnahmen** in das Handelsregister eingetragen wird, entsteht ein Anspruch auf Abfindung bzw. Ausgleich.

195 Diese Regelungen gelten nur bei Bestehen eines Unternehmensvertrages und nicht nach Eingliederung, Squeeze-out und Verschmelzung.

Dieses Regelungskonzept lässt sich schematisch wie folgt zusammenfassen:

Bewertungsanlässe und Methoden der Wertermittlung

- Konzerneingangskontrolle: Beteiligung überschreitet 30 %, §§ 29, 35 WpÜG (Regulierter Markt)
    - Anspruch für Aktionär bei möglicher Änderung des Geschäftsmodells
    - Schutz der bisherigen Investitionsstrategie (Art. 14 I GG)
        - Angebot zum Börsenwert nach AngebVO
- Verantwortlichkeit bei Fehlen eines Beherrschungsvertrags, §§ 311 ff. AktG
    - Anspruch für Gesellschaft nach Durchsetzung von Partikularinteressen
    - Schadensersatz / Nachteilsausgleich
    - Klagerecht für Aktionär auf Leistung an die Gesellschaft
- Kompensationspflichtige Strukturmaßnahmen, § 1 Nr. 1 bis Nr. 4 SpruchG
    - Anspruch für Aktionär bei anstehenden Eingriffen in die Unternehmenssubstanz
    - Schutz von Investitionsstrategien, die auf Zukunftserfolgswert zielen (Art. 14 I GG)
        - Innerer Wert nach Ertragswertverfahren
        - Börsenwert als Wertuntergrenze

Abbildung 35: Bewertungsanlässe und Methoden der Wertermittlung

Auf zwei Stufen werden **Investitionsstrategien** geschützt. Die unterschiedliche Grundrechtsrelevanz erfordert unterschiedliche Wertermittlungen. Während es bei kompensationspflichtigen Strukturmaßnahmen um weitreichende Eingriffe in den Schutzbereich des Aktieneigentums geht, ist bei der Konzerneingangskontrolle lediglich die bisherige Investitionsstrategie zu schützen.

2 Bewertungsmethode

Gesetzgeber und Rechtsprechung haben sich nicht auf eine bestimmte **Bewertungsmethode** festgelegt. Wie zuletzt die **„WCM-Entscheidung"**[196] des Bundesgerichtshofs aufzeigt, kommt es bei der Methodenwahl lediglich darauf an, dass immer der innere Wert zutreffend ermittelt wird.

Bei der Ermittlung einer angemessenen Abfindung bzw. Ausgleichszahlung kommt es, wie in vielen anderen **gesellschaftsrechtlichen Angelegenheiten** auch, auf den inneren Wert an. Dieser reflektiert nach dem Willen des Gesetzgebers die bisherige Ertragslage und die Gewinnaussichten, die für die Gesellschaft als unabhängiges Unternehmen bestanden hätten:

196 BGH vom 21. Februar 2023 – II ZB 12/21.

„Die feste Bemessung geht von dem Grundsatz aus, daß der außenstehende Aktionär als Ausgleich mindestens den Betrag erhalten soll, auf den er, wenn der Vertrag nicht bestände, künftig als Gewinnanteil rechnen könnte. Entscheidend ist, was die Gesellschaft nach ihrer bisherigen Ertragslage und nach den Gewinnaussichten, die sie künftig als frei am Markt agierendes Unternehmen hätte, unter Berücksichtigung angemessener Abschreibungen und Wertberichtigungen als verteilbaren Gewinn erwirtschaften könnte. Von den ohne den Vertrag bestehenden Gewinnaussichten des Aktionärs als Bemessungsgrundlage wird allerdings in der Hinsicht abgewichen. Während sich sonst die Gewinnaussichten des Aktionärs dadurch mindern, daß jedes Unternehmen wirtschaftlich zur Bildung freier Rücklagen für Investitionen und als Sicherung gegen Rückschläge gezwungen ist, bleibt bei der Bemessung des angemessenen Ausgleichs die Bildung freier Rücklagen außer Betracht. Dies rechtfertigt sich daraus, daß bei Unternehmen, die ihren ganzen Gewinn abführen oder ihre Geschäfte nach den Weisungen eines anderen zu führen haben, häufig nicht mit der Bildung freier Rücklagen gerechnet werden kann."[197]

Der innere Wert wird in Deutschland meist auf der Grundlage eines **Ertragswertverfahrens** nach den vom Institut der Wirtschaftsprüfer in Deutschland e.V. verabschiedeten Standards ermittelt[198].

Tabelle 21: Angewandte IDW-Bewertungsstandards bei Squeeze-out

VzfK e.V.	Bewertungsstadards bei Squeeze-out	
Rang	**Angewandte Bewertungsstandards**	**Wert**
2	IDW S 1 (2000)	20,5 %
3	IDW S 1 (2005)	9,5 %
5	IDW S 1 (2004)	1,9 %
4	IDW S 1 (2007)	2,8 %
1	IDW S 1 (2008)	65,3 %
Summe		**100,0 %**

Der **Börsenwert** eignet sich nur als **Wertuntergrenze**, wenn zu diesem Preis eine alternative Desinvestition möglich gewesen wäre. Der Börsenwert eignet sich aber nicht als ausschließliche Methode zur Wertfindung. Denn die Gesetzesbegründung zeigt, dass es für eine angemessene Kompensation auf den ausschüttungsfähigen Gewinn ankommt. Diese Berechnungsgrundlagen lassen sich nur mit einer fundamentalen Unternehmensbewertung nach betriebswirtschaftlich anerkannten Methoden ermitteln. Diesen Sach- und Rechtsstand hat der FAUB erst kürzlich in zwei Stellungnahmen aus den Jahren 2021[199] und 2023[200] unterstrichen.

197 *Kropff* Aktiengesetz 1965, Seite 394.

198 Siehe oben Tabelle 1, Seite XXII.

199 *FAUB*, Zur Bedeutung des Börsenkurses für die Abfindungsbemessung aus Sicht der wirtschaftswissenschaftlichen Theorie und Praxis, WPg 2021, S. 958 bis 961 und AG 2021, 588 bis 590.

200 *FAUB*, Zur Relevanz von Börsenkursen vom 14. Juni 2023, zu beziehen über: https://www.idw.de/idw/themen-branchen/unternehmensbewertung-bwl/boersenkurse.html und WPg 2023, 765.

Auf dieser Linie liegt auch die Rechtsprechung des **Bundesverfassungsgerichts**. Der „DAT/Altana-Beschluss" zielt bei der Ermittlung einer Kompensation auf den inneren Wert ab, der sich an der Ertragskraft des Unternehmens orientiert:

> „Die Verkehrsfähigkeit als Eigenschaft des Aktieneigentums darf bei der Wertbestimmung des Eigentumsobjekts nicht außer Betracht bleiben. Der Ausgleich für außenstehende Aktionäre muß vielmehr so bemessen sein, daß sie auch künftig solche Renditen erhalten, die sie erhalten hätten, wenn der Unternehmensvertrag nicht geschlossen worden wäre; die Abfindung muß so bemessen sein, daß die Minderheitsaktionäre den Gegenwert ihrer Gesellschaftsbeteiligung erhalten. Dementsprechend gehen Judikatur und Literatur davon aus, daß die Entschädigung nur dann als „volle" bezeichnet werden kann, wenn sie den „wirklichen" oder „wahren" Wert der Unternehmensbeteiligung an dem arbeitenden Unternehmen unter Einschluß der stillen Reserven und des inneren Geschäftswerts widerspiegelt (vgl. etwa BGHZ 71, 40 <51>; Krieger, in: Münchener Handbuch des Gesellschaftsrechts, Bd 4, 1988, § 70 Rn 80). Darüber hinaus muß die Abfindung so bemessen sein, daß die Minderheitsaktionäre jedenfalls nicht weniger erhalten, als sie bei einer freien Deinvestitionsentscheidung zum Zeitpunkt des Unternehmensvertrages oder der Eingliederung erlangt hätten. Eine geringere Abfindung würde der Dispositionsfreiheit über den Eigentumsgegenstand nicht hinreichend Rechnung tragen."[201]

Zu der konzernrechtlich gebotenen Unternehmensbewertung heißt es dann weiter:

> „Art. 14 Abs. 1 GG schreibt für die Wertermittlung von Unternehmensbeteiligungen allerdings keine bestimmte Methode vor. In der Praxis hat sich für die zur Bestimmung der angemessenen Abfindung und des angemessenen Ausgleichs notwendige Ermittlung des „wahren" Unternehmenswerts die sogenannte Ertragswertmethode durchgesetzt (vgl. Grundsätze zur Durchführung von Unternehmensbewertungen, Die Wirtschaftsprüfung 1983, S. 468 ff.). In der Judikatur findet sie praktisch allein Anwendung, während eine Bewertung des Anteilseigentums nach anderen Methoden, etwa anhand des Börsenkurses, weitgehend abgelehnt wird (vgl. jüngst OLG Celle, NZG 1998, S. 987 <988>; ferner die Nachweise bei Hüffer, a.a.O., § 305 Rn 19 f.). Gegen eine Unternehmensbewertung nach dieser Methode bestehen im Prinzip keine verfassungsrechtlichen Bedenken. Ihr liegt die Annahme zugrunde, daß der Wert eines Unternehmens in erster Linie von seiner Fähigkeit abhängt, künftig Erträge zu erwirtschaften. Das ist ein verfassungsrechtlich unbedenklicher Ansatz."[202]

Das Bundesverfassungsgericht hat in diesem Beschluss auch zum **Bewertungsstichtag** und zum Referenzzeitraum zur Bestimmung des Börsenkurses Stellung genommen:

> „Wie der Stichtag festzusetzen ist, gibt die Verfassung nicht vor. Entscheidend ist allein, daß die Zivilgerichte durch die Wahl eines entsprechenden Referenzkurses einem Mißbrauch beider Seiten begegnen. Sie können insoweit etwa auf einen Durchschnittskurs im Vorfeld der Bekanntgabe des Unternehmensvertrags zurückgreifen. Zwar muß die angemessene Barabfindung die Verhältnisse der Gesellschaft „im Zeitpunkt der Beschlußfassung ihrer Hauptversammlung" über den Vertrag (§ 305 Abs. 3 Satz 2 AktG) oder die Eingliederung (§ 320 b Abs. 1 Satz 5 AktG) berück-

201 BVerfG vom 27. April 1999 – 1 BvR 1613/94, juris Tz. 56.
202 BVerfG vom 27. April 1999 – 1 BvR 1613/94, juris Tz. 61.

sichtigen. Zu den im Berücksichtigungszeitpunkt maßgeblichen Verhältnissen gehört aber nicht nur der Tageskurs, sondern auch ein auf diesen Tag bezogener Durchschnittswert."[203]

Diese Grundsätze gelten für alle in § 1 Nr. 1 bis Nr. 4 SpruchG genannten kompensationspflichtigen Strukturmaßnahmen. Die meisten Regelungskonzepte verweisen für die **Wertermittlung** auf das, welches den §§ 304, 305 AktG zugrunde liegt. Für die Ermittlung einer angemessenen Abfindung verlangen §§ 305 Abs. 3 Satz 2, 327b Abs. 1 Satz 1 AktG ausdrücklich, dass es auf die Verhältnisse der Gesellschaft im Zeitpunkt des Hauptversammlungsbeschlusses ankommt. Schließlich ist die Hauptversammlung auch die Adressatin der bewertungsrelevanten Informationen in den Berichten nach §§ 293a, 293e, 327c AktG:

> „Die Barabfindung soll gemäß Absatz 1 vom Hauptaktionär festgelegt werden. Dazu müssen ihm vom Vorstand alle notwendigen Informationen geliefert werden. Im Hinblick auf den Eigentumsschutz des ausscheidenden Minderheitsaktionärs und im Hinblick darauf, dass der Hauptaktionär den Nutzen aus dem Ausschluss zieht, ist bei der in § 327aAbs. 1 Satz 1 letzter Halbsatz vorgeschriebenen Entschädigung eine volle wirtschaftliche Kompensation erforderlich, die jedenfalls nicht unter dem Verkehrswert der gehaltenen Aktien liegen darf (vgl. BVerfGE 100, 289, 304 f.). Bei der Bemessung haben Hauptaktionär und im Streitfall die Gerichte wertmäßig sowohl mitgliedschaftliche Herrschaftsrechte als auch Vermögensrechte des Minderheitsaktionärs zu berücksichtigen."[204]

Damit lassen das Regelungskonzept des Konzernrechts sowie die hier bestehenden verfassungsmäßigen Gewährleistungen zum Schutz des Aktieneigentums eine reine Börsenbewertung nicht zu. Nach ständiger höchstrichterlicher Rechtsprechung muss die jeweilige Bewertungsmethode bei einer **fundamentalen Unternehmensbewertung** in der Betriebswirtschaftslehre bzw. Wirtschaftswissenschaft anerkannt und in der Praxis gebräuchlich sein:

> „Entscheidend ist, dass die Bewertungsmethode und das innerhalb der Bewertungsmethode gewählte Rechenverfahren den gesetzlichen Bewertungszielen, insbesondere den verfassungsrechtlichen Vorgaben, entspricht, in der Wirtschaftswissenschaft oder Betriebswirtschaftslehre anerkannt und in der Praxis gebräuchlich ist."[205]

Laut FAUB, der als maßgeblicher Standardsetzer für die Mitglieder des IDW[206] fungiert, ist die Bewertung (allein) nach dem Börsenwert betriebswirtschaftlich jedoch nicht anerkannt:

203 BVerfG vom 27. April 1999 – 1 BvR 1613/94, juris Tz. 69.

204 Gesetzentwurf WPüG BT-Drucks 14/7034, Seiten 72, zu beziehen über https://dserver.bundestag.de/btd/14/070/1407034.pdf

205 BGH vom 15.09.2020 – II ZB 6/20, juris Tz. 20; BGH vom 12.01.2016 – II ZB 25/14, juris Tz. 21; BGH vom 29.09.2015 – II ZB 23/14, juris Tz. 33.

206 Der FAUB legt für die Mitglieder des IDW auf der Grundlage der Satzung die Standards fest. Nach § 4 Abs. 8 der Satzung des IDW sind sie als „Grundsätze der Qualitätssicherung in der Wirtschaftsprü-

> „Im Ergebnis ist festzuhalten, dass die im juristischen Schrifttum und in der Rechtsprechung zum Teil geforderte vorrangige oder alleinige Maßgeblichkeit des Börsenkurses in der wirtschaftswissenschaftlichen Theorie und Praxis nicht anerkannt ist. Es ist logisch nicht möglich, von einem realisierten Preis eindeutig auf dahinterstehende Wertzumessungen der Marktteilnehmer zu schließen.“[207]

Auch die empirischen Daten zeigen, dass Börsenwert und Ertragswert nicht deckungsgleich sind[208].

3 Bewertungsstichtag

Für die Bestimmung der angemessen Abfindung kommt es auf die Wertverhältnisse am Tag der beschlussfassenden Hauptversammlung an. Für die Wertermittlung gibt es jedoch zwei unterschiedliche **zeitliche Bezugspunkte**:

- Der Stichtag für die **fundamentale Unternehmensbewertung** ist immer der Tag der beschlussfassenden Hauptversammlung, §§ 305 Abs. 3 Satz 2, 327b Abs. 1 Satz 1 AktG. Auf diesen **Bewertungsstichtag** beziehen sich die Berichte nach §§ 293a, 293e, 327c AktG, die, weil sie zeitlich zuvor abgefasst werden, ggf. noch um eine Stichtagserklärung auf den Tag der beschlussfassenden Hauptversammlung ergänzt werden.
- Die Ermittlung eines **durchschnittlichen Börsenwerts** als Wertuntergrenze erfolgt dagegen nicht für einen Stichtag, sondern für einen Referenzzeitraum. Auf der Grundlage des „DAT-Altana-Beschlusses“ des Bundesverfassungsgerichts hatte sich der Bundesgerichtshof zunächst für einen Referenzzeitraum entschieden, der am Tag der Hauptversammlung endet:

> „Nach diesen verfassungsgerichtlichen Vorgaben kommen für die Festsetzung der angemessenen Barabfindung bzw. die Ermittlung der Verschmelzungswertrelation und des angemessenen Umtauschverhältnisses sowohl der Börsenkurs zum Stichtag der Hauptversammlung als auch ein auf den Stichtag bezogener Durchschnittskurs in Betracht, der aus den für einen bestimmten Zeitraum festgestellten Kursen gebildet wird (zu dem Diskussionsstand vgl. Piltz, ZGR 2001, 185, 200 f.). Der Senat sieht sich aus Gründen der Rechtssicherheit veranlaßt, auf einen auf den Stichtag im Sinne des § 305 Abs. 3 Satz 2 AktG bezogenen Durchschnittskurs abzustellen. Die Befürchtung des Bundesverfassungsgerichts, bei Zugrundelegung des Stichtagsprinzips könnten Marktteilnehmer den Börsenkurs in ihrem Interesse beeinflussen, ist nicht von der Hand zu weisen. Solche Manipulationen werden erheblich erschwert, mit einiger Wahrscheinlichkeit sogar ausgeschlossen, wenn ein durchschnittlicher Referenzkurs gewählt wird. Da dieser Referenzkurs

---

ferpraxis zu beachten und anzuwenden. Ihre Beachtung und Anwendung durch Mitarbeiter ist sicherzustellen und zu überwachen.“ § 4 Abs. 9 Satz 1 verlangt von jedem „Mitglied, im Rahmen seiner beruflichen Eigenverantwortlichkeit die … IDW Standards … zu beachten.“

207 *FAUB*, „Zur Bedeutung des Börsenkurses für die Abfindungsbemessung aus Sicht der wirtschaftswissenschaftlichen Theorie und Praxis“, WPg 2021, 958–961 [961] = AG 2021, 588–590 [590].

208 Vgl. oben Tabelle 3 Seite XXIV.

auf den Tag zu beziehen ist, an dem die Hauptversammlung der beherrschten AG dem Abschluß des Unternehmensvertrages zugestimmt hat, muß er aus den in einem Zeitraum festgestellten und berücksichtigungsfähigen Kursen gebildet werden, der in größtmöglicher Nähe zu diesem Stichtag liegt. Das Erfordernis dieser Nähe läßt es ferner geboten erscheinen, einen relativ kurzen Zeitraum zu wählen. Der Senat hält einen solchen von drei Monaten, der unmittelbar vor der Hauptversammlung der beherrschten AG liegt, für erforderlich, aber auch ausreichend, um den aufgezeigten Gefahren wirksam begegnen zu können. Um einen Referenzkurs zu erlangen, der eine kontinuierliche Entwicklung des Börsenkurses in dem maßgebenden Zeitraum repräsentiert, müssen außergewöhnliche Tagesausschläge oder sprunghafte Entwicklungen binnen weniger Tage, die sich nicht verfestigen – gleichgültig, ob es sich um steigende oder fallende Kurse handelt – unberücksichtigt bleiben."[209]

Seit der „Stollwerck-Entscheidung" endet der Referenzzeitraum dagegen bereits mit der Ankündigung der kompensationspflichtigen Strukturmaßnahme. Die **wirtschaftlichen Auswirkungen** der **Vorverlagerung des Referenzzeitraums** lassen sich anhand der Kursturbulenzen aus Anlass der Corona-Krise verdeutlichen:

- Der DAX verlor zwischen dem 17. Februar und dem 17. März 2020 innerhalb nur eines Monats mehr als ⅓ seines Wertes[210].
- Das Kursniveau vor der Krise wurde erst zum Jahresende 2020 wieder erreicht.
- Hauptaktionäre, die dieses Kursniveau ausnutzten, konnten die zu leistenden Kompensationen um bis zu 20 Prozent reduzieren.
- Tatsächlich haben Hauptaktionäre diese Chance genutzt, wie der deutliche Anstieg der Squeeze-out-Fälle in 2020 und 2021 belegt:

209 BGH vom 12. März 2001 – II ZB 15/00, juris Tz. 24.

210 (Schluss-)Stand 17. Februar: 13.783,89 Punkte; (Schluss-)Stand 17. März: 8.939,10 Punkte (= Differenz von 35 Prozent).

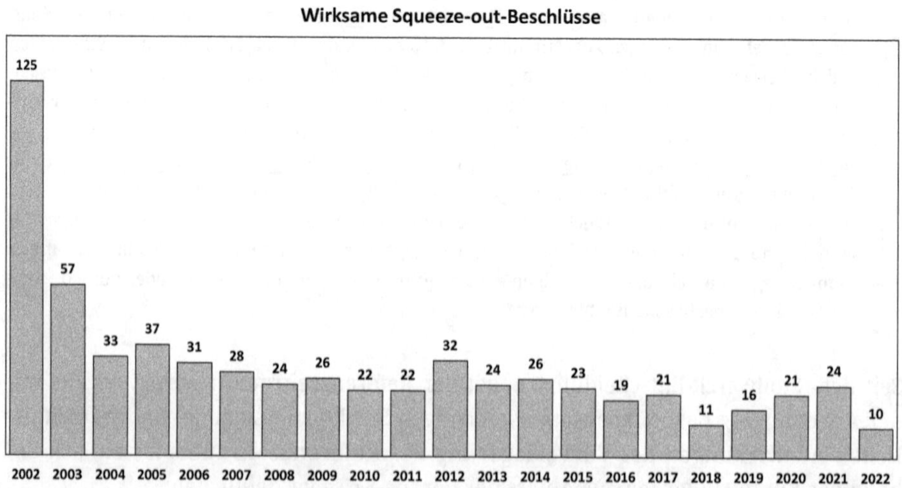

Abbildung 36: Anzahl wirksame Squeeze-out-Beschlüsse (gestaffelt nach Jahr der beschlussfassenden Hauptversammlung)

Dabei zeigt eine nähere Analyse, dass insbesondere der Zeitraum nach Ausbruch der Corona-Krise Anfang 2020 zum Ausschluss von Minderheitsaktionären genutzt wurde, wohingegen die Unsicherheiten aus dem Krieg Russlands gegen die Ukraine dazu führten, dass Squeeze-out-Verlangen zurückgestellt wurden:

Tabelle 22: Anzahl wirksame Squeeze-out-Beschlüsse (gestaffelt nach Jahr und Monat der beschlussfassenden Hauptversammlung)

VzfK e.V.	**Wirksame Squeeze-out-Beschlüsse**												
Jahr	**Monat**												
	Jan	**Feb**	**Mrz**	**Apr**	**Mai**	**Jun**	**Jul**	**Aug**	**Sep**	**Okt**	**Nov**	**Dez**	**Summe**
2002	0	1	1	6	14	34	17	27	6	2	11	6	**125**
2003	0	2	1	5	12	7	5	9	1	2	6	7	**57**
2004	1	0	0	1	4	4	3	5	1	1	2	11	**33**
2005	5	2	0	0	6	4	4	6	2	1	2	5	**37**
2006	0	2	2	2	5	2	6	3	4	0	1	4	**31**
2007	3	1	0	1	1	4	1	5	1	1	4	6	**28**
2008	2	1	2	0	2	2	2	4	2	1	2	4	**24**
2009	0	2	0	2	4	1	5	4	0	2	1	5	**26**
2010	0	1	1	2	3	3	2	3	0	0	5	2	**22**
2011	0	1	2	0	3	2	1	5	1	1	4	2	**22**
2012	0	3	1	3	3	2	1	7	0	2	4	6	**32**
2013	0	0	0	3	3	2	2	5	2	2	3	2	**24**
2014	1	3	3	2	3	2	4	2	2	1	0	3	**26**

Tabelle 22 (fortgesetzt)

VzfK e.V.	Wirksame Squeeze-out-Beschlüsse												
Jahr	**Monat**												
	Jan	**Feb**	**Mrz**	**Apr**	**Mai**	**Jun**	**Jul**	**Aug**	**Sep**	**Okt**	**Nov**	**Dez**	**Summe**
2015	3	0	0	1	2	2	4	2	2	1	3	3	**23**
2016	0	1	2	1	1	3	2	3	0	0	1	5	**19**
2017	0	1	3	1	0	3	2	6	0	2	1	2	**21**
2018	0	0	2	0	1	2	1	3	0	0	0	2	**11**
2019	3	0	1	2	1	0	3	1	0	0	1	4	**16**
2020	0	0	3	0	2	0	2	2	3	0	3	6	**21**
2021	0	2	1	0	0	6	4	1	3	1	3	3	**24**
2022	1	1	0	2	1	1	1	2	0	0	1	0	**10**
Summe	**19**	**24**	**25**	**34**	**71**	**86**	**72**	**105**	**30**	**20**	**58**	**88**	**632**

Daraus folgt, dass die bewertungsrelevanten Bezugspunkte zusammengeführt werden müssen. Die verfassungsrechtlichen Gewährleistungen zum inneren Wert lassen es nicht zu, aufgrund kurzfristiger **Marktschwankungen** die Abfindung zu reduzieren. In dieser Phase müssen die abfindungsbezogenen Informationen in den Berichten die Wertentwicklung stärker prägen als die allgemeine Nachrichtenlage, die sich z. B. über Panikverkäufe in Börsenkursen niederschlägt.

Neben Informationen zur allgemeinen wirtschaftlichen Situationen kommt es auf Informationen zum inneren Wert an. Diese Werte enthalten die Berichte nach §§ 293a, 293e, 327c AktG für die Hauptversammlung.

Daher spricht einiges dafür, den Referenzzeitraum zu modifizieren. Schließlich steht die „Stollwerck-Entscheidung" ausdrücklich unter dem Vorbehalt neuer **Erkenntnisse in der Kapitalmarktforschung**[211]. Solche Erkenntnisse liegen nun vor.

Mit der Auszeichnung der Markteffizienzhypothese von Eugene F. Fama hat das Nobelpreiskomitee die Erkenntnisse zum Zusammenhang von Preis und Information nachhaltig bestätigt.

Auch diese Studie und die beiden vorangegangenen Studien zur Evaluierung von Spruchverfahren nach Squeeze-out sowie zum Delisting schaffen eine empirische Erkenntnisgrundlage. Damit liegen die im **Änderungsvorbehalt** vom Bundesgerichtshof angesprochenen Voraussetzungen für eine erneute Prüfung des Referenzzeitraums vor.

Vorschlag 7: Referenzzeitraum für Börsenkurs umfasst Offenlegung der Berichte und Bekanntgabe der Abfindung

- Die „Stollwerck-Entscheidung" verlangt die Berücksichtigung der aktuellen **Kapitalmarktforschung.**

211 BGH vom 19. Juli 2010 – II ZB 18/09, juris Tz. 20.

- Der **„Nobelpreis“** bestätigt die Beiträge von Eugene F. Fama zur Effizienzmarkthypothese.
- Die Angaben zur Kompensationshöhe und ihren Berechnungsgrundlagen in den Berichten nach §§ 293a, 293e, 327c Abs. 2, 3 AktG wirken sich auf die Kursbildung aus. Denn mit den Berichten erhalten Aktionäre und Kapitalmarktteilnehmer erstmals Einblick in die tatsächliche Ertragskraft des Bewertungsobjekts. Diese **abfindungsbezogenen Informationen** überlagern die allgemeine Nachrichtenlage.
- Daher kann der **Referenzzeitraum** zur Ermittlung des Börsenkurses als Wertuntergrenze nicht vor Veröffentlichung dieser Berichte enden.

4 Zielgesellschaften

Die **gesellschaftsrechtlichen Regelungen** gelten für **alle Aktiengesellschaften** mit mehr als einem Aktionär. Es gibt keine größenabhängigen oder anderen Modifizierungen[212]. Damit besteht hier ein anderer Rechtsstand als beim kapitalmarktrechtlichen Rechtsschutz nach dem **WpÜG**. Er schafft unterschiedliche Standards für Emittenten am Regulierten Markt und im Freiverkehr. So gilt die Konzerneingangskontrolle mit den Übernahmeangeboten nach § 10 Abs. 1 WpÜG und § 35 Abs. 1 Satz 1 WpÜG nur für Zielgesellschaften, die nach § 1 WpÜG zum Handel an einem organisierten Markt zugelassen sind.

VIII Spruchverfahren

Im Spruchverfahren werden die Abfindung und gegebenenfalls der Ausgleich oder das Umtauschverhältnis bei kompensationspflichtigen Strukturmaßnahmen auf ihre Angemessenheit hin gerichtlich überprüft.

§ 1 SpruchG spricht dazu von der Bestimmung einer Kompensation. Damit gewährleistet das Spruchverfahren den verfassungsrechtlich gebotenen Rechtsschutz der Aktionäre. Das sichert alle Investitionsstrategien ab, bei denen es um einen Zukunftserfolgswert geht. Die in § 5 dargestellte **Evaluierung des Spruchverfahrens** zeigt dessen Erforderlichkeit. Ohne gerichtliche Hilfe lässt sich das zwischen den beiden Aktionärsgruppen – unternehmerisch investierte (Haupt-)Aktionäre auf der einen und Minderheitsaktionäre / Kapitalanleger auf der anderen Seite – bestehende strukturelle **Ungleichgewicht und Informationsgefälle** nicht nivellieren.

212 So befanden sich beim Squeeze-out der Lantana AG alle Aktien im Freefloat im Besitz nur einer einzigen Aktionärin. Trotzdem musste über den Ausschluss dieser einzigen außenstehenden Aktionärin Beschluss auf der Hauptversammlung am 12. Dezember 2016 gefasst werden. Dabei hatte diese Aktionärin ihrem eigenen Ausschluss ausweislich des notariellen Protokolls der Hauptversammlung zugestimmt.

IX Delisting

Beim gegenwärtigen **Rechtsrahmen** (1) zum Delisting besteht ein **Preisbildungsmechanismus** eigener Art (5 und 6), der den **Gesetzgebungsauftrag** in der „Delisting-Entscheidung“ des BVerfG auslöst (6). Das zeigen die Daten aus zwei empirischen Studien von Dr. Martin Weimann (3) und Prof. Dr. Martin Jonas im Auftrag des Bundesministeriums der Finanzen (4). Die Studien vom DAI bestätigen den Rechtsstand unter der „Macrotron-Entscheidung“ als verfassungskonform (2.)

1 Gegenwärtiger Rechtsrahmen

Der Bundesgerichtshof hat mit der **„FRoSTA-Entscheidung“** die aktienrechtliche Handhabung des Delisting beendet. Zuvor hatte die **„Macrotron-Entscheidung“** eine Beschlussfassung der Hauptversammlung und ein Übernahmeangebot verlangt, dessen Angemessenheit im Spruchverfahren überprüft werden konnte. Seit der „FRoSTA-Entscheidung“ ist bei einem Delisting kein Abfindungsangebot mehr zu unterbreiten, dessen Höhe auf der Grundlage einer fundamentalen Unternehmensbewertung zu ermitteln ist. Damit entstand für die Großaktionäre die Möglichkeit, die Aktien unter dem inneren Wert zu erwerben. Daher nahm mit dem geänderten Rechtsstand die Bedeutung des Delisting rasant zu. Wie empirische Daten zeigen, führte das zu erheblichen Kursverlusten bei steigenden Umsätzen:

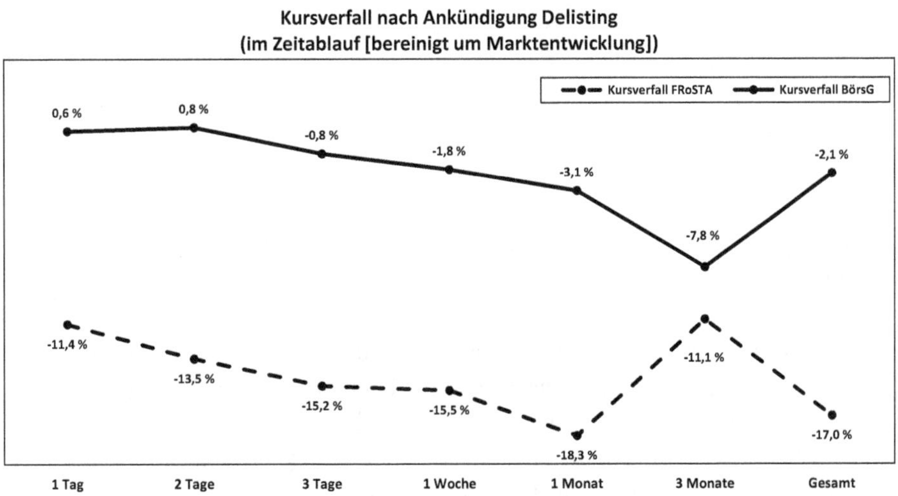

Abbildung 37: Vergleich Kursentwicklung unter Geltung der „FRoSTA-Entscheidung“ und der Neuregelung des § 39 BörsG

Ausgewertet wurden dazu

- 142 Delisting,
  - davon 57 aus dem Zeitraum nach Verkündung der „FRoSTA“-Entscheidung, und
  - 85 aus dem Zeitraum nach Inkrafttreten der Änderungen in § 39 BörsG, die bis zum 31. Dezember 2022 wirksam wurden.

Vorstehende Abbildung 37 zeigt, dass die Vorschriften des BörsG für den Regulierten Markt zwar zunächst zu einem leichten Anstieg der Kurse geführt haben. Jedoch kehrt sich dieses Bild im Zeitverlauf um, weil der **Verlust der Fungibilität** der Aktie zu einem Verkaufsdruck und damit zu Kursverlusten führt. Diese Entwicklung korrespondiert mit dem Anstieg der Handelsumsätze nach Ankündigung eines Delisting:

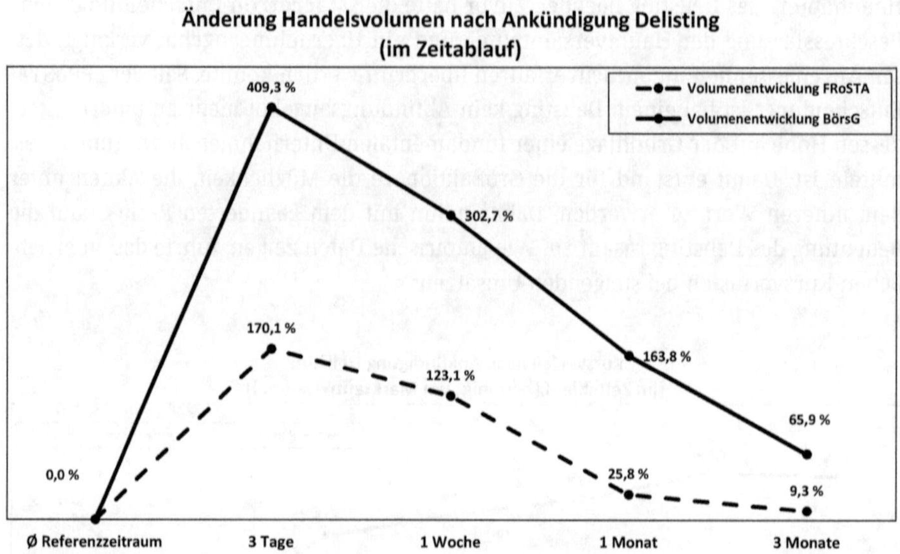

Abbildung 38: Vergleich Handelsvolumenentwicklung unter Geltung der „FRoSTA-Entscheidung“ und der Neuregelung des § 39 BörsG

Der Gesetzgeber hatte den Handlungsbedarf erkannt und § 39 BörsG novelliert. Dieser verlangt wieder ein Übernahmeangebot für Emittenten, die den geregelten Markt verlassen. Eine weitere Einordnung im Schutzbereich des Aktieneigentums mit Vermögensschutz und Rechtsschutz, z. B. in Form der Prüfung des Angebotspreises in einem Spruchverfahren, gibt es nicht. Damit gilt für alle anderen Emittenten im Freiverkehr weiterhin der Rechtsstand aus der „FRoSTA-Entscheidung“.

2 Empirische Daten – Studie Deutsches Aktieninstitut e.V.

Das Deutsche Aktieninstitut e.V. hat für die „**Delisting-Entscheidung**" des Bundesverfassungsgerichts[213] zwei empirische Studien erstellt[214]. Diese Studien analysieren den Rechtsstand und zeigen auf, dass er den verfassungsrechtlichen Gewährleistungen zum Aktieneigentum entspricht[215]. Dieser Rechtsrahmen war jedoch durch die „Macrotron"-Entscheidung des Bundesgerichtshofs geprägt, welche einen Beschluss der Hauptversammlung, eine Abfindung und deren Angemessenheitsprüfung in einem Spruchverfahren vorsah. Die vom Deutschen Aktieninstitut untersuchten Kursreaktionen konnten also im Untersuchungszeitraum garnicht eintreten.

3 Empirische Daten – Studie Weimann

Die hier dargestellten empirischen Daten stammen aus einer Studie des Autors[216] und wurden zeitlich fortgeschrieben. Sie decken nun den Zeitraum von der „FRoSTA-Entscheidung" am 8. Oktober 2013 bis 25. November 2015 und ab dem 26. November 2015 (Inkrafttreten des novellierten § 39 BörsG) bis zum 31. Dezember 2022 ab.

Die wesentlichen Ergebnisse dieser Studie lassen sich wie folgt zusammenfassen:

- Die **Delisting-Ankündigung** löst auch nach § 39 BörsG (neu) **Verkaufsdruck** aus.
  - Die **Kurse** fallen hinter die allgemeine Marktentwicklung (CDAX) zurück.
  - Die **Umsätze** nehmen deutlich zu.
  - Seit der **Novellierung von § 39 BörsG** (26. November 2015) kommt es zu höheren Umsätzen und geringeren Verlusten.
- **Abfindungen** in nachfolgenden Strukturmaßnahmen liegen in 38 von 48 Fällen – entspricht 79,2 Prozent – über dem **Börsenpreis** im Delisting. Das zeigt: **Ertragswert und Börsenwert sind nicht gleichwertig**.

213 BVerfG vom 11. Juli 2012 – 1 BvR 3142/07, 1 BvR 1569/08, juris Tz. 68.

214 Die Studie zum Verfahren 1 BvR 3142/07 kann bezogen werden über: https://de.slideshare.net/arendts/2010-1008-stellungnahme-vb-314207 und die Studie zum Verfahren 1 BvR 1569/08 kann bezogen werden über https://silo.tips/download/stellungnahme-des-deutschen-aktieninstituts-zu-delisting-und-spruchverfahren-anf-5 Auf der Seite vom DAI stehen sie nach über zehn Jahren nicht mehr zum Download bereit.

215 *Weimann* „Ertragswert und Börsenwert – Empirische Daten zur Preisfindung beim Delisting", Berlin/Boston 2020 setzt sich in § 9 eingehend mit den „DAI-Studien" auseinander. Neben dem Ansatz und der fehlenden Faktengrundlage für die abschließende Behauptung ist die fehlende Datengrundlage zu monieren. Weder die ausgewerteten Emittenten, noch die Kursdaten lassen sich nachvollziehen.

216 *Weimann* „Ertragswert und Börsenwert – Empirische Daten zur Preisfindung beim Delisting", Berlin/Boston 2020.

– **§ 39 BörsG** erreicht das **Regelungsziel** nicht, weil er nur für den Regulierten Markt gilt. Das betrifft nur 32 von 85 Delisting-Verfahren (entspricht 37,6 Prozent).

Diese Datenlage weist den in der **„Delisting-Entscheidung"** des Bundesverfassungsgerichts[217] für möglich gehaltenen regelhaften Kursverfall nach Ankündigung eines Delisting nach.

4 Empirische Daten – Studie Grant Thornton / BMF

Das Bundesministerium der Finanzen hat die Grant Thornton AG mit dem Forschungsvorhaben „fe 6/21"

> „Bietet die regelmäßige Anknüpfung von Delisting-Angeboten an den 6-Monats-Durchschnittskurs einen angemessenen Schutz für Anleger?"

beauftragt.

Die im September 2022 abgeschlossene Untersuchung[218] erfasst 246 Fälle. Dabei handelt es sich um reguliertes Delisting im Geltungsbereich des § 39 BörsG, unreguliertes Delisting und Downlisting im Zeitraum vom 8. Oktober 2013 bis 31. Dezember 2021. Es werden die Emittenten mehrfach betrachtet, bei denen auf das Downlisting noch ein unreguliertes Delisting folgte.

Auch diese Studie gelangt zu dem Ergebnis, dass die Novellierung des § 39 BörsG für das Delisting vom Regulierten Markt sowie das Downlisting die Verluste reduziert habe. Das gelte aber nicht für ein Delisting aus dem Freiverkehr, für den § 39 BörsG nicht gelte. Dort treten weiterhin Verluste ein:

> „Zusammenfassend lässt sich festhalten, dass die Befunde aus der empirischen Untersuchung der Ankündigungseffekte bei unregulierten Delistings belegen, dass die Ankündigung eines unregulierten Delistings im Durchschnitt mit negativen abnormalen Renditen und damit einem Vermögensverlust der Aktionäre einhergeht.
>
> Ökonomisch lässt sich dieser Befund ebenfalls gut nachvollziehen, weil den Aktionären nach erfolgtem unregulierten Delisting der Verkauf ihrer Aktien auf einem geregelten Markt nicht mehr möglich ist und sie damit eine verlässliche Desinvestitionsmöglichkeit verlieren. Unregulierte Delistings fallen nicht in den Anwendungsbereich von § 39 BörsG, weshalb dessen Novellierung keine Relevanz für derartige Fälle hat."[219]

---

217 BVerfG vom 11. Juli 2012 – 1 BvR 3142/07, 1 BvR 1569/08 – BVerfGE 132, 99–133, juris Tz. 68.

218 Die Studie, Kurzfassung und Pressemitteilung vom 10. Oktober 2022 können bezogen werden über https://www.grantthornton.de/presse/delisting-gutachten-fuer-bmf-2022/

219 Kurzfassung der Grant Thornton AG zum Abschlussbericht vom September 2022 Tz. 22 f.

Damit weist auch diese Studie nach, dass es mit der Ankündigung des Delisting zu dem in der „**Delisting-Entscheidung**“ des Bundesverfassungsgerichts[220] für möglich gehaltenen regelhaften Kursverfall kommt. Die Novellierung des § 39 BörsG erreicht somit das verfassungsmäßig vorgegebene Regelungsziel nicht.

Die Studie der Grant Thornton AG setzt sich aber nicht mit der Frage auseinander, ob mit einer **aktienrechtlichen Regulierung** des Delisting den verfassungsrechtlichen Gewährleistungen aus Art. 14 Abs. 1 GG entsprochen werden kann:

- Das beginnt mit der Frage, ob bei späteren kompensationspflichtigen Strukturmaßnahmen eine höhere Abfindung im Ertragswertverfahren ermittelt wird.
- Die Studie stellt für ein reguliertes Delisting umfangreiche anreizorientierte Betrachtungen an. Dabei wird auch angesprochen, aber nicht vorgerechnet, ob und in welchem Umfang es zu einem Erwerb unter dem inneren Wert gekommen ist.
- Diese Überlegungen beantworten nicht die Frage, ob der Gesetzgebungsauftrag aus der „Delisting-Entscheidung“ des Bundesverfassungsgerichts erfüllt wird. Die kapitalmarktrechtliche Ausgestaltung in § 39 BörsG entfaltet jedenfalls geringere Schutzwirkungen als Art. 14 Abs.1 GG für das Aktieneigentum verlangt.

5 Preisbildungsmechanismus

Die oben dargestellten empirischen Daten zeigen, dass sich bereits mit Ankündigung eines Delisting der Kurs von der allgemeinen Marktentwicklung abkoppelt und die Handelsumsätze zunehmen. Die Evaluierung des Delisting zeigt, dass der aktuelle Rechtsstand aus mehreren Gründen nicht den **verfassungsmäßigen Gewährleistungen** entspricht:

- Der Verlust der Fungibilität führt zu einem deutlichen **Verkaufsdruck**. Über § 193 Abs. 1 Satz 1 Nr. 1 KAGB entsteht mit dem Delisting für inländische OGAW-Kapitalverwaltungsgesellschaften sogar eine **mittelbare Verkaufspflicht**. Sie wirkt wie ein faktischer Squeeze-out ohne Abfindung. Den Minderheitsaktionären wird die Möglichkeit genommen, den inneren Wert zu realisieren.
- Das ist auch verfassungsrechtlich relevant: Die Finanzanleger trennen sich von ihren Aktien. Denn für sie ist die Möglichkeit der **jederzeitigen Handelbarkeit** mindestens ebenso wichtig wie die Realisierung des inneren bzw. wahren Werts.
- § 39 BörsG ordnet bei einem Delisting ein **Übernahmeangebot** an. Diese Norm gilt aber nur für den Regulierten Markt. Jedoch gibt es keinen Grund für eine Ungleichbehandlung der Aktionäre von Emittenten, die im Regulierten Markt oder im Freiverkehr notiert sind. Diese Ungleichbehandlung hat auch der Bundesgerichtshof in der „BKN-Entscheidung“ hinterfragt[221].

---

220 BVerfG vom 11. Juli 2012 – 1 BvR 3142/07, 1 BvR 1569/08 – BVerfGE 132, 99–133, juris Tz. 68.
221 BGH vom 11. Juni 2013 – II ZR 80/12, juris Tz. 19.

- Die meisten Delisting erfolgen im **Freiverkehr**. Daher wirkt sich der dort fehlende Schutz negativ auf das Vermögen der Anleger aus.

Die verfassungsmäßigen Gewährleistungen verlangen angesichts der Auswirkungen auf den Vermögenswert der Aktie eine **Rechtsänderung**. Nur ein Rechtsstand wie unter der „Macrotron-Entscheidung" ermöglicht eine Realisierung zum inneren Wert mit einer gerichtlichen Überprüfbarkeit im Spruchverfahren. Das erklärt den **Vorschlag 2**, das Delisting im Aktiengesetz zu verankern und den § 1 SpruchG um die gerichtliche Überprüfung der Angemessenheit des Angebotspreises im Spruchverfahren zu erweitern.

Beim Delisting geht es wie bei den anderen in § 1 Nr. 1 bis 4 SpruchG genannten kompensationspflichtigen Strukturmaßnahmen um eine **rechtstechnische und eine gesellschaftsrechtliche Ausgestaltung**:

- **Kompensationspflichtige Strukturmaßnahmen** werden mit der Eintragung in das Handelsregister wirksam. Die formellen und materiellen Voraussetzungen regelt das Aktienrecht. Dazu gehört auch die Kompensation in Form von Ausgleich bzw. Abfindung. Ihre Angemessenheit kann im Spruchverfahren gerichtlich überprüft werden.
- Das **Delisting** wirkt im Ergebnis wie eine kompensationspflichtige Strukturmaßnahme. Sie reduziert für Minderheitsaktionäre den Zugriff auf den Vermögenswert der Aktie. Dagegen gibt es keinen wirksamen Rechtsschutz. Damit verletzt der gegenwärtige Rechtsstand das Aktieneigentum in seinen beiden Ausprägungen.

6 Gespaltener Kurszettel

Die vorliegenden empirischen Daten zeigen übereinstimmend, dass bereits die Ankündigung eines Delisting zu fallenden Kursen führt. Das verhindert eine umfassende Realisierung des von Art. 14 Abs. 1 GG geschützten Vermögenswerts der Aktie. Gleichzeitig fehlt der Rechtsschutz durch ein Spruchverfahren, um den **Zugang zum inneren Wert** zu realisieren. Wenn Anleger rechtzeitig eine solche Entwicklung einpreisen, spekulieren sie nicht mehr auf einen Zukunftserfolgswert. Ihnen geht es vielmehr darum, noch rechtzeitig vor dem Delisting zu veräußern, um dem sich verstärkenden Verkaufsdruck zu entgehen. Die empirischen Daten zu den steigenden Kursumsätzen lassen vermuten, dass Hauptaktionäre die Chance zum Nachkauf von Aktien unter dem inneren Wert nutzen. Art. 14 Abs. 1 GG verlangt aber einen Vermögensschutz für Minderheitsaktionäre.

Damit entsteht mit der Ankündigung eines Delistings ein **gespaltener Kurszettel**. Bei diesen Emittenten lassen sich keine Investitionsstrategien verfolgen, bei denen es um die Realisierung eines Zukunftserfolgswerts geht. Es geht jetzt nur noch darum, möglichst früh und damit vor neuen Tiefstständen die Aktie zu veräußern. Ein Homo oeconomicus kauft jetzt nicht mehr „die Zukunft" und damit den Zukunftserfolgswert, sondern er vermeidet Verluste. Dieses vom Emittenten bzw. dem Großaktionär ausgelöste Ereignis wirkt im wirtschaftlichen Ergebnis wie eine kompensationspflichtige Strukturmaßnahme ohne gerichtlich überprüfbare Kompensation.

Keine der drei vorliegenden empirischen Studien geht der Frage nach, ob schon vor der formalen Ankündigung eines Delistings eine Abkoppelung von der allgemeinen Kursentwicklung eintritt. Im Wege einer **schleichenden Kapitalmarktkommunikation** könnte sich die Kursbildung interessengerecht beeinflussen lassen. Dazu dürfte es schon genügen, dass über die Wirtschaftspresse oder auf einer Hauptversammlung die Möglichkeit einer Strukturmaßnahme in den Raum gestellt wird. Auf den genauen Nachweis des relevanten **Zeitpunkts** kommt es aber für die Zwecke dieser Studie nicht an. Bei allen untersuchten Delisting lassen sich die Kursauswirkungen für den Zeitpunkt der formalen Ankündigung eines Delisting durch den Emittenten empirisch nachweisen. Daher begibt sich diese Studie nicht auf die Suche nach einem möglichen früheren **Zeitpunkt** für die Spaltung des Kurszettels.

Dieser Effekt spaltet den Kurszettel in **zwei Teile**. Während in einem Teil auf einen angemessenen Zukunftserfolgswert spekuliert werden kann, kommt es im anderen Teil auf eine rechtzeitige Deinvestition an, um Kursverluste zu vermeiden. In diesem Teil des Kurszettels kann der Aktionär den inneren Wert der Aktie nicht mehr realisieren.

Die Ankündigung einer **kompensationspflichtigen Strukturmaßnahme** spaltet beim gegenwärtigen Rechtsstand den Kurszettel nicht. Im Spruchverfahren geht es weiterhin um einen angemessenen Unternehmenswert und damit den Zukunftserfolgswert. Dabei stellt der Börsenwert dann nur eine Wertuntergrenze dar, zu der eine Desinvestition hätte erfolgen können. Falls es aber im Spruchverfahren nur noch zur Überprüfung des Börsenwertes kommt, entfällt der von Art. 14 Abs. 1 GG verlangte Zugriff auf den inneren Wert.

7 Gesetzgebungsauftrag des BVerfG

Das Bundesverfassungsgericht hat offenbar in der „Delisting-Entscheidung" einen **gespaltenen Kurszettel** für möglich gehalten. Es enthält für diesen Fall den **Gesetzgebungsauftrag**, das Delisting wieder im Aktienrecht zu regulieren:

> „Es kann dahingestellt bleiben, ob der verfassungsrechtlich zu gewährleistende Schutz des Aktieneigentums in seinem vermögensrechtlichen Element eine andere Beurteilung rechtfertigen könnte, wenn mit dem Widerruf regelmäßig ein Kursverfall einträte, der nach seinem Ausmaß die wirtschaftliche Substanz des Aktieneigentums träfe. Denn ein solcher Effekt lässt sich jedenfalls für die hier in Rede stehenden Zeiträume ab 2004 und die heutigen Verhältnisse nicht mehr tragfähig belegen. Ein regelhaft zu verzeichnender Kursverfall nach Ankündigung der Widerrufsabsicht lässt sich nach keiner der Stellungnahmen sachkundiger Dritter hinreichend abstützen."[222]

222 BVerfG vom 11. Juli 2012 – 1 BvR 3142/07, 1 BvR 1569/08, juris Tz. 68.

Die empirischen Daten zur Kursentwicklung zeigen, dass es mit der Ankündigung eines Delisting zu einem regelhaft zu verzeichnenden Kursverfall kommt. Dem stehen auch nicht die in der „**Delisting-Entscheidung**" vom Bundesverfassungsgericht zitierten Studien des DAI entgegen. Denn das DAI hat nur solche Delisting untersucht, für welche nach der „Macrotron-Rechtsprechung" der Weg ins Spruchverfahren zur Ermittlung eines inneren Wertes eröffnet war.

Damit ist der Nachweis erbracht, dass eine Regelung des Delisting im Aktiengesetz verfassungskonform ist und den Kurszettel nicht spaltet.

X Börsenwert und Ertragswert in der Diskussion

Wer Börsenkurse heranzieht, bewertet nicht, sondern stellt tatsächlich gezahlte Preise fest.[223] Diese sagen nichts über den fundamentalen Unternehmenswert oder die Erwartungen der betroffenen Zielgesellschaft an die künftige Ertragsentwicklung aus. Vielmehr geben sie die Erwartungen der Marktteilnehmer an die künftige Entwicklung auf einer reduzierten Informationsgrundlage wieder[224].

Seit Jahren findet in den einschlägigen Festschriften, Fachzeitschriften und sonstigen Beiträgen eine **Diskussion** statt, wonach der Börsenwert an die Stelle des Ertragswerts treten soll (1). Die **empirischen Erkenntnisse** dieser Studie widerlegen die immer wieder behauptete **Gleichwertigkeit** von Börsen- und Ertragswert: **Empirische Daten** zeigen, dass Börsenwerte vielfach signifikant unter den Ertragswerten liegen. Wäre allein auf den Börsenwert abgestellt worden, wären die Unternehmenswerte im Squeeze-out um rund 112,2 Mrd. Euro und die Abfindungen für Minderheitsaktionäre um rund 2,4 Mrd. Euro niedriger ausgefallen (2). Eine **Interessenanalyse** zeigt, dass solche niedrigen Unternehmenswerte und Abfindungen ausschließlich im Interesse von Käufern bzw. Hauptaktionären liegen. Alle anderen Stakeholder haben ein Interesse an möglichst hohen oder angemessenen Unternehmenswerten. Auch die abstrakte Betrachtung der beiden Aktionärsgruppen zeigt, dass hier völlig divergierende Sichtweisen und Interessenlagen aufeinanderprallen (3). Ein **Homo oeconomicus** würde jedenfalls keine Aktie zu einem Börsenwert kaufen, der deutlich über dem Ertragswert liegt; denn er könnte nach eigener Einschätzung den Kaufpreis niemals erwirtschaften (4). Der **Gesetzgeber** hat sich jedenfalls bei der Novellierung des SpruchG gegen eine Änderung des gegenwärtigen Rechtsstands entschieden (5). Damit bleibt es bei den **allgemeinen Grundsätzen der Unternehmensbewertung** der

223 *Winner* Wert und Preis im Zivilrecht, Wien 2008 Seiten 463 ff.

224 Mit weiteren Einzelheiten: *FAUB* Zur Bedeutung des Börsenkurses für die Abfindungsbemessung aus Sicht der wirtschaftswissenschaftlichen Theorie und Praxis, WPg 2021, S. 958 bis 961 und AG 2021, 588 bis 590; „FAUB zur Relevanz von Börsenkursen" vom 14. Juni 2023, zu beziehen über: https://www.idw.de/idw/themen-branchen/unternehmensbewertung-bwl/boersenkurse.html und WPg 2023, 765.

gegenwärtigen Praxis (6). Das entspricht auch dem **internationalen Standard**, insbesondere der größten Volkswirtschaft, den USA (7).

1 Diskussionsstand

Die wissenschaftliche Diskussion über die **Wertermittlung bei kompensationspflichtigen Strukturmaßnahmen** durch Börsen- oder Ertragswert nimmt in der Fachwelt einen breiten Raum ein. Zahlreiche Autoren versuchen mit interessenorientierten Beiträgen, eine Bewertung nur nach dem Börsenwert „salonfähig" zu machen[225]. Bei den meisten Autoren handelt es sich um Rechtsanwälte, die Hauptaktionäre bzw. Bieter oder Antragsgegner und Aktiengesellschaften beraten. Einige Hochschullehrer weisen in einer Fußnote darauf hin, dass ihre Beiträge auf eine *„Anfrage aus der Praxis"* zurückgehen.

Diese Beiträge verfolgen im Wesentlichen das Ziel, mit den Methoden der **Begriffsjurisprudenz**[226] das strukturelle Interesse ihrer Mandanten an niedrigen Unternehmenswerten und Kompensationen zu vertreten. Eine **Interessenanalyse**[227] ergibt, dass alle anderen Stakeholder ein nachhaltiges Interesse an einem angemessenen oder möglichst hohen Unternehmenswert haben. Das zeigt, dass diese Autoren im Ergebnis keinen sachgerechten Interessenausgleich auf der Grundlage der hier zu beachtenden verfassungsmäßigen Gewährleistungen anstreben[228]. Diese Beiträge reflektieren, soweit ersichtlich, auch keine empirischen Erkenntnisse.

Diese Autoren übergehen damit auch die Vorgabe des Bundesverfassungsgerichts in der „**Delisting-Entscheidung**"[229]: Ein *„regelhaft zu verzeichnenden Kursverfall nach Ankündigung der Widerrufsabsicht"*, der *„die wirtschaftliche Substanz des Aktieneigentums träfe"* ergibt sich jedenfalls aus den hier vorgestellten empirischen Studien von *Weimann* und *Grant Thornton* für das BMF[230]: Der Kursverfall tritt bereits nach Ankündigung des Delisting ein. Die Kursverluste zeigen, dass sich der Börsenwert nicht zur Ermittlung eines inneren Wertes eignet. Wie bereits zuvor aufgezeigt, drohen damit

---

225 Beispielhaft für alle: *Jessica Schmidt* Das Abstellen auf den Börsenkurs bei der Ermittlung von Abfindung und Ausgleich, NZG 2020, 1361–1368; *Wasmann* Zur Evaluation des Spruchverfahrens: Kein Abschaffungs- und überschaubarer Änderungsbedarf – Die Richter können es richten, AG 2021, 179–193; *Schnorbus/Rauch/Grimm* Die marktorientierte Bewertungsmethode im Spruchverfahren, AG 2021, 391–402; *Decher* Die Bedeutung des Börsenkurses für die Unternehmensbewertung bei Strukturmaßnahmen, AG 2023, 106

226 Zum Begriff Begriffsjurisprudenz und einer ideengeschichtlichen Einordnung: https://de.wikipedia.org/wiki/Begriffsjurisprudenz

227 Mit weiteren Einzelheiten zur Interessenanalyse siehe nachfolgend Teil 1 § 3 X 1 und 3.

228 Zum grundgesetzlichen Gewährleistungsrahmen, der auch Drittwirkungen im Zivilrecht entfaltet, siehe Teil 1 § 1 II 7, § 2 II und § 2 III.

229 BVerfG vom 11. Juli 2012 – 1 BvR 3142/07 und 1 BvR 1569/08, juris Tz. 68.

230 Siehe oben Teil 1 § 3 IX 3 (Weimann) und Teil 1 § 3 IX 4 (Grant Thornton / BMF).

ein gespaltener Kurszettel und eine interessenorientierte Kurspolitik aus dem Umfeld des Bieters bzw. potentiellen Antragsgegners im Spruchverfahren. Kapitalmarktuntersuchungen von Lucian Arye Bebchuk und Marcel Kahan belegen zudem, dass bereits im Vorfeld aktienrechtlicher Strukturmaßnahmen der Börsenwert unter den wahren Wert sinkt[231].

2 Empirische Erkenntnisse

Diese Studie vergleicht die Börsenwerte, soweit diese in den Berichten zu Squeeze-out-Fällen enthalten sind, mit den tatsächlich beschlossenen und den von Gerichten als angemessen beurteilten Abfindungen:

- Von 632 ausgewerteten Squeeze-out-Verfahren enthielten die Berichte in 338 Fällen **Angaben zum Börsenwert**. In allen anderen Fällen waren die Gesellschaften nicht an der Börse notiert oder die Börsenkurse wegen angeblicher Marktenge nicht berücksichtigt.
- Wäre **nur auf die Börsenwerte** abgestellt worden, wären
  - die Unternehmenswerte schon nach eigenen Angaben der Hauptaktionäre um rund 71,8 Mrd. Euro – entspricht 11,3 Prozent – und die an die Minderheitsaktionäre zu zahlenden Abfindungen um rund 1,5 Mrd. Euro – entspricht 8,6 Prozent – zu niedrig ausgefallen, und
  - die Unternehmenswerte aufgrund bislang ergangener Gerichtsentscheidungen um rund 112,2 Mrd. Euro – entspricht 16,6 Prozent – und die Abfindungen um rund 2,4 Mrd. Euro – entspricht 12,9 Prozent – verkürzt worden[232].

Die Auswertung korrespondiert mit den oben[233] bereits dargestellten Vergleichen zwischen Angebotspreisen aus Übernahme- und Delisting-Erwerbsangeboten zu Abfindungen in Strukturmaßnahmen. Sie zeigen, dass es keine Gleichwertigkeit von Börsenwert und Ertragswert gibt.

3 Interessenanalyse zum Unternehmenswert

Viele Argumentationsfiguren ergeben sich aus **Partikularinteressen**. Daher bietet sich gerade hier eine systematische **Interessenanalyse** an. Schließlich besteht in je-

231 *Bebchuk / Kahan* Adverse Selection and Gains to Controllers in Corporate Freezeouts, Concentrated Corporate Ownership 2000, 247–261, zu beziehen über https://papers.ssrn.com/sol3/papers.cfm?abstract_id=147568

232 Siehe oben Tabelle 3 Seite XXIV.

233 Vgl. Tabelle 6 Seite 80 f., und Tabelle 7 Seite 81.

der Publikumsaktiengesellschaft zwischen den beiden Aktionärsgruppen ein strukturelles Ungleichgewicht. Das sorgt dafür, dass keine Verhandlungen zwischen dem Hauptaktionär und den Minderheitsaktionären auf gleicher Augenhöhe über die **Höhe der Kompensation** stattfinden können. Daher sind die Minderheitsaktionäre in den meisten Fällen auf gerichtliche Hilfe angewiesen.

Eine Interessenanalyse zeigt, dass ein niedriger Unternehmenswert ausschließlich im Interesse der **Hauptaktionäre** bzw. **Bieter** liegt. Der Zielgesellschaft selbst wie auch den anderen Stakeholdern ist dagegen an einem angemessenen bzw. möglichst hohen Unternehmenswert gelegen. Das lässt sich stichwortartig wie folgt zusammenfassen:

Ertragswert = „hoher" Unternehmenswert

- Eigeninteresse der juristischen Person:
  - innerer Wert = keinen unrealistischen Wert, z.B. Wirecard
  - Maximaler Wert = Abwehr Übernahmen, Rating, Kreditwürdigkeit
- Unternehmerisch investierte Aktionäre:
  - Kurssteigung signalisiert Erfolg!
  - innerer/maximaler Wert z.B. Sicherheit für Darlehen
- Finanzinvestoren
  - Zukunftserfolgswert
  - Spruchverfahren sichert Investitionsstrategien ab.
  - Arbitrage zwischen Börsenwert - Ertragswert
- Management mit erfolgsabhängiger Vergütung
- Berater (WP / RA)
- Steuerzahler: erfolgreiche Eigenvorsorge

Börsenwert = „niedriger" Unternehmenswert

- Unternehmensübernahme
  - Bieter: geringer Preis
- Kompensationspflichtige Strukturmaßnahme nach § 1 SpruchG
  - Geringe Abfindung / Ausgleich
  - Keine Nachzahlung

Abbildung 39: Interessenlagen und Unternehmenswert

Die Zielgesellschaft selbst wie auch die anderen Stakeholder haben ein nachhaltiges Interesse an einem möglichst hohen, mindestens aber angemessenen Unternehmenswert, der den **inneren Wert** reflektiert:

- Das **Eigeninteresse** eines **Emittenten** zielt auf einen möglichst hohen bzw. angemessenen Unternehmenswert.
  - Dieser erhöht die Reputation auf den Produkt- und Finanzmärkten,
  - verbessert die Bonität und damit die Verhandlungsposition gegenüber Kreditgebern,
  - vergrößert den Agio-Rahmen bei Kapitalmaßnahmen und
  - verteuert oder verhindert sogar (feindliche) Unternehmensübernahmen.
- **Erfolgsabhängige Vergütungsmodelle** für Vorstand, Aufsichtsrat und Mitarbeiter setzen ebenfalls Gewinne bzw. daraus folgende Kurssteigerungen voraus.
- Investitionsstrategien von Anlegern stellen auf einen steigenden Zukunftserfolgswert durch höhere Kurse und Dividenden ab. Verlässliche Angaben zur Geschäftsentwicklung unterstützen wertorientierte Investitionsstrategien und schaffen eine langfristige Aktionärsbindung.

- Das **Integritätsinteresse der Finanzmärkte** verlangt ebenfalls, dass der Kursbildung zutreffende Informationen zugrunde liegen. Das gilt auch für die Wertverhältnisse im Vorfeld von Strukturmaßnahmen. Belastbare Informationen zum inneren Wert enthalten aber nur die Berichte.

Niedrige Unternehmenswerte, denen keine Informationen zum inneren Wert der Gesellschaft zugrunde liegen, versetzen dagegen **Hauptaktionäre** bzw. **Bieter** in die Lage, die Aktien der Anleger bzw. Minderheitsaktionäre unter dem inneren Wert zu erwerben, also **Arbitragen** zu erzielen. Das allein schließt schon begrifflich eine ausschließliche Bewertung nach dem Börsenkurs aus, weil Arbitragen auf einem funktionierenden Markt ausgeschlossen sind.

Das bedeutet im **wirtschaftlichen Ergebnis** eine Wertreduzierung, die in Einzelfällen bei mehr als 50 Prozent des Unternehmenswerts liegt. Die zugrundeliegenden Regelungen aus WpÜG und WpÜG-Angebotsverordnungen entfalten insoweit keinen **Vermögensschutz**. Die Minderheitsaktionäre erhalten keinen Zugang zum **inneren Wert** des Unternehmens, obwohl sie darauf einen verfassungsrechtlichen Anspruch haben.

4 Homo oeconomicus

Der Homo oeconomicus gilt in der **Modellvorstellung der Betriebswirtschaftslehre** als typischer, idealer, ausschließlich nach wirtschaftlichen Gesichtspunkten denkender und handelnder Mensch.

Der Homo oeconomicus kennt nur ökonomische Ziele und lässt sich besonders durch Eigenschaften wie rationales Verhalten, das Streben nach größtmöglichem Nutzen (Nutzenmaximierung), die vollständige Kenntnis seiner wirtschaftlichen Entscheidungsmöglichkeiten und deren Folgen sowie umfassende Kenntnis der Informationen über alle Märkte und Eigenschaften sämtlicher Güter (vollständige Markttransparenz) charakterisieren[234]. Das Ideal des Homo oeconomicus dient dazu, elementare wirtschaftliche Zusammenhänge in der Theorie durchsichtig und ohne praktische Unzulänglichkeiten beschreiben zu können[235].

Dieses Idealbild zeigt, dass bei der Ermittlung einer angemessenen Kompensation in aktienrechtlichen Strukturmaßnahmen zwei **konträre Partikularinteressen** aufeinanderprallen. Hier gibt es für einen Interessenausgleich keine regulatorische Lösung.

---

234 Siehe oben Abbildung 2 Seite XXIX.

235 Quelle: https://www.bpb.de/kurz-knapp/lexika/lexikon-der-wirtschaft/19635/homo-gespal/ unter Verweis auf Duden Wirtschaft von A bis Z: Grundlagenwissen für Schule und Studium, Beruf und Alltag. 6. Aufl. Mannheim: Bibliographisches Institut 2016. Lizenzausgabe Bonn: Bundeszentrale für politische Bildung 2016.

Bei Aktiengesellschaften besteht ein **strukturelles Informationsgefälle**, welches nicht justiziabel ist. Anders als bei Personengesellschaften wie etwa Kommanditgesellschaften[236] oder der GmbH[237] gibt es bei Publikumsaktiengesellschaften wie einer Aktiengesellschaft aus Praktikabilitätsgründen kein persönliches Recht auf Einsicht in die Bücher und Schriften. Damit hat es der Hauptaktionär in der Hand, welche Informationen er zu den Wertverhältnissen zur Verfügung stellt und bestimmt damit auch die rechtliche Kontrolle. Zwar wird es niemals möglich sein, die erteilten Informationen abschließend auf ihre Richtigkeit und Vollständigkeit gerichtlich zu prüfen. Allerdings ergeben sich für den Hauptaktionär zwei Grundannahmen im Hinblick auf seine anstehenden Investitionsentscheidungen:

- Nur wenn der wahre Wert aus Sicht des Hauptaktionärs über dem Börsenwert liegt, macht eine kompensationspflichtige Strukturmaßnahme für ihn Sinn.
- Denn liegt der wahre Wert unter dem Börsenwert, kann der Hauptaktionär mit Fortführung oder Liquidation des Bewertungsobjekts den von ihm bezahlten Preis garnicht erwirtschaften.

Dennoch hat die Diskussion um den Börsenkurs als alleinigen Wertmaßstab dazu geführt, dass Berichte nach §§ 293a, 293e, 327c AktG mit Ertragswerten vorgelegt wurden, die unter den Börsenwerten lagen. Das mag beispielsweise bei Unternehmen der öffentlichen Daseinsvorsorge, z. B. im öffentlichen Personennahverkehr, eine **Fortführung auch eines defizitären Unternehmens** erklären. Werden aber in den dem Ertragswert zugrundeliegenden Planungsrechnungen finanzielle Überschüsse erwartet, stellt sich die Frage, ob Ertragswerte unterhalb von Börsenwerten über die tatsächlichen Verhältnisse des Bewertungsobjekts täuschen.

Die zuvor angestellten Überlegungen zum **gespaltenen Kurszettel** zeigen, wie ein Minderheitsaktionär bzw. Finanzanleger agiert, wenn er sich wie ein Homo oeconomicus an rationalen Interessen orientiert. Soweit seine auf einen Ertragswert abstellenden Investitionsstrategien durch ein Spruchverfahren nicht mehr abgesichert werden, trennt er sich gegebenenfalls unter seinen Wertvorstellungen von der Aktie. Das zeigen besonders deutlich die Daten zum Delisting. Bereits durch eine schleichende Kapitalmarktkommunikation lassen sich solche Entwicklungen einleiten.

5 Gesetzgebung

Der **Koalitionsvertrag** für die 19. Wahlperiode sah in den Randnummern 6167 ff. eine Überarbeitung bzw. Novellierung des Spruchverfahrens vor. Der am 20. April 2022 vom **Bundesministerium der Justiz** vorgelegte Entwurf eines Gesetzes zur Umset-

236 § 166 Abs. 1 HGB, siehe auch § 716 BGB und § 118 HGB.
237 § 51a GmbHG.

zung der **Umwandlungsrichtlinie** (Richtlinie (EU) 2019/2121) novelliert im Artikel 3 das Spruchverfahrensgesetz. Die Novelle gilt für alle Spruchverfahren, in denen ein Antrag auf gerichtliche Entscheidung ab dem 31. Januar 2023 gestellt wurde[238].

Dabei legt sich auch die Neufassung des Spruchgesetzes nicht auf eine Methode zur Unternehmensbewertung fest. Es bleibt somit bei den Grundsätzen, die der Bundesgerichtshof in seiner ständigen Rechtsprechung herausgestellt hat:

> „Entscheidend ist, dass die Bewertungsmethode und das innerhalb der Bewertungsmethode gewählte Rechenverfahren den gesetzlichen Bewertungszielen, insbesondere den verfassungsrechtlichen Vorgaben, entspricht, in der Wirtschaftswissenschaft oder Betriebswirtschaftslehre anerkannt und in der Praxis gebräuchlich ist."[239]

Das bedeutet für kompensationspflichtige Strukturmaßnahmen, dass im Normalfall mit einer fundamentalen Unternehmensbewertung der innere Wert mit dem Ertragswert- oder DCF-Verfahren zu ermitteln ist. Der Börsenkurs bildet dabei nur eine Wertuntergrenze.

6 Unternehmensbewertung in der Praxis

Die Rechtsprechung stellt in vielen Rechtsgebieten auf die Standards der Praxis ab. Sie entwickeln sich unabhängig von einer staatlichen Normierung als Ergebnis eines wissenschaftlichen oder technischen Fortschritts weiter. Auch für Fragen der Unternehmensbewertung verweist die Rechtsprechung immer wieder auf die „wirtschaftswissenschaftliche oder betriebswirtschaftliche Bewertungstheorie und -praxis"[240].

Für Fragen der Unternehmensbewertung entwickelt der **Fachausschuss für Unternehmensbewertung** (FAUB) beim IDW die Vorgaben für die Praxis. Er legt auf der Grundlage von Satzungsrecht[241] die Grundsätze für die fachliche Arbeit der im IDW organisierten[242] Wirtschaftsprüfer fest. Weil in der Praxis fast alle Unternehmensbewertungen von Wirtschaftsprüfern erstellt werden, gelten diese Vorgaben damit auch in der Betriebswirtschaftslehre als anerkannt und in der Praxis als gebräuchlich.

In einer Stellungnahme vom August 2021 hat der FAUB klargestellt, dass der Börsenkurs nicht als alleiniger Wertmaßstab geeignet und als solcher auch nicht in der Betriebswirtschaftslehre anerkannt ist:

---

238 BGBl. 2023 I Nr. 51, zum Ablauf des Gesetzgebungsverfahrens: https://dip.bundestag.de/vorgang/gesetz-zur-umsetzung-der-umwandlungsrichtlinie/290310

239 BGH vom 15. September 2020 – II ZB 6/20, juris Tz. 20; BGH vom 12. Januar 2016 – II ZB 25/14, juris Tz. 21; BGH vom 29. September 2015 – II ZB 23/14, juris Tz. 33.

240 Vgl. z.B. BGH vom 29. September 2015 – II ZB 23/14, juris Rn 12 am Ende.

241 Der FAUB legt für die Mitglieder des IDW auf der Grundlage der Satzung die Standards für die beruflichen Tätigkeiten fest, § 4 Abs. 8 und 9 der Satzung des IDW.

242 Das sind rund 80 Prozent aller Wirtschaftsprüfer in Deutschland.

> „Im Ergebnis ist festzuhalten, dass die … geforderte vorrangige oder alleinige Maßgeblichkeit des Börsenkurses in der wirtschaftswissenschaftlichen Theorie und Praxis nicht anerkannt ist. Es ist logisch nicht möglich, von einem realisierten Preis eindeutig auf dahinter stehende Wertzumessungen der Marktteilnehmer zu schließen. […]
>
> Durch eine fundamentale Unternehmensbewertung kann eine angemessene Kompensation […] in einem in der wissenschaftlichen Theorie und Praxis anerkannten Bewertungsmodell umfassend und unter Einbeziehung aller verfügbaren Erkenntnisquellen ermittelt bzw. gewürdigt werden.“[243]

Diese Auffassung hat der FAUB in einer Stellungnahme zur Relevanz von Börsenkursen vom 14. Juni 2023 wiederholt[244]. Dazu kommentiert er die **„WCM-Entscheidung“** des Bundesgerichtshofs vom 21. Februar 2023.

Diese beiden aktuellen Stellungnahmen des FAUB aus den Jahren 2021 und 2023 als dem Standardsetzer für Wirtschaftsprüfer sollte die Diskussion um die Eignung des Börsenkurses beenden.

Der Bundesgerichtshof hat den Rechtsrahmen für die Berücksichtigung des Börsenkurses in der „WCM-Entscheidung“ trotzdem diametral weiterentwickelt; es soll nicht darauf ankommen, dass bewertungserhebliche Informationen nur einem Teil, insbesondere nur dem zur Kompensation verpflichteten Hauptaktionär, vorliegen:

> „Voraussetzung der Bestimmung des Werts einer Unternehmensbeteiligung nach dem Börsenwert ist dabei nicht, dass der Kapitalmarkt in Bezug auf die Anteile streng allokations- und informationseffizient ist, also ein Zustand perfekten Wettbewerbs herrscht und alle prinzipiell zugänglichen öffentlichen und nichtöffentlichen Informationen korrekt in den Kursen verarbeitet sind (aA Fachausschuss für Unternehmensbewertung und Betriebswirtschaft des IDW [FAUB], AG 2021, 588 f.; Ruthardt/Popp, AG 2020, 240, 244).“[245]

Stattdessen soll der Rückgriff auf den Börsenkurs nur dann ausgeschlossen sein, wenn

> „[…] im konkreten Fall von der Möglichkeit einer effektiven Informationsbewertung durch die Marktteilnehmer nicht ausgegangen werden kann, so dass der Börsenkurs keine verlässliche Aussage über den Verkehrswert der Unternehmensbeteiligung erlaubt.“ [246]

Damit verlangt der Bundesgerichtshof von den Instanzgerichten, dass sie die für Aktionäre und Kapitalmarktteilnehmer zugänglichen Informationen auf Vollständigkeit und Richtigkeit überprüfen. Das wäre aber in der Praxis nur möglich, wenn ein Antragsteller dazu konkrete Rügen erheben könnte. Mangels Zugang zu den Büchern und Schriften des Bewertungsobjekts ist das aber garnicht möglich; stattdessen führt

---

243 *Fachausschuss für Unternehmensbewertung und Betriebswirtschaft (FAUB) des IDW* „Zur Bedeutung des Börsenkurses für die Abfindungsbemessung aus Sicht der wirtschaftswissenschaftlichen Theorie und Praxis“, WPg 2021, 958 und AG 2021, 588.

244 „FAUB zur Relevanz von Börsenkursen“ vom 14. Juni 2023, zu beziehen über: https://www.idw.de/idw/themen-branchen/unternehmensbewertung-bwl/boersenkurse.html und WPg 2023, 765.

245 BGH vom 21. Februar 2023 – II ZB 12/21, juris Tz. 20.

246 BGH vom 21. Februar 2023 – II ZB 12/21, juris Tz. 20.

die Rechtsprechung des Bundesgerichtshofs zu einem Zirkelschluss. Es kann nur geprüft werden, ob die Berichte nach §§ 293a, 293e, 327c AktG im Referenzzeitraum vorlagen.

7 Rechtsstand USA

Mit der Maßgeblichkeit des Börsenkurses beschäftigen sich Gerichte weltweit. So ist in der **größten Volkswirtschaft** der Welt, den **USA**, der Rückgriff auf den Börsenkurs zur alleinigen Bewertung von Unternehmensanteilen unzulässig.

Entscheidende Bedeutung kommt der Gesetzgebung und Rechtsprechung des Bundesstaates Delaware zu, weil dort mehr als 50 Prozent aller Unternehmen geschäftsansässig sind. Daran orientieren sich auch die anderen Bundesstaaten der USA.

Regelungen zum Schutz von Minderheiten enthält der **Delaware General Corporation Law (DGCL)**. Dessen § 262 (h) gibt zunächst, wie in Deutschland, nur einen groben Rahmen vor und überlässt im Übrigen den Gerichten die weitere Auslegung zur Bestimmung des „**fair value**". Jedoch folgt bereits aus dem vom Gesetz verwendeten Begriff „fair value", also Wert statt Preis, dass sich ein alleiniger Rückgriff auf den Börsenkurs verbietet.

Weitere grundlegende Empfehlungen hat die **American Bar Association**[247] im **Modern Business Corporation Act (MBCA)**[248] herausgegeben.

Sowohl das DGCL als auch der MBCA enthalten Regelungen zum Umgang mit Börsenkursen, nämlich so genannte „**Stock Market Exceptions**". Diese schließen eine gerichtliche Überprüfung der Unternehmenswerte aus, wenn entweder die Anteile an einer öffentlichen Börse gehandelt werden oder die außenstehenden Anteile von mindestens 2.000 Anteilseignern gehalten werden (§ 262 (b) (1) DGCL). Erfolgt die Kompensation an außenstehende Aktionäre allerdings in Form von

- Abfindungen,
- nicht liquiden Aktien einer dritten Aktiengesellschaft,
- Schuldverschreibungen,
- Rentenpapieren oder
- Immobilien

greift gemäß § 262 (b) (2) DGCL eine „Ausnahme von der Ausnahme": Wenn Minderheitsaktionäre ihre Position als Eigenkapitalgeber aufgeben müssen, haben sie das Recht auf eine gerichtliche Prüfung der Angemessenheit der Kompensation.

---

247 Mit über 400.000 Mitgliedern aus Rechtsanwälten, Richtern und Studenten der Rechtswissenschaften ist das der größte Berufsverband der Welt.: https://www.americanbar.org/en/

248 Der MBCA ist zu beziehen über https://www.americanbar.org/groups/business_law/resources/model-business-corporation-act/

Der gerichtliche Bewertungsmaßstab ergibt sich aus einer Entscheidung des Obersten Gerichtshofs des Bundesstaates Delaware aus dem Jahr 1950:

> „Der Wertgrundgedanke des Wertermittlungsgesetzes besteht darin, dass der Aktionär Anspruch auf Vergütung für das hat, was ihm entzogen wurde, nämlich sein anteiliger Anteil an der Fortführung des Unternehmens. Unter Wert der Beteiligung des Aktionärs an der Kapitalgesellschaft wird der wahre oder innere Wert seiner durch die Verschmelzung übernommenen Aktien verstanden. Bei der Bestimmung, welche Zahl diesen wahren oder inneren Wert darstellt, müssen der Gutachter und die Gerichte alle Faktoren und Elemente berücksichtigen, die vernünftigerweise in die Wertfestsetzung eingehen könnten. Also Marktwert, Vermögenswert, Dividenden, Ertragsaussichten.
>
> Die angegebene Regel erfordert, dass bestimmte offensichtliche Schlussfolgerungen gezogen werden. Da also der innere oder wahre Wert festgestellt werden soll, wird das Problem nicht dadurch gelöst, dass als einziges Maß nur ein Element akzeptiert wird, das ohne Berücksichtigung anderer Elemente in den Wert eingeht. Wie beispielsweise ausdrücklich in Chicago Corporation gegen Munds, siehe oben, festgestellt wurde, darf der Marktwert nicht als einziges Maß für den Wert der Aktie genommen werden. Da der Wert auf der Grundlage der Unternehmensfortführung zu bestimmen ist, darf der Liquidationswert der Aktie auch nicht als einziges Maß akzeptiert werden.“[249]

Der Unternehmenswert musste danach als proportionaler Anteil aus dem Unternehmens-(Gesamt-)Wert unter der **Prämisse der Fortführung des Unternehmens** (going concern) ermittelt werden.

In der **Praxis der Rechtsprechung** der USA hat sich mittlerweile eine Kombination aus

- Discounted Cash Flow-Verfahren,
- Multiplikatormethode (Comparable Company Analysis), bei der überwiegend auf EBITDA-Multiplikatoren vergleichbarer Unternehmen abgestellt wird, und
- Transaktionspreisen (Comparable Transactions Analysis) für vergleichbare Unternehmen

etabliert. Dabei sind die einzelnen Methoden von Fall zu Fall einzeln zu gewichten und auf ihre Eignung hin zu überprüfen. Dagegen spielt der **Börsenkurs** keine Rolle bei der Bewertung von Unternehmensanteilen.

XI Kursentwicklung bei ausgewählten Emittenten

Dieser Abschnitt untersucht die **Reaktionen des Kapitalmarkts** auf **Unternehmensinformationen**. Für ausgesuchte Emittenten enthalten die nachfolgenden Charts:

249 Oberster Gerichtshof von Delaware vom 8. Juni 1950 – 74 A.2d 71 (1950) – TRI-CONTINENTAL CORPORATION gegen BATTYE et al. (hier frei übersetzt), zu beziehen über https://www.courtlistener.com/opinion/1491531/tri-continental-corporation-v-battye/

- Gesetzliche Regelinformationen bzw. Informationen auf der Grundlage von Börsenzulassungsfolgepflichten (**Kasten mit blauem Untergrund**).
- Gesetzlich vorgeschriebene Ankündigungen im Vorfeld eines Übernahmeangebots bzw. einer kompensationspflichtigen Strukturmaßnahme (**Kasten mit gelbem Untergrund**).
- Kursverlauf des Emittenten (**blaue Linie**).
- Relative Entwicklung des CDAX-Performance[250] (**rote Linie**).
- Zum **Vergleich der Kursentwicklungen** überschneiden sich die beiden Linien am Tag vor der Ankündigung der jeweiligen Strukturmaßnahme. Beim Delisting der Rocket Internet SE ist das zum Beispiel der 31. August 2020, weil das Delisting am 1. September 2020 angekündigt wurde.

Neben den **regulatorisch vorgeschriebenen Informationen** erfassen die Charts keine weiteren Informationen wie zum Beispiel aus der Wirtschaftspresse oder der Hauptversammlung[251]. Das hätte den Rahmen dieser Studie gesprengt. Daher konnte auch nicht der Frage nachgegangen werden, ob und in welchem Umfang eine schleichende Kapitalmarktkommunikation stattgefunden hat. Die Auswertung der regulatorisch vorgeschriebenen Informationen schafft bereits ein aussagekräftiges Bild und stellt den Regelungsrahmen auf den Prüfstand.

Die meisten **Auswertungen** betreffen Emittenten vor einem **Squeeze-out**. Als besonders aussagekräftig erscheinen noch die Kursentwicklung bei der Rocket Internet SE (Delisting) sowie der Kabel Deutschland Holding AG und der Pfeiffer Vacuum Technology AG (beide Unternehmensvertrag). Im Übrigen zeigt eine erste Analyse, dass es für die Kursverläufe keine signifikanten Unterschiede zwischen den in § 1 Nr. 1 bis 4 SpruchG genannten kompensationspflichtigen Strukturmaßnahmen gibt. Ganz anders verhält es sich bei einem Delisting: Hier kommt es mit der Ankündigung meist zu Steigerungen des Handelsvolumens und Kursverlusten.

Der **Bewertungsdualismus** zwischen dem wahren (intrinsischen) Wert und (Börsen-)Preis wird besonders deutlich in zwei Fällen:
- Bei der **BHS tabletop AG**[252] bewegte sich der Aktienkurs aufgrund eines vorangegangenen Übernahmeangebots lange Zeit über 15 Euro. Den durch die Corona-Krise ausgelösten Kursverfall der Märkte nutzte der Hauptaktionär zum Ausschluss der Minderheitsaktionäre. Zwar löste die Ankündigung des Squeeze-out dann einen Kurssprung aus. Dieser preiste aber nur den durchschnittlichen – als

250 Dieser Index bildet die Wertentwicklung, bereinigt um Dividenden und Kapitalveränderungen, aller deutschen Aktien im Prime und General Standard ab. Damit ist er besonders breit aufgestellt und bietet sich daher als bester Indikator für die wirtschaftliche Entwicklung des deutschen Aktienmarktes an.

251 Der Informationsdienst https://gsc-research.de/ besucht zahlreiche Hauptversammlungen durch hinreichend qualifizierte Korrespondenten und verkauft zuverlässige Berichte.

252 Nachfolgend Teil 1 § 3 XI 4.

Wertuntergrenze grundsätzlich beachtlichen – Börsenkurs im Durchschnitt der vorangegangenen 3 Monate ein. Mit Konkretisierung seines Ausschlussverlangens sackte der Börsenkurs deutlich ab, weil der Hauptaktionär den Börsenkurs der im General Standard der Börse Frankfurt am Main gelisteten Aktie unberücksichtigt ließ und die Abfindung auf den von ihm behaupteten, um rund ein Drittel niedrigeren Ertragswert festlegte. Bis zum Tag der beschlussfassenden Hauptversammlung sank der Börsenkurs daher um 16 Prozent ab. Bei einem maßgeblichen Börsenkurs in Höhe von 14,76 Euro, einer Abfindung in Höhe von nur 9,83 Euro und einem Schlusskurs am Tag vor der beschlussfassenden Hauptversammlung von 11,28 Euro zeigt sich, dass die Kapitalmarktteilnehmer das Risiko der gerichtlichen Durchsetzung ihres Anspruchs auf den maßgeblichen Börsenkurs als Wertuntergrenze der Abfindung eingepreist haben.
- In die andere Richtung entwickelte sich der Kurs der **Kabel Deutschland Holding AG**[253]: Zwar war die Aktie bis zum Abschluss des Beherrschungs- und Gewinnabführungsvertrages mit der britischen Vodafone hoch liquide. Jedoch hatte der Vorstand der Gesellschaft bereits ein Jahr vor dessen Bekanntmachung Vorbereitungen zur Übernahme getroffen und Unternehmensbewertungen eingeholt. Über deren Ergebnis wurde der Kapitalmarkt bis über den Tag der beschlussfassenden Hauptversammlung hinaus in Unkenntnis gelassen. Dabei beurteilte ein gerichtlich bestellter Sonderprüfer den wahren Wert der Aktie auf Basis dieser Bewertungen[254] um mehr als 60 Prozent höher als der Hauptaktionär. Trotzdem hat das Oberlandesgericht München dem Ertragswert keine Bedeutung beigemessen und zur Beurteilung der Angemessenheit von Abfindung und Ausgleich allein auf den (so verfälschten) Börsenkurs abgestellt.

Die deutlichen Differenzen zwischen dem Börsenwert und inneren (Ertrags-)Wert bzw. den Angebotspreisen und Abfindungen lassen sich vor allem mit den unterschiedlichen **Informationsgrundlagen** für die Preisbildung erklären.
- Nur die **Berichte nach §§ 293a, 293e, 327c Abs. 2, 3 AktG** bei kompensationspflichtigen Strukturmaßnahmen enthalten fundamentale Unternehmensbewertungen, um den Zukunftserfolgswert zu ermitteln. Darauf richten sich die Investitionsstrategien, die die „Zukunft kaufen".
- Die **regulatorischen Informationen** aus Gesetz oder aufgrund von Börsenzulassungsfolgepflichten (Regelinformationen) liefern Aktionären und Kapitalmarktteilnehmern nur punktuelle und stichtagsbezogene Informationen.
- Fundamentale Unternehmensbewertungen und punktuelle, stichtagsbezogene Informationen sind nicht gleichwertig. Daraus ergibt sich ein **Bewertungsdualismus** mit unterschiedlichen Zielrichtungen. Der Börsenkurs stellt nur die Wert-

253 Nachfolgend Teil 1 § 3 XI 11.

254 Bereinigt um vom Sonderprüfer festgestellter methodischer und rechnerischer Fehler.

untergrenze für eine hypothetische Desinvestition dar. Dagegen ist nur eine fundamentale Unternehmensbewertung zum inneren Wert dazu geeignet, den Zukunftserfolgswert darzustellen.

1 ADLER Real Estate AG

ADLER Real Estate AG (ADLER) zählt zu den größten Immobilienunternehmen im Raum Berlin mit Fokus auf die Vermietung von Wohnungen. Die Aktien waren im Prime Standard der Frankfurter Börse notiert.

Im Oktober 2021 warf die Viceroy Research LLC, hinter der der als Shortseller tätige Investor Fraser Perring steht, der ADLER Real Estate AG vor, dass die in den Bilanzen aktivierten Immobilien überbewertet seien. In der Folge leitete die BaFin Untersuchungen ein, in deren Ergebnis Rechnungslegungsfehler festgestellt wurden. Der Konzernabschlussprüfer KPMG erteilte dem Jahresabschluss 2021 einen Versagungsvermerk und lehnte eine weitere Tätigkeit als Abschlussprüfer ab.

Der Übernahmeprozess startete formell im Dezember 2019 mit einem **Übernahmeangebot** der ADO Properties S.A. (heute: Adler Group S.A.). Darin wurden als Gegenleistung für eine ADLER-Aktie 0,4164 Aktien der Bieterin (entsprach **15,45 Euro** je ADLER-Aktie) angeboten.

Am 28. April 2020 kündigte die Hauptaktionärin den Abschluss eines Beherrschungsvertrages an, zu dem es jedoch nicht kam. Stattdessen blieb es bei einer faktischen Konzernierung.

Am 23. Juni 2022 kündigte die Hauptaktionärin den **Squeeze-out** der ADLER-Minderheitsaktionäre an. Erst rund 9 Monate später, am 17. März 2023, konkretisierte sie ihr Verlangen und legte die **Abfindung** auf **8,76 Euro** fest. Die Bewertung der Anteile erfolgte nach der **Ertragswertmethode**. Den maßgeblichen **Börsenkurs** gab die Hauptaktionärin mit nur **5,54 Euro** je Aktie an. Den für Immobilienunternehmen maßgeblichen **Net Asset Value** hat die Hauptaktionärin als ungeeignete Bewertungsmethode nicht angewendet, obgleich sie selbst diesen in ihrer Quartalsberichterstattung **zum 31. März 2023** mit **14,41 Euro** je Aktie ausgewiesen hatte. Die Hauptversammlung hat dann am 28. April 2023 den Squeeze-out beschlossen.

Den Börsenkurs hielt die Hauptaktionärin als „grundsätzlich relevant für die Bestimmung der Abfindung“[255], legte die Abfindung aber trotzdem auf den (höheren) Ertragswert fest. Der Börsenkurs spiegelte in der Vergangenheit niemals den wahren (inneren) Wert der ADLER-Aktie wider. Er reflektierte die Absichten der Hauptaktionärin, eine Übernahme- bzw. Strukturmaßnahme durchzuführen und dann die Berichterstattung über die Bilanzpolitik:

---

255 Bewertungsgutachten PwC Seite 113.

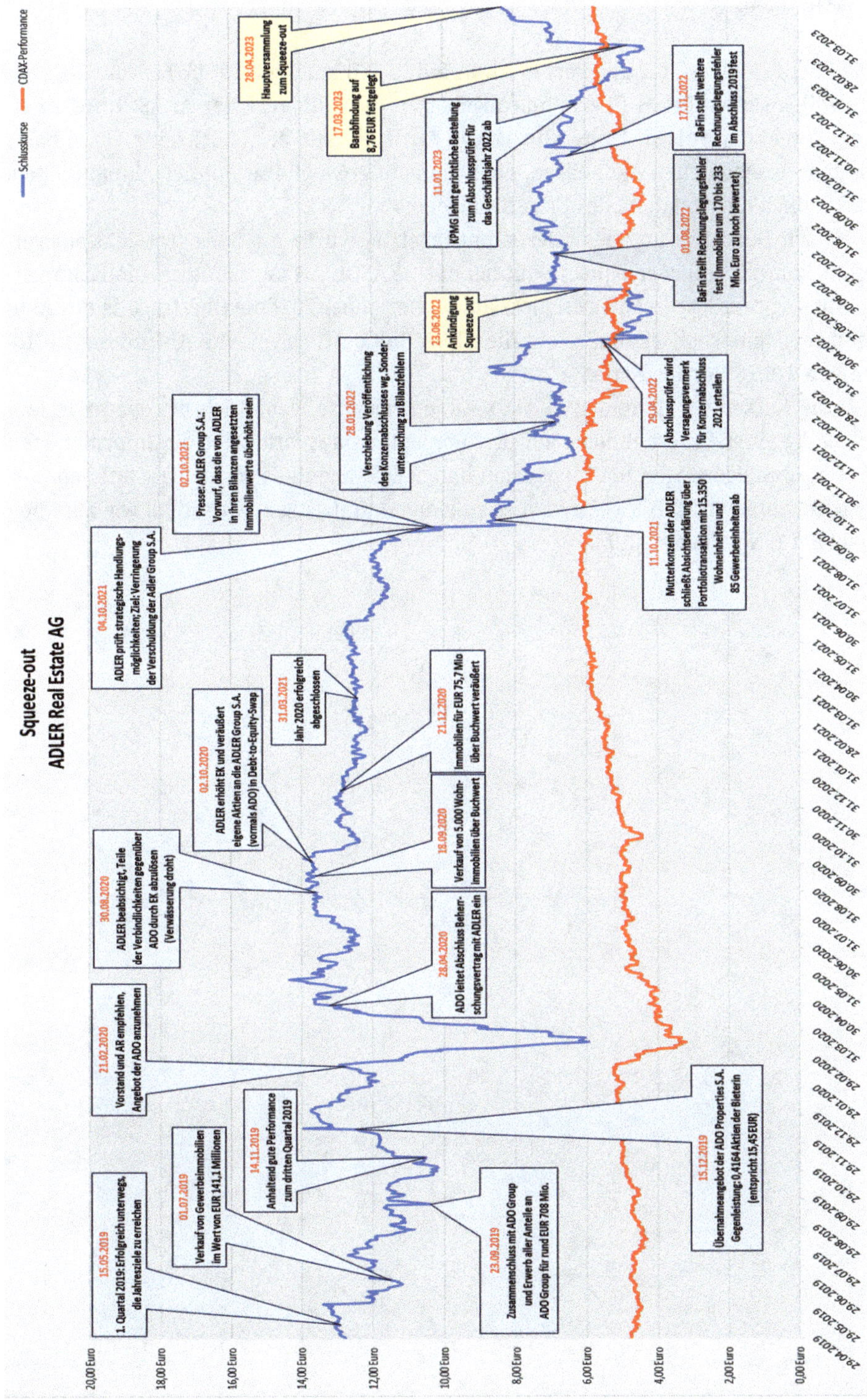
Squeeze-out
ADLER Real Estate AG
Schlusskurse
CDAX-Performance
15.05.2019 1. Quartal 2019: Erfolgreich unterwegs, die Jahresziele zu erreichen
01.07.2019 Verkauf von Gewerbeimmobilien im Wert von EUR 141,1 Millionen
14.11.2019 Anhaltend gute Performance zum dritten Quartal 2019
23.09.2019 Zusammenschluss mit ADO Group und Erwerb aller Anteile an ADO Group für rund EUR 708 Mio.
15.12.2019 Übernahmeangebot der ADO Properties S.A. Gegenleistung: 0,4164 Aktien der Bieterin (entspricht 15,45 EUR)
21.02.2020 Vorstand und AR empfehlen, Angebot der ADO anzunehmen
28.04.2020 ADO leitet Abschluss Beherrschungsvertrag mit ADLER ein
30.08.2020 ADLER beabsichtigt, Teile der Verbindlichkeiten gegenüber ADO durch EK abzulösen (Verwässerung droht)
18.09.2020 Verkauf von 5.000 Wohnimmobilien über Buchwert
02.10.2020 ADLER erhöht EK und veräußert eigene Aktien an die ADLER Group S.A. (vormals ADO) in Debt-to-Equity-Swap
21.12.2020 Immobilien für EUR 75,7 Mio über Buchwert veräußert
31.03.2021 Jahr 2020 erfolgreich abgeschlossen
04.10.2021 ADLER prüft strategische Handlungsmöglichkeiten; Ziel: Verringerung der Verschuldung der Adler Group S.A.
02.10.2021 Presse: ADLER Group S.A.: Vorwurf, dass die von ADLER in ihren Bilanzen angesetzten Immobilienwerte überhöht seien
11.10.2021 Mutterkonzern der ADLER schließt Absichtserklärung über Portfoliotransaktion mit 15.350 Wohneinheiten und 85 Gewerbeeinheiten ab
28.01.2022 Verschiebung Veröffentlichung des Konzernabschlusses wg. Sonderuntersuchung zu Bilanzfehlern
29.04.2022 Abschlussprüfer wird Versagungsvermerk für Konzernabschluss 2021 erteilen
23.06.2022 Ankündigung Squeeze-out
01.08.2022 BaFin stellt Rechnungslegungsfehler fest (Immobilien um 170 bis 233 Mio. Euro zu hoch bewertet)
11.01.2023 KPMG lehnt gerichtliche Bestellung zum Abschlussprüfer für das Geschäftsjahr 2022 ab
17.11.2022 BaFin stellt weitere Rechnungslegungsfehler im Abschluss 2019 fest
17.03.2023 Barabfindung auf 8,76 EUR festgelegt
28.04.2023 Hauptversammlung zum Squeeze-out
20,00 Euro
18,00 Euro
16,00 Euro
14,00 Euro
12,00 Euro
10,00 Euro
8,00 Euro
6,00 Euro
4,00 Euro
2,00 Euro
0,00 Euro

2 AKASOL AG

Die Blitz F21-842 AG (umfirmiert in ABBA BidCo AG) kündigte am 15. Februar 2021 ein freiwilliges öffentliches Übernahmeangebot an die Aktionäre der AKASOL AG zu einem **Angebotspreis in Höhe von 120,00 Euro** je Aktie an. Gleichzeitig vereinbarte sie mit verschiedenen Aktionären, die insgesamt etwa 60 Prozent der Aktien hielten, verbindlich die Annahme des Erwerbsangebots.

Nach Durchführung des Übernahmeangebots wurde am 3. August 2021 ein verschmelzungsrechtlicher Squeeze-out bei der AKASOL AG angekündigt. Die Hauptversammlung der Gesellschaft beschloss am 17. Dezember 2021 die Übertragung der Aktien ihrer Minderheitsaktionäre auf die ABBA BidCo AG gegen eine **Abfindung in Höhe von 119,16 Euro** je Aktie.

Die Kursentwicklung der AKASOL-Aktie zeigt, wie wenig sich die operative Entwicklung eines Unternehmens auf den Börsenkurs auswirkt. Nur die Informationen zu Umsatzsteigerungen und Expansion haben sich allenfalls geringfügig auf den Börsenkurs ausgewirkt. Teilweise kam es zu einem kurzfristigen Kursabfall wie zum Beispiel am 1. November 2019:

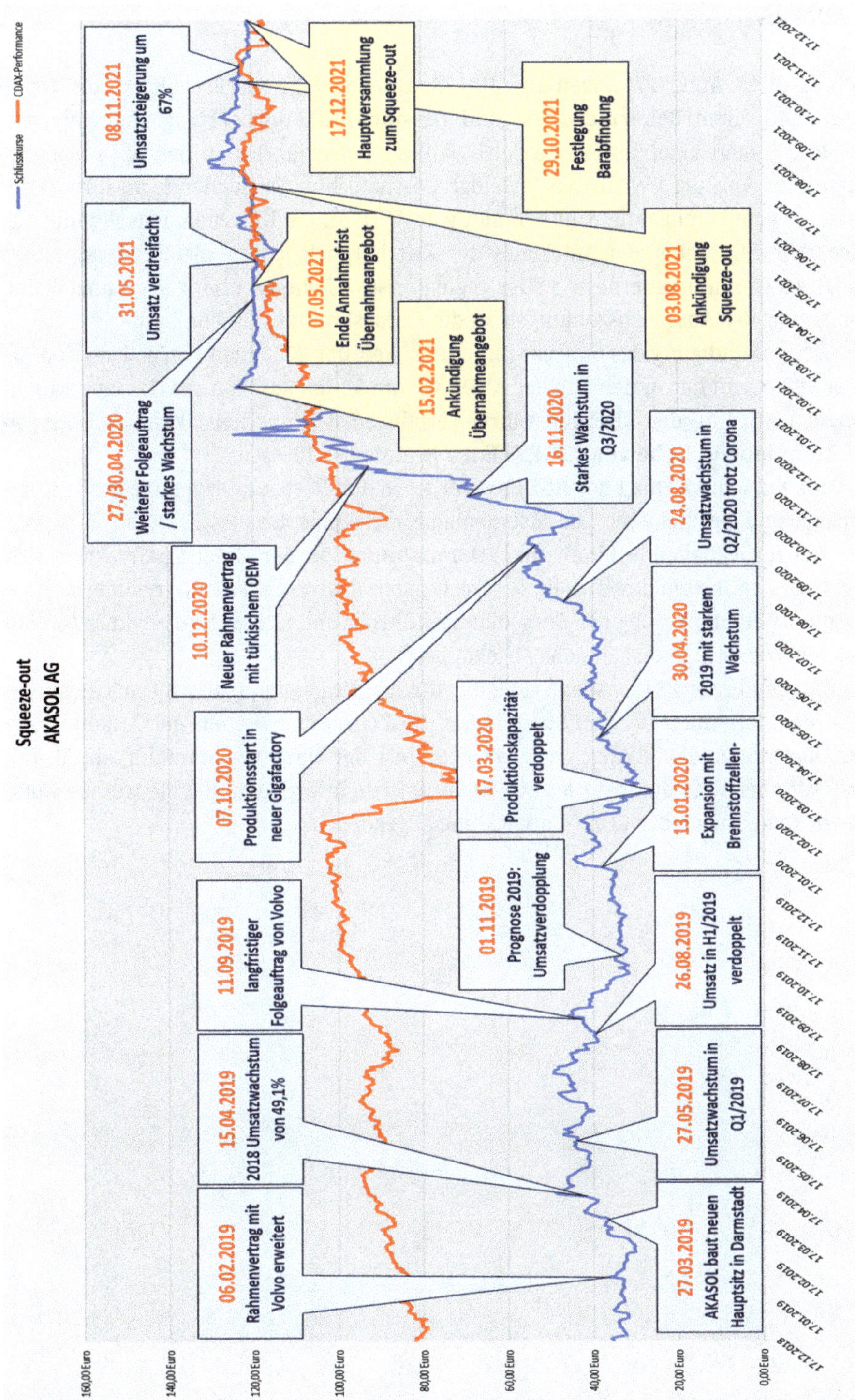
Squeeze-out
AKASOL AG
Schlusskurse
CDAX-Performance
06.02.2019 Rahmenvertrag mit Volvo erweitert
27.03.2019 AKASOL baut neuen Hauptsitz in Darmstadt
15.04.2019 2018 Umsatzwachstum von 49,1%
27.05.2019 Umsatzwachstum in Q1/2019
11.09.2019 langfristiger Folgeauftrag von Volvo
26.08.2019 Umsatz in H1/2019 verdoppelt
01.11.2019 Prognose 2019: Umsatzverdopplung
13.01.2020 Expansion mit Brennstoffzellen-
17.03.2020 Produktionskapazität verdoppelt
07.10.2020 Produktionsstart in neuer Gigafactory
30.04.2020 2019 mit starkem Wachstum
10.12.2020 Neuer Rahmenvertrag mit türkischem OEM
24.08.2020 Umsatzwachstum in Q2/2020 trotz Corona
27./30.04.2020 Weiterer Folgeauftrag / starkes Wachstum
16.11.2020 Starkes Wachstum in Q3/2020
15.02.2021 Ankündigung Übernahmeangebot
31.05.2021 Umsatz verdreifacht
07.05.2021 Ende Annahmefrist Übernahmeangebot
03.08.2021 Ankündigung Squeeze-out
08.11.2021 Umsatzsteigerung um 67%
17.12.2021 Hauptversammlung zum Squeeze-out
29.10.2021 Festlegung Barabfindung
160,00 Euro
140,00 Euro
120,00 Euro
100,00 Euro
80,00 Euro
60,00 Euro
40,00 Euro
20,00 Euro
0,00 Euro
17.12.2018
17.01.2019
17.02.2019
17.03.2019
17.04.2019
17.05.2019
17.06.2019
17.07.2019
17.08.2019
17.09.2019
17.10.2019
17.11.2019
17.12.2019
17.01.2020
17.02.2020
17.03.2020
17.04.2020
17.05.2020
17.06.2020
17.07.2020
17.08.2020
17.09.2020
17.10.2020
17.11.2020
17.12.2020
17.01.2021
17.02.2021
17.03.2021
17.04.2021
17.05.2021
17.06.2021
17.07.2021
17.08.2021
17.09.2021
17.10.2021
17.11.2021
17.12.2021

3 AUDI AG

Bereits am 23. April 1971 haben die AUDI AG als abhängige Gesellschaft und die Volkswagen AG einen **Beherrschungs- und Gewinnabführungsvertrag** abgeschlossen. Dieser sah statt einer festen Ausgleichszahlung einen jährlichen Betrag in der gleichen Höhe vor, die VW für das jeweilige Geschäftsjahr als Dividende an ihre Aktionäre für eine Stammaktie zahlte. Damit war AUDI an die Unternehmensplanung aus dem Jahr 1971 gebunden. Im Laufe der Zeit hat sich jedoch die Ertragskraft der AUDI AG wesentlich verbessert. Der regulatorische Rahmen ermöglichte aber keine Anpassung der Ausgleichszahlungen an die Ertragskraft der Gesellschaft.

Bei Ankündigung des Squeeze-out am 28. Februar 2020 hielt die Volkswagen AG über 99 Prozent der Aktien von der AUDI AG. Am 31. Juli 2020 hat die Hauptversammlung der AUDI AG den Ausschluss ihrer verbliebenen Minderheitsaktionäre gegen eine **Abfindung in Höhe von 1.551,53 Euro** je Aktie beschlossen.

Die Kursentwicklung der AUDI AG verlief in den letzten Jahren ohne große Kurssprünge und gleichlaufend zur allgemeinen Entwicklung des CDAX.

Die zurückhaltende **Finanzmarktkommunikation** der Gesellschaft wirkte sich nicht auf den Börsenkurs aus. Es zeigt sich sogar, dass negative Unternehmensmitteilungen zu einem Anstieg des Börsenkurses führten und sich der Börsenkurs so vom inneren Wert des Unternehmens abgekoppelt hat.

Ein deutlicher Kursanstieg erfolgte erst nach dem 16. Juni 2020 mit der Bekanntgabe der Abfindung für den Squeeze-out. Im Zeitraum zwischen der Ankündigung der Übertragung der Aktien und dem Beschluss der Hauptversammlung am 31. Juli 2020 stieg der Kurs um mehr als 600,00 Euro. Diese Information hat die weitere Kursentwicklung so von der CDAX-Entwicklung abgekoppelt.

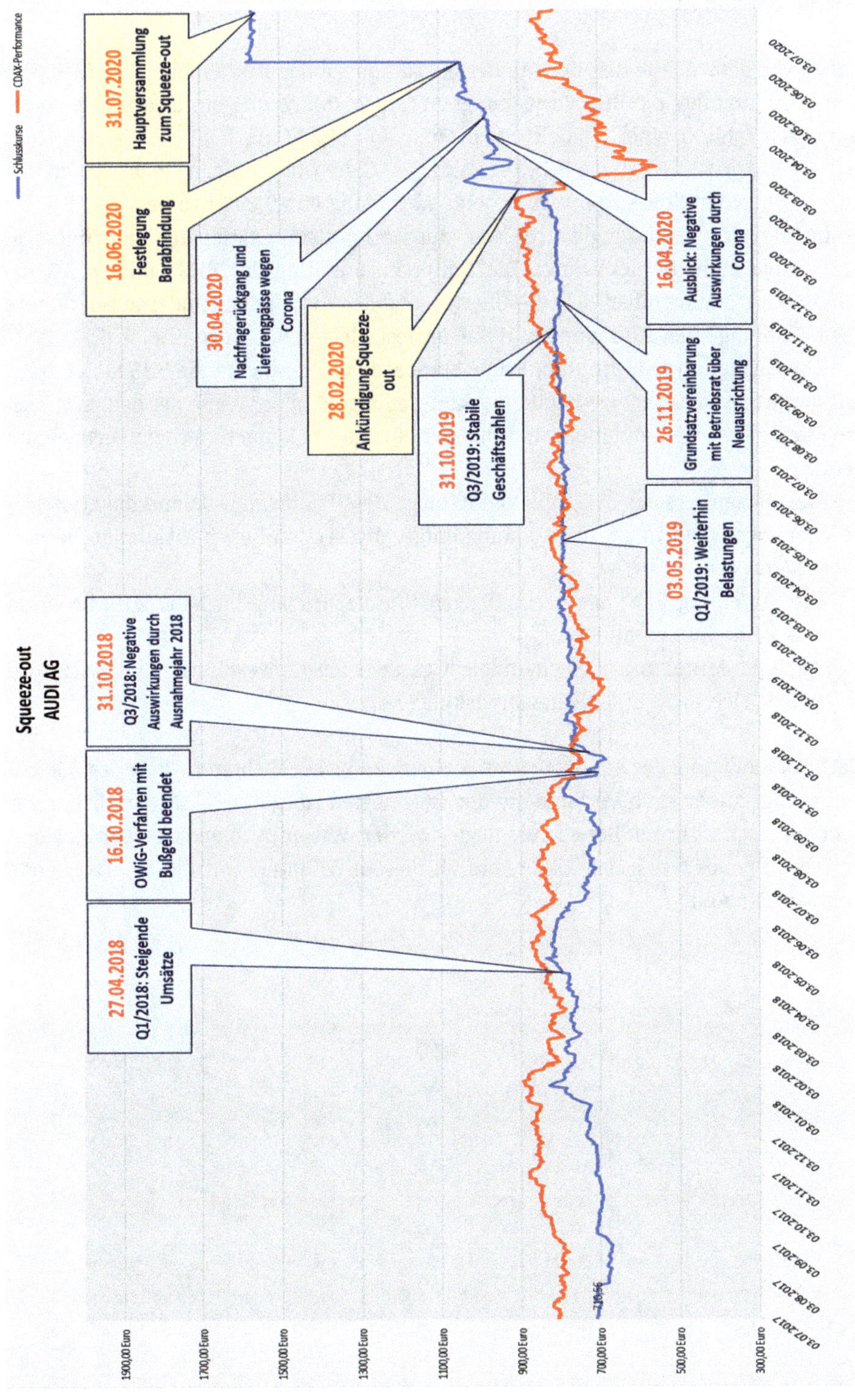
Squeeze-out
AUDI AG
Schlusskurse
CDAX-Performance
27.04.2018
Q1/2018: Steigende Umsätze
16.10.2018
OWiG-Verfahren mit Bußgeld beendet
31.10.2018
Q3/2018: Negative Auswirkungen durch Ausnahmejahr 2018
03.05.2019
Q1/2019: Weiterhin Belastungen
31.10.2019
Q3/2019: Stabile Geschäftszahlen
26.11.2019
Grundsatzvereinbarung mit Betriebsrat über Neuausrichtung
28.02.2020
Ankündigung Squeeze-out
30.04.2020
Nachfragerückgang und Lieferengpässe wegen Corona
16.04.2020
Ausblick: Negative Auswirkungen durch Corona
16.06.2020
Festlegung Barabfindung
31.07.2020
Hauptversammlung zum Squeeze-out
1900,00 Euro
1700,00 Euro
1500,00 Euro
1300,00 Euro
1100,00 Euro
900,00 Euro
700,00 Euro
500,00 Euro
300,00 Euro
03.07.2017
03.08.2017
03.09.2017
03.10.2017
03.11.2017
03.12.2017
03.01.2018
03.02.2018
03.03.2018
03.04.2018
03.05.2018
03.06.2018
03.07.2018
03.08.2018
03.09.2018
03.10.2018
03.11.2018
03.12.2018
03.01.2019
03.02.2019
03.03.2019
03.04.2019
03.05.2019
03.06.2019
03.07.2019
03.08.2019
03.09.2019
03.10.2019
03.11.2019
03.12.2019
03.01.2020
03.02.2020
03.03.2020
03.04.2020
03.05.2020
03.06.2020
03.07.2020

4 BHS tabletop AG

Lange vor dem Ausschluss der Minderheitsaktionäre der BHS tabletop AG (BHS) im Jahr 2020 kündigte die BHS Verwaltungs AG am 24. März 2017 ein **Übernahmeangebot** gegen Zahlung einer Geldleistung in Höhe von **14,20 Euro** je BHS-Aktie an.

Am 2. April 2020 gab die BHS Verwaltungs AG die Durchführung eines verschmelzungsrechtlichen **Squeeze-out** gegen eine Abfindung von **9,83 Euro** bekannt. Bei der Festlegung der Abfindung wurde der durchschnittliche Aktienkurs in Höhe von **14,35 Euro** nicht berücksichtigt. Die Hauptversammlung der BHS tabletop AG beschloss am 22. September 2020 die Übertragung der Aktien der Minderheitsaktionäre gegen Zahlung einer Abfindung in Höhe der festgelegten 9,83 Euro.

Ungeachtet ihres Listings im Prime Standard veröffentlichte die BHS tabletop AG nur vergleichsweise wenige Kapitalmarktmitteilungen. In der Phase der beiden stärksten Kursänderungen im Januar und Oktober 2018 gab es keine Unternehmensmeldungen.

Der Börsenkurs der BHS tabletop AG zeigt, dass Finanzmarktkommunikation keine oder sogar dem Inhalt der Meldung entgegengesetzten Börsenreaktionen hervorrufen kann:

- Die Mitteilung über den geringfügigen Umsatzrückgang im März 2019 bewirkte z. B. keine Kursveränderung.
- Auch die Mitteilung über einen leicht gestiegenen Konzernumsatz im März 2020 bildete sich nicht in der Kursentwicklung ab.

Nach Ankündigung des Squeeze-out und einem zunächst leichten Anstieg des Börsenkurses fällt dieser nach Verkündung der festgelegten Abfindung – die deutlich unter dem durchschnittlichen Börsenkurs liegt – wieder. Wie auch in anderen Squeeze-out-Verfahren pendelt sich der Aktienkurs ab diesem Zeitpunkt auf die zu erwartende Kompensation ein:

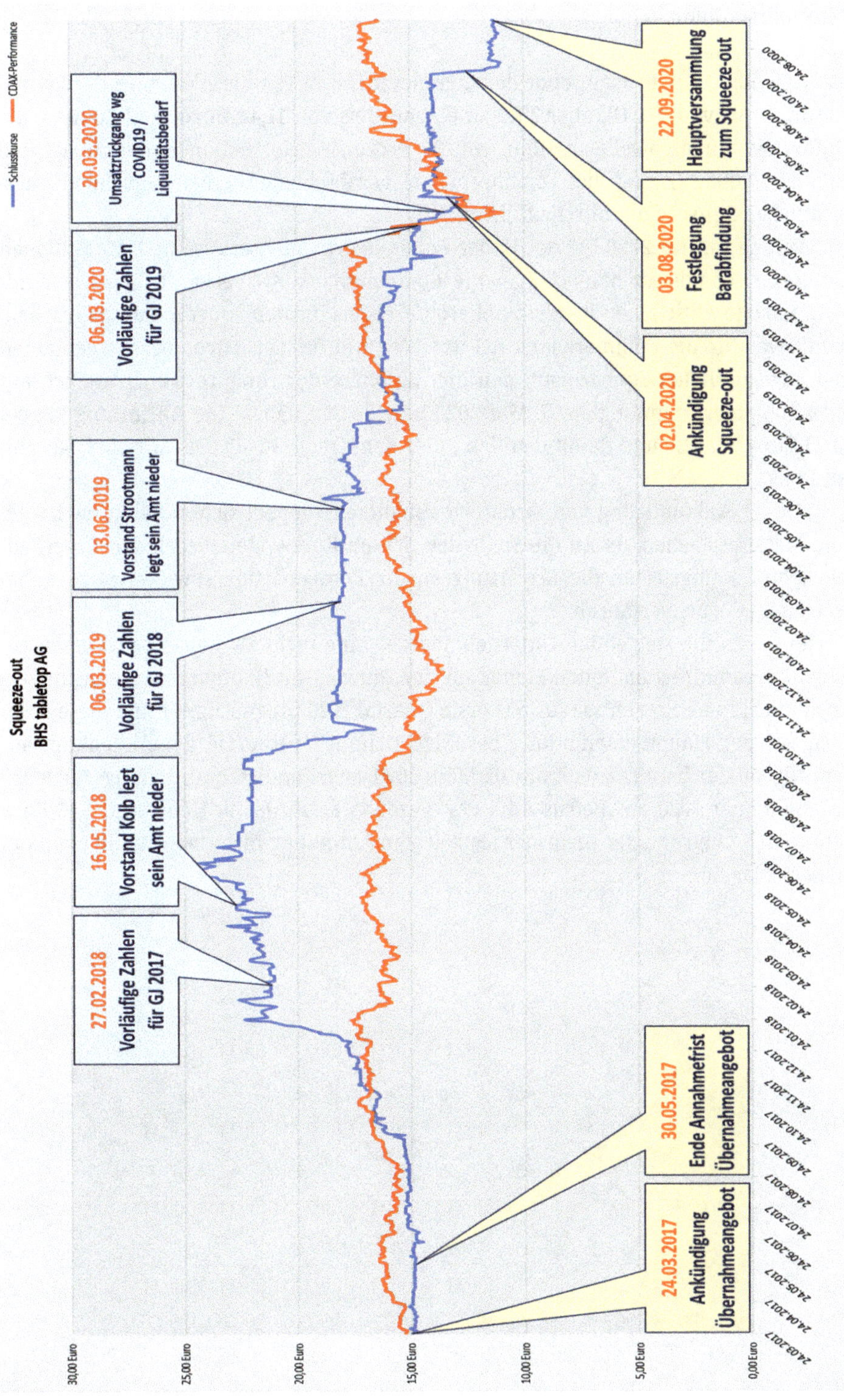
Squeeze-out
BHS tabletop AG
Schlusskurse
CDAX-Performance
24.03.2017
Ankündigung
Übernahmeangebot
30.05.2017
Ende Annahmefrist
Übernahmeangebot
27.02.2018
Vorläufige Zahlen
für GJ 2017
16.05.2018
Vorstand Kolb legt
sein Amt nieder
06.03.2019
Vorläufige Zahlen
für GJ 2018
03.06.2019
Vorstand Strootmann
legt sein Amt nieder
06.03.2020
Vorläufige Zahlen
für GJ 2019
20.03.2020
Umsatzrückgang wg
COVID19 /
Liquiditätsbedarf
02.04.2020
Ankündigung
Squeeze-out
03.08.2020
Festlegung
Barabfindung
22.09.2020
Hauptversammlung
zum Squeeze-out
30,00 Euro
25,00 Euro
20,00 Euro
15,00 Euro
10,00 Euro
5,00 Euro
0,00 Euro
24.03.2017
24.04.2017
24.05.2017
24.06.2017
24.07.2017
24.08.2017
24.09.2017
24.10.2017
24.11.2017
24.12.2017
24.01.2018
24.02.2018
24.03.2018
24.04.2018
24.05.2018
24.06.2018
24.07.2018
24.08.2018
24.09.2018
24.10.2018
24.11.2018
24.12.2018
24.01.2019
24.02.2019
24.03.2019
24.04.2019
24.05.2019
24.06.2019
24.07.2019
24.08.2019
24.09.2019
24.10.2019
24.11.2019
24.12.2019
24.01.2020
24.02.2020
24.03.2020
24.04.2020
24.05.2020
24.06.2020
24.07.2020
24.08.2020

5 comdirect bank AG

Das freiwillige **Erwerbsangebot** der Commerzbank AG an die Aktionäre der comdirect bank AG vom 30. Oktober 2019 zu einem Preis von **11,44 Euro** je Aktie hatte die Mindestannahmeschwelle in Höhe von 90 Prozent verfehlt. Damit musste sich die Commerzbank AG zunächst von ihrem Ziel verabschieden, einen verschmelzungsrechtlichen Squeeze-out durchzuführen.

Anfang Januar 2020 hat der Hedge Fonds „Petrus Advisers" seine 11,27 Millionen Aktien der comdirect bank AG an die Commerzbank AG verkauft. Er erhielt mit **15,15 Euro** je Aktie einen deutlich höheren Preis als für den Squeeze-out vorgesehen. Damit war für die Commerzbank AG der Weg frei für den zuvor bereits geplanten und angekündigten Squeeze-out, den die Aktionäre der comdirect kurz danach auf ihrer Hauptversammlung am **5. Mai 2020** beschlossen haben. Die **Abfindung** lag bei **12,75 Euro** je Aktie und damit deutlich unter dem zuvor an „Petrus Advisors" gezahlten Preis.

Mit der Ankündigung von Strukturmaßnahmen koppeln sich Aktienkurse häufig vom Marktgeschehen ab. An die Stelle der sich im Kurs widerspiegelnden Unternehmensentwicklung treten die Erwartung an die Kompensation sowie etwaige Anhebungen im Spruchverfahren.

So haben die steigenden Unternehmensgewinne nicht zu steigenden Kursen geführt: Die comdirect hat einen Monat vor der Squeeze-out-Hauptversammlung außergewöhnlich hohe Ergebnisse für das erste Quartal 2020 prognostiziert und diese dann noch vor der Hauptversammlung bestätigt. Dennoch verharrte der Aktienkurs auf dem Niveau der bereits zuvor, am 16. März 2020, angekündigten Abfindung. Auch der Anfang Januar 2020 an „Petrus Advisers" gezahlte Kaufpreis in Höhe von 15,15 Euro konnte sich aufgrund der niedriger festgelegten Abfindung nicht mehr im Börsenkurs niederschlagen:

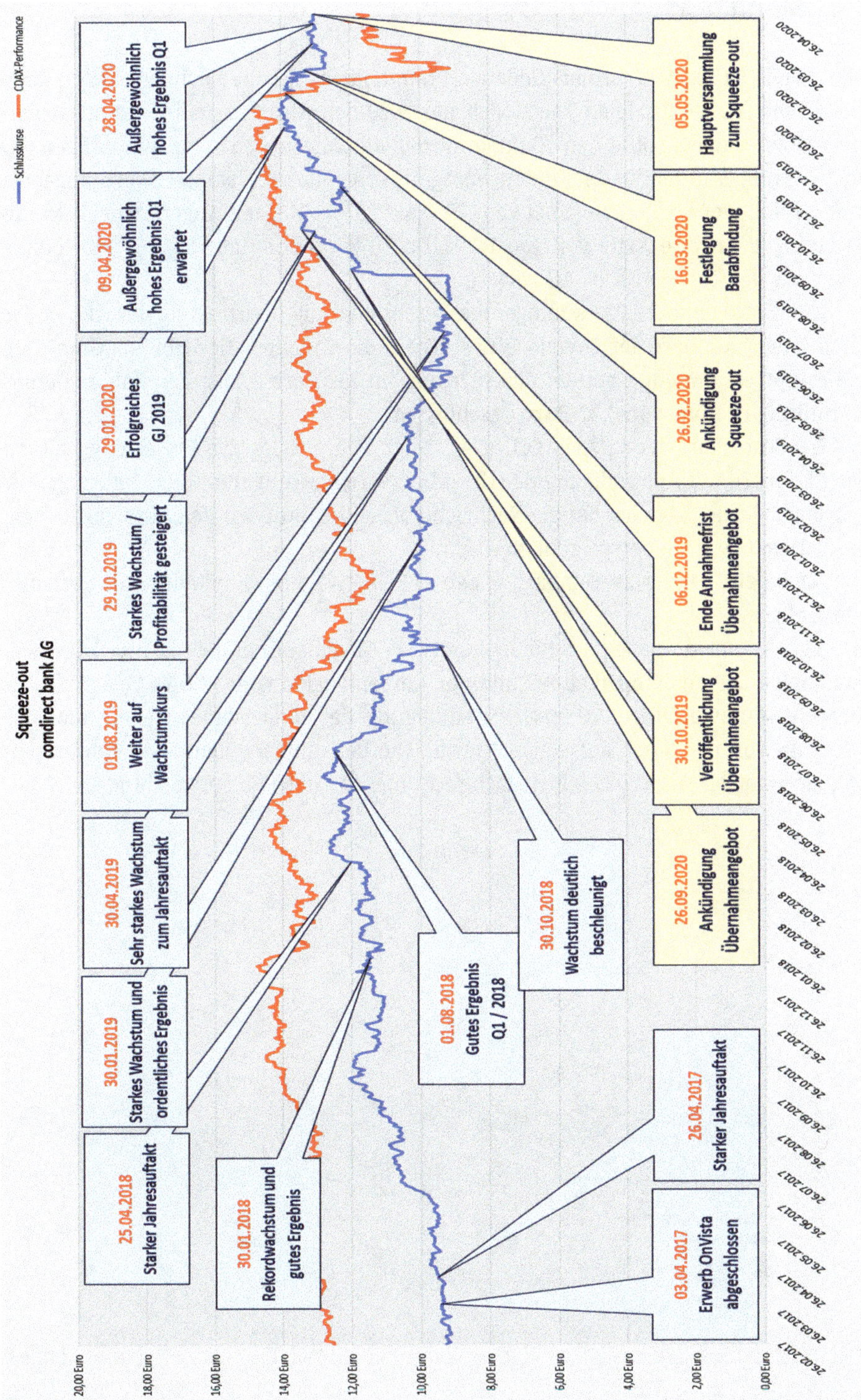
Squeeze-out
comdirect bank AG
Schlusskurse
CDAX-Performance
20,00 Euro
18,00 Euro
16,00 Euro
14,00 Euro
12,00 Euro
10,00 Euro
8,00 Euro
6,00 Euro
4,00 Euro
2,00 Euro
0,00 Euro
25.04.2018 Starker Jahresauftakt
30.01.2019 Starkes Wachstum und ordentliches Ergebnis
30.04.2019 Sehr starkes Wachstum zum Jahresauftakt
01.08.2019 Weiter auf Wachstumskurs
29.10.2019 Starkes Wachstum / Profitabilität gesteigert
29.01.2020 Erfolgreiches GJ 2019
09.04.2020 Außergewöhnlich hohes Ergebnis Q1 erwartet
28.04.2020 Außergewöhnlich hohes Ergebnis Q1
30.01.2018 Rekordwachstum und gutes Ergebnis
01.08.2018 Gutes Ergebnis Q1 / 2018
30.10.2018 Wachstum deutlich beschleunigt
03.04.2017 Erwerb OnVista abgeschlossen
26.04.2017 Starker Jahresauftakt
26.09.2020 Ankündigung Übernahmeangebot
30.10.2019 Veröffentlichung Übernahmeangebot
06.12.2019 Ende Annahmefrist Übernahmeangebot
26.02.2020 Ankündigung Squeeze-out
16.03.2020 Festlegung Barabfindung
05.05.2020 Hauptversammlung zum Squeeze-out
26.02.2017
26.03.2017
26.04.2017
26.05.2017
26.06.2017
26.07.2017
26.08.2017
26.09.2017
26.10.2017
26.11.2017
26.12.2017
26.01.2018
26.02.2018
26.03.2018
26.04.2018
26.05.2018
26.06.2018
26.07.2018
26.08.2018
26.09.2018
26.10.2018
26.11.2018
26.12.2018
26.01.2019
26.02.2019
26.03.2019
26.04.2019
26.05.2019
26.06.2019
26.07.2019
26.08.2019
26.09.2019
26.10.2019
26.11.2019
26.12.2019
26.01.2020
26.02.2020
26.03.2020
26.04.2020

6 Covivio Office AG

Die Covivio Office AG (vormals Godewind Immobilien AG), die Covivio S.A. und Covivio X-Tend AG verkündeten am 13. Februar 2020 den Abschluss einer Grundsatzvereinbarung. Danach sollte den Aktionären der damaligen Godewind Immobilien AG ein freiwilliges öffentliches Kaufangebot in Form eines Delisting-Erwerbsangebots unterbreitet werden. Das Angebot vom 25. März 2020 sah einen **Angebotspreis** in Höhe von **6,40 Euro** je Aktie vor. Am 14. Mai 2020 wurde die Beendigung der Börsenzulassung der Covivio Office AG wirksam.

Am 25. November 2020 kündigte die Gesellschaft die Übertragung der Aktien der Minderheitsaktionäre der Covivio Office AG auf die Covivio Office Holding GmbH an. Die Hauptversammlung hat den Squeeze-out am 25. März 2021 gegen Zahlung einer **Abfindung** in Höhe von **6,42 Euro** beschlossen.

Der Kurschart der Covivio Office AG zeigt, wie die positive Erwartungshaltung der Aktionäre mit Ankündigung der Grundsatzvereinbarung durch das Delisting ausgebremst wurde. Zugleich hat die Nachrichtenlage die Aktie vor den Kurseinbrüchen, die sich im CDAX wiederspiegeln, bewahrt.

Nach der Grundsatzvereinbarung gab es keine weiteren Kapitalmarktinformationen mehr.

Nach stetigem Anstieg des Börsenkurses im Gleichlauf mit den positiven Umsatzmeldungen der Covivio Office AG und der Kursentwicklung des CDAX verharrte der Kurs der Covivio Office AG nach Ankündigung des Übernahmeangebots und des Rückzugs von der Börse auf einem Niveau. Die Bekanntgabe deutlicher Umsatzsteigerungen am 24. März 2020 bildete sich nicht mehr in der Kursentwicklung ab:

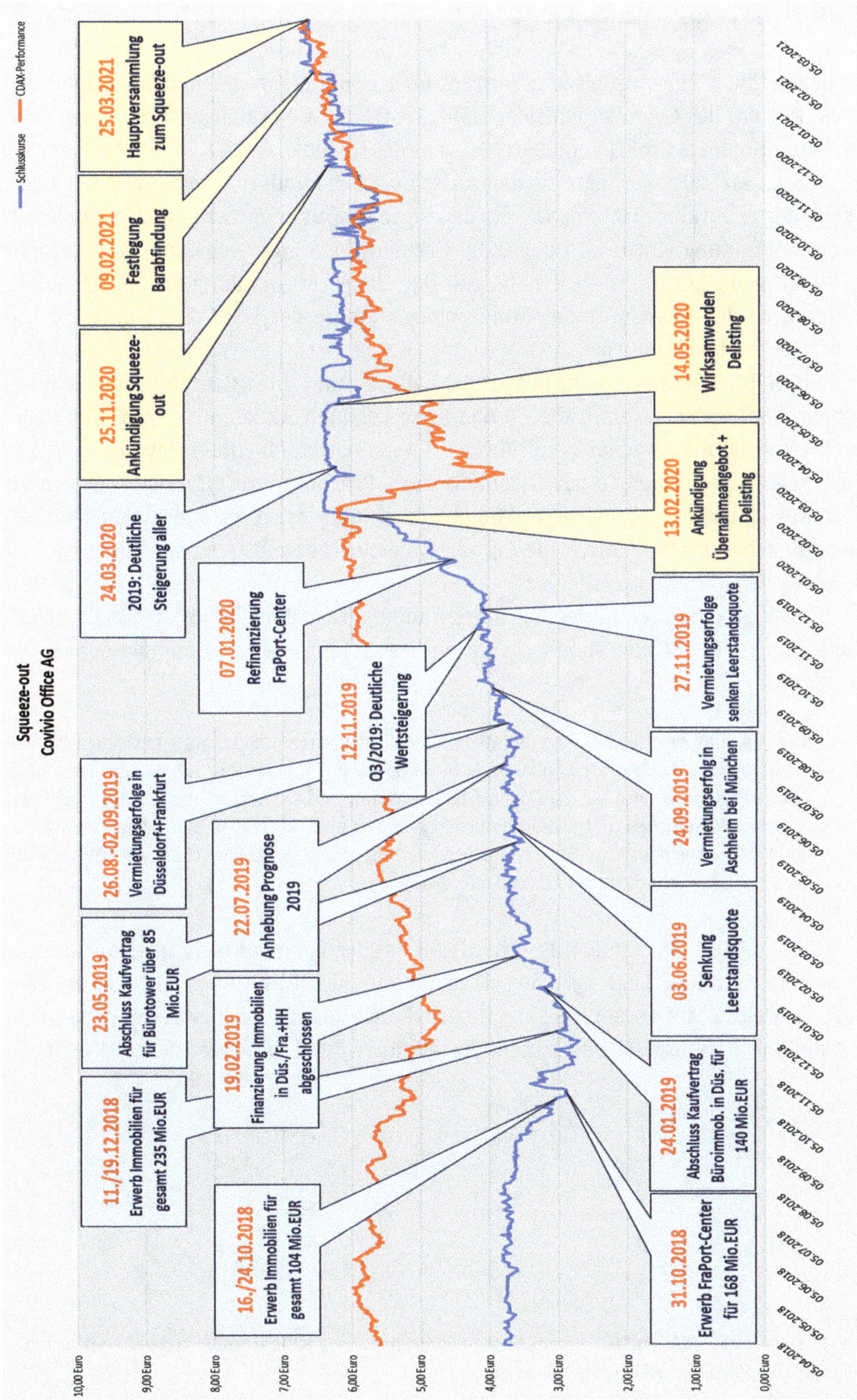
Squeeze-out
Covivio Office AG
Schlusskurse
CDAX-Performance
25.03.2021 Hauptversammlung zum Squeeze-out
09.02.2021 Festlegung Barabfindung
25.11.2020 Ankündigung Squeeze-out
24.03.2020 2019: Deutliche Steigerung aller
07.01.2020 Refinanzierung FraPort-Center
12.11.2019 Q3/2019: Deutliche Wertsteigerung
26.08.-02.09.2019 Vermietungserfolge in Düsseldorf+Frankfurt
22.07.2019 Anhebung Prognose 2019
23.05.2019 Abschluss Kaufvertrag für Bürotower über 85 Mio.EUR
19.02.2019 Finanzierung Immobilien in Düs./Fra.+HH abgeschlossen
11./19.12.2018 Erwerb Immobilien für gesamt 235 Mio.EUR
16./24.10.2018 Erwerb Immobilien für gesamt 104 Mio.EUR
14.05.2020 Wirksamwerden Delisting
13.02.2020 Ankündigung Übernahmeangebot + Delisting
27.11.2019 Vermietungserfolge senken Leerstandsquote
24.09.2019 Vermietungserfolg in Aschheim bei München
03.06.2019 Senkung Leerstandsquote
24.01.2019 Abschluss Kaufvertrag Büroimmob. in Düs. für 140 Mio.EUR
31.10.2018 Erwerb FraPort-Center für 168 Mio.EUR
10,00 Euro
9,00 Euro
8,00 Euro
7,00 Euro
6,00 Euro
5,00 Euro
4,00 Euro
3,00 Euro
2,00 Euro
1,00 Euro
0,00 Euro
05.04.2018
05.05.2018
05.06.2018
05.07.2018
05.08.2018
05.09.2018
05.10.2018
05.11.2018
05.12.2018
05.01.2019
05.02.2019
05.03.2019
05.04.2019
05.05.2019
05.06.2019
05.07.2019
05.08.2019
05.09.2019
05.10.2019
05.11.2019
05.12.2019
05.01.2020
05.02.2020
05.03.2020
05.04.2020
05.05.2020
05.06.2020
05.07.2020
05.08.2020
05.09.2020
05.10.2020
05.11.2020
05.12.2020
05.01.2021
05.02.2021
05.03.2021

7 HSBC Trinkhaus & Burkhardt AG

Nach Abschluss eines Anteilskaufvertrags über den Zukauf von Aktien in Höhe von ca. 18 Prozent des Grundkapitals der HSBC Trinkhaus & Burkhardt AG hielt die HSBC Germany Holdings GmbH rund 99,33 Prozent des Grundkapitals.

Am 25. Mai 2020 kündigte sie den Ausschluss der Minderheitsaktionäre der HSBC Trinkhaus & Burkhardt AG an. Die für den **Squeeze-out** zunächst auf **67,93 Euro** festgelegte Abfindung wurde von der HSBC Germany Holdings GmbH am 13. November 2020 auf **69,08** Euro je Aktie erhöht. Auf der Hauptversammlung am 19. November 2020 wurde der Ausschluss der Minderheitsaktionäre der HSBC Trinkhaus & Burkhardt AG beschlossen.

Die HSBC Trinkhaus & Burkhardt AG hat aufgrund ihres Geschäftsmodells überproportional von den durch die Corona-Krise volatilen Aktienmärkten profitiert. Jedoch erfuhren die Aktionäre und übrigen Kapitalmarktteilnehmer davon nichts: Die Gesellschaft hat weder Geschäftszahlen, noch Prognosen veröffentlicht. Erst nach dem Ausschluss der Minderheitsaktionäre berichtete der Vorstand in einem Interview über die positive, durch die Corona-Pandemie ausgelöste, Entwicklung der Gesellschaft[256].

Das zeigt, dass die Überlegungen des Bundesgerichtshofs in der **„WCM-Entscheidung“** einen rechtsfreien Raum zugunsten besser informierten Hauptaktionären eröffnen:

> „Voraussetzung der Bestimmung des Werts einer Unternehmensbeteiligung nach dem Börsenwert ist dabei nicht, dass der Kapitalmarkt in Bezug auf die Anteile streng allokations- und informationseffizient ist, also ein Zustand perfekten Wettbewerbs herrscht und alle prinzipiell zugänglichen öffentlichen und nichtöffentlichen Informationen korrekt in den Kursen verarbeitet sind (aA Fachausschuss für Unternehmensbewertung und Betriebswirtschaft des IDW [FAUB], AG 2021, 588 f.; Ruthardt/Popp, AG 2020, 240, 244).“[257]

Im Fall der HSBC Trinkhaus & Burkhardt AG hat der Vorstand nicht über die tatsächliche wirtschaftliche Lage berichtet. Diese konnte sich somit auch nicht im Börsenkurs einpreisen. Auf diese Weise konnte der Hauptaktionär das hier bestehende strukturelle Informationsgefälle zu seinem Vorteil nutzen und Vermögensvorteile erzielen.

---

256 Interview vom 3. März 2021 gegenüber finanzbusiness.de; abrufbar unter https://finanzbusiness.de/nachrichten/banken/article12800960.ece?utm_

257 BGH vom 21. Februar 2023 – II ZB 12/21, juris Tz. 20.

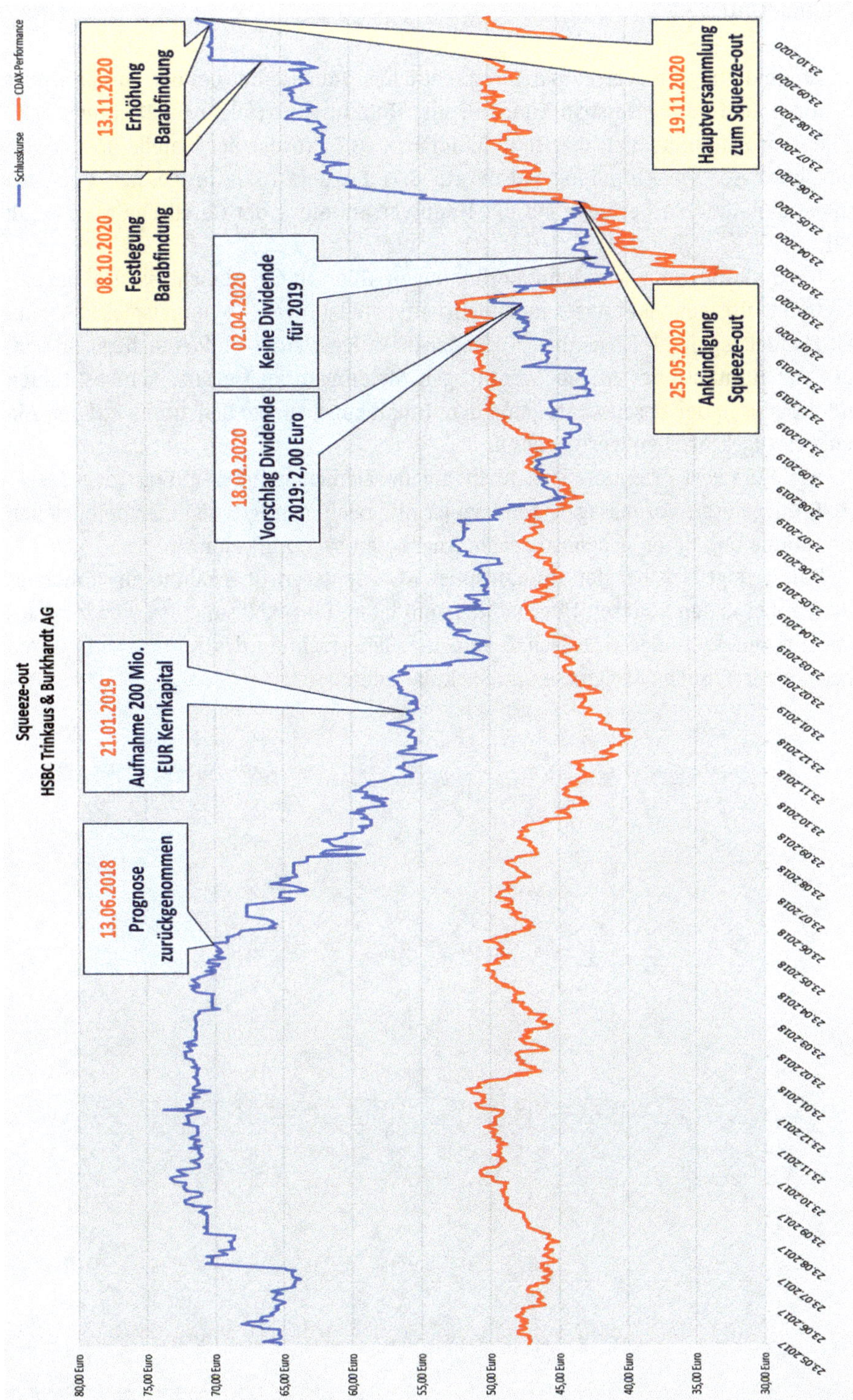
Squeeze-out
HSBC Trinkaus & Burkhardt AG
Schlusskurse
CDAX-Performance
13.06.2018
Prognose zurückgenommen
21.01.2019
Aufnahme 200 Mio. EUR Kernkapital
18.02.2020
Vorschlag Dividende 2019: 2,00 Euro
02.04.2020
Keine Dividende für 2019
08.10.2020
Festlegung Barabfindung
13.11.2020
Erhöhung Barabfindung
25.05.2020
Ankündigung Squeeze-out
19.11.2020
Hauptversammlung zum Squeeze-out
80,00 Euro
75,00 Euro
70,00 Euro
65,00 Euro
60,00 Euro
55,00 Euro
50,00 Euro
45,00 Euro
40,00 Euro
35,00 Euro
30,00 Euro

8 HumanOptics AG

Die Ankündigung des verschmelzungsrechtlichen Squeeze-out bei der HumanOptics AG durch die Hauptaktionärin, HumanOptics Holding AG, erfolgte am 21. Januar 2021. Zu diesem Zeitpunkt hielt die Hauptaktionärin 93,2 Prozent der Anteile an der HumanOptics AG. Die Abfindung wurde auf **8,71 Euro je** Aktie festgesetzt. Der Ausschluss der Aktionäre erfolgte auf der Hauptversammlung der Gesellschaft am 6. Juli 2021.

Die Ankündigung von Kapitalerhöhungen (hier unter Ausschluss des Bezugsrechts der übrigen Aktionäre) und Mehrheitsbeteiligungen – wie beispielsweise an den Handelstagen 30. November 2018 oder 30. August 2019 – bildet sich im Börsenkurs der HumanOptics AG ab, wohingegen Meldungen zu Umsätzen, Investitionen und Prognosen der Gesellschaft keine dem Inhalt zugeordnete Bedeutung auf den Aktienkurs zugeschrieben werden kann.

Der Kurswert orientiert sich nicht am tatsächlichen inneren Wert der Gesellschaft oder deren Voraussagen, sondern ist nur noch geprägt von einer potenziellen Übernahme und deren prognostizierten Angeboten bzw. Abfindungen.

Damit zeigt sich bei der HumanOptics AG vor deren Übernahme ein ähnliches Bild wie bei vielen anderen Übernahmekandidaten. Eine Ablösung des Börsenkurses vom inneren Wert der Gesellschaft und die Beherrschung des Kursverlaufs durch übernahmerechtliche Ereignisse und Spekulationen:

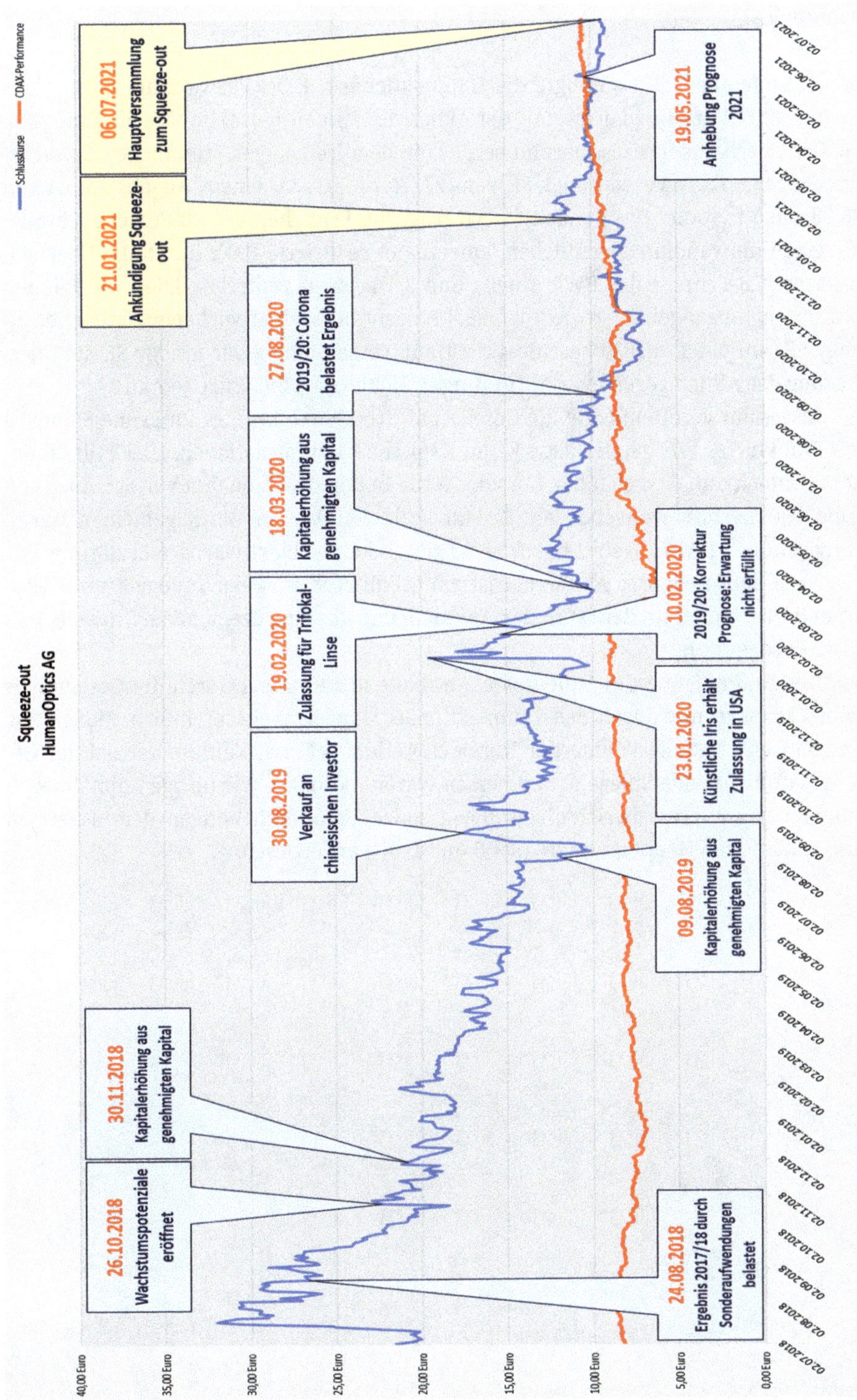
Squeeze-out
HumanOptics AG
Schlusskurse
CDAX-Performance
40,00 Euro
35,00 Euro
30,00 Euro
25,00 Euro
20,00 Euro
15,00 Euro
10,00 Euro
5,00 Euro
0,00 Euro
24.08.2018 Ergebnis 2017/18 durch Sonderaufwendungen belastet
26.10.2018 Wachstumspotenziale eröffnet
30.11.2018 Kapitalerhöhung aus genehmigten Kapital
09.08.2019 Kapitalerhöhung aus genehmigten Kapital
30.08.2019 Verkauf an chinesischen Investor
23.01.2020 Künstliche Iris erhält Zulassung in USA
19.02.2020 Zulassung für Trifokal-Linse
10.02.2020 2019/20: Korrektur Prognose: Erwartung nicht erfüllt
18.03.2020 Kapitalerhöhung aus genehmigten Kapital
27.08.2020 2019/20: Corona belastet Ergebnis
21.01.2021 Ankündigung Squeeze-out
19.05.2021 Anhebung Prognose 2021
06.07.2021 Hauptversammlung zum Squeeze-out
02.07.2018
02.08.2018
02.09.2018
02.10.2018
02.11.2018
02.12.2018
02.01.2019
02.02.2019
02.03.2019
02.04.2019
02.05.2019
02.06.2019
02.07.2019
02.08.2019
02.09.2019
02.10.2019
02.11.2019
02.12.2019
02.01.2020
02.02.2020
02.03.2020
02.04.2020
02.05.2020
02.06.2020
02.07.2020
02.08.2020
02.09.2020
02.10.2020
02.11.2020
02.12.2020
02.01.2021
02.02.2021
02.03.2021
02.04.2021
02.05.2021
02.06.2021
02.07.2021

9 innogy SE

Am 4. September 2019 kündigte die Hauptaktionärin E.ON Verwaltungs SE in einer Ad-hoc-Mitteilung die Übertragung der Aktien der Minderheitsaktionäre der innogy SE an. Der Übernahmeprozess begann bereits mit dem freiwilligen öffentlichen **Erwerbsangebot** der E.ON Verwaltungs SE vom 27. April 2018 zu einem Angebotspreis von **36,76 Euro** je Aktie. Das zunächst noch fragliche Erreichen der 90-Prozent-Schwelle für einen umwandlungsrechtlichen Squeeze-out realisierte E.ON durch die Übernahme von 76,8 Prozent des RWE-Anteils und 9,4 Prozent weiterer Aktien im Rahmen des Übernahmeangebots sowie knapp 3,8 Prozent börslich erworbener Aktien der innogy SE. Am 4. März 2020 beschloss die Hauptversammlung der innogy SE die Übertragung der Aktien gegen eine **Abfindung** in Höhe von **42,82 Euro** je Aktie.

Insgesamt veröffentlichte die Gesellschaft trotz ihres Listings im Prime Standard der Frankfurter Wertpapierbörse kaum Kapitalmarktinformationen. Hier fällt besonders deutlich auf, dass sich der Kurs der Aktie in den drei Monaten vor der Ankündigung des Übernahmeangebots am 12. März 2018 deutlich von der allgemeinen Marktentwicklung (CDAX) abgelöst hat. Hierfür gibt es keine objektivierbare Erklärung.

Nach dem Ende der Annahmefrist am 6. Juli 2018 stieg der innogy-Kurs wieder an und überschritt im Zeitraum der Ankündigung des Squeeze-outs die Schwelle von 45,00 Euro je Aktie.

Die Ankündigung des Squeeze-outs erfolgte nicht einmal durch die Gesellschaft selbst, sondern nur durch den Hauptaktionär. Mangels weiterer Informationen zur Geschäftsentwicklung konnte der Kurs der Aktie das Entwicklungspotenzial der Gesellschaft nicht widerspiegeln. Stattdessen waren Aktionäre wie übrige Kapitalmarktteilnehmer auf Presseberichterstattungen sowie Veröffentlichungen der bisherigen und zukünftigen Hauptaktionäre (RWE und E.ON) angewiesen.

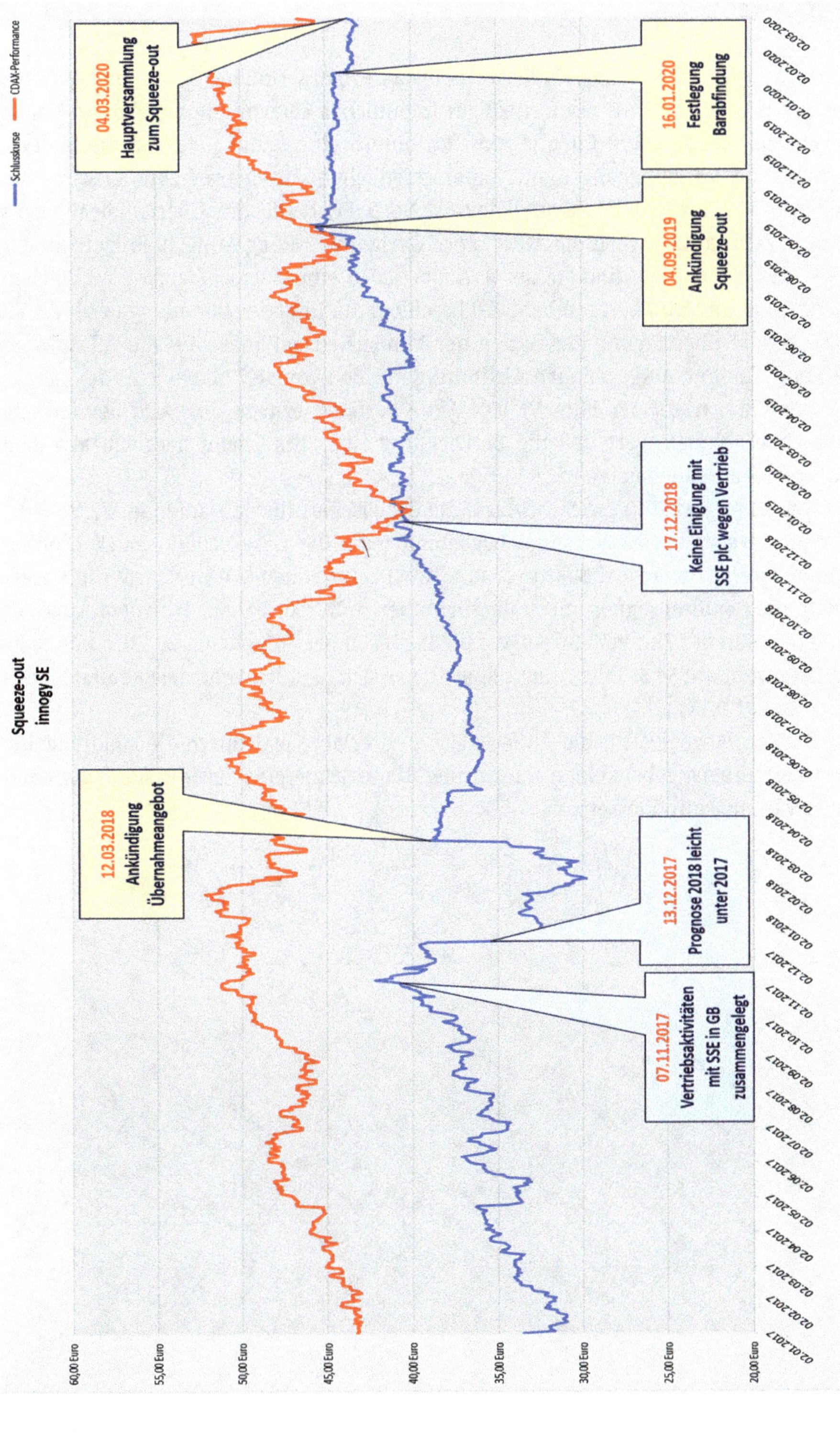
Squeeze-out
innogy SE
Schlusskurse
CDAX-Performance
04.03.2020
Hauptversammlung
zum Squeeze-out
16.01.2020
Festlegung
Barabfindung
04.09.2019
Ankündigung
Squeeze-out
17.12.2018
Keine Einigung mit
SSE plc wegen Vertrieb
12.03.2018
Ankündigung
Übernahmeangebot
13.12.2017
Prognose 2018 leicht
unter 2017
07.11.2017
Vertriebsaktivitäten
mit SSE in GB
zusammengelegt
60,00 Euro
55,00 Euro
50,00 Euro
45,00 Euro
40,00 Euro
35,00 Euro
30,00 Euro
25,00 Euro
20,00 Euro
02.01.2017
02.02.2017
02.03.2017
02.04.2017
02.05.2017
02.06.2017
02.07.2017
02.08.2017
02.09.2017
02.10.2017
02.11.2017
02.12.2017
02.01.2018
02.02.2018
02.03.2018
02.04.2018
02.05.2018
02.06.2018
02.07.2018
02.08.2018
02.09.2018
02.10.2018
02.11.2018
02.12.2018
02.01.2019
02.02.2019
02.03.2019
02.04.2019
02.05.2019
02.06.2019
02.07.2019
02.08.2019
02.09.2019
02.10.2019
02.11.2019
02.12.2019
02.01.2020
02.02.2020
02.03.2020

10 ISRA VISION AG

Am 10. Februar 2020 kündigte die Atlas Copco Germany Holding AG an, den Aktionären der ISRA VISION AG ein freiwilliges öffentliches **Übernahmeangebot** zu einem Angebotspreis von **50,00 Euro** je Aktie zu unterbreiten. Zudem schloss die Bieterin verbindliche Vereinbarungen mit unterschiedlichen Aktionären zum Erwerb von weiteren 34,9 Prozent des Grundkapitals. Nach Fristende des Übernahmeangebots vom 28. Februar 2020 hielt die Atlas Copco Germany Holding AG 92,19 Prozent an der ISRA VISION AG und kündigte am 3. August 2020 einen verschmelzungsrechtlichen Squeeze-out an. Am 15. Dezember 2020 beschloss die Hauptversammlung der ISRA VISION AG die Übertragung der Aktien der Minderheitsaktionäre auf die Atlas Copco Germany Holding AG gegen eine **Abfindung** in Höhe von **46,77 Euro** je Aktie.

Der Kursverlauf der ISRA VISION Aktie bestätigt erneut, dass sich der tatsächliche Unternehmenswert und die Entwicklung eines Unternehmens nicht aus dem Börsenkurs ableiten lassen:

Am 31. August 2018 prognostizierte die Gesellschaft für das laufende Wirtschaftsjahr ein zweistelliges Wachstum. Begleitend teilte die Gesellschaft am 11. Oktober 2018 den Erhalt eines Großauftrags mit. Am 14. Dezember 2018 erklärte die Gesellschaft, die Gewinnprognose noch deutlich übertroffen zu haben. Trotzdem sank der Börsenkurs in der Zeit vom 31. August bis 15. Dezember 2018 von 59,30 Euro um mehr als 42 Prozent auf 34,31 Euro. Damit koppelte er sich deutlich vom allgemeinen Marktgeschehen (CDAX) ab.

Danach bewegte sich die Aktie volatil und erlebte erst durch die Ankündigung des Übernahmeangebots einen Kurssprung. Dann setzte eine Seitwärtsbewegung um die erwartete Abfindung ein:

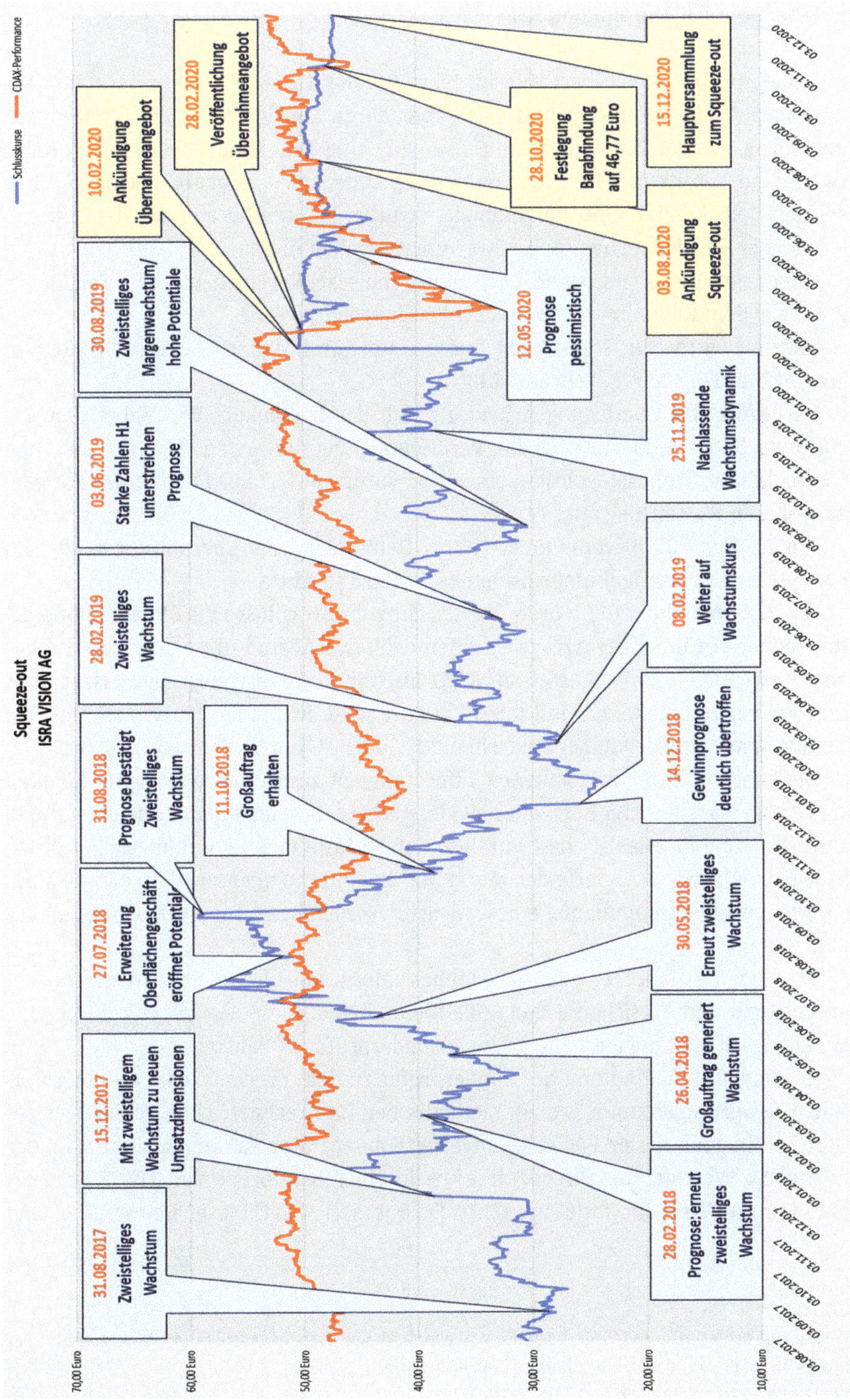
Squeeze-out
ISRA VISION AG
Schlusskurse
CDAX-Performance
31.08.2017 Zweistelliges Wachstum
15.12.2017 Mit zweistelligem Wachstum zu neuen Umsatzdimensionen
28.02.2018 Prognose: erneut zweistelliges Wachstum
26.04.2018 Großauftrag generiert Wachstum
30.05.2018 Erneut zweistelliges Wachstum
27.07.2018 Erweiterung Oberflächengeschäft eröffnet Potential
31.08.2018 Prognose bestätigt Zweistelliges Wachstum
11.10.2018 Großauftrag erhalten
14.12.2018 Gewinnprognose deutlich übertroffen
08.02.2019 Weiter auf Wachstumskurs
28.02.2019 Zweistelliges Wachstum
03.06.2019 Starke Zahlen H1 unterstreichen Prognose
30.08.2019 Zweistelliges Margenwachstum/ hohe Potentiale
25.11.2019 Nachlassende Wachstumsdynamik
10.02.2020 Ankündigung Übernahmeangebot
28.02.2020 Veröffentlichung Übernahmeangebot
12.05.2020 Prognose pessimistisch
03.08.2020 Ankündigung Squeeze-out
28.10.2020 Festlegung Barabfindung auf 46,77 Euro
15.12.2020 Hauptversammlung zum Squeeze-out
70,00 Euro
60,00 Euro
50,00 Euro
40,00 Euro
30,00 Euro
20,00 Euro
10,00 Euro

11 Kabel Deutschland Holding AG

Die Vodafone Group Plc übernahm im Jahr 2013 die Kabel Deutschland Holding AG. Damit wollte sich Vodafone von der Telekom, deren Kabelnetze sie bis dahin nutzte, unabhängig machen. Erste Vorbereitungen für eine Übernahme wurden bei Kabel Deutschland bereits im März 2012 unter dem Codenamen „Mozart" getroffen, ohne dass dies dem Kapitalmarkt kommuniziert wurde. Externe Berater wurden mit entsprechenden Businessplänen und Bewertungsaufgaben betraut.

Intern zur Diskussion stand auch eine Wholesale-Vereinbarung mit Telefonica-O2, welche dem Kapitalmarkt ebenfalls nicht mitgeteilt wurde.

Bekannt wurde die Transaktion durch einen vorab online gestellten Artikel des Manager-Magazins am 13. Februar 2013[258].

Zu Beginn der Überlegungen bewegte sich der Börsenkurs von Kabel Deutschland unter 50 Euro. Er stieg bis zur Veröffentlichung der ersten Gerüchte auf rund 64 Euro. Die Gerüchte selbst lösten einen Kurssprung auf 69 Euro und in der Folge einen weiteren Kursanstieg aus.

Am 24. Juni 2013 veröffentlichte Kabel Deutschland die Übernahmeabsicht von Vodafone zu einem **Angebotspreis** von **84,50 Euro je Aktie**.

Am 12. September 2013 wurde die Absicht zum Abschluss eines **Beherrschungs- und Gewinnabführungsvertrags** veröffentlicht. Die **Abfindung** wurde anhand des umsatzgewichteten Börsenkurses auf **84,53 Euro je Aktie** festgelegt. Den Ertragswert bezifferte der Hauptaktionär mit nur 75,76 Euro je Aktie. Diesem Vertrag stimmte die Hauptversammlung der Kabel Deutschland Holding AG am 13. Februar 2014 zu.

Die zunächst geheim gehaltenen Informationen zum Projekt „Mozart" konnten sich naturgemäß nicht im Börsenkurs widerspiegeln. Erst die Presseberichterstattung zur Übernahme der Gesellschaft durch Vodafone löste einen kontinuierlichen Kursanstieg aus. Dagegen reagierte der Markt auf die unternehmensspezifischen Meldungen, wie etwa die Ankündigung eines wachstumsorientierten Investitionsprogramms, nicht.

Bis über die Hauptversammlung hinaus unbekannt blieben Pflichtverletzungen von Vorstand und Aufsichtsrat von Kabel Deutschland. Diese wurden erst durch eine vom Landgericht München I angeordnete Sonderprüfung[259] aufgedeckt.

In seinem Bericht kommt der Sonderprüfer zu dem Ergebnis, dass die intern erstellten Bewertungen unter groben methodischen und rechnerischen Fehlern leiden. Unter Bereinigung dieser Fehler gelangt der Sonderprüfer zu dem Schluss, dass der tatsächliche Wert der Gesellschaft je Aktie in einer Bandbreite von 110,37 Euro bis 133,10 Euro je Aktie, im Mittel bei 121,74 Euro je Aktie liegt. Dieser Betrag übersteigt

---

258 „Zukauf erwogen – Vodafone bastelt an Übernahme von Kabel Deutschland", zu beziehen über https://www.manager-magazin.de/digitales/it/a-883068.html

259 Beschluss vom 9. Juni 2016 – 17 HK O 6754/15.

den von Vodafone und Kabel Deutschland behaupteten anteiligen Unternehmenswert von (nur) 84,53 Euro bei Weitem. Die Fehler waren für den Vorstand der Kabel Deutschland erkennbar, so dass er darüber den Kapitalmarkt hätte unterrichten müssen. Das Unterlassen solcher Mitteilungen stellt daher eine Kursmanipulation dar.

Trotzdem befasste sich das Oberlandesgericht München im Spruchverfahren mit dem inneren Wert von Kabel Deutschland überhaupt nicht mehr. Stattdessen beurteilte das Oberlandesgericht den Börsenkurs als allein maßgeblich, weil die Aktien der Kabel Deutschland hoch liquide gewesen seien und daher zutreffend die Markteinschätzung der Kapitalmarktteilnehmer reflektierten.

Die Ergebnisse der erst nach dem Bewertungsstichtag durchgeführten Sonderprüfung, die sich zwangsläufig nicht im Börsenkurs niederschlagen konnten, und die Sorgfaltspflichtverletzungen des Vorstands, welcher den Kapitalmarkt nicht über den wesentlich höheren inneren Wert der Aktie unterrichtet hat, wurden vom Oberlandesgericht ignoriert.

Weil sich das Oberlandesgericht damit in Divergenz zur DAT-Altana-Rechtsprechung des Bundesgerichtshofs begab, ließ es die Rechtsbeschwerde zu[260].

Der Chart zeigt, dass sich der wahre Wert der Aktien der Kabel Deutschland zu keinem Zeitpunkt im Börsenkurs niedergeschlagen hat:

260 BGH – II ZB 5/22 [Kabel Deutschland].

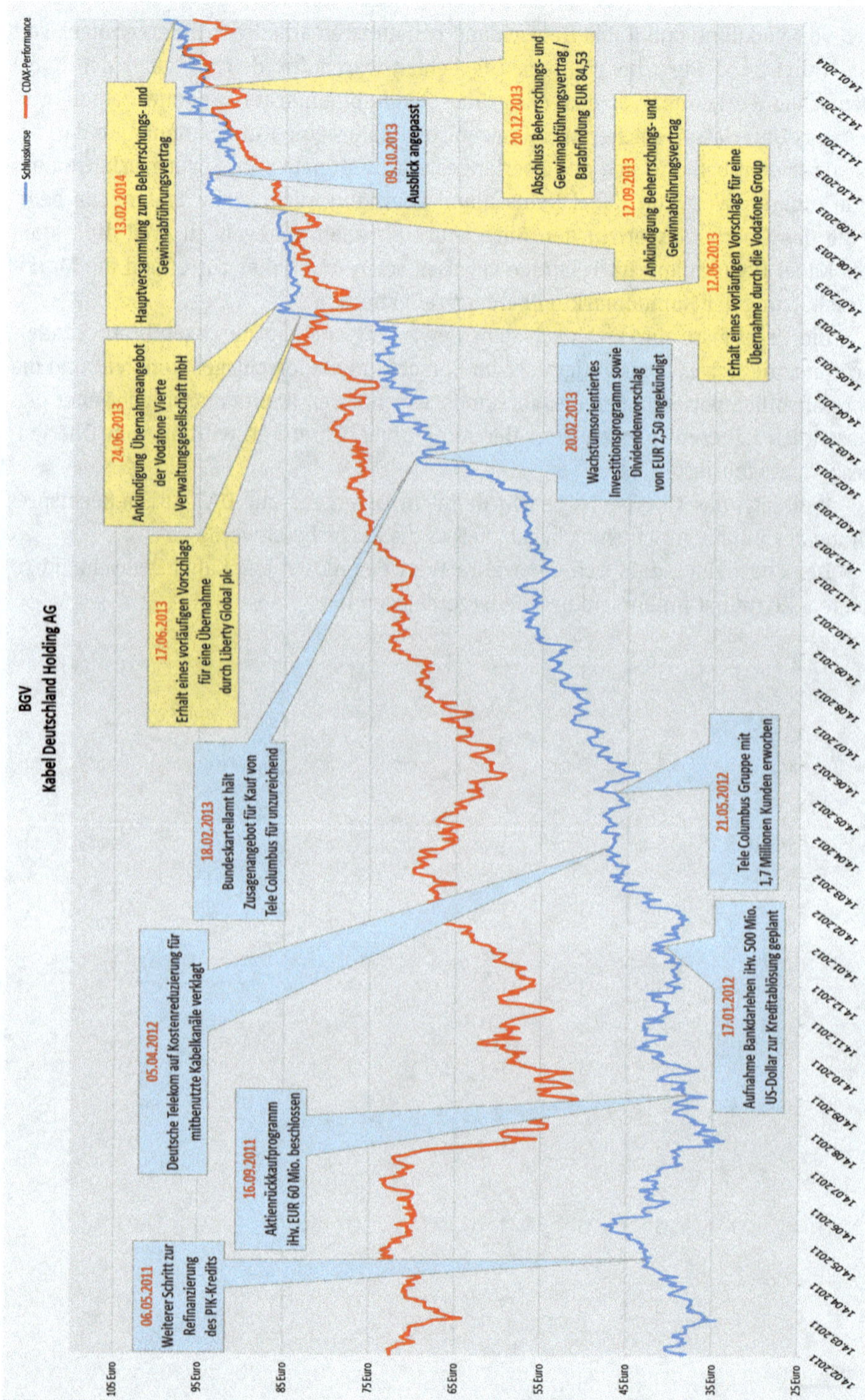
BGV
Kabel Deutschland Holding AG
Schlusskurse
CDAX-Performance
06.05.2011 Weiterer Schritt zur Refinanzierung des PIK-Kredits
16.09.2011 Aktienrückkaufprogramm iHv. EUR 60 Mio. beschlossen
05.04.2012 Deutsche Telekom auf Kostenreduzierung für mitbenutzte Kabelkanäle verklagt
18.02.2013 Bundeskartellamt hält Zusagenangebot für Kauf von Tele Columbus für unzureichend
17.06.2013 Erhalt eines vorläufigen Vorschlags für eine Übernahme durch Liberty Global plc
24.06.2013 Ankündigung Übernahmeangebot der Vodafone Vierte Verwaltungsgesellschaft mbH
13.02.2014 Hauptversammlung zum Beherrschungs- und Gewinnabführungsvertrag
09.10.2013 Ausblick angepasst
20.12.2013 Abschluss Beherrschungs- und Gewinnabführungsvertrag / Barabfindung EUR 84,53
12.09.2013 Ankündigung Beherrschungs- und Gewinnabführungsvertrag
12.06.2013 Erhalt eines vorläufigen Vorschlags für eine Übernahme durch die Vodafone Group
20.02.2013 Wachstumsorientiertes Investitionsprogramm sowie Dividendenvorschlag von EUR 2,50 angekündigt
21.05.2012 Tele Columbus Gruppe mit 1,7 Millionen Kunden erworben
17.01.2012 Aufnahme Bankdarlehen iHv. 500 Mio. US-Dollar zur Kreditablösung geplant
105 Euro
95 Euro
85 Euro
75 Euro
65 Euro
55 Euro
45 Euro
35 Euro
25 Euro
14.02.2011
14.03.2011
14.04.2011
14.05.2011
14.06.2011
14.07.2011
14.08.2011
14.09.2011
14.10.2011
14.11.2011
14.12.2011
14.01.2012
14.02.2012
14.03.2012
14.04.2012
14.05.2012
14.06.2012
14.07.2012
14.08.2012
14.09.2012
14.10.2012
14.11.2012
14.12.2012
14.01.2013
14.02.2013
14.03.2013
14.04.2013
14.05.2013
14.06.2013
14.07.2013
14.08.2013
14.09.2013
14.10.2013
14.11.2013
14.12.2013
14.01.2014

12 Kuka AG

Im Zuge der Übernahme der KUKA AG durch MECCA International (BVI) Limited, einer 100-prozentigen Tochtergesellschaft der Midea Group Co., Ltd. kam im Jahr 2016 eine Investorenvereinbarung zustande. Darin hatte sich die Bieterin unter anderem dazu verpflichtet, bis Ende 2023 keinen Unternehmensvertrag und keine Aufhebung der Börsennotierung zu beschließen. Doch daran hielt sich die Bieterin nicht:

Am 23. November 2021 hat eine Ad-hoc-Mitteilung die Übertragung der Aktien der Minderheitsaktionäre der KUKA AG auf die Guangdong Midea Electric Co., Ltd. angekündigt[261]. Die Hauptversammlung der KUKA AG hat dann am 17. Mai 2022 den **Squeeze-out** gegen Zahlung einer **Abfindung** in Höhe von **80,77 Euro** je Aktie beschlossen.

Obgleich die KUKA AG vor ihrer Übernahme im Prime Standard der Frankfurter Börse zugelassen war und auch nach Übernahme durch die Midea darin verblieb, veröffentlichte die Gesellschaft kaum Unternehmensmeldungen. Die beiden negativen Prognose- und Ergebnismeldungen aus den Jahren 2019 und 2020 wirkten sich nicht auf den Aktienkurs der KUKA AG aus. Der Börsenkurs der KUKA war durch die Midea-Übernahme bereits lange vor dem Ausschluss der Aktionäre beeinflusst. Jedenfalls lassen sich die Kurssprünge – wie im Jahre 2021 – nicht mit der Finanzmarktkommunikation der Kuka AG begründen:

261 Zu beziehen über https://www.eqs-news.com/de/company/kuka-aktiengesellschaft/news/5b7215f7-ea7c-11e8-902f-2c44fd856d8c?newsType=adhoc

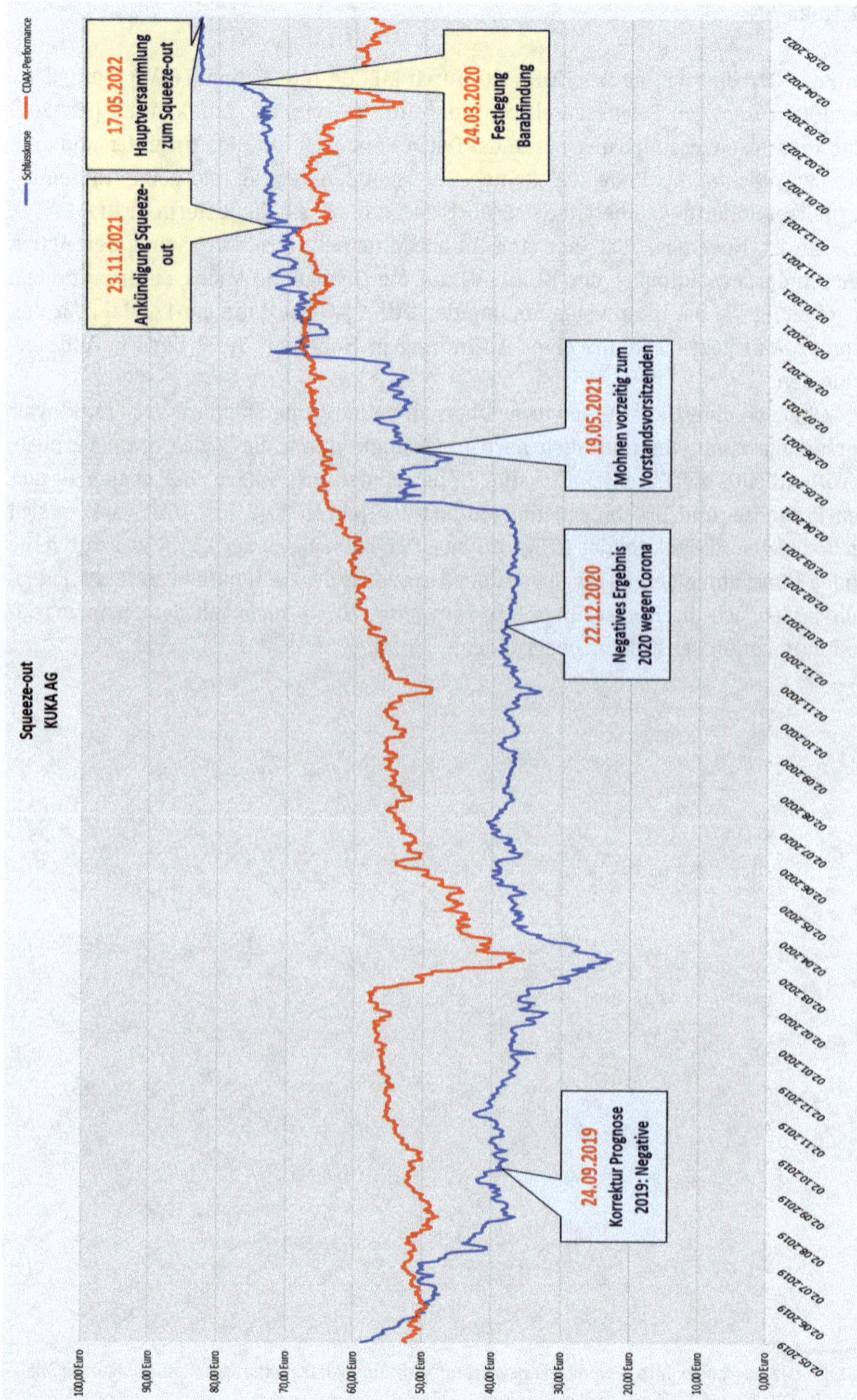
Squeeze-out
KUKA AG
Schlusskurse
CDAX-Performance
17.05.2022
Hauptversammlung zum Squeeze-out
24.03.2020
Festlegung Barabfindung
23.11.2021
Ankündigung Squeeze-out
19.05.2021
Mohnen vorzeitig zum Vorstandsvorsitzenden
22.12.2020
Negatives Ergebnis 2020 wegen Corona
24.09.2019
Korrektur Prognose 2019: Negative
100,00 Euro
90,00 Euro
80,00 Euro
70,00 Euro
60,00 Euro
50,00 Euro
40,00 Euro
30,00 Euro
20,00 Euro
10,00 Euro
0,00 Euro
02.05.2019
02.06.2019
02.07.2019
02.08.2019
02.09.2019
02.10.2019
02.11.2019
02.12.2019
02.01.2020
02.02.2020
02.03.2020
02.04.2020
02.05.2020
02.06.2020
02.07.2020
02.08.2020
02.09.2020
02.10.2020
02.11.2020
02.12.2020
02.01.2021
02.02.2021
02.03.2021
02.04.2021
02.05.2021
02.06.2021
02.07.2021
02.08.2021
02.09.2021
02.10.2021
02.11.2021
02.12.2021
02.01.2022
02.02.2022
02.03.2022
02.04.2022
02.05.2022

13 Linde AG

Erste Gespräche über einen Zusammenschluss zwischen der Linde AG und der damaligen Praxair, Inc. fanden bereits am 16. August 2016 statt. Die Erfüllung zahlreicher kartellrechtlicher Auflagen, um eine marktbeherrschende Stellung der neu gegründeten Gesellschaft zu verhindern, zögerte den Übernahmeprozess lange hinaus.

Das freiwillige öffentliche Übernahmeangebot der Linde plc an die Aktionäre der Linde AG erfolgte in Form eines Tauschangebots. Dem **Angebotspreis** lag der von der BaFin für den maßgeblichen Stichtag 31. Mai 2017 mitgeteilte Drei-Monats-Durchschnittskurs in Höhe von **160,30 Euro** für eine Aktie der Linde AG zugrunde. Die Bieterin erreichte am 24. November 2017 die Schwelle von 90 Prozent.

Am 12. Dezember 2018 hat die außerordentliche Hauptversammlung der Linde AG gegen Zahlung einer **Abfindung** in Höhe von **189,46 Euro** den **Squeeze-out** der Minderheitsaktionäre beschlossen.

Bei der Kursentwicklung der Linde AG in den Jahren vor dem Squeeze-out ist zu beobachten, dass sich die Kapitalmarktinformationen der Linde AG zu ihren positiven Umsatz- und Ergebnisentwicklungen sowie Dividendenerhöhungen kaum oder sogar negativ auf den Kurs der Aktie ausgewirkt haben. Die positive Geschäftsentwicklung und die steigenden Umsätze bilden sich jedenfalls nicht im Börsenkurs ab. Stattdessen prägte der Zusammenschluss der Linde AG mit der Praxair, Inc. den Börsenkurs. Insbesondere die Nachrichten um kartellrechtliche Auflagen beherrschten den Kursverlauf.

Mit der **ersten Gesprächsaufnahme** über den Zusammenschluss im Jahre 2016 ist dagegen ein deutlicher Kurssprung von 130,00 Euro auf über 150,00 Euro je Aktie der Linde AG zu verzeichnen. Es ist anzunehmen, dass allein die konkrete Aussicht auf den Zusammenschluss die bestehenden Ertragspotentiale der Linde AG näherungsweise aufgezeigt haben. Daraufhin setzt sich die positive Kursentwicklung gleichlaufend mit dem Kurs des CDAX fort. Mit Festlegung der Abfindung in Höhe von 188,24 Euro am 15. Oktober 2018 koppelt sich der Aktienkurs der Linde AG dann komplett vom CDAX ab und erreicht bis zur Hauptversammlung einen Wert von über 190,00 Euro je Aktie. Allein im Zeitraum zwischen Ankündigung des Squeeze-out und dem Beschluss der Hauptversammlung ist ein Kursgewinn von fast 20,00 Euro je Aktie zu verzeichnen:

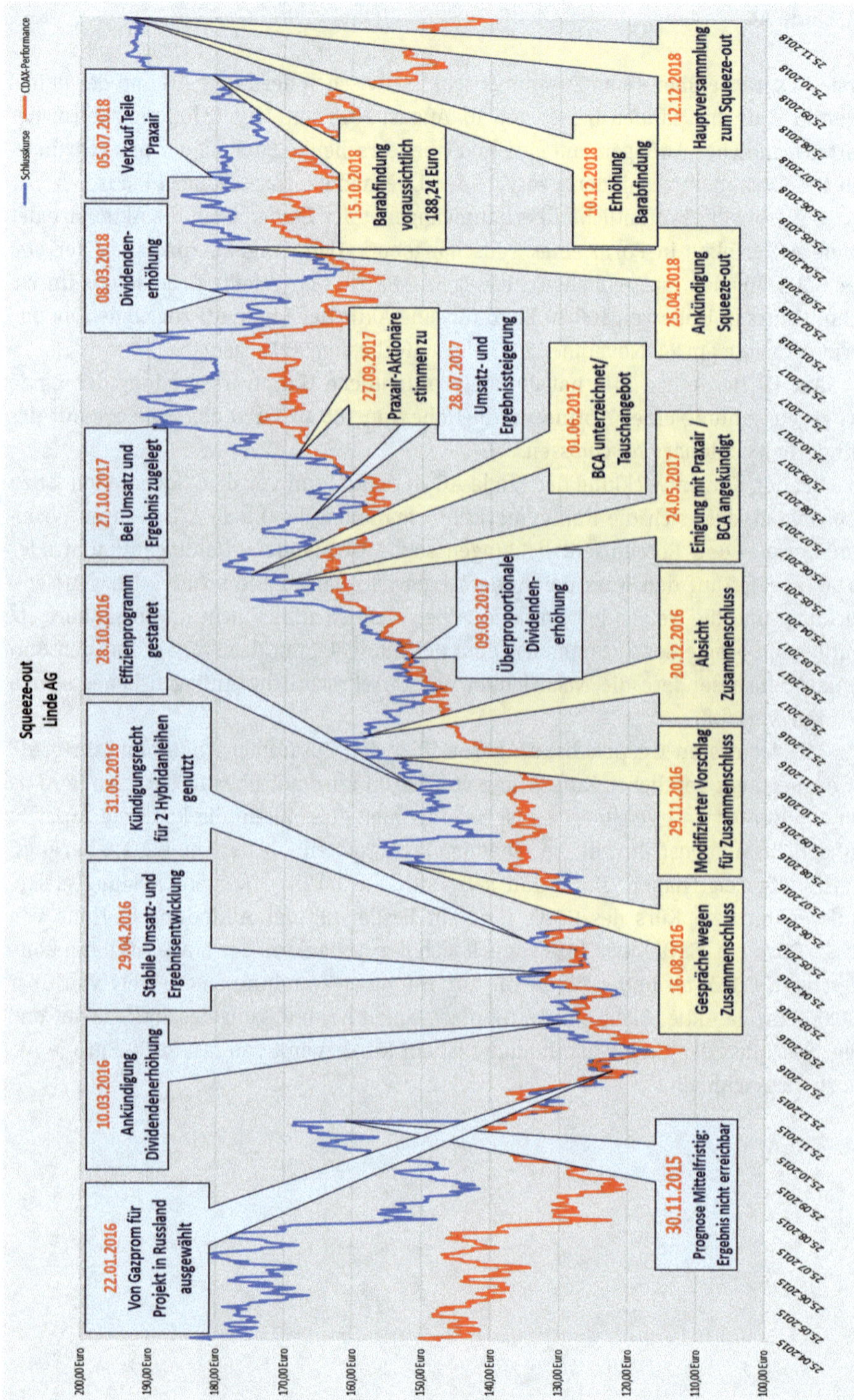
Squeeze-out
Linde AG
Schlusskurse
CDAX-Performance
22.01.2016
Von Gazprom für Projekt in Russland ausgewählt
10.03.2016
Ankündigung Dividendenerhöhung
29.04.2016
Stabile Umsatz- und Ergebnisentwicklung
31.05.2016
Kündigungsrecht für 2 Hybridanleihen genutzt
28.10.2016
Effizienzprogramm gestartet
27.10.2017
Bei Umsatz und Ergebnis zugelegt
08.03.2018
Dividenden-erhöhung
05.07.2018
Verkauf Teile Praxair
30.11.2015
Prognose Mittelfristig: Ergebnis nicht erreichbar
16.08.2016
Gespräche wegen Zusammenschluss
29.11.2016
Modifizierter Vorschlag für Zusammenschluss
20.12.2016
Absicht Zusammenschluss
09.03.2017
Überproportionale Dividenden-erhöhung
24.05.2017
Einigung mit Praxair / BCA angekündigt
01.06.2017
BCA unterzeichnet/ Tauschangebot
28.07.2017
Umsatz- und Ergebnissteigerung
27.09.2017
Praxair-Aktionäre stimmen zu
25.04.2018
Ankündigung Squeeze-out
15.10.2018
Barabfindung voraussichtlich 188,24 Euro
10.12.2018
Erhöhung Barabfindung
12.12.2018
Hauptversammlung zum Squeeze-out

14 MAN SE

Zwischen der MAN SE und der Truck & Bus GmbH (seit Juni 2018 umgewandelt in TRATON AG) bestand seit dem 26. April 2013 ein **Beherrschungs- und Gewinnabführungsvertrag**. Die im Unternehmensvertrag festgelegte **Abfindung** sowie den jährlichen Ausgleich hat das Oberlandesgericht München mit Beschluss vom 29. Juni 2018 auf **90,29 Euro** je Aktie (Anhebung um 9,40 Euro) und den **Ausgleich** auf **5,50 Euro brutto** (Anhebung um 2,20 Euro) bestimmt.

Nach Kündigung des Beherrschungs- und Gewinnabführungsvertrages im Jahr 2018 meldete die TRATON SE am 4. März 2019 das Erreichen einer Beteiligungshöhe von über 90 Prozent an der MAN SE. Etwa ein Jahr später kündigte die MAN SE die Absicht zur Durchführung eines verschmelzungsrechtlichen Squeeze-out an. Zu diesem Zeitpunkt hielt die TRATON SE 94,36 Prozent an der MAN. Nachdem der **Squeeze-out** im Jahre 2020 verschoben wurde, beschloss die Hauptversammlung der MAN SE am 29. Juni 2021 die Übertragung der Aktien der Minderheitsaktionäre auf die TRATON SE gegen Zahlung einer **Abfindung** in Höhe von **70,68 Euro je Stamm- und Vorzugsaktie**.

Auffällig an der Börsenentwicklung der MAN-Stamm- sowie Vorzugsaktie ist der schlagartige Kursabfall des Aktienkurses nach Verkündung des Erreichens der 90-Prozent-Schwelle. Bis zur Ankündigung des geplanten verschmelzungsrechtlichen Squeeze-out etwa ein Jahr später setzte sich der Kursabfall weiter fort, wohingegen der CDAX einen leichten Anstieg verzeichnete.

In dieser Zeit veröffentlichte die MAN keine Kapitalmarktinformationen. Damit bildet der Börsenkurs nicht den wahren inneren Ertragswert der Gesellschaft ab. Der Aktienkurs wurde überwiegend durch die beiden Strukturmaßnahmen – Unternehmensvertrag sowie Squeeze-out – bestimmt. Daher überrascht es auch nicht, dass sich Stamm- und Vorzugsaktien nahezu gleichlaufend entwickelt haben:

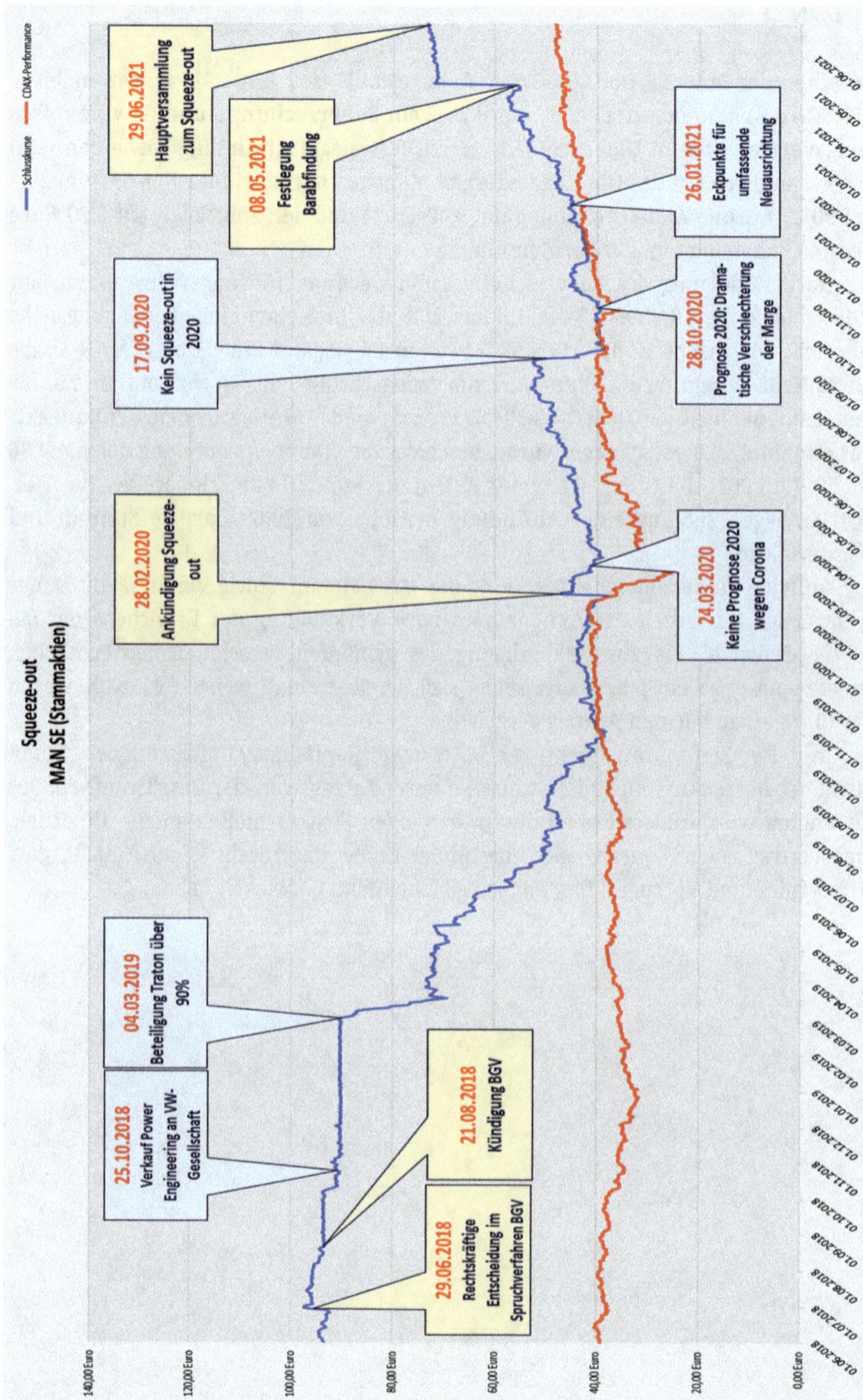
Squeeze-out
MAN SE (Stammaktien)
Schlusskurse
CDAX-Performance
140,00 Euro
120,00 Euro
100,00 Euro
80,00 Euro
60,00 Euro
40,00 Euro
20,00 Euro
0,00 Euro
29.06.2018 Rechtskräftige Entscheidung im Spruchverfahren BGV
21.08.2018 Kündigung BGV
25.10.2018 Verkauf Power Engineering an VW-Gesellschaft
04.03.2019 Beteiligung Traton über 90%
28.02.2020 Ankündigung Squeeze-out
24.03.2020 Keine Prognose 2020 wegen Corona
17.09.2020 Kein Squeeze-out in 2020
28.10.2020 Prognose 2020: Dramatische Verschlechterung der Marge
26.01.2021 Eckpunkte für umfassende Neuausrichtung
08.05.2021 Festlegung Barabfindung
29.06.2021 Hauptversammlung zum Squeeze-out
01.06.2018
01.07.2018
01.08.2018
01.09.2018
01.10.2018
01.11.2018
01.12.2018
01.01.2019
01.02.2019
01.03.2019
01.04.2019
01.05.2019
01.06.2019
01.07.2019
01.08.2019
01.09.2019
01.10.2019
01.11.2019
01.12.2019
01.01.2020
01.02.2020
01.03.2020
01.04.2020
01.05.2020
01.06.2020
01.07.2020
01.08.2020
01.09.2020
01.10.2020
01.11.2020
01.12.2020
01.01.2021
01.02.2021
01.03.2021
01.04.2021
01.05.2021
01.06.2021

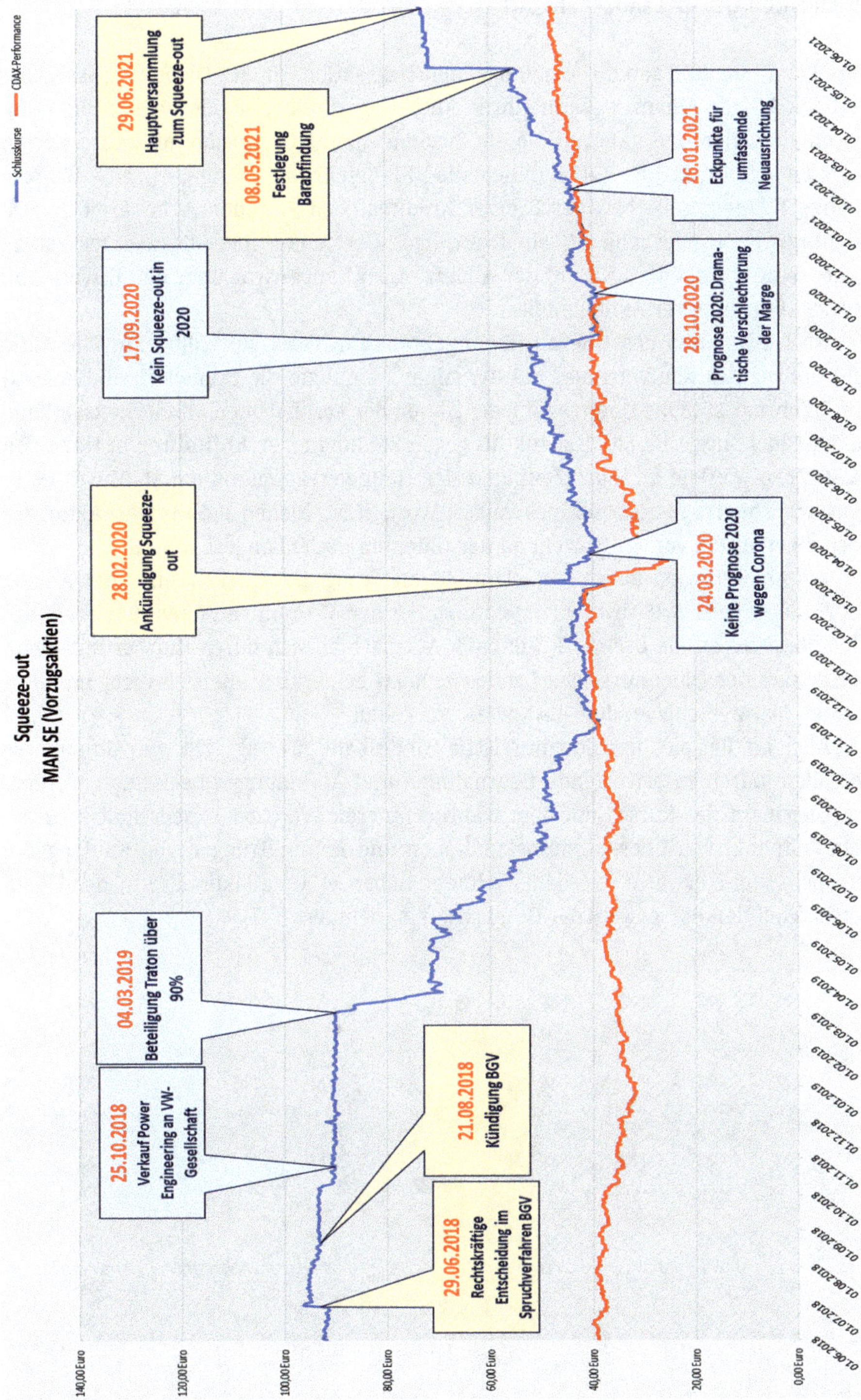
Squeeze-out
MAN SE (Vorzugsaktien)
Schlusskurse
CDAX-Performance
29.06.2021 Hauptversammlung zum Squeeze-out
08.05.2021 Festlegung Barabfindung
26.01.2021 Eckpunkte für umfassende Neuausrichtung
17.09.2020 Kein Squeeze-out in 2020
28.10.2020 Prognose 2020: Dramatische Verschlechterung der Marge
28.02.2020 Ankündigung Squeeze-out
24.03.2020 Keine Prognose 2020 wegen Corona
04.03.2019 Beteiligung Traton über 90%
25.10.2018 Verkauf Power Engineering an VW-Gesellschaft
21.08.2018 Kündigung BGV
29.06.2018 Rechtskräftige Entscheidung im Spruchverfahren BGV
140,00 Euro
120,00 Euro
100,00 Euro
80,00 Euro
60,00 Euro
40,00 Euro
20,00 Euro
0,00 Euro
01.06.2018
01.07.2018
01.08.2018
01.09.2018
01.10.2018
01.11.2018
01.12.2018
01.01.2019
01.02.2019
01.03.2019
01.04.2019
01.05.2019
01.06.2019
01.07.2019
01.08.2019
01.09.2019
01.10.2019
01.11.2019
01.12.2019
01.01.2020
01.02.2020
01.03.2020
01.04.2020
01.05.2020
01.06.2020
01.07.2020
01.08.2020
01.09.2020
01.10.2020
01.11.2020
01.12.2020
01.01.2021
01.02.2021
01.03.2021
01.04.2021
01.05.2021
01.06.2021

15 Oldenburgische Landesbank AG

Bereits im Juni 2016 gab die ehemalige Mehrheitsaktionärin der Oldenburgische Landesbank AG, die Allianz, bekannt, ihren Anteilsbesitz teilweise oder vollständig reduzieren zu wollen und nahm in diesem Zusammenhang Gespräche mit interessierten Parteien auf. Am 23. Juni 2017 kündigte die BKB Beteiligungsholding AG, eine 100-prozentige Tochtergesellschaft der Bremer Kreditbank AG, an, den Aktionären der Oldenburgische Landesbank AG ein freiwilliges Übernahmeangebot zu unterbreiten. Gleichzeitig schloss die BKB mit der Allianz einen Kaufvertrag über den Erwerb von etwa 90 Prozent ihrer Aktienanteile.

Nach Abschluss des **Übernahmeangebots** zum Preis von **20,04 Euro** je Aktie und Vollzug des Kaufvertrages mit der Allianz kündigte die Bremer Kreditbank AG am 7. Februar 2018 die Übertragung der Aktien der verbliebenen Minderheitsaktionäre der Oldenburgische Landesbank AG gegen Zahlung einer **Abfindung** in Höhe von **24,86 Euro** je Aktie an. Zum Zeitpunkt der Hauptversammlung am 11. Mai 2018, in dem der **Übertragungsbeschluss** gefasst worden ist, hielten die übrigen Aktionäre noch einen Anteil von 4,7 Prozent an der Oldenburgische Landesbank AG.

Die Ankündigung über die geplante Reduzierung des Anteilsbesitzes der Allianz am 27. September 2016 sowie die Meldung über den Verkauf von über 90 Prozent des Aktienbesitzes an die Bremer Kreditbank AG machten sich durch Kurssprünge beim Börsenkurs der Oldenburgische Landesbank AG bemerkbar, die sich nicht im allgemeinen Marktgeschehen des CDAX widerspiegelten.

Auch am Beispiel der Oldenburgische Landesbank AG zeigt sich, wie Aktienkurse vor allem durch zu erwartende Übernahmen und Abfindungen beeinflusst werden. Ein Gleichlauf des Kurses mit dem wahren inneren Wert der Gesellschaft kann ab dem Zeitpunkt von Übernahmespekulationen und Ankündigungen von Kaufangeboten nicht mehr erwartet werden. Vielmehr haben es Hauptaktionäre in der Hand, Einfluss auf den Börsenkurs der Gesellschaft zu nehmen:

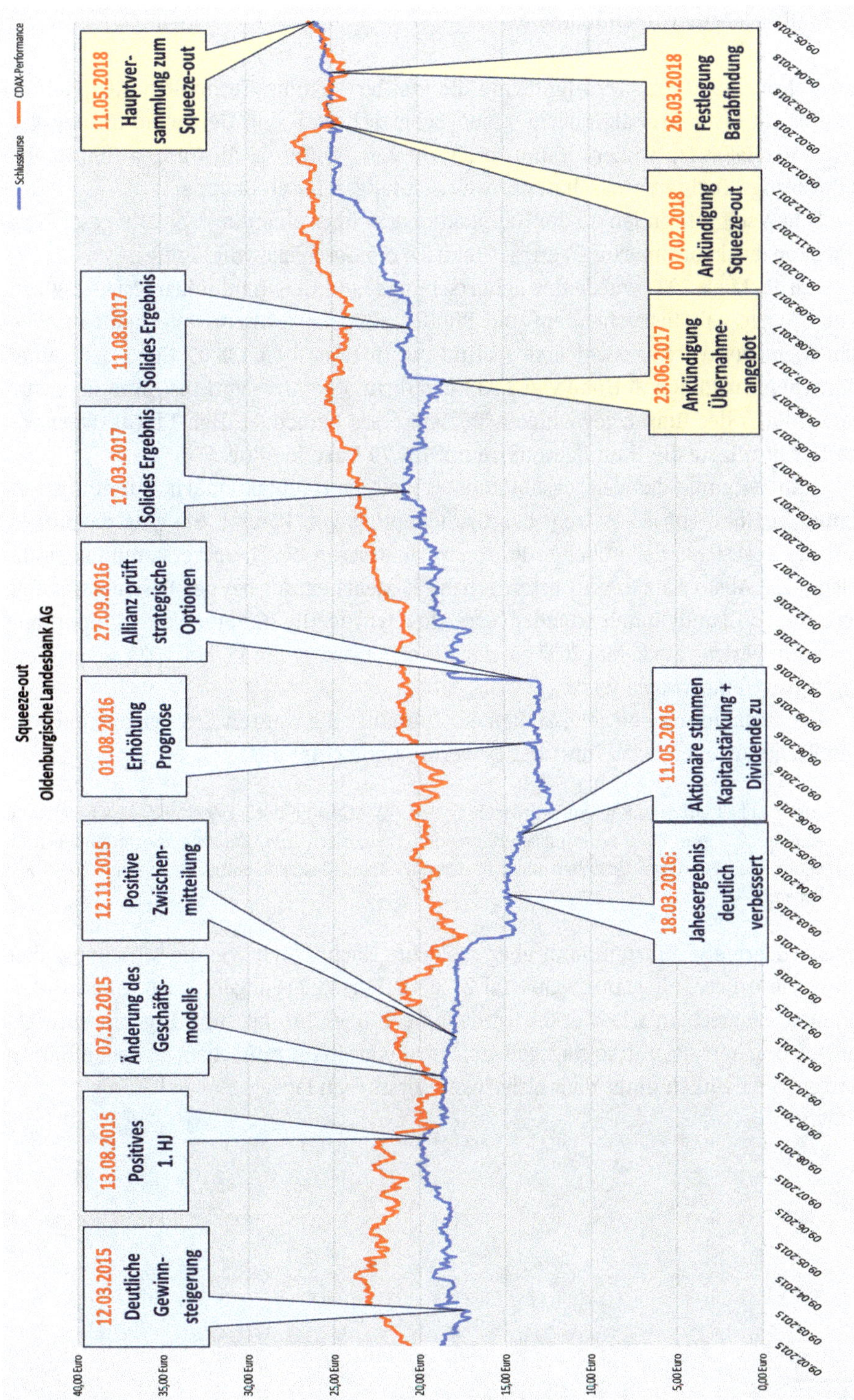
Squeeze-out
Oldenburgische Landesbank AG
Schlusskurse
CDAX-Performance
12.03.2015 Deutliche Gewinn-steigerung
13.08.2015 Positives 1. HJ
07.10.2015 Änderung des Geschäfts-modells
12.11.2015 Positive Zwischen-mitteilung
01.08.2016 Erhöhung Prognose
27.09.2016 Allianz prüft strategische Optionen
17.03.2017 Solides Ergebnis
11.08.2017 Solides Ergebnis
11.05.2018 Hauptver-sammlung zum Squeeze-out
18.03.2016: Jahesergebnis deutlich verbessert
11.05.2016 Aktionäre stimmen Kapitalstärkung + Dividende zu
23.06.2017 Ankündigung Übernahme-angebot
07.02.2018 Ankündigung Squeeze-out
26.03.2018 Festlegung Barabfindung
40,00 Euro
35,00 Euro
30,00 Euro
25,00 Euro
20,00 Euro
15,00 Euro
10,00 Euro
5,00 Euro
0,00 Euro
09.02.2015
09.03.2015
09.04.2015
09.05.2015
09.06.2015
09.07.2015
09.08.2015
09.09.2015
09.10.2015
09.11.2015
09.12.2015
09.01.2016
09.02.2016
09.03.2016
09.04.2016
09.05.2016
09.06.2016
09.07.2016
09.08.2016
09.09.2016
09.10.2016
09.11.2016
09.12.2016
09.01.2017
09.02.2017
09.03.2017
09.04.2017
09.05.2017
09.06.2017
09.07.2017
09.08.2017
09.09.2017
09.10.2017
09.11.2017
09.12.2017
09.01.2018
09.02.2018
09.03.2018
09.04.2018
09.05.2018

16 Pfeiffer Vacuum Technology AG

Am 6. November 2022 veröffentlichte die Pfeiffer Vacuum Technology AG (Pfeiffer) die Absicht ihrer Großaktionärin, einen Beherrschungs- und Gewinnabführungsvertrag abschließen zu wollen. Hauptaktionärin von Pfeiffer ist die Pangea GmbH, eine 100prozetige Tochtergesellschaft der weltweit tätigen Busch-Gruppe.

Schon seit Jahren lenkte die Hauptaktionärin über einen im Mai 2019 geschlossenen „Konzernkoordinierungsvertrag" faktisch die Geschicke von Pfeiffer.

Am 14. März 2023 wurde der Beherrschungs- und Gewinnabführungsvertrag zwischen Pangea als herrschendem und Pfeiffer als beherrschtem Unternehmen abgeschlossen. Der Vertrag sieht eine **Abfindung** in Höhe von **133,07 Euro** bzw. einen jährlichen **Ausgleich** in Höhe von **7,93 Euro** (brutto) je Aktie vor. Die Abfindung wurde auf Basis des umsatzgewichteten Börsenkurses berechnet. Den **Ertragswert** von Pfeiffer bezifferte die Hauptaktionärin mit **125,70 Euro** je Aktie.

Zum Zeitpunkt des Vertragsabschlusses hielt die Hauptaktionärin nur eine **Beteiligung** in Höhe von 64 Prozent des Grundkapitals von Pfeiffer. Sie ging davon aus, dass sie angesichts der üblichen Präsenzverhältnissen bei Hauptversammlungen die nach § 293 Abs. 1 Satz 2 AktG erforderliche ¾-Mehrheit des bei der Beschlussfassung vertretenen Grundkapitals trotzdem erreichen würde. Die Hauptversammlung stimmte diesem Vertrag am 2. Mai 2023 zu, der 2 Wochen später am 16. Mai 2023, in das Handelsregister eingetragen wurde.

Der **Börsenkurs** spiegelte zu keinem Zeitpunkt die wahren Ertragspotentiale der Gesellschaft wieder. Dazu führt der Bewertungsgutachter aus:

> „Im Hinblick auf die Aktienkursentwicklung der PVT AG ist zu berücksichtigen, dass bereits seit Anfang 2017 eine Fülle an kursbeeinflussenden Ereignissen bzw. Kapitalmarktmitteilungen zu beobachten ist, deren Ursachen nicht in der operativen Geschäftsentwicklung der PVT-Gruppe liegen."[262]

Eigenartigerweise führten dann aber schlechte Nachrichten wie die Mitteilung über schwächere Ergebnisse im 2. Quartal 2020 zu Kurssteigerungen. Nach guten Unternehmensnachrichten wie die Rekordmeldungen über Umsatz- und Ergebnisentwicklungen brachen die Kurse dagegen ein. Im Referenzzeitraum kam es jedenfalls zu Kursen, die deutlich unter dem bisherigen Kursniveau lagen:

262 Bewertungsgutachten der Ebner Stolz Wirtschaftsprüfungsgesellschaft – Seite 83.

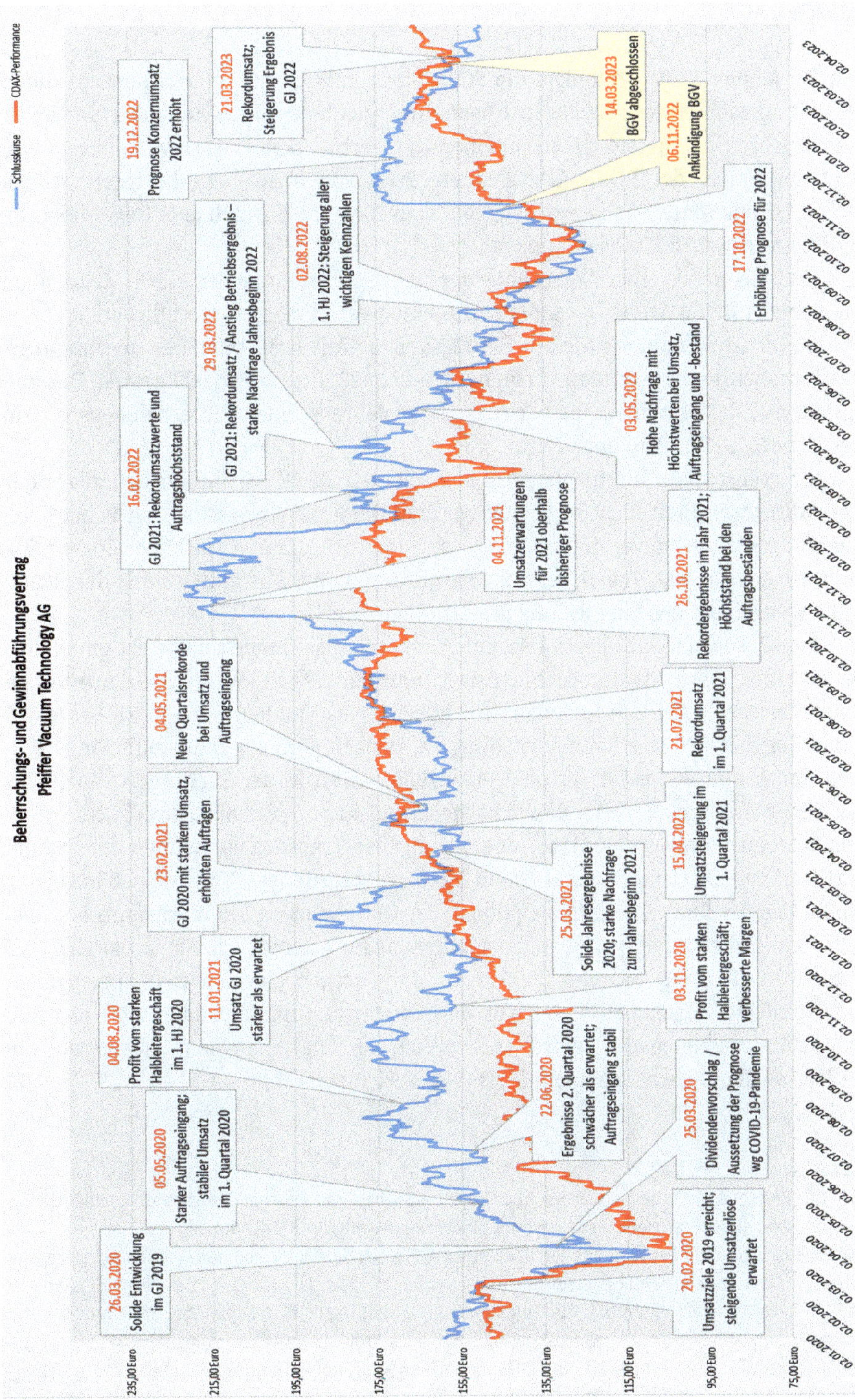
Beherrschungs- und Gewinnabführungsvertrag
Pfeiffer Vacuum Technology AG
Schlusskurse
CDAX-Performance
235,00 Euro
215,00 Euro
195,00 Euro
175,00 Euro
155,00 Euro
135,00 Euro
115,00 Euro
95,00 Euro
75,00 Euro
26.03.2020 Solide Entwicklung im GJ 2019
05.05.2020 Starker Auftragseingang; stabiler Umsatz im 1. Quartal 2020
04.08.2020 Profit vom starken Halbleitergeschäft im 1. HJ 2020
11.01.2021 Umsatz GJ 2020 stärker als erwartet
23.02.2021 GJ 2020 mit starkem Umsatz, erhöhten Aufträgen
04.05.2021 Neue Quartalsrekorde bei Umsatz und Auftragseingang
16.02.2022 GJ 2021: Rekordumsatzwerte und Auftragshöchststand
29.03.2022 GJ 2021: Rekordumsatz / Anstieg Betriebsergebnis – starke Nachfrage Jahresbeginn 2022
02.08.2022 1. HJ 2022: Steigerung aller wichtigen Kennzahlen
19.12.2022 Prognose Konzernumsatz 2022 erhöht
21.03.2023 Rekordumsatz; Steigerung Ergebnis GJ 2022
20.02.2020 Umsatzziele 2019 erreicht; steigende Umsatzerlöse erwartet
25.03.2020 Dividendenvorschlag / Aussetzung der Prognose wg COVID-19-Pandemie
22.06.2020 Ergebnisse 2. Quartal 2020 schwächer als erwartet; Auftragseingang stabil
03.11.2020 Profit vom starken Halbleitergeschäft; verbesserte Margen
25.03.2021 Solide Jahresergebnisse 2020; starke Nachfrage zum Jahresbeginn 2021
15.04.2021 Umsatzsteigerung im 1. Quartal 2021
21.07.2021 Rekordumsatz im 1. Quartal 2021
26.10.2021 Rekordergebnisse im Jahr 2021; Höchststand bei den Auftragsbeständen
04.11.2021 Umsatzerwartungen für 2021 oberhalb bisheriger Prognose
03.05.2022 Hohe Nachfrage mit Höchstwerten bei Umsatz, Auftragseingang und -bestand
17.10.2022 Erhöhung Prognose für 2022
06.11.2022 Ankündigung BGV
14.03.2023 BGV abgeschlossen
02.01.2020
02.02.2020
02.03.2020
02.04.2020
02.05.2020
02.06.2020
02.07.2020
02.08.2020
02.09.2020
02.10.2020
02.11.2020
02.12.2020
02.01.2021
02.02.2021
02.03.2021
02.04.2021
02.05.2021
02.06.2021
02.07.2021
02.08.2021
02.09.2021
02.10.2021
02.11.2021
02.12.2021
02.01.2022
02.02.2022
02.03.2022
02.04.2022
02.05.2022
02.06.2022
02.07.2022
02.08.2022
02.09.2022
02.10.2022
02.11.2022
02.12.2022
02.01.2023
02.02.2023
02.03.2023
02.04.2023

17 RENK AG

Am 30. Januar 2020 verkündete die SCUR-Alpha 1138 GmbH (später: Rebecca BidCo AG) die Abgabe eines freiwilligen **Übernahmeangebots** an die Aktionäre der RENK AG. Gleichzeitig schloss die Bieterin einen Kaufvertrag zum Erwerb von etwa 76 Prozent der Aktien der RENK AG zu einem Preis von 97,80 Euro, höchstens jedoch 100,00 Euro je Aktie. Das Erwerbsangebot vom 10. März 2020 sah eine **Gegenleistung** in Höhe von **106,20 Euro** je Aktie vor.

Nach Erreichen einer Anteilshöhe von über 90 Prozent an der RENK AG kündigte die Rebecca BidCo AG am 7. Oktober 2020 einen verschmelzungsrechtlichen Squeeze-out an. Die **Abfindung** wurde auf **105,72 Euro** je Aktie festgesetzt. Der Übertragungsbeschluss wurde in der Hauptversammlung vom 22. Dezember 2020 gefasst. Das entspricht auf der Grundlage des Ertragswertverfahrens einem Unternehmenswert in der Höhe von 672,4 Millionen Euro.

Ein realistischer Wertpapierpreis kann bei der RENK AG auf der Grundlage der **Regelinformationen** nicht abgeleitet werden. Denn die Gesellschaft hat keine Kapitalmarktmitteilungen veröffentlicht, obwohl sie im Regulierten Markt der Börse München zugelassen war. Daher verwundert nicht, dass die Kursentwicklung der RENK-Aktie weitgehend der Entwicklung des CDAX entsprach.

Am 27. Februar 2023 berichtete unter anderem das Handelsblatt über eine Rückkehr an die Börse. Als Unternehmenswert wurden 2,5 bis 3 Milliarden Euro in den Raum gestellt.[263] Am 12. September 2023 kündigte als Emittentin die RENK Group AG einen Börsengang ohne Kapitalerhöhung an. Danach wird der Hauptaktionär 27 Prozent der Aktien verkaufen. Er peilt einen Börsenwert in der Bandbreite von 1,5 bis 1,8 Milliarden Euro an.[264] Der deutliche Steigerung des Unternehmenswert wird vor allem mit einer Sonderkonjunktur, einer gelungenen Transformation unter dem Hauptaktionär und betriebswirtschaftlichen Faktoren begründet.[265] Mit dem Börsengang wollte sich der Emittent weitere Optionen zur Unterstützung des Wachstums erschließen. Beim Squeeze-out hielt man das nicht mehr für erforderlich. Am 4. Oktober 2023 hat die RENK Group AG den Börsengang dann wegen eines spürbar eingetrübten Marktumfelds verschoben.[266] Der für den Börsengang im September 2023 plausibilisierte Unternehmenswert wurde ausweislich der Charts vor dem Squeeze-out Ende 2020 an den Börsen zu keinem Zeitpunkt erreicht:

---

263 Der Bericht kann bezogen werden über https://www.handelsblatt.com/unternehmen/industrie/ruestungsindustrie-panzergetriebehersteller-renk-plant-boersengang/28996790.html

264 Der Bericht kann bezogen werden über https://www.handelsblatt.com/unternehmen/industrie/ruestungszulieferer-renk-soll-beim-boersengang-mit-1-8-milliarden-euro-bewertet-werden/29409656.html

265 Weitere Einzelheiten enthält die Unternehmensmitteilung vom 12. September 2023: https://www.eqs-news.com/de/news/corporate/renk-holding-gmbh-renk-group-plant-boersengang/1896933

266 Ad-hoc-Mitteilung vom 4. Oktober 2023: https://www.eqs-news.com/de/news/adhoc/renk-group-ag-verschiebt-geplanten-boersengang/1912181

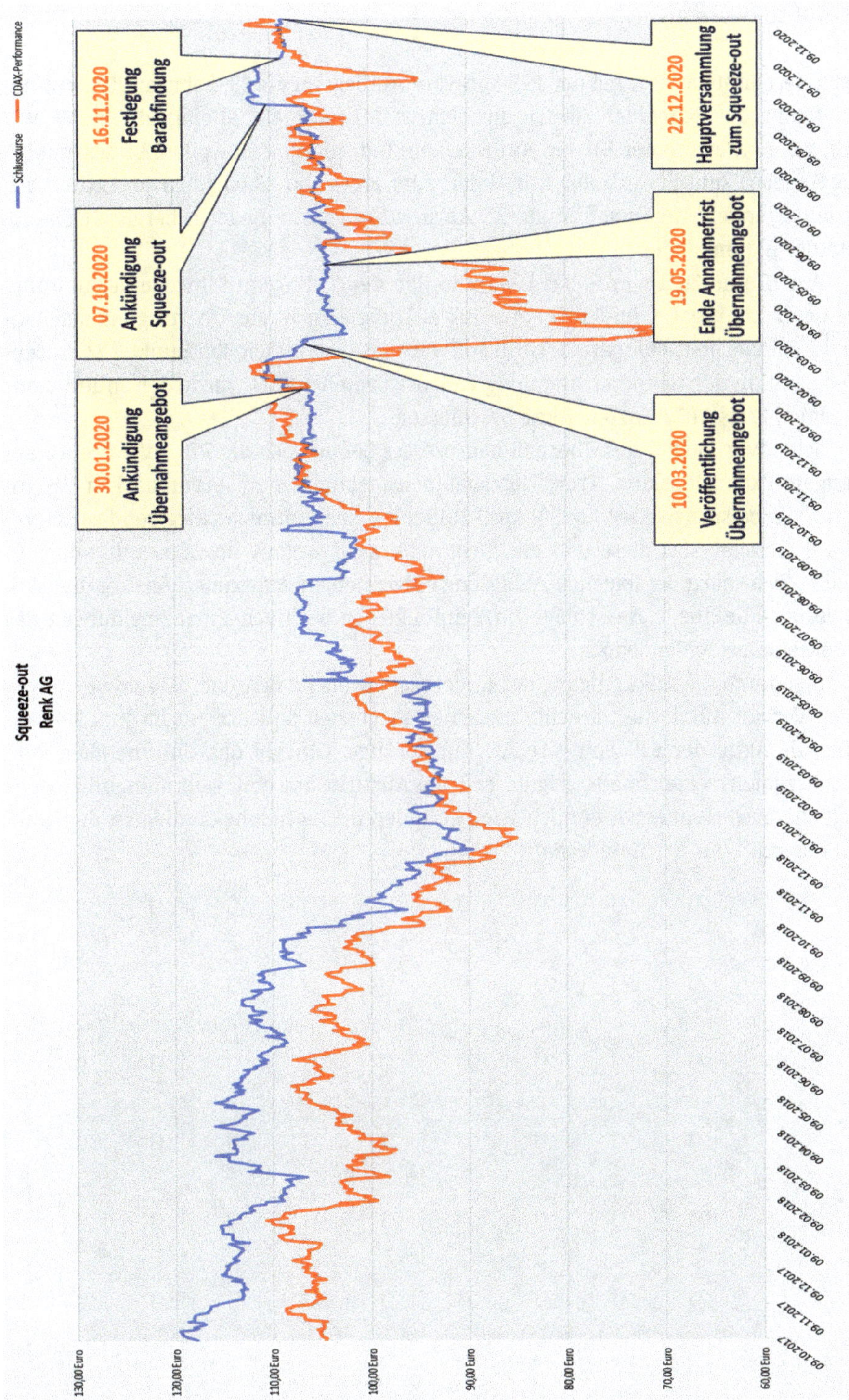

Squeeze-out
Renk AG
Schlusskurse
CDAX-Performance
30.01.2020
Ankündigung
Übernahmeangebot
10.03.2020
Veröffentlichung
Übernahmeangebot
19.05.2020
Ende Annahmefrist
Übernahmeangebot
07.10.2020
Ankündigung
Squeeze-out
16.11.2020
Festlegung
Barabfindung
22.12.2020
Hauptversammlung
zum Squeeze-out
130,00 Euro
120,00 Euro
110,00 Euro
100,00 Euro
90,00 Euro
80,00 Euro
70,00 Euro
60,00 Euro

18 RIB Software AG

Der Übernahmeprozess bei der RIB Software AG begann am 13. Februar 2020 mit Ankündigung der Schneider Electric Investment AG (vormals: Rheingoldhöhe 50. V V AG), den Aktionären der RIB ein **Kaufangebot** unterbreiten zu wollen. Dieses enthielt das Angebot zum Erwerb der RIB-Aktien zum Preis von **29,00 Euro je Aktie**. Nach Ende der ersten Annahmefrist am 22. April 2020 hielt die Bieterin bereits 76,63 Prozent der Aktienanteile.

Am 11. Juni 2021 wurde das Überschreiten der 95-Prozent-Schwelle bekannt und die Gesellschaft gab schließlich am 5. Juli 2021 die Absicht zur Übertragung der Aktien der Minderheitsaktionäre der RIB Software AG – zu diesem Zeitpunkt 3,72 Prozent – bekannt. In der Hauptversammlung vom 3. November 2021 wurde der **Squeeze-out** zu einem Preis **41,72 Euro** je Aktie beschlossen.

Schon vor Beginn des Übernahmeprozesses befand sich die RIB Software AG auf stetigem Expansionskurs. Trotz Unternehmensmeldungen zu ihrem starken Wachstum – wie beispielsweise vom 30. April 2019 mit einem Umsatzanstieg von fast 50 Prozent – schlugen sich diese teils gar nicht, teils sogar negativ im Börsenkurs der RIB nieder. Zwar zeigt die folgende Abbildung einen stetigen langsamen Anstieg des Aktienwertes. Punktuelle Ausschläge im Zeitpunkt der positiven Finanzmeldungen des Unternehmens fehlen jedoch.

Erst durch die Ankündigung des Erwerbsangebots im Februar 2020 sowie im weiteren Verlauf durch die Gerüchte um einen möglichen Squeeze-out im Juni 2021 erlebte die Aktie der RIB Software AG Kurssprünge. Obwohl das Unternehmen gute Umsatzzahlen verzeichnete, zeigten erst die Aussicht auf eine Übernahme bzw. das folgende Erwerbsangebot ähnlich wie bei anderen Übernahmekandidaten den wahren inneren Wert der Gesellschaft:

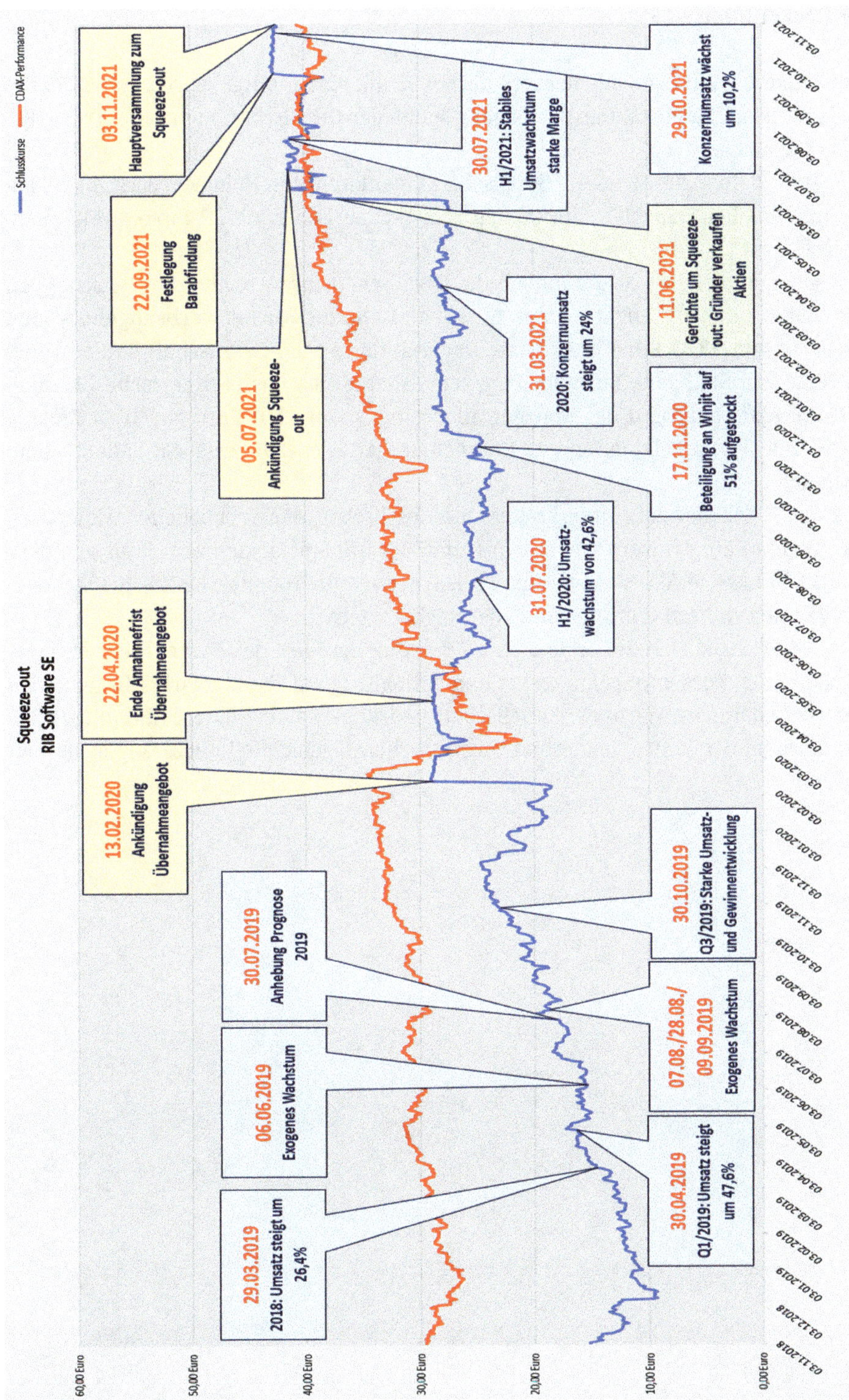
Squeeze-out
RIB Software SE
Schlusskurse
CDAX-Performance
29.03.2019
2018: Umsatz steigt um 26,4%
06.06.2019
Exogenes Wachstum
30.07.2019
Anhebung Prognose 2019
13.02.2020
Ankündigung Übernahmeangebot
22.04.2020
Ende Annahmefrist Übernahmeangebot
05.07.2021
Ankündigung Squeeze-out
22.09.2021
Festlegung Barabfindung
03.11.2021
Hauptversammlung zum Squeeze-out
30.04.2019
Q1/2019: Umsatz steigt um 47,6%
07.08./28.08./09.09.2019
Exogenes Wachstum
30.10.2019
Q3/2019: Starke Umsatz- und Gewinnentwicklung
31.07.2020
H1/2020: Umsatzwachstum von 42,6%
17.11.2020
Beteiligung an Winjit auf 51% aufgestockt
31.03.2021
2020: Konzernumsatz steigt um 24%
11.06.2021
Gerüchte um Squeeze-out: Gründer verkaufen Aktien
30.07.2021
H1/2021: Stabiles Umsatzwachstum / starke Marge
29.10.2021
Konzernumsatz wächst um 10,2%
60,00 Euro
50,00 Euro
40,00 Euro
30,00 Euro
20,00 Euro
10,00 Euro
0,00 Euro

19 Rocket Internet SE

Am 2. Oktober 2014 ging die Rocket Internet SE mit einem Ausgabepreis von **42,50 Euro** je Aktie an die Börse. Der Börsengang spülte der Gesellschaft mehr als 1,4 Mrd. Euro in die Kasse.

Zum 30. Juni 2020 wies die Gesellschaft **Eigenkapital** in Höhe von 3.936,4 Mio. Euro aus, was bei 135,7 Mio. Stückaktien rein rechnerisch **rund 29 Euro** je Aktie entsprach.

Am 1. September 2020 kündigte die Gesellschaft ihre Absicht zum Rückzug von der Börse und zur Abgabe eines (eigenen) **Delisting-Rückerwerbsangebots** zum Preis von nur **18,57 Euro** je Aktie an. Dadurch flossen der Gesellschaft liquide Mittel in Höhe von 514,3 Mio. Euro ab. Trotzdem erhöhte sich das **rechnerische Eigenkapital** je Aktie aufgrund des Konzentrationseffekts von 29,01 Euro auf **31,66 Euro** je Aktie. Die Gesamtkalkulation zur Übernahme der Rocket Internet SE enthält Abbildung 15a.

Am 9. Februar 2022 unterbreitete die Gesellschaft den verbliebenen Aktionären ein **Angebot** zum Erwerb weiterer bis zu 27.664.079 Stückaktien zum Preis von diesmal **35,00 Euro** je Aktie. Mit diesem Preis schätzten die Hauptaktionäre, die Samwer-Brüder, den wahren Wert der Aktie der Rocket Internet.

Der Börsenkurs reflektierte niemals den inneren Wert der Rocket Internet: Zwar reagierte der Kurs jeweils kurzzeitig und geringfügig auf Kapitalmarktinformationen zur wirtschaftlichen Lage der Gesellschaft und Kapitalmaßnahmen. Allerdings blieb der Kurs immer hinter dem schon rechnerischen Eigenkapital der Gesellschaft weit zurück:

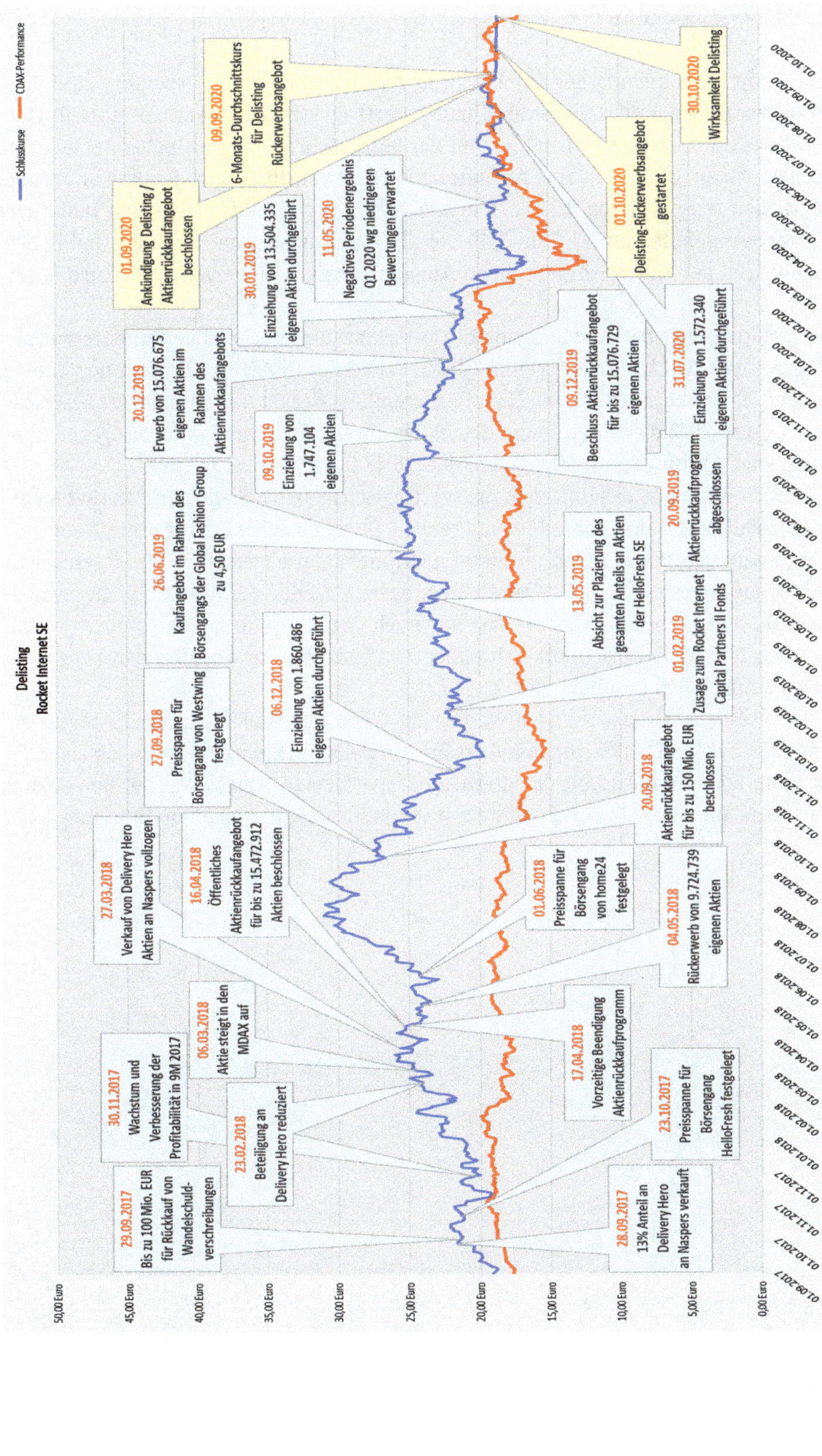
Delisting
Rocket Internet SE
Schlusskurse
CDAX-Performance
29.09.2017 Bis zu 100 Mio. EUR für Rückkauf von Wandelschuld-verschreibungen
28.09.2017 13% Anteil an Delivery Hero an Naspers verkauft
30.11.2017 Wachstum und Verbesserung der Profitabilität in 9M 2017
23.10.2017 Preisspanne für Börsengang HelloFresh festgelegt
23.02.2018 Beteiligung an Delivery Hero reduziert
06.03.2018 Aktie steigt in den MDAX auf
17.04.2018 Vorzeitige Beendigung Aktienrückkaufprogramm
27.03.2018 Verkauf von Delivery Hero Aktien an Naspers vollzogen
16.04.2018 Öffentliches Aktienrückkaufangebot für bis zu 15.472.912 Aktien beschlossen
04.05.2018 Rückerwerb von 9.724.739 eigenen Aktien
01.06.2018 Preisspanne für Börsengang von home24 festgelegt
27.09.2018 Preisspanne für Börsengang von Westwing festgelegt
20.09.2018 Aktienrückkaufangebot für bis zu 150 Mio. EUR beschlossen
06.12.2018 Einziehung von 1.860.486 eigenen Aktien durchgeführt
01.02.2019 Zusage zum Rocket Internet Capital Partners II Fonds
26.06.2019 Kaufangebot im Rahmen des Börsengangs der Global Fashion Group zu 4,50 EUR
13.05.2019 Absicht zur Plazierung des gesamten Anteils an Aktien der HelloFresh SE
09.10.2019 Einziehung von 1.747.104 eigenen Aktien
20.09.2019 Aktienrückkaufprogramm abgeschlossen
20.12.2019 Erwerb von 15.076.675 eigenen Aktien im Rahmen des Aktienrückkaufangebots
09.12.2019 Beschluss Aktienrückkaufangebot für bis zu 15.076.729 eigenen Aktien
30.01.2019 Einziehung von 13.504.335 eigenen Aktien durchgeführt
31.07.2020 Einziehung von 1.572.340 eigenen Aktien durchgeführt
11.05.2020 Negatives Periodenergebnis Q1 2020 wg niedrigeren Bewertungen erwartet
01.09.2020 Ankündigung Delisting / Aktienrückkaufangebot beschlossen
01.10.2020 Delisting-Rückerwerbsangebot gestartet
09.09.2020 6-Monats-Durchschnittskurs für Delisting Rückerwerbsangebot
30.10.2020 Wirksamkeit Delisting
50,00 Euro
45,00 Euro
40,00 Euro
35,00 Euro
30,00 Euro
25,00 Euro
20,00 Euro
15,00 Euro
10,00 Euro
5,00 Euro
0,00 Euro
01.09.2017
01.10.2017
01.11.2017
01.12.2017
01.01.2018
01.02.2018
01.03.2018
01.04.2018
01.05.2018
01.06.2018
01.07.2018
01.08.2018
01.09.2018
01.10.2018
01.11.2018
01.12.2018
01.01.2019
01.02.2019
01.03.2019
01.04.2019
01.05.2019
01.06.2019
01.07.2019
01.08.2019
01.09.2019
01.10.2019
01.11.2019
01.12.2019
01.01.2020
01.02.2020
01.03.2020
01.04.2020
01.05.2020
01.06.2020
01.07.2020
01.08.2020
01.09.2020
01.10.2020

20 SinnerSchrader AG

Die Hauptversammlung der SinnerSchrader AG stimmte am 6. Dezember 2017 dem **Beherrschungs- und Gewinnabführungsvertrag** zwischen der Accenture Digital Holdings GmbH als herrschendem und der SinnerSchrader AG als beherrschtem Unternehmen zu. Dieser sah eine **Abfindung** in Höhe von **10,21 Euro** je Aktie und einen jährlichen Ausgleich von 0,27 Euro brutto vor. Im Rahmen des folgenden **Delisting-Erwerbsangebots** vom 27. Juni 2019 bot die Accenture Digital Holdings GmbH den Aktionären der SinnerSchrader einen **Angebotspreis** in Höhe von **12,80 Euro** je Aktie.

Im Zeitpunkt der Ankündigung des verschmelzungsrechtlichen **Squeeze-out** am 7. Dezember 2021 hielt die Accenture Digital Holdings GmbH 93,7 Prozent der Anteile an der SinnerSchrader AG. Die Hauptversammlung der SinnerSchrader AG beschloss am 8. April 2022 die Übertragung der Aktien ihrer Minderheitsaktionäre gegen Zahlung einer **Abfindung** in Höhe von bereits **16,43 Euro** je Aktie.

Nach Abschluss des Unternehmensvertrages trat an die Stelle der Unternehmensperformance und den daraus resultierenden Dividenden als Surrogat die feste Ausgleichszahlung. Daher nahm die Aktie nicht mehr am allgemeinen Marktgeschehen teil, sondern verharrte in Seitwärtsbewegungen. Mit Ende der Ad-hoc-Pflicht nach einem Delisting werden Aktionäre fast nur noch über Strukturmaßnahmen unterrichtet. Der Börsenkurs orientiert sich daher zwangsläufig nur noch an den prognostizierten Angeboten / Abfindungen.

Diese beiden Auswirkungen werden im Chart der SinnerSchrader-Aktie gut erkennbar. Nach Ende der Annahmefrist für das Delisting-Erwerbsangebot lag keine Finanzmarktkommunikation zur Unternehmensperformance mehr vor. Der Börsenkurs verharrte auf einer Linie und schlug erst mit Festlegung der höheren Abfindung aus:

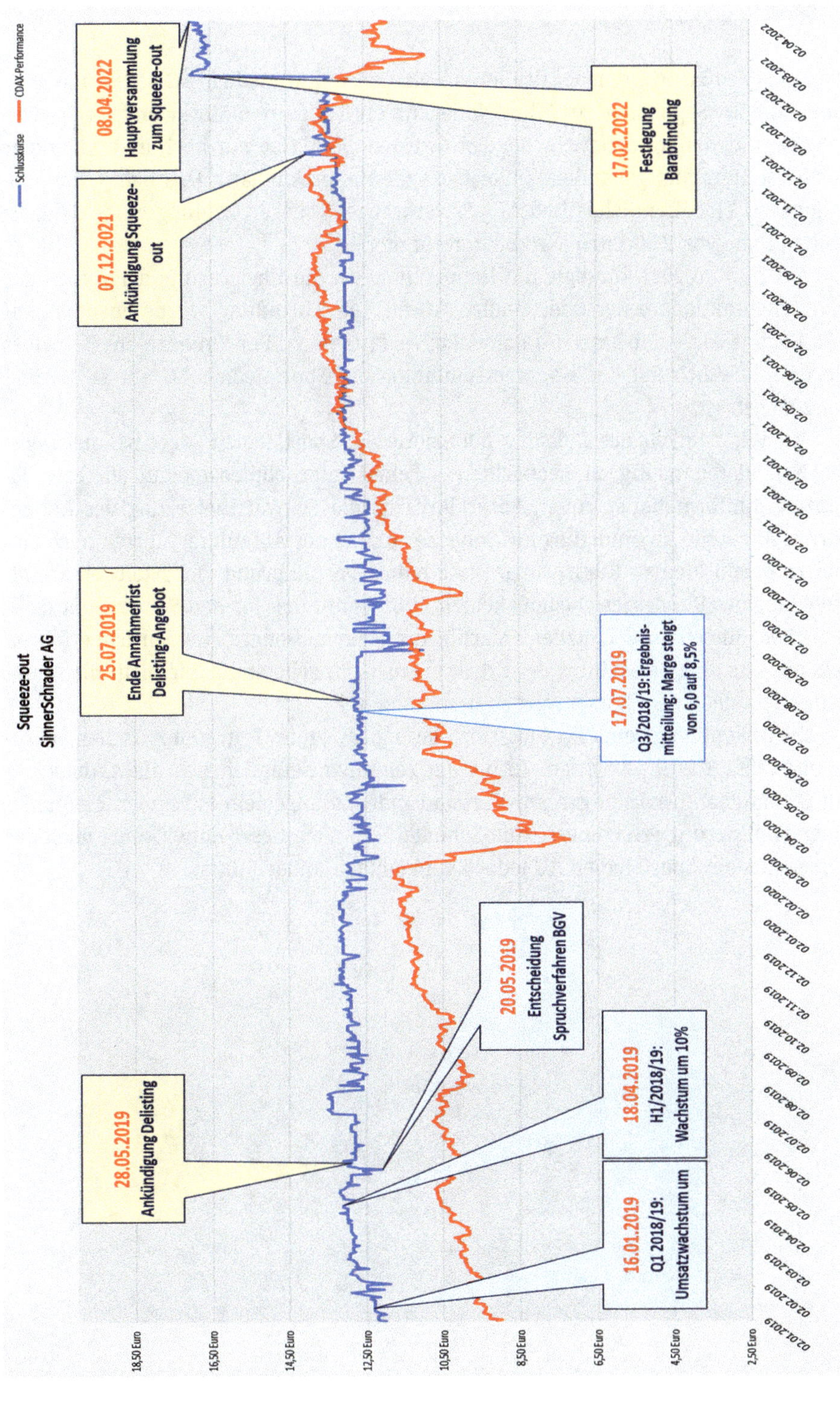
Squeeze-out
SinnerSchrader AG
Schlusskurse
CDAX-Performance
16.01.2019
Q1 2018/19:
Umsatzwachstum um
18.04.2019
H1/2018/19:
Wachstum um 10%
20.05.2019
Entscheidung
Spruchverfahren BGV
28.05.2019
Ankündigung Delisting
17.07.2019
Q3/2018/19: Ergebnis-
mitteilung: Marge steigt
von 6,0 auf 8,5%
25.07.2019
Ende Annahmefrist
Delisting-Angebot
07.12.2021
Ankündigung Squeeze-
out
17.02.2022
Festlegung
Barabfindung
08.04.2022
Hauptversammlung
zum Squeeze-out

21 Sport1Medien AG

Die SportMedien AG, damals firmierend als Constantin Medien AG stellte mit Wirkung zum 26. September 2019 ihre Notierung im Regulierten Markt und im Freiverkehr verschiedener Börsen ein. Seitdem wurden die Aktien nur noch im Freiverkehr der Börse Hamburg gehandelt. Zuvor hatte die Hauptaktionärin Highlight Communications AG ein öffentliches Delisting-Erwerbsangebot gegen Zahlung einer Geldleistung in Höhe von **2,30 Euro** je Aktie unterbreitet.

Am 29. Juni 2021 kündigte die Hauptaktionärin die Übertragung der Aktien der Minderheitsaktionäre der SportMedien AG an. Die **Abfindung** wurde ebenfalls auf **2,30 Euro** je Aktie auf Basis des Börsenkurses festgesetzt. Der **Squeeze-out**-Beschluss wurde schließlich auf der Hauptversammlung der SportMedien AG am 14. Dezember 2021 gefasst.

Mit Wirksamkeit des Delisting publizierte die SportMedien AG – wie bei Delisting-Kandidaten häufig zu beobachten – keine Unternehmensmeldungen bzw. Finanzmarktinformationen mehr. So erklärt sich die Seitwärtsbewegung des Aktienkurses. Allein die Ankündigung des Squeeze-out und der Abfindung führten noch einmal zu einem kleinen Kurssprung. Diese hatte aber aufgrund der „Stollwerck“-Entscheidung des Bundesgerichtshofs keinen Einfluss auf den für den Squeeze-out maßgeblichen Börsenkurs. Trotzdem machte die Hauptaktionärin im Spruchverfahren geltend, dass eine Beurteilung des Ertragswerts nicht geboten sei, vielmehr die Abfindung allein nach dem Börsenwert zu bestimmen sei.

Die Abkopplung vom CDAX lässt sich besonders gut im Zeitraum zwischen Februar und März 2020 beobachten. Zu diesem Zeitpunkt befanden sich die Aktienkurse auf Grund der Auswirkungen der Corona-Pandemie allgemein auf einem Tiefpunkt. Eine Stabilisierung erfolgte erst zum Sommer 2020. Von dieser Entwicklung blieb der Börsenkurs der SportMedien AG jedoch vollkommen unbeeinflusst:

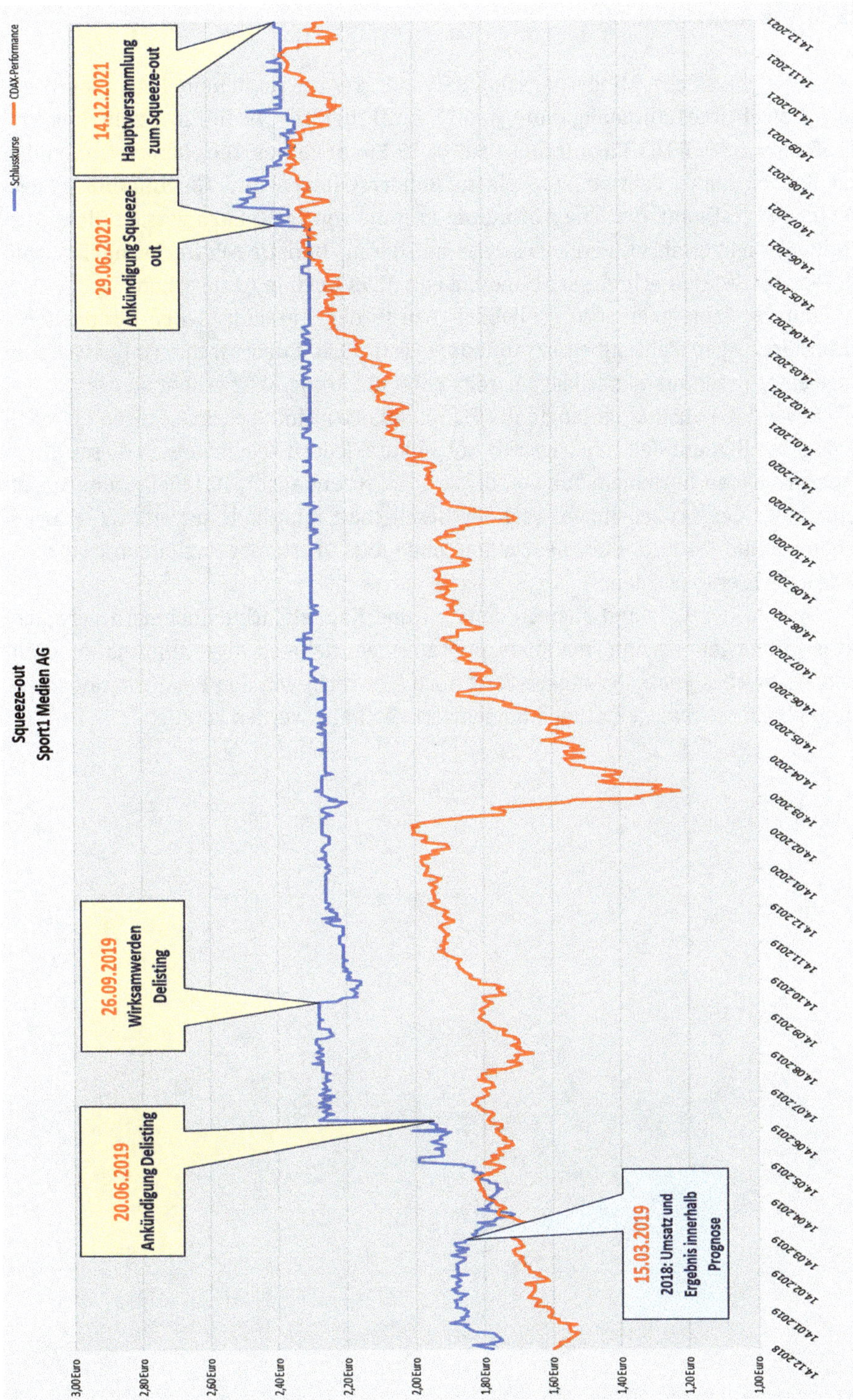
Squeeze-out
Sport1 Medien AG
Schlusskurse
CDAX-Performance
14.12.2021
Hauptversammlung zum Squeeze-out
29.06.2021
Ankündigung Squeeze-out
26.09.2019
Wirksamwerden Delisting
20.06.2019
Ankündigung Delisting
15.03.2019
2018: Umsatz und Ergebnis innerhalb Prognose
3,00 Euro
2,80 Euro
2,60 Euro
2,40 Euro
2,20 Euro
2,00 Euro
1,80 Euro
1,60 Euro
1,40 Euro
1,20 Euro
1,00 Euro
14.12.2018
14.01.2019
14.02.2019
14.03.2019
14.04.2019
14.05.2019
14.06.2019
14.07.2019
14.08.2019
14.09.2019
14.10.2019
14.11.2019
14.12.2019
14.01.2020
14.02.2020
14.03.2020
14.04.2020
14.05.2020
14.06.2020
14.07.2020
14.08.2020
14.09.2020
14.10.2020
14.11.2020
14.12.2020
14.01.2021
14.02.2021
14.03.2021
14.04.2021
14.05.2021
14.06.2021
14.07.2021
14.08.2021
14.09.2021
14.10.2021
14.11.2021
14.12.2021

22 STADA Arzneimittel AG

Dem Ausschluss der Minderheitsaktionäre der STADA Arzneimittel AG gingen zunächst **zwei Übernahmeangebote** vom 27. April 2017 bzw. 19. Juli 2017 zum Preis von **65,28 Euro** bzw. **65,53 Euro** (erhöht auf **66,25 Euro**) voraus. Die Hauptversammlung hat danach am 2. Februar 2018 einem **Beherrschungs- und Gewinnabführungsvertrag** zugestimmt, der eine **Abfindung** in Höhe von **74,40 Euro** vorsah. Diese wurde im Spruchverfahren vergleichsweise auf die im **Delisting-Erwerbsangebot** vom 11. Oktober 2018 unterbreitete Abfindung von **81,73 Euro je Aktie** erhöht.

Am 24. September 2020 schließlich wurde der **Ausschluss der Minderheitsaktionäre** gegen Zahlung einer Abfindung von **98,51 Euro** beschlossen, welche im Zuge einer Beschlussmängelklage bereits um 0,10 Euro je Aktie erhöht wurde.

Trotz des Delisting verlangte die Hauptaktionärin im Spruchverfahren ein alleiniges Abstellen auf den (niedrigeren) Börsenkurs. Jedoch zeichnete sich dieser durch Kurssprünge an nur einem Tag von bis zu 16,2 Prozent aus.[267] Das hieße, dass Marktteilnehmer den Unternehmenswert der Gesellschaft innerhalb nur eines Tages zwischen 4,6 und 5,4 Mrd. Euro beurteilten, ohne dass überhaupt Kapitalmarktinformationen verbreitet wurden.

Obwohl der Vorstand allen Aktionären und Kapitalmarktteilnehmern verpflichtet ist, Unternehmensinformationen preiszugeben, nehmen diese Informationen im Zeitverlauf ab, so dass der innere Wert auch hier nicht von den Finanzmarktteilnehmern für einen aussagekräftigen Börsenwert geschätzt werden konnte:

267 Intraday-Kurse vom 17. März 2020.

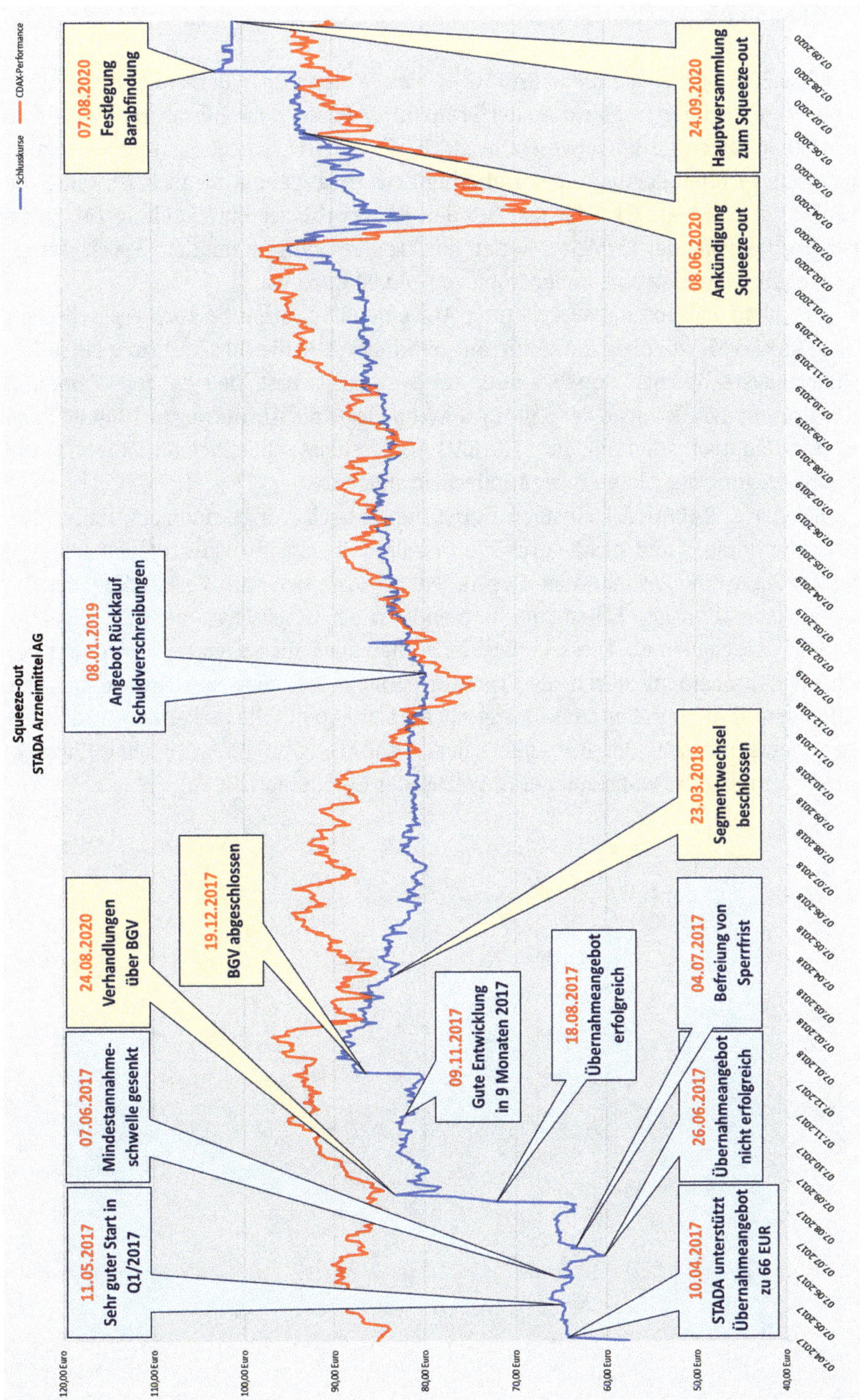
Squeeze-out
STADA Arzneimittel AG
Schlusskurse
CDAX-Performance
11.05.2017
Sehr guter Start in Q1/2017
07.06.2017
Mindestannahme-schwelle gesenkt
24.08.2020
Verhandlungen über BGV
19.12.2017
BGV abgeschlossen
09.11.2017
Gute Entwicklung in 9 Monaten 2017
18.08.2017
Übernahmeangebot erfolgreich
08.01.2019
Angebot Rückkauf Schuldverschreibungen
07.08.2020
Festlegung Barabfindung
10.04.2017
STADA unterstützt Übernahmeangebot zu 66 EUR
26.06.2017
Übernahmeangebot nicht erfolgreich
04.07.2017
Befreiung von Sperrfrist
23.03.2018
Segmentwechsel beschlossen
08.06.2020
Ankündigung Squeeze-out
24.09.2020
Hauptversammlung zum Squeeze-out
120,00 Euro
110,00 Euro
100,00 Euro
90,00 Euro
80,00 Euro
70,00 Euro
60,00 Euro
50,00 Euro
40,00 Euro

23 STRABAG AG

Im Jahre 2015 beantragte die STRABAG AG den Widerruf der Börsennotierung ihrer Aktien zum Regulierten Markt an der Frankfurter Börse. Nach Inkrafttreten der neuen Bestimmungen im Börsengesetz, wonach ein Widerruf der Zulassung der Aktien erst nach Veröffentlichung eines **Delisting-Erwerbsangebots** möglich ist, teilte die Frankfurter Börse am 24. Februar 2016 den Widerruf ihrer Entscheidung zur Zulassung des Delisting der STRABAG-Aktien mit. Das Freiwillige öffentliche Erwerbsangebot sah eine Gegenleistung in der Höhe von **260,00 Euro** vor.

Die Ilbau Liegenschaftsverwaltung AG, eine 100-prozentige Tochtergesellschaft der STRABAG SE, kündigte daraufhin am 7. Oktober 2016 die Durchführung eines verschmelzungsrechtlichen **Squeeze-outs** an. Die Gesellschaft hielt zu dem Zeitpunkt 93,63 Prozent der Aktien an der STRABAG AG und legte die **Abfindung auf 300,00 Euro** fest. Die Hauptversammlung der STRABAG AG beschloss schließlich am 24. März 2017 die Übertragung der Aktien ihrer Minderheitsaktionäre.

Bei der STRABAG AG entstand durch den zunächst angekündigten, dann aber durch die Börse – und nicht durch die Gesellschaft selbst – widerrufenen Rückzug von der Börse eine Besonderheit. Der Aktienkurs löste sich nach Verkündung des Delisting wie in ähnlichen Fällen vom inneren Wert der Gesellschaft und dem allgemeinen Marktgeschehen ab. Diese Entwicklung blieb aber auch nach dem Widerruf der Delisting-Entscheidung durch die Frankfurter Börse bestehen, auch wenn sich der Aktienkurs ab diesem Zeitpunkt stetig nach oben entwickelte. Erst mit Verkündung des Squeeze-outs stieg der Börsenkurs der STRABAG AG und begann seine Entwicklung in Richtung des wahren inneren Wertes der Gesellschaft:

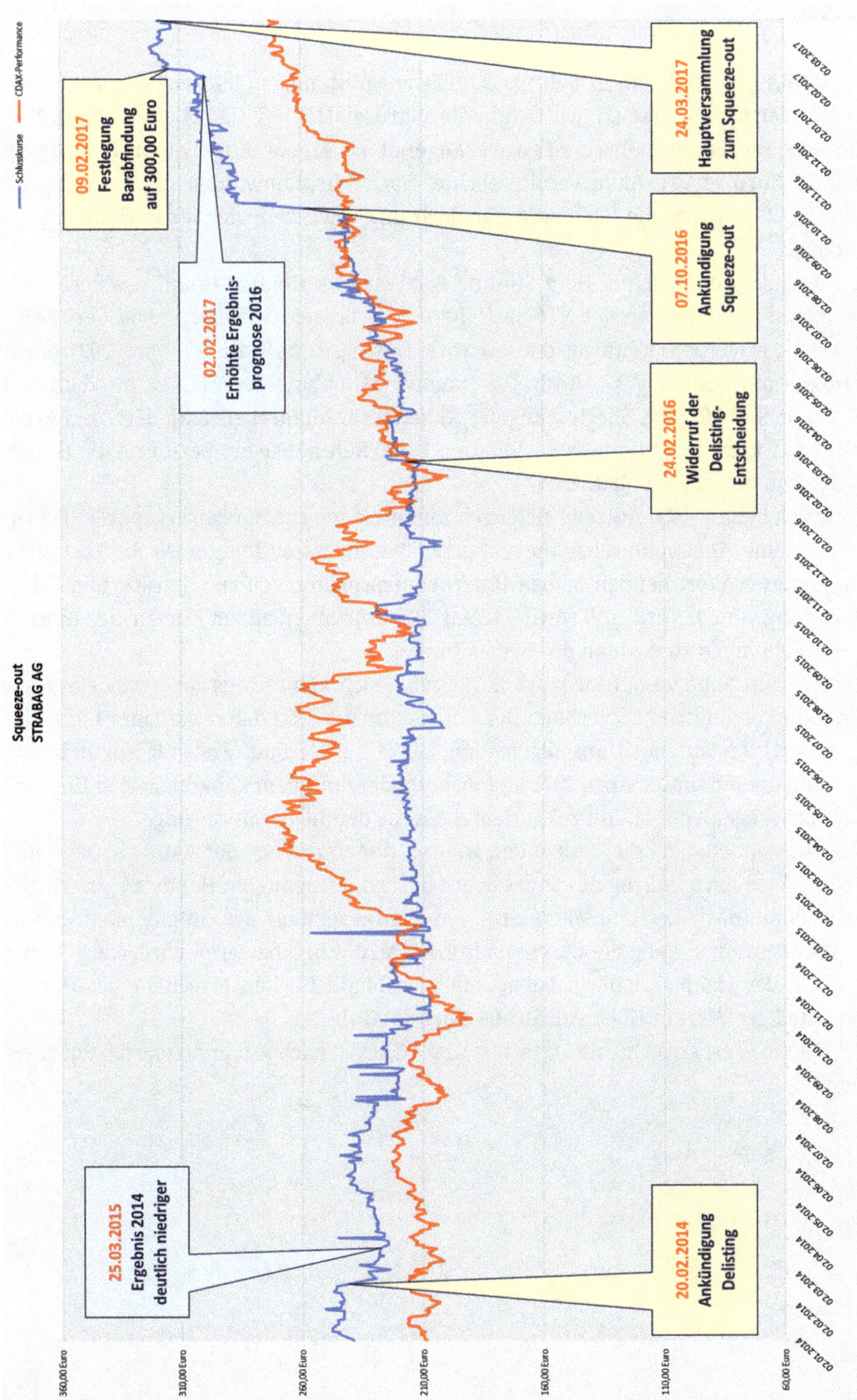
Squeeze-out
STRABAG AG
Schlusskurse
CDAX-Performance
20.02.2014
Ankündigung
Delisting
25.03.2015
Ergebnis 2014
deutlich niedriger
24.02.2016
Widerruf der
Delisting-
Entscheidung
07.10.2016
Ankündigung
Squeeze-out
02.02.2017
Erhöhte Ergebnis-
prognose 2016
09.02.2017
Festlegung
Barabfindung
auf 300,00 Euro
24.03.2017
Hauptversammlung
zum Squeeze-out

24 VTG AG

Die VTG AG kündigte am 25. Februar 2019 ihren vollständigen Rückzug von der Frankfurter Wertpapierbörse an, woraufhin die Warwick Holding GmbH am 11. März 2019 ein entsprechendes **Delisting-Erwerbsangebot zu einem Angebotspreis in Höhe von 53 Euro** je VTG-Aktie veröffentlichte. Nach Wirksamwerden des Delisting am 8. April 2019 wurde die VTG-Aktie nur noch im Freiverkehr der Börse Hamburg gehandelt.

Nachdem die Joachim Herz Stiftung der Warwick Holding GmbH das Recht einräumte, ihren Anteil an der VTG in Höhe von 15 Prozent vorübergehend darlehensweise zu erwerben, kündigte die Warwick Holding GmbH am 12. April 2021 einen **Squeeze-out** bei der VTG AG an. Die Hauptversammlung der VTG AG hat dann am 22. September 2021 die Übertragung der Aktien ihrer Minderheitsaktionäre zum **Preis von 88,11 Euro je Aktie** beschlossen. Den **Unternehmenswert** bezifferte die Hauptaktionärin mit **rund 3 Mrd. Euro**.

Auch bei der VTG AG zeigt sich nach Ankündigung des Börsenrückzugs im Februar 2019 eine Abkopplung des Börsenkurses. Besonders auffällig wird die Loslösung vom inneren Wert bei den beiden Unternehmensmeldungen zur Umsatz- und Erlössteigerung vom 4. April 2019 sowie 14. Mai 2019: Anstatt zu einem Kursanstieg führten diese Meldungen zum Abfall des Börsenkurses.

Bis zum Squeeze-out im Jahre 2021 finden sich keine Unternehmensmeldungen mehr. Erwartungsgemäß verharrt der Börsenkurs der VTG daher auf einer Linie und orientiert sich nur noch am allgemeinen CDAX-Kursverlauf. Erst mit Ankündigung des Squeeze-out am 12. April 2021 und insbesondere mit dem konkretisierten Übertragungsverlangen vom 21. Juli 2021 erlebt die Aktie deutliche Kurssprünge.

Doch bilden auch diese nicht den wahren (inneren) Wert der Aktie ab. Denn nur wenige Tage nach Vollzug des Squeeze-out durch Eintragung im Handelsregister wurde bekannt, dass die Hauptaktionärin den **Weiterverkauf** der Anteile plant und in diesem Zusammenhang die Gesellschaft mit **7 Mrd. Euro** bewertet wird. Nach Abzug der von der Hauptaktionärin behaupteten Verbindlichkeiten errechnet sich daraus ein anteiliger Wert in Höhe von **108,08 Euro je Aktie**.

Diesen Wert erreichte die Aktie der VTG AG selbst nach Ankündigung des Squeeze-out nie:

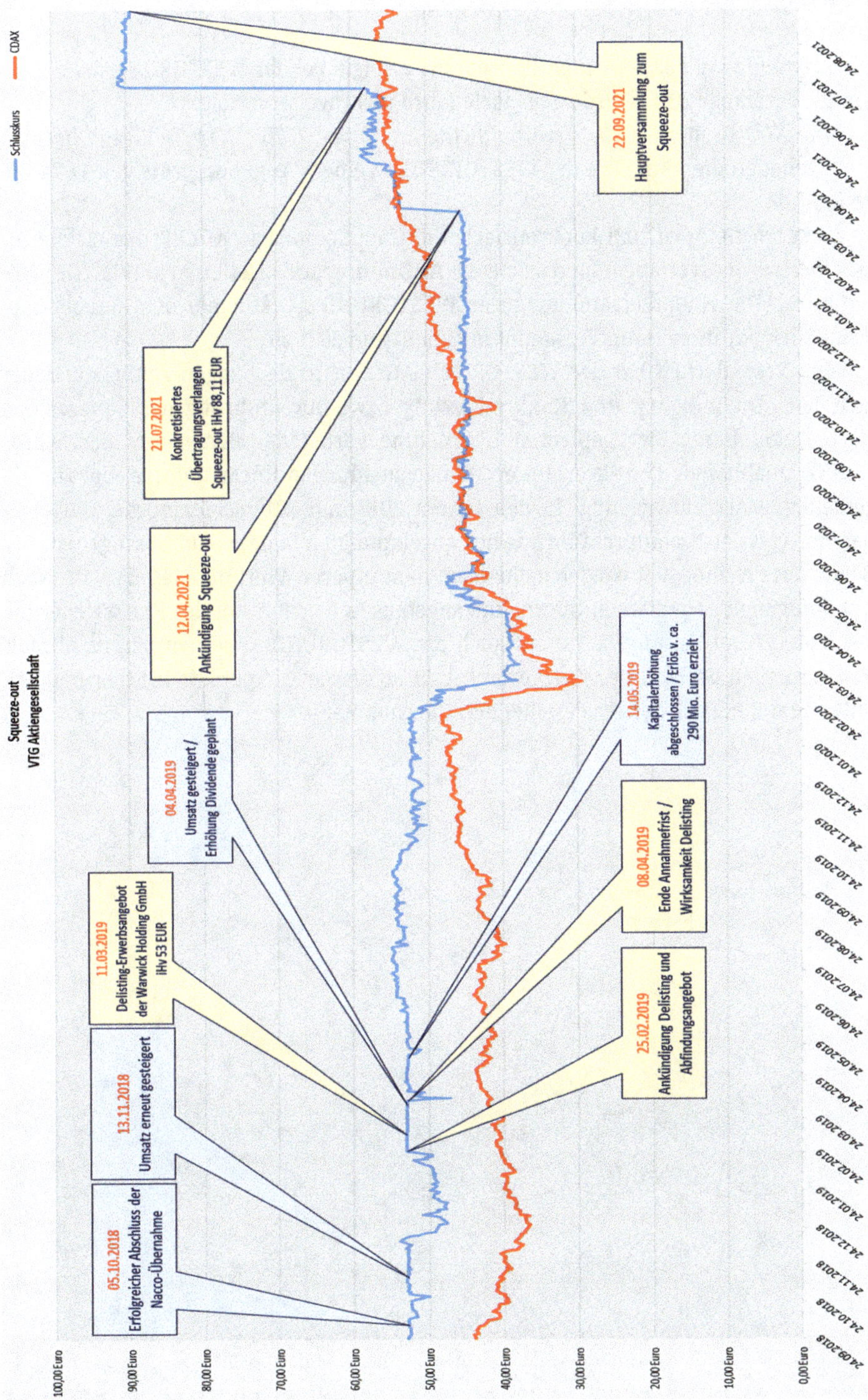
Squeeze-out
VTG Aktiengesellschaft
Schlusskurs
CDAX
05.10.2018
Erfolgreicher Abschluss der Nacco-Übernahme
13.11.2018
Umsatz erneut gesteigert
11.03.2019
Delisting-Erwerbsangebot der Warwick Holding GmbH iHv 53 EUR
04.04.2019
Umsatz gesteigert / Erhöhung Dividende geplant
12.04.2021
Ankündigung Squeeze-out
21.07.2021
Konkretisiertes Übertragungsverlangen Squeeze-out iHv 88,11 EUR
22.09.2021
Hauptversammlung zum Squeeze-out
25.02.2019
Ankündigung Delisting und Abfindungsangebot
08.04.2019
Ende Annahmefrist / Wirksamkeit Delisting
14.05.2019
Kapitalerhöhung abgeschlossen / Erlös v. ca. 290 Mio. Euro erzielt
100,00 Euro
90,00 Euro
80,00 Euro
70,00 Euro
60,00 Euro
50,00 Euro
40,00 Euro
30,00 Euro
20,00 Euro
10,00 Euro
0,00 Euro

25 Westgrund AG

Die Ankündigung der geplanten Übernahme erfolgte bei der WESTGRUND AG bereits am 29. Dezember 2016, wurde aber viele Jahre nicht weiterverfolgt.

Die ADO Properties S.A. veröffentlichte am 6. Mai 2020 ein freiwilliges Übernahmeangebot an die Aktionäre der WESTGRUND zu einem **Angebotspreis** von **11,74 Euro** je Aktie.

Erst am 19. April 2021 konkretisierte die Hauptaktionärin ADLER Real Estate AG ihr Übertragungsverlangen und setzte die **Abfindung auf 13,24 Euro** je WESTGRUND-Aktie fest. Die Hauptversammlung der WESTGRUND AG stimmte dem Squeeze-out schließlich auf ihrer Hauptversammlung am 9. Juni 2021 zu.

Die Besonderheit bei der WESTGRUND AG liegt in der langen zeitlichen Dauer zwischen Ankündigung und Konkretisierung bzw. Durchführung des Squeeze-out. Nach Ankündigung der geplanten Übernahme verlief der Börsenkurs der WESTGRUND unabhängig von ihren Unternehmensmeldungen linear und parallel zur allgemeinen Marktentwicklung. In den Jahren 2018 und 2019 schienen die Marktteilnehmer von der Nichtdurchführung des angekündigten Squeeze-out auszugehen. Der Börsenkurs richtet sich wieder mehr nach dem inneren Wert der Gesellschaft. Nach Ankündigung des geplanten Übernahmeangebots und später mit der Konkretisierung des Squeeze-out-Verlangens nimmt auch die WESTGRUND-Aktie den bereits oftmals beschriebenen Verlauf. Der Kursverlauf steht ab diesem Zeitpunkt auch hier deutlich unter dem Eindruck der bevorstehenden Übernahme:

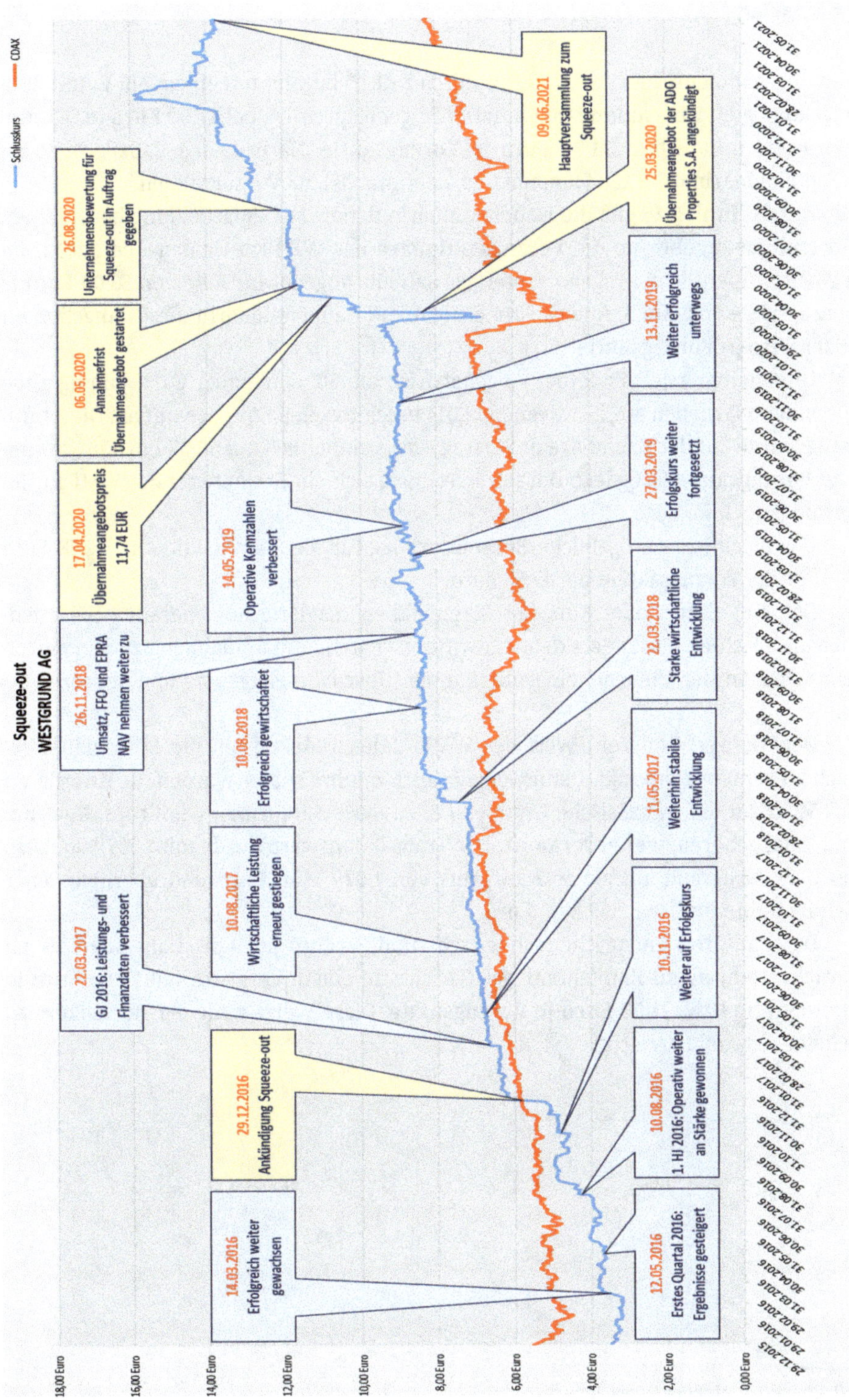
Squeeze-out
WESTGRUND AG
Schlusskurs
CDAX
14.03.2016 Erfolgreich weiter gewachsen
12.05.2016 Erstes Quartal 2016: Ergebnisse gesteigert
10.08.2016 1. HJ 2016: Operativ weiter an Stärke gewonnen
29.12.2016 Ankündigung Squeeze-out
10.11.2016 Weiter auf Erfolgskurs
22.03.2017 GJ 2016: Leistungs- und Finanzdaten verbessert
10.08.2017 Wirtschaftliche Leistung erneut gestiegen
11.05.2017 Weiterhin stabile Entwicklung
22.03.2018 Starke wirtschaftliche Entwicklung
10.08.2018 Erfolgreich gewirtschaftet
26.11.2018 Umsatz, FFO und EPRA NAV nehmen weiter zu
14.05.2019 Operative Kennzahlen verbessert
27.03.2019 Erfolgskurs weiter fortgesetzt
17.04.2020 Übernahmeangebotspreis 11,74 EUR
06.05.2020 Annahmefrist Übernahmeangebot gestartet
13.11.2019 Weiter erfolgreich unterwegs
26.08.2020 Unternehmensbewertung für Squeeze-out in Auftrag gegeben
25.03.2020 Übernahmeangebot der ADO Properties S.A. angekündigt
09.06.2021 Hauptversammlung zum Squeeze-out
18,00 Euro
16,00 Euro
14,00 Euro
12,00 Euro
10,00 Euro
8,00 Euro
6,00 Euro
4,00 Euro
2,00 Euro
0,00 Euro

26 WMF AG

Der Übernahmeprozess der WMF AG durch KKR[268] begann mit einem am **6. Juli 2012** angekündigten **Übernahmeangebot**. Der Angebotspreis lag bei **47,00 Euro je Stammaktie** und **mindestens 31,70 Euro je Vorzugsaktie**. Nach dessen Vollzug hielt die Hauptaktionärin 6.679.198 Stammaktien, aber nur 284.313 Vorzugsaktien.

Am **18. Juni 2014** gab die Hauptaktionärin daher ihre Entscheidung bekannt, ein **Übernahmeangebot** an die **Vorzugsaktionäre** der WMF zu richten. Die am 14. Juli 2014 veröffentlichte Angebotsunterlage sah ein Angebot in Höhe von 53,00 Euro je Vorzugsaktie vor. Am 6. August 2014 erhöhte die Hauptaktionärin dieses Angebot auf **58,00 Euro je Vorzugsaktie**.

Unmittelbar nach Ende der Angebotsfrist, am 10. September 2014, kündigte die Hauptaktionärin den am 19. November 2014 beschlossenen **Squeeze-out** an. Die **Abfindung** wurde auf der Grundlage des Ertragswerts einheitlich auf **58,37 Euro je Stamm- und Vorzugsaktie** festgelegt. Daraus errechnete sich ein Gesamtwert der WMF in Höhe von 814,5 Mio. Euro.

Der hier nicht maßgebliche **Börsenkurs** lag für die Stammaktien bei 52,78 Euro und für die Vorzugsaktien bei 47,67 Euro.

Der hier dargestellte Kurs der Stammaktien reagierte auf operative Unternehmensnachrichten. Besonders deutlich wirkten sich die Ankündigungen zu den einzelnen Schritten der Unternehmensübernahme (Übernahmeangebote und Squeeze-out) aus.

Den wahren (inneren) Wert der WMF-Aktien reflektierten die Börsenkurse jedoch zu keinem Zeitpunkt. Denn weniger als 1 ½ Jahre später wurden die **Anteile an der WMF** an die französische Groupe SEB, zu der auch Firmen wie Krups, Rowenta und Tefal gehören, **weiterverkauft**. Der Transaktionswert wurde mit 1.585 Mio. Euro beziffert, basierend auf einem **Kaufpreis** von **1.020 Mio. Euro** und übernommener Nettoverschuldung von 565 Mio. Euro.

Der Kaufpreis entspricht rechnerisch rund 72 Euro je Aktie. Daher kam es im Spruchverfahren auf Empfehlung des Gerichts zu einem Vergleich mit **72,00 Euro je Stammaktie** bzw. **71,00 Euro je Vorzugsaktie**. Diese Werte hatte der Börsenkurs zu keinem Zeitpunkt erreicht:

---

268 Ehemals: Kohlberg Kravis Roberts & Co.

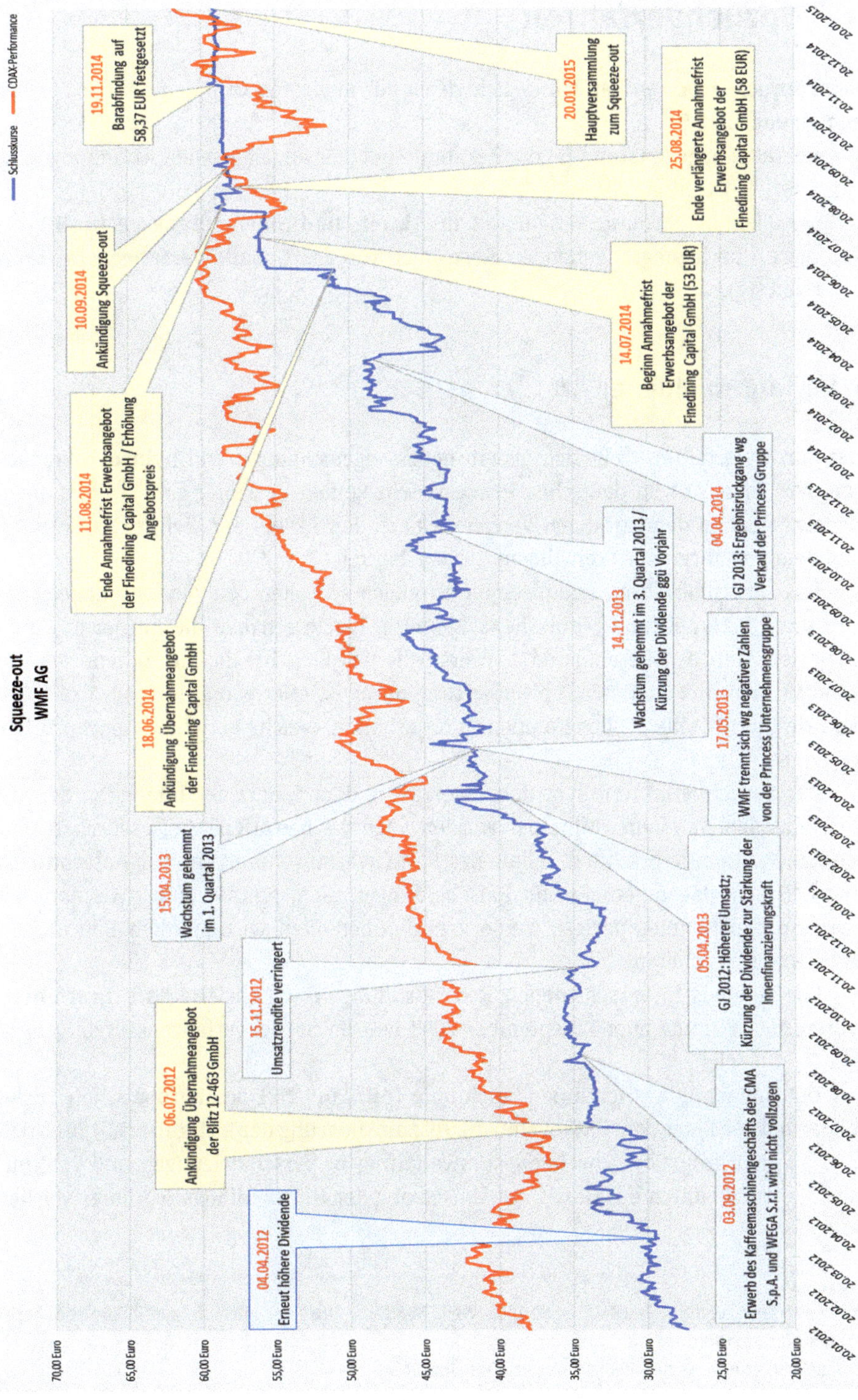
Squeeze-out
WMF AG
Schlusskurse
CDAX-Performance
70,00 Euro
65,00 Euro
60,00 Euro
55,00 Euro
50,00 Euro
45,00 Euro
40,00 Euro
35,00 Euro
30,00 Euro
25,00 Euro
20,00 Euro
04.04.2012
Erneut höhere Dividende
06.07.2012
Ankündigung Übernahmeangebot der Blitz 12-463 GmbH
15.11.2012
Umsatzrendite verringert
15.04.2013
Wachstum gehemmt im 1. Quartal 2013
18.06.2014
Ankündigung Übernahmeangebot der Finedining Capital GmbH
11.08.2014
Ende Annahmefrist Erwerbsangebot der Finedining Capital GmbH / Erhöhung Angebotspreis
10.09.2014
Ankündigung Squeeze-out
19.11.2014
Barabfindung auf 58,37 EUR festgesetzt
03.09.2012
Erwerb des Kaffeemaschinengeschäfts der CMA S.p.A. und WEGA S.r.l. wird nicht vollzogen
05.04.2013
GJ 2012: Höherer Umsatz; Kürzung der Dividende zur Stärkung der Innenfinanzierungskraft
17.05.2013
WMF trennt sich wg negativer Zahlen von der Princess Unternehmensgruppe
14.11.2013
Wachstum gehemmt im 3. Quartal 2013 / Kürzung der Dividende ggü Vorjahr
04.04.2014
GJ 2013: Ergebnisrückgang wg Verkauf der Princess Gruppe
14.07.2014
Beginn Annahmefrist Erwerbsangebot der Finedining Capital GmbH (53 EUR)
25.08.2014
Ende verlängerte Annahmefrist Erwerbsangebot der Finedining Capital GmbH (58 EUR)
20.01.2015
Hauptversammlung zum Squeeze-out
20.01.2012
20.02.2012
20.03.2012
20.04.2012
20.05.2012
20.06.2012
20.07.2012
20.08.2012
20.09.2012
20.10.2012
20.11.2012
20.12.2012
20.01.2013
20.02.2013
20.03.2013
20.04.2013
20.05.2013
20.06.2013
20.07.2013
20.08.2013
20.09.2013
20.10.2013
20.11.2013
20.12.2013
20.01.2014
20.02.2014
20.03.2014
20.04.2014
20.05.2014
20.06.2014
20.07.2014
20.08.2014
20.09.2014
20.10.2014
20.11.2014
20.12.2014
20.01.2015

§ 4 Spruchverfahren

Beim Spruchverfahren handelt es sich gleich aus mehreren Gründen um ein **Verfahren eigener Art** (I):

- **Verfahrensgegenstand** ist die Bestimmung einer angemessenen Abfindung bzw. Ausgleichszahlung (II),
- vor allem bei Strukturmaßnahmen im **Aktien- und Umwandlungsrecht** (III).
- Diese Überlegungen gelten im Kern auch für das **Gremialverfahren** in Österreich (IV).

I Verfahren eigener Art

Das Spruchverfahren stellt sich als ein neues, eigenständiges und **hybrides Verfahren** dar, für das es im deutschen **Prozessrecht** keinen Vorläufer gab[269]. Es ist angesiedelt zwischen dem streitigen Verfahren nach den Regeln der Zivilprozessordnung und dem Verfahren der Freiwilligen Gerichtsbarkeit.

Das Spruchverfahren schafft einen Ausgleich zwischen den widerstreitenden Interessen der Haupt- und Minderheitsaktionäre. Letztere haben die mit jeweils qualifizierten Mehrheitsbeschlüssen hervorgerufenen Eingriffe in ihr Aktieneigentum grundsätzlich hinzunehmen. Voraussetzung dafür ist aber gemäß Art. 14 Abs. 1 GG, dass sie hierfür eine „volle" Kompensation erhalten, welche gerichtlich nachprüfbar sein muss[270].

Das Spruchverfahren dient daher vorrangig dem Schutz der Interessen der außenstehenden Aktionäre. Mittelbar werden auch die betroffene Zielgesellschaft und die Hauptaktionäre geschützt, indem das Spruchverfahren Vorrang vor Anfechtungs- und Leistungsklagen genießt und Entscheidungen nicht nur Wirkung zwischen den Prozessparteien (inter partes), sondern gegenüber allen wirtschaftlich Betroffenen (inter omnes) entfalten.

Das ehemals in verschiedenen Rechtsordnungen angesiedelte Spruchverfahren wurde mit Wirkung zum 1. September 2003 neu im Spruchverfahrensgesetz gebündelt.

Die Umwandlungsrichtlinie – Richtlinie (EU) 2019/2121 des Europäischen Parlaments und des Rates vom 27. November 2019 zur Änderung der Richtlinie (EU) 2017/1132 in Bezug auf grenzüberschreitende Umwandlungen, Verschmelzungen und Spaltungen[271] – wurde durch das Gesetz zur Umsetzung der Umwandlungsrichtlinie, welches

269 *Puszkajler* zeigt das in KK-SpruchG 2003, Vorb. §§ 7 bis 11, Rn 1 vor allem an der Stellung des sachverständigen Prüfers auf.

270 BVerfG vom 7. August 1962 – 1 BvL 16/60 [Feldmühle].

271 Zu beziehen über https://eur-lex.europa.eu/legal-content/DE/TXT/?uri=CELEX%3A32019L2121

https://doi.org/10.1515/9783110769852-004

am 28. Februar 2023 im Bundesgesetzblatt veröffentlicht wurde[272], umgesetzt. Es ergänzt im Artikel 3 das Spruchverfahrensgesetz, ohne sich auf eine Methode zur Bewertung der Unternehmensanteile festzulegen. Das novellierte Gesetz ist gemäß § 17 Abs. 3 SpruchG erstmals auf Spruchverfahren anzuwenden, in denen ein Antrag auf gerichtliche Entscheidung ab dem 31. Januar 2023 gestellt wurde.

Das Gesetz
- regelt neu grenzüberschreitende Verschmelzungen, Spaltungen und Formwechsel von Aktiengesellschaften,
- schafft die Ungleichbehandlung von Minderheitsaktionären übertragender und übernehmender Gesellschaften bei Verschmelzungen ab,
- begründet einen Anwaltszwang für Antragsteller, was sich auch auf die Person des gemeinsamen Vertreters erstreckt, und
- erleichtert den Abschluss von Teilvergleichen, an denen sich Gerichte dann auch für die Entscheidung über die verbliebenen, nicht am Teilvergleich teilnehmenden, Anträge orientieren können.

Besonderheiten der Verfahrensausgestaltung von Spruchverfahren gegenüber streitigen Verfahren der Zivilprozessordnung ergeben sich wie folgt:
- Der **Verfahrensgegenstand** ergibt sich aus dem Übertragungs-, Vertrags- oder Verschmelzungsbericht, dem Bewertungsgutachten und dem Prüfungsbericht. Gegen den darin behaupteten Unternehmenswert bzw. die Kompensation müssen die Antragsteller konkrete Einwendungen erheben, § 4 Abs. 2 Satz 2 Nr. 4 SpruchG.
- Das Verfahren selbst beginnt im Normalfall mit einer **Anhörung des sachverständigen Prüfers**, § 8 Abs. 2 SpruchG. Er und nicht der Antragsgegner haben die von der Hauptversammlung mit den Stimmen des Antragsgegners beschlossene Kompensation vor Gericht zu erläutern und zu vertreten.
- Für die entscheidungserheblichen Tatsachen besteht ein **eingeschränkter Amtsermittlungsgrundsatz**. Die in § 26 FamFG vorgesehenen Ermittlungen von Amts wegen finden ihre Grenze in der Begründungspflicht aus § 4 Abs. 2 Satz 2 Nr. 4 SpruchG. Ein Antragsteller kann – und muss – in diesem Rechtsrahmen allerdings nur zu den Bewertungsfehlern vortragen, die er aus den nach § 7 SpruchG vorzulegenden Berichten erkennen kann.
- Spruchverfahren entfalten **Wirkung inter omnes**, § 13 SpruchG. Entscheidungen im Spruchverfahren wirken nicht nur für die Verfahrensbeteiligten, sondern für alle Aktionäre der Zielgesellschaft.
- Dazu vertritt der **gemeinsame Vertreter** nach § 6 SpruchG die Belange der nicht selbst am Spruchverfahren beteiligten weiteren Minderheitsaktionäre. Diese stellen regelmäßig die größte Gruppe außenstehender Aktionäre. Diese Verantwor-

272 BGBl. I 2023 Nr. 51, zum Ablauf des Gesetzgebungsverfahrens im Deutschen Bundestag: https://dip.bundestag.de/vorgang/gesetz-zur-umsetzung-der-umwandlungsrichtlinie/290310

tung verlangt eine besondere Qualifikation und Erfahrung in der Person des gemeinsamen Vertreters, welcher Rechtsanwalt sein muss.

II Verfahrensgegenstand

Der Gegenstand von Spruchverfahren hebt sich von üblichen Zivilverfahren ab:

Der Gesetzgeber erlaubt einzelnen Aktionären, im Wege von Strukturmaßnahmen in das Aktieneigentum anderer Aktionäre einzugreifen. Voraussetzung dafür ist, dass die übrigen Aktionäre für den Verlust bzw. die Beeinträchtigung ihrer Eigentumsposition eine **angemessene und gerichtlich überprüfbare Entschädigung** erhalten. Jedoch wird die Kompensation einseitig von dem zur Zahlung verpflichteten Hauptaktionär festgelegt. Verhandlungen auf gleicher Augenhöhe über die Höhe der Kompensation kann es hier naturgemäß nicht geben.

Deshalb hebt der Bundesgerichtshof in einem energiewirtschaftsrechtlichen Verfahren besonders deutlich **Zielsetzung** und **Verfahrensgegenstand** des Spruchverfahrens wie folgt hervor:

> „Nach der dafür maßgeblichen Regelung in § 327f Satz 2 AktG hat das Gericht im Spruchverfahren die angemessene Barabfindung zu bestimmen, wenn die vom Hauptaktionär festgelegte Barabfindung nicht angemessen ist. Zur Auslegung dieser Vorschrift gehört die rechtliche Bestimmung der Angemessenheit. Wenn die Abfindung nicht nach dem Anteilswert, der in der Regel dem Börsenwert der gehaltenen Aktien zu entnehmen ist, bestimmt wird, ist der Anteil des Minderheitsaktionärs am Unternehmenswert zu Grunde zu legen. Ziel dieser Bewertung ist es, den „vollen, wirklichen" Wert der Unternehmensbeteiligung zu ermitteln. Der Unternehmenswert ist dabei im Wege einer Schätzung zu ermitteln. Bestimmungen, nach welcher Methode der Unternehmenswert zu schätzen ist, enthalten weder das Grundgesetz noch das einfache Gesetz. Die Frage nach der geeigneten Bewertungsmethode ist keine Rechtsfrage, sondern Teil der Tatsachenfeststellung und beurteilt sich nach der wirtschaftswissenschaftlichen oder betriebswirtschaftlichen Bewertungstheorie und -praxis (BGH, Beschluss vom 29. September 2015 – II ZB 23/14, BGHZ 207, 114 Rn 12).
>
> Diese Grundsätze sind auf die Ermittlung des Wagniszuschlags gemäß § 7 Abs. 5 StromNEV schon deshalb nicht vollständig übertragbar, weil diese nicht der Ermittlung eines Unternehmenswerts dient, sondern der Bestimmung eines Faktors, dem ausschlaggebende Bedeutung für die Bestimmung einer den Zielen der §§ 1 und 21 EnWG Rechnung tragenden Vergütung für die Nutzung von Strom- und Gasnetzen zukommt.
>
> Darüber hinaus ist eine weitergehende tatrichterliche Überprüfung im Verfahren nach § 327f Satz 2 AktG schon deshalb erforderlich, weil die originäre Bestimmung des Abfindungsbetrags nicht einer unabhängigen Regulierungsbehörde obliegt, sondern dem Hauptaktionär, der zur Zahlung der Abfindung verpflichtet ist."[273]

273 BGH vom 3. März 2020 – EnVR 34/18, juris Tz. 20 bis 22.

Der Bundesgerichtshof korrigiert mit diesen Überlegungen zutreffend einen wesentlichen **Konstruktionsmangel** im **Zivil-** und **Prozessrecht**. Der letzte Absatz spricht an, dass die Höhe der Kompensation in aktienrechtlichen Strukturmaßnahmen durch den zur Zahlung Verpflichteten festgelegt wird und nicht durch eine unabhängige Stelle bzw. Behörde. Im Zivilrecht gehen viele Regelungskonzepte dagegen vom Normalfall aus, dass sich beide Parteien auf Augenhöhe begegnen. Das ist aber bei der Bestimmung einer Leistung durch den Verpflichteten nicht der Fall und deshalb vor allem im **Prozessrecht** zu nivellieren.

Die Überlegungen des Bundesgerichtshofs greift auch das **Oberlandesgericht München** im Spruchverfahren nach dem Squeeze-out bei der Sky Deutschland AG auf, wenn es zum **Prüfungsgegenstand** ausführt:

> „Dies bedeutet jedoch nicht, dass das Gericht nur prüfen darf, ob die von der Gesellschaft bzw. der Bewerterin vorgenommene Bewertung vertretbar bzw. plausibel ist (vgl. OLG Frankfurt, Beschl. v. 24.11.2011 – 21 W 7/11, AG 2012, 513 ff.; OLG Stuttgart, a.a.O.; a.A. OLG Zweibrücken, Beschl. V. 02.07.2020 – 9 W 1/17, AG 2021, 29, 30). Auch der BGH hat jüngst nochmals auf den im Vergleich zu den Überprüfungsmöglichkeiten betreffend die Auswahlentscheidung der Bundesnetzagentur zum Eigenkapitalzinssatz zur Bestimmung der Erlösobergrenze für die Betreiber von Elektrizitäts- und Gasversorgungsnetze weitergehenden tatrichterlichen Überprüfungsmaßstab in Spruchverfahren hingewiesen (vgl. BGH, Beschl. v. 03.03.2020 – EnVR 34/18, BeckRS 2020, 5191, Rn 19 ff.). Während dort die Auswahlentscheidung der Bundesnetzagentur betreffend das Bewertungsverfahren nur unter engen Voraussetzungen angegriffen werden kann (BGH, a.a.O., Rn 6 ff.), ist das Gericht in Spruchverfahren grundsätzlich an die vom Abfindungspflichtigen bei der Festlegung der Abfindung zu Grunde gelegte Methode (bzw. einzelne Parameter dieser Methode) nicht gebunden (vgl. BGH, Beschl. v. 29.09.2015 – II ZR 23/14, BGHZ 207, 114 ff., Rn 34). Es hat nach dem oben Gesagten vielmehr eine eigene Schätzung vorzunehmen, die dem „wahren“, „wirklichen“ Wert der Beteiligung möglichst nahe kommen soll. In diesem Kontext kann nach dem Verständnis des Senats durchaus von einer „bestmöglichen“ Schätzung, verstanden als Schätzung anhand derjenigen Methode bzw. derjenigen Parameter innerhalb einer Methode, die die größte Annäherung an den „wahren“, „wirklichen“ Unternehmenswert verspricht, ausgegangen werden.“[274]

Die weiteren Ausführungen zum Umgang mit der **Planungsrechnung**, dem Kernstück jeder Unternehmensbewertung, fassen schon die Leitsätze der Sky-Entscheidung des OLG München zutreffend wie folgt zusammen:

> „1. Der weitgehende tatrichterliche Überprüfungsmaßstab in Spruchverfahren gebietet es, dass das Gericht die zentralen Planungsprämissen und Planzahlen grundsätzlich selbst überprüft. Diesem Prüfungsauftrag wird es nicht gerecht, wenn es sich ohne entsprechende Darlegung der relevanten Tatsachen auf die Schlussfolgerung des sachverständigen Prüfers, die Planung sei im Ergebnis plausibel, zurückzieht.
>
> 2. Bei seiner Prüfung hat das Gericht jedoch zu berücksichtigen, dass Planungen und Prognosen in erster Linie Ergebnis einer unternehmerischen Entscheidung der Gesellschaft und dem-

274 OLG München vom 13. April 2021 – 31 Wx 2/19, juris Tz. 44.

entsprechend nur eingeschränkt darauf überprüfbar sind, ob sie auf einer zutreffenden Tatsachengrundlage und realistischen Annahmen beruhen. Plausible Planannahmen der Gesellschaft dürfen nicht durch andere – ggf. für die Aktionäre günstigere – Annahmen des Gerichts oder anderer Verfahrensbeteiligter ersetzt werden."

In den Rechtsausführungen zur **Reichweite der gerichtlichen Überprüfbarkeit** heißt es dann weiter:

> „Daraus ist andererseits aber auch nicht zu folgern, dass das Gericht in Spruchverfahren sämtliche umstrittenen Problemfelder der Wirtschaftswissenschaft abschließend aufklären müsste. Abgesehen von der Tatsache, dass sich die Ermittlung der Schätzgrundlagen immer auch in einem verfahrensökonomisch vertretbaren Rahmen bewegen muss und der Gewinn an Genauigkeit gegen den weiteren verfahrens- und kostenrechtlichen Aufwand abzuwägen ist (vgl. nur BGH, Beschl. v. 29.09.2015 – II ZB 23/14, NJW-RR 2016, 231, Rn 42) ist dies sicher nicht Aufgabe des Spruchrichters (ständige Rechtsprechung des Senats, zuletzt Beschl. v. 11.03.2020 – 31 Wx 341/17, 06.08.2019 – 31 Wx 340/17, AG 2019, 887 ff. und Beschl. v, 16.10.2018 – 31 Wx 415/16, AG 2019, 357 ff.; vgl. OLG Stuttgart, Beschl. v. 15.10.2013 – 20 W 3/13, AG 2014, 208 Rn 133; OLG Frankfurt a.M., Beschl. v. 26.01.2017 – 21 W 75/15, AG 2017, 790 ff., Rn 71; Katzenstein, AG 2018, 739, 741). Dieser hat nach dem oben Gesagten den „wirklichen", „wahren" Wert der Beteiligung und damit eine angemessene Kompensationsleistung zu ermitteln. Dabei hat er sicherzustellen, dass die von ihm gewählte Bewertungsmethode diesem Bewertungsziel möglichst nahe kommt. Bestehen aus wirtschaftswissenschaftlicher Sicht bei bestimmten Punkten unterschiedliche Ansatzpunkte und ist – bei verfahrensökonomisch vertretbarem Aufwand – nicht festzustellen, dass die eine Methode der anderen offensichtlich überlegen ist, obliegt die Wahl der Methode bzw. des jeweiligen Parameters innerhalb der Methode dem Spruchrichter im Rahmen seines Schätzermessens.
>
> Soweit der BGH in einer aktuellen Entscheidung ausdrücklich davon spricht, dass jede Wertermittlung nicht auf ihre Richtigkeit, sondern lediglich auf ihre „Vertretbarkeit" hin überprüft werden könne (vgl. BGH, Beschl. v. 15.09.2020 – II ZB 6/2020, ZIP 2020, 2230 ff. Rn 20), bedeutet dies allerdings auch nicht, dass jedwede Berechnungsweise, die von irgendeinem Standpunkt gerade noch vertretbar ist, dieser Schätzung zugrunde gelegt werden kann. Durch die Formulierung wird lediglich verdeutlicht, dass es einen exakten, einzig richtigen Wert eines Unternehmens bzw. der Beteiligung hieran – unabhängig von der zugrunde gelegten Bewertungsmethode und deren Berechnungsgrundlagen – nicht geben kann (vgl. BGH, Beschl. v. 29.09.2015 – II ZB 23/14, NZG 2016, 139 ff., Rn 36; Senat, Beschl. v. 16.10.2018 – 31 Wx 415/16, AG 2019, 357 ff.; MüKo-AktG/van Rossum, a.a.O., § 305 Rn 86). Jede (unmittelbare oder mittelbare) Wertermittlung ist mit zahlreichen Prognosen, Schätzungen und methodischen Einzelentscheidungen verbunden, die nicht auf ihre absolute Richtigkeit, sondern nur auf ihre „Vertretbarkeit" gerichtlich überprüfbar sind. Keine Bewertungsmethode kann den Wert der Beteiligung mathematisch exakt berechnen (vgl. BGH, Beschl. v. 15.09.2020 – II ZB 6/2020, ZIP 2020, 2230 ff. Rn 20). Es muss dementsprechend eine Bandbreite von Werten als „wahrer", „wirklicher" Wert der Beteiligung angesehen werden und eine höhere Kompensationsleistung kann erst dann angenommen werden, wenn eine gewisse Grenze überschritten ist (vgl. hierzu ausführlich Senat, Beschl. v. 02.09.2019 – 31 Wx 358/16, WM 2019, 2104 ff.), was jedoch nicht bedeutet, dass das Gericht nicht gehalten wäre, diejenige Berechnungsweise zugrunde zu legen, die dem „wahren", „wirklichen" Wert am nächsten kommt."[275]

275 OLG München vom 13. April 2021 – 31 Wx 2/19, juris Tz. 45 f.

Die Rechtsprechung erkennt also den Prüfungsschwerpunkt in den in die Zukunft gerichteten **Planungsrechnungen**. Gerade hier wirken sich die strukturellen Informationsdefizite bei den außenstehenden Aktionären und den übrigen Kapitalmarktteilnehmern besonders aus. Wie weiter unten im Einzelnen unter Verweis auf die Rechtsprechung des Bundesverwaltungsgerichts aufgezeigt wird, sind **Planungsrechnung** und **Prognosen** durchaus überprüfbar[276].

Ohne Zugang zu den Büchern und Schriften des Bewertungsobjekts beschränken sich konkrete Rügen außenstehender Aktionäre notwendig auf

- offensichtliche Rechenfehler,
- offenkundige Differenzen zwischen eigener Kapitalmarktkommunikation und Bewertungsgutachten, sowie
- Abweichungen zu allgemeinen Marktentwicklungen.

Dabei ist nicht Gegenstand des Spruchverfahrens das sich in der Bewertung ausdrückende unternehmerische Konzept des Vorstands bzw. des Hauptaktionärs. Dieses kann nicht durch die Vorstellungen von Minderheitsaktionären ersetzt werden. Ebenso wenig gilt es, Fehlentscheidungen des Managements im Spruchverfahren zu korrigieren. Jedoch unterliegen die darauf aufbauenden **Planungsrechnungen** voll umfänglich der gerichtlichen Kontrolle:

> „Die Kammer teilt die Auffassung der Antragsgegnerin und eines Teils der Literatur und Rechtsprechung, wonach die Planungsannahmen des Unternehmens nur eingeschränkt überprüfbar sind (zuletzt OLG Stuttgart NZG 2007, 112, ZIP 2008, 883, 20 W 2/08 = BeckRS 2010, 00900; Großfeld, Unternehmensbewertung, 2009, Rn 358, 330), nur sehr eingeschränkt. Richtig ist zwar, dass die Planungen des Unternehmens nicht völlig zur Disposition gestellt werden können. <u>Die Auswahl der herzustellenden Produkte und die Einkaufs- und Vertriebsstrategien unterlegen der Festlegung des Vorstands bzw. der Mehrheit der Anteilseigner</u>. In diese unternehmerischen Entscheidungen kann in der Regel nicht eingegriffen und etwa eine andere, dem Gericht gewinnbringender erscheinende Unternehmensstrategie unterstellt werden. Diese Festlegungen sind, sofern sie nicht offensichtlich ohne jede vernünftige Begründung erfolgen, zu akzeptieren. <u>Die Prognose über den auf dieser Basis anzunehmenden wirtschaftlichen Erfolg indessen ist regelmäßig in vollem Umfang überprüfbar. Denn die anzunehmenden Produktions-, Herstellungs-, Finanzierungs- und Vertriebskosten können ebenso wie die Margen des Vertriebs anhand der früheren Strukturen des Unternehmens und Vergleichen mit anderen Betrieben der gleichen Branche durchaus nachvollzogen und geschätzt werden und es ist dem Unternehmen zumutbar, insoweit die wirtschaftlichsten Entscheidungen zu treffen und damit den maximal möglichen Umsatz, den maximalen Ertrag und damit den maximalen Unternehmenswert zu erreichen</u>." [277]

276 Dazu kann auf die umfassende Rechtsprechung zur Überprüfung von Prognoseentscheidungen im Verwaltungsrecht zurückgegriffen werden, z.B. BVerwG vom 6. Februar 2020 – 4 B 3/17.

277 LG Hamburg vom 16. September 2011, Az. 417 HKO 19/07, Seiten 22 f., zu beziehen über https://www.spruchverfahren-direkt.de/wp-content/uploads/2019/08/Phoenix-AG-2011-09-16-LG-Hamburg-Verschmelzung.pdf

In der Praxis umgehen viele Gerichte diese Bewertungsfragen. Sie flüchten sich in „**technische Lösungen**„ durch bloße Anpassung der Parameter der Kapitalisierungszinssätze, mit denen die prognostizierten finanziellen Überschüsse auf den Bewertungsstichtag diskontiert werden. So ersparen sie sich zusätzlichen Begründungsaufwand bei komplexen Fehlern oder unplausiblen Annahmen in der Planungsrechnung. Es ist aber nicht nur sachgerechter und transparenter, sondern auch verfassungsrechtlich geboten, alle verfahrensgegenständlichen Bewertungsfragen aufzugreifen. Schließlich ziehen Fehler in der Planungsrechnung eine besonders große Ergebnisrelevanz nach sich. Eine Verlagerung des Begründungsaufwands aus der Planungsrechnung hin zu einer technischen Lösung ist jedenfalls unter rechtsstaatlichen Gesichtspunkten unzulässig und reduziert den **Justizgewährleistungsanspruch**. So können Instanzgerichte nicht die tragenden Entscheidungsgründe aufgreifen[278].

III Anwendungsbereich

Wie die **Evaluierung des Spruchverfahrens** in § 5 zeigt, hat sich das SpruchG nach seiner Neufassung zum 1. September 2003 bewährt. Gegenwärtig gilt es vor allem für Strukturmaßnahmen aus dem Aktien- und Umwandlungsrecht. Es spricht jedoch einiges dafür, den Anwendungsbereich des Spruchverfahrens auf andere Rechtsformen und weitere Strukturmaßnahmen auszudehnen. Denn auch dort stellen sich die in Spruchverfahren regelmäßig aufgeworfenen Bewertungsfragen.

Der **Anhang II der Richtlinie (EU) 2017/1132** vom 14. Juni 2017 – „Richtlinie (EU) 2017/1132 des Europäischen Parlaments und des Rates vom 14. Juni 2017 über bestimmte Aspekte des Gesellschaftsrechts“[279] enthält die Gesellschaftsformen, für die diese Richtlinie gelten soll. In Deutschland sind das die Aktiengesellschaft und die Kommanditgesellschaft auf Aktien, in Österreich zusätzlich auch die Gesellschaft mit beschränkter Haftung.

In der gegenwärtigen Rechtspraxis gilt das Spruchverfahren in Deutschland und in Österreich darüber hinaus auch für kompensationspflichtige Strukturmaßnahmen, die eine **Europäische Gesellschaft (SE)** betreffen. Über Art. 9 SE-VO gelten zum Bei-

---

278 So hat etwa das LG München I die aus seiner Sicht unplausible Planung der finanziellen Überschüsse der DAB Bank AG im ersten Planjahr durch Absenkung des Beta-Faktors in seine Beurteilung einfließen lassen, was zu einer Erhöhung der Abfindung um rund 37,9 Prozent führte. Das OLG München hat sich auf die Beschwerde der Antragsgegnerin hin nur noch mit dem Beta-Faktor befasst und diesen nach sachverständiger Begutachtung wieder angehoben. Dadurch verringerte sich die Erhöhung der Abfindung auf (nur noch) 10,0 Prozent.

279 Die zu ändernde Richtlinie (EU) 2017/1132 des Europäischen Parlaments und des Rates vom 14. Juni 2017 über bestimmte Aspekte des Gesellschaftsrechts ist zu beziehen über https://eur-lex.europa.eu/legal-content/de/ALL/?uri=CELEX%3A32017L1132

spiel die Regelungen für einen Squeeze-out in den §§ 327a ff. AktG sowie das SpruchG auch jetzt schon für die SE.

Bis zum 31. Dezember 2022 gab es bei 11 Europäischen Gesellschaften mit Sitz in Deutschland wirksame Squeeze-out-Beschlüsse:

Vzfk e.V.	**Liste aller wirksamen Squeeze-out-Beschlüsse / Europäische Gesellschaften (Societas Europaea)**				
Nr.	**Gesellschaft**	**Datum HV**	**Art Squeeze-out**		
			§ 14 WStBG	**§ 62 V UmwG**	**§ 327a AktG**
59	Axel Springer SE	26.11.2020			☑
173	DVB Bank SE	22.06.2017			☑
186	Elster Group SE	27.09.2013			☑
237	GfK SE	21.07.2017			☑
293	Impreglon SE	27.10.2015		☑	
294	IMW Immobilien SE	06.08.2020			☑
303	innogy SE	04.03.2020		☑	
378	MAN SE	29.06.2021		☑	
478	RIB Software SE	03.11.2021			☑
495	SCA Hygiene Products SE	17.05.2013			☑
510	SEKISUI NordiTube Technologies SE	11.06.2014			☑

Abbildung 40: Europäische Gesellschaften (SE) im Squeeze-out

Darüber hinaus stellt sich die Frage, ob und unter welchen weiteren Voraussetzungen sich das Spruchverfahren auf **andere Rechtsformen** erstrecken lässt, wie das in Österreich etwa für Gesellschaften mit beschränkter Haftung der Fall ist.

Schon jetzt gelten verschiedene Regelungsmechanismen des Aktienrechts auch für andere Rechtsformen. Auch in diesen ist immer wieder ein angemessener Wert für die Beteiligung von Minderheitsgesellschaftern zu ermitteln. Dabei geht es nicht nur um kompensationspflichtige Strukturmaßnahmen aus dem Konzernrecht, sondern auch um die Wertbestimmung bei der Veräußerung von Gesellschaftsanteilen oder dem Zugewinnausgleich zwischen Eheleuten. Auch das Delisting gehört in den Anwendungsbereich des § 1 SpruchG ebenso wie die dem Abschluss eines Unternehmensvertrages häufig vorausgehende faktische Konzernierung.

Vorschlag 8: Erweiterung des Anwendungsbereichs des SpruchG

- **Erweiterung der Rechtsformen** vor allem bei Publikumsaktiengesellschaften auf z. B. Gesellschaften mit beschränkter Haftung, Personen(handels)gesellschaften und Genossenschaften
- **Ausweitung des Anwendungsbereichs** in § 1 SpruchG auf z. B. Delisting, Sachkapitalerhöhung, übertragende Auflösung (Liquidationsmodell), einen faktischen Beherrschungsvertrag und Anteilsbewertung beim Ausscheiden von Gesellschaftern

IV Gremialverfahren in Österreich

In **Österreich** erfolgte bei Strukturmaßnahmen bisher die bei Gericht beantragte Überprüfung einer Kompensation regelmäßig in einem vorgeschalteten **Gremialverfahren**. Dieses Gremium war mit Personen besetzt, welche sich durch entsprechende Fachkunde auszeichneten. Ziel des Verfahrens war die Aufklärung des streitgegenständlichen Sachverhalts ggf. unter Einholung sachverständiger Gutachten und das Hinwirken auf einen vergleichsweisen Abschluss des Verfahrens oder – falls ein solcher nicht zustande kam – eine eigenständige Beurteilung zum angemessenen Unternehmenswert bzw. zur angemessenen Kompensation.

Weil die große Anzahl von Gremialverfahren zu einer Verzögerung der Verfahren geführt hat und den Gremialgutachten keine eigenständige Beweiskraft zukam, hat der österreichische Gesetzgeber das Verfahren gestrafft. Gemäß § 225g Absatz 1 AktG (Österreich) kann das angerufene Gericht

> „[…] mit dem Verfahren auf unbestimmte Zeit innehalten und das Gremium damit beauftragen, auf eine gütliche Beilegung des Streits durch Herbeiführung eines Vergleichs hinzuwirken. Nach Ablauf eines Jahres ab Zustellung des Beschlusses auf Innehalten kann jede Partei die Fortsetzung des Verfahrens verlangen."

Der Ausschluss von Minderheitsaktionären vollzieht sich in Österreich dabei auf der Grundlage von § 1 des Gesellschafter-Ausschlussgesetzes (GesAusG)[280], welches in seiner inhaltlichen Ausgestaltung den §§ 327a ff. AktG (Deutschland) weitgehend entspricht. Daher lassen sich die meisten zum Spruchverfahren in Deutschland angestellten Überlegungen auch auf die Verfahren in Österreich übertragen.

---

280 Bundesgesetz über den Ausschluss von Minderheitsgesellschaftern (Gesellschafter-Ausschlussgesetz – GesAusG): https://www.ris.bka.gv.at/eli/bgbl/I/2009/71/20090731

Teil 2 Empirische Daten

Empirische Daten aus den verschiedenen Phasen einer Unternehmensübernahme schaffen eine vielschichtige Grundlage für Entscheidungen über Investitionen und Desinvestitionen:

- Die **Evaluierung von Gerichtsverfahren** bestätigt die Erforderlichkeit des Spruchverfahrens in seiner gegenwärtigen Konzeption, § 5.
- Die häufig behauptete **Gleichwertigkeit von Börsen- und Ertragswert** lässt sich empirisch widerlegen, § 6.
- Die Auswirkungen der **Kapitalmarktkommunikation** auf die Kursentwicklung im Vorfeld von kompensationspflichtigen Strukturmaßnahmen zeigt § 3 IX für ausgewählte Emittenten in den wesentlichen Grundzügen.

§ 5 Evaluierung von Gerichtsverfahren

Die wesentlichen empirischen Erkenntnisse aus der Evaluierung von Anfechtungsklagen[281] und Spruchverfahren bei einem Squeeze-out lassen sich wie folgt zusammenfassen:

- Im Zeitraum vom 1. Januar 2002 bis zum 31. Dezember 2022 kam es zu **652** Squeeze-out-Verfahren. In **3** Fällen haben Hauptaktionäre von sich aus Abstand vom geplanten Ausschluss der Minderheitsaktionäre genommen. **632** Beschlüsse wurden durch Eintragung in das Handelsregister wirksam (I).
- In **545** Fällen folgte ein Spruchverfahren zur Überprüfung der Angemessenheit der Abfindung (II).
- Seit Novellierung des § 246a AktG tragen **Anfechtungsklagen** kaum noch durch vergleichsweise Erledigungen zur Entlastung des Spruchverfahrens bei (III).
- In **475** Spruchverfahren sowie weiteren **11** Beschlussmängelklagen kam es wenigstens zu einer **erstinstanzlichen Verfahrensbeendigung**[282]. In **279** Spruchverfahren wurde gegen den erstinstanzlichen Beschluss Beschwerde eingelegt, von denen **243** entschieden sind. **8** Rechtsbeschwerden haben den Bundesgerichtshof erreicht (IV).
- Der **Ausgang der Spruchverfahren** bestätigt die Erforderlichkeit und Konzeption einer gerichtlichen Kontrolle. Denn die von den Hauptaktionären festgelegten Abfindungen wurden bereits um rund **1,0 Mrd. Euro** erhöht (V).

---

281 Das gilt für die Anfechtungsklagen, die einem Spruchverfahren vorausgegangen sind oder auf diese ausstrahlen.

282 Eine Aufstellung der ausgewerteten Verfahren enthält Anlage V.

https://doi.org/10.1515/9783110769852-005

- Dabei zeigen sich jedoch teilweise ganz erhebliche **örtliche Unterschiede** (VI).
- Die durchschnittliche **Verfahrensdauer** nimmt tendenziell ab (VII).

I Squeeze-out-Verfahren

Diese Studie beschränkt sich auf Verfahren zum Ausschluss von Minderheitsaktionären (**Squeeze-out**) in Deutschland. Die meisten Erkenntnisse passen auch zum Gesellschafterausschluss und anschließenden Gremialverfahren in Österreich. In beiden Ländern kommt diese kompensationspflichtige Maßnahme in der Praxis am häufigsten vor.

Eine Unterscheidung in
- aktienrechtliche Squeeze-out nach §§ 327a ff. AktG,
- verschmelzungsrechtliche Squeeze-out nach § 62 Abs. 5 UmwG, und
- solche durch staatliche Finanzmarkt- bzw. Wirtschaftsstabilisierungsfonds nach § 14 Abs. 4 WStBG

erfolgte für Auswertungszwecke nicht, weil sämtliche Verfahren nach den Vorschriften der §§ 327a ff. AktG ablaufen:

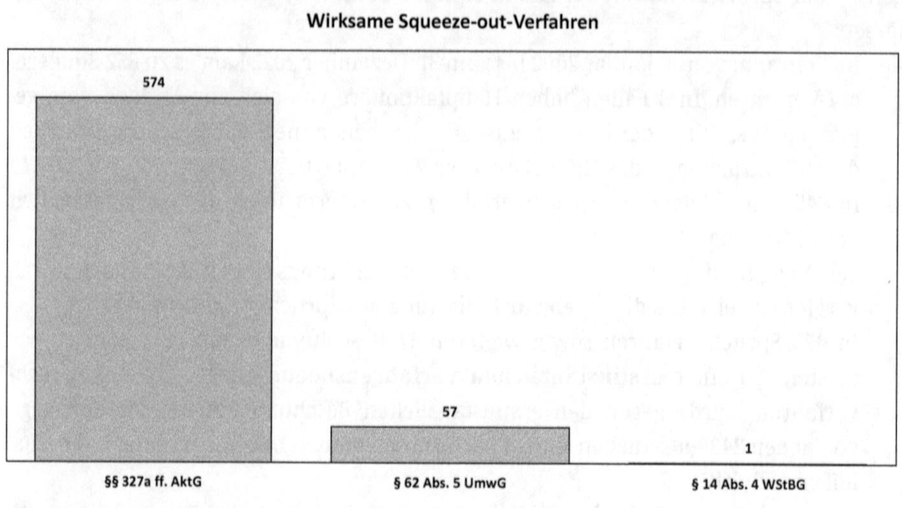

Abbildung 41: Wirksame Squeeze-out (Unterscheidung nach Verfahrensart)

Der **übernahmerechtliche Squeeze-out** nach §§ 39a ff. WpÜG hat daneben keine eigenständige Bedeutung erlangt. Für diesen kommt es zur Wertermittlung auf die Höhe der Gegenleistung in einem Übernahmeangebot und damit auf den Börsenwert oder **Vorerwerbspreise** an. Die gerichtliche Prüfung der Angemessenheit der Abfindung in einem Spruchverfahren ist ausgeschlossen.

Ein Blick auf die anderen nach § 1 Nr. 1 bis Nr. 4 SpruchG kompensationspflichtigen Strukturmaßnahmen, insbesondere Unternehmensverträge und Verschmelzungen, zeigt ebenfalls keine wesentlichen abweichenden Ergebnisse und Erkenntnisse.

Die Studie erhebt im Unterschied zu Fallstudien, die gelegentlich in Literatur und im Vertrieb von Beratungsfirmen zu finden sind, Anspruch auf Vollständigkeit aller Squeeze-out-Verfahren seit Einführung der gesetzlichen Möglichkeit zum Ausschluss von Minderheitsaktionären am 1. Januar 2002 bis zum 31. Dezember 2022 (Tag der beschlussfassenden Hauptversammlung).

In diesem Zeitraum wurden 652 Verlangen von Hauptaktionären zum Ausschluss von Minderheitsaktionären zur Beschlussfassung auf **Hauptversammlungen** deutscher Aktiengesellschaften bzw. Kommanditgesellschaften auf Aktien gestellt. 632 Beschlüsse wurden durch **Eintragung** in das Handelsregister wirksam. In 17 Fällen erwiesen sich die Beschlüsse auf eine Beschlussmängelkontrollklage als nichtig.

In weiteren 3 Fällen nahmen Hauptaktionäre ihr angekündigtes Verlangen zurück bzw. stellten es nicht zur Beschlussfassung:

Tabelle 23: Übersicht Squeeze-out-Beschlüsse (alle / wirksam / unwirksam)

VzfK e.V.	Anzahl Squeeze-out-Beschlüsse							
Jahr	Gesamt	entspricht	davon					
			wirksam	entspricht	unwirksam	entspricht	offen	entspricht
2002	129	19,9 %	125	19,8 %	4	23,5 %	0	0,0 %
2003	60	9,2 %	57	9,0 %	3	17,6 %	0	0,0 %
2004	35	5,4 %	33	5,2 %	2	11,8 %	0	0,0 %
2005	39	6,0 %	37	5,9 %	2	11,8 %	0	0,0 %
2006	32	4,9 %	31	4,9 %	1	5,9 %	0	0,0 %
2007	30	4,6 %	28	4,4 %	2	11,8 %	0	0,0 %
2008	25	3,9 %	24	3,8 %	1	5,9 %	0	0,0 %
2009	26	4,0 %	26	4,1 %	0	0,0 %	0	0,0 %
2010	22	3,4 %	22	3,5 %	0	0,0 %	0	0,0 %
2011	22	3,4 %	22	3,5 %	0	0,0 %	0	0,0 %
2012	32	4,9 %	32	5,1 %	0	0,0 %	0	0,0 %
2013	25	3,9 %	24	3,8 %	1	5,9 %	0	0,0 %
2014	26	4,0 %	26	4,1 %	0	0,0 %	0	0,0 %
2015	24	3,7 %	23	3,6 %	1	5,9 %	0	0,0 %
2016	19	2,9 %	19	3,0 %	0	0,0 %	0	0,0 %
2017	21	3,2 %	21	3,3 %	0	0,0 %	0	0,0 %
2018	11	1,7 %	11	1,7 %	0	0,0 %	0	0,0 %
2019	16	2,5 %	16	2,5 %	0	0,0 %	0	0,0 %
2020	21	3,2 %	21	3,3 %	0	0,0 %	0	0,0 %
2021	24	3,7 %	24	3,8 %	0	0,0 %	0	0,0 %
2022	10	1,5 %	10	1,6 %	0	0,0 %	0	0,0 %
Summe	**649**	**100,0 %**	**632**	**100,0 %**	**17**	**100,0 %**	**0**	**0,0 %**

Direkt nach dem **Inkrafttreten** der §§ 327a ff. AktG zum 1. Januar 2002 kam es zu besonders vielen Squeeze-out-Verfahren. Nach dem Abbau dieses „Rückstaus“ pendelte sich die Anzahl der jährlichen Squeeze-out-Verfahren zuletzt bei rund 22 Fällen pro Jahr ein:

Tabelle 24: Übersicht wirksame Squeeze-out-Beschlüsse (nach Jahren und Monaten der beschlussfassenden Hauptversammlungen)

VzfK e.V.	**Wirksame Squeeze-out-Beschlüsse**												
Jahr	**Monat**												
	Jan	**Feb**	**Mrz**	**Apr**	**Mai**	**Jun**	**Jul**	**Aug**	**Sep**	**Okt**	**Nov**	**Dez**	**Summe**
2002	0	1	1	6	14	34	17	27	6	2	11	6	**125**
2003	0	2	1	5	12	7	5	9	1	2	6	7	**57**
2004	1	0	0	1	4	4	3	5	1	1	2	11	**33**
2005	5	2	0	0	6	4	4	6	2	1	2	5	**37**
2006	0	2	2	2	5	2	6	3	4	0	1	4	**31**
2007	3	1	0	1	1	4	1	5	1	1	4	6	**28**
2008	2	1	2	0	2	2	2	4	2	1	2	4	**24**
2009	0	2	0	2	4	1	5	4	0	2	1	5	**26**
2010	0	1	1	2	3	3	2	3	0	0	5	2	**22**
2011	0	1	2	0	3	2	1	5	1	1	4	2	**22**
2012	0	3	1	3	3	2	1	7	0	2	4	6	**32**
2013	0	0	0	3	3	2	2	5	2	2	3	2	**24**
2014	1	3	3	2	3	2	4	2	2	1	0	3	**26**
2015	3	0	0	1	2	2	4	2	2	1	3	3	**23**
2016	0	1	2	1	1	3	2	3	0	0	1	5	**19**
2017	0	1	3	1	0	3	2	6	0	2	1	2	**21**
2018	0	0	2	0	1	2	1	3	0	0	0	2	**11**
2019	3	0	1	2	1	0	3	1	0	0	1	4	**16**
2020	0	0	3	0	2	0	2	2	3	0	3	6	**21**
2021	0	2	1	0	0	6	4	1	3	1	3	3	**24**
2022	1	1	0	2	1	1	1	2	0	0	1	0	**10**
Summe	**19**	**24**	**25**	**34**	**71**	**86**	**72**	**105**	**30**	**20**	**58**	**88**	**632**

Besonders häufig kommt es bei Unternehmen der Finanzdienstleistungsbranche, einschließlich Immobilien verwaltender Unternehmen, zu einem Squeeze-out. Dann folgen Industrieunternehmen und die Softwarebranche:

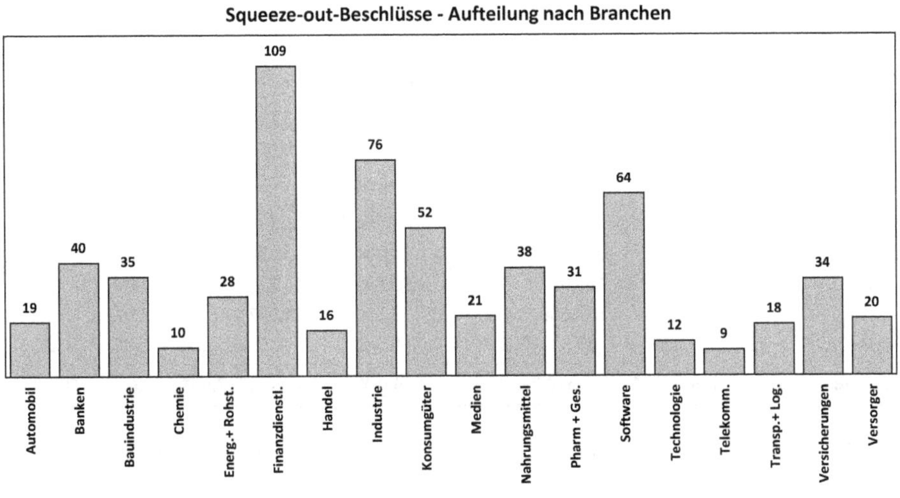

Abbildung 42: Verteilung der wirksamen Squeeze-out auf Branchen

Die von einem Squeeze-out-Beschluss betroffenen Unternehmen hatten zusammen einen **Unternehmenswert** in Höhe von **708,9 Mrd. Euro**[283]:

Tabelle 25: Gesamtwert der Zielgesellschaft in Squeeze-out-Verfahren

VzfK e.V.	Anzahl Aktien und Gesamtwert der Zielgesellschaften					
Jahr	Squeeze-out		Aktien		Gesamtwert der Zielgesellschaften	
	Anzahl	entspricht	Stück	entspricht	Wert	entspricht
2002	125	19,8 %	2.042.099.453 Stück	11,7 %	198.153.718.231,36 EUR	28,0 %
2003	57	9,0 %	1.061.227.529 Stück	6,1 %	35.415.138.484,97 EUR	5,0 %
2004	33	5,2 %	1.144.618.239 Stück	6,6 %	51.797.886.693,59 EUR	7,3 %
2005	37	5,9 %	579.180.443 Stück	3,3 %	18.508.284.164,25 EUR	2,6 %
2006	31	4,9 %	1.079.756.196 Stück	6,2 %	44.325.201.057,40 EUR	6,3 %
2007	28	4,4 %	1.654.291.987 Stück	9,5 %	73.900.406.713,13 EUR	10,4 %
2008	24	3,8 %	230.880.157 Stück	1,3 %	15.081.737.356,76 EUR	2,1 %
2009	26	4,1 %	1.588.302.573 Stück	9,1 %	15.764.107.738,89 EUR	2,2 %
2010	22	3,5 %	673.852.447 Stück	3,9 %	13.848.714.009,52 EUR	2,0 %
2011	22	3,5 %	154.900.279 Stück	0,9 %	4.404.175.258,55 EUR	0,6 %
2012	32	5,1 %	1.448.255.799 Stück	8,3 %	8.513.873.089,15 EUR	1,2 %
2013	24	3,8 %	383.221.252 Stück	2,2 %	19.385.776.869,25 EUR	2,7 %
2014	26	4,1 %	274.956.645 Stück	1,6 %	2.384.036.870,50 EUR	0,3 %
2015	23	3,6 %	1.478.463.439 Stück	8,5 %	18.238.741.420,52 EUR	2,6 %
2016	19	3,0 %	815.230.611 Stück	4,7 %	1.803.879.341,64 EUR	0,3 %
2017	21	3,3 %	480.151.617 Stück	2,8 %	10.161.611.386,68 EUR	1,4 %

283 Abfindung × Gesamtzahl Aktien je Unternehmen (ohne eigene Aktien).

Tabelle 25 (fortgesetzt)

VzfK e.V.	Anzahl Aktien und Gesamtwert der Zielgesellschaften					
Jahr	**Squeeze-out**		**Aktien**		**Gesamtwert der Zielgesellschaften**	
	Anzahl	**entspricht**	**Stück**	**entspricht**	**Wert**	**entspricht**
2018	11	1,7 %	274.376.047 Stück	1,6 %	36.719.119.149,67 EUR	5,2 %
2019	16	2,5 %	259.637.254 Stück	1,5 %	4.249.186.287,97 EUR	0,6 %
2020	21	3,3 %	1.135.987.446 Stück	6,5 %	110.722.705.871,96 EUR	15,6 %
2021	24	3,8 %	567.688.174 Stück	3,3 %	21.197.149.727,11 EUR	3,0 %
2022	10	1,6 %	89.832.744 Stück	0,5 %	4.365.177.830,44 EUR	0,6 %
Summe	**632**	**100,0 %**	**17.416.910.331 Stück**	**100,0 %**	**708.940.627.553,31 EUR**	**100,0 %**

103 Unternehmen – entspricht 16,3 Prozent aller Unternehmen – wurden von den Hauptaktionären selbst mit jeweils mehr als 1 Mrd. Euro bewertet.

Das sind die 25 wertvollsten Unternehmen, bei denen bis zum 31. Dezember 2022 ein Squeeze-out durchgeführt wurde:

Tabelle 26: Liste der 25 wertvollsten Unternehmen mit Squeeze-out

VzfK e.V.	Unternehmenswerte			
Rang	**Nr.**	**Gesellschaft**	**Datum HV**	**Unternehmenswert**
1	593	Vodafone AG	11.06.2002	110.473.392.085,98 EUR
2	47	AUDI AG	31.07.2020	66.715.790.000,00 EUR
3	365	Linde AG	12.12.2018	35.170.988.931,66 EUR
4	272	Hoechst AG	21.12.2004	31.592.183.485,00 EUR
5	67	Bayerische Hypo - und Vereinsbank AG	27.06.2007	30.699.199.290,72 EUR
6	167	Dresdner Bank AG	24.05.2002	29.771.561.200,50 EUR
7	303	innogy SE	04.03.2020	23.788.865.100,00 EUR
8	497	Schering AG	17.01.2007	18.892.876.786,00 EUR
9	378	MAN SE	29.06.2021	10.392.787.200,00 EUR
10	93	Bristol-Myers Squibb GmbH & Co.KGaA	18.09.2006	9.372.338.500,00 EUR
11	175	E.ON Bayern AG	24.06.2003	9.283.815.346,05 EUR
12	138	Degussa AG	29.05.2006	8.771.902.349,40 EUR
13	576	Vattenfall Europe AG	02.03.2006	8.648.510.836,42 EUR
14	201	Eurohypo AG	29.08.2007	8.546.505.580,80 EUR
15	29	Allianz Lebensversicherung AG	07.05.2008	8.168.580.000,00 EUR
16	150	Deutsche Postbank AG	28.08.2015	7.668.940.000,00 EUR
17	192	ERGO Versicherungsgruppe AG	12.05.2010	7.377.089.673,24 EUR
18	59	Axel Springer SE	26.11.2020	6.499.613.534,64 EUR
19	515	Sky Deutschland AG	22.07.2015	6.219.847.779,16 EUR
20	523	STADA Arzneimittel AG	24.09.2020	6.133.052.031,17 EUR
21	261	Hapag-Lloyd AG	21.06.2002	6.099.996.000,00 EUR
22	233	Generali Deutschland Holding AG	04.12.2013	5.785.092.953,38 EUR

Tabelle 26 (fortgesetzt)

VzfK e.V.	Unternehmenswerte			
Rang	**Nr.**	**Gesellschaft**	**Datum HV**	**Unternehmenswert**
23	557	Thüga AG	28.11.2003	5.488.382.148,48 EUR
24	507	Schwarz Pharma AG	08.07.2009	5.438.153.427,84 EUR
25	608	Wella AG	14.12.2005	5.308.851.842,91 EUR

Auf der Grundlage der Squeeze-out-Beschlüsse wurden im Untersuchungszeitraum Aktien im Abfindungswert von mindestens[284] **18,5 Mrd. Euro**[285] übertragen:

Tabelle 27: Anzahl und Wert der auf Hauptaktionäre übertragenen Aktien in Squeeze-out-Verfahren

VzfK e.V.	Anzahl und Wert der auf Hauptaktionäre übertragenen Aktien					
Jahr	**Squeeze-out**		**Aktien (im Streubesitz)**		**Barabfindung**	
	Anzahl	**entspricht**	**Stück**	**entspricht**	**Wert**	**entspricht**
2002	125	19,8 %	48.178.323 Stück	7,6 %	2.560.283.537,44 EUR	13,8 %
2003	57	9,0 %	24.074.305 Stück	3,8 %	702.409.823,06 EUR	3,8 %
2004	33	5,2 %	25.839.631 Stück	4,1 %	981.818.977,62 EUR	5,3 %
2005	37	5,9 %	12.527.594 Stück	2,0 %	392.997.670,67 EUR	2,1 %
2006	31	4,9 %	30.684.635 Stück	4,8 %	887.547.726,88 EUR	4,8 %
2007	28	4,4 %	52.745.130 Stück	8,3 %	2.503.087.741,80 EUR	13,5 %
2008	24	3,8 %	6.072.842 Stück	1,0 %	581.900.378,11 EUR	3,1 %
2009	26	4,1 %	131.564.437 Stück	20,6 %	392.734.488,77 EUR	2,1 %
2010	22	3,5 %	14.870.227 Stück	2,3 %	204.290.384,05 EUR	1,1 %
2011	22	3,5 %	5.750.785 Stück	0,9 %	115.702.635,04 EUR	0,6 %
2012	32	5,1 %	29.621.543 Stück	4,6 %	203.658.438,00 EUR	1,1 %
2013	24	3,8 %	10.691.475 Stück	1,7 %	594.487.714,51 EUR	3,2 %
2014	26	4,1 %	10.388.087 Stück	1,6 %	78.243.434,83 EUR	0,4 %
2015	23	3,6 %	60.839.444 Stück	9,5 %	680.156.475,31 EUR	3,7 %
2016	19	3,0 %	36.703.588 Stück	5,8 %	59.062.083,89 EUR	0,3 %
2017	21	3,3 %	8.211.421 Stück	1,3 %	200.786.249,35 EUR	1,1 %
2018	11	1,7 %	17.458.083 Stück	2,7 %	2.868.815.242,14 EUR	15,5 %
2019	16	2,5 %	7.851.563 Stück	1,2 %	130.965.334,04 EUR	0,7 %
2020	21	3,3 %	78.694.933 Stück	12,3 %	3.174.909.788,52 EUR	17,2 %
2021	24	3,8 %	20.594.452 Stück	3,2 %	991.811.523,29 EUR	5,4 %
2022	10	1,6 %	4.428.912 Stück	0,7 %	191.836.166,27 EUR	1,0 %
Summe	**632**	**100,0 %**	**637.791.410 Stück**	**100,0 %**	**18.497.505.813,59 EUR**	**100,0 %**

284 In einzelnen Fällen ist die Anzahl der von Minderheitsaktionären gehaltenen Aktien nicht bekannt. Dann wird als Erinnerungswert eine Aktie angesetzt.

285 Die Aufstellung enthält die von den Hauptversammlungen beschlossenen Abfindungen. In Einzelfällen lagen sie aufgrund der Anpassungen zum Bewertungsstichtag (Stichtagserklärungen) über den ermittelten und der Einladung zur Hauptversammlung bekannt gemachten Beträgen.

Bei 4 Unternehmen betrugen die Abfindungen jeweils mehr als 1,0 Mrd. Euro, bei weiteren 23 Unternehmen mindestens 100 Mio. Euro:

Tabelle 28: Liste der Unternehmen mit Abfindungen in Höhe von mindestens 100 Mio. Euro

VzfK e.V.	Barabfindungen			
Rang	**Nr.**	**Gesellschaft**	**Datum HV**	**Barabfindung**
1	365	Linde AG	12.12.2018	2.797.019.388,98 EUR
2	303	innogy SE	04.03.2020	2.378.886.510,00 EUR
3	167	Dresdner Bank AG	24.05.2002	1.448.733.110,00 EUR
4	67	Bayerische Hypo - und Vereinsbank AG	27.06.2007	1.397.827.454,82 EUR
5	497	Schering AG	17.01.2007	714.408.143,96 EUR
6	272	Hoechst AG	21.12.2004	604.653.847,00 EUR
7	378	MAN SE	29.06.2021	586.482.142,80 EUR
8	593	Vodafone AG	11.06.2002	430.616.745,02 EUR
9	29	Allianz Lebensversicherung AG	07.05.2008	408.309.194,16 EUR
10	576	Vattenfall Europe AG	02.03.2006	276.043.995,50 EUR
11	175	E.ON Bayern AG	24.06.2003	247.860.346,05 EUR
12	515	Sky Deutschland AG	22.07.2015	245.373.741,28 EUR
13	150	Deutsche Postbank AG	28.08.2015	245.091.716,55 EUR
14	47	AUDI AG	31.07.2020	236.994.655,97 EUR
15	233	Generali Deutschland Holding AG	04.12.2013	228.085.505,70 EUR
16	138	Degussa AG	29.05.2006	216.926.654,58 EUR
17	557	Thüga AG	28.11.2003	186.798.585,60 EUR
18	115	comdirect bank AG	05.05.2020	174.817.608,75 EUR
19	608	Wella AG	14.12.2005	164.498.904,90 EUR
20	284	Hypo Real Estate Holding AG	05.10.2009	158.291.718,00 EUR
21	357	KUKA AG	17.05.2022	150.522.487,38 EUR
22	347	Kölnische Rückversicherungs-Gesellschaft AG	26.06.2007	149.029.691,90 EUR
23	523	STADA Arzneimittel AG	24.09.2020	135.081.344,95 EUR
24	56	AXA Konzern AG	20.07.2006	132.737.164,00 EUR
25	495	SCA Hygiene Products SE	17.05.2013	117.538.307,31 EUR
26	596	VTG Aktiengesellschaft	22.09.2021	108.250.007,58 EUR
27	31	ALTANA AG	30.06.2010	101.399.679,75 EUR

Abschließend weist der Autor auf seine Eigeninteressen hin. Sie ergeben sich bei vielen Verfahren aus der Vertretung der Verbraucherzentrale für Kapitalanleger e.V. und weiterer Aktionäre. Soweit ihn die Gerichte zum gemeinsamen Vertreter nach § 6 Abs. 1 SpruchG bestellt haben, scheidet eine Vertretung von anderen Aktionären aus. Das gilt beispielsweise für die Spruchverfahren bei der Linde AG, innogy SE und STADA Arzneimittel AG.

II Ausgewertete Spruchverfahren

Von den 632 wirksamen Squeeze-out-Beschlüssen wurden 545 Fälle einem Spruchverfahren zum Zweck der Prüfung der Angemessenheit der von den Hauptaktionären festgelegten Abfindungen zugeführt:

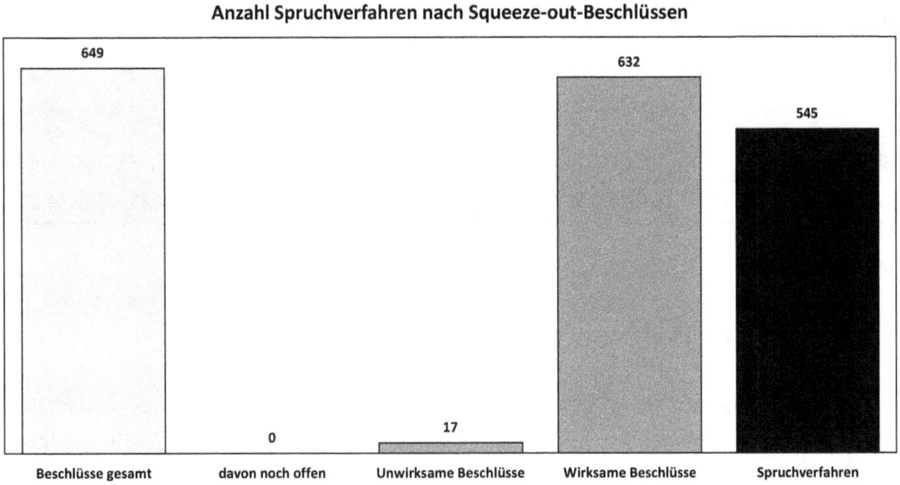

Abbildung 43: Statistik Squeeze-out- und Spruchverfahren

Tabelle 29: Squeeze-out- und Spruchverfahren nach Jahren der beschlussfassenden Hauptversammlungen

VzfK e.V.	Statistik Spruchverfahren					
Jahr	Wirksame Beschlüsse		Spruchverfahren		(noch) kein Spruchverfahren	
	Anzahl	entspricht	wirksam	entspricht	offen	entspricht
2002	125	19,8 %	117	93,6 %	8	6,4 %
2003	57	9,0 %	50	87,7 %	7	12,3 %
2004	33	5,2 %	27	81,8 %	6	18,2 %
2005	37	5,9 %	27	73,0 %	10	27,0 %
2006	31	4,9 %	25	80,6 %	6	19,4 %
2007	28	4,4 %	20	71,4 %	8	28,6 %
2008	24	3,8 %	18	75,0 %	6	25,0 %
2009	26	4,1 %	23	88,5 %	3	11,5 %
2010	22	3,5 %	19	86,4 %	3	13,6 %
2011	22	3,5 %	19	86,4 %	3	13,6 %
2012	32	5,1 %	32	100,0 %	0	0,0 %
2013	24	3,8 %	22	91,7 %	2	8,3 %
2014	26	4,1 %	24	92,3 %	2	7,7 %
2015	23	3,6 %	19	82,6 %	4	17,4 %

Tabelle 29 (fortgesetzt)

VzfK e.V.	Statistik Spruchverfahren					
Jahr	Wirksame Beschlüsse		Spruchverfahren		(noch) kein Spruchverfahren	
	Anzahl	entspricht	wirksam	entspricht	offen	entspricht
2016	19	3,0 %	17	89,5 %	2	10,5 %
2017	21	3,3 %	19	90,5 %	2	9,5 %
2018	11	1,7 %	10	90,9 %	1	9,1 %
2019	16	2,5 %	13	81,3 %	3	18,8 %
2020	21	3,3 %	17	81,0 %	4	19,0 %
2021	24	3,8 %	20	83,3 %	4	16,7 %
2022	10	1,6 %	7	70,0 %	3	30,0 %
Summe	**632**	**100,0 %**	**545**	**86,2 %**	**87**	**13,8 %**

III Anfechtungsklage

Die **Neuregelung des Freigabeverfahrens** in § 246a AktG im Gesetz zur Umsetzung der Aktionärsrechterichtlinie (ARUG) zum 1. September 2009 hat den Prüfungsgegenstand der Anfechtungsklage modifiziert (1). Das **Eigeninteresse einer juristischen Person** spielt dabei keine Rolle mehr (2). **Empirische Daten** zeigen, wie sich die Neufassung des § 246a AktG ausgewirkt hat (3).

1 Prüfungsgegenstand

Soweit das Gesetz zur Ermittlung, Höhe oder Angemessenheit von Ausgleich, Abfindung, Zuzahlung oder über sonstige Kompensationen ein Spruchverfahren vorsieht, ist die **Beschlussmängelkontrolle** nur noch eingeschränkt möglich, §§ 243 Abs. 4 Satz 2, 327f Satz 1 AktG.

An die Stelle der verfassungsrechtlich gebotenen umfassenden Rechtmäßigkeitskontrolle trat in § 246a Abs. 2 AktG eine Abwägung zwischen wirtschaftlichen Interessen:

> „Ein Beschluss nach Absatz 1 ergeht, wenn […]
>
> 3. das alsbaldige Wirksamwerden des Hauptversammlungsbeschlusses vorrangig erscheint, weil die vom Antragsteller dargelegten wesentlichen Nachteile für die Gesellschaft und ihre Aktionäre nach freier Überzeugung des Gerichts die Nachteile für den Antragsgegner überwiegen, es sei denn, es liegt eine besondere Schwere des Rechtsverstoßes vor.“

Dazu heißt es in der Gesetzesbegründung[286]:

> „Der Vorteil dieser Klarstellung ist, dass unzweifelhaft eine Abwägung zwischen dem Interesse des Klägers einerseits und den wirtschaftlichen Interessen der Gesellschaft und ihrer übrigen Aktionäre andererseits vorzunehmen ist. Die Formulierung macht aber zugleich klar, dass eine Freigabe selbst bei überwiegendem Interesse der Gesellschaft und ihrer Aktionäre dann dennoch nicht erfolgen darf, wenn der mit der Klage geltend gemachte Rechtsverstoß besonders schwer ist."

Es geht nicht mehr, wie im vorläufigen Rechtsschutz, um die Sicherung eines zivilrechtlichen Anspruchs. Vielmehr erfolgt eine endgültige Klärung aufgrund einer **Abwägung von Nachteilen**. Dabei kommt es auf die wirtschaftlichen Interessen an, was sonst in der Rechtsfindung nicht entscheidungsrelevant ist. Damit entfällt eine umfassende Rechtmäßigkeitsprüfung. Es kommt nur noch zu einer Prüfung von *„besonders schweren Rechtsverstößen"*. Dagegen verlangen die verfassungsrechtlichen Gewährleistungen zum **Rechtsstaatsprinzip** eine umfassende Rechtmäßigkeitsprüfung. Das Gesetzgebungsverfahren hat diese Reduzierung des Prüfungsgegenstandes trotzdem nicht diskutiert[287].

2 Eigeninteresse einer juristischen Person

Der modifizierte Prüfungsgegenstand entspricht nicht dem Charakter einer Aktiengesellschaft als **Rechtsform des Interessenausgleichs**. Es grenzt das Eigeninteresse einer juristischen Person nicht im gebotenen Umfang von den Interessen der beiden Aktionärsgruppen ab. Das verlangen aber der Gesetzgeber und die Gerichte bei konzernrechtlichen Gefährdungslagen. Es ist daher systemwidrig, diese Belange im Freigabeverfahren nicht weiter zu verfolgen.

Die Interessen der mit unternehmerischen Zielsetzungen investierten Aktionäre, der Finanzinvestoren bzw. Minderheitsaktionäre und der Gesellschaft divergieren auch bei der **Wertermittlung** bei kompensationspflichtigen Strukturmaßnahmen. Hier bestehen gegenläufige Interessenlagen bzw. Investitionsstrategien[288].

Die in § 246a Abs. 2 Nr. 3 AktG kodifizierte Interessenabwägung erfasst diese unterschiedlichen **Interessenlagen** nicht. Damit gelangt das Freigabeverfahren nicht zu einer sinnvollen und ergebnisoffenen Abwägung.

Die Anfechtungsklage trägt nach der Neugestaltung des Freigabeverfahrens nicht mehr zur **Entlastung des Spruchverfahrens** bei. Es kommt kaum noch zu vergleichs-

286 BT-Drucks 16/11642 (ARUG), Seite 41, rechts oben, zu beziehen über https://dserver.bundestag.de/btd/16/116/1611642.pdf

287 Die Gesetzgebungsmaterialien können bezogen werden über https://dip.bundestag.de/vorgang/gesetz-zur-umsetzung-der-aktion%C3%A4rsrechterichtlinie-arug/16691

288 Zu möglichen Bewertungsanlässen und Methoden der Wertermittlung siehe Teil 1 § 3 I mit Abbildung 29 sowie zu Interessenlagen und Unternehmenswert siehe Teil 1 § 3 X 3 mit Abbildung 39.

weisen Erledigungen, die die zu erwartende Anhebung der Kompensation im Spruchverfahren vorwegnehmen.

3 Empirische Daten

Die Rechtsänderung hat die **Kontrolltiefe einer Beschlussmängelkontrollklage** und damit auch die Anzahl von Anfechtungs- und Nichtigkeitsklagen deutlich reduziert. Das wirkt sich auch auf kompensationspflichtige Strukturmaßnahmen aus. In vielen Klagen ging es (zumindest auch) um Bewertungsfragen. Es kam dann immer wieder zu vergleichsweisen Erledigungen unter Vorwegnahme von bewertungserheblichen Fragen. Das hat zu mitunter deutlichen Anhebungen der Kompensation geführt und die **Spruchverfahren entlastet** Die Rechtsänderung in § 246a AktG hat zu deutlich weniger Anfechtungsklagen geführt:

Tabelle 30: Anfechtungsklagen und ihnen nachfolgende Freigabeverfahren gegen Squeeze-out-Beschlüsse

VzfK e.V.	Anfechtungsklagen gegen Squeeze-out-Beschlüsse (und Freigabeverfahren)					
Jahr	Squeeze-out-Beschlüsse	Anfechtungsklagen		Freigabeverfahren		
		Anzahl	entspricht	Anzahl	entspricht (von)	
					Beschlüssen	AK
2002	125	19	15,2 %	8	6,4 %	42,1 %
2003	57	28	49,1 %	10	17,5 %	35,7 %
2004	33	21	63,6 %	11	33,3 %	52,4 %
2005	37	24	64,9 %	11	29,7 %	45,8 %
2006	31	24	77,4 %	13	41,9 %	54,2 %
2007	28	19	67,9 %	14	50,0 %	73,7 %
2008	24	17	70,8 %	12	50,0 %	70,6 %
2009	26	13	50,0 %	6	23,1 %	46,2 %
2010	22	5	22,7 %	4	18,2 %	80,0 %
2011	22	3	13,6 %	3	13,6 %	100,0 %
2012	32	8	25,0 %	5	15,6 %	62,5 %
2013	24	3	12,5 %	2	8,3 %	66,7 %
2014	26	3	11,5 %	0	0,0 %	0,0 %
2015	23	3	13,0 %	1	4,3 %	33,3 %
2016	19	0	0,0 %	0	0,0 %	0,0 %
2017	21	3	14,3 %	2	9,5 %	66,7 %
2018	11	3	27,3 %	0	0,0 %	0,0 %
2019	16	0	0,0 %	0	0,0 %	0,0 %
2020	21	9	42,9 %	1	4,8 %	11,1 %
2021	24	3	12,5 %	1	4,2 %	33,3 %
2022	10	2	20,0 %	1	10,0 %	50,0 %
Summe	632	210	33,2 %	105	16,6 %	50,0 %

Hinzu kommen weitere 17 Anfechtungsklagen, in deren Folge die Squeeze-out-Beschlüsse für nichtig erklärt wurden.

Die **Evaluierung des Spruchverfahrens** beginnt mit den Anfechtungsklagen. Wie die nachfolgende Auswertung zeigt, kam es in 82 von 210 Klageverfahren – entspricht 39,0 Prozent –zu einem vergleichsweisen Abschluss, in dessen Folge die Abfindung erhöht wurde:

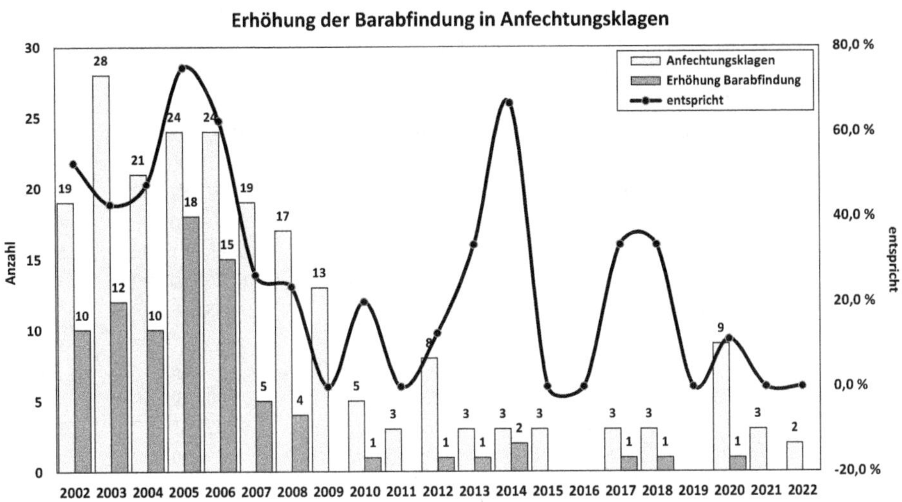

Abbildung 44: Erhöhung der Abfindung in Anfechtungsklagen

Eine solche Erhöhung der Abfindung im Anfechtungsverfahren modifiziert den Streitgegenstand für das Spruchverfahren, soweit die Erhöhung mit Wirkung inter omnes erklärt wurde:

> „Eine im Rahmen eines Vergleichs durch den Hauptaktionär erhöhte Kompensationsleistung bildet (nur) dann den Gegenstand der Angemessenheitsprüfung in einem nachfolgenden Spruchverfahren, wenn sie mit Verbindlichkeit und damit mit Wirkung für alle betroffenen Aktionäre zugesagt wurde (vgl. BGH, Beschlüsse v. 29.09.2015 – II ZB 23/14 Rn 51, BGHZ 207, 114 ff. „Stinnes"; v. 19.07.2010 – II ZB 18/09 Rn 32, BGHZ 186, 229 ff. „Stollwerck"). Daran fehlt es, wenn ein Vergleich ausschließlich inter partes und zudem nicht mit der Zielsetzung der Erhöhung der Kompensation geschlossen wird."[289]

Vorstehende Abbildung 44 zeigt, dass Anzahl und Bedeutung von Anfechtungsklagen durch das ARUG stark abgenommen hat. Das spiegelt sich auch in den Erhöhungsbeträgen der Abfindungen wider:

289 OLG Düsseldorf vom 28. Oktober 2019 – I-26 W 3/17 [AktE], juris Tz. 37.

Tabelle 31: Betragsmäßige Darstellung der Erhöhung der Abfindungen in Anfechtungsklagen

VzfK e.V.	Erhöhung Barabfindung in Anfechtungsklagen			
Jahr	**Beschlossene Barabfindung**	**Barabfindung laut Anfechtungsklage**		
		Barabfindung	**Erhöhung**	**entspricht**
2002	525.885.615,90 EUR	559.523.831,82 EUR	33.638.215,92 EUR	6,4 %
2003	268.662.030,72 EUR	312.704.484,75 EUR	44.042.454,03 EUR	16,4 %
2004	738.594.933,51 EUR	832.708.940,31 EUR	94.114.006,80 EUR	12,7 %
2005	197.507.266,13 EUR	229.436.454,21 EUR	31.929.188,08 EUR	16,2 %
2006	716.526.603,82 EUR	860.491.952,90 EUR	143.965.349,08 EUR	20,1 %
2007	165.740.074,52 EUR	183.464.157,24 EUR	17.724.082,72 EUR	10,7 %
2008	7.144.949,96 EUR	7.646.751,00 EUR	501.801,04 EUR	7,0 %
2009	0,00 EUR	0,00 EUR	0,00 EUR	0,0 %
2010	1.049.755,06 EUR	1.267.330,58 EUR	217.575,52 EUR	20,7 %
2011	0,00 EUR	0,00 EUR	0,00 EUR	0,0 %
2012	2.066.781,24 EUR	3.304.446,75 EUR	1.237.665,51 EUR	59,9 %
2013	5.351.418,12 EUR	5.964.175,92 EUR	612.757,80 EUR	11,5 %
2014	3.332.112,55 EUR	3.527.164,00 EUR	195.051,45 EUR	5,9 %
2015	0,00 EUR	0,00 EUR	0,00 EUR	0,0 %
2016	0,00 EUR	0,00 EUR	0,00 EUR	0,0 %
2017	77.028.000,00 EUR	80.427.502,40 EUR	3.399.502,40 EUR	4,4 %
2018	316.167,04 EUR	372.625,44 EUR	56.458,40 EUR	17,9 %
2019	0,00 EUR	0,00 EUR	0,00 EUR	0,0 %
2020	135.081.344,95 EUR	135.218.469,45 EUR	137.124,50 EUR	0,1 %
2021	0,00 EUR	0,00 EUR	0,00 EUR	0,0 %
2022	0,00 EUR	0,00 EUR	0,00 EUR	0,0 %
Summe	**2.844.287.053,52 EUR**	**3.216.058.286,77 EUR**	**371.771.233,25 EUR**	**13,1 %**

Das Spruchverfahren ist damit der letzte wirklich abfindungsrelevante Rechtsbehelf für Anleger:

Tabelle 32: Behandlung der in Anfechtungsklagen erhöhten Abfindungen in nachfolgenden Spruchverfahren

VzfK e.V.	Erhöhung Barabfindung in Anfechtungsklagen und deren Behandlung in Spruchverfahren									
Jahr	**Erhöhung in AK**		**SpV > AK**		**SpV = AK**		**davon**			
							kein SpV		**SpV (noch) offen**	
	Anzahl	**entspricht**	**Anzahl**	**entspricht**	**Anzahl**	**entspricht**	**Anzahl**	**entspricht**	**Anzahl**	**entspricht**
2002	10	12,2 %	5	12,5 %	3	9,7 %	1	33,3 %	1	12,5 %
2003	12	14,6 %	4	10,0 %	6	19,4 %	1	33,3 %	1	12,5 %
2004	10	12,2 %	7	17,5 %	3	9,7 %	0	0,0 %	0	0,0 %
2005	18	22,0 %	11	27,5 %	7	22,6 %	0	0,0 %	0	0,0 %
2006	15	18,3 %	4	10,0 %	9	29,0 %	0	0,0 %	2	25,0 %
2007	5	6,1 %	1	2,5 %	1	3,2 %	1	33,3 %	2	25,0 %
2008	4	4,9 %	3	7,5 %	1	3,2 %	0	0,0 %	0	0,0 %
2009	0	0,0 %	0	0,0 %	0	0,0 %	0	0,0 %	0	0,0 %
2010	1	1,2 %	1	2,5 %	0	0,0 %	0	0,0 %	0	0,0 %
2011	0	0,0 %	0	0,0 %	0	0,0 %	0	0,0 %	0	0,0 %
2012	1	1,2 %	1	2,5 %	0	0,0 %	0	0,0 %	0	0,0 %
2013	1	1,2 %	1	2,5 %	0	0,0 %	0	0,0 %	0	0,0 %
2014	2	2,4 %	1	2,5 %	1	3,2 %	0	0,0 %	0	0,0 %
2015	0	0,0 %	0	0,0 %	0	0,0 %	0	0,0 %	0	0,0 %
2016	0	0,0 %	0	0,0 %	0	0,0 %	0	0,0 %	0	0,0 %
2017	1	1,2 %	1	2,5 %	0	0,0 %	0	0,0 %	0	0,0 %
2018	1	1,2 %	0	0,0 %	0	0,0 %	0	0,0 %	1	12,5 %
2019	0	0,0 %	0	0,0 %	0	0,0 %	0	0,0 %	0	0,0 %
2020	1	1,2 %	0	0,0 %	0	0,0 %	0	0,0 %	1	12,5 %
2021	0	0,0 %	0	0,0 %	0	0,0 %	0	0,0 %	0	0,0 %
2022	0	0,0 %	0	0,0 %	0	0,0 %	0	0,0 %	0	0,0 %
Summe	**82**	**100,0 %**	**40**	**100,0 %**	**31**	**100,0 %**	**3**	**100,0 %**	**8**	**100,0 %**

IV Spruchverfahren im Instanzenzug

Einzelne Bundesländer – und innerhalb dieser einzelne Gerichte – sind besonders häufig mit Spruchverfahren befasst. Soweit Spruchverfahren erstinstanzlich nicht vergleichsweise beendet wurden, folgten überwiegend – zu 88,3 Prozent – Beschwerdeverfahren. Dagegen führten nur einzelne Rechtsbeschwerden zum Bundesgerichtshof.

1 Regionale Verteilung der Spruchverfahren in erster Instanz

In 545 Fällen hielten Minderheitsaktionäre die von Hauptaktionären festgelegten Abfindungen für nicht angemessen und haben beantragt, diese gemäß § 327f AktG gerichtlich in einem Spruchverfahren höher bestimmen zu lassen.

Für solche Spruchverfahren sind gemäß § 2 Abs. 1 SpruchG die Gerichte örtlich zuständig, in deren Bezirk die Rechtsträger, deren Anteilsinhaber antragsberechtigt sind, ihren Sitz haben oder hatten.

Dabei ist die Anzahl der Spruchverfahren in einzelnen Bundesländern, wie

- Nordrhein-Westfalen (129 Verfahren),
- Bayern (117 Verfahren),
- Baden-Württemberg (82 Verfahren), und
- Hessen (75 Verfahren)

besonders hoch, wohingegen in Mecklenburg-Vorpommern und Sachsen-Anhalt noch gar keine Spruchverfahren nach Squeeze-out zu verzeichnen waren:

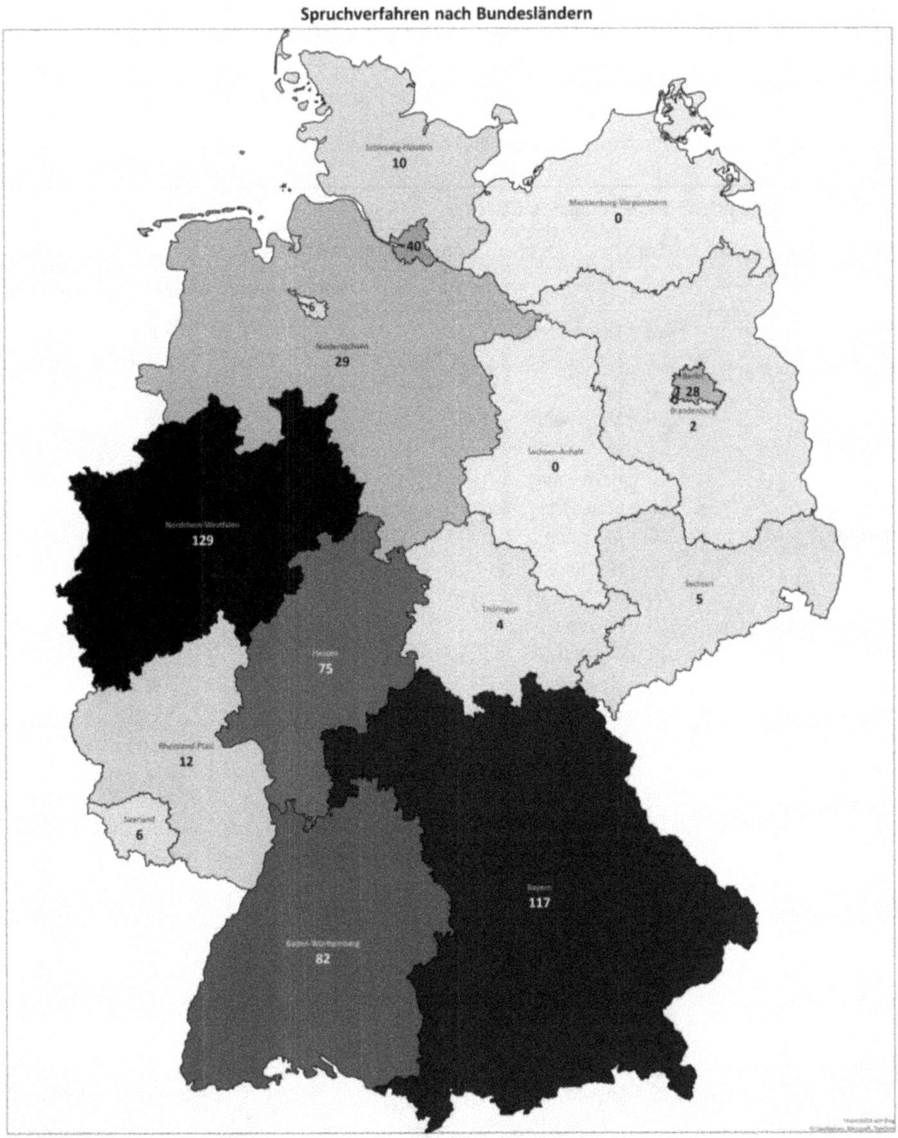

Abbildung 45: Verteilung der Spruchverfahren nach Bundesländern

Die meisten Bundesländer haben auf der Grundlage von **Zuständigkeitsverordnungen** besondere Zuständigkeiten geschaffen[290]. Einige Gerichte haben die Spruchver-

290 Eine Auswertung der Zuständigkeitsverordnungen enthält http://www.vzfk.de/zustaendigkeitsverordnungen/ (Stand: September 2023).

fahren dann einer oder mehreren Kammern für Handelssachen bzw. Senaten zugewiesen:

Tabelle 33: Mit Spruchverfahren (nach Squeeze-out) betraute Gerichte in Deutschland

VzfK e.V.	**Mit Spruchverfahren betraute Gerichte**					
Bundesland	**Gericht**		**Anzahl Spruchverfahren**		**entspricht**	
			Gericht	**Bundesland**	**Gericht**	**Bundesland**
Baden-Württemberg	LG	Ellwangen	1	82	0,2 %	15,0 %
	LG	Heidelberg	1		0,2 %	
	LG	Karlsruhe	1		0,2 %	
	LG	Mannheim	27		5,0 %	
	LG	Mosbach	1		0,2 %	
	LG	Ravensburg	1		0,2 %	
	LG	Stuttgart	50		9,2 %	
Bayern	LG	München I	88	117	16,1 %	21,5 %
	LG	Nürnberg-Fürth	29		5,3 %	
Berlin	LG	Berlin	28	28	5,1 %	5,1 %
Brandenburg	LG	Potsdam	2	2	0,4 %	0,4 %
Bremen	LG	Bremen	6	6	1,1 %	1,1 %
Hamburg	LG	Hamburg	40	40	7,3 %	7,3 %
Hessen	LG	Frankfurt am Main	75	75	13,8 %	13,8 %
Mecklenburg-Vorpommern				0	0,0 %	0,0 %
Niedersachsen	LG	Hannover	29	29	5,3 %	5,3 %
Nordrhein-Westfalen	LG	Dortmund	39	129	7,2 %	23,7 %
	LG	Düsseldorf	47		8,6 %	
	LG	Köln	43		7,9 %	
Rheinland-Pfalz	LG	Bad Kreuznach	1	12	0,2 %	2,2 %
	LG	Frankenthal	4		0,7 %	
	LG	Koblenz	5		0,9 %	
	LG	Mainz	2		0,4 %	
Saarland	LG	Saarbrücken	6	6	1,1 %	1,1 %
Sachsen	LG	Dresden	1	5	0,2 %	0,9 %
	LG	Leipzig	4		0,7 %	
Sachsen-Anhalt				0	0,0 %	0,0 %
Schleswig-Holstein	LG	Flensburg	1	10	0,2 %	1,8 %
	LG	Itzehoe	3		0,6 %	
	LG	Kiel	4		0,7 %	
	LG	Lübeck	2		0,4 %	
Thüringen	LG	Erfurt	1	4	0,2 %	0,7 %
	LG	Gera	2		0,4 %	
	LG	Mühlhausen	1		0,2 %	
Summen			**545**	**545**	**100,0 %**	**100,0 %**

Die damit eingetretene Spezialisierung hat zu einer Beschleunigung der Spruchverfahren beigetragen.

Von der neu in § 2 Abs. 4 SpruchG geschaffenen Möglichkeit, die Zuständigkeit für Spruchverfahren für mehrere Länder den Landgerichten eines Landes in einem **Staatsvertrag** zuzuweisen, wurde bisher kein Gebrauch gemacht.

Die nachfolgende Abbildung 46 zeigt in Ergänzung zur Tabelle 33, dass sich 90,8 Prozent aller Spruchverfahren auf nur 11 Gerichte mit einer Sonderzuständigkeit verteilen:

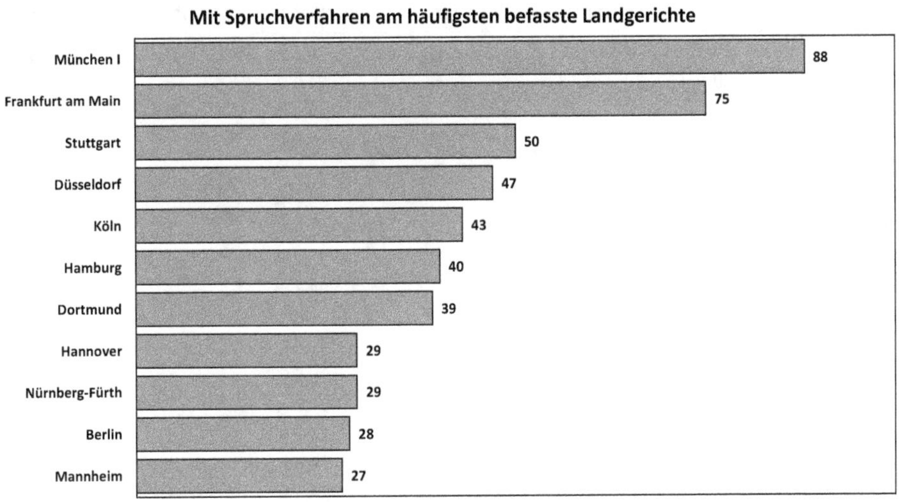

Abbildung 46: Die am häufigsten mit Spruchverfahren befassten Landgerichte

2 Verfahrensbeendigung in erster Instanz

Von den 545 Spruchverfahren sind erstinstanzlich 475 beendet worden[291]. Das stellt sich für die einzelnen Jahre wie folgt dar:

Tabelle 34: Erstinstanzlich beendete Spruchverfahren

VzfK e.V.	Erstinstanzlich beendete Spruchverfahren					
Jahr	Spruchverfahren		davon beendet		davon noch offen	
	Anzahl	entspricht	Anzahl	entspricht	Anzahl	entspricht
2002	117	21,5 %	112	95,7 %	5	4,3 %
2003	50	9,2 %	47	94,0 %	3	6,0 %
2004	27	5,0 %	27	100,0 %	0	0,0 %
2005	27	5,0 %	26	96,3 %	1	3,7 %
2006	25	4,6 %	23	92,0 %	2	8,0 %
2007	20	3,7 %	17	85,0 %	3	15,0 %
2008	18	3,3 %	16	88,9 %	2	11,1 %
2009	23	4,2 %	22	95,7 %	1	4,3 %
2010	19	3,5 %	18	94,7 %	1	5,3 %
2011	19	3,5 %	19	100,0 %	0	0,0 %
2012	32	5,9 %	30	93,8 %	2	6,3 %
2013	22	4,0 %	21	95,5 %	1	4,5 %
2014	24	4,4 %	22	91,7 %	2	8,3 %
2015	19	3,5 %	16	84,2 %	3	15,8 %
2016	17	3,1 %	13	76,5 %	4	23,5 %
2017	19	3,5 %	17	89,5 %	2	10,5 %
2018	10	1,8 %	6	60,0 %	4	40,0 %
2019	13	2,4 %	7	53,8 %	6	46,2 %
2020	17	3,1 %	8	47,1 %	9	52,9 %
2021	20	3,7 %	7	35,0 %	13	65,0 %
2022	7	1,3 %	1	14,3 %	6	85,7 %
Summe	**545**	**100,0 %**	**475**	**87,2 %**	**70**	**12,8 %**

291 Vorbehaltlich Zurückverweisungen durch das Beschwerdegericht nach § 69 Abs. 1 FamFG.

In 316 der 475 Verfahren mussten die Gerichte per Beschluss das Verfahren beenden, in den übrigen 159 Spruchverfahren kam es zu einem Vergleich:

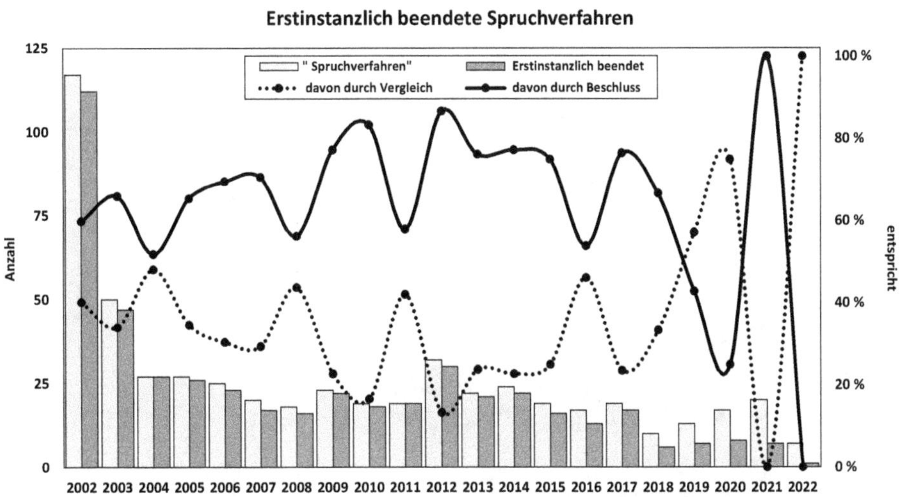

Abbildung 47: Erstinstanzliche Spruchverfahren und Art der Verfahrensbeendigung

3 Verteilung der Beschwerdeverfahren

In 279 Fällen – entspricht 88,3 Prozent aller erstinstanzlich durch Beschluss beendeten Spruchverfahren – kam es zu einem Beschwerdeverfahren. Sie verteilen sich auf die einzelnen Bundesländer wie folgt:

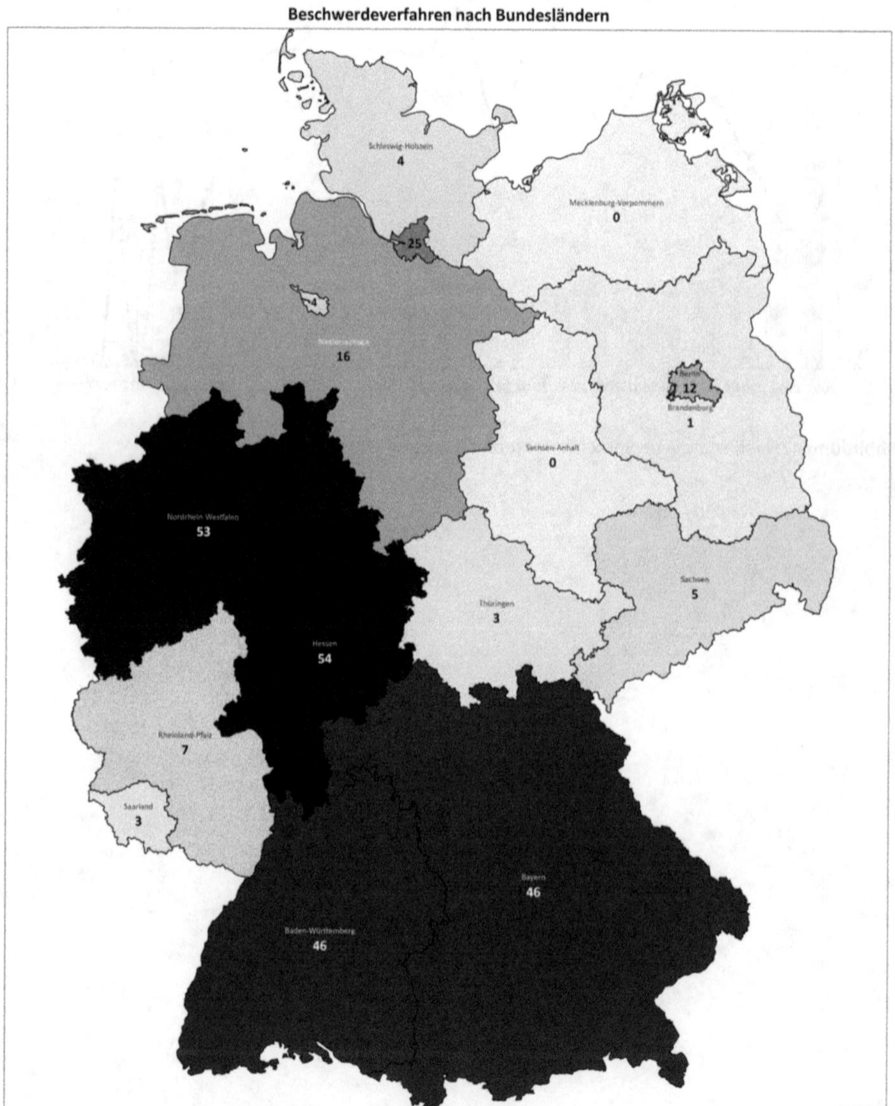

Abbildung 48: Verteilung der Beschwerdeverfahren nach Bundesländern

Die Beschwerdeverfahren verteilen sich auf die folgenden Gerichte:

Tabelle 35: Mit Beschwerdeverfahren betraute Gerichte in Deutschland

VzfK e.V.	**Mit Beschwerdeverfahren betraute Gerichte**				
Bundesland	**Gericht**	**Anzahl Spruchverfahren**		**entspricht**	
		Gericht	**Bundesland**	**Gericht**	**Bundesland**
Baden-Württemberg	OLG Karlsruhe	16	46	5,7 %	16,5 %
	OLG Stuttgart	30		10,8 %	
Bayern	Bayerisches Oberstes Landesgericht	7	46	2,5 %	16,5 %
	OLG München	39		14,0 %	
Berlin	Kammergericht	12	12	4,3 %	4,3 %
Brandenburg	Brandenburgisches Oberlandesgericht	1	1	0,4 %	0,4 %
Bremen	Hanseatisches Oberlandesgericht in Bremen	4	4	1,4 %	1,4 %
Hamburg	Hanseatisches Oberlandesgericht Hamburg	25	25	9,0 %	9,0 %
Hessen	OLG Frankfurt am Main	54	54	19,4 %	19,4 %
Mecklenburg-Vorpommern			0	0,0 %	0,0 %
Niedersachsen	OLG Celle	16	16	5,7 %	5,7 %
Nordrhein-Westfalen	OLG Düsseldorf	53	53	19,0 %	19,0 %
Rheinland-Pfalz	Pfälzisches Oberlandesgericht Zweibrücken	7	7	2,5 %	2,5 %
Saarland	Saarländisches Oberlandesgericht	3	3	1,1 %	1,1 %
Sachsen	OLG Dresden	5	5	1,8 %	1,8 %
Sachsen-Anhalt			0	0,0 %	0,0 %
Schleswig-Holstein	Schleswig-Holsteinisches Oberlandesgericht	4	4	1,4 %	1,4 %
Thüringen	Thüringer Oberlandesgericht	3	3	1,1 %	1,1 %
Summen		**279**	**279**	**100,0 %**	**100,0 %**

In fast allen Bundesländern mit einer Sonderzuständigkeit für Spruchverfahren, mit der Ausnahme von Baden-Württemberg, ist nur ein Gericht für Beschwerden in Spruchverfahren zuständig. In Bayern gibt es dafür seit dem 1. Mai 2020 wieder das Bayerische Oberste Landesgericht. Damit endete die Zuständigkeit des Oberlandesgerichts München.

4 Verfahrensbeendigung in zweiter Instanz

Von den 279 Beschwerdeverfahren sind 243 beendet, wobei die Verfahrensbeendigung ganz überwiegend durch Beschluss erfolgt ist:

Tabelle 36: Beendete Beschwerdeverfahren

VzfK e.V.	Beendete Beschwerdeverfahren								
Jahr	Beschwerdeverfahren		davon beendet		davon durch				
	Anzahl	entspricht	Anzahl	entspricht	Beschluss	Vergleich	Rücknahme	Rückverweis	Vorlage BGH
2002	65	23,3 %	63	96,9 %	44	11	3	3	2
2003	27	9,7 %	24	88,9 %	20	1	1	0	2
2004	14	5,0 %	14	100,0 %	11	2	1	0	0
2005	14	5,0 %	13	92,9 %	10	1	1	0	1
2006	16	5,7 %	14	87,5 %	12	1	1	0	0
2007	8	2,9 %	7	87,5 %	7	0	0	0	0
2008	7	2,5 %	7	100,0 %	7	0	0	0	0
2009	14	5,0 %	12	85,7 %	12	0	0	0	0
2010	12	4,3 %	10	83,3 %	9	0	1	0	0
2011	10	3,6 %	10	100,0 %	10	0	0	0	0
2012	24	8,6 %	21	87,5 %	21	0	0	0	0
2013	14	5,0 %	11	78,6 %	8	2	1	0	0
2014	15	5,4 %	13	86,7 %	12	0	1	0	0
2015	12	4,3 %	10	83,3 %	9	0	1	0	0
2016	5	1,8 %	5	100,0 %	5	0	0	0	0
2017	9	3,2 %	4	44,4 %	4	0	0	0	0
2018	4	1,4 %	3	75,0 %	3	0	0	0	0
2019	3	1,1 %	1	33,3 %	1	0	0	0	0
2020	1	0,4 %	0	0,0 %	0	0	0	0	0
2021	5	1,8 %	1	20,0 %	1	0	0	0	0
2022	0	0,0 %	0	0,0 %	0	0	0	0	0
Summe	**279**	**100,0 %**	**243**	**87,1 %**	**206**	**18**	**11**	**3**	**5**

5 Verfahren vor dem Bundesgerichtshof

Die Rechtsbeschwerde vor dem Bundesgerichtshof setzt eine **Vorlage** durch das Beschwerdegericht selbst oder die **Zulassung** durch das Beschwerdegericht voraus, § 70 Abs. 1 FamFG i.V.m. § 17 Abs. 1 SpruchG.

In 8 Squeeze-out-Fällen haben Oberlandesgerichte den Bundesgerichtshof angerufen bzw. die Rechtsbeschwerde zugelassen. Dieser hat in 5 Fällen selbst entschieden und in 3 Fällen das Verfahren an das Oberlandesgericht zurückverwiesen:

Tabelle 37: Liste der Spruchverfahren nach Squeeze-out vor dem Bundesgerichtshof

VzfK e.V.	**Spruchverfahren vor dem BGH**	
Gesellschaft	**Aktenzeichen**	**Verfahrensgegenstand**
Deutsche Bausparkasse Badenia AG	II ZB 26/04	Verfahrensrecht - Altes Recht (vor SpruchG); Antrag bei örtlich unzuständigem Gericht
MAN Roland Druckmaschinen AG	II ZB 10/10	Börsenkurs - Referenzzeitraum; Hochrechnung
Maschinenfabrik Esslingen AG	II ZB 7/07	Zur Kostentragungspflicht nach Rücknahme der Beschwerde
Nestlé Deutschland AG	II ZB 25/14	Barabfindung im Squeeze-out nach Unternehmensvertrag - Barwert der Ausgleichszahlung
Stinnes AG	II ZB 23/14	Rückwirkung Bewertungsstandard - IDW S 1 (2005); IDW S 1 (2000) Beschwerdebefugnis Gemeinsamer Vertreter
Stollwerck AG	II ZB 18/09	Börsenkurs - Referenzzeitraum; Hochrechnung
Ventegis Capital AG	II ZB 15/17	Zulässigkeit Beschwerde - Zusammenrechnung Beschwerdewert
Wella AG	II ZB 6/20	Barabfindung im Squeeze-out nach Unternehmensvertrag - Barwert der Ausgleichszahlung

Diese Aufstellung enthält keine Spruchverfahren vor dem **Bundesgerichtshof**, die andere kompensationspflichtige Strukturmaßnahmen als Squeeze-out-Verfahren betreffen. So ist derzeit insbesondere ein weiteres Spruchverfahren zum Unternehmensvertrag der Kabel Deutschland Holding AG[292] anhängig. Dabei geht es um die Frage, ob Abfindung und / oder Ausgleich allein nach dem Börsenkurs, ohne Kontrolle durch eine Ertragswertermittlung, bestimmt werden darf.

V Ausgang der Gerichtsverfahren

Der Ausgang von Spruchverfahren und – zunmindest vor der Novellierung des § 246a AktG – die vergleichsweise Erledigung der Anfechtungsklage bestätigen die Erforderlichkeit einer gerichtlichen Überprüfung beschlossener Kompensationen:

- In 328 Fällen der mindestens **erstinstanzlich beendeten Verfahren** wurde die Abfindung erhöht. Das entspricht einer Erfolgsquote von 67,5 Prozent (1).
- Dabei kam es zu einer **durchschnittlichen Erhöhung** um 15,4 Prozent und zu Nachzahlungen in Höhe von rund 1,0 Mrd. Euro (2).
- Besonders **deutliche Bewertungsfehler** mit mindestens einer **Verdoppelung der Abfindung** gab es in 20 Spruchverfahren (3).
- Eine **Nachzahlung** zwischen **50 Prozent und 100 Prozent** gab es in weiteren 31 Spruchverfahren (4).

292 Az. II ZB 5/22.

- In 82 Fällen wurde die Abfindung schon im Rahmen eines **Vergleichs einer Beschlussmängelklage** erhöht. Davon wirken sich 11 Verfahren auf die empirische Datenlage aus, weil entweder (noch) kein Spruchverfahren eingeleitet wurde (3 Fälle) oder die Spruchverfahren (noch) nicht mindestens erstinstanzlich abgeschlossen sind (8 Fälle) (5).
- Die Daten erfassen auch vergleichsweise beendete Beschlussmängelklagen (6.).
- Auch ein Abgleich mit den Daten des **Statistischen Bundesamtes** zum Ausgang von kontradiktorischen Zivilverfahren vor dem Landgericht zeigt, dass Spruchverfahren weitaus erfolgreicher sind als Klagen vor den Zivilgerichten (7.).

1 Anzahl Erhöhung Abfindung

In rund zwei Dritteln aller mindestens erstinstanzlich beendeten Gerichtsverfahren (67,5 Prozent) wurde die in der Hauptversammlung beschlossene Abfindung erhöht:

Tabelle 38: Anzahl Erhöhungen Abfindungen

VzfK e.V.	Erhöhung Barabfindung in Gerichtsverfahren (Anfechtungsklagen und/oder Spruchverfahren)						
Jahr	Gerichtsverfahren		davon beendet		Erhöhung Barabfindung		
	Anzahl	entspricht	Anzahl	entspricht	Anzahl	entspricht (von Verfahren)	
						allen	beendeten
2002	118	21,3 %	114	96,6 %	89	75,4 %	78,1 %
2003	52	9,4 %	49	94,2 %	36	69,2 %	73,5 %
2004	28	5,1 %	27	96,4 %	23	82,1 %	85,2 %
2005	27	4,9 %	26	96,3 %	24	88,9 %	92,3 %
2006	26	4,7 %	25	96,2 %	22	84,6 %	88,0 %
2007	22	4,0 %	20	90,9 %	12	54,5 %	60,0 %
2008	19	3,4 %	16	84,2 %	9	47,4 %	56,3 %
2009	23	4,2 %	22	95,7 %	6	26,1 %	27,3 %
2010	19	3,4 %	18	94,7 %	9	47,4 %	50,0 %
2011	19	3,4 %	19	100,0 %	17	89,5 %	89,5 %
2012	32	5,8 %	30	93,8 %	13	40,6 %	43,3 %
2013	22	4,0 %	21	95,5 %	14	63,6 %	66,7 %
2014	24	4,3 %	22	91,7 %	10	41,7 %	45,5 %
2015	20	3,6 %	16	80,0 %	10	50,0 %	62,5 %
2016	17	3,1 %	13	76,5 %	7	41,2 %	53,8 %
2017	19	3,4 %	17	89,5 %	8	42,1 %	47,1 %
2018	10	1,8 %	7	70,0 %	4	40,0 %	57,1 %
2019	13	2,3 %	7	53,8 %	5	38,5 %	71,4 %
2020	17	3,1 %	9	52,9 %	7	41,2 %	77,8 %
2021	20	3,6 %	7	35,0 %	2	10,0 %	28,6 %
2022	7	1,3 %	1	14,3 %	1	14,3 %	100,0 %
Summe	**554**	**100,0 %**	**486**	**87,7 %**	**328**	**59,2 %**	**67,5 %**

Von den 486 mindestens erstinstanzlich beendeten Gerichtsverfahren entfallen 11 auf **Beschlussmängelklagen** mit vergleichsweiser Erhöhung der Abfindung, bei denen in der Folge jedenfalls noch keine Entscheidung in einem Spruchverfahren zu verzeichnen ist.

Die Erhöhungen der Abfindungen nur in Spruchverfahren stellen sich wie folgt dar:

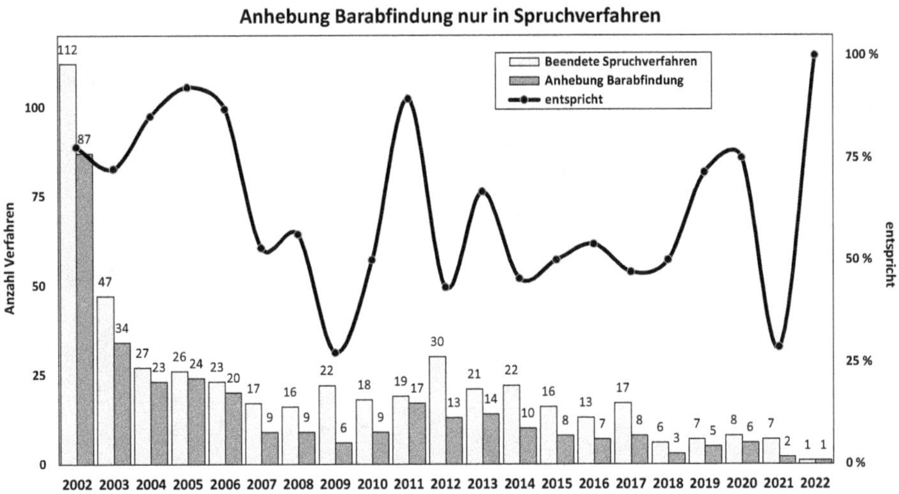

Abbildung 49: Anhebung der Abfindung in Spruchverfahren

Die erstinstanzlichen Beschlüsse der Landgerichte wurden in **Beschwerdeverfahren** meist (zu 69,1 Prozent) bestätigt. In 34 Fällen haben die Oberlandesgerichte die Abfindung erhöht, in 38 Fällen dagegen abgesenkt. Dabei blieb es aber in 22 Fällen im Ergebnis immer noch bei einer Erhöhung der Abfindung:

Tabelle 39: Ausgang der Beschwerdeverfahren

VzfK e.V.	Veränderung Barabfindung in Beschwerdeverfahren									
Jahr	Beschwerdeverfahren			Verhältnis zu erstinstanzlichen Entscheidungen						
	Anzahl	beendet	Rückv.	OLG > LG	OLG = LG	davon		OLG < LG	davon	
						OLG > HV	OLG = HV		OLG > HV	OLG = HV
2002	65	63	3	17	32	14	18	11	8	3
2003	27	24	0	1	18	10	8	5	3	2
2004	14	14	0	2	7	5	2	5	3	2
2005	14	13	0	2	10	8	2	1	1	0

Tabelle 39 (fortgesetzt)

VzfK e.V.	Veränderung Barabfindung in Beschwerdeverfahren									
Jahr	Beschwerdeverfahren			Verhältnis zu erstinstanzlichen Entscheidungen						
	Anzahl	beendet	Rückv.	OLG > LG	OLG = LG	davon		OLG < LG	davon	
						OLG > HV	OLG = HV		OLG > HV	OLG = HV
2006	16	14	0	0	11	8	3	3	3	0
2007	8	7	0	1	5	1	4	1	0	1
2008	7	7	0	1	6	1	5	0	0	0
2009	14	12	0	0	12	1	11	0	0	0
2010	12	10	0	0	9	3	6	1	0	1
2011	10	10	0	2	6	5	1	2	2	0
2012	24	21	0	4	16	3	13	1	0	1
2013	14	11	0	3	6	3	3	2	1	1
2014	15	13	0	0	13	4	9	0	0	0
2015	12	10	0	0	6	1	5	4	1	3
2016	5	5	0	0	4	1	3	1	0	1
2017	9	4	0	1	2	0	2	1	0	1
2018	4	3	0	0	3	1	2	0	0	0
2019	3	1	0	0	1	0	1	0	0	0
2020	1	0	0	0	0	0	0	0	0	0
2021	5	1	0	0	1	0	1	0	0	0
2022	0	0	0	0	0	0	0	0	0	0
Summe	**279**	**243**	**3**	**34**	**168**	**69**	**99**	**38**	**22**	**16**

Diese Daten zeigen, dass der komplexe Verfahrensgegenstand für Spruchverfahren zwei Instanzen erfordert. Die vielfach geforderte Beschleunigung des Spruchverfahrens durch eine Zuständigkeit des **Oberlandesgerichts als Eingangsinstanz** würde die Gewährleistungen für die Minderheitsaktionäre zum Aktieneigentum, die Justizgrundrechte und den Justizgewährleistungsanspruch ohne sachliche Rechtfertigung reduzieren.

2 Durchschnittliche Erhöhung

Die gerichtliche Überprüfung, soweit diese mindestens erstinstanzlich beendet ist, führte zu Nachzahlungen der Abfindung in Höhe von rund 1,0 Mrd. Euro. Dieser Betrag umfasst auch die Beträge aus einer vergleichsweisen Erledigung von Beschlussmängelklagen. Das entspricht im **Durchschnitt aller Verfahren** einer Anhebung der Abfindung um 8,7 Prozent:

Tabelle 40: Erhöhung der Abfindung in Gerichtsverfahren (soweit Gerichtsverfahren beendet sind)

VzfK e.V.	Erhöhung Barabfindung in Gerichtsverfahren (Anfechtungsklagen und/oder Spruchverfahren)			
Jahr	**Barabfindung laut HV**	**Barabfindung laut Gericht**		
		Barabfindung	**Erhöhung**	**entspricht**
2002	2.549.591.593,99 EUR	2.680.359.984,33 EUR	130.768.390,34 EUR	5,1 %
2003	699.117.672,96 EUR	804.853.601,68 EUR	105.735.928,72 EUR	15,1 %
2004	981.118.939,45 EUR	1.137.157.966,13 EUR	156.039.026,68 EUR	15,9 %
2005	385.678.434,44 EUR	461.374.564,62 EUR	75.696.130,18 EUR	19,6 %
2006	887.145.590,56 EUR	1.041.816.643,84 EUR	154.671.053,28 EUR	17,4 %
2007	2.494.829.964,64 EUR	2.661.984.555,60 EUR	167.154.590,96 EUR	6,7 %
2008	579.910.690,61 EUR	583.223.497,97 EUR	3.312.807,36 EUR	0,6 %
2009	392.226.229,54 EUR	393.569.584,31 EUR	1.343.354,77 EUR	0,3 %
2010	201.624.776,10 EUR	221.161.239,22 EUR	19.536.463,12 EUR	9,7 %
2011	114.636.029,29 EUR	124.260.319,15 EUR	9.624.289,86 EUR	8,4 %
2012	199.909.362,80 EUR	216.725.504,45 EUR	16.816.141,65 EUR	8,4 %
2013	546.422.915,16 EUR	629.178.732,74 EUR	82.755.817,58 EUR	15,1 %
2014	77.678.577,17 EUR	79.385.571,59 EUR	1.706.994,42 EUR	2,2 %
2015	424.247.896,16 EUR	445.544.250,70 EUR	21.296.354,54 EUR	5,0 %
2016	42.225.887,27 EUR	45.546.240,66 EUR	3.320.353,39 EUR	7,9 %
2017	144.375.950,33 EUR	151.777.203,06 EUR	7.401.252,73 EUR	5,1 %
2018	67.939.633,46 EUR	68.415.285,79 EUR	475.652,33 EUR	0,7 %
2019	24.694.976,24 EUR	26.812.306,53 EUR	2.117.330,29 EUR	8,6 %
2020	299.448.750,47 EUR	307.251.199,05 EUR	7.802.448,58 EUR	2,6 %
2021	72.916.511,94 EUR	79.254.825,39 EUR	6.338.313,45 EUR	8,7 %
2022	41.225,34 EUR	46.417,37 EUR	5.192,03 EUR	12,6 %
Summe	**11.185.781.607,92 EUR**	**12.159.699.494,18 EUR**	**973.917.886,26 EUR**	**8,7 %**

Stellt man allein auf die **Verfahren mit einer Nachzahlung** ab, betrugen die Nachzahlungen im Durchschnitt sogar 15,4 Prozent:

Tabelle 41: Erhöhung der Abfindung in Gerichtsverfahren (nur soweit Abfindung erhöht wurde)

VzfK e.V.	Erhöhung Barabfindung in Gerichtsverfahren (Anfechtungsklagen und/oder Spruchverfahren)			
Jahr	**Barabfindung laut HV**	**Barabfindung laut Gericht (bei Erhöhung)**		
		Barabfindung	**Erhöhung**	**entspricht**
2002	1.036.946.179,01 EUR	1.167.714.569,35 EUR	130.768.390,34 EUR	12,6 %
2003	593.782.370,85 EUR	699.518.299,57 EUR	105.735.928,72 EUR	17,8 %
2004	960.596.140,36 EUR	1.116.635.167,04 EUR	156.039.026,68 EUR	16,2 %
2005	372.474.168,94 EUR	448.170.299,12 EUR	75.696.130,18 EUR	20,3 %
2006	771.487.384,25 EUR	926.158.437,53 EUR	154.671.053,28 EUR	20,0 %
2007	963.889.476,62 EUR	1.131.044.067,58 EUR	167.154.590,96 EUR	17,3 %

Tabelle 41 (fortgesetzt)

VzfK e.V.	Erhöhung Barabfindung in Gerichtsverfahren (Anfechtungsklagen und/oder Spruchverfahren)			
Jahr	**Barabfindung laut HV**	**Barabfindung laut Gericht (bei Erhöhung)**		
		Barabfindung	**Erhöhung**	**entspricht**
2008	31.474.397,65 EUR	34.787.205,01 EUR	3.312.807,36 EUR	10,5 %
2009	14.833.219,81 EUR	16.176.574,58 EUR	1.343.354,77 EUR	9,1 %
2010	118.482.238,86 EUR	138.018.701,98 EUR	19.536.463,12 EUR	16,5 %
2011	113.436.957,84 EUR	123.061.247,70 EUR	9.624.289,86 EUR	8,5 %
2012	91.337.344,73 EUR	108.153.486,38 EUR	16.816.141,65 EUR	18,4 %
2013	466.277.003,01 EUR	549.032.820,59 EUR	82.755.817,58 EUR	17,7 %
2014	29.249.534,40 EUR	30.956.528,82 EUR	1.706.994,42 EUR	5,8 %
2015	386.904.748,01 EUR	408.201.102,55 EUR	21.296.354,54 EUR	5,5 %
2016	18.102.634,51 EUR	21.422.987,90 EUR	3.320.353,39 EUR	18,3 %
2017	107.292.767,59 EUR	114.694.020,32 EUR	7.401.252,73 EUR	6,9 %
2018	1.799.766,26 EUR	2.275.418,59 EUR	475.652,33 EUR	26,4 %
2019	17.166.086,31 EUR	19.283.416,60 EUR	2.117.330,29 EUR	12,3 %
2020	202.248.376,07 EUR	210.050.824,65 EUR	7.802.448,58 EUR	3,9 %
2021	6.877.798,98 EUR	13.216.112,43 EUR	6.338.313,45 EUR	92,2 %
2022	41.225,34 EUR	46.417,37 EUR	5.192,03 EUR	12,6 %
Summe	**6.304.699.819,40 EUR**	**7.278.617.705,66 EUR**	**973.917.886,26 EUR**	**15,4 %**

3 Verdopplung der Abfindung oder mehr

In 20 Fällen haben Gerichte die von den Hauptaktionären festgelegten Abfindungen mindestens verdoppelt:

Tabelle 42: Liste der Verfahren mit (mindestens) Verdopplung der Abfindung

VzfK e.V.	Erhöhung der Barabfindung				
Nr.	**Gesellschaft**	**Barabfindung**			
		laut HV	**laut Gericht**	**Differenz**	
				Betrag	**entspricht**
504	Schott Zwiesel AG	155,00 EUR	1.280,00 EUR	1.125,00 EUR	725,8 %
417	Nexans Deutschland AG	19.791,72 EUR	131.606,28 EUR	111.814,56 EUR	565,0 %
585	Verlag und Druckerei G.J. Manz AG	2.640,00 EUR	13.200,00 EUR	10.560,00 EUR	400,0 %
275	Honeywell Riedel-de Haën AG	119.002,56 EUR	476.553,77 EUR	357.551,21 EUR	300,5 %

Tabelle 42 (fortgesetzt)

VzfK e.V.	Erhöhung der Barabfindung				
Nr.	Gesellschaft	Barabfindung			
		laut HV	laut Gericht	Differenz	
				Betrag	entspricht
4	Aachener Straßenbahn und Energieversorgungs-AG	31.697,20 EUR	116.320,00 EUR	84.622,80 EUR	267,0 %
531	StepStone Deutschland AG	26.005,00 EUR	95.282,32 EUR	69.277,32 EUR	266,4 %
158	DIH Deutsche Immobilien Holding AG	2.066.781,24 EUR	7.317.847,53 EUR	5.251.066,29 EUR	254,1 %
618	Wupper AG i.L.	33.435,00 EUR	114.704,34 EUR	81.269,34 EUR	243,1 %
206	Ferd. Rückforth Nachfolger AG	36.450,00 EUR	108.000,00 EUR	71.550,00 EUR	196,3 %
350	Königsbacher Brauerei AG vorm. Jos. Thillmann	278,90 EUR	803,90 EUR	525,00 EUR	188,2 %
16	AGIMA Aktiengesellschaft für Immobilien-Anlage	27,41 EUR	70,00 EUR	42,59 EUR	155,4 %
69	BBG Beteiligungs-AG	409.800,00 EUR	1.024.500,00 EUR	614.700,00 EUR	150,0 %
256	Hamburg-Mannheimer Sachversicherungs-AG	101.696,32 EUR	224.900,00 EUR	123.203,68 EUR	121,1 %
23	Aktiengesellschaft Kühnle, Kopp & Kausch	2.011.269,60 EUR	4.404.240,00 EUR	2.392.970,40 EUR	119,0 %
285	i: FAO AG	5.304.776,73 EUR	11.492.801,43 EUR	6.188.024,70 EUR	116,7 %
134	Dachziegelwerke Idunahall AG	75.588,80 EUR	156.296,00 EUR	80.707,20 EUR	106,8 %
502	Scholz & Friends AG	1.385.656,80 EUR	2.834.298,00 EUR	1.448.641,20 EUR	104,5 %
271	Hirschbrauerei AG	1.200,00 EUR	2.400,00 EUR	1.200,00 EUR	100,0 %
277	Hotel - Aktiengesellschaft Wuppertal	91.101,43 EUR	182.202,86 EUR	91.101,43 EUR	100,0 %
569	Uetersener Eisenbahn-AG	60.719,29 EUR	121.438,58 EUR	60.719,29 EUR	100,0 %

4 Erhöhungen 50 bis 100 Prozent

In weiteren 31 Verfahren lag die Erhöhung in der Bandbreite von 50 bis 100 Prozent:

Tabelle 43: Liste der Verfahren mit Erhöhung der Abfindung zwischen 50 und 100 Prozent

VzfK e.V.	Erhöhung der Barabfindung				
Nr.	Gesellschaft	Barabfindung			
		laut HV	laut Gericht	Differenz	
				Betrag	entspricht
28	Allgemeine Privat-kundenbank AG	330.105,60 EUR	656.640,00 EUR	326.534,40 EUR	98,9 %
349	Komatsu Hanomag AG	704.004,00 EUR	1.374.628,50 EUR	670.624,50 EUR	95,3 %
452	Porphyrwerke Wein-heim-Schriesheim AG	35.020,00 EUR	68.000,00 EUR	32.980,00 EUR	94,2 %
161	Dom-Brauerei AG	116.187,60 EUR	224.629,36 EUR	108.441,76 EUR	93,3 %
215	FRANKENLUK AG	65.664,00 EUR	125.280,00 EUR	59.616,00 EUR	90,8 %
84	Brain Force Financial Solutions AG	680.277,64 EUR	1.275.128,71 EUR	594.851,07 EUR	87,4 %
404	Motorenwerke Mannheim AG	35,00 EUR	65,00 EUR	30,00 EUR	85,7 %
445	PICNIC Grundstücks-verwaltung AG	302.250,00 EUR	551.460,00 EUR	249.210,00 EUR	82,5 %
151	Deutscher Eisenhandel AG	42.434,70 EUR	76.230,00 EUR	33.795,30 EUR	79,6 %
430	Operator Telekom-munikation Inter-national AG	19.481,15 EUR	33.867,23 EUR	14.386,08 EUR	73,8 %
123	Contigas Deutsche Energie-AG	28.629.150,00 EUR	48.227.104,50 EUR	19.597.954,50 EUR	68,5 %
172	Düsseldorfer Ton- und Ziegelwerke AG	230.529,80 EUR	384.000,00 EUR	153.470,20 EUR	66,6 %
109	Christian Adalbert Kupferberg & Compagnie KGaA	237.662,24 EUR	393.600,00 EUR	155.937,76 EUR	65,6 %
70	Bekaert Deutsche Holding AG	16.400,00 EUR	27.060,00 EUR	10.660,00 EUR	65,0 %
446	Piper + Jet Maintenance AG	73.254,40 EUR	117.893,80 EUR	44.639,40 EUR	60,9 %
95	Buckau - Walther AG	248.053,60 EUR	398.080,00 EUR	150.026,40 EUR	60,5 %
623	Wüstenrot Bausparkasse AG	677.376,00 EUR	1.086.624,00 EUR	409.248,00 EUR	60,4 %
61	Badische Gas- und Elektrizitätsversorgung AG	1.013.605,11 EUR	1.625.906,52 EUR	612.301,41 EUR	60,4 %
359	Lambda Physik AG	6.624.973,50 EUR	10.578.800,00 EUR	3.953.826,50 EUR	59,7 %
281	Hüttenwerke Kayser AG	897.673,84 EUR	1.431.796,00 EUR	534.122,16 EUR	59,5 %

Tabelle 43 (fortgesetzt)

VzfK e.V.	**Erhöhung der Barabfindung**				
Nr.	**Gesellschaft**	**Barabfindung**			
		laut HV	**laut Gericht**	**Differenz**	
				Betrag	**entspricht**
301	Ingram Macrotron AG	5.844.204,00 EUR	9.248.338,35 EUR	3.404.134,35 EUR	58,2 %
228	GE Frankona Rückversicherungs-Beteiligungs-AG	25,60 EUR	40,36 EUR	14,76 EUR	57,7 %
438	Patria Versicherung AG	128.489,50 EUR	200.000,00 EUR	71.510,50 EUR	55,7 %
604	Wayss & Freytag Ingenieurbau AG	6,21 EUR	9,54 EUR	3,33 EUR	53,6 %
605	Wayss & Freytag Schlüsselfertigbau AG	5,70 EUR	8,75 EUR	3,05 EUR	53,5 %
603	Wayss & Freytag AG	3,07 EUR	4,71 EUR	1,64 EUR	53,4 %
545	Tech Data Germany AG	296.296,00 EUR	449.680,00 EUR	153.384,00 EUR	51,8 %
323	Jobpilot AG	1.945.004,60 EUR	2.935.856,00 EUR	990.851,40 EUR	50,9 %
386	Mech. Baumwoll-Spinnerei & Weberei Bayreuth AG	50.920,93 EUR	76.694,42 EUR	25.773,49 EUR	50,6 %
406	MTD Products AG	267.920,00 EUR	403.456,00 EUR	135.536,00 EUR	50,6 %
316	IVG Immobilien AG	424.385,00 EUR	636.577,50 EUR	212.192,50 EUR	50,0 %

5 Erhöhungen bis 50 Prozent

Die meisten Erhöhungen (208 Fälle) lagen zwischen 10 und 50 Prozent:

Tabelle 44: Liste der Verfahren mit Erhöhung der Abfindung zwischen 40 und 50 Prozent

VzfK e.V.	Erhöhung der Barabfindung				
Nr.	Gesellschaft	Barabfindung			
		laut HV	laut Gericht	Differenz	
				Betrag	entspricht
607	WEDECO Water Technology AG	9.327.330,00 EUR	13.835.539,50 EUR	4.508.209,50 EUR	48,3 %
537	Stuttgarter Baugesellschaft von 1872 AG	20.403,30 EUR	30.000,00 EUR	9.596,70 EUR	47,0 %
235	Gerling Konzern Allgemeine Versicherung AG	55.573.433,19 EUR	81.277.416,00 EUR	25.703.982,81 EUR	46,3 %
351	Konrad Hornschuch AG	472.460,50 EUR	689.185,50 EUR	216.725,00 EUR	45,9 %
597	W. Jacobsen AG	828.282,00 EUR	1.205.400,00 EUR	377.118,00 EUR	45,5 %
188	Entrium Direct Bankers AG	2.114.940,90 EUR	3.070.075,50 EUR	955.134,60 EUR	45,2 %
395	Microlog Logistics AG	1.445.776,40 EUR	2.093.647,90 EUR	647.871,50 EUR	44,8 %
180	eff-eff Fritz Fuss GmbH & Co. KGaA	2.585.017,35 EUR	3.741.069,00 EUR	1.156.051,65 EUR	44,7 %
626	YTONG Deutschland AG	639,11 EUR	920,00 EUR	280,89 EUR	44,0 %
342	Knürr AG	1.297.794,00 EUR	1.864.014,72 EUR	566.220,72 EUR	43,6 %
595	VTG - Lehnkering AG	6.043.085,16 EUR	8.678.898,90 EUR	2.635.813,74 EUR	43,6 %
164	Dr. Neuhaus Computer KGaA	349,20 EUR	500,00 EUR	150,80 EUR	43,2 %
434	Otto Reichelt AG	1.718.489,94 EUR	2.460.218,28 EUR	741.728,34 EUR	43,2 %
496	Scheidemandel AG	39.900,00 EUR	56.700,00 EUR	16.800,00 EUR	42,1 %
433	Otavi Minen AG	995.829,16 EUR	1.401.347,22 EUR	405.518,06 EUR	40,7 %
292	IKON AG Präzisionstechnik	530.279,75 EUR	745.888,00 EUR	215.608,25 EUR	40,7 %
270	Hilgers AG	436.224,00 EUR	613.440,00 EUR	177.216,00 EUR	40,6 %
354	Kraftübertragungswerke Rheinfelden AG	10.689.600,00 EUR	15.026.727,04 EUR	4.337.127,04 EUR	40,6 %
258	Hannoversche Portland-Cementfabrik AG	258.750,00 EUR	363.510,00 EUR	104.760,00 EUR	40,5 %
241	Glunz AG	1.681.981,32 EUR	2.362.241,52 EUR	680.260,20 EUR	40,4 %
220	G. Kromschröder AG	18.886.563,19 EUR	26.462.268,69 EUR	7.575.705,50 EUR	40,1 %
460	PSB AG für Programmierung und Systemberatung	568.464,96 EUR	796.341,00 EUR	227.876,04 EUR	40,1 %
572	Universitätsdruckerei H. Stürtz AG	1.123.450,00 EUR	1.572.830,00 EUR	449.380,00 EUR	40,0 %

Tabelle 45: Liste der Verfahren mit Erhöhung der Abfindung zwischen 30 und 40 Prozent

VzfK e.V.	Liste der Unternehmen, mit Erhöhung der Barabfindung durch Gericht um mindestens 30 %				
Nr.	**Gesellschaft**	**Barabfindung**			
		laut HV	**laut Gericht**	**Differenz**	
				Betrag	**entspricht**
311	Isar-Klinik II AG	294.074,55 EUR	411.619,50 EUR	117.544,95 EUR	40,0 %
398	MIS AG	1.800.641,55 EUR	2.511.280,50 EUR	710.638,95 EUR	39,5 %
42	Ariston Real Estate AG	472.455,36 EUR	658.711,80 EUR	186.256,44 EUR	39,4 %
186	Elster Group SE	1.987.524,48 EUR	2.769.872,00 EUR	782.347,52 EUR	39,4 %
230	Gebrüder Bernard AG	397.440,00 EUR	551.779,20 EUR	154.339,20 EUR	38,8 %
62	Barmag AG	1.179.405,60 EUR	1.635.672,00 EUR	456.266,40 EUR	38,7 %
179	Edscha AG	4.999.767,50 EUR	6.922.755,00 EUR	1.922.987,50 EUR	38,5 %
96	Buderus AG	60.834.092,00 EUR	84.094.186,00 EUR	23.260.094,00 EUR	38,2 %
393	MHM Mode Holding AG	2.238.421,68 EUR	3.086.700,12 EUR	848.278,44 EUR	37,9 %
469	Reckitt Benckiser Deutschland AG	1.450.954,24 EUR	1.985.920,00 EUR	534.965,76 EUR	36,9 %
485	RWE Dea AG	21.288.912,00 EUR	28.923.432,30 EUR	7.634.520,30 EUR	35,9 %
36	Anneliese Zementwerke AG	772.640,00 EUR	1.043.485,44 EUR	270.845,44 EUR	35,1 %
333	KBC Bank Deutschland AG	491.716,55 EUR	663.955,15 EUR	172.238,60 EUR	35,0 %
58	AXA Versicherung AG	5.051.183,38 EUR	6.806.997,50 EUR	1.755.814,12 EUR	34,8 %
611	Westfalenbank AG	464.031,03 EUR	624.546,03 EUR	160.515,00 EUR	34,6 %
97	burgbad AG	3.450.255,69 EUR	4.632.498,87 EUR	1.182.243,18 EUR	34,3 %
533	Stollwerck AG	3.172.430,00 EUR	4.247.830,00 EUR	1.075.400,00 EUR	33,9 %
474	Revell AG	156,99 EUR	210,00 EUR	53,01 EUR	33,8 %
244	Gontermann AG	127.050,00 EUR	169.400,00 EUR	42.350,00 EUR	33,3 %
264	HBW Abwicklungs AG i.L.	408.030,00 EUR	544.040,00 EUR	136.010,00 EUR	33,3 %
576	Vattenfall Europe AG	276.043.995,50 EUR	367.886.550,00 EUR	91.842.554,50 EUR	33,3 %
221	GAH Beteiligungs AG	740.132,00 EUR	985.819,72 EUR	245.687,72 EUR	33,2 %
428	OnVista AG	727.339,41 EUR	966.564,00 EUR	239.224,59 EUR	32,9 %
197	eteleon e-solutions AG	256.959,90 EUR	341.320,32 EUR	84.360,42 EUR	32,8 %
348	Kölnische Verwaltungs AG für Versicherungswerte	4.712.959,08 EUR	6.216.482,60 EUR	1.503.523,52 EUR	31,9 %
268	HEINRICH INDUSTRIE AG	1.407.330,00 EUR	1.852.500,00 EUR	445.170,00 EUR	31,6 %
37	ANTERRA Vermögens-verwaltungs-AG	375.019,15 EUR	493.446,25 EUR	118.427,10 EUR	31,6 %
341	KM Europe Metal AG	2.976.293,99 EUR	3.910.853,00 EUR	934.559,01 EUR	31,4 %

Tabelle 45 (fortgesetzt)

VzfK e.V.	Liste der Unternehmen, mit Erhöhung der Barabfindung durch Gericht um mindestens 30 %				
Nr.	Gesellschaft	Barabfindung			
		laut HV	laut Gericht	Differenz	
				Betrag	entspricht
498	Schleicher & Co. International AG	435.996,75 EUR	568.871,95 EUR	132.875,20 EUR	30,5 %
529	Steigenberger Hotels AG	1.049.755,06 EUR	1.365.700,00 EUR	315.944,94 EUR	30,1 %

Tabelle 46: Liste der Verfahren mit Erhöhung der Abfindung zwischen 20 und 30 Prozent

VzfK e.V.	Liste der Unternehmen, mit Erhöhung der Barabfindung durch Gericht um mindestens 20 %				
Nr.	Gesellschaft	Barabfindung			
		laut HV	laut Gericht	Differenz	
				Betrag	entspricht
234	GeneScan Europe AG	2.205.900,00 EUR	2.853.209,10 EUR	647.309,10 EUR	29,3 %
5	Aachener und Münchener Lebensversicherung AG	33.318.384,00 EUR	42.990.180,81 EUR	9.671.796,81 EUR	29,0 %
621	Württembergische und Badische Versicherungs AG	967.850,00 EUR	1.247.037,50 EUR	279.187,50 EUR	28,8 %
100	BVA-Bayerische Warenhandelsgesellschaft der Verbraucher AG	500,00 EUR	644,17 EUR	144,17 EUR	28,8 %
532	Stinnes AG	8.902.861,26 EUR	11.464.804,00 EUR	2.561.942,74 EUR	28,8 %
204	FAG Kugelfischer Georg Schäfer AG	28.270.704,00 EUR	36.398.531,40 EUR	8.127.827,40 EUR	28,8 %
329	Karlsruher Lebensversicherung AG	8.177.432,16 EUR	10.527.600,00 EUR	2.350.167,84 EUR	28,7 %
8	ABN AMRO Holding (Deutschland) AG	109.590,00 EUR	140.500,00 EUR	30.910,00 EUR	28,2 %
302	INKA AG für Beteiligungen	1.837.533,20 EUR	2.353.800,00 EUR	516.266,80 EUR	28,1 %
250	H.I.S. sportswear AG	1.258.555,56 EUR	1.611.102,75 EUR	352.547,19 EUR	28,0 %
520	SPAR Handels - AG	11.935.669,98 EUR	15.224.371,00 EUR	3.288.701,02 EUR	27,6 %
373	m4e AG	717.615,78 EUR	915.326,25 EUR	197.710,47 EUR	27,6 %
325	Joseph Vögele AG	662.433,75 EUR	839.520,00 EUR	177.086,25 EUR	26,7 %
371	Löwenbräu AG	900.000,00 EUR	1.140.000,00 EUR	240.000,00 EUR	26,7 %

Tabelle 46 (fortgesetzt)

VzfK e.V.	**Liste der Unternehmen, mit Erhöhung der Barabfindung durch Gericht um mindestens 20 %**				
Nr.	**Gesellschaft**	**Barabfindung**			
		laut HV	**laut Gericht**	**Differenz**	
				Betrag	**entspricht**
276	Horten AG	8.476.783,50 EUR	10.698.593,07 EUR	2.221.809,57 EUR	26,2 %
233	Generali Deutschland Holding AG	228.085.505,70 EUR	287.810.595,90 EUR	59.725.090,20 EUR	26,2 %
594	Volksfürsorge Holding AG	22.756.658,00 EUR	28.715.287,62 EUR	5.958.629,62 EUR	26,2 %
419	NFZ Norddeutsche Fleischzentrale AG	210.984,62 EUR	265.905,20 EUR	54.920,58 EUR	26,0 %
530	Stelcon AG	411.700,00 EUR	518.742,00 EUR	107.042,00 EUR	26,0 %
43	Armstrong DLW AG	1.065.085,80 EUR	1.337.667,00 EUR	272.581,20 EUR	25,6 %
184	elexis AG	9.622.900,00 EUR	12.080.250,00 EUR	2.457.350,00 EUR	25,5 %
557	Thüga AG	186.798.585,60 EUR	234.382.695,00 EUR	47.584.109,40 EUR	25,5 %
470	Regentalbahn AG	2.591.568,00 EUR	3.250.044,00 EUR	658.476,00 EUR	25,4 %
243	Goldschmidt AG	23.024.898,00 EUR	28.792.530,00 EUR	5.767.632,00 EUR	25,0 %
408	MVS Miete Vertrieb Service AG	802.087,20 EUR	1.002.609,00 EUR	200.521,80 EUR	25,0 %
146	Deutsche Bank Lübeck AG	39.176.275,00 EUR	48.785.550,00 EUR	9.609.275,00 EUR	24,5 %
567	Triumph International AG	5.895.631,62 EUR	7.341.206,63 EUR	1.445.575,01 EUR	24,5 %
566	TRIPLAN AG	1.222.350,19 EUR	1.518.205,65 EUR	295.855,46 EUR	24,2 %
110	CinemaxX AG	5.351.418,12 EUR	6.645.017,92 EUR	1.293.599,80 EUR	24,2 %
401	MONACHIA Grundstücks-AG	8.313.735,00 EUR	10.307.500,00 EUR	1.993.765,00 EUR	24,0 %
553	TEUTONIA Zementwerk AG	4.450.593,75 EUR	5.506.665,00 EUR	1.056.071,25 EUR	23,7 %
563	Tracom Holding AG	251.518,74 EUR	310.699,62 EUR	59.180,88 EUR	23,5 %
465	Rathgeber AG	193.900,00 EUR	239.120,00 EUR	45.220,00 EUR	23,3 %
154	DGAG Deutsche Grundvermögen AG	1.787.968,00 EUR	2.203.032,00 EUR	415.064,00 EUR	23,2 %
517	Softship AG	1.074.317,42 EUR	1.322.165,95 EUR	247.848,53 EUR	23,1 %
266	Heidelberger Lebensversicherung AG	437.747,40 EUR	538.432,40 EUR	100.685,00 EUR	23,0 %
137	debitel AG	52.465.500,00 EUR	64.525.000,00 EUR	12.059.500,00 EUR	23,0 %
449	PIXELPARK AG	3.340.473,08 EUR	4.107.418,43 EUR	766.945,35 EUR	23,0 %
568	UBAG Unternehmer Beteiligungen AG i.A.	795.435,00 EUR	976.850,00 EUR	181.415,00 EUR	22,8 %
501	Schoeller Eitorf AG	158.004,00 EUR	193.914,00 EUR	35.910,00 EUR	22,7 %
10	ACTRIS AG	1.044.385,38 EUR	1.281.516,36 EUR	237.130,98 EUR	22,7 %
615	WMF AG	65.487.929,65 EUR	79.903.500,00 EUR	14.415.570,35 EUR	22,0 %

Tabelle 46 (fortgesetzt)

VzfK e.V.	Liste der Unternehmen, mit Erhöhung der Barabfindung durch Gericht um mindestens 20 %				
Nr.	**Gesellschaft**	**Barabfindung**			
		laut HV	**laut Gericht**	**Differenz**	
				Betrag	**entspricht**
6	Aachener und Münchener Versicherung AG	22.212.256,00 EUR	27.073.711,12 EUR	4.861.455,12 EUR	21,9 %
297	Infinigate AG	441.044,44 EUR	537.174,44 EUR	96.130,00 EUR	21,8 %
282	HVB Real Estate Bank AG	33.743.283,00 EUR	41.006.122,96 EUR	7.262.839,96 EUR	21,5 %
402	Mondi Consumer Packaging International AG	223.006,24 EUR	270.738,74 EUR	47.732,50 EUR	21,4 %
475	Rheinhold & Mahla AG	1.514.695,00 EUR	1.835.111,25 EUR	320.416,25 EUR	21,2 %
388	Medisana AG	1.250.306,69 EUR	1.512.826,60 EUR	262.519,91 EUR	21,0 %
118	ComputerLinks AG	5.763.544,94 EUR	6.969.220,00 EUR	1.205.675,06 EUR	20,9 %
310	ISARIA Wohnbau AG	6.558.724,16 EUR	7.929.075,20 EUR	1.370.351,04 EUR	20,9 %
405	MSH International Service AG	4.649.429,28 EUR	5.599.677,60 EUR	950.248,32 EUR	20,4 %
236	Gerresheimer Glas AG	5.266.919,84 EUR	6.338.600,80 EUR	1.071.680,96 EUR	20,3 %
125	Converium Rückversicherung (Deutschland) AG	2.359.531,40 EUR	2.838.200,00 EUR	478.668,60 EUR	20,3 %
185	Elsdorfer Feinkost AG	325.058,64 EUR	390.964,00 EUR	65.905,36 EUR	20,3 %
627	Zanders Feinpapiere AG	1.546.264,72 EUR	1.858.620,72 EUR	312.356,00 EUR	20,2 %
415	net-m privatbank 1891 AG	1.245.573,78 EUR	1.496.991,60 EUR	251.417,82 EUR	20,2 %
60	Baden-Württembergische Bank AG	15.879.440,00 EUR	19.055.328,00 EUR	3.175.888,00 EUR	20,0 %

Tabelle 47: Liste der Verfahren mit Erhöhung der Abfindung zwischen 15 und 20 Prozent

VzfK e.V.	Liste der Unternehmen, mit Erhöhung der Barabfindung durch Gericht um mindestens 15 %				
Nr.	**Gesellschaft**	**Barabfindung**			
		laut HV	**laut Gericht**	**Differenz**	
				Betrag	**entspricht**
590	Victoria Versicherung AG	41.247.991,19 EUR	49.473.207,67 EUR	8.225.216,48 EUR	19,9 %
464	Rapunzel Naturkost AG	2.722.665,00 EUR	3.262.247,70 EUR	539.582,70 EUR	19,8 %
583	Vereinte Versicherung AG	5.529,35 EUR	6.625,00 EUR	1.095,65 EUR	19,8 %
89	Braunschweiger Kohlen-Bergwerke AG	557.869,95 EUR	668.250,00 EUR	110.380,05 EUR	19,8 %
352	Kontron S&T AG	7.968.966,16 EUR	9.540.311,60 EUR	1.571.345,44 EUR	19,7 %
389	Mercurius AG	644.493,10 EUR	770.982,40 EUR	126.489,30 EUR	19,6 %
480	Rieter Ingolstadt Spinnereimaschinen-bau AG	1.444.760,28 EUR	1.724.930,28 EUR	280.170,00 EUR	19,4 %
2	A. Friedrich Flender AG	11.447.200,00 EUR	13.665.095,00 EUR	2.217.895,00 EUR	19,4 %
543	Tarkett AG	18.753.613,50 EUR	22.366.695,00 EUR	3.613.081,50 EUR	19,3 %
497	Schering AG	714.408.143,96 EUR	851.688.836,00 EUR	137.280.692,04 EUR	19,2 %
205	Felten & Guilleaume AG	2.536.922,08 EUR	3.024.054,81 EUR	487.132,73 EUR	19,2 %
363	LHA Internationale Lebensmittelhandels-agentur Krause AG	430.800,00 EUR	513.226,40 EUR	82.426,40 EUR	19,1 %
229	GEA AG	36.279.446,59 EUR	43.202.685,00 EUR	6.923.238,41 EUR	19,1 %
514	SinnLeffers AG	1.632.323,70 EUR	1.943.242,50 EUR	310.918,80 EUR	19,0 %
222	Gameforge Berlin AG	3.787.204,54 EUR	4.502.688,89 EUR	715.484,35 EUR	18,9 %
503	SCHOTT DESAG AG	1.781.272,27 EUR	2.113.905,84 EUR	332.633,57 EUR	18,7 %
367	Lindner Holding KGaA	5.316.470,24 EUR	6.298.861,48 EUR	982.391,24 EUR	18,5 %
88	Brauhaus zur Garde AG	294,00 EUR	347,68 EUR	53,68 EUR	18,3 %
1	1st RED AG	316.167,04 EUR	372.625,44 EUR	56.458,40 EUR	17,9 %
493	Sappi Alfeld AG	1.149.659,68 EUR	1.348.100,00 EUR	198.440,32 EUR	17,3 %
82	Blohm + Voss Holding AG	4.411,17 EUR	5.161,17 EUR	750,00 EUR	17,0 %
362	Leica Camera AG	11.151.872,16 EUR	13.028.993,12 EUR	1.877.120,96 EUR	16,8 %
608	Wella AG	164.498.904,90 EUR	192.023.967,18 EUR	27.525.062,28 EUR	16,7 %
147	Deutsche Bank Saar AG	6.048.000,00 EUR	7.056.000,00 EUR	1.008.000,00 EUR	16,7 %
528	Steffen AG	449.136,00 EUR	523.992,00 EUR	74.856,00 EUR	16,7 %
12	Aditron AG	9.853.574,50 EUR	11.478.484,71 EUR	1.624.910,21 EUR	16,5 %

Tabelle 47 (fortgesetzt)

VzfK e.V.	Liste der Unternehmen, mit Erhöhung der Barabfindung durch Gericht um mindestens 15 %				
Nr.	Gesellschaft	Barabfindung			
		laut HV	laut Gericht	Differenz	
				Betrag	entspricht
616	Wohnbau Rhein-Main AG	100.068,96 EUR	116.399,45 EUR	16.330,49 EUR	16,3 %
555	TGE Marine AG	104.103,58 EUR	121.029,58 EUR	16.926,00 EUR	16,3 %
332	Kaufhalle AG	5.141.561,60 EUR	5.971.840,00 EUR	830.278,40 EUR	16,1 %
217	Fränkisches Überlandwerk AG	17.855.970,00 EUR	20.702.103,40 EUR	2.846.133,40 EUR	15,9 %
586	Versatel AG	3.318.699,60 EUR	3.847.556,70 EUR	528.857,10 EUR	15,9 %
355	Krefelder Hotel AG - Krefelder Hof	196.227,20 EUR	227.370,00 EUR	31.142,80 EUR	15,9 %
318	Jado AG	250.000,10 EUR	289.473,80 EUR	39.473,70 EUR	15,8 %
558	Thüga Beteiligungen AG	728.428,31 EUR	842.078,31 EUR	113.650,00 EUR	15,6 %
338	Kiekert AG	16.188.357,65 EUR	18.700.127,65 EUR	2.511.770,00 EUR	15,5 %
31	ALTANA AG	101.399.679,75 EUR	117.072.381,75 EUR	15.672.702,00 EUR	15,5 %
140	DEPFA Deutsche Pfandbriefbank AG	45.206.318,85 EUR	52.150.453,85 EUR	6.944.135,00 EUR	15,4 %
334	Kempinski AG	2.380.416,50 EUR	2.745.234,80 EUR	364.818,30 EUR	15,3 %
209	Ford Werke AG	7.076.480,00 EUR	8.160.066,00 EUR	1.083.586,00 EUR	15,3 %
40	ARBOmedia AG	795.736,00 EUR	917.436,80 EUR	121.700,80 EUR	15,3 %
559	Thuringia Versicherungs - AG	5.583.701,00 EUR	6.430.764,00 EUR	847.063,00 EUR	15,2 %
126	COREALCREDIT Bank AG	606.977,28 EUR	698.880,00 EUR	91.902,72 EUR	15,1 %
399	Möbel Walther AG	5.880.718,88 EUR	6.768.681,41 EUR	887.962,53 EUR	15,1 %
68	Bayerische Immobilien AG	7.872.029,76 EUR	9.058.518,00 EUR	1.186.488,24 EUR	15,1 %

Tabelle 48: Liste der Verfahren mit Erhöhung der Abfindung zwischen 10 und 15 Prozent

VzfK e.V.	Liste der Unternehmen, mit Erhöhung der Barabfindung durch Gericht um mindestens 10 %				
Nr.	**Gesellschaft**	**Barabfindung**			
		laut HV	**laut Gericht**	**Differenz**	
				Betrag	**entspricht**
413	Nestlé Deutschland AG	28.324.327,04 EUR	32.509.995,20 EUR	4.185.668,16 EUR	14,8 %
489	Salamander AG	19.456.202,04 EUR	22.274.824,00 EUR	2.818.621,96 EUR	14,5 %
383	Massa AG	3.274.688,00 EUR	3.748.656,00 EUR	473.968,00 EUR	14,5 %
299	Infor Global Solutions Deutschland AG	3.262.512,60 EUR	3.734.337,60 EUR	471.825,00 EUR	14,5 %
420	Novasoft AG	3.649.492,97 EUR	4.174.869,85 EUR	525.376,88 EUR	14,4 %
111	Citicorp Deutschland AG	520.275,00 EUR	594.600,00 EUR	74.325,00 EUR	14,3 %
549	Tempelhofer Feld AG für Grundstücksverwertung	491.750,00 EUR	562.000,00 EUR	70.250,00 EUR	14,3 %
124	ContiTech AG	69.364.740,38 EUR	79.142.291,38 EUR	9.777.551,00 EUR	14,1 %
203	F24 AG	2.754.926,94 EUR	3.142.959,55 EUR	388.032,61 EUR	14,1 %
356	KSR Kuebler Niveau-Messtechnik AG	2.475.559,55 EUR	2.822.876,86 EUR	347.317,31 EUR	14,0 %
336	KENNAMETAL HERTEL AG	3.234.132,73 EUR	3.667.365,52 EUR	433.232,79 EUR	13,4 %
162	Dortmunder Actien Brauerei AG	1.362.022,20 EUR	1.544.043,60 EUR	182.021,40 EUR	13,4 %
369	living-e AG	29.475,00 EUR	33.405,00 EUR	3.930,00 EUR	13,3 %
508	SCOR DEUTSCHLAND Rückversicherungs-AG	150,00 EUR	170,00 EUR	20,00 EUR	13,3 %
199	Etienne Aigner AG	403.940,00 EUR	457.090,00 EUR	53.150,00 EUR	13,2 %
491	Sanierungs- und Gewerbebau-AG	42.658,56 EUR	48.258,56 EUR	5.600,00 EUR	13,1 %
260	Hansen Sicherheitstechnik AG	1.521.944,04 EUR	1.719.161,00 EUR	197.216,96 EUR	13,0 %
307	Interhyp AG	1.694.324,97 EUR	1.913.669,55 EUR	219.344,58 EUR	12,9 %
272	Hoechst AG	604.653.847,00 EUR	682.777.264,40 EUR	78.123.417,40 EUR	12,9 %
35	Andreae-Noris Zahn AG	12.384.865,40 EUR	13.963.914,40 EUR	1.579.049,00 EUR	12,7 %
540	Swarco Traffic Holding AG	1.885.852,26 EUR	2.123.707,50 EUR	237.855,24 EUR	12,6 %
211	FPB Holding Aktiengesellschaft	41.225,34 EUR	46.417,37 EUR	5.192,03 EUR	12,6 %
175	E.ON Bayern AG	247.860.346,05 EUR	279.017.583,58 EUR	31.157.237,53 EUR	12,6 %
226	Gauss Interprise AG	575.337,60 EUR	647.254,80 EUR	71.917,20 EUR	12,5 %
39	aqua signal AG	272.480,00 EUR	306.540,00 EUR	34.060,00 EUR	12,5 %
128	Creaton AG	5.278.371,40 EUR	5.936.264,20 EUR	657.892,80 EUR	12,5 %

Tabelle 48 (fortgesetzt)

VzfK e.V.	Liste der Unternehmen, mit Erhöhung der Barabfindung durch Gericht um mindestens 10 %				
Nr.	**Gesellschaft**	**Barabfindung**			
		laut HV	**laut Gericht**	**Differenz**	
				Betrag	**entspricht**
156	Didier-Werke AG	5.474.617,68 EUR	6.151.208,56 EUR	676.590,88 EUR	12,4 %
183	Elektrische Licht- und Kraftanlagen AG	775.780,20 EUR	869.692,20 EUR	93.912,00 EUR	12,1 %
542	TA Triumph-Adler AG	4.809.356,00 EUR	5.391.541,20 EUR	582.185,20 EUR	12,1 %
214	Franke Aquarotter AG	480.440,27 EUR	538.390,27 EUR	57.950,00 EUR	12,1 %
81	Blaue Quellen Mineral- und Heilbrunnen AG	9.182.472,00 EUR	10.288.908,50 EUR	1.106.436,50 EUR	12,0 %
360	Landesbank Berlin Holding AG	53.173.987,46 EUR	59.538.953,54 EUR	6.364.966,08 EUR	12,0 %
624	XCOM AG	1.470.739,20 EUR	1.646.400,00 EUR	175.660,80 EUR	11,9 %
114	Comarch Software und Beratung AG	916.388,00 EUR	1.025.112,00 EUR	108.724,00 EUR	11,9 %
77	BHW Holding AG	39.230.727,62 EUR	43.878.179,80 EUR	4.647.452,18 EUR	11,8 %
562	TIVOLI Grundstücks-AG	1.968.548,00 EUR	2.200.000,00 EUR	231.452,00 EUR	11,8 %
108	CHORUS Clean Energy AG	16.500.033,52 EUR	18.437.956,92 EUR	1.937.923,40 EUR	11,7 %
261	Hapag-Lloyd AG	24.284.519,79 EUR	27.071.269,79 EUR	2.786.750,00 EUR	11,5 %
213	FranconoWest AG	728.982,31 EUR	811.198,36 EUR	82.216,05 EUR	11,3 %
347	Kölnische Rückversicherungs-Gesellschaft AG	149.029.691,90 EUR	165.714.211,47 EUR	16.684.519,57 EUR	11,2 %
259	Hansa Metallwerke AG	233.910,00 EUR	259.900,00 EUR	25.990,00 EUR	11,1 %
462	Quante AG	1.541.853,44 EUR	1.711.552,00 EUR	169.698,56 EUR	11,0 %
320	Jerini AG	5.392.986,00 EUR	5.980.270,00 EUR	587.284,00 EUR	10,9 %
9	accaris financial planning AG	19.760,00 EUR	21.888,00 EUR	2.128,00 EUR	10,8 %
591	VIVA Media AG	6.722.627,45 EUR	7.440.062,00 EUR	717.434,55 EUR	10,7 %
410	NB Beteiligungs AG	5.497.540,00 EUR	6.082.762,00 EUR	585.222,00 EUR	10,6 %
174	Dyckerhoff AG	65.320.514,28 EUR	72.135.122,64 EUR	6.814.608,36 EUR	10,4 %
490	Sanacorp Pharmaholding AG	12.481.792,14 EUR	13.780.192,50 EUR	1.298.400,36 EUR	10,4 %
440	P-D INTERGLAS TECHNOLOGIES AG	2.215.111,11 EUR	2.445.167,16 EUR	230.056,05 EUR	10,4 %
133	DAB Bank AG	36.133.272,36 EUR	39.761.718,12 EUR	3.628.445,76 EUR	10,0 %
304	Integrata AG	178.752,00 EUR	196.627,20 EUR	17.875,20 EUR	10,0 %
466	Real AG	422.832,00 EUR	465.115,20 EUR	42.283,20 EUR	10,0 %

Tabelle 48 (fortgesetzt)

VzfK e.V.	Liste der Unternehmen, mit Erhöhung der Barabfindung durch Gericht um mindestens 10 %				
Nr.	Gesellschaft	Barabfindung			
		laut HV	laut Gericht	Differenz	
				Betrag	entspricht
66	Bayerische BrauHolding AG	5.907.000,00 EUR	6.497.700,00 EUR	590.700,00 EUR	10,0 %
148	Deutsche Bausparkasse Badenia AG	1.825.200,00 EUR	2.007.720,00 EUR	182.520,00 EUR	10,0 %

In 69 Fällen lag die Erhöhung unter 10 Prozent:

Tabelle 49: Liste der Verfahren mit Erhöhung der Abfindung zwischen 0 und 10 Prozent

VzfK e.V.	Liste der Unternehmen, mit Erhöhung der Barabfindung durch Gericht zwischen 0 % und 10 %				
Nr.	Gesellschaft	Barabfindung			
		laut HV	laut Gericht	Differenz	
				Betrag	entspricht
487	SAI Automotive AG	3.451.059,00 EUR	3.788.495,88 EUR	337.436,88 EUR	9,8 %
116	Comline AG	406.949,78 EUR	445.846,00 EUR	38.896,22 EUR	9,6 %
425	Odeon Film AG	1.573.022,25 EUR	1.723.311,00 EUR	150.288,75 EUR	9,6 %
190	Equitrust AG	1.746.922,72 EUR	1.912.369,44 EUR	165.446,72 EUR	9,5 %
495	SCA Hygiene Products SE	117.538.307,31 EUR	128.650.967,43 EUR	11.112.660,12 EUR	9,5 %
526	Stahlwerke Bochum AG	2.914.620,60 EUR	3.190.132,00 EUR	275.511,40 EUR	9,5 %
306	Interhansa Reederei AG	35.737,74 EUR	39.015,00 EUR	3.277,26 EUR	9,2 %
472	Renk AG	51.552.877,92 EUR	56.078.140,00 EUR	4.525.262,08 EUR	8,8 %
74	BHF-Bank AG	58.509.494,08 EUR	63.389.272,00 EUR	4.879.777,92 EUR	8,3 %
435	Otto Stumpf AG	13.062.816,00 EUR	14.106.166,56 EUR	1.043.350,56 EUR	8,0 %
3	A. Moksel AG	12.098.947,72 EUR	13.054.995,36 EUR	956.047,64 EUR	7,9 %
56	AXA Konzern AG	132.737.164,00 EUR	143.137.950,76 EUR	10.400.786,76 EUR	7,8 %
57	AXA Lebensversicherung AG	8.165.256,00 EUR	8.795.853,00 EUR	630.597,00 EUR	7,7 %
376	Mainzer Aktien-Bierbrauerei AG	1.222.696,11 EUR	1.316.290,95 EUR	93.594,84 EUR	7,7 %
85	BRAINPOOL TV AG	1.596.254,00 EUR	1.717.051,60 EUR	120.797,60 EUR	7,6 %
121	Consors Discount-Broker AG	27.691.060,50 EUR	29.717.810,46 EUR	2.026.749,96 EUR	7,3 %

Tabelle 49 (fortgesetzt)

VzfK e.V.	Liste der Unternehmen, mit Erhöhung der Barabfindung durch Gericht zwischen 0 % und 10 %				
Nr.	**Gesellschaft**	**Barabfindung**			
		laut HV	**laut Gericht**	**Differenz**	
				Betrag	**entspricht**
324	John Deere-Lanz Verwaltungs-AG	204.236,80 EUR	218.848,00 EUR	14.611,20 EUR	7,2 %
49	Augusta Technologie AG	21.872.751,25 EUR	23.431.579,75 EUR	1.558.828,50 EUR	7,1 %
499	Schmalbach-Lubeca AG	40.977.494,88 EUR	43.881.411,84 EUR	2.903.916,96 EUR	7,1 %
582	Vereins - und Westbank AG	69.702.250,00 EUR	74.302.598,50 EUR	4.600.348,50 EUR	6,6 %
473	REpower Systems AG	62.019.430,77 EUR	66.028.952,00 EUR	4.009.521,23 EUR	6,5 %
368	LINOS AG	5.726.352,09 EUR	6.092.818,68 EUR	366.466,59 EUR	6,4 %
364	LHS AG	847.283,89 EUR	900.036,00 EUR	52.752,11 EUR	6,2 %
145	Deutsche Ärzteversicherung AG	3.549.172,64 EUR	3.769.694,24 EUR	220.521,60 EUR	6,2 %
315	IVG Deutschland Immobilien AG	3.667.723,50 EUR	3.892.486,50 EUR	224.763,00 EUR	6,1 %
598	W.E.T. Automotive Systems AG	1.460.971,20 EUR	1.549.878,72 EUR	88.907,52 EUR	6,1 %
13	Advanced Inflight Alliance AG	11.097.186,45 EUR	11.766.217,35 EUR	669.030,90 EUR	6,0 %
257	Hanfwerke Oberachern AG	495.928,88 EUR	525.004,64 EUR	29.075,76 EUR	5,9 %
218	Friatec AG	2.920.725,12 EUR	3.089.119,64 EUR	168.394,52 EUR	5,8 %
622	Würzburger Hofbräu AG	1.569.713,40 EUR	1.660.137,45 EUR	90.424,05 EUR	5,8 %
138	Degussa AG	216.926.654,58 EUR	229.384.936,43 EUR	12.458.281,85 EUR	5,7 %
463	Radeberger Gruppe AG	45.012.357,12 EUR	47.544.576,00 EUR	2.532.218,88 EUR	5,6 %
538	Süd-Chemie AG	20.110.618,26 EUR	21.240.897,30 EUR	1.130.279,04 EUR	5,6 %
577	VBH Holding Aktiengesellschaft	6.275.258,88 EUR	6.620.929,92 EUR	345.671,04 EUR	5,5 %
592	VK MÜHLEN AG	3.038.038,00 EUR	3.204.658,00 EUR	166.620,00 EUR	5,5 %
223	GARANT SCHUH + MODE AG	3.305.190,67 EUR	3.482.117,59 EUR	176.926,92 EUR	5,4 %
317	iXOS Software AG	10.004.338,08 EUR	10.526.450,00 EUR	522.111,92 EUR	5,2 %
247	Grundstücks- und Baugesellschaft AG	9.005.958,00 EUR	9.467.802,00 EUR	461.844,00 EUR	5,1 %
552	Teutoburger Wald-Eisenbahn AG	400.000,00 EUR	420.000,00 EUR	20.000,00 EUR	5,0 %
593	Vodafone AG	430.616.745,02 EUR	451.563.638,22 EUR	20.946.893,20 EUR	4,9 %

Tabelle 49 (fortgesetzt)

VzfK e.V.	Liste der Unternehmen, mit Erhöhung der Barabfindung durch Gericht zwischen 0 % und 10 %				
Nr.	**Gesellschaft**	**Barabfindung**			
		laut HV	**laut Gericht**	**Differenz**	
				Betrag	**entspricht**
51	AVA Allgemeine Handelsgesellschaft der Verbraucher AG	70.413.638,68 EUR	73.800.702,50 EUR	3.387.063,82 EUR	4,8 %
262	Harpen AG	30.748.770,00 EUR	32.183.712,60 EUR	1.434.942,60 EUR	4,7 %
535	STRABAG AG	77.028.000,00 EUR	80.599.531,60 EUR	3.571.531,60 EUR	4,6 %
610	Weru AG	654.231,88 EUR	680.041,88 EUR	25.810,00 EUR	3,9 %
459	PROCON MultiMedia AG	3.244.035,34 EUR	3.368.805,93 EUR	124.770,59 EUR	3,8 %
238	GFKL Financial Services AG	10.548.223,35 EUR	10.953.068,70 EUR	404.845,35 EUR	3,8 %
283	Hymer AG	4.047.459,06 EUR	4.202.747,00 EUR	155.287,94 EUR	3,8 %
255	Hamburger Hochbahn AG	1.933.470,00 EUR	2.007.432,90 EUR	73.962,90 EUR	3,8 %
122	Constantin Film AG	4.878.130,32 EUR	5.063.410,78 EUR	185.280,46 EUR	3,8 %
200	EURAG-Holding-AG	331.545,28 EUR	343.937,88 EUR	12.392,60 EUR	3,7 %
83	Bochum-Gelsenkirchener Straßenbahnen AG	250.560,00 EUR	259.840,00 EUR	9.280,00 EUR	3,7 %
619	Württembergische Hypothekenbank AG	15.496.424,50 EUR	16.044.970,50 EUR	548.546,00 EUR	3,5 %
322	Jil Sander AG	1.300.251,78 EUR	1.345.320,00 EUR	45.068,22 EUR	3,5 %
129	Curanum AG	7.553.302,17 EUR	7.802.586,07 EUR	249.283,90 EUR	3,3 %
547	Tecis Holding AG	4.530.613,50 EUR	4.674.442,50 EUR	143.829,00 EUR	3,2 %
30	Allweiler AG	1.842.831,00 EUR	1.901.314,50 EUR	58.483,50 EUR	3,2 %
227	GBW AG	35.553.765,00 EUR	36.637.721,25 EUR	1.083.956,25 EUR	3,0 %
274	Holsten-Brauerei AG	9.705.732,00 EUR	9.986.687,40 EUR	280.955,40 EUR	2,9 %
94	buch.de internetstores AG	5.801.765,52 EUR	5.960.718,00 EUR	158.952,48 EUR	2,7 %
441	Pelikan AG	3.717.308,97 EUR	3.817.776,78 EUR	100.467,81 EUR	2,7 %
102	CAA AG	2.123.850,36 EUR	2.159.983,92 EUR	36.133,56 EUR	1,7 %
92	Bremer Wollkämmerei AG	3.243.362,85 EUR	3.281.520,06 EUR	38.157,21 EUR	1,2 %
119	Concept! AG	4.167.502,40 EUR	4.216.531,84 EUR	49.029,44 EUR	1,2 %
178	Edelstahlwerk Witten AG	1.649.350,20 EUR	1.668.562,20 EUR	19.212,00 EUR	1,2 %
289	ICN Immobilien Consult Nürnberg AG	1.781.339,40 EUR	1.796.412,60 EUR	15.073,20 EUR	0,8 %
7	ABB AG	27.806.220,00 EUR	27.868.011,60 EUR	61.791,60 EUR	0,2 %

Tabelle 49 (fortgesetzt)

VzfK e.V.	Liste der Unternehmen, mit Erhöhung der Barabfindung durch Gericht zwischen 0 % und 10 %				
Nr.	**Gesellschaft**	**Barabfindung**			
		laut HV	**laut Gericht**	**Differenz**	
				Betrag	**entspricht**
523	STADA Arzneimittel AG	135.081.344,95 EUR	135.218.469,45 EUR	137.124,50 EUR	0,1 %
372	LTS LOHMANN Therapie-Systeme AG	1.743.935,70 EUR	1.743.935,70 EUR	0,00 EUR	0,0 %

6 Beschlussmängelklagen (Vergleiche) mit Nachzahlungen (Prozent)

Die vorgerechneten Erhöhungsbeträge enthalten auch Nachzahlungen aus 82 **Beschlussmängelklagen**, in denen es zu einem Vergleich kam. Dabei betrugen die Nachzahlungen insgesamt rund **371,8 Mio. Euro**:

Tabelle 50: Vergleich Unternehmenswert / Abfindung laut Hauptversammlung mit dem Ergebnis aus Anfechtungsklagen

Vzfk e.V. Vergleich Unternehmenswerte / Barabfindungen mit Werten aus Anfechtungsklagen	
Bezeichnung	**Wert**
Anzahl Squeeze-out mit Erhöhung der Barabfindung in Anfechtungsklagen	**82 Fälle**
Unternehmenswerte laut Hauptaktionären (Barabfindung × Anzahl Aktien gesamt)	213.439.540.889,32 €
Unternehmenswerte laut Vergleich in Anfechtungsklage (Barabfindung × Anzahl Aktien gesamt)	234.364.503.625,97 €
Differenz entspricht	**20.924.962.736,65 €** 9,8 %
Barabfindung laut Hauptaktionären (Barabfindung × Anzahl Aktien im Streubesitz)	2.844.287.053,52 €
Barabfindung laut Vergleich in Anfechtungsklage (Barabfindung × Anzahl Aktien im Streubesitz)	3.216.058.286,77 €
Differenz entspricht	**371.771.233,25 €** 13,1 %

Erfasst wurden nur solche Klageverfahren, bei denen ein **Vergleich** mit **Wirkung inter omnes** für alle Minderheitsaktionäre zustande kam. Denn ein nur inter partes geschlossener Vergleich entfaltet keine Drittwirkung für die übrigen Minderheitsaktionäre:

> „Eine im Rahmen eines Vergleichs durch den Hauptaktionär erhöhte Kompensationsleistung bildet (nur) dann den Gegenstand der Angemessenheitsprüfung in einem nachfolgenden Spruchverfahren, wenn sie mit Verbindlichkeit und damit mit Wirkung für alle betroffenen Aktionäre zugesagt wurde (vgl. BGH, Beschlüsse v. 29.09.2015 – II ZB 23/14 Rn 51, BGHZ 207, 114 ff. „Stinnes“; v. 19.07.2010 – II ZB 18/09 Rn 32, BGHZ 186, 229 ff. „Stollwerck“). Daran fehlt es, wenn ein Vergleich ausschließlich inter partes und zudem nicht mit der Zielsetzung der Erhöhung der Kompensation geschlossen wird.“[293]

Die vergleichsweise beendeten Beschlussmängelklagen erwiesen sich jedoch nur als **Zwischenschritt** zur Bestimmung der vollen Kompensation.

In 40 Fällen wurden die bei einer vergleichsweisen Beendigung von Anfechtungsklagen erhöhten Abfindungen in nachfolgenden Spruchverfahren noch weiter erhöht. In 31 Fällen wurden die in Anfechtungsklagen erhöhten Abfindungen in nachfolgenden Spruchverfahren bestätigt. In 11 Fällen liegen (noch) keine Ergebnisse aus Spruchverfahren vor[294].

Dabei hatte die Anhebung der Abfindung bereits den Verfahrensgegenstand in einem nachfolgenden Spruchverfahren modifiziert:

> „Die im Anfechtungsverfahren vergleichsweise zugesprochene Abfindung ist der Ausgangspunkt der Angemessenheitsprüfung. Erhöht der Hauptaktionär im Rahmen eines Vergleichs zur Beendigung eines Anfechtungsverfahrens das Angebot auf Abfindung mit Wirkung für alle betroffenen Aktionäre, so ist dieses in einem nachfolgenden Spruchverfahren Gegenstand der Angemessenheitsprüfung.“[295]

7 Empirischer Vergleich mit kontradiktorischen Zivilverfahren

Mit einer **durchschnittlichen Erfolgsquote** von 67,5 Prozent[296] – bzw. 66,3 Prozent ohne Einbeziehung von Erhöhungen der Abfindungen (bisher) nur in Beschlussmängelklagen – sind Spruchverfahren weitaus erfolgreicher als allgemeine Zivilklagen. Denn in diesen sind Kläger im Durchschnitt nur zu 54,6 Prozent erfolgreich:

---

293 OLG Düsseldorf vom 28. Oktober 2019 – I-26 W 3/17 [AktE], juris Tz. 37.

294 Vgl. oben Seite 215 Tabelle 32.

295 BGH vom 29. September 2015 – II ZB 23/14, juris Tz. 51.

296 Vgl. oben Seite 226, Tabelle 38.

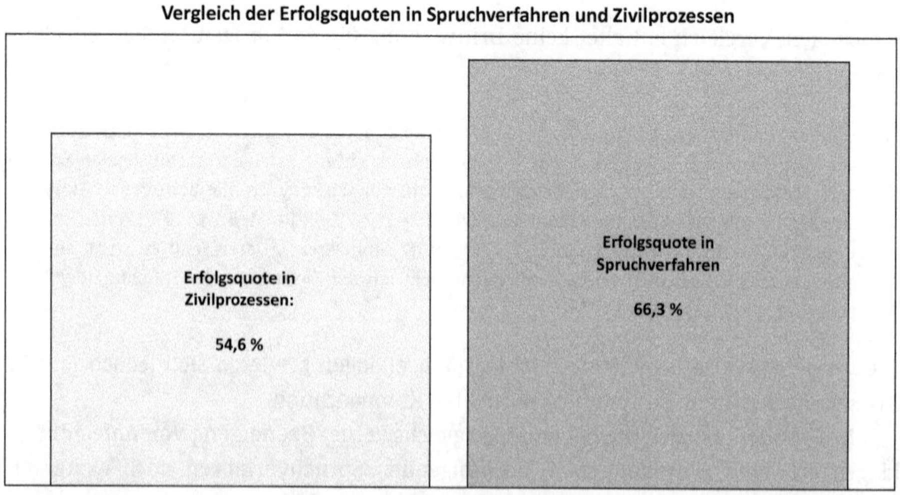

Abbildung 50: Vergleich der Erfolgsquoten in Spruchverfahren und allgemeinen Zivilprozessen

Für Vergleichszwecke wurden die Erfolgsquoten[297] in Zivilverfahren vor den Landgerichten herangezogen, welche das Statistische Bundesamt jährlich veröffentlicht[298]:

Tabelle 51: Vergleich der Erfolgsquoten in Spruchverfahren und allgemeinen Zivilprozessen

VzfK e.V.	Vergleich Erfolgsquoten in Zivilprozessen und Spruchverfahren						
Jahr	Zivilverfahren				Spruchverfahren		
	Anzahl Verfahren			Erfolgsquote	Anzahl Verfahren		Erfolgsquote
	erledigt	mit Kostenentscheidung	Erfolg oder überw. Erfolg		erledigt	Erhöhung Barabfindung	
2002	401.321	241.594	153.714	63,6 %	112	87	77,7 %
2003	418.735	250.617	158.364	63,2 %	47	34	72,3 %
2004	422.504	255.544	159.753	62,5 %	27	23	85,2 %
2005	430.236	254.886	155.997	61,2 %	26	24	92,3 %
2006	402.298	239.231	142.324	59,5 %	23	20	87,0 %
2007	377.779	227.027	134.049	59,0 %	17	9	52,9 %
2008	363.132	219.315	127.229	58,0 %	16	9	56,3 %
2009	359.525	218.006	125.823	57,7 %	22	6	27,3 %

297 Abgeleitet aus den Kostenquoten (Erfolg oder überwiegender Erfolg der Kläger).

298 Statistisches Bundesamt Fachserie 10, Rechtspflege, zu beziehen über https://www.statistischebibliothek.de/mir/receive/DESerie_mods_00000101
Zum 31. Dezember 2021 ist Auswertung durch die statistischen Ämter eingestellt worden.

Tabelle 51 (fortgesetzt)

VzfK e.V.	**Vergleich Erfolgsquoten in Zivilprozessen und Spruchverfahren**						
Jahr	**Zivilverfahren**				**Spruchverfahren**		
	Anzahl Verfahren			**Erfolgs-quote**	**Anzahl Verfahren**		**Erfolgs-quote**
	erledigt	**mit Kosten-entscheidung**	**Erfolg oder überw. Erfolg**		**erle-digt**	**Erhöhung Barab-findung**	
2010	369.089	229.227	124.677	54,4 %	18	9	50,0 %
2011	370.603	226.826	121.178	53,4 %	19	17	89,5 %
2012	356.445	215.730	114.981	53,3 %	30	13	43,3 %
2013	348.651	208.831	109.833	52,6 %	21	14	66,7 %
2014	334.499	201.227	105.749	52,6 %	22	10	45,5 %
2015	332.085	198.469	102.357	51,6 %	16	8	50,0 %
2016	322.371	196.309	99.255	50,6 %	13	7	53,8 %
2017	308.026	186.902	92.630	49,6 %	17	8	47,1 %
2018	303.993	186.543	91.440	49,0 %	6	3	50,0 %
2019	341.481	216.670	103.861	47,9 %	7	5	71,4 %
2020	340.527	215.554	100.490	46,6 %	8	6	75,0 %
2021	340.741	229.090	89.485	39,1 %	7	2	28,6 %
2022	N.A.	N.A.	N.A.	0,0 %	1	1	100,0 %
Summe	**7.244.041**	**4.417.598**	**2.413.189**	**54,6 %**	**475**	**315**	**66,3 %**

VI Örtliche Unterschiede

Die verfassungsrechtlichen Gewährleistungen umfassen auch den Anspruch auf **Rechtsanwendungsgleichheit** (1). Das bedingt eine bundesweit einheitliche Rechtsprechung. Die empirischen Daten weisen jedoch erhebliche **örtliche Unterschiede** im Ausgang der Spruchverfahren vor den Landgerichten (2) und den Beschwerdegerichten (3) nach. Das löst **Klärungs- und Handlungsbedarf** aus (4).

1 Rechtsanwendungsgleichheit

Wie bereits in Teil 1 § 2 VI dargestellt, gebietet der **allgemeine Gleichheitssatz** auch Rechtsanwendungsgleichheit als eine Grundforderung des Rechtsstaates[299]. Die empirischen Daten zeigen allerdings Unterschiede in den Verfahrensergebnissen.

299 BVerfG vom 4. April 1984 – 1 BvR 276/83, juris Tz. 18; siehe auch BVerfG vom 14. Januar 1986 – 1 BvR 209/79; 1 BvR 221/79 und BVerfG vom 14. September 1992 – 2 BvR 1941/89, Rn. 18

Offenbleiben muss an dieser Stelle, ob es insoweit unterschiedliche Lebensverhältnisse, Arbeitsweisen oder divergierende Grundverständnisse gibt. Jedoch können diese die teilweise hohen Diskrepanzen nicht erklären.

2 Landgerichte

Der Anspruch auf einheitliche Rechtsanwendung entspricht nicht der **Rechtspraxis**. So lässt sich empirisch nachweisen, dass einzelne Landgerichte deutlich höhere Erfolgsquoten in Spruchverfahren aufweisen als andere.

Die Auswertung erfasst dabei nur solche Landgerichte, bei denen mindestens 10 Spruchverfahren abgeschlossen wurden, um Zufallsergebnisse auszuschließen:

Tabelle 52: Erfolgsquoten von Spruchverfahren vor einzelnen Landgerichten

VzfK e.V.	Erfolgsquoten in Spruchverfahren nach Landgerichten			
Rang	Landgericht	Spruchverfahren		
		beendete Verfahren	Erhöhung Abfindung	Erfolgsquote
1	Dortmund	32	27	84,4 %
2	Köln	36	30	83,3 %
3	Mannheim	25	20	80,0 %
4	München I	78	61	78,2 %
5	Berlin	19	14	73,7 %
5	Nürnberg-Fürth	19	14	73,7 %
7	Hamburg	32	22	68,8 %
8	Düsseldorf	43	29	67,4 %
9	Hannover	27	16	59,3 %
10	Frankfurt am Main	74	43	58,1 %
11	Stuttgart	44	16	36,4 %
Summe		**429**	**292**	**68,1 %**

Während die **durchschnittliche Erfolgsquote** in Spruchverfahren vor allen Landgerichten 66,3 Prozent beträgt, weist insbesondere das Landgericht Stuttgart eine weit unterdurchschnittliche Erfolgsquote von nur 36,4 Prozent auf.

Das verwundert umso mehr als das ebenfalls in Baden-Württemberg liegende Landgericht Mannheim mit 80,0 Prozent eine mehr als doppelt so hohe Erfolgsquote aufweist.

Die große Bandbreite der Erfolgsquoten wirft die Frage auf, wie dem **Gebot der Rechtsanwendungsgleichheit** entsprochen wird. In der **Verfahrenspraxis** zeigen sich jedenfalls Unterschiede in der Herangehensweise. Dabei fällt auf, dass eine intensive Befassung mit allen Aspekten der Unternehmensbewertung häufiger zu Nachzahlungen führt. Das ermöglicht eine vorläufige Einschätzung:

- Die Landgerichte **Dortmund, Köln, Mannheim, München I** und **Berlin** befassen sich sehr intensiv mit allen Facetten der Unternehmensbewertung, insbesondere den Bewertungsmethoden, den Planungsrechnungen und allen Parametern des Kapitalisierungszinssatzes. Das führt zu weit überdurchschnittlichen Erfolgsquoten vor diesen Gerichten.
- Die abflachende Erfolgsquote vor dem Landgericht **Frankfurt am Main** ist sowohl der korrigierenden Rechtsprechung des Oberlandesgerichts Frankfurt am Main als auch dem Umstand geschuldet, dass das Landgericht dazu neigt, auf den Börsenkurs als alleinigen Wertmaßstab abzustellen.
- Auch die niedrigen Erfolgsquoten in **Hamburg** und **Stuttgart** lassen sich zumindest zum Teil mit der korrigierenden Rechtsprechung der jeweiligen Oberlandesgerichte erklären. Hinzu tritt die ebenfalls beim Landgericht Stuttgart zu beobachtende Börsenkursaffinität.
- In **Hannover** änderte sich nach einem Richterwechsel die Erfolgsquote. Sie sackte von fast 80 Prozent auf 14 Prozent (!) ab[300]. Es spricht indes wenig dafür, dass sich die Lebens- und Wirtschaftsverhältnisse in Niedersachsen so nachhaltig verändert haben.

3 Beschwerdegerichte

Wie bereits angedeutet, wirkt sich die Rechtsprechung der Beschwerdegerichte auf die der Landgerichte aus. Während die meisten Beschwerdegerichte den Tatsachenfeststellungen und Rechtsauffassungen der Landgerichte folgen[301], greifen insbesondere die Beschwerdegerichte Düsseldorf, Frankfurt am Main, Hamburg und in jüngster Zeit auch München korrigierend ein.

Dem vermögen sich die Landgerichte – trotz richterlicher Unabhängigkeit – nicht auf Dauer zu entziehen: Denn zum einen sind die Oberlandesgerichte gehalten, für

300 Besonders auffällig wurde die mangelnde Bereitschaft des Spruchkörpers beim Landgericht Hannover, sich dem Spruchverfahren mit der gebotenen Sorgfalt zu widmen im Verfahren nach dem Ausschluss der Minderheitsaktionäre der Honeywell Riedel-de Haën AG – Az. 23 AktE 73/17. Die Gesellschaft wurde bereits seit mehr als 20 Jahren vom Hauptaktionär auf der Grundlage eines Unternehmensvertrages beherrscht. Zum Zeitpunkt der Entscheidung des Landgerichts war beim Bundesgerichtshof das „Wella"-Verfahren anhängig, in dem die Rechtsfrage zu entscheiden war, ob (wie sodann vom BGH entschieden) der Barwert der Ausgleichszahlung aus einem solchen vorangegangenen Unternehmensvertrag als Wertuntergrenze zu berücksichtigen ist. Der Hauptaktionär hatte diese Gefahr erkannt und im Verfahren eine Erhöhung der Abfindung um rund 100 Prozent angeboten. Noch vor Ablauf der Erklärungsfristen hat das Landgericht die Anträge zurückgewiesen. Das Oberlandesgericht Celle – Az. 9 W 58/19 – kam dann nicht mehr umhin, der „Wella-Entscheidung" zu entsprechen. Das OLG Celle hat die Abfindung dann um mehr als dreihundert Prozent (!) angehoben.

301 Siehe Teil 2 § 5 V.1. Seite 227 Tabelle 39.

eine einheitliche Rechtsprechung Sorge zu tragen, zum anderen laufen Landgerichte Gefahr der erneuten Befassung mit Spruchverfahren, wenn diese gemäß § 69 Abs. 1 Satz 2 bis 4 FamFG zurückverwiesen werden. Das war in 3 Fällen zu verzeichnen.

Die nachfolgende Tabelle 53 zeigt die Erfolgsquoten von Beschwerdeverfahren vor einzelnen Oberlandesgerichten:

Tabelle 53: Erfolgsquoten von Beschwerdeverfahren vor einzelnen Beschwerdegerichten

VzfK e.V.	**Erfolgsquoten in Spruchverfahren nach Oberlandesgerichten**			
Rang	**Oberlandesgericht**	**Beschwerdeverfahren**		
		beendete Verfahren	**Erhöhung Abfindung**	**Erfolgsquote**
1	Karlsruhe	14	11	78,6 %
2	München	39	29	74,4 %
3	Düsseldorf	47	28	59,6 %
4	Hamburg	22	11	50,0 %
5	Celle	15	7	46,7 %
6	Frankfurt am Main	46	21	45,7 %
7	Stuttgart	28	5	17,9 %
Summe		**211**	**112**	**53,1 %**

Die Auswertung erfasst nur solche Oberlandesgerichte, bei denen mindestens 10 Beschwerdeverfahren abgeschlossen wurden, um Zufallsergebnisse auszuschließen.

Wie schon bei den erstinstanzlichen Entscheidungen der Landgerichte zeigt sich auch bei den Beschwerdeverfahren die Zweiteilung in **Baden-Württemberg**: Während das Oberlandesgericht Karlsruhe mit 78,6 Prozent die höchste Erfolgsquote aufweist, zeigt sich für das Oberlandesgericht Stuttgart mit nur 17,9 Prozent die niedrigste.

Beschwerdegerichte bestätigen überwiegend die Entscheidungen der Landgerichte und weisen die Beschwerden zurück:

Tabelle 54: Vergleich Ausgang Spruchverfahren vor Beschwerdegerichten gegenüber Landgerichten[302]

VzfK e.V.	**Verhältnis Entscheidungen in Beschwerdeverfahren zu Entscheidungen Landgerichte**				
Oberlandesgericht	**Bundesland**	**Anzahl Beschwerdeverfahren**			
		beendet	**OLG > LG**	**OLG = LG**	**OLG < LG**
Karlsruhe	Baden-Württemberg	14	3	10	1
Stuttgart	Baden-Württemberg	28	2	25	0
München	Bayern	39	4	29	6
Hamburg	Hamburg	22	2	15	5
Frankfurt am Main	Hessen	46	9	23	12
Celle	Niedersachsen	15	2	13	0
Düsseldorf	Nordrhein-Westfalen	47	4	31	12
Summe		**211**	**26**	**146**	**36**

Jedoch neigen einzelne Oberlandesgerichte, insbesondere die Oberlandesgerichte Düsseldorf, Frankfurt am Main, Hamburg und in jüngerer Zeit auch München dazu, Entscheidungen der Landgerichte aufzuheben. Auffällig ist dabei, dass einzelne Oberlandesgerichte, insbesondere Düsseldorf und jüngst auch München dazu tendieren, die von Landgerichten ausgesprochenen Erhöhungen der Abfindungen zu kassieren.

Die Aufhebung einer Entscheidung eröffnet nach § 69 Abs. 1 FamFG auch die Möglichkeit der **Zurückverweisung** an das Gericht des ersten Rechtszugs, was dort zu einer doppelten Befassung führt. Daher folgen die Landgerichte – z. T. ganz ausdrücklich unter Aufgabe ihrer eigenen Rechtsauffassungen – der Rechtsprechung der jeweils örtlich zuständigen Oberlandesgerichte. Aus diesem Grund zeigen sich auch beim Oberlandesgericht Stuttgart keine Absenkungen der Abfindungen gegenüber den Entscheidungen des Landgerichts. Jedoch ist bereits die Abweisungsquote beim Landgericht Stuttgart so hoch, dass ohnehin regelmäßig nur Minderheitsaktionäre in die Beschwerde gehen. Das Oberlandesgericht Stuttgart weist diese in den meisten Fällen zurück.

4 Klärungs- und Handlungsbedarf

Die empirisch ermittelte Wertbandbreite wirft die Frage auf, inwieweit die **Gerichtspraxis** den verfassungsrechtlichen Gewährleistungen zur **Rechtsanwendungsgleichheit** entspricht.

302 Eine rechnerische Differenz ergibt sich aus den an die Landgerichte zurück verwiesenen Fälle.

- Auffällig sind jedenfalls die eklatanten Unterschiede zwischen dem Landgericht Mannheim und dem dafür örtlich zuständigen Oberlandesgericht Karlsruhe auf der einen und dem Landgericht bzw. Oberlandesgericht in Stuttgart auf der anderen Seite. Beide Gerichtsbezirke decken das Bundesland **Baden-Württemberg** ab, in dem einheitliche Lebens- und Wirtschaftsverhältnisse herrschen dürften.
- Auch **Richterwechsel** wirken sich immer wieder deutlich auf die Spruchpraxis und damit den Verfahrensausgang aus. Das zeigte sich insbesondere bei der altersbedingten Neubesetzung der Spruchkammern in Hamburg und Hannover, was zu einem deutlichen Abfall der Erfolgsquoten führte.

Vor Gerichten, welche ausweislich der Erfolgsquoten eher den strukturellen Interessen der Hauptaktionäre folgen, ist eine Erhöhung der Abfindung regelmäßig nur dann erzielbar, wenn diese zur Einholung von Sachverständigengutachten bewogen werden können. Das aber setzt präzise Bewertungsrügen der Minderheitsaktionäre voraus, wozu diese ohne Zugang zu den Büchern und Schriften der Gesellschaft kaum in der Lage sind. Nur gerichtlich bestellte Sachverständige haben Anspruch auf Vorlage aller bewertungserheblichen Unterlagen. So können sie auch feststellen, ob die von den Hauptaktionären prognostizierten zukünftigen finanziellen Überschüsse eher vorsichtig geschätzt sind oder im Idealfall mittlere Erwartungswerte abbilden.

Aus Letzterem folgt bereits, dass es nicht nur den einen richtigen Unternehmenswert gibt[303], sondern eine Wertbandbreite, die es eigentlich von Gerichten zu ermitteln gilt. Das lässt noch die rechtsdogmatische Frage offen, ob Minderheitsaktionäre bei einem erzwungenen Ausschluss einen Anspruch nur auf den mittleren Erwartungswert oder den oberen Wert der Bandbreite haben. Hauptaktionäre jedenfalls verfolgen regelmäßig das Ziel, nur einen möglichst niedrigen Unternehmenswert auszuweisen, um so die gesetzlich geschuldete Abfindung auf ein Minimum zu reduzieren.

Das alles spricht dafür, die verfassungsmäßigen Gewährleistungen der Minderheitsaktionäre in Spruchverfahren auch durchzusetzen, anstatt deren Belange unreflektiert zu missachten.

VII Dauer

Das mit der Novellierung des Spruchverfahrensgesetzes zum 1. September 2003 verfolgte Ziel der Verkürzung der Verfahrensdauern wurde verfolgt:

Zwar nahmen sowohl die Gesamtverfahrensdauern (1) als auch die Verfahrensdauern in der **Eingangsinstanz** (2) und der **Beschwerdeinstanz** (3) im Zeitverlauf deutlich ab. Für eine statistisch valide Auswertung der Verfahrensdauern vor dem

303 BVerfG vom 24. Mai 2012 – 1 BvR 3221/10, juris Tz. 30.

Bundesgerichtshof ist die Anzahl der Verfahren dagegen zu gering (4). Offenbar hat auch eine zunehmende Spezialisierung der zuständigen Kammern die Verfahrensdauern verkürzt. Dagegen zeigt sich über alle Instanzen, dass eine **Beendigung durch Vergleich** die Spruchverfahren signifikant verkürzt (5).

1 Gesamte Verfahrensdauer

Die Praxis monierte immer wieder die überlange **Dauer der Spruchverfahren**:

> „Das gesellschaftsrechtliche Spruchverfahren ist im Aktiengesetz und im Umwandlungsgesetz vorgesehen, um bei unternehmerischen Strukturmaßnahmen den Minderheitsgesellschaftern, die Anspruch auf angemessenen Ausgleich bzw. Abfindung haben, effektiven Rechtsschutz zu gewähren, ohne dass die Strukturmaßnahme durch Anfechtungsklagen blockiert wird. In der Praxis hat sich gezeigt, dass diese Verfahren übermäßig lange dauern."[304]

Tatsächlich hat das Bundesverfassungsgericht in 2 Fällen[305] bei überlangen Verfahrensdauern von 18 bzw. 22 Jahren einen Verstoß gegen das Rechtsstaatsprinzip erkannt. Dem sollte durch das Spruchverfahrensgesetz begegnet werden.

Die empirischen Daten zeigen, wie sich das SpruchG auf die Verfahrensdauer ausgewirkt hat:

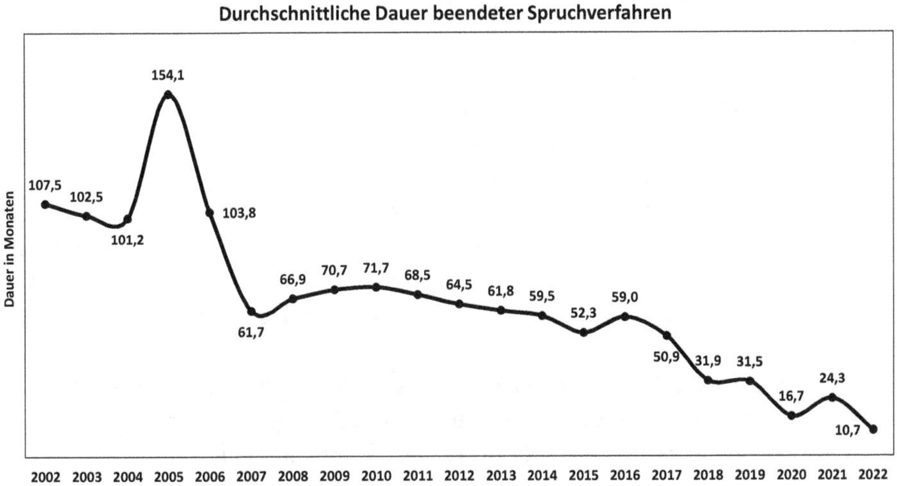

Abbildung 51: Durchschnittliche Gesamtdauer aller Spruchverfahren

304 Gesetzentwurf zum Spruchverfahrensneuordnungsgesetz – BT-Drucks 15/371 vom 29. Januar 2003, Seite 1, zu beziehen über https://dserver.bundestag.de/btd/15/003/1500371.pdf

305 BVerfG vom 17. November 2011 – 1 BvR 3155/09 und vom 2. Dezember 2011 – 1 BvR 314/11.

Abbildung 51 zeigt eine Abnahme der durchschnittlichen Verfahrensdauer. Die letzten Spruchverfahren fanden eine vergleichsweise Beendigung. So wurde von den im Jahr 2022 beschlossenen Squeeze-out nur das Spruchverfahren bei der FPB Holding Aktiengesellschaft durch Vergleich beendet. Angesichts des gesetzlichen Fristengefüges sowie der Arbeitsbelastung der Gerichte auch mit anderen Verfahren ist eine kontradiktorische Entscheidung innerhalb eines Jahres kaum möglich.

Die **Ursachen für längere Verfahrensdauern** sind vielfältig:

- Der **Informationsgehalt** der nach §§ 293a, 293e, 327c AktG vorzulegenden Berichte war zunächst gering. Viele entscheidungsrelevanten Bewertungsdaten musste im Verlauf des Spruchverfahrens erst ermittelt werden. Die zunehmende Qualität (und Quantität) der Berichte hat dazu beigetragen, die Verfahrensdauern zu verkürzen.
- Erst die unter dem SpruchG nach dem 1. September 2003 gestellten Anträge benötigten nach § 4 Abs. 2 Satz 2 Nr. 4 SpruchG eine **Begründung** bzw. konkrete Einwendungen gegen die Angemessenheit der Kompensation. Damit entfällt die zuvor fast immer erforderliche, meist zeitaufwendige, umfassende Neubewertung. Der reduzierte Verfahrensgegenstand hat das Spruchverfahren deutlich beschleunigt.
- Die **Frist- und Präklusionsregelungen** in den §§ 4, 7 ff. SpruchG straffen das Spruchverfahren und fokussieren es auf die verfahrensgegenständlichen Sach- und Rechtsfragen.
- Die Landesjustizverwaltungen haben erst im Zeitverlauf mit **Zuständigkeitsverordnungen** die Verfahren örtlich konzentriert[306]. Die zunehmende Spezialisierung einzelner Kammern bei den Landgerichten bzw. Senaten bei den Oberlandesgerichten trägt zu einer Beschleunigung der Verfahren bei. § 2 Abs. 4 SpruchG eröffnet nunmehr die Möglichkeit, die Zuständigkeiten auch (bundes-)länderübergreifend in einem **Staatsvertrag** zu regeln.
- Beim gegenwärtigen Rechtsstand führen regelmäßig zu verzeichnende **Fristverlängerungen** für die Antragserwiderungen zu einer Verlängerung der Verfahren. Die Hauptaktionäre beanspruchen für Antragserwiderungen oder Stellungnahmen weitaus mehr Zeit als für die Erstellung der Berichte für die Hauptversammlung selbst.
- Das gilt auch für **Sachverständigengutachten** oder **ergänzende Stellungnahmen von sachverständigen Prüfern**. Diese beklagen zudem häufig eine nur schleppende Verschaffung von Informationen durch die Hauptaktionäre.

306 Die landesrechtlichen Zuständigkeitsverordnungen enthält http://www.vzfk.de/zustaendigkeitsverordnungen/

Der immer wieder vorgebrachten Forderung nach Konzentration der Spruchverfahren auf nur eine Instanz (vor dem jeweils örtlich zuständigen Oberlandesgericht) ist der Gesetzgeber nicht gefolgt[307].

Eine solche Beschränkung auf nur eine Instanz wird dem Wesen von Spruchverfahren auch nicht gerecht. Aufgrund der Wirkung inter omnes handelt es sich bei Spruchverfahren nicht um **Bagatellverfahren**, in denen § 511 Abs. 2 Nr. 1 ZPO für die Berufung einen Beschwerdegegenstand in Höhe von nur 600 Euro verlangt. Das zeigen schon die Streitwerte, nach denen das Spruchverfahren abgerechnet wird. Bei den Gerichtskosten beträgt der Mindestgegenstandswert eines Spruchverfahrens 200.000 Euro, § 74 GNotKG. Er wurde bislang in 190 Fällen überschritten, weil die Abfindungen um mehr als 200.000 Euro erhöht wurden. In 25 Fällen wurde sogar der Höchststreitwert in Höhe von 7,5 Mio. Euro, § 74 GNotKG, überschritten:

Tabelle 55: Erhöhung der Abfindungen um mindestens 7,5 Mio. Euro

VzfK e.V.	**Liste der Unternehmen, mit Erhöhung der Barabfindung durch Gericht um mindestens 7,5 Mio. Euro**				
Rang	**Gesellschaft**	**Barabfindung**			
		laut HV	**laut Gericht**	**Differenz**	
				Betrag	**entspricht**
1	Schering AG	714.408.143,96 EUR	851.688.836,00 EUR	137.280.692,04 EUR	19,2 %
2	Vattenfall Europe AG	276.043.995,50 EUR	367.886.550,00 EUR	91.842.554,50 EUR	33,3 %
3	Hoechst AG	604.653.847,00 EUR	682.777.264,40 EUR	78.123.417,40 EUR	12,9 %
4	Generali Deutschland Holding AG	228.085.505,70 EUR	287.810.595,90 EUR	59.725.090,20 EUR	26,2 %
5	Thüga AG	186.798.585,60 EUR	234.382.695,00 EUR	47.584.109,40 EUR	25,5 %
6	E.ON Bayern AG	247.860.346,05 EUR	279.017.583,58 EUR	31.157.237,53 EUR	12,6 %
7	Wella AG	164.498.904,90 EUR	192.023.967,18 EUR	27.525.062,28 EUR	16,7 %
8	Gerling Konzern Allgemeine Versicherung AG	55.573.433,19 EUR	81.277.416,00 EUR	25.703.982,81 EUR	46,3 %
9	Buderus AG	60.834.092,00 EUR	84.094.186,00 EUR	23.260.094,00 EUR	38,2 %
10	Vodafone AG	430.616.745,02 EUR	451.563.638,22 EUR	20.946.893,20 EUR	4,9 %
11	Contigas Deutsche Energie-AG	28.629.150,00 EUR	48.227.104,50 EUR	19.597.954,50 EUR	68,5 %
12	Kölnische Rückversicherungs-Gesellschaft AG	149.029.691,90 EUR	165.714.211,47 EUR	16.684.519,57 EUR	11,2 %

307 Zuletzt im Gesetz zur Umsetzung der Umwandlungsrichtlinie (EU) 2019/2121: BT-Drucks. 20/3822; zum Ablauf des Gesetzgebungsverfahrens im Deutschen Bundestag: https://dip.bundestag.de/vorgang/gesetz-zur-umsetzung-der-umwandlungsrichtlinie/290310

Tabelle 55 (fortgesetzt)

VzfK e.V.	Liste der Unternehmen, mit Erhöhung der Barabfindung durch Gericht um mindestens 7,5 Mio. Euro				
Rang	Gesellschaft	Barabfindung			
		laut HV	laut Gericht	Differenz	
				Betrag	entspricht
13	ALTANA AG	101.399.679,75 EUR	117.072.381,75 EUR	15.672.702,00 EUR	15,5 %
14	WMF AG	65.487.929,65 EUR	79.903.500,00 EUR	14.415.570,35 EUR	22,0 %
15	Degussa AG	216.926.654,58 EUR	229.384.936,43 EUR	12.458.281,85 EUR	5,7 %
16	debitel AG	52.465.500,00 EUR	64.525.000,00 EUR	12.059.500,00 EUR	23,0 %
17	SCA Hygiene Products SE	117.538.307,31 EUR	128.650.967,43 EUR	11.112.660,12 EUR	9,5 %
18	AXA Konzern AG	132.737.164,00 EUR	143.137.950,76 EUR	10.400.786,76 EUR	7,8 %
19	ContiTech AG	69.364.740,38 EUR	79.142.291,38 EUR	9.777.551,00 EUR	14,1 %
20	Aachener und Münchener Lebens-versicherung AG	33.318.384,00 EUR	42.990.180,81 EUR	9.671.796,81 EUR	29,0 %
21	Deutsche Bank Lübeck AG	39.176.275,00 EUR	48.785.550,00 EUR	9.609.275,00 EUR	24,5 %
22	Victoria Versicherung AG	41.247.991,19 EUR	49.473.207,67 EUR	8.225.216,48 EUR	19,9 %
23	FAG Kugelfischer Georg Schäfer AG	28.270.704,00 EUR	36.398.531,40 EUR	8.127.827,40 EUR	28,8 %
24	RWE Dea AG	21.288.912,00 EUR	28.923.432,30 EUR	7.634.520,30 EUR	35,9 %
25	G. Kromschröder AG	18.886.563,19 EUR	26.462.268,69 EUR	7.575.705,50 EUR	40,1 %

Diese Daten zeigen die Bedeutung des Spruchverfahrens im Rechtsschutzkonzept für Anleger.

2 Eingangsinstanz

Die **Verfahrensdauer** vor den Landgerichten hat sich im Laufe der Zeit deutlich verkürzt, liegt aber immer noch über der durchschnittlichen Verfahrensdauer in Zivilverfahren:

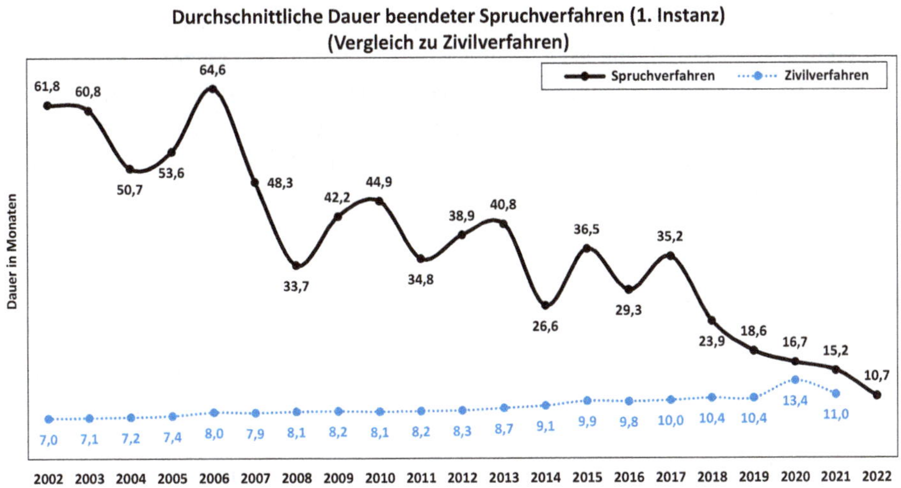

Abbildung 52: Dauer Spruchverfahren in erster Instanz (im Vergleich zu Zivilverfahren)[308]

Bereits das **gesetzliche Fristengefüge** beansprucht in der Praxis rund ein Jahr bis zur ersten mündlichen Verhandlung. Angesichts der Arbeitsbelastung vieler Gerichte vergeht aber häufig mehr Zeit bis zu einer ersten mündlichen Verhandlung:

- Bereits die **Antragsfrist** beträgt 3 Monate, § 4 Abs. 1 SpruchG. Hierbei handelt es sich um eine gesetzliche Ausschlussfrist, die nicht verlängert werden kann. Weil die Eintragung erst nach dem Ablauf der Anfechtungsfrist von einem Monat aus § 246 Abs. 1 AktG erfolgen darf, vergehen mehr als vier Monate bis zum Ende der Antragsfrist.
- Danach beginnt die Frist für die **Antragserwiderung**, die mindestens 1 Monat beträgt und 3 Monate nicht übersteigen soll, § 7 Abs. 2 Satz 3 SpruchG. In der Praxis werden den Antragsgegnern jedoch häufig Fristverlängerungen gewährt.
- Nach Eingang der Antragserwiderung erhalten die Antragsteller und der gemeinsame Vertreter die Gelegenheit für eine Stellungnahme. Sie beträgt ebenfalls mindestens 1 Monat und soll 3 Monate nicht übersteigen, § 7 Abs. 4 Satz 2 SpruchG.

308 Berechnet ab Eintragung Übertragungsbeschluss im Handelsregister bis Verkündung Entscheidung der Landgerichte. Zum 31. Dezember 2021 hat das statistische Bundesamt diese Auswertung eingestellt.

In vielen Spruchverfahren findet nur eine **mündliche Verhandlung** in der Eingangsinstanz statt, § 68 Abs. 3 Satz 2 FamFG i.V.m. § 17 Abs. 1 SpruchG, nicht hingegen in der nachfolgenden Beschwerdeinstanz.

Das führt z. T. zu umfangreichen Anhörungen der Abfindungsprüfer und / oder Sachverständigen, welche nicht selten mehrere Verhandlungstage dauern. Allein im Spruchverfahren nach dem Beherrschungs- und Gewinnabführungsvertrag mit der Kabel Deutschland Holding AG fanden über einen Zeitraum von fast 4 Jahren 7 (!) – z. T. mehrtägige – mündliche Verhandlungen zur Anhörung der Vertragsprüfer statt.

Als verfahrensförderlich hat sich erwiesen, wenn Antragsteller ihre Arbitriumwerte in den Antragsschriften beziffern. Auf diese Weise bildet sich frühzeitig ein Korridor heraus, innerhalb dessen eine vergleichsweise Beendigung des Spruchverfahrens dann möglich ist.

3 Beschwerdeinstanz

Die Verfahrensdauern in der Beschwerdeinstanz sind deutlich kürzer. Sie haben sich mittlerweile den durchschnittlichen Verfahrensdauern in Berufungssachen vor den Zivilgerichten nahezu angeglichen.

Die Beschwerden richten sich meist nur gegen einzelne Sach- und Bewertungsfragen, was die **Komplexität des Verfahrensgegenstands** gegenüber der Eingangsinstanz deutlich reduziert. Außerdem verzichten die meisten Gerichte trotz komplexer Sach- und Rechtsfragen sowie der hohen Grundrechtsrelevanz auf die Durchführung mündlicher Verhandlungen. Damit verweigern sich die Oberlandesgerichte der Erzielung neuer Erkenntnisse, welche gemäß § 68 Abs. 3 Satz 2 FamFG aus der Durchführung mündlicher Verhandlungen zu erwarten sind.

Die Verfahrensdauern nur der Beschwerdeinstanz stellen sich wie folgt dar:

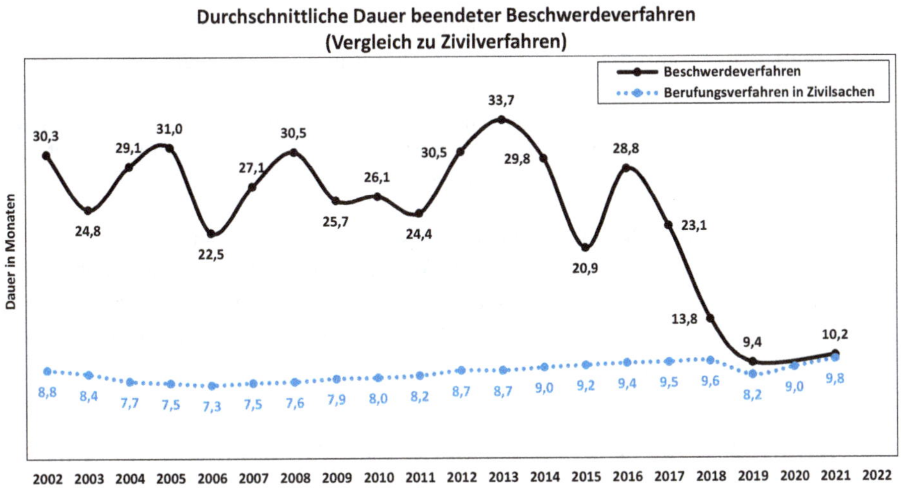

Abbildung 53: Durchschnittliche Verfahrensdauer von Spruchverfahren in der Beschwerdeinstanz

Die vorstehende Abbildung 53 zeigt, dass (noch) keine Entscheidungen in Beschwerdeverfahren zu den im Jahr 2020 beschlossenen Squeeze-out vorliegen.

4 Bundesgerichtshof

Die nur 8 Verfahren vor dem Bundesgerichtshof lassen eine statistisch belastbare Analyse der Verfahrensdauern nicht zu.

Zudem müssen die Rechtsbeschwerden gemäß § 10 Abs. 4 Satz 1 FamFG i.V.m. § 71 Abs. 1 Satz 3 FamFG durch einen beim Bundesgerichtshof zugelassenen Rechtsanwalt eingelegt und begründet werden. Diese müssen sich in die gesamte Verfahrensakte erst einarbeiten, wofür sie regelmäßig eine Frist von zwei Monaten erhalten. Bei mehreren beteiligten Antragstellern verlängert das die Verfahren, weil die Akten üblicherweise jedem einzelnen Beteiligten direkt zugeleitet werden.

5 Vergleichsweise Verfahrensbeendigung

§ 11 Abs. 2 Satz 1 SpruchG verpflichtet die Gerichte, in jeder Lage des Verfahrens auf eine gütliche Einigung hinzuwirken.

Angesichts der Komplexität bietet sich gerade bei Spruchverfahren an, außerdem besteht kein uneingeschränkter Amtsermittlungsgrundsatz. Die gemäß § 4 Abs. 2 Satz 2

Nr. 4 SpruchG notwendige Antragsbegründung bzw. die konkreten Einwendungen gegen die Angemessenheit der Kompensation oder den grundlegenden Unternehmenswert grenzen den Verfahrensgegenstand ein. Denn das Spruchverfahren ist als kontradiktorisches Verfahren der freiwilligen Gerichtsbarkeit ausgestaltet, weswegen der in § 26 FamFG niedergelegte Amtsermittlungsgrundsatz nicht uneingeschränkt gilt:

> „Gesetzlich festgeschrieben ist damit der Grundsatz der Beibringung kompensationsbeeinflussender Fakten. Gleichzeitig begrenzt S. 2 Nr. 4 den Verfahrensgegenstand auf die fristgemäß erhobenen Bewertungsrügen; der Amtsermittlungsgrundsatz ist insoweit verdrängt.“[309]

Die Auswirkungen der verfahrensgegenständlichen Bewertungsrügen lassen sich berechnen. Damit zeichnet sich schon früh ein **Wertkorridor für einen möglichen Verfahrensausgang** ab, so dass sich die meisten Spruchverfahren schon in einem sehr frühen Stadium vergleichen lassen. Die vorliegenden Daten zeigen, inwieweit ein Vergleich die Verfahren verkürzt:

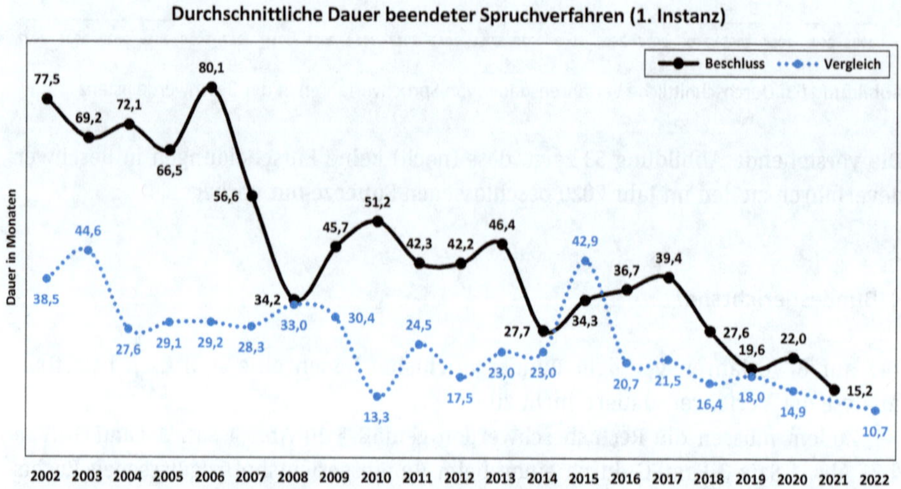

Abbildung 54: Dauer Spruchverfahren in erster Instanz bei Beendigung durch Vergleich / Beschluss

---

309 *Kubis* in MüKo AktG (Band 5), 5. Auflage 2020, § 4 SpruchG Tz. 17.

§ 6 Empirische Daten zum Börsenkurs

Die ausgewerteten empirischen Daten widerlegen die immer wieder behauptete **Gleichwertigkeit von Ertragswert und Börsenwert**[310]:

- Wäre nur auf den Börsenwert abgestellt worden, wären die Barabfindungen schon nach eigener Beurteilung der Hauptaktionäre um 1,5 Mrd. Euro reduziert worden. Unter Einbezug bereits ergangener Gerichtsentscheidungen erhöht sich dieser Betrag auf 2,4 Mrd. Euro (III.)
- Die großen Wertsteigerungen lassen sich auch dadurch erklären, dass im Referenzzeitraum (I.) zur Bestimmung des Börsenkurses die Informationen zur wahren Ertragskraft des Bewertungsobjekts noch nicht vorlagen (II.).

I Referenzzeitraum

Die Stichtage zur Berechnung von Börsenkursen weichen von denen zur Berechnung von Unternehmenswerten ab: Während es bei den nach § 1 Nr. 1 bis 4 SpruchG kompensationspflichtigen Strukturmaßnahmen immer auf die Wertverhältnisse am Tag der Hauptversammlung ankommt, endet der Referenzzeitraum zur Berechnung des Börsenkurses bereits mit der erstmaligen Bekanntgabe der Strukturmaßnahme. Daher können die Finanzmarktteilnehmer die **Informationen aus der fundamentalen Unternehmensbewertung** in den Berichten nach §§ 293a, 293e, 327c Abs. 2, 3 AktG nicht ihrer Investitionsentscheidung bzw. Deinvestitionsentscheidung zugrunde legen. Der Börsenkurs vor Bekanntgabe der jeweils streitgegenständlichen Strukturmaßnahme bildet nicht die Ertragskraft des zu bewertenden Unternehmens ab.

II Hochrechnung

Nur wenn

> „[...] zwischen der Bekanntgabe der Strukturmaßnahme und dem Tag der Hauptversammlung ein <u>längerer Zeitraum</u> verstreicht und die Entwicklung der Börsenkurse eine Anpassung geboten erscheinen lässt“[311]

hat eine „Hochrechnung“ des Börsenkurses zu erfolgen.

Wann ein solcher **längerer Zeitraum** anzunehmen ist, ist höchstrichterlich noch nicht abschließend geklärt. In dem vom Bundesgerichtshof zu entscheidenden Fall

310 Siehe oben Teil 1 § 3 X.

311 BGH vom 19. Juli 2010 – II ZB 18/09, juris Leitsatz 2.

https://doi.org/10.1515/9783110769852-006

galt ein Zeitraum von rund 7 ½ Monaten als längerer Zeitraum. Die obergerichtliche Rechtsprechung variiert hier zwischen 6 und 7 ½ Monaten. Das führt zu der Frage, welcher Zeitraum durchschnittlich zwischen der Ankündigung eines Squeeze-out und der beschlussfassenden Hauptversammlung verstreicht:

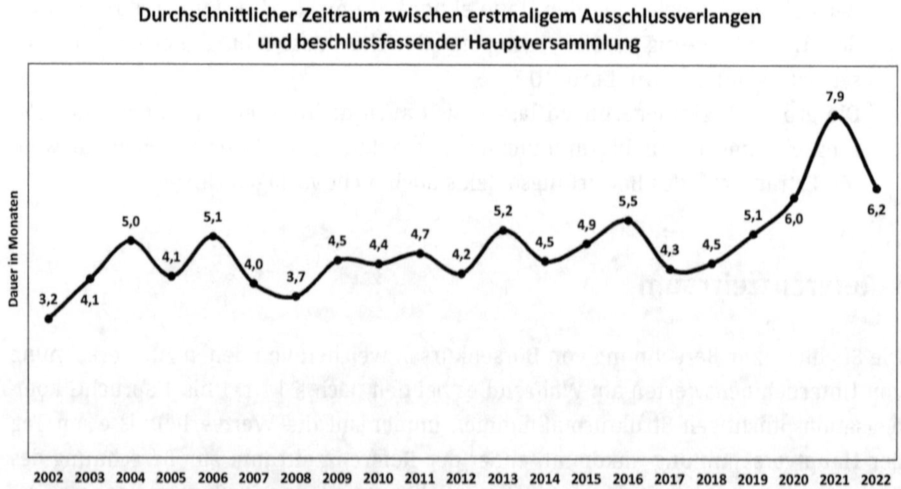

Abbildung 55: Durchschnittlicher Zeitraum zwischen Ankündigung des Squeeze-out und beschlussfassender Hauptversammlung (im Zeitverlauf)

Der deutliche **Anstieg in den 2020er Jahren** lässt sich auf die Corona-Pandemie und den Ukraine-Krieg zurückführen. Mehrere Hauptaktionäre haben die bereits frühzeitig angekündigten Strukturmaßnahmen vor dem Hintergrund wirtschaftlicher Unsicherheiten nicht zeitnah vollzogen. So hat beispielsweise die Volkswagen AG den bereits im Februar 2020 angekündigten Ausschluss der Minderheitsaktionäre der AUDI AG bis Juli 2021 hinausgezögert.

Das ändert aber nichts daran, dass in der ganz überwiegenden Mehrheit der Fälle – 84,1 Prozent – weniger als 6 Monate zwischen Ankündigung der Strukturmaßnahme und beschlussfassender Hauptversammlung vergingen. Nur in 15,9 Prozent der Fälle waren es mehr als 6 Monate:

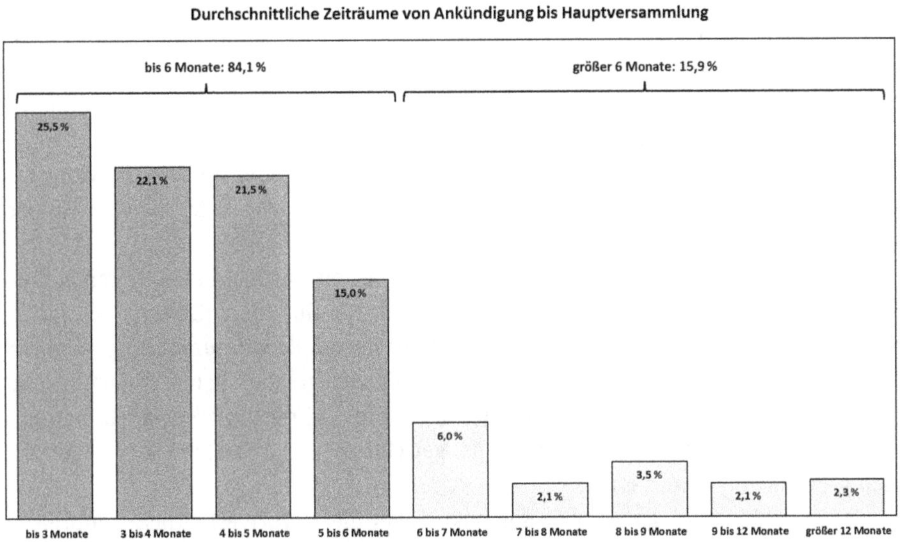

Abbildung 56: Durchschnittlicher Zeitraum zwischen Ankündigung des Squeeze-out und beschlussfassender Hauptversammlung (gestaffelt nach Zeiträumen)

Noch deutlichere Ergebnisse erhält man bei Betrachtung nur der Verfahren, in denen überhaupt der Börsenkurs ausgewiesen wurde:

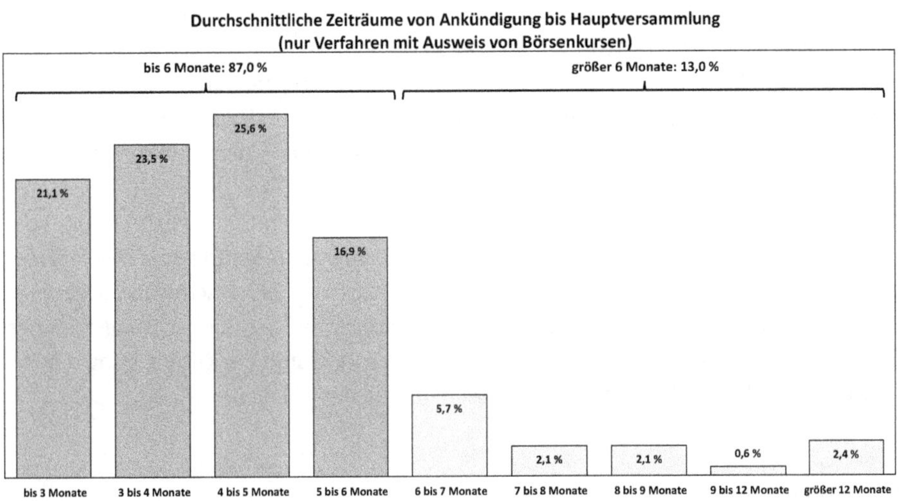

Abbildung 57: Durchschnittlicher Zeitraum zwischen Ankündigung des Squeeze-out und beschlussfassender Hauptversammlung (gestaffelt nach Zeiträumen – nur Verfahren mit Ausweis von Börsenkursen)

Für die gegenwärtige (gerichtliche) **Praxis** bedeuten diese empirischen Daten, dass eine Hochrechnung des Börsenkurses jedenfalls dann zu erfolgen hat, wenn der Zeitraum zwischen Ausschlussverlangen und Beschlussfassung der Hauptversammlung mehr als 6 Monate beträgt.

Jedoch bedarf es dieser Untersuchungen gar nicht, weil der Referenzzeitraum soweit zu erstrecken ist, dass er die wahre Ertragskraft des Bewertungsobjekts, wie sie in der Berichtslage dargestellt wird, umfasst:

Nach Ankündigung der Strukturmaßnahme erfolgt oftmals eine Kursreaktion. Der Börsenkurs pendelt sich nach Bekanntgabe der Abfindung um diese ein. Ggf. erfolgt ein Aufschlag, wenn sich anhand der offengelegten Berechnungsgrundlagen der Abfindung Bewertungsfehler aufdrängen. Damit erfolgt aber keine Anpassung an den nach Auffassung von Kapitalmarktteilnehmern wahren inneren Wert. Stattdessen preist sich darin auch das Risiko der gerichtlichen Durchsetzbarkeit angenommener Bewertungsfehler ein.

Daraus folgt, dass sich nur ein Börsenkurs, der diese Wertverhältnisse einpreisen kann – dem also die Informationen aus den Bewertungsgutachten zugrunde liegen – dem wahren Wert annähern kann. Aus diesem Grund ist der Referenzzeitraum – wie bereits unter der DAT/Altana-Rechtsprechung – bis zum Tag der beschlussfassenden Hauptversammlung auszudehnen. Dem stehen z.B. auch keine Verfahrensgründe wie etwa die Einladung zur Hauptversammlung und die darin veröffentlichte Beschlussvorlage (einschließlich der Kompensationshöhe) entgegen. Denn auch die Zukunftserfolgsrechnungen – gleichgültig ob nach der Ertragswert- oder DCF-Methode – werden lange vor der Hauptversammlung erstellt und stehen deshalb unter dem Vorbehalt, dass sich die Wertverhältnisse nicht verändern, was durch eine Stichtagserklärung des Abfindungsprüfers zu bestätigen ist. So wie eine auf Basis der Ertragswertmethode ermittelte Abfindung an die Verhältnisse der Hauptversammlung anzupassen ist, kann auch der Börsenkurs entsprechend der Kursentwicklung bis zur Hauptversammlung angepasst werden.

Auch besteht aufgrund der zeitnahen globalen Nachrichtenverbreitung kein Grund, den Referenzzeitraum auf 3 Monate auszudehnen. Stattdessen reicht dafür ein Referenzzeitraum von 1 Monat aus, um kurzfristige Marktschwankungen auszugleichen bzw. zu glätten. Damit wäre im Hinblick auf die Einberufungsfrist der Hauptversammlung (§ 123 Abs. 1 AktG) der gesamte Zeitraum der Offenlegung der Berichte abgedeckt und könnte sich im Börsenkurs niederschlagen.

III Wertverhältnisse

Wie bereits in Teil 1 § 3 III.2. und VII.2. aufgezeigt, eignet sich der Börsenwert nur als Wertuntergrenze. Dafür bedarf es dann auch keiner ausgeprägten Informationseffizienz. Es kommt vielmehr ausschließlich darauf an, ob das für eine Deinvestition erforderliche Mindestmaß an Liquidität bestand:

„Für diese ‚Untergrenzenbestimmung' ist der Desinvestitionspreis maßgeblich; es handelt sich dabei um den Preis, zu dem eine einzelne Aktie – nicht ein Aktienpaket oder gar das Unternehmen als Ganzes – unter Abstraktion von der Strukturmaßnahme am Markt hätte veräußert werden können. Für diese ‚Untergrenzenbestimmung' kommt es lediglich darauf an, ob tatsächlich eine Veräußerung zu diesem Kurs möglich war, d.h. keine Marktenge bestand, sondern vielmehr eine ausreichende Markttiefe vorlag. Für die Relevanz des Börsenkurses als Untergrenze kommt es insofern nicht auf das Ausmaß der Informationseffizienz und eine damit verbundene angemessene Bepreisung bzw. ‚richtige' Bewertung durch den Markt an.

Davon strikt zu unterscheiden ist die Frage, ob aus der Sicht der wirtschaftswissenschaftlichen Theorie und Praxis auch für die Ermittlung des Unternehmenswerts unmittelbar bzw. allein auf den Börsenkurs zurückgegriffen werden kann. [...]

In der wirtschaftswissenschaftlichen Theorie und Praxis ist anerkannt, dass nur unter den Bedingungen eines vollkommenen Markts, auf dem sich eine sehr große Anzahl von Käufern und Verkäufern gegenübersteht, der Marktmechanismus in der Lage ist, ein knappes Wirtschaftsgut durch den Handel seiner bestmöglichen Verwendung zuzuführen (sog. Allokationseffizienz). Dies setzt zugleich voraus, dass in einem effizienten Markt der Marktpreis sämtliche verfügbaren Informationen aggregiert. Eine alleinige Maßgeblichkeit des Börsenkurses könnte folglich nur in Frage kommen, wenn der Kapitalmarkt in Bezug auf die betreffenden Anteile streng informations- und allokationseffizient ist. Fama spricht von einer strengen Form der Informationseffizienz, wenn alle prinzipiell zugänglichen Informationen, d.h. neben öffentlich verfügbaren auch alle nicht-öffentlich verfügbaren Informationen, korrekt in den Kursen verarbeitet sind. Annahmegemäß agieren an den idealisierten Märkten rational handelnde, nach finanziellen Vorteilen strebende Marktteilnehmer. Ihren Vorteil ermitteln sie nach einem betriebswirtschaftlichen Ertragswert- bzw. Discounted-Cash-Flow-Verfahren. Nur unter diesen idealisierten perfekten Bedingungen führt der Kapitalmarkt im Wege der Verarbeitung aller vorhandenen Informationen zu einer ‚richtigen' Bewertung, die für eine hohe Zahl von Marktteilnehmern als für sie vorteilhaft und in diesem Sinne allgemein als angemessen empfunden wird. Nur in diesem Fall lässt sich argumentieren, dass der fundamentale Wert der Aktie durch den Börsenkurs – als Preis für die einzelne Aktie – reflektiert wird.

In der Realität liegt eine solche strenge Informationseffizienz nicht vor. Stattdessen verfügen Unternehmen über zusätzliche Informationen, die häufig wettbewerbsrelevant sind und der allgemeinen Öffentlichkeit nicht zur Verfügung stehen, weshalb sie nicht im Börsenkurs verarbeitet sein können."[312]

Die verfassungsmäßigen Gewährleistungen verlangen daher, dass der innere Wert zunächst im Wege einer Unternehmensbewertung ermittelt wird. In der Praxis wird dazu meist das Ertragswertverfahren auf der Grundlage des IDW S 1 angewandt[313]. Der Börsenwert stellt dann die Wertuntergrenze dar:

– Eine Auswertung der vorliegenden **Übertragungs- und Prüfungsberichte** sowie bereits ergangener **Gerichtsentscheidungen** zeigt, dass in einer Gesamtbetrachtung die Abfindungen nur zum Börsenwert deutlich niedriger wären als zum inneren Wert (1).

312 *FAUB* Zur Bedeutung des Börsenkurses für die Abfindungsbemessung aus Sicht der wirtschaftswissenschaftlichen Theorie und Praxis AG 2021 Seiten 588–590 [589].

313 Siehe oben Teil 1 § 3 II.

- Die weiteren empirischen Daten zeigen, in welchem Umfang Börsenwert und Ertragswert voneinander abweichen (2 bis 6).
- Die empirischen Daten zeigen somit, dass Börsenwert und Ertragswert **nicht gleichwertig** sind (7).

1 Gesamtauswertung

In den meisten Fällen – 89,1 Prozent – wird der Unternehmenswert nach der Ertragswertmethode ermittelt. Zusätzlich wurde in 338 Fällen in den Berichten der Börsenkurs angegeben, ohne dass auch nur ein einziges Mal der Börsenwert als allein maßgeblich beurteilt wurde. Die Ergebnisse zeigen keine **Gleichwertigkeit** von Börsenwert und Ertragswert:

- Wäre nur auf den Börsenwert und nicht auf den inneren (wahren) Wert abgestellt worden, wären die Unternehmenswerte bereits auf Basis der Bewertungen durch die Hauptaktionäre selbst gesamt um 71,8 Mrd. Euro zu niedrig ausgewiesen worden und wären den Minderheitsaktionären Abfindungen in Höhe von rund 1,5 Mrd. Euro vorenthalten worden.
- Unter Einbeziehung bereits vorliegender Ergebnisse aus Spruchverfahren und / oder Anfechtungsklagen erhöhen sich die Differenzen der Unternehmenswerte auf 112,2 Mrd. Euro und der Abfindungen auf 2,4 Mrd. Euro[314].

Diese Auswertung berücksichtigt alle in den Berichten angegebenen Börsenkurse. Das gilt auch für die Einzelfälle, in denen der Börsenwert wegen einer behaupteten Marktenge nicht abgefunden wurde.

Im Einzelnen stellt sich das wie folgt dar:

2 Abfindung zum Börsenwert

In **124 Fällen** haben die Hauptaktionäre die Minderheitsaktionäre zum Börsenwert (als Wertuntergrenze) abgefunden:

314 Siehe oben Teil 1 § 3 IV 7 Tabelle 19.

Tabelle 56: Liste der Gesellschaften ohne Differenz zwischen wahrem Wert und Börsenwert laut Hauptaktionär

VzfK e.V.	Liste Gesellschaften, bei denen die Barabfindung laut Hauptversammlung nach dem Börsenkurs bestimmt wurde				
lfd. Nr.	Zielgesellschaft	Wert Anteile Minderheitsaktionäre			
		laut HV	nach Börsenkurs	Differenz	
				Betrag	entspricht
1	A. Moksel AG	12.098.947,72 Euro	12.098.947,72 Euro	0,00 Euro	0,0 %
2	AKASOL AG	50.928.626,52 Euro	50.928.626,52 Euro	0,00 Euro	0,0 %
3	Allgemeine Gold- und Silberscheide-anstalt AG	53.834.504,98 Euro	53.834.504,98 Euro	0,00 Euro	0,0 %
4	Allianz Lebensver-sicherung AG	408.309.194,16 Euro	408.309.194,16 Euro	0,00 Euro	0,0 %
5	ALTANA AG	101.399.679,75 Euro	101.399.679,75 Euro	0,00 Euro	0,0 %
6	Alte Leipziger Versicherung AG	4.428.049,52 Euro	4.428.049,52 Euro	0,00 Euro	0,0 %
7	APCOA Parking AG	3.178.182,50 Euro	3.178.182,50 Euro	0,00 Euro	0,0 %
8	AS Abwicklung und Solar-Service AG	1.147.603,52 Euro	1.147.603,52 Euro	0,00 Euro	0,0 %
9	AVA Allgemeine Handelsgesellschaft der Verbraucher AG	70.413.638,68 Euro	70.413.638,68 Euro	0,00 Euro	0,0 %
10	AXA Lebensversiche-rung AG	8.165.256,00 Euro	8.165.256,00 Euro	0,00 Euro	0,0 %
11	Bau-Verein zu Hamburg Aktien-Gesellschaft	4.088.061,25 Euro	4.088.061,25 Euro	0,00 Euro	0,0 %
12	Berliner Kindl Brauerei AG	3.457.438,52 Euro	3.457.438,52 Euro	0,00 Euro	0,0 %
13	Berlin-Hannoversche Hypothekenbank AG	7.137.880,75 Euro	7.137.880,75 Euro	0,00 Euro	0,0 %
14	Beru AG	23.023.910,80 Euro	23.023.910,80 Euro	0,00 Euro	0,0 %
15	BHW Holding AG	39.230.727,62 Euro	39.230.727,62 Euro	0,00 Euro	0,0 %
16	Brau und Brunnen AG	13.181.705,79 Euro	13.181.705,79 Euro	0,00 Euro	0,0 %
17	buch.de internetstores AG	5.801.765,52 Euro	5.801.765,52 Euro	0,00 Euro	0,0 %
18	burgbad AG	3.450.255,69 Euro	3.450.255,69 Euro	0,00 Euro	0,0 %
19	Celanese AG	66.067.346,73 Euro	66.067.346,73 Euro	0,00 Euro	0,0 %
20	CHORUS Clean Energy AG	16.500.033,52 Euro	16.500.033,52 Euro	0,00 Euro	0,0 %
21	comdirect bank AG	174.817.608,75 Euro	174.817.608,75 Euro	0,00 Euro	0,0 %
22	COMPUTEC MEDIA AG	2.380.582,71 Euro	2.380.582,71 Euro	0,00 Euro	0,0 %
23	Constantin Film AG	4.878.130,32 Euro	4.878.130,32 Euro	0,00 Euro	0,0 %
24	Curanum AG	7.553.302,17 Euro	7.553.302,17 Euro	0,00 Euro	0,0 %

Tabelle 56 (fortgesetzt)

VzfK e.V.	Liste Gesellschaften, bei denen die Barabfindung laut Hauptversammlung nach dem Börsenkurs bestimmt wurde				
lfd. Nr.	**Zielgesellschaft**	**Wert Anteile Minderheitsaktionäre**			
		laut HV	**nach Börsenkurs**	**Differenz**	
				Betrag	**entspricht**
25	DAB Bank AG	36.133.272,36 Euro	36.133.272,36 Euro	0,00 Euro	0,0 %
26	DBV-Winterthur Holding AG	79.825.226,10 Euro	79.825.226,10 Euro	0,00 Euro	0,0 %
27	Degussa AG	216.926.654,58 Euro	216.926.654,58 Euro	0,00 Euro	0,0 %
28	Delta Lloyd Lebensversicherung AG	379.500,00 Euro	379.500,00 Euro	0,00 Euro	0,0 %
29	Derby Cycle AG	5.752.409,64 Euro	5.752.409,64 Euro	0,00 Euro	0,0 %
30	Deutsche Ärzteversicherung AG	3.549.172,64 Euro	3.549.172,64 Euro	0,00 Euro	0,0 %
31	Deutsche Postbank AG	245.091.716,55 Euro	245.091.716,55 Euro	0,00 Euro	0,0 %
32	DIBAG Industriebau AG	22.466.349,00 Euro	22.466.349,00 Euro	0,00 Euro	0,0 %
33	Didier-Werke AG	5.474.617,68 Euro	5.474.617,68 Euro	0,00 Euro	0,0 %
34	Diebold Nixdorf AG	81.610.023,20 Euro	81.610.023,20 Euro	0,00 Euro	0,0 %
35	Dortmunder Actien Brauerei AG	1.362.022,20 Euro	1.362.022,20 Euro	0,00 Euro	0,0 %
36	Dresdner Factoring AG	3.234.562,08 Euro	3.234.562,08 Euro	0,00 Euro	0,0 %
37	Dürkopp Adler AG	17.601.617,68 Euro	17.601.617,68 Euro	0,00 Euro	0,0 %
38	DVB Bank SE	19.496.093,40 Euro	19.496.093,40 Euro	0,00 Euro	0,0 %
39	Edelstahlwerk Witten AG	1.649.350,20 Euro	1.649.350,20 Euro	0,00 Euro	0,0 %
40	eff-eff Fritz Fuss GmbH & Co. KGaA	2.585.017,35 Euro	2.585.017,35 Euro	0,00 Euro	0,0 %
41	Ehlebracht AG	4.575.863,40 Euro	4.575.863,40 Euro	0,00 Euro	0,0 %
42	Elektra Beckum AG	1.422.714,48 Euro	1.422.714,48 Euro	0,00 Euro	0,0 %
43	Epcos AG	50.523.636,84 Euro	50.523.636,84 Euro	0,00 Euro	0,0 %
44	Equitrust AG	1.746.922,72 Euro	1.746.922,72 Euro	0,00 Euro	0,0 %
45	ERGO Versicherungsgruppe AG	23.165.991,80 Euro	23.165.991,80 Euro	0,00 Euro	0,0 %
46	ersol Solar Energy AG	32.290.950,62 Euro	32.290.950,62 Euro	0,00 Euro	0,0 %
47	Eurohypo AG	79.344.145,92 Euro	79.344.145,92 Euro	0,00 Euro	0,0 %
48	Forst Ebnath AG	3.189.355,00 Euro	3.189.355,00 Euro	0,00 Euro	0,0 %
49	FranconoWest AG	728.982,31 Euro	728.982,31 Euro	0,00 Euro	0,0 %
50	GBW AG	35.553.765,00 Euro	35.553.765,00 Euro	0,00 Euro	0,0 %
51	GENEART AG	2.963.128,40 Euro	2.963.128,40 Euro	0,00 Euro	0,0 %
52	Gerling Konzern Allgemeine Versicherung AG	55.573.433,19 Euro	55.573.433,19 Euro	0,00 Euro	0,0 %
53	GfK SE	56.130.462,72 Euro	56.130.462,72 Euro	0,00 Euro	0,0 %
54	Graphit Kropfmühl AG	5.891.697,84 Euro	5.891.697,84 Euro	0,00 Euro	0,0 %

Tabelle 56 (fortgesetzt)

VzfK e.V.	Liste Gesellschaften, bei denen die Barabfindung laut Hauptversammlung nach dem Börsenkurs bestimmt wurde				
lfd. Nr.	**Zielgesellschaft**	**Wert Anteile Minderheitsaktionäre**			
		laut HV	**nach Börsenkurs**	**Differenz**	
				Betrag	**entspricht**
55	Grundstücks- und Baugesellschaft AG	9.005.958,00 Euro	9.005.958,00 Euro	0,00 Euro	0,0 %
56	Gruschwitz Textilwerke AG	861.938,08 Euro	861.938,08 Euro	0,00 Euro	0,0 %
57	GxP German Properties AG	6.301.820,28 Euro	6.301.820,28 Euro	0,00 Euro	0,0 %
58	Hagen Batterie AG	177.821,37 Euro	177.821,37 Euro	0,00 Euro	0,0 %
59	Heiler Software AG	1.748.259,60 Euro	1.748.259,60 Euro	0,00 Euro	0,0 %
60	Holcim (Deutschland) AG	1.589.551,71 Euro	1.589.551,71 Euro	0,00 Euro	0,0 %
61	hotel.de AG	5.169.738,75 Euro	5.169.738,75 Euro	0,00 Euro	0,0 %
62	HumanOptics AG	2.067.841,10 Euro	2.067.841,10 Euro	0,00 Euro	0,0 %
63	Hypo Real Estate Holding AG	158.291.718,00 Euro	158.291.718,00 Euro	0,00 Euro	0,0 %
64	IBS Aktiengesellschaft excellence, collaboration, manufacturing	2.742.319,80 Euro	2.742.319,80 Euro	0,00 Euro	0,0 %
65	IKB Deutsche Industriebank AG	12.788.726,09 Euro	12.788.726,09 Euro	0,00 Euro	0,0 %
66	Impreglon SE	13.516.657,84 Euro	13.516.657,84 Euro	0,00 Euro	0,0 %
67	innogy SE	2.378.886.510,00 Euro	2.378.886.510,00 Euro	0,00 Euro	0,0 %
68	ISRA VISION AG	78.708.297,60 Euro	78.708.297,60 Euro	0,00 Euro	0,0 %
69	IVG Deutschland Immobilien AG	3.667.723,50 Euro	3.667.723,50 Euro	0,00 Euro	0,0 %
70	Jagenberg AG	3.910.893,50 Euro	3.910.893,50 Euro	0,00 Euro	0,0 %
71	Jil Sander AG	1.300.251,78 Euro	1.300.251,78 Euro	0,00 Euro	0,0 %
72	Kali-Chemie AG	2.051.500,00 Euro	2.051.500,00 Euro	0,00 Euro	0,0 %
73	Kamps AG	29.512.667,78 Euro	29.512.667,78 Euro	0,00 Euro	0,0 %
74	Kässbohrer Geländefahrzeug AG	13.835.755,58 Euro	13.835.755,58 Euro	0,00 Euro	0,0 %
75	KENNAMETAL HERTEL AG	3.234.132,73 Euro	3.234.132,73 Euro	0,00 Euro	0,0 %
76	Keramag Keramische Werke AG	14.196.262,08 Euro	14.196.262,08 Euro	0,00 Euro	0,0 %
77	Klöckner-Werke AG	32.772.896,29 Euro	32.772.896,29 Euro	0,00 Euro	0,0 %
78	KÖLN - DÜSSELDORFER Deutsche Rheinschiffahrt AG	465.842,50 Euro	465.842,50 Euro	0,00 Euro	0,0 %
79	LHS AG	847.283,89 Euro	847.283,89 Euro	0,00 Euro	0,0 %
80	LINOS AG	5.726.352,09 Euro	5.726.352,09 Euro	0,00 Euro	0,0 %

Tabelle 56 (fortgesetzt)

VzfK e.V.	Liste Gesellschaften, bei denen die Barabfindung laut Hauptversammlung nach dem Börsenkurs bestimmt wurde				
lfd. Nr.	Zielgesellschaft	Wert Anteile Minderheitsaktionäre			
		laut HV	nach Börsenkurs	Differenz	
				Betrag	entspricht
81	MAN Roland Druckmaschinen AG	5.551.805,60 Euro	5.551.805,60 Euro	0,00 Euro	0,0 %
82	Mannheimer AG Holding	15.829.914,85 Euro	15.829.914,85 Euro	0,00 Euro	0,0 %
83	MIS AG	1.800.641,55 Euro	1.800.641,55 Euro	0,00 Euro	0,0 %
84	net mobile AG	3.356.377,60 Euro	3.356.377,60 Euro	0,00 Euro	0,0 %
85	Novasoft AG	3.649.492,97 Euro	3.649.492,97 Euro	0,00 Euro	0,0 %
86	NTT Com Security AG	6.261.862,32 Euro	6.261.862,32 Euro	0,00 Euro	0,0 %
87	O & K Orenstein & Koppel AG	1.860.718,60 Euro	1.860.718,60 Euro	0,00 Euro	0,0 %
88	Oldenburgische Landesbank AG	26.934.119,52 Euro	26.934.119,52 Euro	0,00 Euro	0,0 %
89	OnVista AG	727.339,41 Euro	727.339,41 Euro	0,00 Euro	0,0 %
90	Otto Reichelt AG	1.718.489,94 Euro	1.718.489,94 Euro	0,00 Euro	0,0 %
91	P-D INTERGLAS TECHNOLOGIES AG	2.215.111,11 Euro	2.215.111,11 Euro	0,00 Euro	0,0 %
92	Praktiker Bau- und Heimwerkermärkte AG	3.346.390,32 Euro	3.346.390,32 Euro	0,00 Euro	0,0 %
93	PSB AG für Programmierung und Systemberatung	568.464,96 Euro	568.464,96 Euro	0,00 Euro	0,0 %
94	Quante AG	1.541.853,44 Euro	1.541.853,44 Euro	0,00 Euro	0,0 %
95	Renk AG	51.552.877,92 Euro	51.552.877,92 Euro	0,00 Euro	0,0 %
96	ricardo.de AG	2.742.337,20 Euro	2.742.337,20 Euro	0,00 Euro	0,0 %
97	RSE Grundbesitz und Beteiligungs-AG	1.115.050,00 Euro	1.115.050,00 Euro	0,00 Euro	0,0 %
98	Rücker AG	13.542.522,99 Euro	13.542.522,99 Euro	0,00 Euro	0,0 %
99	SAP SI AG	48.664.707,08 Euro	48.664.707,08 Euro	0,00 Euro	0,0 %
100	Schoeller Eitorf AG	158.004,00 Euro	158.004,00 Euro	0,00 Euro	0,0 %
101	Schwarz Pharma AG	21.958.694,80 Euro	21.958.694,80 Euro	0,00 Euro	0,0 %
102	SinnLeffers AG	1.632.323,70 Euro	1.632.323,70 Euro	0,00 Euro	0,0 %
103	Sky Deutschland AG	245.373.741,28 Euro	245.373.741,28 Euro	0,00 Euro	0,0 %
104	Solarparc AG	2.576.991,41 Euro	2.576.991,41 Euro	0,00 Euro	0,0 %
105	SPAR Handels - AG	11.935.669,98 Euro	11.935.669,98 Euro	0,00 Euro	0,0 %
106	Sport1 Medien AG	10.077.015,30 Euro	10.077.015,30 Euro	0,00 Euro	0,0 %
107	Süd-Chemie AG	20.110.618,26 Euro	20.110.618,26 Euro	0,00 Euro	0,0 %
108	Systematics AG	11.100.205,20 Euro	11.100.205,20 Euro	0,00 Euro	0,0 %
109	Tarkett AG	18.753.613,50 Euro	18.753.613,50 Euro	0,00 Euro	0,0 %
110	Techem AG	25.225.004,00 Euro	25.225.004,00 Euro	0,00 Euro	0,0 %

Tabelle 56 (fortgesetzt)

VzfK e.V.	Liste Gesellschaften, bei denen die Barabfindung laut Hauptversammlung nach dem Börsenkurs bestimmt wurde				
lfd. Nr.	**Zielgesellschaft**	**Wert Anteile Minderheitsaktionäre**			
		laut HV	**nach Börsenkurs**	**Differenz**	
				Betrag	**entspricht**
111	Terex Material Handling & Port Solutions AG	52.114.708,80 Euro	52.114.708,80 Euro	0,00 Euro	0,0 %
112	Thüga AG	186.798.585,60 Euro	186.798.585,60 Euro	0,00 Euro	0,0 %
113	Utimaco Safeware AG	11.795.584,00 Euro	11.795.584,00 Euro	0,00 Euro	0,0 %
114	Vattenfall Europe AG	276.043.995,50 Euro	276.043.995,50 Euro	0,00 Euro	0,0 %
115	VEM Aktienbank AG	1.977.475,36 Euro	1.977.475,36 Euro	0,00 Euro	0,0 %
116	Versatel AG	3.318.699,60 Euro	3.318.699,60 Euro	0,00 Euro	0,0 %
117	VK MÜHLEN AG	3.038.038,00 Euro	3.038.038,00 Euro	0,00 Euro	0,0 %
118	W.O.M. World of Medicine AG	3.684.475,20 Euro	3.684.475,20 Euro	0,00 Euro	0,0 %
119	WaveLight AG	6.469.643,18 Euro	6.469.643,18 Euro	0,00 Euro	0,0 %
120	Wella AG	164.498.904,90 Euro	164.498.904,90 Euro	0,00 Euro	0,0 %
121	Weru AG	654.231,88 Euro	654.231,88 Euro	0,00 Euro	0,0 %
122	Winter AG	310.041,60 Euro	310.041,60 Euro	0,00 Euro	0,0 %
123	Würzburger Hofbräu AG	1.569.713,40 Euro	1.569.713,40 Euro	0,00 Euro	0,0 %
124	YOUNIQ AG	1.379.883,20 Euro	1.379.883,20 Euro	0,00 Euro	0,0 %

Unter Einbeziehung bereits ergangener Gerichtsentscheidungen verbleiben nur noch 82 Fälle, in denen Börsenwert und Unternehmenswert bzw. Börsenkurs und Abfindung identisch sind:

Tabelle 57: Liste der Gesellschaften ohne Differenz zwischen wahrem Wert und Börsenwert laut Gericht

VzfK e.V.	Liste Gesellschaften, bei denen die Barabfindung laut Gericht nach dem Börsenkurs bestimmt wurde				
lfd. Nr.	**Zielgesellschaft**	**Wert Anteile Minderheitsaktionäre**			
		laut Gericht	**nach Börsenkurs**	**Differenz**	
				Betrag	**entspricht**
1	AKASOL AG	50.928.626,52 Euro	50.928.626,52 Euro	0,00 Euro	0,0 %
2	Allgemeine Gold- und Silberscheide-anstalt AG	53.834.504,98 Euro	53.834.504,98 Euro	0,00 Euro	0,0 %

Tabelle 57 (fortgesetzt)

VzfK e.V.	Liste Gesellschaften, bei denen die Barabfindung laut Gericht nach dem Börsenkurs bestimmt wurde				
lfd. Nr.	Zielgesellschaft	Wert Anteile Minderheitsaktionäre			
		laut Gericht	nach Börsenkurs	Differenz	
				Betrag	entspricht
3	Allianz Lebensversicherung AG	408.309.194,16 Euro	408.309.194,16 Euro	0,00 Euro	0,0 %
4	Alte Leipziger Versicherung AG	4.428.049,52 Euro	4.428.049,52 Euro	0,00 Euro	0,0 %
5	APCOA Parking AG	3.178.182,50 Euro	3.178.182,50 Euro	0,00 Euro	0,0 %
6	AS Abwicklung und Solar-Service AG	1.147.603,52 Euro	1.147.603,52 Euro	0,00 Euro	0,0 %
7	AXA Versicherung AG	6.806.997,50 Euro	6.806.997,50 Euro	0,00 Euro	0,0 %
8	Bau-Verein zu Hamburg Aktien-Gesellschaft	4.088.061,25 Euro	4.088.061,25 Euro	0,00 Euro	0,0 %
9	Berliner Kindl Brauerei AG	3.457.438,52 Euro	3.457.438,52 Euro	0,00 Euro	0,0 %
10	Berlin-Hannoversche Hypothekenbank AG	7.137.880,75 Euro	7.137.880,75 Euro	0,00 Euro	0,0 %
11	Beru AG	23.023.910,80 Euro	23.023.910,80 Euro	0,00 Euro	0,0 %
12	Brau und Brunnen AG	13.181.705,79 Euro	13.181.705,79 Euro	0,00 Euro	0,0 %
13	Celanese AG	66.067.346,73 Euro	66.067.346,73 Euro	0,00 Euro	0,0 %
14	comdirect bank AG	174.817.608,75 Euro	174.817.608,75 Euro	0,00 Euro	0,0 %
15	COMPUTEC MEDIA AG	2.380.582,71 Euro	2.380.582,71 Euro	0,00 Euro	0,0 %
16	DBV-Winterthur Holding AG	79.825.226,10 Euro	79.825.226,10 Euro	0,00 Euro	0,0 %
17	Delta Lloyd Lebensversicherung AG	379.500,00 Euro	379.500,00 Euro	0,00 Euro	0,0 %
18	DEPFA Deutsche Pfandbriefbank AG	52.150.453,85 Euro	52.150.453,85 Euro	0,00 Euro	0,0 %
19	Derby Cycle AG	5.752.409,64 Euro	5.752.409,64 Euro	0,00 Euro	0,0 %
20	Deutsche Postbank AG	245.091.716,55 Euro	245.091.716,55 Euro	0,00 Euro	0,0 %
21	DIBAG Industriebau AG	22.466.349,00 Euro	22.466.349,00 Euro	0,00 Euro	0,0 %
22	Diebold Nixdorf AG	81.610.023,20 Euro	81.610.023,20 Euro	0,00 Euro	0,0 %
23	Dom-Brauerei AG	224.629,36 Euro	224.629,36 Euro	0,00 Euro	0,0 %
24	Dresdner Factoring AG	3.234.562,08 Euro	3.234.562,08 Euro	0,00 Euro	0,0 %
25	Dürkopp Adler AG	17.601.617,68 Euro	17.601.617,68 Euro	0,00 Euro	0,0 %
26	DVB Bank SE	19.496.093,40 Euro	19.496.093,40 Euro	0,00 Euro	0,0 %
27	Ehlebracht AG	4.575.863,40 Euro	4.575.863,40 Euro	0,00 Euro	0,0 %
28	Elektra Beckum AG	1.422.714,48 Euro	1.422.714,48 Euro	0,00 Euro	0,0 %

Tabelle 57 (fortgesetzt)

VzfK e.V.	**Liste Gesellschaften, bei denen die Barabfindung laut Gericht nach dem Börsenkurs bestimmt wurde**				
lfd. Nr.	**Zielgesellschaft**	**Wert Anteile Minderheitsaktionäre**			
		laut Gericht	**nach Börsenkurs**	**Differenz**	
				Betrag	**entspricht**
29	Epcos AG	50.523.636,84 Euro	50.523.636,84 Euro	0,00 Euro	0,0 %
30	ERGO Versicherungs-gruppe AG	23.165.991,80 Euro	23.165.991,80 Euro	0,00 Euro	0,0 %
31	ersol Solar Energy AG	32.290.950,62 Euro	32.290.950,62 Euro	0,00 Euro	0,0 %
32	Eurohypo AG	79.344.145,92 Euro	79.344.145,92 Euro	0,00 Euro	0,0 %
33	Forst Ebnath AG	3.189.355,00 Euro	3.189.355,00 Euro	0,00 Euro	0,0 %
34	GENEART AG	2.963.128,40 Euro	2.963.128,40 Euro	0,00 Euro	0,0 %
35	GfK SE	56.130.462,72 Euro	56.130.462,72 Euro	0,00 Euro	0,0 %
36	Graphit Kropfmühl AG	5.891.697,84 Euro	5.891.697,84 Euro	0,00 Euro	0,0 %
37	Gruschwitz Textilwerke AG	861.938,08 Euro	861.938,08 Euro	0,00 Euro	0,0 %
38	GxP German Properties AG	6.301.820,28 Euro	6.301.820,28 Euro	0,00 Euro	0,0 %
39	Hagen Batterie AG	177.821,37 Euro	177.821,37 Euro	0,00 Euro	0,0 %
40	Heiler Software AG	1.748.259,60 Euro	1.748.259,60 Euro	0,00 Euro	0,0 %
41	Holcim (Deutschland) AG	1.589.551,71 Euro	1.589.551,71 Euro	0,00 Euro	0,0 %
42	hotel.de AG	5.169.738,75 Euro	5.169.738,75 Euro	0,00 Euro	0,0 %
43	HumanOptics AG	2.067.841,10 Euro	2.067.841,10 Euro	0,00 Euro	0,0 %
44	Hypo Real Estate Holding AG	158.291.718,00 Euro	158.291.718,00 Euro	0,00 Euro	0,0 %
45	i: FAO AG	11.492.801,43 Euro	11.492.801,43 Euro	0,00 Euro	0,0 %
46	IBS Aktiengesellschaft excellence, collabora-tion, manufacturing	2.742.319,80 Euro	2.742.319,80 Euro	0,00 Euro	0,0 %
47	IKB Deutsche Industriebank AG	12.788.726,09 Euro	12.788.726,09 Euro	0,00 Euro	0,0 %
48	Impreglon SE	13.516.657,84 Euro	13.516.657,84 Euro	0,00 Euro	0,0 %
49	innogy SE	2.378.886.510,00 Euro	2.378.886.510,00 Euro	0,00 Euro	0,0 %
50	ISRA VISION AG	78.708.297,60 Euro	78.708.297,60 Euro	0,00 Euro	0,0 %
51	Jagenberg AG	3.910.893,50 Euro	3.910.893,50 Euro	0,00 Euro	0,0 %
52	Kali-Chemie AG	2.051.500,00 Euro	2.051.500,00 Euro	0,00 Euro	0,0 %
53	Kamps AG	29.512.667,78 Euro	29.512.667,78 Euro	0,00 Euro	0,0 %
54	Kässbohrer Gelände-fahrzeug AG	13.835.755,58 Euro	13.835.755,58 Euro	0,00 Euro	0,0 %
55	Keramag Keramische Werke AG	14.196.262,08 Euro	14.196.262,08 Euro	0,00 Euro	0,0 %
56	Klöckner-Werke AG	32.772.896,29 Euro	32.772.896,29 Euro	0,00 Euro	0,0 %

Tabelle 57 (fortgesetzt)

VzfK e.V.	Liste Gesellschaften, bei denen die Barabfindung laut Gericht nach dem Börsenkurs bestimmt wurde				
lfd. Nr.	**Zielgesellschaft**	**Wert Anteile Minderheitsaktionäre**			
		laut Gericht	**nach Börsenkurs**	**Differenz**	
				Betrag	**entspricht**
57	KÖLN - DÜSSEL-DORFER Deutsche Rheinschiffahrt AG	465.842,50 Euro	465.842,50 Euro	0,00 Euro	0,0 %
58	MAN Roland Druckmaschinen AG	5.551.805,60 Euro	5.551.805,60 Euro	0,00 Euro	0,0 %
59	Mannheimer AG Holding	15.829.914,85 Euro	15.829.914,85 Euro	0,00 Euro	0,0 %
60	net mobile AG	3.356.377,60 Euro	3.356.377,60 Euro	0,00 Euro	0,0 %
61	NTT Com Security AG	6.261.862,32 Euro	6.261.862,32 Euro	0,00 Euro	0,0 %
62	O & K Orenstein & Koppel AG	1.860.718,60 Euro	1.860.718,60 Euro	0,00 Euro	0,0 %
63	Oldenburgische Landesbank AG	26.934.119,52 Euro	26.934.119,52 Euro	0,00 Euro	0,0 %
64	Praktiker Bau- und Heimwerker-märkte AG	3.346.390,32 Euro	3.346.390,32 Euro	0,00 Euro	0,0 %
65	ricardo.de AG	2.742.337,20 Euro	2.742.337,20 Euro	0,00 Euro	0,0 %
66	RSE Grundbesitz und Beteiligungs-AG	1.115.050,00 Euro	1.115.050,00 Euro	0,00 Euro	0,0 %
67	Rücker AG	13.542.522,99 Euro	13.542.522,99 Euro	0,00 Euro	0,0 %
68	SAP SI AG	48.664.707,08 Euro	48.664.707,08 Euro	0,00 Euro	0,0 %
69	Schwarz Pharma AG	21.958.694,80 Euro	21.958.694,80 Euro	0,00 Euro	0,0 %
70	Sky Deutschland AG	245.373.741,28 Euro	245.373.741,28 Euro	0,00 Euro	0,0 %
71	Softship AG	1.322.165,95 Euro	1.322.165,95 Euro	0,00 Euro	0,0 %
72	Solarparc AG	2.576.991,41 Euro	2.576.991,41 Euro	0,00 Euro	0,0 %
73	Sport1 Medien AG	10.077.015,30 Euro	10.077.015,30 Euro	0,00 Euro	0,0 %
74	Systematics AG	11.100.205,20 Euro	11.100.205,20 Euro	0,00 Euro	0,0 %
75	Techem AG	25.225.004,00 Euro	25.225.004,00 Euro	0,00 Euro	0,0 %
76	Terex Material Handling & Port Solutions AG	52.114.708,80 Euro	52.114.708,80 Euro	0,00 Euro	0,0 %
77	Utimaco Safeware AG	11.795.584,00 Euro	11.795.584,00 Euro	0,00 Euro	0,0 %
78	VEM Aktienbank AG	1.977.475,36 Euro	1.977.475,36 Euro	0,00 Euro	0,0 %
79	W.O.M. World of Medicine AG	3.684.475,20 Euro	3.684.475,20 Euro	0,00 Euro	0,0 %
80	WaveLight AG	6.469.643,18 Euro	6.469.643,18 Euro	0,00 Euro	0,0 %
81	Winter AG	310.041,60 Euro	310.041,60 Euro	0,00 Euro	0,0 %
82	YOUNIQ AG	1.379.883,20 Euro	1.379.883,20 Euro	0,00 Euro	0,0 %

3 Innerer Wert liegt über Börsenwert

In **181 Fällen** dagegen lag der von den Hauptaktionären selbst behauptete „wahre", „innere Wert" bzw. Ertragswert über dem Börsenwert. Besonders deutlich gilt das für die

- 6 Fälle, bei denen der Börsenwert um mehr als 100 Prozent unter dem „wahren" Unternehmenswert laut Berechnungen der Hauptaktionäre selbst lag. Unter Einbeziehung bereits vorliegender Gerichtsentscheidungen erhöht sich das auf 15 Fälle.
- 63 Fälle, bei denen die Abfindungen von Hauptaktionären selbst um mehr als 1 Mio. Euro über den jeweiligen Börsenkursen festgelegt wurden.
- Die Gerichte haben sogar in 112 Fällen Abfindungen festgesetzt, die die Börsenkurse um mehr als 1 Mio. Euro überschritten.

4 Differenzen in Prozent

In 6 Fällen betrugen die Differenzen zwischen Börsenwert und von den Hauptaktionären selbst festgelegten Abfindungen mehr als 100 Prozent:

Tabelle 58: Liste der Gesellschaften mit Differenzen zwischen Börsenwerten und wahren Werten laut Hauptaktionären von mehr als 100 Prozent

VzfK e.V.	Liste Gesellschaften, bei denen der Börsenwert um mindestens 100 Prozent unter dem Wert laut Hauptversammlung lag				
lfd. Nr.	Zielgesellschaft	Wert Anteile Minderheitsaktionäre			
		laut HV	nach Börsenkurs	Differenz	
				Betrag	entspricht
1	Schramm Holding AG	794.740,80 Euro	295.293,60 Euro	499.447,20 Euro	169,1 %
2	nextevolution AG	243.941,88 Euro	104.546,52 Euro	139.395,36 Euro	133,3 %
3	Ford Werke AG	7.076.480,00 Euro	3.294.986,00 Euro	3.781.494,00 Euro	114,8 %
4	Schmalbach-Lubeca AG	40.977.494,88 Euro	19.566.869,04 Euro	21.410.625,84 Euro	109,4 %
5	MCS Modulare Computer und Software Systems AG	2.181.995,20 Euro	1.047.764,96 Euro	1.134.230,24 Euro	108,3 %
6	Salamander AG	19.456.202,04 Euro	9.698.115,68 Euro	9.758.086,36 Euro	100,6 %

In weiteren 24 Fällen betrug die Differenz mindestens 50 Prozent (und weniger als 100 Prozent), in 63 Fällen mindestens 10 Prozent (und weniger als 50 Prozent) und in 88 Fällen zwischen 0 Prozent und 10 Prozent.

Noch deutlicher werden die Unterschiede unter Einbeziehung bereits vorliegender gerichtlicher Entscheidungen. Dann betrugen die Differenzen zwischen Börsenwert und von Gerichten bestimmten Abfindungen bereits in 15 Fällen mehr als 100 Prozent:

Tabelle 59: Liste der Gesellschaften mit Differenzen zwischen Börsenwerten und wahren Werten laut Gerichten von mehr als 100 Prozent

VzfK e.V.	**Liste Gesellschaften, bei denen der Börsenwert um mindestens 100 Prozent unter dem Wert laut Gerichten lag**				
lfd. Nr.	**Zielgesellschaft**	**Wert Anteile Minderheitsaktionäre**			
		laut Gericht	**nach Börsenkurs**	**Differenz**	
				Betrag	**entspricht**
1	DIH Deutsche Immobilien Holding AG	7.317.847,53 Euro	1.886.538,69 Euro	5.431.308,84 Euro	287,9 %
2	BBG Beteiligungs-AG	1.024.500,00 Euro	266.370,00 Euro	758.130,00 Euro	284,6 %
3	Schramm Holding AG	794.740,80 Euro	295.293,60 Euro	499.447,20 Euro	169,1 %
4	Scholz & Friends AG	2.834.298,00 Euro	1.058.137,92 Euro	1.776.160,08 Euro	167,9 %
5	Ford Werke AG	8.160.066,00 Euro	3.294.986,00 Euro	4.865.080,00 Euro	147,7 %
6	nextevolution AG	243.941,88 Euro	104.546,52 Euro	139.395,36 Euro	133,3 %
7	Salamander AG	22.274.824,00 Euro	9.698.115,68 Euro	12.576.708,32 Euro	129,7 %
8	INKA AG für Beteiligungen	2.353.800,00 Euro	1.047.754,84 Euro	1.306.045,16 Euro	124,7 %
9	Schmalbach-Lubeca AG	43.881.411,84 Euro	19.566.869,04 Euro	24.314.542,80 Euro	124,3 %
10	Reckitt Benckiser Deutschland AG	1.985.920,00 Euro	908.866,56 Euro	1.077.053,44 Euro	118,5 %
11	ARBOmedia AG	917.436,80 Euro	421.272,00 Euro	496.164,80 Euro	117,8 %
12	Armstrong DLW AG	1.337.667,00 Euro	625.927,20 Euro	711.739,80 Euro	113,7 %
13	MSH International Service AG	5.599.677,60 Euro	2.681.057,76 Euro	2.918.619,84 Euro	108,9 %
14	MCS Modulare Computer und Software Systems AG	2.181.995,20 Euro	1.047.764,96 Euro	1.134.230,24 Euro	108,3 %
15	Hansen Sicherheitstechnik AG	1.719.161,00 Euro	844.335,11 Euro	874.825,89 Euro	103,6 %

In weiteren 36 Fällen betrug die Differenz mindestens 50 Prozent (und weniger als 100 Prozent), in 120 Fällen mindestens 10 Prozent (und weniger als 50 Prozent) und in 75 Fällen zwischen 0 Prozent und 10 Prozent.

5 Differenzen in Euro

Wertmäßig stellt sich das hinsichtlich der Abfindungen wie folgt dar: Gegenüber den von Hauptaktionären selbst behaupteten wahren (inneren) Werten blieben Börsenwerte in 5 Fällen (in Klammern: Vergleich zur Abfindung nach einer gerichtlichen Entscheidung in 7 Fällen) um mehr als 100 Mio. Euro zurück:

Tabelle 60: Liste der Gesellschaften mit Differenz zwischen wahrem Wert und Börsenwert laut Hauptaktionär von mehr als 100 Mio. Euro

VzfK e.V.	**Liste Gesellschaften, bei denen der Börsenwert um mindestens 100 Mio. Euro unter der Barabfindung laut Hauptversammlung lag**				
lfd. Nr.	**Zielgesellschaft**	**Wert Anteile Minderheitsaktionäre**			
		laut HV	**nach Börsenkurs**	**Differenz**	
				Betrag	**entspricht**
1	Dresdner Bank AG	1.448.733.110,00 Euro	1.157.579.951,00 Euro	291.153.159,00 Euro	25,2 %
2	Linde AG	2.797.019.388,98 Euro	2.550.918.295,27 Euro	246.101.093,71 Euro	9,6 %
3	MAN SE	586.482.142,80 Euro	349.346.331,18 Euro	237.135.811,62 Euro	67,9 %
4	Bayerische Hypo - und Vereinsbank AG	1.397.827.454,82 Euro	1.237.804.343,16 Euro	160.023.111,66 Euro	12,9 %
5	AUDI AG	236.994.655,97 Euro	124.207.849,35 Euro	112.786.806,62 Euro	90,8 %

Tabelle 61: Liste der Gesellschaften mit Differenz zwischen wahrem Wert und Börsenwert laut Gericht von mehr als 100 Mio. Euro

VzfK e.V.	**Liste Gesellschaften, bei denen der Börsenwert um mindestens 100 Mio. Euro unter der Barabfindung laut Gerichten lag**				
lfd. Nr.	**Zielgesellschaft**	**Wert Anteile Minderheitsaktionäre**			
		laut Gericht	**nach Börsenkurs**	**Differenz**	
				Betrag	**entspricht**
1	Dresdner Bank AG	1.448.733.110,00 Euro	1.157.579.951,00 Euro	291.153.159,00 Euro	25,2 %
2	Linde AG	2.797.019.388,98 Euro	2.550.918.295,27 Euro	246.101.093,71 Euro	9,6 %
3	MAN SE	586.482.142,80 Euro	349.346.331,18 Euro	237.135.811,62 Euro	67,9 %
4	Schering AG	851.688.836,00 Euro	664.461.646,12 Euro	187.227.189,88 Euro	28,2 %
5	Bayerische Hypo - und Vereinsbank AG	1.397.827.454,82 Euro	1.237.804.343,16 Euro	160.023.111,66 Euro	12,9 %
6	Hoechst AG	682.777.264,40 Euro	562.488.605,28 Euro	120.288.659,12 Euro	21,4 %
7	AUDI AG	236.994.655,97 Euro	124.207.849,35 Euro	112.786.806,62 Euro	90,8 %

In weiteren 14 Fällen (nach gerichtlicher Entscheidung: 28 Fälle) betrug die Differenz zwischen 10 Mio. Euro und 100 Mio. Euro:

Tabelle 62: Liste der Gesellschaften mit Differenz zwischen wahrem Wert und Börsenwert laut Hauptaktionär zwischen 10 Mio. Euro und 100 Mio. Euro

VzfK e.V.	Liste Gesellschaften, bei denen der Börsenwert zwischen 10 Mio. Euro und 100 Mio. Euro unter der Barabfindung laut Hauptversammlung lag				
lfd. Nr.	**Zielgesellschaft**	**Wert Anteile Minderheitsaktionäre**			
		laut HV	**nach Börsenkurs**	**Differenz**	
				Betrag	**entspricht**
1	VTG Aktiengesellschaft	108.250.007,58 Euro	55.200.009,54 Euro	53.049.998,04 Euro	96,1 %
2	Schering AG	714.408.143,96 Euro	664.461.646,12 Euro	49.946.497,84 Euro	7,5 %
3	Hoechst AG	604.653.847,00 Euro	562.488.605,28 Euro	42.165.241,72 Euro	7,5 %
4	SCA Hygiene Products SE	117.538.307,31 Euro	82.123.329,33 Euro	35.414.977,98 Euro	43,1 %
5	KUKA AG	150.522.487,38 Euro	128.718.437,58 Euro	21.804.049,80 Euro	16,9 %
6	Schmalbach-Lubeca AG	40.977.494,88 Euro	19.566.869,04 Euro	21.410.625,84 Euro	109,4 %
7	Kölnische Rückversicherungs-Gesellschaft AG	149.029.691,90 Euro	130.319.676,32 Euro	18.710.015,58 Euro	14,4 %
8	STADA Arzneimittel AG	135.081.344,95 Euro	118.393.293,30 Euro	16.688.051,65 Euro	14,1 %
9	Generali Deutschland Holding AG	228.085.505,70 Euro	211.641.000,00 Euro	16.444.505,70 Euro	7,8 %
10	STRABAG AG	77.028.000,00 Euro	63.964.051,20 Euro	13.063.948,80 Euro	20,4 %
11	Radeberger Gruppe AG	45.012.357,12 Euro	32.239.102,24 Euro	12.773.254,88 Euro	39,6 %
12	Dyckerhoff AG	65.320.514,28 Euro	53.332.659,07 Euro	11.987.855,21 Euro	22,5 %
13	RIB Software SE	81.164.549,48 Euro	70.328.342,85 Euro	10.836.206,63 Euro	15,4 %
14	WMF AG	65.487.929,65 Euro	54.737.137,70 Euro	10.750.791,95 Euro	19,6 %

Tabelle 63: Liste der Gesellschaften mit Differenz zwischen wahrem Wert und Börsenwert laut Gericht zwischen 10 Mio. Euro und 100 Mio. Euro

VzfK e.V.	**Liste Gesellschaften, bei denen der Börsenwert zwischen 10 Mio. Euro und 100 Mio. Euro unter der Barabfindung laut Gerichten lag**				
lfd. Nr.	**Zielgesellschaft**	**Wert Anteile Minderheitsaktionäre**			
		laut Gericht	**nach Börsenkurs**	**Differenz**	
				Betrag	**entspricht**
1	Vattenfall Europe AG	367.886.550,00 Euro	276.043.995,50 Euro	91.842.554,50 Euro	33,3 %
2	Generali Deutschland Holding AG	287.810.595,90 Euro	211.641.000,00 Euro	76.169.595,90 Euro	36,0 %
3	VTG Aktiengesellschaft	108.250.007,58 Euro	55.200.009,54 Euro	53.049.998,04 Euro	96,1 %
4	Thüga AG	234.382.695,00 Euro	186.798.585,60 Euro	47.584.109,40 Euro	25,5 %
5	SCA Hygiene Products SE	128.650.967,43 Euro	82.123.329,33 Euro	46.527.638,10 Euro	56,7 %
6	Kölnische Rückversicherungs-Gesellschaft AG	165.714.211,47 Euro	130.319.676,32 Euro	35.394.535,15 Euro	27,2 %
7	E.ON Bayern AG	279.017.583,58 Euro	247.284.882,56 Euro	31.732.701,02 Euro	12,8 %
8	Buderus AG	84.094.186,00 Euro	54.625.436,14 Euro	29.468.749,86 Euro	53,9 %
9	Vodafone AG	451.563.638,22 Euro	422.494.883,60 Euro	29.068.754,62 Euro	6,9 %
10	Wella AG	192.023.967,18 Euro	164.498.904,90 Euro	27.525.062,28 Euro	16,7 %
11	Gerling Konzern Allgemeine Versicherung AG	81.277.416,00 Euro	55.573.433,19 Euro	25.703.982,81 Euro	46,3 %
12	WMF AG	79.903.500,00 Euro	54.737.137,70 Euro	25.166.362,30 Euro	46,0 %
13	Schmalbach-Lubeca AG	43.881.411,84 Euro	19.566.869,04 Euro	24.314.542,80 Euro	124,3 %
14	KUKA AG	150.522.487,38 Euro	128.718.437,58 Euro	21.804.049,80 Euro	16,9 %
15	Dyckerhoff AG	72.135.122,64 Euro	53.332.659,07 Euro	18.802.463,57 Euro	35,3 %
16	AXA Konzern AG	143.137.950,76 Euro	124.535.677,58 Euro	18.602.273,18 Euro	14,9 %
17	STADA Arzneimittel AG	135.218.469,45 Euro	118.393.293,30 Euro	16.825.176,15 Euro	14,2 %
18	GEA AG	43.202.685,00 Euro	26.433.745,30 Euro	16.768.939,70 Euro	63,4 %
19	debitel AG	64.525.000,00 Euro	47.882.000,00 Euro	16.643.000,00 Euro	34,8 %
20	STRABAG AG	80.599.531,60 Euro	63.964.051,20 Euro	16.635.480,40 Euro	26,0 %
21	Landesbank Berlin Holding AG	59.538.953,54 Euro	43.759.141,80 Euro	15.779.811,74 Euro	36,1 %
22	ALTANA AG	117.072.381,75 Euro	101.399.679,75 Euro	15.672.702,00 Euro	15,5 %

Tabelle 63 (fortgesetzt)

VzfK e.V.	Liste Gesellschaften, bei denen der Börsenwert zwischen 10 Mio. Euro und 100 Mio. Euro unter der Barabfindung laut Gerichten lag				
lfd. Nr.	**Zielgesellschaft**	**Wert Anteile Minderheitsaktionäre**			
		laut Gericht	**nach Börsenkurs**	**Differenz**	
				Betrag	**entspricht**
23	Radeberger Gruppe AG	47.544.576,00 Euro	32.239.102,24 Euro	15.305.473,76 Euro	47,5 %
24	Salamander AG	22.274.824,00 Euro	9.698.115,68 Euro	12.576.708,32 Euro	129,7 %
25	Degussa AG	229.384.936,43 Euro	216.926.654,58 Euro	12.458.281,85 Euro	5,7 %
26	Hapag-Lloyd AG	27.071.269,79 Euro	15.605.800,00 Euro	11.465.469,79 Euro	73,5 %
27	RIB Software SE	81.164.549,48 Euro	70.328.342,85 Euro	10.836.206,63 Euro	15,4 %
28	REpower Systems AG	66.028.952,00 Euro	55.399.159,53 Euro	10.629.792,47 Euro	19,2 %

In 6 Fällen (nach gerichtlicher Entscheidung: 5 Fälle) betrug die Differenz zwischen 7,5 Mio. Euro[315] und 10 Mio. Euro:

Tabelle 64: Liste der Gesellschaften mit Differenz zwischen wahrem Wert und Börsenwert laut Hauptaktionär zwischen 7,5 Mio. Euro und 10 Mio. Euro

VzfK e.V.	Liste Gesellschaften, bei denen der Börsenwert zwischen 7,5 Mio. Euro und 10 Mio. Euro unter der Barabfindung laut Hauptversammlung lag				
lfd. Nr.	**Zielgesellschaft**	**Wert Anteile Minderheitsaktionäre**			
		laut HV	**nach Börsenkurs**	**Differenz**	
				Betrag	**entspricht**
1	GEA AG	36.279.446,59 Euro	26.433.745,30 Euro	9.845.701,29 Euro	37,2 %
2	Salamander AG	19.456.202,04 Euro	9.698.115,68 Euro	9.758.086,36 Euro	100,6 %
3	Landesbank Berlin Holding AG	53.173.987,46 Euro	43.759.141,80 Euro	9.414.845,66 Euro	21,5 %
4	Hapag-Lloyd AG	24.284.519,79 Euro	15.605.800,00 Euro	8.678.719,79 Euro	55,6 %
5	AXA Konzern AG	132.737.164,00 Euro	124.535.677,58 Euro	8.201.486,42 Euro	6,6 %
6	Vodafone AG	430.616.745,02 Euro	422.494.883,60 Euro	8.121.861,42 Euro	1,9 %

315 Das entspricht dem Höchststreitwert in Spruchverfahren gemäß § 74 GNotKG.

Tabelle 65: Liste der Gesellschaften mit Differenz zwischen wahrem Wert und Börsenwert laut Gericht zwischen 7,5 Mio. Euro und 10 Mio. Euro

VzfK e.V.	Liste Gesellschaften, bei denen der Börsenwert zwischen 7,5 Mio. Euro und 10 Mio. Euro unter der Barabfindung laut Gerichten lag				
lfd. Nr.	**Zielgesellschaft**	**Wert Anteile Minderheitsaktionäre**			
		laut Gericht	**nach Börsenkurs**	**Differenz**	
				Betrag	**entspricht**
1	RWE Dea AG	28.923.432,30 Euro	19.600.902,66 Euro	9.322.529,64 Euro	47,6 %
2	Aachener und Münchener Lebensversi-cherung AG	42.990.180,81 Euro	34.317.304,49 Euro	8.672.876,32 Euro	25,3 %
3	G. Krom-schröder AG	26.462.268,69 Euro	18.359.557,59 Euro	8.102.711,10 Euro	44,1 %
4	HVB Real Estate Bank AG	41.006.122,96 Euro	33.100.553,80 Euro	7.905.569,16 Euro	23,9 %
5	Vereins - und Westbank AG	74.302.598,50 Euro	66.523.827,40 Euro	7.778.771,10 Euro	11,7 %

In 38 Fällen (nach gerichtlicher Entscheidung: 72 Fälle) betrug die Differenz zwischen 1 Mio. Euro und 7,5 Mio. Euro:

Tabelle 66: Liste der Gesellschaften mit Differenz zwischen wahrem Wert und Börsenwert laut Hauptaktionär zwischen 1 Mio. Euro und 7,5 Mio. Euro

VzfK e.V.	Liste Gesellschaften, bei denen der Börsenwert zwischen 1 Mio. Euro und 7,5 Mio. Euro unter der Barabfindung laut Hauptversammlung lag				
lfd. Nr.	**Zielgesellschaft**	**Wert Anteile Minderheitsaktionäre**			
		laut HV	**nach Börsenkurs**	**Differenz**	
				Betrag	**entspricht**
1	REpower Systems AG	62.019.430,77 Euro	55.399.159,53 Euro	6.620.271,24 Euro	12,0 %
2	Buderus AG	60.834.092,00 Euro	54.625.436,14 Euro	6.208.655,86 Euro	11,4 %
3	HSBC Trinkaus & Burkhardt AG	15.819.389,08 Euro	10.144.744,30 Euro	5.674.644,78 Euro	55,9 %
4	Walter AG	12.740.549,50 Euro	7.597.079,98 Euro	5.143.469,52 Euro	67,7 %
5	WESTGRUND AG	18.453.223,52 Euro	13.519.355,60 Euro	4.933.867,92 Euro	36,5 %
6	Hageda AG	10.686.490,00 Euro	5.926.906,50 Euro	4.759.583,50 Euro	80,3 %
7	debitel AG	52.465.500,00 Euro	47.882.000,00 Euro	4.583.500,00 Euro	9,6 %
8	Otto Stumpf AG	13.062.816,00 Euro	8.883.717,26 Euro	4.179.098,74 Euro	47,0 %
9	Leica Camera AG	11.151.872,16 Euro	7.113.106,00 Euro	4.038.766,16 Euro	56,8 %
10	Ford Werke AG	7.076.480,00 Euro	3.294.986,00 Euro	3.781.494,00 Euro	114,8 %

Tabelle 66 (fortgesetzt)

VzfK e.V.	Liste Gesellschaften, bei denen der Börsenwert zwischen 1 Mio. Euro und 7,5 Mio. Euro unter der Barabfindung laut Hauptversammlung lag				
lfd. Nr.	Zielgesellschaft	Wert Anteile Minderheitsaktionäre			
		laut HV	nach Börsenkurs	Differenz	
				Betrag	entspricht
11	D+S europe AG	19.557.928,11 Euro	16.030.763,77 Euro	3.527.164,34 Euro	22,0 %
12	Schuler AG	18.492.076,80 Euro	15.117.020,16 Euro	3.375.056,64 Euro	22,3 %
13	Vereins - und Westbank AG	69.702.250,00 Euro	66.523.827,40 Euro	3.178.422,60 Euro	4,8 %
14	Advanced Inflight Alliance AG	11.097.186,45 Euro	8.086.547,40 Euro	3.010.639,05 Euro	37,2 %
15	Stinnes AG	8.902.861,26 Euro	6.082.960,43 Euro	2.819.900,83 Euro	46,4 %
16	AWD Holding AG	38.115.960,00 Euro	35.485.958,76 Euro	2.630.001,24 Euro	7,4 %
17	Augusta Technologie AG	21.872.751,25 Euro	19.464.291,00 Euro	2.408.460,25 Euro	12,4 %
18	SinnerSchrader AG	11.782.659,49 Euro	9.444.773,31 Euro	2.337.886,18 Euro	24,8 %
19	Möbel Walther AG	5.880.718,88 Euro	3.568.574,99 Euro	2.312.143,89 Euro	64,8 %
20	MSH International Service AG	4.649.429,28 Euro	2.681.057,76 Euro	1.968.371,52 Euro	73,4 %
21	Sanacorp Pharma-holding AG	12.481.792,14 Euro	10.636.267,10 Euro	1.845.525,04 Euro	17,4 %
22	RENERCO Renewable Energy Concepts AG	8.122.181,85 Euro	6.377.416,86 Euro	1.744.764,99 Euro	27,4 %
23	RWE Dea AG	21.288.912,00 Euro	19.600.902,66 Euro	1.688.009,34 Euro	8,6 %
24	PC-Ware Information Technologies AG	10.688.007,96 Euro	9.014.424,56 Euro	1.673.583,40 Euro	18,6 %
25	P&I Personal & Informatik AG	13.075.307,10 Euro	11.492.992,08 Euro	1.582.315,02 Euro	13,8 %
26	CUSTODIA Holding AG	21.604.130,00 Euro	20.058.644,31 Euro	1.545.485,69 Euro	7,7 %
27	Axel Springer SE	60.186.928,56 Euro	58.708.232,44 Euro	1.478.696,12 Euro	2,5 %
28	INFO Gesellschaft für Informations-systeme AG	5.807.804,98 Euro	4.357.393,45 Euro	1.450.411,53 Euro	33,3 %
29	Kolbenschmidt Pierburg AG	24.635.669,76 Euro	23.342.230,08 Euro	1.293.439,68 Euro	5,5 %
30	Pironet AG	6.908.428,88 Euro	5.632.806,12 Euro	1.275.622,76 Euro	22,6 %
31	Pelikan AG	3.717.308,97 Euro	2.444.716,71 Euro	1.272.592,26 Euro	52,1 %
32	RÜTGERS AG	22.618.220,00 Euro	21.388.810,30 Euro	1.229.409,70 Euro	5,7 %
33	VBH Holding Aktiengesellschaft	6.275.258,88 Euro	5.052.115,20 Euro	1.223.143,68 Euro	24,2 %
34	Harpen AG	30.748.770,00 Euro	29.534.587,80 Euro	1.214.182,20 Euro	4,1 %

Tabelle 66 (fortgesetzt)

VzfK e.V.	Liste Gesellschaften, bei denen der Börsenwert zwischen 1 Mio. Euro und 7,5 Mio. Euro unter der Barabfindung laut Hauptversammlung lag				
lfd. Nr.	Zielgesellschaft	Wert Anteile Minderheitsaktionäre			
		laut HV	nach Börsenkurs	Differenz	
				Betrag	entspricht
35	iXOS Software AG	10.004.338,08 Euro	8.800.112,20 Euro	1.204.225,88 Euro	13,7 %
36	Neckarwerke Stuttgart AG	18.543.908,50 Euro	17.377.021,95 Euro	1.166.886,55 Euro	6,7 %
37	MCS Modulare Computer und Software Systems AG	2.181.995,20 Euro	1.047.764,96 Euro	1.134.230,24 Euro	108,3 %
38	Winkler + Dünnebier AG	3.492.566,16 Euro	2.466.100,32 Euro	1.026.465,84 Euro	41,6 %

Tabelle 67: Liste der Gesellschaften mit Differenz zwischen wahrem Wert und Börsenwert laut Gericht zwischen 1 Mio. Euro und 7,5 Mio. Euro

VzfK e.V.	Liste Gesellschaften, bei denen der Börsenwert zwischen 1 Mio. Euro und 7,5 Mio. Euro unter der Barabfindung laut Gerichten lag				
lfd. Nr.	Zielgesellschaft	Wert Anteile Minderheitsaktionäre			
		laut Gericht	nach Börsenkurs	Differenz	
				Betrag	entspricht
1	FAG Kugelfischer Georg Schäfer AG	36.398.531,40 Euro	29.236.619,72 Euro	7.161.911,68 Euro	24,5 %
2	Leica Camera AG	13.028.993,12 Euro	7.113.106,00 Euro	5.915.887,12 Euro	83,2 %
3	Aachener und Münchener Versicherung AG	27.073.711,12 Euro	21.282.117,78 Euro	5.791.593,34 Euro	27,2 %
4	HSBC Trinkaus & Burkhardt AG	15.819.389,08 Euro	10.144.744,30 Euro	5.674.644,78 Euro	55,9 %
5	DIH Deutsche Immobilien Holding AG	7.317.847,53 Euro	1.886.538,69 Euro	5.431.308,84 Euro	287,9 %
6	Stinnes AG	11.464.804,00 Euro	6.082.960,43 Euro	5.381.843,57 Euro	88,5 %
7	Volksfürsorge Holding AG	28.715.287,62 Euro	23.481.667,05 Euro	5.233.620,57 Euro	22,3 %
8	Otto Stumpf AG	14.106.166,56 Euro	8.883.717,26 Euro	5.222.449,30 Euro	58,8 %
9	Walter AG	12.740.549,50 Euro	7.597.079,98 Euro	5.143.469,52 Euro	67,7 %
10	WESTGRUND AG	18.453.223,52 Euro	13.519.355,60 Euro	4.933.867,92 Euro	36,5 %
11	Ford Werke AG	8.160.066,00 Euro	3.294.986,00 Euro	4.865.080,00 Euro	147,7 %
12	Hageda AG	10.686.490,00 Euro	5.926.906,50 Euro	4.759.583,50 Euro	80,3 %

Tabelle 67 (fortgesetzt)

VzfK e.V.	Liste Gesellschaften, bei denen der Börsenwert zwischen 1 Mio. Euro und 7,5 Mio. Euro unter der Barabfindung laut Gerichten lag				
lfd. Nr.	Zielgesellschaft	Wert Anteile Minderheitsaktionäre			
		laut Gericht	nach Börsenkurs	Differenz	
				Betrag	entspricht
13	Kraftübertragungswerke Rheinfelden AG	15.026.727,04 Euro	10.343.613,28 Euro	4.683.113,76 Euro	45,3 %
14	BHW Holding AG	43.878.179,80 Euro	39.230.727,62 Euro	4.647.452,18 Euro	11,8 %
15	WEDECO Water Technology AG	13.835.539,50 Euro	9.228.874,85 Euro	4.606.664,65 Euro	49,9 %
16	Renk AG	56.078.140,00 Euro	51.552.877,92 Euro	4.525.262,08 Euro	8,8 %
17	Lambda Physik AG	10.578.800,00 Euro	6.499.350,25 Euro	4.079.449,75 Euro	62,8 %
18	Augusta Technologie AG	23.431.579,75 Euro	19.464.291,00 Euro	3.967.288,75 Euro	20,4 %
19	Advanced Inflight Alliance AG	11.766.217,35 Euro	8.086.547,40 Euro	3.679.669,95 Euro	45,5 %
20	DAB Bank AG	39.761.718,12 Euro	36.133.272,36 Euro	3.628.445,76 Euro	10,0 %
21	Tarkett AG	22.366.695,00 Euro	18.753.613,50 Euro	3.613.081,50 Euro	19,3 %
22	D+S europe AG	19.557.928,11 Euro	16.030.763,77 Euro	3.527.164,34 Euro	22,0 %
23	AVA Allgemeine Handelsgesellschaft der Verbraucher AG	73.800.702,50 Euro	70.413.638,68 Euro	3.387.063,82 Euro	4,8 %
24	Schuler AG	18.492.076,80 Euro	15.117.020,16 Euro	3.375.056,64 Euro	22,3 %
25	SPAR Handels - AG	15.224.371,00 Euro	11.935.669,98 Euro	3.288.701,02 Euro	27,6 %
26	Baden-Württembergische Bank AG	19.055.328,00 Euro	15.800.042,80 Euro	3.255.285,20 Euro	20,6 %
27	Möbel Walther AG	6.768.681,41 Euro	3.568.574,99 Euro	3.200.106,42 Euro	89,7 %
28	Sanacorp Pharmaholding AG	13.780.192,50 Euro	10.636.267,10 Euro	3.143.925,40 Euro	29,6 %
29	MSH International Service AG	5.599.677,60 Euro	2.681.057,76 Euro	2.918.619,84 Euro	108,9 %
30	Nestlé Deutschland AG	32.509.995,20 Euro	29.757.720,00 Euro	2.752.275,20 Euro	9,2 %
31	Horten AG	10.698.593,07 Euro	8.021.714,07 Euro	2.676.879,00 Euro	33,4 %
32	Harpen AG	32.183.712,60 Euro	29.534.587,80 Euro	2.649.124,80 Euro	9,0 %
33	AWD Holding AG	38.115.960,00 Euro	35.485.958,76 Euro	2.630.001,24 Euro	7,4 %
34	Consors Discount-Broker AG	29.717.810,46 Euro	27.196.156,44 Euro	2.521.654,02 Euro	9,3 %
35	Edscha AG	6.922.755,00 Euro	4.556.711,18 Euro	2.366.043,82 Euro	51,9 %
36	SinnerSchrader AG	11.782.659,49 Euro	9.444.773,31 Euro	2.337.886,18 Euro	24,8 %
37	Ingram Macrotron AG	9.248.338,35 Euro	6.946.125,00 Euro	2.302.213,35 Euro	33,1 %
38	CinemaxX AG	6.645.017,92 Euro	4.398.239,32 Euro	2.246.778,60 Euro	51,1 %

Tabelle 67 (fortgesetzt)

VzfK e.V.	**Liste Gesellschaften, bei denen der Börsenwert zwischen 1 Mio. Euro und 7,5 Mio. Euro unter der Barabfindung laut Gerichten lag**				
lfd. Nr.	**Zielgesellschaft**	**Wert Anteile Minderheitsaktionäre**			
		laut Gericht	**nach Börsenkurs**	**Differenz**	
				Betrag	**entspricht**
39	Fränkisches Überlandwerk AG	20.702.103,40 Euro	18.724.960,54 Euro	1.977.142,86 Euro	10,6 %
40	CHORUS Clean Energy AG	18.437.956,92 Euro	16.500.033,52 Euro	1.937.923,40 Euro	11,7 %
41	Aditron AG	11.478.484,71 Euro	9.623.038,04 Euro	1.855.446,67 Euro	19,3 %
42	Scholz & Friends AG	2.834.298,00 Euro	1.058.137,92 Euro	1.776.160,08 Euro	167,9 %
43	RENERCO Renewable Energy Concepts AG	8.122.181,85 Euro	6.377.416,86 Euro	1.744.764,99 Euro	27,4 %
44	Andreae-Noris Zahn AG	13.963.914,40 Euro	12.226.960,50 Euro	1.736.953,90 Euro	14,2 %
45	iXOS Software AG	10.526.450,00 Euro	8.800.112,20 Euro	1.726.337,80 Euro	19,6 %
46	PC-Ware Information Technologies AG	10.688.007,96 Euro	9.014.424,56 Euro	1.673.583,40 Euro	18,6 %
47	P&I Personal & Informatik AG	13.075.307,10 Euro	11.492.992,08 Euro	1.582.315,02 Euro	13,8 %
48	VBH Holding Aktiengesellschaft	6.620.929,92 Euro	5.052.115,20 Euro	1.568.814,72 Euro	31,1 %
49	CUSTODIA Holding AG	21.604.130,00 Euro	20.058.644,31 Euro	1.545.485,69 Euro	7,7 %
50	Axel Springer SE	60.186.928,56 Euro	58.708.232,44 Euro	1.478.696,12 Euro	2,5 %
51	INFO Gesellschaft für Informationssysteme AG	5.807.804,98 Euro	4.357.393,45 Euro	1.450.411,53 Euro	33,3 %
52	Felten & Guilleaume AG	3.024.054,81 Euro	1.608.495,98 Euro	1.415.558,83 Euro	88,0 %
53	Pelikan AG	3.817.776,78 Euro	2.444.716,71 Euro	1.373.060,07 Euro	56,2 %
54	INKA AG für Beteiligungen	2.353.800,00 Euro	1.047.754,84 Euro	1.306.045,16 Euro	124,7 %
55	Kolbenschmidt Pierburg AG	24.635.669,76 Euro	23.342.230,08 Euro	1.293.439,68 Euro	5,5 %
56	Pironet AG	6.908.428,88 Euro	5.632.806,12 Euro	1.275.622,76 Euro	22,6 %
57	RÜTGERS AG	22.618.220,00 Euro	21.388.810,30 Euro	1.229.409,70 Euro	5,7 %
58	Creaton AG	5.936.264,20 Euro	4.752.970,90 Euro	1.183.293,30 Euro	24,9 %
59	burgbad AG	4.632.498,87 Euro	3.450.255,69 Euro	1.182.243,18 Euro	34,3 %
60	Neckarwerke Stuttgart AG	18.543.908,50 Euro	17.377.021,95 Euro	1.166.886,55 Euro	6,7 %

Tabelle 67 (fortgesetzt)

VzfK e.V.	Liste Gesellschaften, bei denen der Börsenwert zwischen 1 Mio. Euro und 7,5 Mio. Euro unter der Barabfindung laut Gerichten lag				
lfd. Nr.	Zielgesellschaft	Wert Anteile Minderheitsaktionäre			
		laut Gericht	nach Börsenkurs	Differenz	
				Betrag	entspricht
61	eff-eff Fritz Fuss GmbH & Co. KGaA	3.741.069,00 Euro	2.585.017,35 Euro	1.156.051,65 Euro	44,7 %
62	Gerresheimer Glas AG	6.338.600,80 Euro	5.188.504,16 Euro	1.150.096,64 Euro	22,2 %
63	Jobpilot AG	2.935.856,00 Euro	1.794.541,98 Euro	1.141.314,02 Euro	63,6 %
64	MCS Modulare Computer und Software Systems AG	2.181.995,20 Euro	1.047.764,96 Euro	1.134.230,24 Euro	108,3 %
65	Süd-Chemie AG	21.240.897,30 Euro	20.110.618,26 Euro	1.130.279,04 Euro	5,6 %
66	GBW AG	36.637.721,25 Euro	35.553.765,00 Euro	1.083.956,25 Euro	3,0 %
67	Reckitt Benckiser Deutschland AG	1.985.920,00 Euro	908.866,56 Euro	1.077.053,44 Euro	118,5 %
68	GeneScan Europe AG	2.853.209,10 Euro	1.783.568,19 Euro	1.069.640,91 Euro	60,0 %
69	Elster Group SE	2.769.872,00 Euro	1.736.540,16 Euro	1.033.331,84 Euro	59,5 %
70	Winkler + Dünnebier AG	3.492.566,16 Euro	2.466.100,32 Euro	1.026.465,84 Euro	41,6 %
71	Württembergische Hypothekenbank AG	16.044.970,50 Euro	15.030.160,40 Euro	1.014.810,10 Euro	6,8 %
72	Jerini AG	5.980.270,00 Euro	4.970.428,00 Euro	1.009.842,00 Euro	20,3 %

In 52 Fällen (nach gerichtlicher Entscheidung: 75 Fälle) betrug die Differenz zwischen 200 TEuro[316] und 1 Mio. Euro:

Tabelle 68: Liste der Gesellschaften mit Differenz zwischen wahrem Wert und Börsenwert laut Hauptaktionär zwischen 200 TEuro und 1 Mio. Euro

VzfK e.V.	Liste Gesellschaften, bei denen der Börsenwert zwischen 200.000 Euro und 1 Mio. Euro unter der Barabfindung laut Hauptversammlung lag				
lfd. Nr.	Zielgesellschaft	Wert Anteile Minderheitsaktionäre			
		laut HV	nach Börsenkurs	Differenz	
				Betrag	entspricht
1	CinemaxX AG	5.351.418,12 Euro	4.398.239,32 Euro	953.178,80 Euro	21,7 %
2	Aachener und Münchener Versicherung AG	22.212.256,00 Euro	21.282.117,78 Euro	930.138,22 Euro	4,4 %
3	Felten & Guilleaume AG	2.536.922,08 Euro	1.608.495,98 Euro	928.426,10 Euro	57,7 %
4	Carl Schenck AG	3.127.126,00 Euro	2.218.466,84 Euro	908.659,16 Euro	41,0 %
5	INKA AG für Beteiligungen	1.837.533,20 Euro	1.047.754,84 Euro	789.778,36 Euro	75,4 %
6	Verallia Deutschland AG	20.130.247,90 Euro	19.382.903,60 Euro	747.344,30 Euro	3,9 %
7	ATB Antriebstechnik AG	1.425.872,00 Euro	745.781,98 Euro	680.090,02 Euro	91,2 %
8	Holsten-Brauerei AG	9.705.732,00 Euro	9.026.330,76 Euro	679.401,24 Euro	7,5 %
9	Hansen Sicherheitstechnik AG	1.521.944,04 Euro	844.335,11 Euro	677.608,93 Euro	80,3 %
10	HVB Real Estate Bank AG	33.743.283,00 Euro	33.100.553,80 Euro	642.729,20 Euro	1,9 %
11	Hymer AG	4.047.459,06 Euro	3.416.334,68 Euro	631.124,38 Euro	18,5 %
12	Odeon Film AG	1.573.022,25 Euro	961.848,00 Euro	611.174,25 Euro	63,5 %
13	E.ON Bayern AG	247.860.346,05 Euro	247.284.882,56 Euro	575.463,49 Euro	0,2 %
14	Sappi Ehingen AG	4.788.836,25 Euro	4.225.443,75 Euro	563.392,50 Euro	13,3 %
15	Alcatel SEL AG	3.622.650,00 Euro	3.072.973,24 Euro	549.676,76 Euro	17,9 %
16	Reckitt Benckiser Deutschland AG	1.450.954,24 Euro	908.866,56 Euro	542.087,68 Euro	59,6 %
17	Sedo Holding AG	3.335.797,43 Euro	2.793.880,88 Euro	541.916,55 Euro	19,4 %
18	G. Kromschröder AG	18.886.563,19 Euro	18.359.557,59 Euro	527.005,60 Euro	2,9 %
19	Creaton AG	5.278.371,40 Euro	4.752.970,90 Euro	525.400,50 Euro	11,1 %
20	ABB AG	27.806.220,00 Euro	27.286.140,70 Euro	520.079,30 Euro	1,9 %

316 Das entspricht dem Mindeststreitwert in Spruchverfahren gemäß § 74 GnotKG.

Tabelle 68 (fortgesetzt)

VzfK e.V.	Liste Gesellschaften, bei denen der Börsenwert zwischen 200.000 Euro und 1 Mio. Euro unter der Barabfindung laut Hauptversammlung lag				
lfd. Nr.	Zielgesellschaft	Wert Anteile Minderheitsaktionäre			
		laut HV	nach Börsenkurs	Differenz	
				Betrag	entspricht
21	Autania Aktiengesellschaft für Industriebeteiligungen	2.417.191,44 Euro	1.904.851,95 Euro	512.339,49 Euro	26,9 %
22	Schramm Holding AG	794.740,80 Euro	295.293,60 Euro	499.447,20 Euro	169,1 %
23	Consors Discount-Broker AG	27.691.060,50 Euro	27.196.156,44 Euro	494.904,06 Euro	1,8 %
24	Württembergische Hypothekenbank AG	15.496.424,50 Euro	15.030.160,40 Euro	466.264,10 Euro	3,1 %
25	F24 AG	2.754.926,94 Euro	2.289.496,99 Euro	465.429,95 Euro	20,3 %
26	Röder Zeltsysteme und Service AG	3.255.553,98 Euro	2.791.344,96 Euro	464.209,02 Euro	16,6 %
27	Douglas Holding AG	48.056.662,00 Euro	47.601.388,36 Euro	455.273,64 Euro	1,0 %
28	Horten AG	8.476.783,50 Euro	8.021.714,07 Euro	455.069,43 Euro	5,7 %
29	Edscha AG	4.999.767,50 Euro	4.556.711,18 Euro	443.056,32 Euro	9,7 %
30	SAI Automotive AG	3.451.059,00 Euro	3.008.812,18 Euro	442.246,82 Euro	14,7 %
31	Armstrong DLW AG	1.065.085,80 Euro	625.927,20 Euro	439.158,60 Euro	70,2 %
32	Jerini AG	5.392.986,00 Euro	4.970.428,00 Euro	422.558,00 Euro	8,5 %
33	GeneScan Europe AG	2.205.900,00 Euro	1.783.568,19 Euro	422.331,81 Euro	23,7 %
34	Comarch Software und Beratung AG	916.388,00 Euro	518.768,80 Euro	397.619,20 Euro	76,6 %
35	Rieter Ingolstadt Spinnereimaschinenbau AG	1.444.760,28 Euro	1.055.578,68 Euro	389.181,60 Euro	36,9 %
36	Realtime Technology AG	12.591.879,00 Euro	12.204.909,06 Euro	386.969,94 Euro	3,2 %
37	F. Reichelt AG	10.901.447,64 Euro	10.515.544,70 Euro	385.902,94 Euro	3,7 %
38	ARBOmedia AG	795.736,00 Euro	421.272,00 Euro	374.464,00 Euro	88,9 %
39	Kraftübertragungswerke Rheinfelden AG	10.689.600,00 Euro	10.343.613,28 Euro	345.986,72 Euro	3,3 %
40	Scholz & Friends AG	1.385.656,80 Euro	1.058.137,92 Euro	327.518,88 Euro	31,0 %
41	Interhyp AG	1.694.324,97 Euro	1.382.219,02 Euro	312.105,95 Euro	22,6 %
42	ADC African Development Corporation AG	4.445.053,20 Euro	4.134.082,40 Euro	310.970,80 Euro	7,5 %

Tabelle 68 (fortgesetzt)

VzfK e.V.	Liste Gesellschaften, bei denen der Börsenwert zwischen 200.000 Euro und 1 Mio. Euro unter der Barabfindung laut Hauptversammlung lag				
lfd. Nr.	**Zielgesellschaft**	**Wert Anteile Minderheitsaktionäre**			
		laut HV	**nach Börsenkurs**	**Differenz**	
				Betrag	**entspricht**
43	BIEN-ZENKER AG	3.927.302,94 Euro	3.636.929,34 Euro	290.373,60 Euro	8,0 %
44	IC Immobilien Holding AG	620.461,05 Euro	342.591,15 Euro	277.869,90 Euro	81,1 %
45	Hamburger Hochbahn AG	1.933.470,00 Euro	1.663.398,00 Euro	270.072,00 Euro	16,2 %
46	itelligence AG	5.080.428,00 Euro	4.821.702,50 Euro	258.725,50 Euro	5,4 %
47	Elster Group SE	1.987.524,48 Euro	1.736.540,16 Euro	250.984,32 Euro	14,5 %
48	TIAG Tabbert Industrie AG	926.152,50 Euro	682.131,45 Euro	244.021,05 Euro	35,8 %
49	Aditron AG	9.853.574,50 Euro	9.623.038,04 Euro	230.536,46 Euro	2,4 %
50	net-m privatbank 1891 AG	1.245.573,78 Euro	1.042.136,46 Euro	203.437,32 Euro	19,5 %
51	Glunz AG	1.681.981,32 Euro	1.479.675,20 Euro	202.306,12 Euro	13,7 %
52	Concept! AG	4.167.502,40 Euro	3.965.255,96 Euro	202.246,44 Euro	5,1 %

Tabelle 69: Liste der Gesellschaften mit Differenz zwischen wahrem Wert und Börsenwert laut Gericht zwischen 200 TEuro und 1 Mio. Euro

VzfK e.V.	Liste Gesellschaften, bei denen der Börsenwert zwischen 200.000 Euro und 1 Mio. Euro unter der Barabfindung laut Gerichten lag				
lfd. Nr.	**Zielgesellschaft**	**Wert Anteile Minderheitsaktionäre**			
		laut Gericht	**nach Börsenkurs**	**Differenz**	
				Betrag	**entspricht**
1	Holsten-Brauerei AG	9.986.687,40 Euro	9.026.330,76 Euro	960.356,64 Euro	10,6 %
2	A. Moksel AG	13.054.995,36 Euro	12.098.947,72 Euro	956.047,64 Euro	7,9 %
3	Carl Schenck AG	3.127.126,00 Euro	2.218.466,84 Euro	908.659,16 Euro	41,0 %
4	Glunz AG	2.362.241,52 Euro	1.479.675,20 Euro	882.566,32 Euro	59,6 %
5	Hansen Sicherheitstechnik AG	1.719.161,00 Euro	844.335,11 Euro	874.825,89 Euro	103,6 %
6	F24 AG	3.142.959,55 Euro	2.289.496,99 Euro	853.462,56 Euro	37,3 %
7	Kaufhalle AG	5.971.840,00 Euro	5.130.388,48 Euro	841.451,52 Euro	16,4 %
8	Microlog Logistics AG	2.093.647,90 Euro	1.261.644,50 Euro	832.003,40 Euro	65,9 %
9	Hymer AG	4.202.747,00 Euro	3.416.334,68 Euro	786.412,32 Euro	23,0 %
10	SAI Automotive AG	3.788.495,88 Euro	3.008.812,18 Euro	779.683,70 Euro	25,9 %
11	Odeon Film AG	1.723.311,00 Euro	961.848,00 Euro	761.463,00 Euro	79,2 %
12	BBG Beteiligungs-AG	1.024.500,00 Euro	266.370,00 Euro	758.130,00 Euro	284,6 %

Tabelle 69 (fortgesetzt)

VzfK e.V.	Liste Gesellschaften, bei denen der Börsenwert zwischen 200.000 Euro und 1 Mio. Euro unter der Barabfindung laut Gerichten lag				
lfd. Nr.	**Zielgesellschaft**	**Wert Anteile Minderheitsaktionäre**			
		laut Gericht	**nach Börsenkurs**	**Differenz**	
				Betrag	**entspricht**
13	Verallia Deutschland AG	20.130.247,90 Euro	19.382.903,60 Euro	747.344,30 Euro	3,9 %
14	VIVA Media AG	7.440.062,00 Euro	6.696.055,80 Euro	744.006,20 Euro	11,1 %
15	Otto Reichelt AG	2.460.218,28 Euro	1.718.489,94 Euro	741.728,34 Euro	43,2 %
16	Armstrong DLW AG	1.337.667,00 Euro	625.927,20 Euro	711.739,80 Euro	113,7 %
17	MIS AG	2.511.280,50 Euro	1.800.641,55 Euro	710.638,95 Euro	39,5 %
18	Regentalbahn AG	3.250.044,00 Euro	2.540.681,64 Euro	709.362,36 Euro	27,9 %
19	Blaue Quellen Mineral- und Heilbrunnen AG	10.288.908,50 Euro	9.584.958,50 Euro	703.950,00 Euro	7,3 %
20	ATB Antriebstechnik AG	1.425.872,00 Euro	745.781,98 Euro	680.090,02 Euro	91,2 %
21	Didier-Werke AG	6.151.208,56 Euro	5.474.617,68 Euro	676.590,88 Euro	12,4 %
22	Rieter Ingolstadt Spinnereimaschinenbau AG	1.724.930,28 Euro	1.055.578,68 Euro	669.351,60 Euro	63,4 %
23	AXA Lebensversicherung AG	8.795.853,00 Euro	8.165.256,00 Euro	630.597,00 Euro	7,7 %
24	TA Triumph-Adler AG	5.391.541,20 Euro	4.784.043,60 Euro	607.497,60 Euro	12,7 %
25	ABB AG	27.868.011,60 Euro	27.286.140,70 Euro	581.870,90 Euro	2,1 %
26	Sappi Ehingen AG	4.788.836,25 Euro	4.225.443,75 Euro	563.392,50 Euro	13,3 %
27	Massa AG	3.748.656,00 Euro	3.197.129,60 Euro	551.526,40 Euro	17,3 %
28	Alcatel SEL AG	3.622.650,00 Euro	3.072.973,24 Euro	549.676,76 Euro	17,9 %
29	Sedo Holding AG	3.335.797,43 Euro	2.793.880,88 Euro	541.916,55 Euro	19,4 %
30	Interhyp AG	1.913.669,55 Euro	1.382.219,02 Euro	531.450,53 Euro	38,4 %
31	Versatel AG	3.847.556,70 Euro	3.318.699,60 Euro	528.857,10 Euro	15,9 %
32	Lindner Holding KGaA	6.298.861,48 Euro	5.771.315,52 Euro	527.545,96 Euro	9,1 %
33	Novasoft AG	4.174.869,85 Euro	3.649.492,97 Euro	525.376,88 Euro	14,4 %
34	Autania Aktiengesellschaft für Industriebeteiligungen	2.417.191,44 Euro	1.904.851,95 Euro	512.339,49 Euro	26,9 %
35	Kempinski AG	2.745.234,80 Euro	2.237.473,70 Euro	507.761,10 Euro	22,7 %
36	Comarch Software und Beratung AG	1.025.112,00 Euro	518.768,80 Euro	506.343,20 Euro	97,6 %
37	Schramm Holding AG	794.740,80 Euro	295.293,60 Euro	499.447,20 Euro	169,1 %
38	ARBOmedia AG	917.436,80 Euro	421.272,00 Euro	496.164,80 Euro	117,8 %

Tabelle 69 (fortgesetzt)

VzfK e.V.	**Liste Gesellschaften, bei denen der Börsenwert zwischen 200.000 Euro und 1 Mio. Euro unter der Barabfindung laut Gerichten lag**				
lfd. Nr.	**Zielgesellschaft**	**Wert Anteile Minderheitsaktionäre**			
		laut Gericht	**nach Börsenkurs**	**Differenz**	
				Betrag	**entspricht**
39	Barmag AG	1.635.672,00 Euro	1.140.666,00 Euro	495.006,00 Euro	43,4 %
40	Zanders Feinpapiere AG	1.858.620,72 Euro	1.391.887,20 Euro	466.733,52 Euro	33,5 %
41	Röder Zeltsysteme und Service AG	3.255.553,98 Euro	2.791.344,96 Euro	464.209,02 Euro	16,6 %
42	Grundstücks- und Baugesellschaft AG	9.467.802,00 Euro	9.005.958,00 Euro	461.844,00 Euro	5,1 %
43	Douglas Holding AG	48.056.662,00 Euro	47.601.388,36 Euro	455.273,64 Euro	1,0 %
44	net-m privatbank 1891 AG	1.496.991,60 Euro	1.042.136,46 Euro	454.855,14 Euro	43,6 %
45	Stahlwerke Bochum AG	3.190.132,00 Euro	2.752.213,88 Euro	437.918,12 Euro	15,9 %
46	DGAG Deutsche Grundvermögen AG	2.203.032,00 Euro	1.765.618,40 Euro	437.413,60 Euro	24,8 %
47	KENNAMETAL HERTEL AG	3.667.365,52 Euro	3.234.132,73 Euro	433.232,79 Euro	13,4 %
48	Württembergische und Badische Versicherungs AG	1.247.037,50 Euro	829.373,00 Euro	417.664,50 Euro	50,4 %
49	PIXELPARK AG	4.107.418,43 Euro	3.698.380,91 Euro	409.037,52 Euro	11,1 %
50	Realtime Technology AG	12.591.879,00 Euro	12.204.909,06 Euro	386.969,94 Euro	3,2 %
51	F. Reichelt AG	10.901.447,64 Euro	10.515.544,70 Euro	385.902,94 Euro	3,7 %
52	LINOS AG	6.092.818,68 Euro	5.726.352,09 Euro	366.466,59 Euro	6,4 %
53	Hamburger Hochbahn AG	2.007.432,90 Euro	1.663.398,00 Euro	344.034,90 Euro	20,7 %
54	Bayerische Immobilien AG	9.058.518,00 Euro	8.735.253,24 Euro	323.264,76 Euro	3,7 %
55	ADC African Development Corporation AG	4.445.053,20 Euro	4.134.082,40 Euro	310.970,80 Euro	7,5 %
56	SinnLeffers AG	1.943.242,50 Euro	1.632.323,70 Euro	310.918,80 Euro	19,0 %
57	BIEN-ZENKER AG	3.927.302,94 Euro	3.636.929,34 Euro	290.373,60 Euro	8,0 %
58	Medisana AG	1.512.826,60 Euro	1.223.609,75 Euro	289.216,85 Euro	23,6 %
59	Konrad Hornschuch AG	689.185,50 Euro	404.842,30 Euro	284.343,20 Euro	70,2 %
60	IC Immobilien Holding AG	620.461,05 Euro	342.591,15 Euro	277.869,90 Euro	81,1 %

Tabelle 69 (fortgesetzt)

VzfK e.V.	Liste Gesellschaften, bei denen der Börsenwert zwischen 200.000 Euro und 1 Mio. Euro unter der Barabfindung laut Gerichten lag				
lfd. Nr.	**Zielgesellschaft**	**Wert Anteile Minderheitsaktionäre**			
		laut Gericht	**nach Börsenkurs**	**Differenz**	
				Betrag	**entspricht**
61	Rheinhold & Mahla AG	1.835.111,25 Euro	1.572.952,50 Euro	262.158,75 Euro	16,7 %
62	itelligence AG	5.080.428,00 Euro	4.821.702,50 Euro	258.725,50 Euro	5,4 %
63	UBAG Unternehmer Beteiligungen AG i.A.	976.850,00 Euro	723.148,10 Euro	253.701,90 Euro	35,1 %
64	Concept! AG	4.216.531,84 Euro	3.965.255,96 Euro	251.275,88 Euro	6,3 %
65	Curanum AG	7.802.586,07 Euro	7.553.302,17 Euro	249.283,90 Euro	3,3 %
66	TIAG Tabbert Industrie AG	926.152,50 Euro	682.131,45 Euro	244.021,05 Euro	35,8 %
67	Stelcon AG	518.742,00 Euro	276.909,42 Euro	241.832,58 Euro	87,3 %
68	OnVista AG	966.564,00 Euro	727.339,41 Euro	239.224,59 Euro	32,9 %
69	PROCON Multi-Media AG	3.368.805,93 Euro	3.137.089,12 Euro	231.716,81 Euro	7,4 %
70	P-D INTERGLAS TECHNOLOGIES AG	2.445.167,16 Euro	2.215.111,11 Euro	230.056,05 Euro	10,4 %
71	PSB AG für Programmierung und Systemberatung	796.341,00 Euro	568.464,96 Euro	227.876,04 Euro	40,1 %
72	IVG Deutschland Immobilien AG	3.892.486,50 Euro	3.667.723,50 Euro	224.763,00 Euro	6,1 %
73	Deutsche Ärzteversicherung AG	3.769.694,24 Euro	3.549.172,64 Euro	220.521,60 Euro	6,2 %
74	Tecis Holding AG	4.674.442,50 Euro	4.468.767,03 Euro	205.675,47 Euro	4,6 %
75	W.E.T. Automotive Systems AG	1.549.878,72 Euro	1.345.618,56 Euro	204.260,16 Euro	15,2 %

In 26 Fällen (nach gerichtlicher Entscheidung: 28 Fälle) betrug die Differenz zwischen 100 TEuro und 200 TEuro:

Tabelle 70: Liste der Gesellschaften mit Differenz zwischen wahrem Wert und Börsenwert laut Hauptaktionär zwischen 100 TEuro und 200 TEuro

VzfK e.V.	**Liste Gesellschaften, bei denen der Börsenwert zwischen 100.000 Euro und 200.000 Euro unter der Barabfindung laut Hauptversammlung lag**				
lfd. Nr.	**Zielgesellschaft**	**Wert Anteile Minderheitsaktionäre**			
		laut HV	**nach Börsenkurs**	**Differenz**	
				Betrag	**entspricht**
1	Texas Instruments Berlin AG	1.410.600,00 Euro	1.210.765,00 Euro	199.835,00 Euro	16,5 %
2	TDS Informationstechnologies AG	6.061.210,56 Euro	5.864.782,44 Euro	196.428,12 Euro	3,3 %
3	WERBAS AG	463.716,00 Euro	272.046,72 Euro	191.669,28 Euro	70,5 %
4	Microlog Logistics AG	1.445.776,40 Euro	1.261.644,50 Euro	184.131,90 Euro	14,6 %
5	cash.life AG	1.273.514,40 Euro	1.089.562,32 Euro	183.952,08 Euro	16,9 %
6	DIH Deutsche Immobilien Holding AG	2.066.781,24 Euro	1.886.538,69 Euro	180.242,55 Euro	9,6 %
7	Atevia AG	8.460.201,32 Euro	8.282.216,72 Euro	177.984,60 Euro	2,1 %
8	Michael Weinig AG	11.714.983,50 Euro	11.547.127,02 Euro	167.856,48 Euro	1,5 %
9	Stahlwerke Bochum AG	2.914.620,60 Euro	2.752.213,88 Euro	162.406,72 Euro	5,9 %
10	Andreae-Noris Zahn AG	12.384.865,40 Euro	12.226.960,50 Euro	157.904,90 Euro	1,3 %
11	Zanders Feinpapiere AG	1.546.264,72 Euro	1.391.887,20 Euro	154.377,52 Euro	11,1 %
12	Jobpilot AG	1.945.004,60 Euro	1.794.541,98 Euro	150.462,62 Euro	8,4 %
13	BBG Beteiligungs-AG	409.800,00 Euro	266.370,00 Euro	143.430,00 Euro	53,8 %
14	Kempinski AG	2.380.416,50 Euro	2.237.473,70 Euro	142.942,80 Euro	6,4 %
15	nextevolution AG	243.941,88 Euro	104.546,52 Euro	139.395,36 Euro	133,3 %
16	Württembergische und Badische Versicherungs AG	967.850,00 Euro	829.373,00 Euro	138.477,00 Euro	16,7 %
17	Stelcon AG	411.700,00 Euro	276.909,42 Euro	134.790,58 Euro	48,7 %
18	DIS Deutscher Industrie Service AG	6.827.460,00 Euro	6.698.765,40 Euro	128.694,60 Euro	1,9 %
19	SQS Software Quality Systems AG	3.718.317,93 Euro	3.591.602,09 Euro	126.715,84 Euro	3,5 %
20	Lambda Physik AG	6.624.973,50 Euro	6.499.350,25 Euro	125.623,25 Euro	1,9 %
21	Gilde Brauerei AG	5.258.145,26 Euro	5.140.847,69 Euro	117.297,57 Euro	2,3 %
22	CAA AG	2.123.850,36 Euro	2.007.420,00 Euro	116.430,36 Euro	5,8 %

Tabelle 70 (fortgesetzt)

VzfK e.V.	Liste Gesellschaften, bei denen der Börsenwert zwischen 100.000 Euro und 200.000 Euro unter der Barabfindung laut Hauptversammlung lag				
lfd. Nr.	**Zielgesellschaft**	**Wert Anteile Minderheitsaktionäre**			
		laut HV	**nach Börsenkurs**	**Differenz**	
				Betrag	**entspricht**
23	W.E.T. Automotive Systems AG	1.460.971,20 Euro	1.345.618,56 Euro	115.352,64 Euro	8,6 %
24	PROCON Multi-Media AG	3.244.035,34 Euro	3.137.089,12 Euro	106.946,22 Euro	3,4 %
25	Real Garant Versicherung AG	752.292,00 Euro	647.598,03 Euro	104.693,97 Euro	16,2 %
26	ESSANELLE HAIR GROUP AG	4.481.008,35 Euro	4.377.631,05 Euro	103.377,30 Euro	2,4 %

Tabelle 71: Liste der Gesellschaften mit Differenz zwischen wahrem Wert und Börsenwert laut Gericht zwischen 100 TEuro und 200 TEuro

VzfK e.V.	Liste Gesellschaften, bei denen der Börsenwert zwischen 100.000 Euro und 200.000 Euro unter der Barabfindung laut Gerichten lag				
lfd. Nr.	**Zielgesellschaft**	**Wert Anteile Minderheitsaktionäre**			
		laut Gericht	**nach Börsenkurs**	**Differenz**	
				Betrag	**entspricht**
1	Texas Instruments Berlin AG	1.410.600,00 Euro	1.210.765,00 Euro	199.835,00 Euro	16,5 %
2	Joseph Vögele AG	839.520,00 Euro	641.865,51 Euro	197.654,49 Euro	30,8 %
3	TDS Informations-technologies AG	6.061.210,56 Euro	5.864.782,44 Euro	196.428,12 Euro	3,3 %
4	WERBAS AG	463.716,00 Euro	272.046,72 Euro	191.669,28 Euro	70,5 %
5	Ariston Real Estate AG	658.711,80 Euro	467.912,52 Euro	190.799,28 Euro	40,8 %
6	BRAINPOOL TV AG	1.717.051,60 Euro	1.531.541,00 Euro	185.510,60 Euro	12,1 %
7	Constantin Film AG	5.063.410,78 Euro	4.878.130,32 Euro	185.280,46 Euro	3,8 %
8	cash.life AG	1.273.514,40 Euro	1.089.562,32 Euro	183.952,08 Euro	16,9 %
9	Dortmunder Actien Brauerei AG	1.544.043,60 Euro	1.362.022,20 Euro	182.021,40 Euro	13,4 %
10	Atevia AG	8.460.201,32 Euro	8.282.216,72 Euro	177.984,60 Euro	2,1 %
11	Quante AG	1.711.552,00 Euro	1.541.853,44 Euro	169.698,56 Euro	11,0 %
12	Allgemeine Privatkundenbank AG	656.640,00 Euro	488.016,00 Euro	168.624,00 Euro	34,6 %
13	Michael Weinig AG	11.714.983,50 Euro	11.547.127,02 Euro	167.856,48 Euro	1,5 %
14	VK MÜHLEN AG	3.204.658,00 Euro	3.038.038,00 Euro	166.620,00 Euro	5,5 %

Tabelle 71 (fortgesetzt)

VzfK e.V.	**Liste Gesellschaften, bei denen der Börsenwert zwischen 100.000 Euro und 200.000 Euro unter der Barabfindung laut Gerichten lag**				
lfd. Nr.	**Zielgesellschaft**	**Wert Anteile Minderheitsaktionäre**			
		laut Gericht	**nach Börsenkurs**	**Differenz**	
				Betrag	**entspricht**
15	Equitrust AG	1.912.369,44 Euro	1.746.922,72 Euro	165.446,72 Euro	9,5 %
16	buch.de internet-stores AG	5.960.718,00 Euro	5.801.765,52 Euro	158.952,48 Euro	2,7 %
17	CAA AG	2.159.983,92 Euro	2.007.420,00 Euro	152.563,92 Euro	7,6 %
18	nextevolution AG	243.941,88 Euro	104.546,52 Euro	139.395,36 Euro	133,3 %
19	GARANT SCHUH + MODE AG	3.482.117,59 Euro	3.344.548,56 Euro	137.569,03 Euro	4,1 %
20	DIS Deutscher Industrie Service AG	6.827.460,00 Euro	6.698.765,40 Euro	128.694,60 Euro	1,9 %
21	Bremer Woll-kämmerei AG	3.281.520,06 Euro	3.154.329,36 Euro	127.190,70 Euro	4,0 %
22	SQS Software Quality Systems AG	3.718.317,93 Euro	3.591.602,09 Euro	126.715,84 Euro	3,5 %
23	Gilde Brauerei AG	5.258.145,26 Euro	5.140.847,69 Euro	117.297,57 Euro	2,3 %
24	Tempelhofer Feld AG für Grund-stücksverwertung	562.000,00 Euro	446.790,00 Euro	115.210,00 Euro	25,8 %
25	Gauss Interprise AG	647.254,80 Euro	532.187,28 Euro	115.067,52 Euro	21,6 %
26	Tracom Holding AG	310.699,62 Euro	202.201,34 Euro	108.498,28 Euro	53,7 %
27	Real Garant Versicherung AG	752.292,00 Euro	647.598,03 Euro	104.693,97 Euro	16,2 %
28	ESSANELLE HAIR GROUP AG	4.481.008,35 Euro	4.377.631,05 Euro	103.377,30 Euro	2,4 %

In 40 Fällen (nach gerichtlicher Entscheidung: 31 Fälle) betrug die Differenz bis zu 100 TEuro:

Tabelle 72: Liste der Gesellschaften mit Differenz zwischen wahrem Wert und Börsenwert laut Hauptaktionär bis 100 TEuro

VzfK e.V.	Liste Gesellschaften, bei denen der Börsenwert zwischen 0 Euro und 100.000 Euro unter der Barabfindung laut Hauptversammlung lag				
lfd. Nr.	**Zielgesellschaft**	**Wert Anteile Minderheitsaktionäre**			
		laut HV	**nach Börsenkurs**	**Differenz**	
				Betrag	**entspricht**
1	WEDECO Water Technology AG	9.327.330,00 Euro	9.228.874,85 Euro	98.455,15 Euro	1,1 %
2	Bremer Woll-kämmerei AG	3.243.362,85 Euro	3.154.329,36 Euro	89.033,49 Euro	2,8 %
3	Covivio Office AG	1.593.161,52 Euro	1.508.788,48 Euro	84.373,04 Euro	5,6 %
4	Baden-Württem-bergische Bank AG	15.879.440,00 Euro	15.800.042,80 Euro	79.397,20 Euro	0,5 %
5	Gerresheimer Glas AG	5.266.919,84 Euro	5.188.504,16 Euro	78.415,68 Euro	1,5 %
6	Massa AG	3.274.688,00 Euro	3.197.129,60 Euro	77.558,40 Euro	2,4 %
7	Hermes Kreditver-sicherungs-AG	3.550.355,00 Euro	3.476.947,66 Euro	73.407,34 Euro	2,1 %
8	UBAG Unternehmer Beteiligungen AG i.A.	795.435,00 Euro	723.148,10 Euro	72.286,90 Euro	10,0 %
9	Konrad Hornschuch AG	472.460,50 Euro	404.842,30 Euro	67.618,20 Euro	16,7 %
10	Francono Rhein-Main AG	1.546.198,95 Euro	1.480.866,60 Euro	65.332,35 Euro	4,4 %
11	BRAINPOOL TV AG	1.596.254,00 Euro	1.531.541,00 Euro	64.713,00 Euro	4,2 %
12	Tecis Holding AG	4.530.613,50 Euro	4.468.767,03 Euro	61.846,47 Euro	1,4 %
13	AIRE GmbH & Co.KGaA	5.178.252,50 Euro	5.120.570,70 Euro	57.681,80 Euro	1,1 %
14	Regentalbahn AG	2.591.568,00 Euro	2.540.681,64 Euro	50.886,36 Euro	2,0 %
15	Tracom Holding AG	251.518,74 Euro	202.201,34 Euro	49.317,40 Euro	24,4 %
16	Design Hotels AG	1.742.592,00 Euro	1.694.670,72 Euro	47.921,28 Euro	2,8 %
17	AVW Immobilien AG	1.462.952,02 Euro	1.416.656,07 Euro	46.295,95 Euro	3,3 %
18	Tempelhofer Feld AG für Grund-stücksverwertung	491.750,00 Euro	446.790,00 Euro	44.960,00 Euro	10,1 %
19	Gauss Interprise AG	575.337,60 Euro	532.187,28 Euro	43.150,32 Euro	8,1 %
20	Rathgeber AG	193.900,00 Euro	154.000,00 Euro	39.900,00 Euro	25,9 %
21	Barmag AG	1.179.405,60 Euro	1.140.666,00 Euro	38.739,60 Euro	3,4 %
22	telegate Media AG	1.283.802,00 Euro	1.247.592,20 Euro	36.209,80 Euro	2,9 %
23	Travel Viva AG	512.166,50 Euro	478.793,07 Euro	33.373,43 Euro	7,0 %
24	Medisana AG	1.250.306,69 Euro	1.223.609,75 Euro	26.696,94 Euro	2,2 %

Tabelle 72 (fortgesetzt)

VzfK e.V.	Liste Gesellschaften, bei denen der Börsenwert zwischen 0 Euro und 100.000 Euro unter der Barabfindung laut Hauptversammlung lag				
lfd. Nr.	Zielgesellschaft	Wert Anteile Minderheitsaktionäre			
		laut HV	nach Börsenkurs	Differenz	
				Betrag	entspricht
25	VIVA Media AG	6.722.627,45 Euro	6.696.055,80 Euro	26.571,65 Euro	0,4 %
26	TA Triumph-Adler AG	4.809.356,00 Euro	4.784.043,60 Euro	25.312,40 Euro	0,5 %
27	Pirelli Deutschland AG	1.916.750,00 Euro	1.893.468,50 Euro	23.281,50 Euro	1,2 %
28	DGAG Deutsche Grundvermögen AG	1.787.968,00 Euro	1.765.618,40 Euro	22.349,60 Euro	1,3 %
29	Joseph Vögele AG	662.433,75 Euro	641.865,51 Euro	20.568,24 Euro	3,2 %
30	Steffen AG	449.136,00 Euro	430.422,00 Euro	18.714,00 Euro	4,3 %
31	Maschinenfabrik Esslingen AG	2.580.470,00 Euro	2.566.914,76 Euro	13.555,24 Euro	0,5 %
32	living-e AG	29.475,00 Euro	18.038,70 Euro	11.436,30 Euro	63,4 %
33	Kaufhalle AG	5.141.561,60 Euro	5.130.388,48 Euro	11.173,12 Euro	0,2 %
34	eteleon e-solutions AG	256.959,90 Euro	247.263,30 Euro	9.696,60 Euro	3,9 %
35	mg vermögensverwaltungs-AG	361.647,00 Euro	352.112,67 Euro	9.534,33 Euro	2,7 %
36	GARDENA Holding AG	2.849.834,00 Euro	2.842.161,37 Euro	7.672,63 Euro	0,3 %
37	Bochum-Gelsenkirchener Straßenbahnen AG	250.560,00 Euro	242.913,28 Euro	7.646,72 Euro	3,1 %
38	Ariston Real Estate AG	472.455,36 Euro	467.912,52 Euro	4.542,84 Euro	1,0 %
39	USU AG	415.169,35 Euro	412.554,11 Euro	2.615,24 Euro	0,6 %
40	AREAL Immobilien und Beteiligungs-AG	26.390,40 Euro	24.191,20 Euro	2.199,20 Euro	9,1 %

Tabelle 73: Liste der Gesellschaften mit Differenz zwischen wahrem Wert und Börsenwert laut Gericht bis 100 TEuro

VzfK e.V.	Liste Gesellschaften, bei denen der Börsenwert zwischen 0 Euro und 100.000 Euro unter der Barabfindung laut Gerichten lag				
lfd. Nr.	**Zielgesellschaft**	**Wert Anteile Minderheitsaktionäre**			
		laut Gericht	**nach Börsenkurs**	**Differenz**	
				Betrag	**entspricht**
1	eteleon e-solutions AG	341.320,32 Euro	247.263,30 Euro	94.057,02 Euro	38,0 %
2	Steffen AG	523.992,00 Euro	430.422,00 Euro	93.570,00 Euro	21,7 %
3	Converium Rückversicherung (Deutschland) AG	2.838.200,00 Euro	2.745.650,00 Euro	92.550,00 Euro	3,4 %
4	Würzburger Hofbräu AG	1.660.137,45 Euro	1.569.713,40 Euro	90.424,05 Euro	5,8 %
5	Rathgeber AG	239.120,00 Euro	154.000,00 Euro	85.120,00 Euro	55,3 %
6	Covivio Office AG	1.593.161,52 Euro	1.508.788,48 Euro	84.373,04 Euro	5,6 %
7	FranconoWest AG	811.198,36 Euro	728.982,31 Euro	82.216,05 Euro	11,3 %
8	Hermes Kredit-versicherungs-AG	3.550.355,00 Euro	3.476.947,66 Euro	73.407,34 Euro	2,1 %
9	Francono Rhein-Main AG	1.546.198,95 Euro	1.480.866,60 Euro	65.332,35 Euro	4,4 %
10	AIRE GmbH & Co.KGaA	5.178.252,50 Euro	5.120.570,70 Euro	57.681,80 Euro	1,1 %
11	LHS AG	900.036,00 Euro	847.283,89 Euro	52.752,11 Euro	6,2 %
12	Christian Adalbert Kupferberg & Compagnie KGaA	393.600,00 Euro	341.933,44 Euro	51.666,56 Euro	15,1 %
13	ComputerLinks AG	6.969.220,00 Euro	6.920.435,46 Euro	48.784,54 Euro	0,7 %
14	Design Hotels AG	1.742.592,00 Euro	1.694.670,72 Euro	47.921,28 Euro	2,8 %
15	AVW Immobilien AG	1.462.952,02 Euro	1.416.656,07 Euro	46.295,95 Euro	3,3 %
16	Jil Sander AG	1.345.320,00 Euro	1.300.251,78 Euro	45.068,22 Euro	3,5 %
17	Piper + Jet Maintenance AG	117.893,80 Euro	78.977,40 Euro	38.916,40 Euro	49,3 %
18	telegate Media AG	1.283.802,00 Euro	1.247.592,20 Euro	36.209,80 Euro	2,9 %
19	Schoeller Eitorf AG	193.914,00 Euro	158.004,00 Euro	35.910,00 Euro	22,7 %
20	Travel Viva AG	512.166,50 Euro	478.793,07 Euro	33.373,43 Euro	7,0 %
21	Weru AG	680.041,88 Euro	654.231,88 Euro	25.810,00 Euro	3,9 %
22	Pirelli Deutsch-land AG	1.916.750,00 Euro	1.893.468,50 Euro	23.281,50 Euro	1,2 %
23	Edelstahlwerk Witten AG	1.668.562,20 Euro	1.649.350,20 Euro	19.212,00 Euro	1,2 %
24	HBW Abwicklungs AG i.L.	544.040,00 Euro	526.339,27 Euro	17.700,73 Euro	3,4 %

Tabelle 73 (fortgesetzt)

VzfK e.V.	Liste Gesellschaften, bei denen der Börsenwert zwischen 0 Euro und 100.000 Euro unter der Barabfindung laut Gerichten lag				
lfd. Nr.	**Zielgesellschaft**	**Wert Anteile Minderheitsaktionäre**			
		laut Gericht	**nach Börsenkurs**	**Differenz**	
				Betrag	**entspricht**
25	Bochum-Gelsenkirchener Straßenbahnen AG	259.840,00 Euro	242.913,28 Euro	16.926,72 Euro	7,0 %
26	living-e AG	33.405,00 Euro	18.038,70 Euro	15.366,30 Euro	85,2 %
27	Maschinenfabrik Esslingen AG	2.580.470,00 Euro	2.566.914,76 Euro	13.555,24 Euro	0,5 %
28	mg vermögensverwaltungs-AG	361.647,00 Euro	352.112,67 Euro	9.534,33 Euro	2,7 %
29	GARDENA Holding AG	2.849.834,00 Euro	2.842.161,37 Euro	7.672,63 Euro	0,3 %
30	USU AG	415.169,35 Euro	412.554,11 Euro	2.615,24 Euro	0,6 %
31	AREAL Immobilien und Beteiligungs-AG	26.390,40 Euro	24.191,20 Euro	2.199,20 Euro	9,1 %

6 Börsenwert liegt über Ertragswert

In **33 Fällen** (nach gerichtlicher Entscheidung: 10 Fälle) lag dagegen der Börsenwert über dem Ertragswert. Dennoch wurde er nicht als Wertuntergrenze berücksichtigt. Das wurde meist mit einer Marktenge begründet. Sie lasse es nicht zu, aus dem Börsenwert auf den mindestens abzufindenden Verkehrswert zu schließen:

Tabelle 74: Liste der Gesellschaften mit negativer Differenz zwischen wahrem Wert und Börsenwert laut Hauptaktionär

VzfK e.V.	Liste Gesellschaften, bei denen der Börsenwert über der Barabfindung laut Hauptversammlung lag				
lfd. Nr.	**Zielgesellschaft**	**Wert Anteile Minderheitsaktionäre**			
		laut HV	**nach Börsenkurs**	**Differenz**	
				Betrag	**entspricht**
1	Dr. Scheller Cosmetics AG	1.062.961,62 Euro	1.068.336,90 Euro	-5.375,28 Euro	-0,5 %
2	Piper + Jet Maintenance AG	73.254,40 Euro	78.977,40 Euro	-5.723,00 Euro	-7,2 %

Tabelle 74 (fortgesetzt)

VzfK e.V.	Liste Gesellschaften, bei denen der Börsenwert über der Barabfindung laut Hauptversammlung lag				
lfd. Nr.	**Zielgesellschaft**	**Wert Anteile Minderheitsaktionäre**			
		laut HV	**nach Börsenkurs**	**Differenz**	
				Betrag	**entspricht**
3	ICN Immobilien Consult Nürnberg AG	1.781.339,40 Euro	1.797.550,20 Euro	-16.210,80 Euro	-0,9 %
4	GARANT SCHUH + MODE AG	3.305.190,67 Euro	3.344.548,56 Euro	-39.357,89 Euro	-1,2 %
5	Rheinhold & Mahla AG	1.514.695,00 Euro	1.572.952,50 Euro	-58.257,50 Euro	-3,7 %
6	ISRA VISION PARSYTEC AG	2.499.000,32 Euro	2.557.570,64 Euro	-58.570,32 Euro	-2,3 %
7	Ventegis Capital AG	109.671,30 Euro	173.036,94 Euro	-63.365,64 Euro	-36,6 %
8	Christian Adalbert Kupferberg & Compagnie KGaA	237.662,24 Euro	341.933,44 Euro	-104.271,20 Euro	-30,5 %
9	Dom-Brauerei AG	116.187,60 Euro	224.629,36 Euro	-108.441,76 Euro	-48,3 %
10	Allgäuer Alpenwasser AG	126.653,00 Euro	240.640,70 Euro	-113.987,70 Euro	-47,4 %
11	HBW Abwicklungs AG i.L.	408.030,00 Euro	526.339,27 Euro	-118.309,27 Euro	-22,5 %
12	Allgemeine Privatkundenbank AG	330.105,60 Euro	488.016,00 Euro	-157.910,40 Euro	-32,4 %
13	Softship AG	1.074.317,42 Euro	1.322.165,95 Euro	-247.848,53 Euro	-18,7 %
14	Real AG	422.832,00 Euro	739.956,00 Euro	-317.124,00 Euro	-42,9 %
15	PIXELPARK AG	3.340.473,08 Euro	3.698.380,91 Euro	-357.907,83 Euro	-9,7 %
16	DUEWAG AG i.A.	455.813,00 Euro	818.522,81 Euro	-362.709,81 Euro	-44,3 %
17	Converium Rückversicherung (Deutschland) AG	2.359.531,40 Euro	2.745.650,00 Euro	-386.118,60 Euro	-14,1 %
18	Blaue Quellen Mineral- und Heilbrunnen AG	9.182.472,00 Euro	9.584.958,50 Euro	-402.486,50 Euro	-4,2 %
19	Lindner Holding KGaA	5.316.470,24 Euro	5.771.315,52 Euro	-454.845,28 Euro	-7,9 %
20	Gasanstalt Kaiserslautern AG	2.533.835,28 Euro	3.047.241,88 Euro	-513.406,60 Euro	-16,8 %
21	Volksfürsorge Holding AG	22.756.658,00 Euro	23.481.667,05 Euro	-725.009,05 Euro	-3,1 %
22	Bayerische Immobilien AG	7.872.029,76 Euro	8.735.253,24 Euro	-863.223,48 Euro	-9,9 %

Tabelle 74 (fortgesetzt)

VzfK e.V.	Liste Gesellschaften, bei denen der Börsenwert über der Barabfindung laut Hauptversammlung lag				
lfd. Nr.	**Zielgesellschaft**	**Wert Anteile Minderheitsaktionäre**			
		laut HV	**nach Börsenkurs**	**Differenz**	
				Betrag	**entspricht**
23	Fränkisches Überlandwerk AG	17.855.970,00 Euro	18.724.960,54 Euro	-868.990,54 Euro	-4,6 %
24	FAG Kugelfischer Georg Schäfer AG	28.270.704,00 Euro	29.236.619,72 Euro	-965.915,72 Euro	-3,3 %
25	Aachener und Münchener Lebensversi-cherung AG	33.318.384,00 Euro	34.317.304,49 Euro	-998.920,49 Euro	-2,9 %
26	ACTRIS AG	1.044.385,38 Euro	2.071.112,07 Euro	-1.026.726,69 Euro	-49,6 %
27	Ingram Macrotron AG	5.844.204,00 Euro	6.946.125,00 Euro	-1.101.921,00 Euro	-15,9 %
28	ComputerLinks AG	5.763.544,94 Euro	6.920.435,46 Euro	-1.156.890,52 Euro	-16,7 %
29	Nestlé Deutschland AG	28.324.327,04 Euro	29.757.720,00 Euro	-1.433.392,96 Euro	-4,8 %
30	AXA Versicherung AG	5.051.183,38 Euro	6.806.997,50 Euro	-1.755.814,12 Euro	-25,8 %
31	Triumph International AG	5.895.631,62 Euro	8.783.910,63 Euro	-2.888.279,01 Euro	-32,9 %
32	i: FAO AG	5.304.776,73 Euro	11.492.801,43 Euro	-6.188.024,70 Euro	-53,8 %
33	DEPFA Deutsche Pfandbriefbank AG	45.206.318,85 Euro	52.150.453,85 Euro	-6.944.135,00 Euro	-13,3 %

Tabelle 75: Liste der Gesellschaften mit negativer Differenz zwischen wahrem Wert und Börsenwert laut Gericht

VzfK e.V.	Liste Gesellschaften, bei denen der Börsenwert über der Barabfindung laut Gerichten lag				
lfd. Nr.	**Zielgesellschaft**	**Wert Anteile Minderheitsaktionäre**			
		laut Gericht	**nach Börsenkurs**	**Differenz**	
				Betrag	**entspricht**
1	ICN Immobilien Consult Nürnberg AG	1.796.412,60 Euro	1.797.550,20 Euro	-1.137,60 Euro	-0,1 %
2	Dr. Scheller Cosmetics AG	1.062.961,62 Euro	1.068.336,90 Euro	-5.375,28 Euro	-0,5 %
3	ISRA VISION PARSYTEC AG	2.499.000,32 Euro	2.557.570,64 Euro	-58.570,32 Euro	-2,3 %
4	Ventegis Capital AG	109.671,30 Euro	173.036,94 Euro	-63.365,64 Euro	-36,6 %

Tabelle 75 (fortgesetzt)

VzfK e.V.	Liste Gesellschaften, bei denen der Börsenwert über der Barabfindung laut Gerichten lag				
lfd. Nr.	**Zielgesellschaft**	**Wert Anteile Minderheitsaktionäre**			
		laut Gericht	**nach Börsenkurs**	**Differenz**	
				Betrag	**entspricht**
5	Allgäuer Alpen-wasser AG	126.653,00 Euro	240.640,70 Euro	-113.987,70 Euro	-47,4 %
6	Real AG	465.115,20 Euro	739.956,00 Euro	-274.840,80 Euro	-37,1 %
7	DUEWAG AG i.A.	455.813,00 Euro	818.522,81 Euro	-362.709,81 Euro	-44,3 %
8	Gasanstalt Kaiserslautern AG	2.533.835,28 Euro	3.047.241,88 Euro	-513.406,60 Euro	-16,8 %
9	ACTRIS AG	1.281.516,36 Euro	2.071.112,07 Euro	-789.595,71 Euro	-38,1 %
10	Triumph International AG	7.341.206,63 Euro	8.783.910,63 Euro	-1.442.704,00 Euro	-16,4 %

Auf diese Weise wurden die Abfindungen um insgesamt **30,8 Mio. Euro** (Gericht: 3,6 Mio. Euro) verkürzt.

7 Zwischenergebnis

Die empirischen Daten bestätigen die Erkenntnisse der Betriebswirtschaftslehre: (Börsen-)Preis und (Innerer) Wert sind nicht gleichwertig:

> „Der Preis für Unternehmen und Unternehmensanteile bildet sich auf freien Kapitalmärkten aus Angebot und Nachfrage. Er wird wesentlich von der Nutzenschätzung (Grenznutzen) der jeweiligen Käufer und Verkäufer bestimmt und kann je nach dem mengenmäßigen Verhältnis zwischen Angebot und Nachfrage sowie den Einflussmöglichkeiten der Unternehmenseigner auf die Unternehmenspolitik (Alleineigentum, qualifizierte oder einfache Mehrheit, Sperrminorität oder Streubesitz) mehr oder weniger stark von dem Wert des gesamten Unternehmens oder dem quotalen Anteil am Unternehmensgesamtwert abweichen.
>
> Tatsächlich gezahlte Preise für Unternehmen und Unternehmensanteile können – sofern Vergleichbarkeit mit dem Bewertungsobjekt und hinreichende Zeitnähe gegeben sind – zur Beurteilung der Plausibilität von Unternehmenswerten und Anteilswerten dienen, sie ersetzen aber keine Unternehmensbewertung."[317]

317 IDW S 1 i.d.F. 2008 Tz. 13.

Das liegt bereits an den Informationen, die der Preisbildung zugrunde liegen:

- Der Börsenkurs reflektiert nur die am Kapitalmarkt vorhandenen (oder ggf. auch nicht vorhandenen) Informationen zur Vergangenheitslage der Gesellschaft und den Ertragsaussichten.
- Demgegenüber zeichnet sich der „wahre" bzw. „innere" Wert dadurch aus, dass in diesen auch Informationen zur Zukunftsplanung einfließen. Diese Planungen der Organe der Gesellschaft sind dem Markt regelmäßig nicht bekannt, wohl aber dem Hauptaktionär, dem diese Informationen gemäß § 327b Abs. 1 Satz 2 AktG zur Verfügung zu stellen sind. Die Vorschrift dispensiert den Vorstand von seiner sonst geltenden Verschwiegenheitspflicht gemäß § 93 Abs. 1 Satz 3 AktG, jedoch nur gegenüber dem Hauptaktionär:

> „Auskünfte, die der Hauptaktionär in dieser Eigenschaft erhalten hat, begründen aber keine erweiterte Auskunftspflicht gem. § 131 Abs. 4 AktG."[318]

Hauptaktionäre erhalten auf diese Weise einen **strukturellen Informationsvorsprung**. Dieser ermöglicht ihnen, den „wahren" Zukunftserfolgswert abzuschätzen. Eine Investitionsentscheidung macht nur dann Sinn, wenn der Zukunftserfolgswert den Börsenwert übersteigt. Denn kein rationaler Investor würde Aktien von einem Unternehmen erwerben, deren Anschaffungspreis er nach eigener Beurteilung in Zukunft nicht erwirtschaften kann[319]. Die verfassungsrechtlichen Gewährleistungen zu den **Justizgrundrechten** verlangen aber, dass so entstandene strukturelle Informationsgefälle gegenüber den Minderheitsaktionären prozessual[320] zu nivellieren sind.

318 LG Saarbrücken vom 14. September 2005 – 71 O 7/04, juris Tz. 102.

319 Siehe oben Teil 1 § 2 IV, § 3 IX 6, § 3 X 4.

320 Das erfolgt in der Praxis durch einen entsprechenden Beweisbeschluss, soweit das relationstechnisch geboten ist.

Teil 3 Weiterentwicklung des Spruchverfahrens

Am **1. September 2003** trat das Gesetz zur Neuordnung des gesellschaftsrechtlichen Spruchverfahrens (**Spruchverfahrensneuordnungsgesetz**) in Kraft. Es fasste die verstreuten Regelungen zum Spruchverfahren bzw. Spruchstellenverfahren im Gesetz über das gesellschaftsrechtliche Spruchverfahren (**Spruchverfahrensgesetz – SpruchG**) zusammen[321].

Mit Wirkung für Spruchverfahren ab dem 31. Januar 2023 wurde das SpruchG durch das Gesetz zur Umsetzung der Umwandlungsrichtlinie novelliert[322], welches am 28. Februar 2023 im Bundesgesetzblatt bekannt gemacht wurde[323].

Darüber hinaus besteht weiterer Reformbedarf, wozu entsprechende Vorschläge unterbreitet werden:
- Das Spruchverfahren lässt sich weiter **beschleunigen** (§ 7).
- Weitere Vorschläge betreffen **weitere Verfahrensfragen** (§ 8),
- die **Verfahrensbeendigung durch Vergleich** (§ 9) und
- Bericht über die **Auszahlung einer Nachbesserung** (§ 10).

§ 7 Beschleunigung des Spruchverfahrens

Obwohl das Spruchverfahrensgesetz die **Verfahrensdauer** bereits verkürzt hat, lässt sich das Spruchverfahren noch weiter beschleunigen:
- So könnte bereits eine Erörterung von Bewertungsrügen auf der **Hauptversammlung** die Komplexität des Spruchverfahrens reduzieren (I).
- Eine Verkürzung der **Antragsfrist** (II),
- digitale **Aktenführung** (III),
- Einhaltung der gesetzlichen **Fristvorgaben** (IV),
- Sicherung der **Beweismittel** (V),
- stärkere Anwendung der **prozessualen Relationstechniken** (VI) und
- eine Stärkung des **gemeinsamen Vertreters** (VII)

können das Spruchverfahren noch weiter vereinfachen und beschleunigen.

---

321 Einen Überblick über das parlamentarische Verfahren gibt https://dip.bundestag.de/vorgang/.../87963 Zum Gesetzentwurf: https://dserver.bundestag.de/btd/15/003/1500371.pdf

322 Siehe oben Teil 1 § 3 X 5, § 4 I.

323 BGBl. I 2023 Nr. 51, zum Ablauf des Gesetzgebungsverfahrens im Deutschen Bundestag: https://dip.bundestag.de/vorgang/gesetz-zur-umsetzung-der-umwandlungsrichtlinie/290310

https://doi.org/10.1515/9783110769852-007

Die Komplexität des Verfahrensgegenstands spricht für eine mündliche Verhandlung auch im **Beschwerdeverfahren** (VIII). Das **Abhilfeverfahren** hat sich nicht bewährt, weshalb es mit dem Gesetz zur Umsetzung der Umwandlungsrichtlinie zu Recht abgeschafft wurde.

I Behandlung von Bewertungsrügen auf der Hauptversammlung

Die Hauptversammlung bietet die einzige Gelegenheit für eine echte Diskussion zwischen den Organen einer Aktiengesellschaft und ihren Anteilseignern. Auch wenn aus § 243 Abs. 4 Satz 2 AktG ein Anfechtungsausschluss für unrichtige, unvollständige oder unzureichende Informationen in der Hauptversammlung über die Ermittlung, Höhe oder Angemessenheit von Ausgleich, Abfindung, Zuzahlung oder über sonstige Kompensationen greift, nimmt die **Erörterung der Unternehmensbewertung** einen breiten Raum auf Hauptversammlungen ein. Schließlich sind bewertungsbezogene Fragen wie alle anderen Fragen im Rahmen der §§ 131, 132 AktG zu beantworten. Zudem modifizieren die auf der Hauptversammlung erteilten (oder nicht erteilten) Auskünfte die Antragsbegründungspflicht in § 4 Abs. 2 SpruchG:

> „Soweit dem Aktionär zusätzliche Auskünfte zu Bewertungsfragen unrichtig, unvollständige oder unzureichend erteilt werden, kann er diesen Umstand ergänzend in seiner Antragsbegründung nach § 4 Abs. 2 SpruchG anführen.“[324]

In Österreich kam es jahrelang auf Hauptversammlungen zu intensiven Erörterungen von Bewertungsrügen. Nach der Aussprache zogen sich Vorstand und Aufsichtsrat zusammen mit Vertretern des Hauptaktionärs zur Beratung zurück. Der Hauptaktionär stellte dann gegebenenfalls eine höhere Kompensation zur Beschlussfassung durch die Hauptversammlung. Das hat die **Komplexität des Verfahrensgegenstandes** im Gremialverfahren reduziert. Außerdem traten beim Hauptaktionär Einsparungen bei den Verfahrenskosten sowie der Verzinsung der Nachzahlung ein.

Vorschlag 9: Erörterung von Bewertungsrügen vor bzw. auf der HV
- Bewertungsrügen vor bzw. auf der **Hauptversammlung** erheben und Anpassung anregen.
- Gesellschaft bzw. Hauptaktionäre können die zu erwartenden Bewertungsrügen erkennen und gegebenenfalls auf der Hauptversammlung **nachbessern**.

324 Begr. RegE zu Nr. 20 des Gesetzes zu Unternehmensintegrität und Modernisierung des Anfechtungsrechts (UMAG), BT-Drucksache. 15/5092, Seite 26.

II Antragsfrist

Die Antragsfrist beträgt gegenwärtig drei Monate, § 4 Abs. 1 Satz 1 SpruchG.

Eine **Verkürzung der Antragsfrist auf zwei Monate** beschleunigt das Spruchverfahren, ohne den Rechtsschutz der Minderheitsaktionäre wesentlich zu reduzieren.

Eine Verkürzung, wie nach § 246 Abs. 1 AktG bei der Anfechtungsklage, auf einen Monat erscheint schon aus banktechnischen Gründen als zu kurz. Viele Aktionäre erfahren erst durch die Ausbuchung der Bank von der kompensationspflichtigen Strukturmaßnahme, wenn es sich zum Beispiel um einen Squeeze-out oder eine Verschmelzung handelt. Zudem liegt der grundrechtsrelevante Eingriff, die Eintragung der kompensationspflichtigen Strukturmaßnahme in das Handelsregister, nicht in der Sphäre der beteiligten Aktionäre. Bei den antragsberechtigten Minderheitsaktionären dürfen die mit der Verfahrensführung verbundenen Zufälle nicht die Antragsfrist verkürzen.

Die Minderheitsaktionäre hatten schon **vor der Eintragung** mindestens zwei Monate Zeit, um die Angemessenheit der Kompensation und die Erforderlichkeit bzw. Erfolgsaussichten eines Spruchverfahrens zu prüfen:

– Die Höhe der Abfindung sowie die Berichte mit den Berechnungsgrundlagen sind nach § 123 Abs. 1 AktG mindestens 30 Tage vor der Hauptversammlung bekannt zu machen. Von da an kann nachvollzogen werden, ob die kommunizierte Abfindungshöhe angemessen ist oder nicht.

Die Strukturmaßnahme darf erst nach Ablauf der Anfechtungsfrist in das Handelsregister eingetragen werden, § 246 Abs. 1 AktG. Kommt es zu einem Freigabeverfahren nach § 246a AktG, verlängert das den Zeitraum für die Erstellung eines Antrags.

Vorschlag 10: Verkürzung der Antragsfrist
– **Zwei Monate** ab Eintragung des Beschlusses in das Handelsregister.

III Digitale Aktenführung

Die große Anzahl von Antragstellern und die manchmal umfangreichen Schriftsätze führen für alle Verfahrensbeteiligten zu einem **erheblichen Verwaltungsaufwand**. Hier erscheint zur Entlastung des Gerichts und der weiteren Verfahrensbeteiligten eine digitale Aktenführung im Spruchverfahren sinnvoll. Dafür gibt es mehrere Vorläufer:

- Für das **Kapitalanlegermusterverfahren** sieht § 11 KapMuG eine **elektronische Akte** vor[325]. Die Justizverwaltungen haben dafür auf dem Justizportal des Bundes und der Länder eine elektronische Infrastruktur geschaffen[326], die sich auch für die Durchführung von Spruchverfahren eignet. Hier lassen sich die Verfügungen und Schriftsätze nicht nur zustellen, sondern auch speichern.
- Die elektronische Akte hat gegenüber dem **besonderen elektronischen Anwaltspostfach** (beA) der Bundesrechtsanwaltskammer den Vorteil, dass hier für jedes Verfahren alle Schriftstücke zugestellt und gespeichert werden können. Auf die jeweiligen Blattziffern der Akte kann dann direkt Bezug genommen werden.
- Das **Akteneinsichtsportal**[327] ermöglicht für einen beschränkten Zeitraum nur eine Einsicht in eine vom Gericht oder einer Staatsanwaltschaft bereitgestellte Akte. Die weiteren Verfahrensbeteiligten können keine Daten hochladen.

Vorschlag 11: Elektronische Akte wie in § 11 KapMuG
- Rechtsverbindliche **Zustellung** aller Schriftsätze und gerichtlichen Erklärungen über eine elektronische Akte.
- **Archivierung** aller Schriftsätze und gerichtlichen Erklärungen

IV Fristverlängerungen

Im weiteren Verlauf des Spruchverfahrens führen Fristverlängerungsanträge, vor allem der Antragsgegner, zu erheblichen Verfahrensverlängerungen.

Hier stellt sich die Frage nach Erforderlichkeit und Begründetheit der Fristverlängerungen.

Vor der Hauptversammlung beansprucht die Erstellung der Berichte in der Regel nur wenige Monate[328]. Daher lässt sich nicht nachvollziehen, warum in Spruchverfahren die Erwiderung auf einzelne konkrete Bewertungsrügen mehr Zeit beanspruchen soll. Das gilt sinngemäß auch für die schriftlichen Stellungnahmen von Prüfern bzw. die Erledigung von Beweisaufträgen durch Sachverständige.

Angesichts der unterschiedlichen Komplexität von Unternehmensbewertungen ist **ein starres Fristenkonzept** nicht sachgerecht. Daher ordnet § 7 Abs. 2 Satz 3 SpruchG, wie zum Beispiel auch § 246a Abs. 3 Satz 6 AktG, in einer **Soll-Regelung** für die Erwiderung eine Frist von drei Monaten an. Während die in § 246a Abs. 3 Satz 6 AktG gesetzte Frist fast immer eingehalten wird, kommt es im Spruchverfahren häu-

325 https://www.kapitalanlegermusterverfahren.de/index.php
326 https://justiz.de/onlinedienste/kapitalanleger_musterverfahrensgesetz/index.php
327 https://www.akteneinsichtsportal.de/
328 Siehe oben Teil 2 § 5 VII 1.

fig zu Fristverlängerungen. Dagegen gehen Fristverlängerungen für Antragsteller und gemeinsame Vertreter selten über die entsprechende Vorgabe aus § 7 Abs. 4 Satz 2 SpruchG hinaus.

Vorschlag 12: Belastbare Fristvorgaben
- **Fristenkonzept** z. B. aus § 7 Abs. 2 Satz 3, Abs. 4 Satz 2 SpruchG nicht überdehnen.
- Drei Monate für **Antragserwiderung** darf nur in Ausnahmefällen verlängert werden.
- **Wesentliche Verzögerungen** durch den Antragsgegner bzw. bei der Weitergabe von Informationen auf der Grundlage von Beweisbeschlüssen oder gerichtlichen Verfügungen führen zwingend zur Anwendung der Grundsätze zur Beweisvereitelung.

In der Praxis begründen Sachverständige ihre Fristverlängerungsanträge oft mit einer nur **schleppenden Weitergabe von Informationen**, die sie dann auch nur teilweise erhalten. Eine zügige Fortführung des Verfahrens ermöglichen hier gegebenenfalls auch die Grundsätze zur Beweisvereitelung. Zudem bietet es sich an, sich im Hinblick auf die nachfolgenden Vorschläge weitere Gedanken über präzisere Informationen und Dokumentationspflichten zu machen:

V Sicherung der Beweismittel

Die Antragsgegner haben einen **strukturellen Informationsvorsprung**, der sich nicht wie in § 166 Abs. 1 HGB und § 51a GmbHG nivellieren lässt. Vielmehr bestimmt der Antragsgegner bei der Vorbereitung einer kompensationspflichtigen Strukturmaßnahme durch die Auswahl der Informationen, die er preisgibt oder zurückhält, die Wertverhältnisse sowie die Reichweite seiner gerichtlichen Kontrolle. Die verfassungsrechtlichen Gewährleistungen verlangen, die sich daraus ergebenden **asymmetrischen Prozesslagen** zu nivellieren. Dazu bietet es sich an,
- die **Dokumentation der Bewertung** zu verbessern,
- die prozessuale **Relationstechnik** im Rahmen der §§ 9, 10 SpruchG anzuwenden, und
- die **Verteilung der Darlegungs- und Beweislasten** zu **modifizieren**.

Wie bereits zuvor dargestellt, kommt es im Spruchverfahren immer wieder auch deshalb zu Verzögerungen, weil Sachverständige bzw. sachverständige Prüfer die zur Erledigung eines Beweisbeschlusses oder einer Stellungnahme erforderlichen Angaben und Informationen nicht auf erste Anforderung vom Antragsgegner erhalten.

Dem könnte Abhilfe geschaffen werden durch Einrichtung eines **Datenraums.** Ein solcher Datenraum enthält dann
- das vollständige Bewertungsmodell der Zielgesellschaft und des Hauptaktionärs bzw. des von ihm beauftragten Bewertungsgutachters,

- alle dazu erforderlichen Dokumentationen und die Liste der verantwortlichen Personen bzw. Ansprechpartner,
- die von der Zielgesellschaft auf der Grundlage von zum Beispiel § 327b Abs. 1 Satz 2 AktG übermittelten Informationen, und
- die Informationen, die der sachverständige Prüfer bei der Erstellung des Prüfungsberichts nach § 293e AktG erhalten hat.

Vorschlag 13: Datenraum zu Beweiszwecken
- Der **Antragsgegner** richtet einen Datenraum mit allen Unterlagen und Informationen zur Unternehmensbewertung ein. Diese Daten bleiben bis zum Ablauf der Antragsfrist[329] bzw. bis zur Rechtskraft einer gegen die Kompensation gerichteten Klage / Spruchverfahren gespeichert.
- Auf der Grundlage **gerichtlicher Verfügungen** oder **Beweisbeschlüsse** erhalten der sachverständige Prüfer und ggf. der gerichtlich bestellte Sachverständige Zugang zu diesen Informationen.

Das reduziert die Gefahr, die Datenlage **nachträglich** zu modifizieren. Bei langen und überlangen Verfahren bleiben die **relevanten Unterlagen** auch über die **gesetzliche Aufbewahrungsfrist** hinaus erhalten.

VI Relationstechnik

Spruchverfahren sind **kontradiktorische Verfahren** der freiwilligen Gerichtsbarkeit. Die in § 26 FamFG normierte Ermittlung entscheidungserheblicher Tatsachen von Amts wegen steht unter dem Vorbehalt der Erforderlichkeit solcher Ermittlungen und ergänzend gemäß § 10 Abs. 3 SpruchG der Nichtverletzung von Verfahrensförderungspflichten.

Erforderliche Tatsachen sind nur solche, welche die Antragsteller im Wege konkreter Bewertungsrügen gegen die Abfindung oder der ihr zugrundeliegenden Unternehmensbewertung erhoben haben. Eine Verletzung der Verfahrensförderungspflichten ist insbesondere bei verfristeten Stellungnahmen oder Einwendungen anzunehmen.

Das führt dazu, dass sich mit den Grundsätzen der **Relationstechnik und Präklusion** (1) sowie den Regeln zur **Beweislastverteilung** (2) jedenfalls Bewertungsfragen entscheiden lassen, bei denen nur der Antragsgegner Zugang zu den entscheidungserheblichen Tatsachen hat. Das kennzeichnet die hier schon mehrfach besprochenen asymmetrischen Prozesslagen, die es aus verfassungsrechtlichen Gründen zu nivellieren gilt. Zudem gilt es der ausufernden Befragung sachverständiger Prüfer

329 Der Datenraum ist nicht erforderlich, wenn kein Antrag auf Durchführung eines Spruchverfahrens gestellt wird.

Einhalt zu gebieten, die im Ergebnis – schon aus Haftungsgründen – ihr bereits gefundenes Ergebnis verteidigen (3).

1 Relationstechnik und Präklusion

Soweit kein (eingeschränkter) Amtsermittlungsgrundsatz eingreift, gelten die Regeln zur Relationstechnik.

Die **Anforderungen an ein Vorbringen der Antragsteller** regelt § 4 Abs. 2 Satz 2 Nr. 4 SpruchG: Der Antragsteller muss **konkrete Einwendungen** gegen die Angemessenheit der Kompensation erheben, soweit hierzu Angaben in den nach § 7 Abs. 3 SpruchG vorzulegenden Berichten enthalten sind:

> „Als entscheidende Neuerung normiert Absatz 2 Satz 1 künftig die Pflicht der Antragsteller, ihren Antrag innerhalb der Antragsfrist zu begründen. Nach Satz 2 sind bestimmte Mindestangaben zu machen. Dadurch soll verhindert werden, dass Antragsteller – wie dies bisher nicht selten der Fall war – praktisch mit einem Satz und ohne jede sachliche Erläuterung ein aufwendiges und kostenträchtiges Überprüfungsverfahren in Gang setzen können. Neu ist vor allem auch das Erfordernis einer konkreten Bewertungsrüge, die gegen die Feststellung des Unternehmenswertes des Antragsgegners zu richten ist, wie er als Bezugspunkt für die Bemessung einer der in § 1 genannten Kompensationsleistungen in den in § 7 Abs. 3 genannten Unterlagen, insbesondere in den Vorstandsberichten und den Prüfungsberichten der sachverständigen Prüfer, seinen Niederschlag gefunden hat. Bei den Anforderungen an den Inhalt der Bewertungsrüge hat das Gericht etwaige besondere Schwierigkeiten der Informationsbeschaffung für den Antragsteller nach dem Maßstab des § 9 zu berücksichtigen. Die Anforderungen dürfen hier allerdings nicht überspannt werden. Anträge, die den – von der Rechtsprechung zu konkretisierenden – zumutbaren Mindestanforderungen nicht genügen, sollen aber künftig als unzulässig abgewiesen werden können.“[330]

Für **konkrete Einwendungen** genügt danach jedes Vorbringen eines Antragstellers zu einer in den Berichten aufgeworfenen Bewertungsfrage, sofern dieses geeignet ist, die Abfindung als nicht angemessen erscheinen zu lassen. Mit von Antragstellern nicht aufgeworfenen Bewertungsrügen braucht sich dagegen das Gericht nicht zu befassen.

Umgekehrt müssen sich Antragsgegner konkret mit den Bewertungsrügen der Antragsteller auseinandersetzen und dazu Stellung nehmen. Dabei gehen die Anforderungen an ein **schlüssiges Vorbringen** im Zivilprozess über die konkreten Einwendungen nach § 4 Abs. 2 Satz 2 Nr. 4 SpruchG hinaus. Es muss dazu geeignet sein, eine richterliche Überzeugung für eine Urteilsfindung zu begründen, § 286 ZPO:

---

330 BT-Drucksache 15/371, Seite 13, zu beziehen über https://dserver.bundestag.de/btd/15/003/1500371.pdf

„Sachvortrag zur Begründung eines Klageanspruchs ist dabei schlüssig und als Prozessstoff erheblich, wenn die Partei Tatsachen vorträgt, die in Verbindung mit einem Rechtssatz geeignet sind, das geltend gemachte Recht als in ihrer Person entstanden erscheinen zu lassen. Das Gericht muss anhand des Parteivortrags beurteilen können, ob die gesetzlichen Voraussetzungen der an eine Behauptung geknüpften Rechtsfolge erfüllt sind. Genügt das Parteivorbringen diesen Anforderungen an die Substantiierung, kann der Vortrag weiterer Einzeltatsachen nicht verlangt werden; es ist dann vielmehr Sache des Tatrichters, bei der Beweisaufnahme die benannten Zeugen nach Einzelheiten zu befragen, die ihm für die Beurteilung der Zuverlässigkeit der Bekundungen erforderlich erscheinen (vgl. nur Senatsbeschlüsse vom 14. März 2017 – VI ZR 225/16, VersR 2017, 966 Rn 7; vom 27. September 2016 – VI ZR 565/15 Rn 6, juris; BGH, Beschluss vom 7. Juni 2018 – III ZR 210/17, WM 2018, 1252 Rn 4; jeweils mwN).“[331]

Im weiteren Verlauf des Spruchverfahrens gelten aber die allgemeinen Grundsätze. Es gilt die durch die Antragsteller aufgeworfenen Bewertungsrügen zu erörtern.

Die §§ 9, 10 SpruchG statuieren in Anlehnung an die §§ 282, 290 ZPO eine **Verfahrensförderungspflicht** mit **Sanktionsmöglichkeiten**. Dazu heißt es im Gesetzentwurf für das Spruchverfahrensneuordnungsgesetz zu § 10 SpruchG:

„Die neuen Bestimmungen ermöglichen dem Gericht nunmehr generell, Sachvortrag, der zu spät vorgebracht wird, zurückzuweisen, wenn die Verspätung nicht von dem jeweiligen Beteiligten entschuldigt wird. Dies bedeutet zugleich, dass das Gericht den davon betroffenen Umständen, auch wenn sie für die Entscheidung des Gerichts relevant sein sollten, in Einschränkung des Amtsermittlungsgrundsatzes keine Beachtung mehr schenken muss. Absatz 3 stellt unmissverständlich klar, dass § 12 FGG insoweit nicht anzuwenden ist. Diese Regelung berechtigt das Gericht allerdings nicht, Ermittlungen zu Tatsachen zu unterlassen, die ein Beteiligter aus objektiven Gründen nicht vortragen kann. [...]

Zur Verfahrensförderungspflicht gehört auch die rechtzeitige Vorlage von Unterlagen durch die Beteiligten. Geschieht dies nicht, hat das Gericht die Möglichkeit, die Grundsätze über die Beweisvereitelung anzuwenden, um eine Blockade des Verfahrens zu verhindern. Sollten entscheidungserhebliche Tatsachen nicht feststellbar sein, könnte der Entscheidung eine entsprechende Schätzung der fehlenden Angaben zugrunde gelegt werden.“[332]

Der Gesetzgeber entspricht so dem hier bestehenden **strukturellen Informationsgefälle**.

In der Praxis kommt es dennoch immer wieder vor, dass Antragsgegner schlüssiges Vorbringen der Antragsteller nicht **erheblich bestreiten**. Dann sind die Tatsachenbehauptungen der Antragsteller als zugestanden der Urteilsfindung zugrunde zu legen:

„Der Beklagte ist demnach den Feststellungen des Berufungsgerichts nur mit einem pauschalen Bestreiten entgegengetreten. Ein solches, auf die Einzelheiten des Vortrags nicht eingehendes Vorbringen des Beklagten ist unzureichend, so dass das Berufungsgericht den Vortrag des Klägers gemäß § 138 Abs. 3 ZPO zu Recht als zugestanden angesehen hat. Die in diesem Zusammen-

331 BGH vom 25. September 2018 – VI ZR 234/17, juris Tz. 8.

332 BT-Drucksache 15/371, Seite 16, zu beziehen über https://dserver.bundestag.de/btd/15/003/1500371.pdf

> hang erhobenen Verfahrensrügen hat der Senat geprüft und nicht für durchgreifend erachtet. Die allgemeinen Ausführungen der Revision zu den im Rang des § 39 InsO festgestellten Forderungen lassen nicht erkennen, dass der Beklagten diesen mit einem nach § 138 Abs. 3 ZPO erheblichem Bestreiten entgegengetreten ist."[333]

Auch zeigt sich in der Praxis, dass beide Seiten ihrer Darlegungs- und Beweislast nicht umfassend entsprechen. Trotzdem wenden Gerichte die Regeln der Relationstechnik nicht stringent an. Dabei ließe sich der beweisbedürftige Sachvortrag auf diesem Weg reduzieren.

2 Beweislastverteilung

Die zuvor dargestellte Gesetzesbegründung zu §§ 9, 10 SpruchG präzisiert die hier bestehenden Darlegungs- und Beweislasten. Es liegt daher bei der **Rechtsprechung**, die bekannten Grundsätze zur Beweislastverteilung und Beweislastmodifizierung für das Spruchverfahren weiterzuentwickeln. Dazu kommt es vor allem darauf an, ob der Antragsgegner seinen strukturellen **Informationsvorsprung nivelliert**. Schließlich befinden sich die bewertungsrelevanten Unterlagen im Normalfall in der Sphäre des Antragsgegners. Soweit er diese Beweise nicht schon in der Antragserwiderung vorbringt, hat er sie auf Verlangen des Gerichts, der übrigen Verfahrensbeteiligten oder auf der Grundlage eines Beweisbeschlusses zu übergeben.

Dabei stellt sich für die Praxis die Frage, ob und wie **Verzögerungen** bei der Übermittlung der beweiserheblichen Tatsachen an den Sachverständigen zu würdigen sind. In diesem Fall kommt ein gerichtlich anzuordnender Zugriff auf die bereits erstellten und aufzubewahrenden Arbeitspapiere der Wirtschaftsprüfer in Betracht.

In der Rechtsprechung des Bundesgerichtshofes führen **Beweisvereitelungen** zu **Beweiserleichterungen** bis hin zur **Umkehr der Beweislast**:

> „Von einer Beweisvereitelung kann nur gesprochen werden, wenn eine Partei dem beweisbelasteten Gegner die Beweisführung schuldhaft unmöglich macht oder erschwert, indem sie vorhandene Beweismittel vernichtet, vorenthält oder ihre Benutzung erschwert (BGH, Urteil vom 25. Juni 1997 – VIII ZR 300/96, NJW 1997, 3311). Deshalb ist eine Beweisvereitelung nicht anzunehmen, wenn es der beweisbelasteten Partei möglich gewesen wäre, den Beweis – etwa im Wege eines selbständigen Beweisverfahrens – zu sichern (vgl. BSG, Urteil vom 10. August 1993 – 9/9a RV 10/92, NJW 1993, 1303). […]
>
> Liegen die Voraussetzungen einer Beweisvereitelung vor, können zugunsten der beweisbelasteten Partei Beweiserleichterungen in Betracht kommen, die unter Umständen bis zur Umkehr der Beweislast gehen können (BGH, Urteil vom 23. September 2003 – XI ZR 380/00, NJW 2004, 222; Urteil vom 23. November 2005 – VIII ZR 43/05, NJW 2006, 434 Rn 22 ff.; Urteil vom 23. Oktober 2008 – VII ZR 64/07, NJW 2009, 360 Rn 23 mwN). Die Beweisvereitelung durch den Gegner der beweisbelasteten Partei führt nicht bereits als solche zum Verlust des Prozesses, sondern allenfalls dazu, dass

333 BGH vom 17. November 2020 – II ZR 68/20, juris Tz. 18.

> ihr Verhalten im Rahmen der Beweiswürdigung (§ 286 ZPO) zu ihren Lasten gewürdigt werden kann (BGH, Beschluss vom 18. Dezember 2008 – I ZB 118/07, NJW-RR 2009, 995 Rn 14 – Hohlfasermembranspinnanlage; NJW 2009, 360 Rn 23; Urteil vom 17. Januar 2008 – III ZR 239/06, NJW 2008, 982 Rn 18). Die Annahme einer Beweisvereitelung durch eine Partei rechtfertigt nicht die Annahme, dass vom Vortrag der beweisbelasteten Partei auszugehen ist (BGH, NJW 2008, 982 Rn 19).“[334]

Diese Grundsätze sind auch im Spruchverfahren dazu geeignet, den streitigen Verfahrensgegenstand zu reduzieren und etwaige Beweisverfahren zu verkürzen.

3 Anhörung sachverständiger Prüfer

Wie der **Ausgang der Spruchverfahren** zeigt, hat die Bestellung von sachverständigen Prüfern den gerichtlichen Prüfungsbedarf nicht nachhaltig beseitigt. Bislang haben erkennbar nur wenige Prüfer Einwendungen gegen den von Hauptaktionären behaupteten Unternehmenswert und die Abfindung erhoben:
- Im Fall der Dom-Brauerei AG hat der Prüfer den Börsenkurs als Wertuntergrenze ausgemacht, wohingegen die Abfindung auf der Grundlage des vom Hauptaktionär behaupteten niedrigeren Ertragswertes festgesetzt wurde.
- Im Fall der DIH Deutsche Immobilien Holding AG hat der Prüfer sogar das Testat verweigert, weil er den vom Hauptaktionär behaupteten Unternehmenswert für unangemessen hielt.

Das Landgericht Mannheim führt in diesem Zusammenhang zutreffend aus, dass der Bericht des Prüfers in der Regel den Beweis durch Sachverständige nicht ersetzen kann:

> „Der Antragsgegnerin ist allerdings im Ausgangspunkt zuzugeben, dass nach § 8 Abs. 2 SpruchG die Anhörung des sachverständigen Prüfer als Regelfall anzusehen ist (vgl. Fritzsche/Dreier/Verfürth, § 8 Rdnr. 10 ff.). Zu berücksichtigen ist jedoch, dass sich nach den Erfahrungen der Kammer für Handelssachen in Mannheim der Wunsch des Gesetzgebers, durch die Anhörung des sachverständigen Prüfers die Einholung aufwendiger neue Sachverständigengutachten entbehrlich zu machen, nicht erfüllt hat. Der sachverständige Prüfer wird zwar vom Gericht bestellt, dies häufig jedoch entsprechend dem Vorschlag der Gesellschaft bzw. des Hauptaktionärs, dem auch der Prüfungsbericht erstattet wird und der auch den Prüfer bezahlt. Eine vorherige Anhörung der Aktionäre ist schon aus strukturellen Gründen nicht möglich. Von vornherein hat der sachverständige Prüfer daher eine Stellung, die mit der eines unabhängigen Sachverständigen nur sehr eingeschränkt zu vergleichen ist (vgl. LG Frankfurt, ZIP 07, 382 f.). Diese Erfahrungen nach Schaffung des Spruchgesetzes sind bei der Auslegung der Sollvorschrift nicht unbeachtet zu lassen. Hinzu kommt, dass im vorliegenden Fall, wie auch sonst häufig, die Tätigkeit des selbständigen Prüfers im wesentlichen so erfolgt, dass der schriftliche Bericht auf seine Plausibilität überprüft wird. Eine überzeugend unabhängige, fundierte und gründliche Überprüfung der Angemessenheit der Barabfindung, wie sie regelmäßig durch Einholung eines Sachverständigengut-

334 BGH vom 11. Juni 2015 – I ZR 226/13, juris Tz. 44 und 48.

achtens im Spruchverfahren erfolgt, ist mit dem Bericht des sachverständigen Prüfers hier nicht in vergleichbarer Art und Weise gegeben. Nach Auffassung des Gerichts wäre es hier lediglich eine weitere Zeitverzögerung, den sachverständigen Prüfer anzuhören, da zu erwarten ist, dass gleichwohl die Einholung eines Sachverständigengutachtens notwendig werden wird.“[335]

Die (vorrangige) Anhörung des Prüfers stellt keine gesetzliche Pflicht dar: Gemäß § 8 Abs. 2 Satz 1 SpruchG „soll“ der Prüfer angehört werden, er „muss“ es aber nicht:

> „Das Landgericht ist auch nicht gehalten, zunächst den sachverständigen Prüfer anzuhören. Ein solches Vorrangverhältnis sieht weder § 7 Abs. 6 SpruchG noch § 8 Abs. 2 SpruchG vor. § 7 Abs. 6 SpruchG bezieht sich auf die Vorbereitung der mündlichen Verhandlung und die Klärung von Vorfragen. § 8 Abs. 2 SpruchG sieht die Anhörung des Prüfers als sachverständigen Zeugen zur Aufklärung des Sachverhalts und in geeigneten Fällen zur Beantwortung von einzelnen Fragen, die sich aus der Antragsbegründung und -erwiderung ergeben, vor. Der angegriffene Beweisbeschluss bezieht sich demgegenüber nicht auf Vorfragen, sondern auf die Ermittlung des konkreten Unternehmenswerts, die sich angesichts der von der Antragstellerin vorgetragenen Bewertungsrügen zudem nicht nur auf einzelne Fragen beschränkt. Vor diesem Hintergrund ist nicht zu beanstanden, dass das Landgericht von der Anhörung des sachverständigen Prüfers abgesehen hat.“[336]

Erheben Minderheitsaktionäre konkrete Bewertungsrügen und sieht sich das Gericht außerstande, selbst auf der Grundlage der Berichte, Stellungnahmen und Schriftsätze der Verfahrensbeteiligten abschließend über diese zu befinden, macht eine (vorrangige) Anhörung des Prüfers keinen Sinn, sondern ist sogleich Beweis (ggf. durch Einholung eines Sachverständigengutachtens) zu erheben.

Vorschlag 14: Verfahrensbeschleunigung durch Prozessrecht

Die **Relationstechnik** reduziert den Beweisbedarf, wenn

- keine **konkreten Einwendungen** gegen Abfindung, obwohl die Berichtslage vollständig und richtig ist,
- Bewertungsrügen nicht erheblich **bestritten** werden,
- **Tatsachenvortrag** unwahr oder unvollständig ist bzw. die eigenen Erkenntnismöglichkeiten nicht ausnutzt, oder
- der rechtliche Prüfungsmaßstab nicht dem **Rechtsstand beim zuständigen Gericht** entspricht.
- Dagegen ist von einer (vorrangigen) **Anhörung des Prüfers** abzusehen, wenn gegen dessen Prüfungsergebnis konkrete Rügen erhoben werden.

Die **Grundsätze zur Beweisvereitelung** gehen zulasten der beweisbelasteten Partei und reduzieren den Verfahrensgegenstand, wenn

- die Vorlage von Beweismitteln verschleppt wird bzw.
- der **strukturelle Informationsvorsprung** durch die Vorlage von unvollständigen bzw. unrichtigen Beweismitteln vergrößert und damit die asymmetrischen Prozesslagen verschärft werden.

---

335 LG Mannheim vom 4. Mai 2007 – 23 AktE 22/04, Seite 3. Zurückweisung einer Erinnerung gegen Beweisbeschluss im Spruchverfahren nach Squeeze-out bei der Eternit AG, zu beziehen über https://www.spruchverfahren-direkt.de/wp-content/uploads/2023/10/Eternit-AG-2007-05-04-LG-Mannheim-Squeeze-out-Zurueckweisung-Erinnerung-AG.pdf

336 OLG Düsseldorf vom 12. Dezember 2012 – I-26 W 19/12 [AktE], juris Tz. 44.

VII Gemeinsamer Vertreter

Die Komplexität des Spruchverfahrens auf der Schnittstelle zwischen Rechts- und Wirtschaftswissenschaften überfordert viele Aktionäre und Antragsteller, weswegen nur ein Bruchteil der von einer Strukturmaßnahme betroffenen Aktionäre einen eigenen Antrag stellt.

Zu diesem Zweck sieht § 6 SpruchG[337] die Bestellung eines gemeinsamen Vertreters vor, der die Interessen der nicht selbst am Verfahren beteiligten Aktionäre wahrt. Bei den meisten Spruchverfahren bilden die nicht am Spruchverfahren beteiligten Aktionäre die größte Gruppe unter den Minderheitsaktionären (1). Seine Stellung lässt sich im Sinne einer effektiven Verfahrensführung stärken: Er ist möglichst **früh** (2) und unabhängig vom Antrag eines Minderheitsaktionärs (3) zu bestellen. Außerdem ist ihm ein **eigenes Beschwerderecht** einzuräumen (4). Aus praktischen Gründen müssen beim **Unternehmensvertrag** nicht immer zwei gemeinsame Vertreter – für Ausgleich und Abfindung – bestellt werden (5).

1 Stellung

Nach § 6 Abs. 1 Satz 1 SpruchG hat der gemeinsame Vertreter die Rechte der nicht selbst am Spruchverfahren beteiligten anspruchsberechtigten Aktionäre zu wahren. Dabei handelt es sich zumeist um die **größte Gruppe** der von der streitgegenständlichen Strukturmaßnahme betroffenen Aktionäre. Entsprechend berechnet der gemeinsame Vertreter gemäß § 6 Abs. 2 Satz 2 SpruchG seine Gebühren nach dem für das Gericht maßgeblichen Streitwert.

Sein Recht auf Fortführung des Spruchverfahrens nach Rücknahme aller Anträge begründet der Referentenentwurf am Rande mit einem Schutz vor **„Auskaufsfällen“**:

> „Beibehalten wird in Absatz 3 die bisher in § 306 Abs. 4 Satz 10 AktG und § 308 Abs. 3 UmwG enthaltene Regelung, wonach der gemeinsame Vertreter auch nach der Rücknahme der Anträge das Verfahren wie ein Antragsteller weiterverfolgen kann. Diese anlässlich der Reform des Umwandlungsrechts eingeführte Bestimmung hat sich zur Vermeidung von „Auskaufsfällen“ bewährt.“ [338]

Diese **Randbemerkung** hat das Schrifttum aufgegriffen und teilweise sogar zum **Hauptgrund** für die Bestellung eines gemeinsamen Vertreters erhoben. Danach diene der gemeinsame Vertreter der Einhaltung des Gleichbehandlungsgrundsatzes[339].

337 Eine in der Praxis bedeutungslosen Ausnahme enthält § 6 Abs. 1 Satz 3 SpruchG.

338 BT-Drucksache 15/371, Seite 14, zu beziehen über https://dserver.bundestag.de/btd/15/003/1500371.pdf

339 *Wasmann* in Kölner Kommentar SpruchG 2005, § 6 Rn 13.

Auch für ein eigenes Beschwerderecht wird ausschließlich darauf abgestellt, dass mit der erstinstanzlichen Entscheidung die Gefahr eines „Ausverkaufs“ nicht mehr akut sei[340]. Dazu heißt es dann in der Rechtsprechung:

> „Das Verfahrensfortführungsrecht ist dem gemeinsamen Vertreter nicht eingeräumt, weil er für eine höhere Abfindung zu sorgen hat, sondern weil er die Interessen der keinen Antrag stellenden Anteilsinhaber auch gegenüber den Aktionären zu vertreten hat, die im Spruchverfahren einen Antrag gestellt haben. Der gemeinsame Vertreter hat darauf zu achten, dass nicht einzelne Aktionäre, die ein gerichtliches Spruchverfahren eingeleitet haben, in ungerechtfertigter Weise bevorzugt werden. Das Verfahrensfortführungsrecht ist ihm eingeräumt, um „Ausverkaufsfälle“ zu vermeiden, in denen Antragsteller bei einer im Verlauf des Verfahrens möglich erscheinenden Erhöhung der Kompensation ihre Anträge gegen Zahlung einer Lästigkeitsgebühr durch den Antragsgegner zurücknehmen und sich so nachträglich Sondervorteile verschaffen (Regierungsentwurf eines Gesetzes zur Neuordnung des gesellschaftsrechtlichen Spruchverfahrens [Spruchverfahrensneuordnungsgesetz], BT-Drucks. 15/371 S. 17). Ein solcher Ausverkaufsfall liegt nicht vor, wenn das erstinstanzliche Gericht eine Entscheidung über die Anträge trifft und kein Antragsteller ein Rechtsmittel einlegt. Wenn kein Antragsteller ein Rechtsmittel oder Anschlussrechtsmittel einlegt, würde mit der Beschwerde des gemeinsamen Vertreters den Beteiligten eine Verfahrensfortführung aufgedrängt, obwohl die Antragsteller die erstinstanzliche Entscheidung, an deren Abänderung sie kein Interesse zeigen, offensichtlich nicht für verfehlt halten. Wenn dagegen von einem Beteiligten ein Rechtsmittel eingelegt wird, ist der gemeinsame Vertreter auch ohne eigenes Beschwerderecht am Verfahren weiter zu beteiligen und kann die Rechte der keinen Antrag stellenden Anteilsinhaber im Beschwerdeverfahren wahren. Ob ihm ein eigenes Beschwerderecht zusteht, wenn Antragstellern das Beschwerderecht abgekauft wird, kann dahinstehen, weil ein solcher Fall nicht vorliegt.“[341]

Diese Ausführungen reflektieren weder den eindeutigen **gesetzlichen Hauptauftrag** des gemeinsamen Vertreters noch die tatsächlichen Verhältnisse:

- In der Praxis der letzten Jahre bestand bereits angesichts der vielen Antragsteller die Gefahr eines **„Auskaufs“** kaum noch bzw. gar nicht. Zwar kann nicht grundsätzlich ausgeschlossen werden, dass mit großzügigen Kostenregelungen und verhältnismäßig „sparsamen“ Nachzahlungen für einen Vergleich geworben wird. Dennoch sind viele solcher Vergleiche an der dafür erforderlichen Einstimmigkeit gescheitet.
- Der **gesetzgeberische Auftrag** ergibt sich aus § 6 Abs. 1 Satz 1 SpruchG in Verbindung mit § 13 SpruchG, der die Wirkung inter omnes kodifiziert. Daher verlassen sich viele Anleger darauf, dass ihre wirtschaftlichen Interessen vom gemeinsamen Vertreter wahrgenommen werden.
- Die früher – durchaus nicht unberechtigt – erhobene Kritik, dass gemeinsame Vertreter keine zusätzlichen Fakten oder Argumente in das Verfahren einbrin-

340 *Kubis* in MüKo 5. Auflage 2020 (Band 5) § 13 SpruchG, Rn 10 unter Verweis auf BGHZ 207, 114, Rn 23 f.

341 BGH vom 29. September 2015 – II ZB 23/14, juris Tz. 24.

gen, die zu einer höheren Abfindung oder einer höheren Ausgleichszahlung führen, gilt heute so nicht mehr: Stattdessen zeigt sich in der **Praxis**, dass vor allem der gemeinsame Vertreter an allen mündlichen Verhandlungen teilnimmt und auch schriftsätzlich das Verfahren trägt. Damit nimmt wenigstens ein Verfahrensbeteiligter auf der Seite der Antragsteller am gesamten Verfahren aktiv teil.
- Die Rechtsprechung erkennt zudem, dass die Aufgaben des gemeinsamen Vertreters über die Vermeidung eines „Auskaufs" hinausgehen. Sie beschreibt zutreffend, dass der gemeinsame Vertreter im Beschwerdeverfahren auch ohne eigenen Antrag die **„Rechte der keinen Antrag stellenden Anteilsinhaber"** wahrt. Diesem gesetzlichen Auftrag widerspricht, dass dem gemeinsamen Vertreter kein eigenes Beschwerderecht eingeräumt wird.

Aufgrund der praktischen Gegebenheiten sehen die hier angestellten weiteren Überlegungen den gemeinsamen Vertreter daher als einen **Interessenvertreter für alle Minderheitsaktionäre**. Seine Stellung lässt sich im Sinne einer effektiven Verfahrensführung sowie zur Justizentlastung weiter ausbauen.

2 Zeitpunkt der Bestellung

Der gegenwärtige Rechtsstand verlangt in § 6 Abs. 1 Satz 1 SpruchG die frühzeitige Bestellung eines gemeinsamen Vertreters. Die **Praxis der Gerichte** ist dazu nicht einheitlich. Während einige Gerichte den gemeinsamen Vertreter direkt nach dem ersten (zulässigen) Antrag bestellen, warten andere den Ablauf der Antragsfrist ab und bestellen den gemeinsamen Vertreter zusammen mit dem Verbindungsbeschluss. Das verzögert das Verfahren, wenn der Antragsgegner nicht einheitlich auf die Anträge und die erste Stellungnahme des gemeinsamen Vertreters erwidern kann und muss. Eine zweite Begründungs- und Erwiderungsfrist für eine Stellungnahme des gemeinsamen Vertreters unterläuft das Fristengefüge aus § 7 Abs. 2 SpruchG.

Daher spricht alles dafür, den gemeinsamen Vertreter **möglichst früh** und schon nach Eingang des ersten Antrags zu bestellen und zur zeitnahen Abgabe einer Stellungnahme zu verpflichten. Das erlaubt dem Hauptaktionär eine einheitliche Erwiderung auf die Anträge der Antragsteller und des gemeinsamen Vertreters. Ohnehin ist dieser gemäß § 6 Abs. 3 SpruchG ermächtigt, das Spruchverfahren auch nach Rücknahme der Anträge fortzuführen.

3 Bestellung auch ohne Antrag

Bislang ist ein gemeinsamer Vertreter nach § 6 Abs. 1 SpruchG dann zu bestellen, wenn bereits mindestens **ein Antrag eines Minderheitsaktionärs** eingegangen ist. Der gemeinsame Vertreter hat dann die Belange der nicht am Spruchverfahren beteiligten übrigen Aktionäre zu wahren. Erfahrungsgemäß sind aber viele Antragsteller mit den komplexen Bewertungsfragen überfordert. Damit kommt auf den gemeinsamen Vertreter häufig die Hauptlast zu, das Spruchverfahren umfassend auch im Interesse der Antragsteller zu führen. Dazu gehören gegebenenfalls auch Vergleichsverhandlungen.

Die Evaluierung des Spruchverfahrens (siehe oben Teil 2 § 5) hat einen **systemimmanenten strukturellen Interessengegensatz** zwischen den unternehmerisch investierten Hauptaktionären und den Anlegern bzw. Minderheitsaktionären bei der Preisfindung gezeigt. Daraus ergeben sich asymmetrische Prozesslagen, die sich durch das gesamte Spruchverfahren ziehen. Daher überrascht es nicht, dass es in 66,3 Prozent aller mindestens erstinstanzlich beendeten Spruchverfahren zu einer Anhebung der Abfindung gekommen ist, obwohl zuvor schon ein sachverständiger Prüfer die Angemessenheit geprüft und bis auf ganz wenige Ausnahmen bestätigt hat.

Der hier bestehende **strukturelle Interessengegensatz** bei der Preisfindung und die damit verbundenen **Grundrechtsauswirkungen** existieren unabhängig von der Einleitung eines Spruchverfahrens durch den Antrag eines Minderheitsaktionärs. Zwar gibt es bei börsennotierten Publikumsaktiengesellschaften fast immer einen Antrag, nicht aber bei kleineren Gesellschaften ohne eine Börsennotierung. Damit hängt eine Grundrechtsausübung zugunsten der nicht antragstellenden Minderheitsaktionäre von der Antragstellung eines anderen Minderheitsaktionärs ab. Die verfassungsmäßigen Gewährleistungen betreffen aber alle Minderheitsaktionäre gleichermaßen. Angesichts der hier bestehenden Grundrechtsgefährdungen darf es für den weiteren Rechtsschutz nicht darauf ankommen, ob zufälligerweise ein Antrag gestellt wird.

Zum Schutz der Grundrechte aller Aktionäre ist daher **mit der Eintragung** einer kompensationspflichtigen Strukturmaßnahme immer ein gemeinsamer Vertreter zu bestellen. Schließlich besteht gerade bei kleineren Gesellschaften die Gefahr, dass es zu einem **„Auskauf"** bereits vor der Antragstellung kommt. In einem solchen Fall liefe die **Wirkung inter omnes** ins Leere. Einzige Ausnahme bildet der – praktisch aber nahezu bedeutungslose – Fall, dass ausnahmslos alle von der Strukturmaßnahme betroffenen Minderheitsaktionäre einen Antrag gestellt haben oder laut Berichtslage nur ein einziger außenstehender Aktionär von der Strukturmaßnahme betroffen ist. Dem kann auch dadurch Rechnung getragen werden, dass im Falle einer nur geringen Anzahl Aktien im Freefloat (z. B. bei einem Grenzwert unter 1.000 Stück und / oder einem Abfindungswert für außenstehende Aktionäre von gesamt nicht mehr als 10.000 Euro) – zunächst – von der Bestellung eines gemeinsamen Vertreters abgesehen wird.

4 Beschwerderecht

§§ 6, 12 SpruchG sowie die Gesetzesbegründung[342] sprechen das Beschwerderecht für den gemeinsamen Vertreter nicht an. Das **Richterrecht** hat sich gegen ein eigenständiges Beschwerderecht des gemeinsamen Vertreters gestellt. Dazu heißt es in der „Stinnes-Entscheidung“ des Bundesgerichtshofs:

> „Im Spruchverfahren ist der gemeinsame Vertreter der Antragsberechtigten, die nicht selbst Antragsteller sind, grundsätzlich nicht beschwerdebefugt. [...]
>
> Eine Beschwerdebefugnis des gemeinsamen Vertreters ist im Spruchverfahrensgesetz in § 6 oder § 12 SpruchG nicht vorgesehen. Auch nach dem hier noch anwendbaren § 20 Abs. 1 FGG (§ 17 Abs. 1 SpruchG a.F.) stand die Beschwerde jedem zu, dessen Recht durch die erstinstanzliche Entscheidung beeinträchtigt ist. Ein eigenes Recht des gemeinsamen Vertreters nach § 20 Abs. 1 FGG ist durch die Entscheidung des Gerichts in erster Instanz nicht beeinträchtigt. Der gemeinsame Vertreter macht im Verfahren keine eigenen Rechte geltend und steht nicht wie eine Partei kraft Amtes einem Beteiligten gleich (BVerfG, NJW 2007, 3266, 3267). Er vertritt vielmehr als gesetzlicher Vertreter die Interessen der keinen Antrag stellenden Anteilsinhaber. Diese mögen zwar durch eine gerichtliche Entscheidung in erster Instanz in einem weiten Sinn materiell beschwert sein, weil sie keine höhere Abfindung erhalten. Da sie keinen Antrag gestellt haben, sind sie aber nicht beschwerdebefugt. Soweit eine Entscheidung wie im Spruchverfahren nur auf Antrag erlassen werden konnte und der Antrag zurückgewiesen worden ist, stand die Beschwerde nur einem Antragsteller zu (§ 20 Abs. 2 FGG). Der Gesetzgeber hat in § 6 Abs. 3 Satz 2 SpruchG den gemeinsamen Vertreter erst für den Fall, dass er das Verfahren nach Antragsrücknahme fortführt, einem Antragsteller gleichgestellt.“[343]

Diese Entscheidung überzeugt nicht. Die **verfassungsrechtlichen Gewährleistungen** zum Aktieneigentum lassen es nicht zu, dass der Rechtsschutz der nicht selbst Antrag stellenden Minderheitsaktionäre von einer zufälligen Beschwerde eines anderen Minderheitsaktionärs und noch dazu der Erreichung eines Mindestbeschwerdewerts abhängt. Stattdessen läuft der Rechtsschutz der nicht am Spruchverfahren beteiligten Minderheitsaktionäre durch einen gemeinsamen Vertreter ins Leere, wenn ihm kein Beschwerderecht zusteht. Hier sind die Besonderheiten der Verfahrensart zu berücksichtigen. Schließlich handelt es sich bei den nicht am Verfahren beteiligten Aktionären, die nur über die Wirkung inter omnes am Verfahrensausgang teilnehmen, regelmäßig um die **größte Aktionärsgruppe** im Kreis der Antragsteller bzw. Minderheitsaktionäre. Daher bietet sich hierzu eine regulatorische Klarstellung in § 12 SpruchG an.

342 BT-Drucksache 15/371, zu beziehen über https://dserver.bundestag.de/btd/15/003/1500371.pdf
343 BGH vom 29. September 2015 – II ZB 23/14, juris Leitsatz 1, Tz. 21.

5 Abfindung und Ausgleich

Alle außenstehenden Aktionäre verfolgen das gemeinsame Ziel, vom Gericht eine angemessene Kompensation bestimmen zu lassen. Dabei kann es im Spruchverfahren beim **Unternehmensvertrag** einen **Interessenkonflikt** bei der Berechnung der Abfindung für ausscheidende Aktionäre und des Ausgleichs für verbleibende Aktionäre geben: Zwar führt ein niedriger Kapitalisierungszinssatz zu einem höheren Unternehmenswert, jedoch reduziert er ggf. den Ausgleich.

§ 6 Abs. 1 Satz 2 SpruchG verlangt daher die Bestellung von zwei gemeinsamen Vertretern für jeden Antrag, wenn die Gefahr einer Interessenkollision besteht.

Die gesetzliche Regelung erscheint zunächst sachgerecht. Allerdings zeigen sich etwaige Interessenkonflikte häufig erst im Verlauf des Verfahrens und nicht schon bei Antragstellung. Daher ist es aus Kostengründen[344] vertretbar, zunächst nur einen gemeinsamen Vertreter zu bestellen. Zur Vermeidung von Interessenkonflikten hat er gegebenenfalls **alternative Berechnungen** anzustellen und die unterschiedlichen Auswirkungen aufzuzeigen. Damit bereitet er die Entscheidung des Gerichts im erforderlichen Umfang vor. Ergeben sich unüberwindbare Interessenkonflikte, kann dann nachträglich noch ein zweiter gemeinsamer Vertreter bestellt werden.

Solche Konflikte entstehen dann, wenn der Unternehmenswert zur Bestimmung des Ausgleichs mit einem Zinssatz verrentet wird, der sich am Kapitalisierungszinssatz zur Ermittlung des Unternehmenswerts orientiert. In Fällen hingegen, wo der Verrentungszinssatz unabhängig vom Kapitalisierungszinssatz bestimmt wird, etwa aus der Risikostruktur des Hauptaktionärs als Schuldner des Ausgleichs, treten solche Interessenkonflikte nicht auf.

Die Belange der nicht am Verfahren beteiligten Minderheitsaktionäre sind aber auch nach dem Abschluss eines nicht verfahrensbeendenden **Teilvergleiches** weiter zu vertreten. Daher scheidet der gemeinsame Vertreter mit einer Zustimmung zu einem Teilvergleich nicht aus dem Spruchverfahren aus. Er hat sich weiter an dem Verfahren zu beteiligen und gegebenenfalls eine weitere Zuzahlung mit Wirkung inter omnes zu erzielen.

Vorschlag 15: Stärkung des gemeinsamen Vertreters

- **Frühzeitige Bestellung**, spätestens unmittelbar nach Eingang des ersten zulässigen Antrags
- Bestellung **unabhängig vom Antrag** eines anderen Minderheitsaktionärs
- Eigenes **Beschwerderecht**
- Beim **Unternehmensvertrag:** Keine Bestellung eines zweiten gemeinsamen Vertreters für Ausgleich und Abfindung

344 Nach § 6 Abs. 2 Satz 1 SpruchG hat der Antragsgegner die notwendigen Auslagen und die Vergütung der gemeinsamen Vertreter zu tragen.

VIII Beschwerde – mündliche Verhandlung

Nach § 68 Abs. 3 Satz 2 FamFG i.V.m. § 17 Abs. 1 SpruchG kann das Beschwerdegericht im Spruchverfahren von der Durchführung einer mündlichen Verhandlung absehen, wenn diese bereits im ersten Rechtszug vorgenommen wurde und von einer erneuten Vornahme keine zusätzlichen Erkenntnisse zu erwarten sind. Die **Gerichtspraxis** ist in Spruchverfahren nicht einheitlich (1). Angesichts des komplexen **Verfahrensgegenstandes** lässt sich nicht ohne weiteres prognostizieren, ob im Verlauf einer mündlichen Verhandlung neue Erkenntnisse zu erwarten sind (2). Außerdem lassen es die **Justizgrundrechte** nicht zu, dass mit Anfechtungsausschluss eine Verlagerung von Bewertungsfragen aus dem Aktiengesetz in das Spruchverfahrensgesetz den Rechtsschutz reduziert (3). Außerdem führt die mündliche Verhandlung zu einer **Justizentlastung**, weil sie die Durchdringung des Verfahrensgegenstands erleichtert.

1 Gerichtspraxis

Die Gerichtspraxis ist hinsichtlich der Durchführung einer mündlichen Verhandlung in der Beschwerdeinstanz **uneinheitlich**: Während zum Beispiel das Oberlandesgericht Frankfurt dazu neigt, eine mündliche Verhandlung durchzuführen, machen das andere Beschwerdegerichte grundsätzlich gar nicht.

Das mag zwar sachgerecht erscheinen, wenn das Beschwerdegericht die erstinstanzliche Entscheidung nicht aufhebt:

> „Der Senat sieht von einer mündlichen Verhandlung gem. § 17 Abs. 1 SpruchG i.V.m. § 68 Abs. 3 FamFG ab, da eine solche in erster Instanz stattgefunden hat und von einer erneuten Vornahme keine zusätzlichen Erkenntnisse zu erwarten sind. Der Senat folgt im Ergebnis der Entscheidung des Landgerichts und stützt seine Entscheidung auch in der Begründung nicht auf grundlegend neue Erwägungen."[345]

Die verfassungsrechtlichen Gewährleistungen lassen aber angesichts des komplexen Verfahrensgegenstands und der wirtschaftlichen Relevanz[346] dieser Verfahrensart eine **Reduzierung von Verfahrensrechten** nicht zu. Daher ist immer eine mündliche Verhandlung vor dem Beschwerdegericht durchzuführen. Dabei sind auch die Gewährleistungen aus der EMRK zu berücksichtigen[347]. Das ist besonders dann der Fall, wenn das Beschwerdegericht eine Anhebung der Kompensation durch das Landgericht wieder herabsetzen möchte.

---

345 Hanseatisches Oberlandesgericht Hamburg vom 7. September 2020 – 13 W 122 / 20, juris Tz 42.

346 Zum Ausgang der Spruchverfahren siehe Teil 2 § 5 I Tabelle 25 bis Tabelle 29.

347 Für weitere Einzelheiten siehe *Wilske* in KK-AktG Band 9, 6. Auflage 2013, § 12 SpruchG Rn 45 ff.

2 Verfahrensgegenstand

In vielen Zivil- und FamFG-Verfahren geht es um vergleichsweise einfache Sach- und Rechtsfragen, die sich mit einem überschaubaren Aufwand abschließend bearbeiten lassen. Das gilt aber nicht für das Spruchverfahren mit **komplexen Bewertungssachverhalten** auf der Schnittstelle zwischen Rechts- und Wirtschaftswissenschaften. Dazu hebt die Rechtsprechung immer wieder hervor, dass es auch im Spruchverfahren keine exakten Unternehmenswerte, sondern nur wertmäßige Bandbreiten gibt:

> „Nichts anderes als für die Methodenwahl gilt für die Auswahl der Berechnungsweise des Ertragswerts nach der Ertragswertmethode. Mit der Wahl der Ertragswertmethode ist nur bestimmt, dass der Unternehmenswert nach dem abgezinsten geschätzten Zukunftsertrag bestimmt wird. Wie der Zukunftsertrag ermittelt wird und welcher Abzinsungssatz zugrunde zu legen ist, liegt damit nicht fest. Die Unternehmensbewertung nach der Ertragswertmethode setzt damit ihrerseits wieder Prognosen und Schätzungen voraus. Es ist schon aus diesem Grund nicht möglich, auf der Grundlage der Ertragswertmethode stichtagsbezogen <u>einen exakten, einzig richtigen Wert eines Unternehmens zu bestimmen</u> (BVerfG, ZIP 2012, 1656 Rn 30). Die Regeln, nach denen die Ertragsprognose und der Zinssatz ermittelt werden, müssen zwar wiederum den Bewertungszielen entsprechen, in der Wirtschaftswissenschaft anerkannt und praktisch gebräuchlich sein; eine einzige Regel, die zu einem einzigen richtigen Ergebnis führt, existiert jedoch nicht. <u>Daher kann es kein Vertrauen des Hauptaktionärs darauf geben, dass eine bestimmte Berechnungsweise, die dem Abfindungsangebot zugrunde liegt, auch im nachfolgenden Spruchverfahren Bestand hat, selbst wenn sie schriftlich festgelegt und vom sachverständigen Prüfer anerkannt worden ist.</u>“[348]

Dann aber kann nicht ausgeschlossen werden, dass es in einer weiteren mündlichen Verhandlung im Beschwerdeverfahren auch zu anderen Erkenntnissen und Sichtweisen kommt. Das gilt besonders dann, wenn sich die Antragsteller gegen einzelne Feststellungen der Sachverständigen wenden und das Beschwerdegericht einen eigenen Beweisbeschluss erlässt. Daher ist hier vom typischen FamFG-Verfahren abzuweichen und immer eine mündliche Verhandlung durchzuführen.

3 Justizgrundrechte

Auch die Gewährleistungen zum Aktieneigentum und den Justizgrundrechten verlangen eine weitere mündliche Verhandlung. Die **Verlagerung von Bewertungsfragen** aus der Anfechtungsklage, in der die Berufung mit mündlicher Verhandlung grundsätzlich zulässig ist, in das Spruchverfahren ohne Durchführung einer mündlichen Verhandlung in der Beschwerde reduziert andernfalls den Rechtsschutz.

Der Gesetzesentwurf für ein Gesetz zur Neuordnung des gesellschaftsrechtlichen Spruchverfahrens (Spruchverfahrensneuordnungsgesetz) vom 29. Januar 2003 stellt

348 BGH vom 29. September 2015 – II ZB 23/14, juris Tz. 36.

als **Regelungsziel** fest, dass das Spruchverfahren bei der gerichtlichen Überprüfung der Angemessenheit der Kompensation an die Stelle der Anfechtungsklage tritt:

> „Das gesellschaftsrechtliche Spruchverfahren vor den Landgerichten dient der Bestimmung angemessener Ausgleichszahlungen bzw. Abfindungen bei verschiedenen Strukturmaßnahmen von Unternehmen. Das Spruchverfahren wird vom Gesetz zur Verfügung gestellt, damit solche Maßnahmen nicht durch Anfechtungsklagen von Minderheitsaktionären blockiert werden, für diese aber die gerichtliche Überprüfung der Angemessenheit der ihnen angebotenen Kompensation und damit effektiver Rechtsschutz garantiert wird."[349]

Diese Linie haben weitere Gesetzgebungsverfahren fortgeführt. Das gilt auch für den Anfechtungsausschluss für **Informationspflichtverletzungen** bei Bewertungsfragen in § 243 Abs. 4 Satz 2 AktG:

> „§ 243 Abs. 4 Satz 2 in der Fassung des Entwurfs betrifft Anfechtungsklagen, die sich auf Informationspflichtverletzungen im Zusammenhang mit Bewertungsfragen stützen. Gemäß § 243 Abs. 4 Satz 2 sind Anfechtungsklagen wegen Informationspflichtverletzungen in der Hauptversammlung ausgeschlossen, wenn diese Informationspflichtverletzungen sich auf Fragen beziehen, für deren Aufklärung ein Spruchverfahren gesetzlich vorgesehen ist. Der Anfechtungsausschluss ist beschränkt auf Fälle „unrichtiger, unvollständiger oder unzureichender" Information. Damit sind Fehler, Mängel, Unvollständigkeiten in Teilbereichen gemeint."[350]

Nach dem **Willen des Gesetzgebers** soll der Anfechtungsausschluss aber nicht den Rechtsschutz reduzieren. Eine Verlagerung aller Bewertungsfragen vom Anfechtungsverfahren in das Spruchverfahren ist daher nur dann gleichwertig, wenn es in beiden Verfahren die gleiche prozessuale Ausgestaltung gibt. Soweit nicht § 522 ZPO eingreift, findet in der Berufung immer eine mündliche Verhandlung statt.

Vorschlag 16: Mündliche Verhandlung in der Beschwerde

- Der **komplexe Verfahrensgegenstand** im Spruchverfahren erfordert – anders als bei vielen anderen für das FamFG typischen Verfahrensgegenständen – ein umfassendes Beschwerdeverfahren mit mündlicher Verhandlung.
- Angesichts der komplexen Bewertungsfragen und der vielfach umfassenden Beweisbeschlüsse lässt sich **oft nicht absehen**, ob vom Verlauf einer mündlichen Verhandlung neue Erkenntnisse zu erwarten sind.
- Die **Verlagerung von Bewertungsfragen** aus der Anfechtungsklage in das Spruchverfahren darf nicht zu einer Reduzierung des Rechtsschutzes führen.
- Das Spruchverfahren ist im aktienrechtlichen Rechtsschutzsystem für **Anleger** die entscheidende Verfahrensart.

349 BT-Drucksache 15/371, Seite 11, zu beziehen über https://dserver.bundestag.de/btd/15/003/1500371.pdf

350 Entwurf eines Gesetzes zur Unternehmensintegrität und Modernisierung des Anfechtungsrechts (UMAG), BT-Drucksache 15/5092 Seite 26.

§ 8 Weitere Verfahrensfragen

Im Spruchverfahren geht es

- um öffentlich zugängliche Kapitalmarktinformationen, die ihrem Wesen nach auch eine **öffentliche mündliche Verhandlung** erfordern (II.).
- Im Mittelpunkt des Spruchverfahrens stehen die **Unternehmensbewertung**, der **Prüfungsbericht** (III.), des Sachverständigen (IV.) und deren Überprüfung auf **Fehler bzw. Mängel** (V.).
- Ein **wirtschaftliches Anreizsystem** könnte die Fehleranfälligkeit reduzieren (VI.).
- Angesichts der vielen Antragsteller spricht alles dafür, Elemente aus dem **KapMuG** in das SpruchG zu übertragen (VII.).
- Das **Beschwerdeverfahren** reflektiert nicht die Besonderheiten der **Wirkung inter omnes** aus § 13 SpruchG (VIII.)
- Das **Kostenrecht** muss die Komplexität des Spruchverfahrens noch deutlicher reflektieren (IX.).

I Ausgangspunkt

Zum Verfahrensgegenstand heißt es in der Gesetzesbegründung für das **Spruchverfahrensneuordnungsgesetz** vom 29. Januar 2003:

> „Das gesellschaftsrechtliche Spruchverfahren vor den Landgerichten dient der Bestimmung angemessener Ausgleichszahlungen bzw. Abfindungen bei verschiedenen Strukturmaßnahmen von Unternehmen. Das Spruchverfahren wird vom Gesetz zur Verfügung gestellt, damit solche Maßnahmen nicht durch Anfechtungsklagen von Minderheitsaktionären blockiert werden, für diese aber die gerichtliche Überprüfung der Angemessenheit der ihnen angebotenen Kompensation und damit effektiver Rechtsschutz garantiert wird."

Das **Aktienrecht** verlagert in § 243 Abs. 4 Satz 2 AktG die **Überprüfung der Kompensation** aus der Anfechtungsklage in das Spruchverfahren. Damit ist das Spruchverfahren für Anleger, wirtschaftlich betrachtet, die wichtigste Verfahrensart.

II Öffentlichkeit

Die Öffentlichkeit von Gerichtsverhandlungen aus § 170 Abs. 1 GVG ist eine Ausprägung des Rechtstaatsprinzips:

> „Der Grundsatz der Öffentlichkeit mündlicher Verhandlungen ist ein wesentlicher Bestandteil des Rechtsstaatsprinzips und geht in seiner Bedeutung damit über einzelne Verfahrensregelungen weit hinaus. Auch entspricht er dem allgemeinen Öffentlichkeitsprinzip der Demokratie. Die Gerichtsöffentlichkeit sollte in Gestalt einer Verfahrensgarantie dem Schutz der an der Verhandlung Beteiligten gegen eine der öffentlichen Kontrolle entzogene Geheimjustiz dienen. [...]

https://doi.org/10.1515/9783110769852-008

> Die rechtsstaatliche Komponente der Gerichtsöffentlichkeit zielt darauf, die Einhaltung des formellen und materiellen Rechts zu gewährleisten. Dies soll zur Gewährleistung von Verfahrensgerechtigkeit im Sinne einer Verfahrensgarantie der Beteiligten beitragen (BVerfGE 103, 44 <63 f.>). Dabei kann die Öffentlichkeit aus zwingenden Gründen des Allgemeinwohls auch dort ganz oder teilweise ausgeschlossen werden, wo sie nach der Verfassung grundsätzlich geboten ist."[351]

In besonders gelagerten Einzelfällen lässt die Gesetzesbegründung einen Ausschluss der Öffentlichkeit zu. Die beispielhaft genannten Verfahren haben einen starken **persönlichkeitsrechtlichen Kerngehalt**:

> „Das Gericht hat daher künftig im Einzelfall zu entscheiden, ob das Interesse der Beteiligten am Schutz ihrer Privatsphäre oder der sich aus dem Rechtsstaatsprinzip ergebende Grundsatz der Öffentlichkeit der Verhandlung in dem konkreten Verfahren überwiegt. Dieses Ermessen wird beschränkt, soweit ein Beteiligter der Zulassung der Öffentlichkeit widerspricht. Diese Regelung legt fest, dass der Schutz der Privatsphäre in diesen Fällen stets gegenüber dem Grundsatz der Öffentlichkeit überwiegt. Die Neufassung des § 170 GVG trägt auch europarechtlichen Erfordernissen Rechnung. Bereits auf der Grundlage des geltenden Rechts wird der Grundsatz der Nichtöffentlichkeit in Angelegenheiten der freiwilligen Gerichtsbarkeit durchbrochen, soweit Artikel 6 Abs. 1 der EMRK die Öffentlichkeit erfordert (Keidel/Kuntze/Winkler-Kahl, Freiwillige Gerichtsbarkeit, 15. Aufl. 2003, Rn 7a vor §§ 8–18). Art. 6 Abs. 1 EMRK gewährt hierbei allen Personen das Recht auf ein öffentliches Verfahren in Streitigkeiten in Bezug auf ihre zivilrechtlichen Ansprüche oder Verpflichtungen. Die Öffentlichkeit kann jedoch nach Art. 6 Abs. 1 Satz 2 EMRK unter anderem dann ausgeschlossen werden, wenn die Interessen von Jugendlichen oder der Schutz des Privatlebens der Beteiligten es verlangen. Sowohl Familien- als auch Betreuungssachen sind hierbei als zivilrechtliche Streitigkeiten im Sinne des Art. 6 Abs. 1 EMRK zu verstehen."[352]

Gesellschaftsrechtliche Verfahren wie das Spruchverfahren haben aber einen anderen Kerngehalt. Er fällt nicht unter die anderen, von § 172 GVG besonders geschützten **Verfahrensgegenstände**. Hier geht es ausschließlich um gesellschaftsrechtliche Bewertungsfragen und damit um **kapitalmarktrelevante Informationen**. Sie stehen in den Berichten und sind öffentlich bekanntzumachen. Eine nicht öffentliche mündliche Verhandlung widerspricht dem Wesen von Kapitalmarktinformationen und damit dem Rechtstaatsprinzip.

Vorschlag 17: Öffentlichkeit der Verhandlungen

- Mündliche Verhandlungen in Spruchverfahren sind öffentlich durchzuführen.

351 BVerfG vom 3. Juni 2022 – 1 BvR 2103/16, juris Tz. 44.

352 RegBegr zu Art. 22 des Gesetzes zur Reform des Verfahrens in Familiensachen und in den Angelegenheiten der freiwilligen Gerichtsbarkeit, BR-Drucksache 309/07, Seite 729, zu beziehen über https://dserver.bundestag.de/brd/2007/0309-2-07.pdf

III Prüfungsbericht

Der Prüfungsbericht bestimmt den **Verfahrensgegenstand** des Spruchverfahrens (1). Der Zugang zu den bewertungsrelevanten **Informationen** bedarf einer gesonderten Regelung (2). Der **Prüfungsbericht** wird meist zeitgleich mit der Unternehmensbewertung durch den Hauptaktionär bzw. anderen Vertragsteil erstellt (3). Weitere Angaben in den Berichten führen zu einer **Justizentlastung**, weil sie den Verfahrensgegenstand präzisieren.

1 Bedeutung

Im Spruchverfahren geht es um die Angemessenheit der Kompensation, § 4 Abs. 2 Satz 2 Nr. 4 SpruchG. Deren Ermittlung ergibt sich aus dem Übertragungsbericht des Hauptaktionärs und / oder einem Bewertungsgutachten sowie dem Bericht eines sachverständigen Prüfers, §§ 4 Abs. 2, Satz 2 Nr.4, 7 Abs. 3 SpruchG. Diese Berichte nach §§ 293a, 293e, 327c AktG sind für die Hauptversammlung zu erstellen. Auf diese Grundnormen verweisen die anderen in § 1 Nr. 1 bis 4 SpruchG genannten Strukturmaßnahmen, siehe z. B. § 327c Abs. 2 Satz 2 bis 4 AktG. Zusammen mit den konkreten Einwendungen nach § 4 Abs. 2 Satz 2 Nr. 4 SpruchG bilden die Berichte den **Verfahrensgegenstand** des Spruchverfahrens.

2 Zugang zu Informationen

Die in § 1 Nr. 1 bis 4 SpruchG genannten kompensationspflichtigen Strukturmaßnahmen beenden die rechtliche bzw. wirtschaftliche Eigenständigkeit einer juristischen Person. Mit Eintragung der Strukturmaßname hat sich die Gesellschaft dem Hauptaktionär unterzuordnen. Bis zu diesem Zeitpunkt gilt jede Gesellschaft als eigenständig. Dieses Regelungskonzept gilt auch für den Informationsfluss. Der **auskunftsbezogene Gleichheitsgrundsatz** aus § 131 Abs. 4 Satz 1 AktG kennt enge Grenzen. Er begrenzt auch den Informationszugang für Groß- und Hauptaktionäre. § 294 Abs. 3 HGB enthält einen Informationsanspruch für Rechnungslegung und Jahresabschluss.

Ein weiterer Informationsanspruch entsteht zur Vorbereitung einer Strukturmaßnahme. Mit dem Verlangen nach § 327a Abs. 1 AktG entsteht auch der **Informationsanspruch auf die bewertungsrelevanten Informationen** aus § 327b Abs. 1 Satz 2 AktG. Dieser Informationsanspruch geht über die gesetzlichen Regelinformationen sowie die Informationspflichten aufgrund der Zulassungsfolgepflichten hinaus.

Mit deren Veröffentlichung in den Berichten erhalten die Aktionäre erstmals Informationen zum inneren Wert. Diese Informationen stabilisieren auch die Investitionsstrategien, die auf einen möglichen Zukunftserfolgswert abstellen.

Die berechtigten Belange der Gesellschaft bzw. des anderen Vertragsteils schützt § 293a Abs. 2 AktG. Es müssen die Tatsachen nicht in die Berichte aufgenommen werden, die einem der beteiligten Unternehmen einen Nachteil zufügen können. So gewährleisten Spruchverfahren auch den Schutz von **Betriebs- und Geschäftsgeheimnissen**.

3 Prüfung

Mit der **Bekanntmachung des Verlangens** besteht der Auskunftsanspruch aus § 327b Abs. 1 Satz 2 AktG. Erst dann beginnen die Bewertungsarbeiten. Nach Fertigstellung der Berichte werden die Einladung für die Hauptversammlung und die Berichte bekannt gemacht, § 123 Abs. 1 AktG.

Prüfen bedeutet nach DIN 1319 das Feststellen, inwieweit ein Prüfobjekt eine Forderung erfüllt.[353] Nach dem **Wortsinn** kann eine **Prüfung** erst mit der Fertigstellung der zu prüfenden Leistung beginnen. Erst dann lassen sich die sachliche und rechnerische Richtigkeit sowie Vollständigkeit nachvollziehen. In der Praxis wartet die Prüfung aber angesichts des Zeitdrucks nicht auf die Fertigstellung des Vertragsberichts bzw. Übertragungsberichts. Vielmehr entstehen beide Berichte zeitgleich bzw. parallel. Dazu soll der Prüfer einzelne Berichtsteile zur Prüfung erhalten oder er wird bereits für einzelne Berichtsteile in die Erstellung einbezogen. Im Nachhinein lässt sich nicht überprüfen, ob einzelne Bewertungsfragen und Berichtspassagen gemeinsam beantwortet bzw. erstellt oder erst, wie in einem formalen Prüfverfahren, nach Fertigstellung an den Prüfer übergeben wurden.

Der Bundesgerichtshof und die Rechtsprechung haben der zeitgleichen Berichtserstellung unter dem Stichwort **Parallelprüfung** trotzdem zugestimmt:

> „Ebenso wenig liegt ein zur Anfechtbarkeit des Übertragungsbeschlusses führender Verstoß gegen §§ 327 c Abs. 2 Satz 4, 293 d Abs. 1 AktG, § 319 Abs. 3 HGB darin, dass die als Prüferin bestellte A. ihre Tätigkeit nicht erst nach Fertigstellung des Berichts der Hauptaktionärin (§ 327 c Abs. 2 Satz 1 AktG) bzw. der von ihr beauftragten Wirtschaftsprüfungsgesellschaft W. & K. aufgenommen, sondern aus Beschleunigungsgründen die jeweils erarbeiteten Einzelbewertungen (schichtweise) überprüft hat. In dieser sog. Parallelprüfung liegt keine entsprechend § 319 Abs. 2 Nr. 5 a.F. HGB unzulässige Mitwirkung am Bericht der Hauptaktionärin, sondern ein sinnvolles Vorgehen, das eine frühzeitige Fehlerkorrektur durch den Prüfer ermöglicht und dessen Unabhängigkeit nicht in Frage stellt (so schon zutreffend OLG Stuttgart, ZIP 2003, 2363, 2365). Selbst eine Beratungstätigkeit durch den Prüfer wäre unter dem Blickwinkel einer verbotenen Mitwirkung im Sinne des § 319 Abs. 2 Nr. 5 a.F. HGB erst dann unzulässig, wenn sich diese auf unternehmerische Zweckmäßigkeitsentscheidungen erstreckt (vgl. BGHZ 135, 260). Das ist aber allein aus der

353 Die DIN-Norm 1319 ist die grundlegende deutsche Norm der Messtechnik. Zitiert nach https://de.wikipedia.org/wiki/Pr%C3%BCfen

> Tatsache einer Parallelprüfung, die durchaus sinnvoll ist, nicht zu entnehmen (vgl. dazu schon OLG Düsseldorf AG 2004, 207, 210 f.; AG 2005, 293, 297; Puszkajler, ZIP 2003, 518, 521; Ott, DB 2003, 1615, 1617; Schautes, DB 2004, 591, 593; Grunewald aaO, § 327 c Rdn. 13).“[354]

Der Ausgang der Spruchverfahren mit einer Quote von 66,3 Prozent Erhöhungen der Abfindungen bzw. rund 1,0 Mrd. Euro Nachzahlungen an die außenstehenden Aktionäre begründet jedenfalls Zweifel am Sinngehalt der Pflichtprüfung. Dies folgt schon daraus, dass Prüfer auch solche Bewertungsergebnisse als angemessen beurteilen müssen, welche nur noch gerade innerhalb einer plausiblen Bandbreite, jedoch unterhalb mittlerer Erwartungswerte liegen.

Demgegenüber haben Sachverständige und Gerichte eben solche mittlere Erwartungswerte zugrunde zu legen. Andernfalls gäbe es entgegen den grundgesetzlichen Gewährleistungen keine angemessene Kompensation.

Daher spricht einiges dafür, die gesetzliche **Pflichtprüfung** ganz abzuschaffen und stattdessen auf Basis der Rügen der Minderheitsaktionäre gegen die vom Hauptaktionär (bzw. dem von ihm beauftragten Bewertungsgutachter) vorgenommene Unternehmensbewertung gezielt Sachverständigengutachten einzuholen.

Im Hinblick auf die Begründungspflicht § 4 Abs. 1 Satz 2 Nr. 4 SpruchG bestehen umfangreiche **Informationsansprüche** für die Antragsteller. Dazu gehört auch, dass sie durch den Übertragungs- bzw. Vertragsbericht und das Bewertungsgutachten umfassend über die Wertverhältnisse zum Bewertungsstichtag zu informieren sind.

Nach gegenwärtiger Rechtslage der Pflichtprüfung sind Minderheitsaktionäre im Prüfungsbericht umfassend über den Verlauf der Prüfung zu informieren. Dazu gehören vor allem diese Angaben, die sinnvollerweise schon in **Bestellungsbeschluss** für den sachverständigen Prüfer aufgenommen werden:

- **Bewertungsmodell**: Ein einfacher Verweis auf Angaben im Übertragungsbericht oder Bewertungsgutachten reicht dazu nicht aus. So ist nicht sichergestellt, auf welche Fassung des Bewertungsmodells der Prüfer rekurriert.
- **Zeitlicher Ablauf** der Prüfung und **übergebene Berichtsteile**: In der Praxis findet regelmäßig eine Parallelprüfung statt. Übertragungs- und Prüfungsbericht sollten darstellen, wann der Prüfer welche Berichtsbestandteile erhalten hat.
- **Auffassungsunterschiede** zwischen Hauptaktionär bzw. Bewertungsgutachter und Prüfer sowie deren Handhabung sind darzustellen.
- **Prüfergebnisse** und **Ableitung des Unternehmenswerts** sind im Prüfungsbericht umfassend abzubilden.

Außerdem muss im Prüfungsbericht angesprochen werden, ob von einem Prüfer bei werterhöhenden Prüfungsfeststellungen zur Kompensation **wertreduzierende Gegenmaßnahmen** verlangt wurden. Dazu heißt es zum Beispiel im Prüfungsbericht der DIH Deutsche Immobilien Holding AG:

354 BGH vom 18. September 2006 – II ZR 225/04, juris Tz. 14.

> „Wie sich aus meinen obigen Ausführungen zu den Diskussionen des nachhaltigen Ergebnisses und des Betafaktors ergibt, habe ich jedoch die Handhabung der Parallelprüfung im konkreten Fall als unglücklich wahrgenommen. Soweit es mir gelang, den Bewertungsgutachter zu Korrekturen seiner Position zu veranlassen, konnte hierbei der Eindruck entstehen, dass ‚Korrekturen' beschränkt auf die Argumentation oder in Verbindung mit gegenläufigen Veränderungen anderer Parameter erfolgten, um ein im Wesentlichen unverändertes Bewertungsergebnis zu erzielen."[355]

Das dürfte in der Praxis kein Einzelfall sein. Um solche Einflussnahmen zu verhindern, könnte man neben einem entsprechenden Berichtsgegenstand auch die Abgabe einer eidesstaatlichen Versicherung verlangen.

Vorschlag 18: Bericht über Verlauf der Prüfung

Schon der **Bestellungsbeschluss** sollte weitere Angaben zum Verlauf der Prüfung im Prüfungsbericht verlangen. Das gilt besonders, wenn die Prüfung parallel zur Erstellung des Bewertungsgutachtens erfolgt:

- Wann und von wem wurden welche **Berichtsteile** erstellt und zur Prüfung weitergeleitet?
- Welche **Auffassungsunterschiede** bestanden zwischen Prüfer und Hauptaktionär?
- Wie und mit welchen **wirtschaftlichen Auswirkungen** wurden die Auffassungsunterschiede beseitigt?
- Wurden vom Prüfer nach der Berücksichtigung von Prüfungsfeststellungen bzw. Bewertungsfehlern wie auch immer geartete **Kompensationen** verlangt bzw. durchgeführt?

IV Sachverständiger

Korrespondierend zu dem zuvor unter Teil 3 § 8 III 3 diskutierten Verzicht auf eine Anhörung des Prüfers, wenn von dessen Einvernahme keine weiteren Erkenntnisse zu erwarten sind, gilt es den Beweis durch Sachverständige zu stärken.

Der Sachverständige hat eine andere Rechtsstellung als der **Prüfer** (1). Weil der Sachverständige wegen Besorgnis der Befangenheit abgelehnt werden kann, ist den Verfahrensbeteiligten das Recht auf Teilnahme an Beweisterminen einzuräumen (2). Die **Vergütung** des Sachverständigen bedarf einer gesetzlichen Regelung (3). Die Regelung dieser Sach- und Rechtsfragen führt zu einer **Justizentlastung**, weil sie in vielen Verfahren erörtert werden.

1 Rechtsstellung

Für **Sachverständige** gelten die Vorschriften für Zeugen, soweit sich nach § 402 ZPO aus den §§ 403 ff. ZPO nichts anderes ergibt.

---

355 Bericht des sachverständigen Abfindungsprüfers der DIH Deutsche Immobilien Holding AG vom 17. Januar 2012, Tz. 127.

Anders als der sachverständige Zeuge oder Prüfer nach § 414 ZPO i.V.m. §§ 373 ff. ZPO kann ein Sachverständiger wegen Besorgnis der Befangenheit nach § 406 ZPO abgelehnt werden. Sein Tätigkeitsumfang ergibt sich nicht wie z. B. nach §§ 293b, 293e, 327c Abs. 2, 3 AktG aus dem Gesetz, sondern aus dem Beweisbeschluss und den weiteren Weisungen des Gerichts, § 404a ZPO.

Wesentlicher Unterschied zwischen der Beurteilung von Prüfern und Sachverständigen ist, dass

- der **sachverständige Prüfer** eine angebotene Kompensation auch dann für angemessen halten muss bzw. kann, wenn diese gerade noch innerhalb einer plausiblen Bandbreite liegt. Schließlich berichtet er über Wahrnehmungen, die er auf der Grundlage seiner besonderen Sachkunde machen konnte. Er berichtet aber nicht über eigene Schlussfolgerungen[356]. Auf diese Art und Weise lassen sich auch **untere Grenzwerte** als angemessen beurteilen[357].
- der **Sachverständige** dem Richter die diesem fehlende **Sachkunde von Erfahrungssätzen** vermitteln oder anhand solcher Erfahrungssätze auf Grund seiner Sachkunde aus einem feststehenden Sachverhalt den Richter Schlussfolgerungen ziehen lassen soll. Zu seinen Aufgaben gehört auch die Feststellung von Tatsachen, wenn dazu besondere Sachkunde erforderlich ist[358]. Im Gegensatz zum Prüfer muss er **(mittlere) Erwartungswerte** darstellen, weil das Spruchgericht diese zugrunde zu legen hat:

> „Jedenfalls im Rahmen der fundamentalanalytischen Wertermittlung anhand des Ertragswertverfahrens ist es anerkannt, bei der Prognose der künftigen Erträge weder von den bestmöglichen Aussichten noch von den schlimmsten Befürchtungen, sondern von den mittleren Erwartungen auszugehen (vgl. Großfeld, Recht der Unternehmensbewertung, 5. Aufl., Rn 298 f.). Dementsprechend sind die Ertragsprognosen grundsätzlich nicht auf außerordentliche, sondern auf normale Werte aufzusetzen.“[359]

Trotzdem scheuen viele Gerichte vor einem Strengbeweis durch Einholung eines Sachverständigengutachtens zurück. Daher hat die Zahl der Gutachten sukzessive nachgelassen:

356 *Zimmermann* in MüKo ZPO 6. Auflage 2020, § 415 Rn 2.

357 OLG Zweibrücken vom 14. August 2018 – 9 W 4/14, Seiten 14 f.

358 *Zimmermann* in MüKo ZPO 6. Auflage 2020, § 402 Rn 2. Weitere Einzelheiten enthält der Referentenentwurf für das Spruchverfahrensgesetz (SpruchG) BT-Drucks 15 / 371, Seiten 15 ff., 18.

359 OLG Stuttgart vom 17. Oktober 2011 – 20 W 7/11, juris Tz. 189.

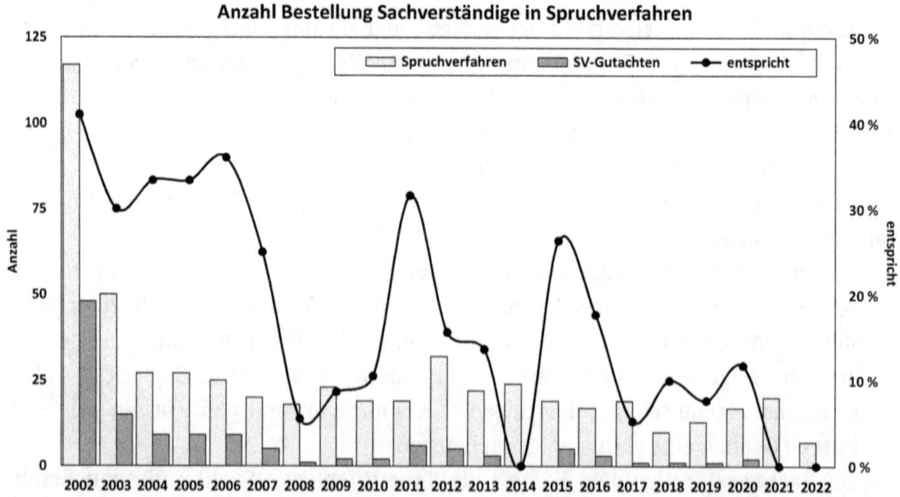

Abbildung 58: Anzahl Bestellung Sachverständige in Spruchverfahren

Nur bei **wesentlichen Bewertungsfehlern** entscheiden sich Gerichte gegen eine Befragung des Prüfers und bestellen sogleich einen unabhängigen Sachverständigen.

Im Beweisbeschluss wird der Sachverständige mit einer umfassenden weiteren Aufarbeitung der streitgegenständlichen Bewertungsfragen beauftragt. Dazu kann es jedoch auch schon im Vorfeld einer mündlichen Verhandlung kommen:

> „**Zu § 8** (Mündliche Verhandlung)
> Absatz 2 macht die persönliche Befragung der früher tätig gewesenen Prüfer, deren Berichte nach § 7 Abs. 3 Satz 2 dem Gericht vorzulegen sind, in der mündlichen Verhandlung zur Regel. Von ihr soll nur abgewichen werden, wenn das Gericht nach seiner freien Überzeugung zu dem Schluss kommt, dass die mündliche Anhörung keine weitere Aufklärung verspricht. Dies wird nur selten der Fall sein. Auch hierdurch soll die Erkenntnisbasis schon zu Beginn des Verfahrens verbreitert und die eventuell zusätzliche Beauftragung eines weiteren Sachverständigen zur Begutachtung bestimmter Fragen im Spruchverfahren erleichtert und damit beschleunigt ermöglicht werden. In geeigneten Fällen kann es sinnvoll sein, den sachverständigen Prüfer zunächst schriftlich und ggf. erst anschließend mündlich zu befragen. Wird ein weiterer Sachverständiger vom Gericht bestellt und schon zum Termin geladen, so sollte auch er Fragen an die früheren Prüfer richten können.“[360]

In der **Praxis** kommt es vor allem bei betragsmäßig erheblichen konkreten Einwendungen gegen die vorliegende Unternehmensbewertung dazu, dass Gerichte einen Sachverständigen bestellen und von der weiteren Anhörung des Prüfers absehen. Denn Rügen insbesondere zur Planungsrechnung können Gerichte ohne sachverständige Hilfe kaum nachgehen.

360 BT Drucksache 15/371, Seite 15, zu beziehen über https://dserver.bundestag.de/btd/15/003/1500371.pdf

2 Beweistermin

Gemäß § 404a Abs. 4 ZPO bestimmt das Gericht, in welchem Umfang Sachverständige zur Aufklärung der Beweisfrage befugt sind, inwieweit sie mit den Parteien in Verbindung treten dürfen und ob den Parteien die **Teilnahme an Tatsachenermittlungen** zu gestatten ist. Bei einem besonderen **Beweistermin** zur Einweisung ist allen Parteien sogar die Teilnahme zu gestatten, § 404a Abs. 5 ZPO.

Der **Grundsatz der Chancen- und Waffengleichheit** und der Unmittelbarkeit verlangt auch eine Teilnahmemöglichkeit der Parteien an der weiteren Ermittlungstätigkeit[361].

Die **Praxis der Gerichte** ist uneinheitlich: Einige Gerichte gestatten den Antragstellern die Teilnahme an Gesprächen mit dem Antragsgegner. Die meisten Gerichte setzen sich jedoch mit diesem Punkt nicht auseinander. Die Teilnahme der Antragsteller an Beweisterminen könnte auch zu einer **Justizentlastung** beitragen, indem es das Spruchverfahren auf die wesentlichen Fragen fokussiert und die Akzeptanz der vorgelegten Ergebnisse damit steigert.

Das **Landgericht Dortmund** hat in einem Spruchverfahren den Sachverständigen wegen der **Besorgnis der Befangenheit** abgelehnt, weil dieser die Antragsteller nicht zu einem Beweistermin geladen hatte:

> „Der Antrag ist auch begründet. Ein Sachverständiger kann gem. §§ 406 Abs. 1 S. 1, 42 Abs. 1 ZPO wegen Besorgnis der Befangenheit abgelehnt werden. Entsprechend § 42 Abs. 2 ZPO findet die Ablehnung wegen Besorgnis der Befangenheit statt, wenn ein Grund vorliegt, der geeignet ist, Misstrauen gegen die Unparteilichkeit eines Sachverständigen zu rechtfertigen. Diese Voraussetzung liegt hier vor und ist gem. § 406 Abs. 3 ZPO glaubhaft gemacht worden.
> Die Ablehnung des vom Gericht beauftragten Sachverständigen setzt nicht voraus, dass der Sachverständige tatsächlich parteilich ist oder dass das Gericht selbst Zweifel an seiner Unparteilichkeit hat. Für eine Ablehnung wegen der Besorgnis der Befangenheit genügt vielmehr der bei dem ablehnenden Prozess-beteiligten erweckte Anschein der Parteilichkeit (BGH, Beschluss vom 15. April 1975 – X ZR 52/73 –, juris = NJW 1975, 1363). Maßgebend dafür ist die objektive Sicht einer vernünftigen Partei (OLG Hamm, Beschluss vom 26. Februar 2015 – 1-1 W 86/14 –, juris Rn 7.). Führt ein Sachverständiger eine Orts- und Sachbesichtigung in Anwesenheit nur einer der Parteien durch, ohne die andere zu benachrichtigen und ihr Gelegenheit zur Teilnahme zu geben, so spricht dies aus Sicht der nicht benachrichtigten Partei bereits erheblich für die Befangenheit des Sachverständigen (Saarländisches Oberlandesgericht Saarbrücken, Beschluss vorn 27. April 2007 – 5 W 104/07-34 juris Rn 17; Thüringer Oberlandesgericht, Beschluss vorn 07. Oktober 1999 4 W 575/99 –, juris Rn 4.). Danach besteht aus objektiver Sicht einer vernünftigen Partei die Besorgnis der Befangenheit des Sachverständigen im konkreten Fall."[362]

361 Zu den möglichen Rechtsfolgen eines Beweistermins ohne Teilnahme der Antragsteller siehe *Zimmermann* in MüKo ZPO 6. Auflage 2020, § 404a Rn 10 f. mit Nachweisen zur Rechtsprechung.

362 LG Dortmund vom 9. Oktober 2019 – 20 O 7/17 [AktE].

Auch in anderen Spruchverfahren hat das Landgericht Dortmund für die Antragsteller die Möglichkeit geschaffen, virtuell und ohne Fragerecht an **Ermittlungsterminen** teilzunehmen[363]. Daher bietet sich zur Vereinheitlichung der Rechtspraxis eine Regelung im Spruchverfahrensgesetz an.

3 Vergütung von Sachverständigen

Wegen der komplexen Bewertungsfragen bestellen Gerichte fast nur **Wirtschaftsprüfer** oder Wirtschaftsprüfungsgesellschaften als Sachverständige. Diese ziehen dann Mitarbeiter mit unterschiedlichen Qualifikationen hinzu.

Die **Vergütung** von Sachverständigen erfolgt auf der Grundlage von § 9 JVEG. Die darin festgelegten Stundensätze liegen aber deutlich unter marktüblichen Beträgen: Anlage 1 Ziffer 6.1 zum JVEG sieht für Unternehmensbewertungen einen Stundensatz in Höhe von 135 Euro vor. Dagegen betragen übliche Stundensätze für Wirtschaftsprüfer 250 bis 500 Euro. Gerichte bestimmen daher in der Regel die Stundensätze für Sachverständige nach freiem Ermessen. Sie orientieren sich meist am unteren Bereich der marktüblichen Stundensätze zwischen 200 und 300 Euro.

Vorschlag 19: Teilnahmerecht von Antragstellern an Beweisterminen / Vergütung von Sachverständigen

- Der **Beweisbeschluss** muss Teilnahme am Beweistermin ermöglichen, § 404a Abs. 4, 5 ZPO. Im Idealfall erhalten die Verfahrensbeteiligten ein Wahlrecht zwischen persönlicher oder virtueller Teilnahme.
- Eine **angemessene Vergütung** für Sachverständige orientiert sich an marktüblichen Stundensätzen.
- Vorgabe einer betragsmäßigen Bandbreite, die auf die **Qualifikation** der jeweils tätigen Personen abstellt.

V Bewertungsmängel

Die Angemessenheitsprüfung soll nach der Rechtsprechung

> „[...] eine Gewähr dafür bieten, daß es im Spruchverfahren im Regelfall nicht zu erheblichen Mehrbeträgen kommen wird.“[364]

Trotzdem weisen Unternehmensbewertungen immer wieder Mängel in der **Planungsrechnung** (1), dem **Kapitalisierungszinssatz** (2) und **technische Mängel** (3) auf. An-

---

363 Z.B. Spruchverfahren zum Unternehmensvertrag mit der DMG Mori AG: LG Dortmund 18 O 74/16 [AktE].

364 BGH vom 25. Juli 2005 – II ZR 327/03, juris Tz. 5.

ders lassen sich die hohen Nachbesserungsquoten in Spruchverfahren von 66,3 Prozent nicht erklären.

1 Planungsrechnung

Mit einer **interessenorientierten Prognose** der zukünftigen finanziellen Überschüsse lässt sich nahezu jedes gewünschte Ergebnis „herbeirechnen".

Trotzdem orientiert sich der übliche **Planungsprozess** einer Aktiengesellschaft eher an Erfolgs- und Zielquoten für die Organe anstatt an Kompensationshöhen im Rahmen von Strukturmaßnahmen: Im Normalfall erstellt eine Zielgesellschaft keine „Schattenrechnung", um zu Gunsten eines Hauptaktionärs die von diesem zu leistenden Kompensationen zu minimieren.

Daher räumt die Rechtsprechung der von den Organen einer Zielgesellschaft verabschiedeten Planung eine **Prärogative** ein. Ordnungsgemäß erstellte Unternehmensplanungen sind im Rahmen von Spruchverfahren nicht gegen die Erwartungshaltung außenstehender Aktionäre auszutauschen, wenn sie auf einer zutreffenden Tatsachengrundlage beruhen:

> „Das Oberlandesgericht führt zutreffend aus, dass es – zumindest auf Grundlage der Ertragswertmethode – nicht möglich ist, stichtagsbezogen einen exakten, einzig richtigen Wert eines Unternehmens zu bestimmen. Jede in die Zukunft gerichtete Prognose, insbesondere die der Ertragswertmethode eigene Beurteilung künftiger Erträge, ist ihrer Natur nach mit Unsicherheiten behaftet. Vor diesem Hintergrund ist es zur Berechnung des vollen Ausgleichs von Verfassungs wegen nicht geboten, eine auf zutreffender Tatsachengrundlage beruhende, vertretbare Prognose durch eine andere – ebenfalls notwendigerweise nur vertretbare – zu ersetzen."[365]

Dieses Planungsprärogativ beschränkt sich naturgemäß auf solche Planungen, welche von den Organen der Zielgesellschaft tatsächlich selbst und unbeeinflusst von den Hauptaktionären vorgenommen wurden. Dagegen unterliegen Planungen, welche der Hauptaktionär / Bewertungsgutachter erstellt hat, voll umfänglich der gerichtlichen Kontrolle. Das betrifft insbesondere

- die Phase der ewigen Rente,
- nach der Detailphase zwischengeschaltete Konvergenzphasen,
- Planbilanzen und Geldflussrechnungen,
- Reinvestitionsannahmen, und
- Annahmen zur Thesaurierung / Ausschüttung finanzieller Überschüsse.

365 BVerfG vom 24. Mai 2012 – 1 BvR 3221/10, juris Tz. 30.

Allerdings erkennt die Rechtsprechung in zunehmendem Umfang, dass auch solche Planungsrechnungen **nicht sakrosankt** sind, welche vorgeblich vom Vorstand der Zielgesellschaft erstellt wurden:

„Wie das Landgericht richtig ausgeführt hat, ist als Planungsgrundlage grundsätzlich die im Unternehmen verfügbare Unternehmensplanung zu verwenden (Vorrang der unternehmenseigenen Planung, vgl. nur Senat, Beschluss v. 25.02.2020 Rn 44, aaO; van Rossum aaO § 305 Rn 121). Aufgabe des sachverständigen Bewerters ist es, darauf basierend einen Ertragswert zu ermitteln, der sachgerecht erscheint und als solcher dem Abfindungsangebot zugrunde gelegt werden kann. Planungen des Unternehmens sind deshalb im Zuge der Bewertung nicht kritiklos zu übernehmen, sondern auf Plausibilität zu überprüfen (vgl. IDW S 1 2008 Tz. 68, 81 ff.; Popp/Ruthardt in: IDW, Bewertung und Transaktionsberatung, Kap. C Rn 117). Weiter zutreffend ist das Landgericht mit der einhelligen Rechtsprechung vor dem Hintergrund, dass Planungen und Prognosen in erster Linie ein Ergebnis der jeweiligen unternehmerischen Entscheidung der für die Geschäftsführung verantwortlichen Personen sind, von einer (nur) eingeschränkten Überprüfbarkeit ausgegangen (st. Rspr., vgl. nur Senat, Beschluss v. 25.02.2020 – I-26 W 7/18 (AktE) Rn 44, aaO m.w.N.). Hingegen werden „Sonderplanungen“, die ausschließlich zu Bewertungszwecken außerhalb des Planungsprozesses erstellt werden, von der Rechtsprechung regelmäßig kritisch gesehen (vgl. bereits OLG Düsseldorf, 19. Zivilsenat, Beschluss v. 8.07.2003 – I-19 W 6/00 (AktE) Rn 60, AG 2003, 688 ff.; ähnlich OLG Stuttgart, Urteil v. 7.02.2001 – 20 U 52/97 Rn 350 ff., DB 2001, 854 ff.; OLG Frankfurt, Beschluss v. 5.03.2012 – 21 W 11/11 Rn 25, aaO; OLG Karlsruhe, Beschluss v. 18.05.2016 – 12a W 2/15 Rn 35, AG 2016, 672, 674; van Rossum aaO Rn 121; Ruiz de Vargas aaO, Anh. Zu § 305 Rn 27a; Simon/Leverkus in: Simon, SpruchG, Anh. § 11 Rn 76). Insgesamt ist eine Planung dann plausibel, wenn sie sowohl rechnerisch richtig und auf Grundlage eines geeigneten Planungsprozesses erstellt ist, als auch schlüssig an die Ist-Lage des Bewertungsobjekts anknüpft, bestehende Abweichungen zur vergangenen Entwicklung schlüssig erklärbar sind, und sie die erwartete Entwicklung des Bewertungsobjekts widerspiegelt (Franken/Schulte aaO § 5 Rn 5.121). Dagegen kann eine unvertretbare und damit unplausible Planung etwa dann vorliegen, wenn sie im Vergleich zu den Ergebnissen der Vergangenheit, den Planansätzen aus den Planungen der Vorjahre und unter Berücksichtigung von Analystenschätzungen für den Detailplanungszeitraum zu konservativ ist und überdies Planabweichungen zur vergangenen Entwicklung nicht schlüssig erklärbar sind (Senat aaO Rn 48), die Planung einseitige, systematische Verzerrungen aufweist oder wenn bei entsprechender Marktkontinuität ein bisher auch in den besten bzw. schlechtesten Zeiten nie erreichtes Niveau ohne nachvollziehbare Begründung geplant wird (vgl. Senat, Beschluss v. 25.02.2020 – I-26 W 7/18 (AktE) Rn 45; v. 14.12.2017 – I-26 W 8/15 (AktE) Rn 42 f., jeweils aaO; OLG München, Beschluss v. 14.07.2009 – 31 Wx 121/06 Rn 14, aaO; Ruiz de Vargas aaO, Anh. § 305 Rn 25b).“[366]

Auf dieser Linie liegt auch das Oberlandesgericht München:

„Dies bedeutet jedoch nicht, dass das Gericht nur prüfen darf, ob die von der Gesellschaft bzw. der Bewerterin vorgenommene Bewertung vertretbar bzw. plausibel ist (vgl. OLG Frankfurt, Beschl. V. 24.11.2011 – 21 W 7/11, AG 2012, 513 ff.; OLG Stuttgart, a.a.O.). Auch der BGH hat jüngst nochmals auf den im Vergleich zu den Überprüfungsmöglichkeiten betreffend die Auswahlentscheidung der B… zum Eigenkapitalzinssatz zur Bestimmung der Erlösobergrenze für die Betrei-

366 OLG Düsseldorf vom 24. September 2020 – I-26 W 5/16 (AktE), juris Tz 41.

ber von Elektrizitäts- und Gasversorgungsnetze weitergehenden tatrichterlichen Überprüfungsmaßstab in Spruchverfahren hingewiesen (vgl. BGH, Beschl. v. 03.03.20–0 – EnVR 34/18, BeckRS 2020, 5191, Rn 19 ff.). Während dort die Auswahlentscheidung der B... betreffend das Bewertungsverfahren nur unter engen Voraussetzungen angegriffen werden kann (BGH, a.a.O., Rn 6 ff.), ist das Gericht in Spruchverfahren grundsätzlich an die vom Abfindungspflichtigen bei der Festlegung der Abfindung zu Grunde gelegte Methode (bzw. Einzelne Parameter dieser Methode) nicht gebunden (vgl. BGH, Beschl. v. 29.09.20–5 – II ZR 23/14, BGHZ 207, 114 ff., Rn 34). Es hat nach dem oben Gesagten vielmehr eine eigene Schätzung vorzunehmen, die dem „wahren", „wirklichen" Wert der Beteiligung möglichst nahe kommen soll. In diesem Kontext kann nach dem Verständnis des Senats durchaus von einer „bestmöglichen" Schätzung, verstanden als Schätzung anhand derjenigen Methode bzw. derjenigen Parameter innerhalb einer Methode, die die größte Annäherung an den „wahren", „wirklichen" Unternehmenswert verspricht, ausgegangen werden.

Soweit der BGH in einer aktuellen Entscheidung ausdrücklich davon spricht, dass jede Wertermittlung nicht auf ihre Richtigkeit, sondern lediglich auf ihre „Vertretbarkeit" hin überprüft werden können (BGH, Beschl. v. 15.09.20–0 – II ZB 6/2020, ZIP 2020, 2230 ff. Rn 20), bedeutet dies keinesfalls, dass jedwede Berechnungsweise, die „von einem bestimmten Standpunkt aus für berechtigt und gut gehalten werden kann", der richterlichen Schätzung zugrunde gelegt werden kann. Durch die Formulierung wird lediglich verdeutlicht, dass es einen exakten, einzig richtigen Wert eines Unternehmens bzw. der Beteiligung hier–n – unabhängig von der zugrunde gelegten Bewertungsmethode und deren Berechnungsgrundlag–n – nicht geben kann (vgl. BGH, Beschl. v. 29.09.20–5 – II ZB 23/14, NZG 2016, 139 ff., Rn 36; Senat, Beschl. v. 16.10.20–8 – 31 Wx 415/16, AG 2019, 357 ff.; MüKoAktG/van Rossum, a.a.O., § 305 Rn 86). Jede (unmittelbare oder mittelbare) Wertermittlung ist mit zahlreichen Prognosen, Schätzungen und methodischen Einzelentscheidungen verbunden, die nicht auf ihre absolute Richtigkeit, sondern nur auf ihre „Vertretbarkeit" gerichtlich überprüfbar sind. Keine Bewertungsmethode kann den Wert der Beteiligung mathematisch exakt berechnen (vgl. BGH, Beschl. v. 15.09.20–0 – II ZB 6/2020, ZIP 2020, 2230 ff. Rn 20). Es muss dementsprechend eine Bandbreite von Werten als „wahrer", „wirklicher" Wert der Beteiligung angesehen werden und eine höhere Kompensationsleistung kann erst dann angenommen werden, wenn eine gewisse Grenze überschritten ist (vgl. hierzu ausführlich Senat, Beschl. v. 02.09.20–9 – 31 Wx 358/16, WM 2019, 2104 ff.; siehe dazu auch unten), was jedoch nicht bedeutet, dass das Gericht nicht gehalten wäre, diejenige Berechnungsweise zugrunde zu legen, die dem „wahren", „wirklichen" Wert am nächsten kommt."[367]

Gegen einen sakrosankten Umgang mit Planungsrechnungen spricht schon, dass Hauptaktionäre in den meisten Fällen bereits zum Zeitpunkt der Verabschiedung der Planung in den Organen der Zielgesellschaft vertreten sind und ihnen so Einfluss auf die Prognose der zukünftigen finanziellen Überschüsse eröffnet ist.

Als weiteres Indiz einer zu pessimistischen Planung kommt ein **Vergleich** der später eingetretenen **tatsächlichen Entwicklung** mit der Prognose **in der Unternehmensbewertung** in Betracht. Während einzelne Gerichte – insbesondere das Landgericht Berlin – einen solchen PLAN-IST-Vergleich zeitnah vornehmen, lehnen andere Gerichte – insbesondere das Landgericht Stuttgart – einen solchen kategorisch ab.

367 OLG München vom 03. Dezember 2020 – 31 Wx 330/16, juris Tz. 45 – 46.

Zwar erfolgen Unternehmensbewertungen **stichtagsbezogen**, mit der Folge, dass nur solche Informationen in die Bewertung einfließen dürfen, welche sich den Organen der Zielgesellschaft zum Bewertungsstichtag bei vernünftiger Sorgfalt erschlossen:

> „Zwar ist es richtig, daß unter Umständen auch für die Zeit nach dem Ausscheiden eines Gesellschafters aufgestellte Unterlagen, insbesondere Folgebilanzen, wichtige Hinweise für die Bewertung der Beteiligung zum Stichtag geben und so eine zuverlässigere Feststellung des Entgelts ermöglichen könne. Das gilt, wie das Berufungsgericht zutreffend dargelegt hat, vor allem für die Ermittlung des Ertragswerts. Da sich dieser nach den in der Zukunft erzielbaren Einnahmeüberschüssen richtet, lassen sich aus späteren Ergebnissen Rückschlüsse auf den Unternehmenswert auch zu einem früher liegenden Stichtag ziehen. Es kann daher angebracht sein, die während des Bewertungszeitraums erkennbare Entwicklung des Unternehmens noch in die Bewertung einzubeziehen, soweit ihre Ursachen nicht erst nach dem Bewertungsstichtag eingetreten sind."[368]

Das schließt aber nicht aus, die tatsächliche Entwicklung als Indiz für die Plausibilität der Planungsrechnung heranzuziehen:

> „Die Unternehmensbewertung ist zeitbezogen, so dass die Wirtschaftskraft und damit der Unternehmenswert zu einem bestimmten Stichtag zu ermitteln sind. Die Vorschrift des § 327b Abs. 1 Satz 1 AktG verweist für die Höhe der Barabfindung, die der Hauptaktionär den Minderheitsaktionären anzubieten hat, auf die Verhältnisse der Gesellschaft im Zeitpunkt der Beschlussfassung ihrer Hauptversammlung. Damit ist für die Bestimmung der angemessenen Abfindung auf diesen Zeitpunkt abzustellen (vgl. BGH, NJW 2003, 3272, 3273; BGH NJW 1998, 1866, 1867; BVerfG, NZG 2003, 1316; OLG Stuttgart, OLGR 2004, 6, 9; BayObLG, NJW-RR 1996, 1125, 1126), der zugleich bestimmt, welche Erwartungen hinsichtlich der Unternehmensüberschüsse und Alternativanlagen bestehen.
>
> Für die Bewertung ist aus Sicht des Stichtages daher grundsätzlich maßgeblich, was man bei angemessener Sorgfalt zum Stichtag wissen konnte, was absehbar war (vgl. OLG Köln, NZG 1999, 1222, 1226; OLG Stuttgart, AG 2004, 43, 44). Auf künftige, nachweisbare Erfolgschancen kann die Bewertung der Ertragskraft nur dann gestützt werden, wenn die Voraussetzung hierfür zum Stichtag bereits im Ansatz geschaffen sind (vgl. BGHZ 140, 35, 38), die künftige Entwicklung mithin bereits in der Wurzel angelegt war. Unter derselben Voraussetzung können auch Belastungen der Ertragskraft Eingang in die Bewertung finden. Im Übrigen muss die künftige Entwicklung grundsätzlich unbeachtet bleiben, da der zu bestimmende Unternehmenswert dem Preis entsprechen soll, den ein Erwerber zum Bewertungsstichtag zahlen würde beziehungsweise gezahlt hätte (vgl. LG Nürnberg-Fürth, NZG 2000, 89, 90).
>
> Zwar können spätere Entwicklungen Anlass geben, die der Unternehmensbewertung zugrunde liegenden Prognosen zu überprüfen (vgl. OLG Stuttgart, AG 2007, 596). Im Rahmen der durchzuführenden Plausibilitätsprüfung ist regelmäßig aber nur die Frage zu beantworten, ob der Unternehmensplanung systematisch unzutreffende Annahmen zugrunde lagen, da sonst die Vertretbarkeit der ursprünglichen Prognosen grundsätzlich nicht berührt wird.
>
> Die Kammer hält es jedoch regelmäßig für geboten, die Entwicklung der Ertragslage in den dem Bewertungsstichtag unmittelbar nachfolgenden Zeiträumen zu untersuchen, da insoweit die

368 Zur Wurzeltheorie z.B. BGH vom 28. April 1977 – II ZR 208/75, juris Tz. 20.

> Annahme gerechtfertigt sein dürfte, dass diese bereits in der Wurzel angelegt war. Allerdings ist in jedem Fall kritisch zu hinterfragen, ob (nachträglich) festgestellte Abweichungen zu dem Schluss führen können, dass die Unternehmensplanung insgesamt oder in einzelnen Punkten nicht plausibel ist."[369]

Auch in anderen Rechtsgebieten werden solche PLAN-IST-Vergleiche regelmäßig als Indiz für die **Plausibilität von Prognoseentscheidungen** herangezogen. Die Rechtsprechung der Verwaltungsgerichte zu Prognoseentscheidungen lässt sich auch auf Planungsrechnungen übertragen. So hat das Bundesverwaltungsgericht am 6. Februar 2020 – 4 B 3/17 entschieden, dass große Abweichungen etwa zur Nichtigkeit von Planfeststellungsbeschlüssen führen:

> „Nach der Rechtsprechung des Bundesverfassungsgerichts und des Bundesverwaltungsgerichts schließt das Gebot effektiven Rechtsschutzes die Einschränkung der gerichtlichen Kontrolle durch Gestaltungs-, Ermessens- und Beurteilungsspielräume, die der Gesetzgeber eröffnet hat, nicht aus (BVerfG, Beschluss vom 31. Mai 20–1 – 1 BvR 857/–7 – BVerfGE 129, 1 <21 f.>; BVerwG, Urteil vom 27. November 20–4 – 4 C 31.–3 – NVwZ 2015, 531 Rn 11). Da die Rechtsprechung zur eingeschränkten gerichtlichen Überprüfung von Prognoseentscheidungen anhand von Fällen entwickelt worden ist, in denen die jeweilige Planungsentscheidung enteignungsrechtliche Vorwirkung entfaltet hat (BVerwG, Beschluss vom 22. Juni 20–5 – 4 B 59.–4 – NuR 2015, 772 Rn 35 m.w.N.), bedarf es keiner Bestätigung in einem Revisionsverfahren, dass diese Rechtsprechung auch in Fällen anwendbar ist, in denen die Verwaltung oder der jeweilige Vorhabenträger auf privates Grundeigentum zugreift. Aus Art. 2 Abs. 2 GG und Art. 8 Abs. 1 EMRK folgt nichts Anderes.
>
> Zu der Frage, ob Entwicklungen, die nach Erstellung einer Verkehrsprognose und nach Erlass eines auf dieser Prognose basierenden Planfeststellungsbeschlusses eintreten, als Indizien für eine fehlerhafte Prognose zu berücksichtigen sind, besteht kein grundsätzlicher Klärungsbedarf.
>
> Nach ständiger Rechtsprechung (BVerwG, Urteil vom 7. Juli 19–8 – 4 C 79.–6 – BVerwGE 56, 110 <121>; siehe auch BVerwG, Beschluss vom 22. Juni 20–5 – 4 B 61.–4 – juris Rn 5 und Urteil vom 28. April 20–6 – 4 A 2.–5 – BVerwGE 155, 81 Rn 28) kommt es grundsätzlich nicht darauf an, ob die der Planungsentscheidung zugrunde gelegte Prognose sich aus heutiger Sicht als richtig erweist, sondern allein auf die davon zu unterscheidende Frage, ob die Prognose mit den seinerzeit zur Verfügung stehenden Erkenntnismitteln unter Berücksichtigung aller für sie erheblichen Umstände einwandfrei erstellt worden ist (siehe bereits BVerwG, Urteile vom 21. Mai 19–6 – 4 C –9 – 52.–4 – Buchholz 407.4 § 17 FStrG Nr. 23 und vom 17. Februar 19–8 – 1 C 102.–6 – NJW 1978, 1450). Die Frage, ob die Prognose durch die spätere tatsächliche Entwicklung mehr oder weniger bestätigt oder widerlegt ist, ist deshalb grundsätzlich nicht Gegenstand der gerichtlichen Prüfung. Allerdings kann das Auseinanderklaffen zwischen Prognose und nachträglicher tatsächlicher Entwicklung im Einzelfall als Indiz für eine unsachgemäße Prognose in Betracht zu ziehen sein (vgl. BVerwG, Urteil vom 20. April 20–5 – 4 C 18.–3 – BVerwGE 123, 261 <276 f.>). In solchen Fällen, in denen infolge unvorhersehbarer Ereignisse die tatsächliche Entwicklung von einer im hier verstandenen Si–n – zutreffe–d – aufgestellten Prognose in extremer Weise abweicht, hat der Senat erwogen, ob der Planfeststellungsbeschluss dadurch funktionslos geworden ist (BVerwG, Urteil vom 7. Juli 19–8 – 4 C 79.–6 – BVerwGE 56, 110 <122>)."[370]

---

369 LG Berlin vom 7. März 2023 – 102 O 2/18 .SpruchG – Seiten 34 f. zu beziehen über https://www.spruchverfahren-direkt.de/wp-content/uploads/2023/05/Pelikan-AG-2023-03-07-LG-Berlin-Squeeze-out.pdf

370 BVerwG vom 6. Februar 2020 – 4 B 3/17, juris Tz. 42–44.

In vielen Spruchverfahren bilden **Mängel in der Planungsrechnung** einen Schwerpunkt in mündlichen Verhandlungen und nachfolgenden Beweisbeschlüssen. In der Praxis kommt es immer wieder zu folgenden typischen Fehlern in der Planungsrechnung:

- Das Bewertungsobjekt bzw. das Geschäftsmodell wird nicht vollständig / richtig dargestellt bzw. bei Immobiliengesellschaften werden Objekte oder Flächen schlicht „vergessen".
- Ohne einen erkennbaren Grund koppelt sich die bewertete Gesellschaft vom Marktgeschehen bzw. der allgemeinen Branchenentwicklung ab. Sie entwickelt sich wesentlich schlechter als vergleichbare Unternehmen derselben Branche und hält einem Benchmarking nicht stand.
- In der eigenen Finanzmarktkommunikation und gegenüber seinen eigenen Anteilseignern stellt der Hauptaktionär die bewertete Gesellschaft und die für sie relevanten Märkte wesentlich besser dar als im Übertragungsbericht.
- PLAN-IST-Abweichungen lassen sich nicht erklären.
- Der Rechtsstand beim zuständigen Gericht wird nicht berücksichtigt.

Trotz der Bedeutung der Planungsrechnung beschränken sich viele Gerichte aber auf andere Bewertungsfragen. So steht zum Beispiel der Kapitalisierungszinssatz zur Diskontierung der prognostizierten finanziellen Überschüsse auf den Bewertungsstichtag im Mittelpunkt vieler Entscheidungen. Das dürfte dem Umstand geschuldet sein, dass Gerichte ohne sachverständige Unterstützung kaum in der Lage sind, den schmalen Grat zwischen „noch vertretbaren" und „bereits unplausiblen" Planannahmen abzugrenzen. Denn zukünftige finanzielle Überschüsse sind ihrer Natur nach unsicher:

> „Im Gegensatz zu vergangenheitsorientierten Informationen erfassen Planungen Annahmen (einschließlich Einschätzungen) zu künftigen unternehmensinternen und -externen (etwa konjunkturellen und politischen) Entwicklungen und Sachverhalten, die ihrer Natur nach unsicher sind."[371]

Deshalb setzen viele Gerichte auf **„technische Lösungen"** durch Anpassung der Parameter des Kapitalisierungszinssatzes. Die verfassungsrechtlichen Gewährleistungen zum Rechtsstaatsprinzip sowie die Relationstechnik lassen es aber nicht zu, den gerichtlichen Entscheidungsbedarf von einer Bewertungsfrage auf eine andere zu verlagern.

371 *IDW Praxishinweis*: Beurteilung einer Unternehmensplanung bei Bewertung, Restrukturierungen, Due Diligence und Fairness Opinion (IDW Praxishinweis 2/2017) Tz. 3, IDW Life 3/2017, S. 343 ff.

Vorschlag 20: Schwerpunkt der gerichtlichen Prüfung

- **Planungsrechnungen** sind der Kern jeder Unternehmensbewertung und als besonders grundrechtsrelevant nicht sakrosankt. Das gilt besonders dann, wenn sie der Hauptaktionär beeinflusst hat.
- Strategische **Planungsentscheidungen** der Organe sind hinzunehmen, wohingegen die **Prognose** über den auf dieser Basis anzunehmenden wirtschaftlichen Erfolg in vollem Umfang gerichtlich nachprüfbar ist.
- Der gerichtliche **Bestellungsbeschluss** für den sachverständigen Prüfer ist im Hinblick auf Fragen zur Unternehmensbewertung weiter zu präzisieren. Insbesondere im Falle nur einwertiger Planungen[372] haben Prüfer eine Bandbreite plausibler Unternehmenswerte zu beziffern, welche sich nicht allein (wie bisher in der Praxis üblich) auf den Austausch von Parametern des Kapitalisierungszinssatzes beschränken, sondern Bandbreiten für Umsatzerlöse und Ergebnisse (Erwartungswerte auf Zählerebene) umfassen.
- Der **Prüfungsbericht** hat ausführlich darzustellen, ob und in welchem Umfang der Prüfer die **Planungsgrundlagen** und **Planungsmethoden** überprüft hat oder ob er ungeprüft Ergebnisse / Studien Dritter übernommen hat. Dabei sind die besonderen Umstände des Einzelfalls hervorzuheben.

2 Kapitalisierungszinssatz

Im **wirtschaftlichen Ergebnis** tragen die Parameter des Kapitalisierungszinssatzes wesentlich zu den gerichtlich festgestellten Nachzahlungen der Abfindungen bei, insbesondere weil Gerichte vor Anpassungen der Planungsrechnungen zurückschrecken.

Trotz aller methodischen Schwächen hat sich das auch international angewandte **Capital Asset Pricing Model** (in Deutschland in der Variante unter Einbeziehung persönlicher Steuern als Tax-CAPM) zur Bestimmung des Kapitalisierungszinssatzes durchgesetzt. Dessen einzelne Parameter unterliegen Schätzungsspielräumen, die von Gerichten regelmäßig nicht überprüft werden. Insbesondere nehmen Gerichte Vorgaben des FAUB – etwa zur Höhe der Marktrisikoprämie oder Rundung des Basiszinssatzes – auch dann hin, wenn diese empirisch oder in der betriebswirtschaftlichen Literatur widerlegt werden.

Das erlaubt Hauptaktionären, nahezu jeden gewünschten Unternehmenswert rechnerisch darzustellen. Gleichzeitig eröffnet es Gerichten die Möglichkeit der (technischen) Wertkorrektur von Unternehmenswerten. Dadurch vergrößert sich jedoch das Risiko, dass Mängel in der Planungsrechnung in den Hintergrund treten und von Beschwerdegerichten nicht mehr gewürdigt werden, weil Antragsgegner ihre Be-

372 Diese unterscheiden sich von den in der Betriebswirtschaftslehre empfohlenen mehrwertigen Planungen dadurch, dass die (auch vom IDW verlangten) Szenariorechnungen nicht vorgenommen werden.

schwerde nur noch auf die von Landgerichten geänderten Parameter des Kapitalisierungszinssatzes stützen (brauchen).

3 Technische Mängel

Zu Mängeln in der Planungsrechnung und beim Kapitalisierungszinssatz treten bisweilen auch technische Mängel mit deutlicher Ergebnisrelevanz hinzu. Dabei handelt es sich oft um **Rechenfehler** wie zum Beispiel
- fehlerhafte Formeln,
- Rechenfehler in Excel-Tabellen oder
- Fehler bei der Ermittlung des relevanten Börsenwerts.

Solche Fehler könnten ausgeschlossen werden, wenn Prüfer im Bestellungsbeschluss zur Verwendung eigener Bewertungs- und Rechenmodelle verpflichtet werden und rechnerische Ableitungen (wie etwa Umsatz gewichtete durchschnittliche Börsenkurse) selbst vornehmen müssten.

VI Wirtschaftliche Anreize

Aktienrechtliche Strukturmaßnahmen haben einen bedeutenden wirtschaftlichen Hintergrund. Allein vom Ausschluss der Minderheitsaktionäre waren laut Angaben der Hauptaktionäre selbst bis zum 31. Dezember 2022 Unternehmen im Gesamtwert von 708,9 Mrd. Euro betroffen und wurden Abfindungen in Höhe von (mindestens) 18,5 Mrd. Euro gezahlt[373]. Letztere wurden von Gerichten bereits um rund 1,0 Mrd. Euro erhöht[374].

Diese wirtschaftliche Bedeutung von Spruchverfahren und die einzigartige Position, den Preis für den Eingriff in das Aktieneigentum anderer selbst bestimmen zu dürfen, schaffen Anreize für Hauptaktionäre.

Bewertungsfehler dürfen sich trotzdem nicht „rechnen". Daher ist darüber nachzudenken, die hier bestehenden **asymmetrischen Prozesslagen** durch ein wirtschaftliches Anreizsystem zu korrigieren. Vorbild dafür könnten z. B. verdoppelte Verzinsung der Nachzahlung die Regelungen im Parteiengesetz sein:
- Nach § 31b PartG entsteht gegen die Partei ein Anspruch in Höhe des zweifachen des den unrichtigen Angaben entsprechenden Betrages, wenn Unrichtigkeiten im Rechenschaftsbericht festgestellt werden.

373 Zum Ausgang der Spruchverfahren siehe Teil 1 § 5 I Tabelle 25 und Tabelle 27.
374 Zur Evaluierung des Spruchverfahrens siehe Teil 1 § 5 V 2 Tabelle 41.

- Hat eine Partei Spenden nicht den Vorschriften des Parteiengesetzes entsprechend im Rechenschaftsbericht veröffentlicht (§ 25 Abs. 3 PartG), entsteht gemäß § 31c Satz 2 PartG gegen sie ein Anspruch in Höhe des zweifachen des nicht den Vorschriften dieses Gesetzes entsprechend veröffentlichten Betrages.
- Hat eine Partei Spenden unter Verstoß gegen § 25 Abs. 2 PartG angenommen und nicht gemäß § 25 Abs. 4 PartG an den Präsidenten des Deutschen Bundestages weitergeleitet, entsteht gegen sie gemäß § 31c Satz 1 PartG sogar ein Anspruch in Höhe des dreifachen des rechtswidrig erlangten Betrages.

In jedem Fall sollte die systemwidrige Entlastung des Antragsgegners im Kostenrecht durch die Streitwertobergrenze von 7,5 Millionen Euro gemäß § 74 GNotKG beseitigt werden.

Ein durchdachtes Anreizsystem führt auch zu einer Justizentlastung, weil interessengeleitete Bewertungsfehler sich als wirtschaftlich nicht vorteilhaft erweisen.

Vorschlag 21: Wirtschaftliche Anreize und Bewertungsfehler
Bewertungsfehler dürfen sich nicht rechnen bzw. zu wirtschaftlichen Vorteilen führen:
- **Verdoppelung von Nachzahlungen**, soweit diese auf vorsätzliche oder grob fahrlässige Bewertungsfehler oder Rechenfehler zurückzuführen sind;
- **Verdoppelung der Verzinsung** der Nachzahlung seit Eintragung;
- **Berechnungsgrundlage RVG** ändern: Maximaler Streitwert in Höhe von 7,5 Millionen Euro aus § 74 GNotKG bedeutet eine Privilegierung gerade bei großen Gesellschaften bzw. Bewertungsfehlern. Daher Angleichung der Streitwerte an die gesetzliche Regelung in § 22 RVG, d.h. Streitwertobergrenze pro Person von 30 Mio. Euro, insgesamt jedoch nicht mehr als 100 Mio. Euro.

VII Antragsteller (KapMuG)

In der Praxis stellen regelmäßig zahlreiche betroffene Aktionäre einen Antrag auf gerichtliche Bestimmung einer angemessenen Abfindung. Die Spannweite reicht
- von 1 Antragsteller – im Fall der Bestimmung der Abfindung für die außenstehende Aktionäre der Isar-Klinik II AG
- bis zu 302 Antragstellern – im Fall der Bestimmung der Abfindung für die außenstehenden Aktionäre der Bayerischen Hypo- und Vereinsbank AG.

Die große Anzahl von Antragstellern führt zu einem **erheblichen Verwaltungsaufwand** für Gerichte und Verfahrensbeteiligte. Zudem scheint der **komplexe Verfahrensgegenstand** aus der Unternehmensbewertung viele Antragsteller zu überfordern, weswegen diese sich nach Antragstellung nicht mehr aktiv am Spruchverfahren beteiligen.

Daher spricht einiges dafür, wie im **Kapitalanleger-Musterverfahrensgesetz** die Verfahrensführung auf einige wenige Antragsteller – mindestens aber drei – zu konzentrieren. Für die weiteren Einzelheiten wie die Auswahl der Antragsteller und zur Verfahrensführung können auf umfangreiche Erfahrungen und die Rechtsprechung zu dem seit 1. November 2005 bestehenden Gesetz zurückgegriffen werden. Falls das SpruchG auf dieses Regelungskonzept verweist, ist das gegenwärtig in § 28 KapMuG vorgesehene **Außerkrafttreten** am 31. August 2024[375] aufzuheben.

Vorschlag 22: Auswahl von Musteranträgen wie in § 9 KapMuG
- Auswahl von mindestens **drei Musteranträgen**
- **Kriterien:** Anzahl betroffener Aktien, inhaltliche Qualität des Antrags, Einigung der Antragsteller auf einen Musterantrag
- Die **übrigen Antragsteller** können sich schriftsätzlich am Verfahren beteiligen, wenn die Musteranträge einzelne Bewertungsfragen nicht aufgreifen. Zudem sind sie über die Termine der mündlichen Verhandlungen zu informieren, die öffentlich stattzufinden haben.
- Zeitliche **Geltungsbeschränkung** in § 28 KapMuG (31. August 2024) beseitigen.

VIII Beschwerdewert und Wirkung inter omnes

ZPO und FamFG entsprechen im Beschwerdeverfahren nicht den Besonderheiten einer Wirkung inter omnes. Das gilt vor allem für den **Beschwerdewert** (1) und die Besonderheiten der **Anschlussbeschwerde durch den Antragsgegner** (2).

1 Beschwerdewert

Nach § 17 Abs. 1 SpruchG i.V.m. § 61 Abs. 1 FamFG ist die Beschwerde nur zulässig, wenn der Beschwerdewert 600 Euro übersteigt oder nach § 61 Abs. 2 FamFG die Beschwerde zugelassen wurde. Die Zulassungsgründe regelt § 61 Abs. 3 Satz 1 FamFG. Das Beschwerdegericht ist an die Zulassung gebunden, § 61 Abs. 3 Satz 2 FamFG.

Bei der Einführung der Norm hatte der Gesetzgeber des FamFG **Bagatellfälle** im Sinn, bei denen die mit Rechtsmittel verbundenen Aufwendungen in keinem Verhältnis zu dem angestrebten wirtschaftlichen Erfolg stehen:

> „Die Vorschrift verallgemeinert den bereits im geltenden Recht in § 56g Abs. 5 Satz 1 FGG zum Ausdruck kommenden Rechtsgedanken, dass den Beteiligten in vermögensrechtlichen Streitigkeiten ein Rechtsmittel nicht zur Verfügung gestellt werden soll, wenn die Durchführung des Rechtsmittel für die Beteiligten mit Aufwendungen verbunden ist, die zu dem angestrebten Erfolg in keinem sinnvollen Verhältnis stehen. <u>Bei Streitigkeiten mit geringer wirtschaftlicher und</u>

375 Der Bundesrat hat auf seiner 1036. Sitzung am 29. September 2023 unter Tagesordnungspunkt 4 eine Verlängerung der Geltung des KapMuG bis zum 31. August 2024 beschlossen. Bezugsquelle: https://www.bundesrat.de/DE/plenum/bundesrat-kompakt/23/1036/04.html;jsessionid=3CE0FF01B1C153201576E45D4549EEB5.live522?nn=4352768

rechtlicher Bedeutung ist die Beschränkung des Rechtswegs auf eine Instanz daher grundsätzlich sinnvoll. Der Betrag von 600 Euro entspricht der Regelung für die Statthaftigkeit der Berufung gemäß § 511 Abs. 2 Nr. 1 ZPO."[376]

Die Beschränkung auf einen Beschwerdewert von 600 Euro, noch dazu unter gleichzeitigem Ausschluss des Beschwerderechts des gemeinsamen Vertreters, entspricht jedoch nicht dem **Verfahrensgegenstand im Spruchverfahren**.

Das Spruchverfahren ist aus mehreren Gründen kein Bagatellverfahren. Das zeigt schon die Abrechnung der Gerichtskosten nach § 74 GNotKG. Wie bereits oben dargestellt, wurde der Mindestgegenstandswert eines Spruchverfahrens in Höhe von 200.000 Euro, § 74 GNotKG, mehrfach überschritten, ebenso der Höchststreitwert von 7,5 Mio. Euro.

Die Entscheidung im Spruchverfahren wirkt für und gegen alle (ehemaligen) Aktionäre, § 13 SpruchG. Bei allen Gesellschaften dürfte der **Streubesitz aller Minderheitsaktionäre** so groß sein, dass ein möglicher Anhebungsbetrag regelmäßig den Beschwerdewert von 600 Euro übersteigt. Angesichts der Wirkung inter omnes kommt es nicht auf die Anzahl der von den Beschwerdeführern gehaltenen Aktien an:

> „Die Beschwer aller Beschwerdeführer ist zusammenzurechnen, da sich die Beschwerden gegen dieselbe Entscheidung richteten und das gleiche Rechtsschutzziel verfolgten (OLG München, AG 2015, 508, 509; Hüffer/Koch AktG, 13. Aufl., § 12 SpruchG Rn 2; Drescher in Spindler/Stilz, AktG, 3. Aufl., § 12 SpruchG Rn 7; Lutter/Mennicke, Umwandlungsgesetz, 5. Aufl., § 12 SpruchG Rn 9; MünchKommAktG/Kubis, 4. Aufl., § 12 SpruchG Rn 11)."[377]

Jedoch lässt das noch immer unberücksichtigt, dass der einzelne Aktionär regelmäßig keine Kenntnis darüber hat, ob und wie viele andere Antragsteller gegen eine erstinstanzliche Entscheidung der Landgerichte in die Beschwerde gehen. Es gleicht dann einer Lotterie, ob die erforderliche Beschwer in Summe erreicht wird.

Jedoch sollte schon vor dem Hintergrund der wirtschaftlichen Bedeutung von Spruchverfahren, auch mit Blick auf die vom gemeinsamen Vertreter vertretenen Aktionäre, auf den Mindestbeschwerdewert verzichtet werden.

2 Anschlussbeschwerde durch Antragsgegner

In den meisten Spruchverfahren gehen nicht alle Antragsteller in das Rechtsmittelverfahren. Soweit der Antragsgegner keine eigene Beschwerde, sondern nur eine An-

---

376 RegBegr zu Art. 1 des Gesetzes zur Reform des Verfahrens in Familiensachen und in den Angelegenheiten der freiwilligen Gerichtsbarkeit, BR-Drucks. 309/07, Seite 450 zu § 61, zu beziehen über https://dserver.bundestag.de/brd/2007/0309-07.pdf

377 BGH vom 18. September 2015 – II ZB 15/17, juris Tz. 24.

schlussbeschwerde einlegt, sind die nicht beschwerdeführenden Antragsteller am Beschwerdeverfahren nicht direkt beteiligt, sondern insoweit (nur) Beschwerdegegner.

Dieser prozessualen Stellung ist (zumindest kostenrechtlich) nach allgemeinen Regeln Rechnung zu tragen:

- Legt der Antragsgegner Anschlussbeschwerde ein, sind die selbst nicht beschwerdeführenden Antragsteller zwingend am Beschwerdeverfahren (als Beschwerdegegner) zu beteiligen.
- Unterliegt der Antragsgegner mit seiner Anschlussbeschwerde ganz (weil diese zurückgewiesen wird oder die Hauptbeschwerde zurückgenommen oder als unzulässig verworfen wird) oder überwiegend, sind ihm die Kosten der selbst nicht beschwerdeführenden Antragsteller (Beschwerdegegner) aufzuerlegen.
- Nur dann, wenn der Antragsgegner ganz oder ganz überwiegend obsiegt, kommt eine Änderung des Kostenausspruchs der ersten Instanz in Betracht.

Vorschlag 23: Beschwerde und Wirkung inter omnes
- **Beschwerdewert 600 Euro** abschaffen
- Legt der Antragsgegner nur eine **Anschlussbeschwerde** ein, sind auch die nicht beschwerdeführenden Antragsteller am Beschwerdeverfahren zu beteiligen

IX Kostenrecht

Prozessuale **Chancen- und Waffengleichheit** beginnt im Kostenrecht.

Während Hauptaktionäre die Budgets für Berater wie Rechtsanwälte und Wirtschaftsprüfer zur Abwehr höherer Kompensationen kaum begrenzen, können der gemeinsame Vertreter und die Verfahrensbevollmächtigten der Antragsteller nur auf der Grundlage des RVG und nur bis zu einem Geschäftswert in der Höhe von 7,5 Mio. Euro[378] abrechnen. Sie erhalten Kostenerstattungen nur im Falle des Obsiegens und selbst dann nur, wenn die Abfindung nicht nur geringfügig angehoben wird.

Das ist angesichts der **Komplexität von Spruchverfahren** nicht angemessen:

> „Für die Wahrnehmung und Durchsetzung von Rechten ist es im Rechtsstaat aus Gründen der Chancen- und Waffengleichheit von maßgeblicher Bedeutung, dass sich der Einzelne der Unterstützung durch Rechtsanwälte versichern kann (vgl. BVerfGE 110, 226 <252> m.w.N.). <u>Bei der Entscheidung der Rechtsuchenden über die Inanspruchnahme anwaltlicher Hilfe ist die Kostenfrage von maßgebender Bedeutung</u> (vgl. die Prognos/Infratest-Studie „Inanspruchnahme anwaltlicher Leistungen – Zugangsschwellen, Beratungsbedarf und Anwaltsimage“, veröffentlicht von Wettmann/Jungjohann, 1989, S. 34). Zwar können die von der Rechtsordnung eröffneten Möglichkeiten, Beratungshilfe im außergerichtlichen Bereich und Prozesskostenhilfe in Gerichtsverfahren in Anspruch zu nehmen, die Verwirklichung des Rechtsschutzes zugunsten unbemittelter Recht-

378 Die Betragsbegrenzung für den Geschäftswert ergibt sich aus § 74 GNotKG.

suchender fördern. Die Bewilligung einer solchen Unterstützung ist jedoch von engen wirtschaftlichen Voraussetzungen abhängig (vgl. § 115 ZPO; § 1 Abs. 2 BerHG). Vor diesem Hintergrund können auch Rechtsuchende, die auf Grund ihrer Einkommens- und Vermögensverhältnisse keine Prozesskostenhilfe oder Beratungshilfe beanspruchen können, vor der Entscheidung stehen, ob es ihnen die eigene wirtschaftliche Lage vernünftigerweise erlaubt, die finanziellen Risiken einzugehen, die angesichts des unsicheren Ausgangs der Angelegenheit mit der Inanspruchnahme qualifizierter rechtlicher Betreuung und Unterstützung verbunden sind. Nicht wenige Betroffene werden das Kostenrisiko auf Grund verständiger Erwägungen scheuen und daher von der Verfolgung ihrer Rechte absehen. Für diese Rechtsuchenden ist das Bedürfnis anzuerkennen, das geschilderte Risiko durch Vereinbarung einer erfolgsbasierten Vergütung zumindest teilweise auf den vertretenden Rechtsanwalt zu verlagern. Anders als der einzelne Rechtsuchende ist er auf Grund der Vielzahl der Mandate zur Diversifikation der Kostenrisiken in der Lage und kann nicht zuletzt deshalb diese besser tragen."[379]

Daher muss das **Kostenrecht** eine angemessene Vergütung der Verfahrensbevollmächtigten der Antragsteller ermöglichen. Entsprechendes gilt für den gemeinsamen Vertreter und die Gerichtskosten. Die Erforderlichkeit bestimmt sich nach der Komplexität des Verfahrensgegenstands, der Verfahrensführung durch den Antragsgegner, der Anzahl der mündlichen Verhandlungen, dem Umfang etwaiger Beweisbeschlüsse und den danach erstellten bzw. zu erstellenden Stellungnahmen[380]. Außerdem darf eine Streitwertbegrenzung auf 7,5 Millionen Euro auf der Kostenseite keine Bewertungsfehler im Kostenrecht privilegieren[381].

Falls die **Grundsätze des KapMuG** auf das Spruchverfahren ausgedehnt werden[382], ist der mit den Musteranträgen verbundene zusätzliche Arbeitsaufwand angemessen zu vergüten. Auf die Antragsteller mit Musteranträgen darf kein weiteres Kosten- und Prozessrisiko zukommen.

Vorschlag 24: Gebührentatbestände

- GKG / RVG Gebühren: **Weitere Gebührentatbestände** für die besonderen Abschnitte eines Spruchverfahrens schaffen, z. B. Vergütung jeder einzelnen schriftlichen Stellungnahme und Teilnahme an mündlichen Verhandlungen bzw. Beweisverfahren.
- Gegebenenfalls ist der Mehraufwand für die Beteiligten am **Musterverfahren** nach § 9 KapMuG angemessen zu vergüten.

---

379 BVerfG vom 12. Dezember 2006 – 1 BvR 2576/04, juris Tz. 100.

380 Vorbild dazu könnten etwa die Kostenregelungen im österreichischen Rechtsanwaltstarifgesetz sein, wonach die Vergütung von Anzahl und Umfang der Schriftsätze und der Dauer mündlicher Verhandlungen abhängt.

381 Siehe zuvor § 8 IX.

382 Siehe zuvor § 8 VII.

§ 9 Verfahrensbeendigung durch Vergleich

Bei vielen Spruchverfahren zeichnet sich schon früh eine **Wertbandbreite** ab, innerhalb der eine vergleichsweise Beendigung des Verfahrens in Betracht kommt. Der Antragsgegner spart damit weitere Verfahrenskosten sowie Zinsen, die Justiz wird entlastet und die Minderheitsaktionäre erhalten zügig die ihnen zustehende Nachzahlung auf die Abfindung. Viele Vergleiche scheiterten in der Vergangenheit jedoch an der dafür erforderlichen **Einstimmigkeit**. Ein **Mehrheitsvergleich** (I) bzw. ein **Teilvergleich** (II) würden an dieser Stelle zu einer deutlichen Justizentlastung führen.

I Mehrheitsvergleich

Schon bei der Evaluierung des Spruchverfahrens im Jahr 2014 wurde über einen Mehrheitsvergleich diskutiert[383]. Dieser und andere Vorschläge verlangten immer eine **Akzeptanzquote** in Höhe von 90 Prozent der Antragsteller ausschließlich gemessen am Umfang der Anteile.

Hintergrund dieser Überlegungen ist, dass nach altem Recht Vergleiche nur dann bindend abgeschlossen werden konnten, wenn diesen alle Verfahrensbeteiligten zustimmten:

> „Verfahrensbeendende Wirkung kann ein Vergleich nur haben, wenn alle Beteiligten zustimmen. Der Gesetzgeber hat in § 11 Abs. 2 SpruchG die bis dahin bestehende Praxis, Spruchverfahren im Wege des Vergleichs zu beenden, legalisiert und damit der Kritik der herrschenden Meinung, die Verfahren seien mit Blick auf die inter omnes-Wirkung der Entscheidung und der fehlenden Dispositionsbefugnis der Beteiligten nicht vergleichsfähig, den Boden entzogen. Der Anregung aus der Praxis, darüber hinaus einen qualifizierten Mehrheitsvergleich vorzusehen (Puszkaljer ZIP 2003, 518, 521), hat der Gesetzgeber zugleich eine deutliche Absage erteilt, weil damit das Recht des außenstehenden Aktionärs, die Angemessenheit der Leistung gerichtlich überprüfen zu lassen, unzulässig eingeschränkt würde. Die Beteiligten eines Spruchverfahrens sind weder gezwungen, einem Vergleich, der von den übrigen Beteiligten gewünscht wird, zuzustimmen, noch ist die Durchführung eines Spruchverfahrens nach dem Willen des Gesetzgebers davon abhängig, dass eine bestimmte Anzahl von Aktionären den Antrag auf Durchführung eines Spruchverfahrens und damit die Angemessenheit der in einer Strukturmaßnahme bestimmten Kompensation zur Überprüfung des Gerichts stellt. Daher stellt sich das Beharren auf der Durchführung des Spruchverfahrens auch nicht als rechtsmissbräuchlich dar (Senat, Beschluss vom 14. März 2011 – I-26 W 10/10 (AktE) –, AG 2011, 459, Rdnr. 34; OLG Stuttgart, AG 2010, 758, Rdnr. 59; OLG Karlsruhe, Beschluss vom 30.04.2013, Rdnr. 65). Andernfalls könnte der Antragsgegner durch eine Erhöhung des Angebots unterhalb des angemessenen Betrags verhindern, dass die Anteils-

383 Aktenzeichen: BMJV: III A 1 – 3501/20 – 37 170/2014. Dazu sei hier beispielhaft nur auf die Stellungnahme des Deutschen Anwaltsvereins durch den Ausschuss Handelsrecht (DAV-SN48-14) vom 17. September 2014 (Seite 12) verwiesen. Zu beziehen über https://anwaltverein.de/de/newsroom/sn-48-14.

https://doi.org/10.1515/9783110769852-009

inhaber „angemessen“ entschädigt werden (BGH, Beschluss vom 19.07.2010, – II ZB 18/09 – „Stollwerck“, NJW 2010, 2657, Rdnr. 8).

Auch im Übrigen kann die vergleichsweise Erhöhung der Kompensationsleistungen keinen Einfluss auf das Ergebnis des Spruchverfahrens haben, das mit dem nicht vergleichsbereiten Antragsteller fortzuführen ist. Insbesondere kann sie nicht als Indiz für die Angemessenheit der so erhöhten Kompensationsleistungen herangezogen werden, nur weil die anderen Beteiligten mit ihnen einverstanden waren.“[384]

Eine solche Einstimmigkeit war in der **Praxis** nicht immer zu erreichen, auch weil sich einzelne Antragsteller nicht zu einem entsprechenden Vergleichsvorschlag äußerten. Daher hat zwischenzeitlich ein Umdenken beim Gesetzgeber stattgefunden. Aus Gründen der Prozessökonomie hat er sich entschieden, eine mehrheitskonsensuale Schätzung mindestens als Indiz für die Angemessenheit der Abfindung anzuerkennen. Entsprechend gilt mit Wirkung für Spruchverfahren ab 31. Januar 2023 gemäß § 11a SpruchG:

> „Einigen sich der Antragsgegner, die gemeinsamen Vertreter und eine Mehrheit von Antragstellern, die mindestens 90 Prozent des von sämtlichen Antragstellern gehaltenen Grund- oder Stammkapitals umfasst, auf eine bestimmte Kompensation, so kann das Gericht deren Höhe im Rahmen seiner Schätzung berücksichtigen.“

Dazu heißt es in der Gesetzesbegründung:

> „Die Vorschrift dient der Prozessökonomie. Sie stellt klar, dass das Gericht im Rahmen einer Schätzung der angemessenen Kompensation als Indiz auch den Umstand berücksichtigen darf, dass der Antragsgegner, der gemeinsame Vertreter sowie eine weit überwiegende Mehrheit der Antragsteller eine Kompensation in einer bestimmten Höhe akzeptieren. <u>Die Vorschrift soll das Gericht in die Lage versetzen, das Verfahren mit vertretbarem Aufwand abzuschließen, wenn ein das Verfahren beendender Vergleich an der Zustimmung einzelner Antragsteller scheitert</u>. Der in Rechtsprechung und Literatur geführte Streit um die Frage, ob eine sogenannte ‚mehrheitskonsensuale Schätzung‘ nach geltendem Recht zulässig ist, soll durch eine ausdrückliche Regelung entschieden werden.“[385]

Eine Gerichtsentscheidung auf Basis einer solchen mehrheitskonsensualen Schätzung ist bisher nicht ergangen. Die Vorschrift kann aufgrund der entgegensprechenden Rechtsprechung auch nicht rückwirkend auf die noch anhängigen Spruchverfahren, die vor dem 31. Januar 2023 eingeleitet wurden, angewandt werden.

---

384 OLG Düsseldorf vom 8. August 2013 – I-26 W 15/12 [AktE], juris Tz. 38 f.

385 BT-Drucksache 20/3822, Seite 130, zu beziehen über https://dip.bundestag.de/vorgang/gesetz-zur-umsetzung-der-umwandlungsrichtlinie/290310

II Teilvergleich

Der **Rechtsgedanke des § 11a SpruchG** lässt es zu, vor dem 31. Januar 2023 eingeleitete Altverfahren durch einen Teilvergleich im **„Münchner Verfahren“** zu beenden.

In der Praxis kam auch ein **Quorum von 90 Prozent** der Antragsteller immer wieder nicht zustande. Das lag u.a. daran, dass einzelne Antragsteller mit mehreren Beteiligungsgesellschaften oder Familienmitgliedern abgestimmt agiert haben.

Dem kann – auch unter Geltung des neuen § 11a SpruchG – durch den Abschluss eines Teilvergleichs mit einer geringeren Beteiligungsquote begegnet werden, dem aber in jedem Fall der Antragsgegner und der gemeinsame Vertreter zustimmen müssen.[386] In diesem Fall beendet der Teilvergleich zwar nicht das Spruchverfahren, er modifiziert aber den Verfahrensgegenstand und damit die Darlegungs- und Beweislast für die verbleibenden Antragsteller.[387] Dabei kann hier offenbleiben, ob die Wirkungen des Teilvergleichs zugunsten Dritter in einer analogen Geltung des § 13 SpruchG oder durch einen Vertrag zugunsten Dritter eintreten.

Auf der Grundlage ihres eigenen, innerhalb der Antragsfrist gestellten Antrags und der darin enthaltenen Bewertungsrügen müssen die nicht am Teilvergleich teilnehmenden Antragsteller innerhalb einer vom Gericht zu bestimmenden Frist darlegen, warum der Vergleichsbetrag immer noch nicht angemessen sein soll. Dazu müssen die wirtschaftlichen Auswirkungen einer Bewertungsfrage auf die Höhe der Abfindung mindestens überschlägig beziffert werden. Gelingt das nicht, sind die übrigen Anträge als unbegründet zurückzuweisen. An einer eventuellen Kostenregelung aus dem Teilvergleich nehmen die dem Vergleich nicht zustimmenden Antragsteller nicht teil, wenn sie nicht innerhalb einer Nachfrist dem Teilvergleich zustimmen.

Dennoch erhalten aufgrund der inter-omnes-Wirkung nach § 13 SpruchG auch die dem Teilvergleich nicht zustimmenden Antragsteller die vergleichsweise zugesprochene erhöhte Abfindung.

Die **Präklusionsregeln** aus §§ 4 Abs. 2 Satz 2 Nr. 4, 7 Abs. 2 Satz 3, Abs. 5 Satz 2, 9 Abs. 1 und 2 sowie 10 SpruchG begrenzen die Sach- und Rechtsfragen, zu denen weiter vorgetragen werden kann. Mit Abschluss des Teilvergleichs verpflichten sich die beitretenden Antragsteller zur Rücknahme ihrer Anträge. Dadurch scheidet auch ein Rückgriff auf den Sach- und Rechtsvortrag dieser Antragsteller aus, da diese nicht (mehr) als Antragsteller am Verfahren beteiligt sind. Auch können sich die dem Teil-

---

386 Für weitere Einzelheiten wird auf die Stellungnahme von *Prof. Dr. Heribert Hirte* zur Umsetzung der Umwandlungsrichtlinie (BT-Drucks. 20/3822) für die Sitzung des Rechtsausschusses am 7. November 2022 verwiesen. Bezugsquelle: https://www.bundestag.de/ausschuesse/a06_recht/anhoerungen/917488-917488

387 Für die Modifizierung des Streitgegenstands im Spruchverfahren durch einen Vergleich kann auf die „Stinnes-Entscheidung“ des BGH verwiesen werden, BGH – II ZB 23/14, juris – Rn. 51.

vergleich nicht zustimmenden Antragsteller insoweit nicht auf den Amtsermittlungsgrundsatz gemäß § 26 FamFG berufen.

Damit ist es nach einem Teilvergleich für die verbleibenden Antragsteller nicht (mehr) möglich, nach Ablauf der Antragsfrist sich den Inhalt der zurückgenommenen Anträge zu eigen zu machen oder auf andere Weise zum Gegenstand ihres eigenen Antrags zu machen.

Das Landgericht München I hat das „Münchner Verfahren" erstmals in den Spruchverfahren nach dem Squeeze-out bei der Kontron S & T AG (LG München I – 5 HK O 6604/20) und ISARIA Wohnbau AG (LG München I – 5 HK O 15524/20) angewandt. In beiden Verfahren sind die zunächst noch unentschlossenen Antragsteller dann innerhalb der gesetzten Nachfrist dem Vergleich beigetreten.

Vorschlag 25: Teilvergleich

Schon jetzt hilft sich die Praxis im **„Münchner Verfahren"** mit einem Teilvergleich, der vertraglich eine Wirkung inter omnes als Vertrag zugunsten Dritter unter folgenden Voraussetzungen vereinbart:

- Empfehlung des Gerichts
- Zustimmung des Antragsgegners
- Annahme durch die Mehrheit: 50 Prozent plus ein Antragsteller
- Zustimmung des gemeinsamen Vertreters
- Vereinbarung von Wirkung inter omnes, Nachzahlung bei weiteren Erhöhungen

Nach Abschluss des Teilvergleiches führen die verbleibenden Antragsteller das Verfahren mit einem **modifizierten Verfahrensgegenstand** (BGH – Stinnes) fort:

- Wegen der Präklusionsvorschriften ergibt sich der Verfahrensgegenstand ausschließlich aus den Rügen, welche die nicht am Vergleich beteiligten Antragsteller innerhalb der Antragsfrist erhoben haben.
- Die nicht am (Teil-)Vergleich beteiligten Antragsteller müssen auf der Grundlage ihrer Anträge und der innerhalb der Frist nach § 4 Abs. 2 Satz 2 Nr. 4 SpruchG erhobenen Bewertungsrügen darlegen, warum der Vergleichsbetrag nicht angemessen ist.
- Frist dafür: 1 bis höchstens 3 Monate ab Vergleichsschluss.

§ 10 Auszahlung Nachbesserung

Der Erhöhungsbetrag der Kompensation ist mit Abschluss des Spruchverfahrens sofort zur Zahlung fällig.

Dennoch kommt es in der Praxis immer wieder zu Verzögerungen oder es werden keine technischen Mitteilungen zur Nachzahlung im Bundesanzeiger bekannt gemacht. Das liegt oft zum Beispiel an einem Wechsel der Bankverbindung oder der ungeklärten Empfangsberechtigung nach Erbfällen. In Einzelfällen besteht manchmal aber auch keine Bereitschaft zu einer Auszahlung an alle Minderheitsaktionäre. Sie müssen dann selbst aktiv die Nachzahlung beim Hauptaktionär einfordern.

Die verfassungsrechtlichen Gewährleistungen verlangen eine unverzügliche Auszahlung an alle Minderheitsaktionäre. Daher bietet es sich an, eine entsprechende **Berichtspflicht** an das Gericht zu statuieren. Es spricht einiges dafür, für jeden Einzelfall eine sachgerechte Lösung zu suchen. Zur Entlastung der Justiz spricht im Normalfall nichts für die Anordnung einer Hinterlegung der nicht auszahlbaren Nachzahlungen.

Vorschlag 26: Auszahlungsbericht

- Innerhalb eines Monats nach Rechtskraft legt der Hauptaktionär dem Spruchgericht (Landgericht) einen **Auszahlungsbericht mit Bankbestätigung** vor.
- Für die nicht ausgezahlten Beträge wird eine Aufstellung mit konkreten Vorschlägen für die weitere Vorgehensweise erstellt.
- Das Gericht entscheidet, wann im Hinblick auf die offenen Auszahlungen der nächste Auszahlungsbericht vorzulegen ist.

https://doi.org/10.1515/9783110769852-010

Anhang I Abbildungsverzeichnis

https://doi.org/10.1515/9783110769852-011

Anhang II Tabellenverzeichnis

https://doi.org/10.1515/9783110769852-012

Anhang III Vorschläge zur Weiterentwicklung des Aktien- und Kapitalmarktrechts

https://doi.org/10.1515/9783110769852-013

Anhang IV Abkürzungen

AGG	Allgemeines Gleichbehandlungsgesetz, zuletzt geändert am 19. Dezember 2022
AktG	Aktiengesetz, zuletzt geändert am 19. Juni 2023
BACDJ	Bundesarbeitskreis Christlich-Demokratischer Juristen
BCA	Business Combination Agreement
BMF	Bundesministerium der Finanzen
BMJV	Bundesministerium der Justiz und für Verbraucherschutz (Bezeichnung in der 19. Wahlperiode)
BMJ	Bundesministerium der Justiz (Bezeichnung in der 20. Wahlperiode)
BMWi	Bundesministerium für Wirtschaft und Energie (Bezeichnung in der 19. Wahlperiode)
BMWK	Bundesministerium für Wirtschaft und Klimaschutz (Bezeichnung in der 20. Wahlperiode)
BörsG	Börsengesetz, zuletzt geändert am 19. Dezember 2022
BR-Drucks	Bundesratsdrucksache
BT-Drucks	Bundestagsdrucksache
CSR	Corporate Social Responsibility
CSRD	Corporate Sustainability Reporting Directive
DAI	Deutsches Aktieninstitut e.V.
DAI-Studien	Studien des Deutschen Aktieninstituts zur „Delisting-Entscheidung" des Bundesverfassungsgerichts Fassung für das Verfahren 1 BvR 3142/07: https://de.slideshare.net/arendts/2010-1008-stellungnahme-vb-314207 Fassung für das Verfahren 1 BvR 1569/08: https://silo.tips/download/stellungnahme-des-deutschen-aktieninstituts-zu-delisting-und-spruchverfahren-anf-5
DAX	Deutscher Aktienindex
„Delisting-Entscheidung"	BVerfG vom 11. Juli 2012 – 1 BvR 3142/07, 1 BvR 1569/08, BVerfGE 132, 99–133
DGCL	Delaware General Corporation Law
DIRK	Deutscher Investor Relations Verband
DIW	Deutsches Institut für Wirtschaftsforschung e.V.
DSGVO	Datenschutz-Grundverordnung
EPRA NRV	European Public Real Estate Association – Net Reinstatement Value
EY	Mitgliedsunternehmen von Ernst & Young Global Limited
FAUB	Fachausschuss für Unternehmensbewertung und Betriebswirtschaft beim Institut der Wirtschaftsprüfer
FMStBG	Finanzmarktstabilisierungsbeschleunigungsgesetz (neu: WStBG)
Freiverkehr	Privatrechtlicher Markt mit wenigen Zulassungsvoraussetzungen und -folgepflichten, bei der Deutschen Börse AG: Open Market (Basic Board und Scale)
„FRoSTA-Entscheidung"	BGH vom 08. Oktober 2013 – II ZB 26/12
GesAusG	Gesellschafter-Ausschlussgesetz
GesRuaCOVBekG	Gesetzes über Maßnahmen im Gesellschafts-, Genossenschafts-, Vereins-, Stiftungs- und Wohnungseigentumsrecht zur Bekämpfung der Auswirkungen der COVID-19-Pandemie vom 27. März 2020, zuletzt geändert am 22. Dezember 2021, wirksam bis zum 31. August 2022
GKG	Gerichtskostengesetz, zuletzt geändert am 7. November 2022

https://doi.org/10.1515/9783110769852-014

GNotKG	Gesetz über Kosten der freiwilligen Gerichtsbarkeit für Gerichte und Notare (Gerichts- und Notarkostengesetz), zuletzt geändert am 31. Oktober 2022
HDI	HDI Lebensversicherung AG, Herausgeber der „Berufe-Studie 2022“
HGB	Handelsgesetzbuch, zuletzt geändert am 19. Juni 2023
IDW	Institut der Wirtschaftsprüfer in Deutschland e.V.
IDW S 1	IDW S 1 – Grundsätze zur Durchführung von Unternehmensbewertungen in der Fassung von 2008, Stand: 4. Juli 2016
INSM	Initiative Neue Soziale Marktwirtschaft GmbH, ein Tochterunternehmen des IW
i.V.m.	in Verbindung mit
IW	Institut der deutschen Wirtschaft Köln e.V.
KAGB	Kapitalanlagegesetzbuch, zuletzt geändert am 22. Februar 2023
KapMuG	Kapitalanleger-Musterverfahrensgesetz, zuletzt geändert am 16. Oktober 2020
KFS/BW 1	Fachgutachten des Fachsenats für Betriebswirtschaft und Organisation der Kammer der Wirtschaftstreuhänder zur Unternehmensbewertung https://old.ksw.or.at/PortalData/1/Resources/fachgutachten/KFSBW1_15052014_RF.pdf
„Macrotron-Entscheidung“	BGH vom 25. November 2002 – II ZR 133/01 BGHZ, 153, 47–61
MAR	Market Abuse Regulation (Marktmissbrauchsverordnung der EU)
MBCA	Modern Business Corporation Act
Minderheitsaktionär	Sammelbegriff für alle Aktionäre, die nicht mit unternehmerischen Zielsetzungen investieren, sondern zur Kapitalanlage. Dabei spielt es keine Rolle, ob es sich zum Beispiel um Kapitalanleger oder im KAGB regulierte Fondsgesellschaften handelt. Für die Belange dieser Studie kommt es auf die Interessenidentität aller nicht in den Organen vertretenen Aktionäre an.
NAV	Net Asset Value Verfahren
MMVO	Marktmissbrauchsverordnung
Nemax	Neuer Markt Index
Nobelpreis	Preis der Schwedischen Nationalbank in Wirtschaftswissenschaft in Erinnerung an Alfred Nobel
OAGW	„Organismus für gemeinsame Anlagen in Wertpapieren“ geregelt in der Richtlinie 85/611/EWG des Rates vom 20. Dezember 1985 zur Koordinierung der Rechts- und Verwaltungsvorschriften betreffen bestimmte OGAW, siehe § 193 Abs. 1 Satz 1 Nr. 1 KAGB
PartG	Parteiengesetz, zuletzt geändert am 10. August 2021
Regulierter Markt	Zulassungssegment bei der Deutschen Börse AG für Wertpapiere mit besonders strengen Zulassungsvoraussetzungen und Folgepflichten. Als organisierter Markt nach § 2 Abs. 5 WpHG sind Voraussetzungen und Folgepflichten gesetzlich geregelt.
RVG	Gesetz zur Vergütung der Rechtsanwältinnen und Rechtsanwälte (Rechtsanwaltsvergütungsgesetz), Neufassung in der Bekanntmachung vom 15. März 2022, zuletzt geändert am 21. Dezember 2022
SE-VO	SE-Verordnung
„Sky-Entscheidung“	OLG München vom 13. April 2021 – 31 Wx 2/19 im Spruchverfahren nach dem Squeeze-out bei der Sky Deutschland AG, beschlossen auf der Hauptversammlung am 22. Juli 2015
„Stollwerck-Entscheidung“	BGH vom 19. Juli 2010 – II ZB 18/09 BGHZ 186, 229–242
UA	Untersuchungsausschuss des Deutschen Bundestages

Umwandlungsrichtlinie	Richtlinie (EU) 2019/2121 des Europäischen Parlaments und des Rates vom 27. November 2019 zur Änderung der Richtlinie (EU) 2017/1132 in Bezug auf grenzüberschreitende Umwandlungen, Verschmelzungen und Spaltungen Zum Ablauf des Gesetzgebungsverfahrens im Deutschen Bundestag: https://dip.bundestag.de/vorgang/gesetz-zur-umsetzung-der-umwandlungsrichtlinie/290310
WiSt	Wirtschaftswissenschaftliches Studium
WpHG	Wertpapierhandelsgesetz, zuletzt geändert am 19. Dezember 2022
WpÜG	Wertpapierübernahmegesetz, zuletzt geändert am 20. Juli 2022
WpÜGAngebV	Verordnung über den Inhalt der Angebotsunterlage, die Gegenleistung bei Übernahmeangeboten und Pflichtangeboten und die Befreiung von der Verpflichtung zur Veröffentlichung und zur Abgabe eines Angebots (WpÜG-Angebotsverordnung), zuletzt geändert am 30. September 2022
WStBG	Wirtschaftsstabilisierungsbeschleunigungsgesetz, zuletzt geändert am 20. Dezember 2021

Anhang V Ausgewertete Squeeze-out-Verfahren

Die Studie wertet folgende Squeeze-out-Verfahren aus:

Vzfk e.V.	Liste aller wirksamen Squeeze-out-Beschlüsse / Art des Squeeze-out			
Lfd. Nr.	Gesellschaft	Art Squeeze-out		
		§ 14 WStBG	§ 62 V UmwG	§ 327a AktG
1	1st RED AG			☑
2	A. Friedrich Flender AG			☑
3	A. Moksel AG			☑
4	Aachener Straßenbahn und Energieversorgungs-AG			☑
5	Aachener und Münchener Lebensversicherung AG			☑
6	Aachener und Münchener Versicherung AG			☑
7	ABB AG			☑
8	ABN AMRO Holding (Deutschland) AG			☑
9	accaris financial planning AG			☑
10	ACTRIS AG			☑
11	ADC African Development Corporation AG			☑
12	Aditron AG			☑
13	Advanced Inflight Alliance AG		☑	
14	Aesculap AG			☑
15	AGAB AG für Anlagen und Beteiligungen			☑
16	AGIMA Aktiengesellschaft für Immobilien-Anlage			☑
17	AGO AG Energie + Anlagen		☑	
18	AIRE GmbH & Co.KGaA		☑	
19	AKASOL AG		☑	
20	AKN Eisenbahn AG			☑
21	Aktiengesellschaft für Haus- und Grundbesitz			☑
22	Aktiengesellschaft für Vermögensanlagen (Communalbank für Sachsen)			☑
23	Aktiengesellschaft Kühnle, Kopp & Kausch			☑
24	Aktivbank AG			☑
25	Alcatel SEL AG			☑
26	Allgäuer Alpenwasser AG			☑
27	Allgemeine Gold- und Silberscheideanstalt AG		☑	
28	Allgemeine Privatkundenbank AG			☑
29	Allianz Lebensversicherung AG			☑
30	Allweiler AG			☑
31	ALTANA AG			☑
32	Alte Leipziger Versicherung AG			☑
33	AMIRA Verwaltungs AG		☑	
34	Analytik Jena AG			☑
35	Andreae-Noris Zahn AG			☑
36	Anneliese Zementwerke AG			☑

https://doi.org/10.1515/9783110769852-015

Vzfk e.V.	Liste aller wirksamen Squeeze-out-Beschlüsse / Art des Squeeze-out			
Lfd. Nr.	Gesellschaft	Art Squeeze-out		
		§ 14 WStBG	§ 62 V UmwG	§ 327a AktG
37	ANTERRA Vermögensverwaltungs-AG			☑
38	APCOA Parking AG			☑
39	aqua signal AG			☑
40	ARBOmedia AG			☑
41	AREAL Immobilien und Beteiligungs-AG			☑
42	Ariston Real Estate AG			☑
43	Armstrong DLW AG			☑
44	AS Abwicklung und Solar-Service AG			☑
45	ATB Antriebstechnik AG			☑
46	Atevia AG			☑
47	AUDI AG			☑
48	Auerbräu AG			☑
49	Augusta Technologie AG		☑	
50	Autania Aktiengesellschaft für Industriebeteiligungen			☑
51	AVA Allgemeine Handelsgesellschaft der Verbraucher AG			☑
52	AVECS Corporation AG			☑
53	Avinci AG			☑
54	AVW Immobilien AG			☑
55	AWD Holding AG			☑
56	AXA Konzern AG			☑
57	AXA Lebensversicherung AG			☑
58	AXA Versicherung AG			☑
59	Axel Springer SE			☑
60	Baden-Württembergische Bank AG			☑
61	Badische Gas- und Elektrizitätsversorgung AG			☑
62	Barmag AG			☑
63	Baumaterialien-Handelsgesellschaft AG			☑
64	Bausparkasse Mainz AG			☑
65	Bau-Verein zu Hamburg Aktien-Gesellschaft			☑
66	Bayerische BrauHolding AG			☑
67	Bayerische Hypo - und Vereinsbank AG			☑
68	Bayerische Immobilien AG			☑
69	BBG Beteiligungs-AG			☑
70	Bekaert Deutsche Holding AG			☑
71	Berliner Kindl Brauerei AG			☑
72	Berlin-Hannoversche Hypothekenbank AG			☑
73	Beru AG			☑
74	BHF-Bank AG			☑
75	BHS tabletop AG		☑	
76	BHW Bank AG			☑
77	BHW Holding AG			☑
78	Bibliographisches Institut AG			☑
79	BIEN-ZENKER AG		☑	
80	Bioenergy Capital AG		☑	

Vzfk e.V.	Liste aller wirksamen Squeeze-out-Beschlüsse / Art des Squeeze-out			
Lfd. Nr.	Gesellschaft	Art Squeeze-out		
		§ 14 WStBG	§ 62 V UmwG	§ 327a AktG
81	Blaue Quellen Mineral- und Heilbrunnen AG			☑
82	Blohm + Voss Holding AG			☑
83	Bochum-Gelsenkirchener Straßenbahnen AG			☑
84	Brain Force Financial Solutions AG			☑
85	BRAINPOOL TV AG			☑
86	Brau und Brunnen AG			☑
87	BRAUEREIGESELLSCHAFT vorm. Meyer & Söhne AG			☑
88	Brauhaus zur Garde AG			☑
89	Braunschweiger Kohlen-Bergwerke AG			☑
90	Braunschweigische Maschinenbauanstalt AG			☑
91	Bremer Straßenbahn AG			☑
92	Bremer Wollkämmerei AG			☑
93	Bristol-Myers Squibb GmbH & Co.KGaA			☑
94	buch.de internetstores AG			☑
95	Buckau - Walther AG			☑
96	Buderus AG			☑
97	burgbad AG			☑
98	Bürgerverein 1864 AG			☑
99	BV Holding AG		☑	
100	BVA-Bayerische Warenhandelsgesellschaft der Verbraucher AG			☑
101	C.J. VOGEL AKTIENGESELLSCHAFT für BETEILIGUNGEN			☑
102	CAA AG			☑
103	Carl Schenck AG			☑
104	cash.life AG		☑	
105	Celanese AG			☑
106	Central Krankenversicherung AG			☑
107	Chemische Fabriken Oker und Braunschweig AG			☑
108	CHORUS Clean Energy AG			☑
109	Christian Adalbert Kupferberg & Compagnie KGaA			☑
110	CinemaxX AG			☑
111	Citicorp Deutschland AG			☑
112	Cluss-Wulle AG			☑
113	CMG Grundstücksverwaltungs- und Beteiligungs-AG			☑
114	Comarch Software und Beratung AG			☑
115	comdirect bank AG		☑	
116	Comline AG			☑
117	COMPUTEC MEDIA AG			☑
118	ComputerLinks AG			☑
119	Concept! AG			☑
120	CONET Technologies AG			☑
121	Consors Discount-Broker AG			☑
122	Constantin Film AG			☑

Vzfk e.V.	Liste aller wirksamen Squeeze-out-Beschlüsse / Art des Squeeze-out			
Lfd. Nr.	Gesellschaft	Art Squeeze-out		
		§ 14 WStBG	§ 62 V UmwG	§ 327a AktG
123	Contigas Deutsche Energie-AG			☑
124	ContiTech AG			☑
125	Converium Rückversicherung (Deutschland) AG			☑
126	COREALCREDIT Bank AG			☑
127	Covivio Office AG			☑
128	Creaton AG			☑
129	Curanum AG		☑	
130	CUSTODIA Holding AG		☑	
131	CyBio AG		☑	
132	D+S europe AG			☑
133	DAB Bank AG		☑	
134	Dachziegelwerke Idunahall AG			☑
135	Damp Holding AG			☑
136	DBV-Winterthur Holding AG			☑
137	debitel AG			☑
138	Degussa AG			☑
139	Delta Lloyd Lebensversicherung AG			☑
140	DEPFA Deutsche Pfandbriefbank AG			☑
141	Der Grüne Punkt - Duales System Deutschland AG			☑
142	Derby Cycle AG			☑
143	Design Hotels AG		☑	
144	Deutsche Annington Heimbau AG			☑
145	Deutsche Ärzteversicherung AG			☑
146	Deutsche Bank Lübeck AG			☑
147	Deutsche Bank Saar AG			☑
148	Deutsche Bausparkasse Badenia AG			☑
149	Deutsche Binnenreederei AG			☑
150	Deutsche Postbank AG			☑
151	Deutscher Eisenhandel AG			☑
152	Deutscher Ring Lebensversicherungs-AG			☑
153	DeveloGen AG			☑
154	DGAG Deutsche Grundvermögen AG			☑
155	DIBAG Industriebau AG			☑
156	Didier-Werke AG			☑
157	Diebold Nixdorf AG		☑	
158	DIH Deutsche Immobilien Holding AG			☑
159	DIS Deutscher Industrie Service AG			☑
160	DMS Deutsche Maklerservice AG			☑
161	Dom-Brauerei AG			☑
162	Dortmunder Actien Brauerei AG			☑
163	Douglas Holding AG			☑
164	Dr. Neuhaus Computer KGaA			☑
165	Dr. Scheller Cosmetics AG			☑
166	Drei Mohren AG			☑

Vzfk e.V.	Liste aller wirksamen Squeeze-out-Beschlüsse / Art des Squeeze-out			
Lfd. Nr.	**Gesellschaft**	**Art Squeeze-out**		
		§ 14 WStBG	**§ 62 V UmwG**	**§ 327a AktG**
167	Dresdner Bank AG			☑
168	Dresdner Factoring AG		☑	
169	DSL Holding AG i.L.			☑
170	DUEWAG AG i.A.			☑
171	Dürkopp Adler AG		☑	
172	Düsseldorfer Ton- und Ziegelwerke AG			☑
173	DVB Bank SE			☑
174	Dyckerhoff AG			☑
175	E.ON Bayern AG			☑
176	e.optimum AG			☑
177	EBV AG			☑
178	Edelstahlwerk Witten AG			☑
179	Edscha AG			☑
180	eff-eff Fritz Fuss GmbH & Co. KGaA			☑
181	Ehlebracht AG		☑	
182	Elektra Beckum AG			☑
183	Elektrische Licht- und Kraftanlagen AG			☑
184	elexis AG			☑
185	Elsdorfer Feinkost AG			☑
186	Elster Group SE			☑
187	ENTITEC AG			☑
188	Entrium Direct Bankers AG			☑
189	Epcos AG			☑
190	Equitrust AG			☑
191	ERFAG AG zur Errichtung und Finanzierung von Anlagegütern Schwelm			☑
192	ERGO Versicherungsgruppe AG			☑
193	Erlau AG			☑
194	ERLUS AG			☑
195	ersol Solar Energy AG			☑
196	ESSANELLE HAIR GROUP AG		☑	
197	eteleon e-solutions AG			☑
198	Eternit AG			☑
199	Etienne Aigner AG			☑
200	EURAG-Holding-AG			☑
201	Eurohypo AG			☑
202	F. Reichelt AG			☑
203	F24 AG			☑
204	FAG Kugelfischer Georg Schäfer AG			☑
205	Felten & Guilleaume AG			☑
206	Ferd. Rückforth Nachfolger AG			☑
207	FIDOR Bank AG			☑
208	FMH Facility Management Hessisches Handwerk AG			☑

Vzfk e.V.	Liste aller wirksamen Squeeze-out-Beschlüsse / Art des Squeeze-out			
Lfd. Nr.	Gesellschaft	Art Squeeze-out		
		§ 14 WStBG	§ 62 V UmwG	§ 327a AktG
209	Ford Werke AG			☑
210	Forst Ebnath AG			☑
211	FPB Holding Aktiengesellschaft			☑
212	Francono Rhein-Main AG			☑
213	FranconoWest AG			☑
214	Franke Aquarotter AG			☑
215	FRANKENLUK AG			☑
216	Frankfurter Sparkasse AG			☑
217	Fränkisches Überlandwerk AG			☑
218	Friatec AG			☑
219	FXdirekt Bank AG			☑
220	G. Kromschröder AG			☑
221	GAH Beteiligungs AG			☑
222	Gameforge Berlin AG			☑
223	GARANT SCHUH + MODE AG		☑	
224	GARDENA Holding AG			☑
225	Gasanstalt Kaiserslautern AG			☑
226	Gauss Interprise AG			☑
227	GBW AG			☑
228	GE Frankona Rückversicherungs-Beteiligungs-AG			☑
229	GEA AG			☑
230	Gebrüder Bernard AG			☑
231	Gemeinnützige Baugesellschaft Kaiserslautern AG			☑
232	GENEART AG			☑
233	Generali Deutschland Holding AG			☑
234	GeneScan Europe AG			☑
235	Gerling Konzern Allgemeine Versicherung AG			☑
236	Gerresheimer Glas AG			☑
237	GfK SE			☑
238	GFKL Financial Services AG			☑
239	Gilde Brauerei AG			☑
240	GL AG			☑
241	Glunz AG			☑
242	GNL Gasnetz Leipzig AG			☑
243	Goldschmidt AG			☑
244	Gontermann AG			☑
245	Graphit Kropfmühl AG		☑	
246	Grohe AG			☑
247	Grundstücks- und Baugesellschaft AG			☑
248	Gruschwitz Textilwerke AG		☑	
249	GxP German Properties AG		☑	
250	H.I.S. sportswear AG			☑
251	HABA COMPUTER AG			☑
252	HAG GF AG			☑

Vzfk e.V. Liste aller wirksamen Squeeze-out-Beschlüsse / Art des Squeeze-out

Lfd. Nr.	Gesellschaft	Art Squeeze-out		
		§ 14 WStBG	§ 62 V UmwG	§ 327a AktG
253	Hageda AG			☑
254	Hagen Batterie AG			☑
255	Hamburger Hochbahn AG			☑
256	Hamburg-Mannheimer Sachversicherungs-AG			☑
257	Hanfwerke Oberachern AG			☑
258	Hannoversche Portland-Cementfabrik AG			☑
259	Hansa Metallwerke AG			☑
260	Hansen Sicherheitstechnik AG			☑
261	Hapag-Lloyd AG			☑
262	Harpen AG			☑
263	Haus und Heim Wohnungsbau-AG			☑
264	HBW Abwicklungs AG i.L.			☑
265	Heideblume Molkerei Elsdorf-Rotenburg AG			☑
266	Heidelberger Lebensversicherung AG			☑
267	Heiler Software AG			☑
268	HEINRICH INDUSTRIE AG			☑
269	Hermes Kreditversicherungs-AG			☑
270	Hilgers AG			☑
271	Hirschbrauerei AG			☑
272	Hoechst AG			☑
273	Holcim (Deutschland) AG			☑
274	Holsten-Brauerei AG			☑
275	Honeywell Riedel-de Haën AG			☑
276	Horten AG			☑
277	Hotel - Aktiengesellschaft Wuppertal			☑
278	hotel.de AG			☑
279	HSBC Trinkaus & Burkhardt AG			☑
280	HumanOptics AG		☑	
281	Hüttenwerke Kayser AG			☑
282	HVB Real Estate Bank AG			☑
283	Hymer AG			☑
284	Hypo Real Estate Holding AG	☑		
285	i: FAO AG		☑	
286	IBS Aktiengesellschaft excellence, collaboration, manufacturing			☑
287	IBYKUS Aktiengesellschaft für Informationstechnologie		☑	
288	IC Immobilien Holding AG			☑
289	ICN Immobilien Consult Nürnberg AG			☑
290	IHB Investitions- und Handels- AG			☑
291	IKB Deutsche Industriebank AG			☑
292	IKON AG Präzisionstechnik			☑
293	Impreglon SE		☑	
294	IMW Immobilien SE			☑

Vzfk e.V.	Liste aller wirksamen Squeeze-out-Beschlüsse / Art des Squeeze-out			
Lfd. Nr.	Gesellschaft	Art Squeeze-out		
		§ 14 WStBG	§ 62 V UmwG	§ 327a AktG
295	Industriebaugesellschaft Centrum am Bülowplatz AG			☑
296	Infincon AG			☑
297	Infinigate AG			☑
298	INFO Gesellschaft für Informationssysteme AG		☑	
299	Infor Global Solutions Deutschland AG			☑
300	Ingenium Pharmaceuticals AG			☑
301	Ingram Macrotron AG			☑
302	INKA AG für Beteiligungen			☑
303	innogy SE		☑	
304	Integrata AG			☑
305	InterComponentWare AG			☑
306	Interhansa Reederei AG			☑
307	Interhyp AG			☑
308	INTERNOLIX AG			☑
309	Invensys Metering Systems AG			☑
310	ISARIA Wohnbau AG			☑
311	Isar-Klinik II AG			☑
312	ISRA VISION AG		☑	
313	ISRA VISION PARSYTEC AG			☑
314	itelligence AG			☑
315	IVG Deutschland Immobilien AG			☑
316	IVG Immobilien AG			☑
317	iXOS Software AG			☑
318	Jado AG			☑
319	Jagenberg AG			☑
320	Jerini AG			☑
321	Jetter AG			☑
322	Jil Sander AG			☑
323	Jobpilot AG			☑
324	John Deere-Lanz Verwaltungs-AG			☑
325	Joseph Vögele AG			☑
326	Kali-Chemie AG			☑
327	Kammgarnspinnerei zu Leipzig AG			☑
328	Kamps AG			☑
329	Karlsruher Lebensversicherung AG			☑
330	Karlsruher-Sanatorium-AG			☑
331	Kässbohrer Geländefahrzeug AG			☑
332	Kaufhalle AG			☑
333	KBC Bank Deutschland AG			☑
334	Kempinski AG			☑
335	KENA Verwaltungs AG			☑
336	KENNAMETAL HERTEL AG			☑
337	Keramag Keramische Werke AG			☑
338	Kiekert AG			☑

Vzfk e.V.	Liste aller wirksamen Squeeze-out-Beschlüsse / Art des Squeeze-out			
Lfd. Nr.	Gesellschaft	Art Squeeze-out		
		§ 14 WStBG	§ 62 V UmwG	§ 327a AktG
339	Klinik Rose AG			☑
340	Klöckner-Werke AG			☑
341	KM Europe Metal AG			☑
342	Knürr AG			☑
343	Koepp AG			☑
344	Kofler Energies AG			☑
345	Kolbenschmidt Pierburg AG			☑
346	KÖLN - DÜSSELDORFER Deutsche Rheinschiffahrt AG			☑
347	Kölnische Rückversicherungs-Gesellschaft AG			☑
348	Kölnische Verwaltungs AG für Versicherungswerte			☑
349	Komatsu Hanomag AG			☑
350	Königsbacher Brauerei AG vorm. Jos. Thillmann			☑
351	Konrad Hornschuch AG			☑
352	Kontron S&T AG			☑
353	Kötitzer Ledertuch- und Wachstuch-Werke AG			☑
354	Kraftübertragungswerke Rheinfelden AG			☑
355	Krefelder Hotel AG - Krefelder Hof			☑
356	KSR Kuebler Niveau-Messtechnik AG		☑	
357	KUKA AG			☑
358	La mer Cosmetics AG			☑
359	Lambda Physik AG			☑
360	Landesbank Berlin Holding AG			☑
361	Lantana AG			☑
362	Leica Camera AG			☑
363	LHA Internationale Lebensmittelhandelsagentur Krause AG			☑
364	LHS AG			☑
365	Linde AG		☑	
366	Lindenmaier Präzision AG			☑
367	Lindner Holding KGaA			☑
368	LINOS AG			☑
369	living-e AG			☑
370	lohndirekt/aktiengesellschaft			☑
371	Löwenbräu AG			☑
372	LTS LOHMANN Therapie-Systeme AG			☑
373	m4e AG			☑
374	MacroSystem Digital Video AG			☑
375	Maihak AG			☑
376	Mainzer Aktien-Bierbrauerei AG			☑
377	MAN Roland Druckmaschinen AG			☑
378	MAN SE		☑	
379	manager-lounge AG			☑
380	Mannheimer AG Holding		☑	
381	Marner GZG Saaten AG			☑
382	Maschinenfabrik Esslingen AG			☑

Vzfk e.V.	Liste aller wirksamen Squeeze-out-Beschlüsse / Art des Squeeze-out			
Lfd. Nr.	Gesellschaft	Art Squeeze-out		
		§ 14 WStBG	§ 62 V UmwG	§ 327a AktG
383	Massa AG			☑
384	Matth. Hohner AG			☑
385	MCS Modulare Computer und Software Systems AG		☑	
386	Mech. Baumwoll-Spinnerei & Weberei Bayreuth AG			☑
387	mediantis AG			☑
388	Medisana AG			☑
389	Mercurius AG			☑
390	Meyer Burger (Germany) AG			☑
391	MEZ AG			☑
392	mg vermögensverwaltungs-AG			☑
393	MHM Mode Holding AG			☑
394	Michael Weinig AG			☑
395	Microlog Logistics AG			☑
396	MIK International AG			☑
397	Minick (Germany) AG			☑
398	MIS AG			☑
399	Möbel Walther AG			☑
400	MOLDA AG			☑
401	MONACHIA Grundstücks-AG			☑
402	Mondi Consumer Packaging International AG			☑
403	Morphochem Aktiengesellschaft für kombinatorische Chemie			☑
404	Motorenwerke Mannheim AG			☑
405	MSH International Service AG			☑
406	MTD Products AG			☑
407	Mummert Consulting AG			☑
408	MVS Miete Vertrieb Service AG			☑
409	MWG-Biotech AG			☑
410	NB Beteiligungs AG			☑
411	Ncardia AG			☑
412	Neckarwerke Stuttgart AG			☑
413	Nestlé Deutschland AG			☑
414	net mobile AG			☑
415	net-m privatbank 1891 AG			☑
416	Neusser Bauverein AG			☑
417	Nexans Deutschland AG			☑
418	nextevolution AG			☑
419	NFZ Norddeutsche Fleischzentrale AG			☑
420	Novasoft AG			☑
421	NTT Com Security AG		☑	
422	Nymphenburg Immobilien AG		☑	
423	O & K Orenstein & Koppel AG			☑
424	ODDSLINE Entertainment AG			☑
425	Odeon Film AG		☑	
426	oekom research Aktiengesellschaft			☑

Vzfk e.V.	Liste aller wirksamen Squeeze-out-Beschlüsse / Art des Squeeze-out			
Lfd. Nr.	**Gesellschaft**	**Art Squeeze-out**		
		§ 14 WStBG	**§ 62 V UmwG**	**§ 327a AktG**
427	Oldenburgische Landesbank AG			☑
428	OnVista AG			☑
429	OpenPictures AG			☑
430	Operator Telekommunikation International AG			☑
431	OSSACUR AG			☑
432	Osteuropäische Zementbeteiligungs AG			☑
433	Otavi Minen AG			☑
434	Otto Reichelt AG			☑
435	Otto Stumpf AG			☑
436	P&I Personal & Informatik AG			☑
437	P/S Kunststoffwerke AG			☑
438	Patria Versicherung AG			☑
439	PC-Ware Information Technologies AG			☑
440	P-D INTERGLAS TECHNOLOGIES AG			☑
441	Pelikan AG			☑
442	PETROTEC AG		☑	
443	PHOCOS AG			☑
444	Phonet Telecom AG			☑
445	PICNIC Grundstücksverwaltung AG			☑
446	Piper + Jet Maintenance AG			☑
447	Pirelli Deutschland AG			☑
448	Pironet AG			☑
449	PIXELPARK AG			☑
450	PKV Vermögensverwaltung AG			☑
451	PlanetHome AG			☑
452	Porphyrwerke Weinheim-Schriesheim AG			☑
453	Praktiker Bau- und Heimwerkermärkte AG			☑
454	PressWatch AG			☑
455	PRICAP Venture Partners AG			☑
456	Primion Technology AG			☑
457	primion Technology AG			☑
458	pro ALPHA Software AG		☑	
459	PROCON MultiMedia AG		☑	
460	PSB AG für Programmierung und Systemberatung			☑
461	PTV Planung Transport Verkehr AG			☑
462	Quante AG			☑
463	Radeberger Gruppe AG			☑
464	Rapunzel Naturkost AG			☑
465	Rathgeber AG			☑
466	Real AG			☑
467	Real Garant Versicherung AG			☑
468	Realtime Technology AG		☑	
469	Reckitt Benckiser Deutschland AG			☑
470	Regentalbahn AG			☑

Vzfk e.V.	Liste aller wirksamen Squeeze-out-Beschlüsse / Art des Squeeze-out			
Lfd. Nr.	**Gesellschaft**	**Art Squeeze-out**		
		§ 14 WStBG	**§ 62 V UmwG**	**§ 327a AktG**
471	RENERCO Renewable Energy Concepts AG			☑
472	Renk AG		☑	
473	REpower Systems AG			☑
474	Revell AG			☑
475	Rheinhold & Mahla AG			☑
476	Rheinisch-Westfälische Kalkwerke AG			☑
477	rhenag Rheinische Energie AG			☑
478	RIB Software SE			☑
479	ricardo.de AG			☑
480	Rieter Ingolstadt Spinnereimaschinenbau AG			☑
481	Röder Zeltsysteme und Service AG			☑
482	RSE Grundbesitz und Beteiligungs-AG			☑
483	Rücker AG		☑	
484	RÜTGERS AG			☑
485	RWE Dea AG			☑
486	Sachsenmilch AG			☑
487	SAI Automotive AG			☑
488	SAINT-GOBAIN ISOVER G+H AG			☑
489	Salamander AG			☑
490	Sanacorp Pharmaholding AG			☑
491	Sanierungs- und Gewerbebau-AG			☑
492	SAP SI AG			☑
493	Sappi Alfeld AG			☑
494	Sappi Ehingen AG			☑
495	SCA Hygiene Products SE			☑
496	Scheidemandel AG			☑
497	Schering AG			☑
498	Schleicher & Co. International AG			☑
499	Schmalbach-Lubeca AG			☑
500	SchmidtBank AG			☑
501	Schoeller Eitorf AG			☑
502	Scholz & Friends AG			☑
503	SCHOTT DESAG AG			☑
504	Schott Zwiesel AG			☑
505	Schramm Holding AG			☑
506	Schuler AG			☑
507	Schwarz Pharma AG			☑
508	SCOR DEUTSCHLAND Rückversicherungs-AG			☑
509	Sedo Holding AG			☑
510	SEKISUI NordiTube Technologies SE			☑
511	Shigo Asia AG			☑
512	Sinner AG			☑
513	SinnerSchrader AG		☑	
514	SinnLeffers AG			☑

Vzfk e.V. Liste aller wirksamen Squeeze-out-Beschlüsse / Art des Squeeze-out

Lfd. Nr.	Gesellschaft	Art Squeeze-out		
		§ 14 WStBG	§ 62 V UmwG	§ 327a AktG
515	Sky Deutschland AG			☑
516	Softlution AG			☑
517	Softship AG			☑
518	Solarparc AG			☑
519	Solenhofer Aktien-Verein AG			☑
520	SPAR Handels - AG			☑
521	Sport1 Medien AG			☑
522	SQS Software Quality Systems AG			☑
523	STADA Arzneimittel AG			☑
524	Stadtwerke Achim AG			☑
525	STAHLGRUBER Otto Gruber AG			☑
526	Stahlwerke Bochum AG			☑
527	StattAuto CarSharing AG			☑
528	Steffen AG			☑
529	Steigenberger Hotels AG			☑
530	Stelcon AG			☑
531	StepStone Deutschland AG			☑
532	Stinnes AG			☑
533	Stollwerck AG			☑
534	Stowe Woodward AG			☑
535	STRABAG AG		☑	
536	Stuttgart Consult Unternehmens- und Finanzberatungs AG			☑
537	Stuttgarter Baugesellschaft von 1872 AG			☑
538	Süd-Chemie AG			☑
539	SuSE Linux AG			☑
540	Swarco Traffic Holding AG			☑
541	Systematics AG			☑
542	TA Triumph-Adler AG			☑
543	Tarkett AG			☑
544	TDS Informationstechnologies AG			☑
545	Tech Data Germany AG			☑
546	Techem AG			☑
547	Tecis Holding AG			☑
548	telegate Media AG			☑
549	Tempelhofer Feld AG für Grundstücksverwertung			☑
550	Terex Material Handling & Port Solutions AG			☑
551	Terrain-Gesellschaft am Teltow-Canal Rudow-Johannisthal AG			☑
552	Teutoburger Wald-Eisenbahn AG			☑
553	TEUTONIA Zementwerk AG			☑
554	Texas Instruments Berlin AG			☑
555	TGE Marine AG			☑
556	The NewGen Hotels AG			☑
557	Thüga AG			☑
558	Thüga Beteiligungen AG			☑

Vzfk e.V.	Liste aller wirksamen Squeeze-out-Beschlüsse / Art des Squeeze-out			
Lfd. Nr.	Gesellschaft	Art Squeeze-out		
		§ 14 WStBG	§ 62 V UmwG	§ 327a AktG
559	Thuringia Versicherungs - AG			☑
560	TIAG Tabbert Industrie AG			☑
561	Tin International AG			☑
562	TIVOLI Grundstücks-AG			☑
563	Tracom Holding AG			☑
564	Tradition Wertpapierhandelsbank AG			☑
565	Travel Viva AG		☑	
566	TRIPLAN AG		☑	
567	Triumph International AG			☑
568	UBAG Unternehmer Beteiligungen AG i.A.			☑
569	Uetersener Eisenbahn-AG			☑
570	UferHallen AG			☑
571	Unilog Integrata AG			☑
572	Universitätsdruckerei H. Stürtz AG			☑
573	USU AG			☑
574	Utimaco Safeware AG			☑
575	VARTA AG			☑
576	Vattenfall Europe AG			☑
577	VBH Holding Aktiengesellschaft		☑	
578	VEDES AG			☑
579	VEM Aktienbank AG			☑
580	Ventegis Capital AG			☑
581	Verallia Deutschland AG			☑
582	Vereins - und Westbank AG			☑
583	Vereinte Versicherung AG			☑
584	Veritas AG			☑
585	Verlag und Druckerei G.J. Manz AG			☑
586	Versatel AG			☑
587	Verseidag AG			☑
588	VERWA Agrarproduktions- und Verwaltungs- AG			☑
589	Vfw AG			☑
590	Victoria Versicherung AG			☑
591	VIVA Media AG			☑
592	VK MÜHLEN AG			☑
593	Vodafone AG			☑
594	Volksfürsorge Holding AG			☑
595	VTG - Lehnkering AG			☑
596	VTG Aktiengesellschaft			☑
597	W. Jacobsen AG			☑
598	W.E.T. Automotive Systems AG			☑
599	W.O.M. World of Medicine AG			☑
600	wallstreet:online capital AG			☑
601	Walter AG			☑
602	WaveLight AG			☑

Vzfk e.V.	Liste aller wirksamen Squeeze-out-Beschlüsse / Art des Squeeze-out			
Lfd. Nr.	**Gesellschaft**	**Art Squeeze-out**		
		§ 14 WStBG	**§ 62 V UmwG**	**§ 327a AktG**
603	Wayss & Freytag AG			☑
604	Wayss & Freytag Ingenieurbau AG			☑
605	Wayss & Freytag Schlüsselfertigbau AG			☑
606	Weber & Ott AG			☑
607	WEDECO Water Technology AG			☑
608	Wella AG			☑
609	WERBAS AG			☑
610	Weru AG			☑
611	Westfalenbank AG			☑
612	WESTGRUND AG			☑
613	Winkler + Dünnebier AG			☑
614	Winter AG			☑
615	WMF AG		☑	
616	Wohnbau Rhein-Main AG			☑
617	WORLD HOTELS AG			☑
618	Wupper AG i.L.			☑
619	Württembergische Hypothekenbank AG			☑
620	Württembergische Leinenindustrie AG		☑	
621	Württembergische und Badische Versicherungs AG			☑
622	Würzburger Hofbräu AG			☑
623	Wüstenrot Bausparkasse AG			☑
624	XCOM AG		☑	
625	YOUNIQ AG		☑	
626	YTONG Deutschland AG			☑
627	Zanders Feinpapiere AG			☑
628	zetVisions AG			☑
629	ZKZ Verwaltungsaktiengesellschaft			☑
630	Zuckerfabrik Jülich AG			☑
631	Zürich Agrippina Lebensversicherung AG			☑
632	Zürich Agrippina Versicherung AG			☑

Anhang VI Ausgewertete Delisting-Verfahren

Die Studie wertet folgende Delisting-Verfahren aus:

VzfK e.V.	Liste ausgewertete Delisting-Verfahren			
lfd. Nr.	Zielgesellschaft	ISIN		Datum Delisting
			Ankündigung	Wirksamwerden
1	a.a.a. aktiengesellschaft allgemeine anlagenverwaltung	DE0007228009	13.10.2022	23.12.2022
2	ABAG Aktienmarkt Beteiligungs AG	DE0005254601	21.04.2016	29.09.2016
3	ABO Wind AG	DE0005760029	26.02.2016	29.09.2016
4	advantec Beteiligungskapital AG & Co. KGaA	DE000A0E95R6	13.01.2017	31.03.2017
5	AGO AG Energie + Anlagen	DE000A1TNL44	17.04.2014	30.12.2014
6	AGRARIUS AG	DE000A2BPL90	09.04.2021	09.07.2021
7	Aktien-Gesellschaft für Historische Wertpapiere	DE0005020101	24.02.2017	29.12.2017
8	Amira Verwaltungs AG	DE0007647000	06.07.2016	30.06.2017
9	Analytik Jena AG	DE0005213508	18.09.2014	26.03.2015
10	Ariston Real Estate AG	DE000A0F5XM5	16.05.2014	30.12.2014
11	asknet Solutions AG	DE000A2E3707	30.05.2022	31.08.2022
12	Aves One AG	DE000A168114	09.12.2021	30.06.2022
13	AVW Immobilien AG	DE0005088900	26.02.2016	08.04.2016
14	Axel Springer SE	DE0005501357	23.01.2020	06.04.2020
15	Baumaterialien-Handelsgesellschaft AG	DE0005170203	05.07.2016	29.09.2016
16	Bayerische Gewerbebau AG	DE0006569007	16.12.2015	29.06.2016
17	Bayreuther Bierbrauerei AG	DE0005199103	12.07.2016	29.09.2016
18	Bioenergy Capital AG	DE000A0MF111	21.04.2016	30.03.2017
19	BTBS Born to be styled AG	DE000A0M1JE1	21.04.2016	29.09.2016
20	C. Bechstein Pianofortefabrik AG	DE000A13SXG9	08.06.2016	14.11.2016
21	Camera Work AG	DE0006771504	04.10.2017	04.04.2018
22	CCP AG	DE000A0H1P22	18.11.2014	14.01.2015
23	CCR Logistics Systems AG	DE0007627200	22.12.2014	29.06.2015
24	CD Deutsche Eigenheim AG	DE0006208333	17.07.2014	03.11.2015
25	Celesio AG	DE000CLS1001	10.06.2016	26.04.2017
26	CENTROTEC SE	DE0005407506	18.11.2020	15.01.2021
27	Clere AG	DE000A2AA402	03.05.2017	23.06.2017
28	Cloppenburg Automobil SE	DE0005015606	23.02.2015	31.03.2015
29	Colonia Real Estate AG	DE0006338007	29.08.2016	27.10.2016
30	CONET Technologies AG	DE000A0LD6V0	17.09.2015	04.11.2015
31	Confidence Holding AG	DE000A1X3WB2	13.01.2017	31.03.2017
32	Constantin Medien AG (Sport1 Medien AG)	DE0009147207	20.06.2019	26.09.2019
33	CONSUS Real Estate AG	DE000A2DA414	21.06.2022	07.10.2022
34	Creaton AG	DE0005483036	18.07.2016	25.09.2017
35	Custodia Holding AG	DE0006496003	28.06.2016	30.12.2016
36	Cybits Holding AG	DE0007240004	04.12.2015	14.01.2016

https://doi.org/10.1515/9783110769852-016

VzfK e.V.	Liste ausgewertete Delisting-Verfahren			
lfd. Nr.	Zielgesellschaft	ISIN	Datum Delisting	
			Ankündigung	Wirksamwerden
37	CYCOS AG	DE0007700205	09.07.2014	22.01.2015
38	DEAG Deutsche Entertainment AG	DE000A0Z23G6	11.01.2021	08.04.2021
39	Design Hotels AG	DE0005141006	11.04.2019	30.12.2019
40	Deufol SE	DE000A1R1EE6	12.10.2015	24.11.2015
41	Deutsche Industrie REIT-AG	DE000A2G9LL1	26.10.2021	25.01.2022
42	Deutsche Steinzeug Cremer & Breuer AG	DE000A1TNLL3	11.06.2014	28.10.2014
43	DTB - Deutsche Biogas AG	DE000A1E8988	01.09.2014	20.10.2014
44	Easy Software AG	DE000A2YN991	15.11.2021	15.02.2022
45	elexis AG	DE0005085005	20.03.2014	03.10.2014
46	EPG (Engineered nanoProducts Germany) AG	DE000A0J3TN2	02.04.2014	16.09.2015
47	ERLUS AG	DE0005589006	04.12.2015	28.06.2016
48	Esterer AG	DE0006577026	27.04.2016	30.12.2016
49	eValue Ventures AG	DE000A1RFM45	08.07.2014	31.03.2015
50	Fidor Bank AG	DE000A0MKYF1	20.01.2015	30.06.2015
51	GAG Immobilien AG	DE0005863534	30.05.2016	01.12.2016
52	GBS Asset Management AG	DE0005898704	28.04.2016	17.09.2018
53	Godewind Immobilien AG	DE000A2G8XX3	13.02.2020	20.05.2020
54	Goldrooster AG	DE000A0AYYU6	15.01.2015	25.02.2015
55	Greenwich Beteiligungen AG	DE000A2BPL17	23.05.2017	23.08.2017
56	GSW Immobilien AG	DE000GSW1111	26.09.2022	07.12.2022
57	HAHN Immobilien Beteiligungs AG	DE000A1EWNF4	04.08.2014	18.02.2015
58	Haikui Seafood AG	DE000A1JH3F9	07.08.2015	17.02.2016
59	Halloren Schokoladenfabrik AG	DE000A0LR5T0	21.10.2016	30.11.2016
60	Hamburger Getreide-Lagerhaus AG	DE0006011505	28.08.2018	31.08.2018
61	HolidayCheck Group AG	DE0005495329	29.09.2021	26.11.2021
62	HORNBACH Baumarkt AG	DE0006084403	20.12.2021	28.02.2022
63	HYDROTEC Gesellschaft für Wassertechnik AG	DE0006130305	23.01.2015	09.03.2015
64	i :FAO AG	DE0006224520	20.10.2016	23.12.2016
65	IFM Immobilien AG	DE000A0JDU97	04.11.2015	25.02.2016
66	IKB Deutsche Industriebank AG	DE0008063306	25.02.2016	25.01.2017
67	IMW Immobilien SE	DE000A0BVWY6	13.05.2015	29.09.2015
68	ISARIA Wohnbau AG	DE0007600108	17.06.2016	30.08.2016
69	Kabel Deutschland Holding AG	DE000KD88880	03.09.2015	16.06.2016
70	Kofler Energies AG	DE000A0HNHE3	13.11.2014	29.12.2014
71	KTG Energie AG	DE000A0HNG53	09.12.2016	23.01.2017
72	KWG Kommunale Wohnen AG	DE0005227342	09.03.2016	29.05.2017
73	Lenswista AG	DE000A0LR803	11.05.2016	16.11.2016
74	Lotto24 AG	DE000LTT0243	21.07.2021	13.09.2021
75	LS INVEST AG	DE0006131204	15.04.2021	12.07.2022
76	m4e AG	DE000A0MSEQ3	19.09.2017	22.12.2017
77	MAGIX AG	DE0007220782	20.05.2014	28.11.2014
78	Matica Technologies AG	DE000A0JELZ5	22.02.2016	12.04.2016

VzfK e.V.	Liste ausgewertete Delisting-Verfahren			
lfd. Nr.	**Zielgesellschaft**	**ISIN**	**Datum Delisting**	
			Ankündigung	**Wirksamwerden**
79	Mercurius AG	DE000A0HHKA7	23.07.2015	07.09.2015
80	MISTRAL Media AG	DE000A1PHC13	10.09.2015	29.10.2015
81	MME Moviement AG	DE0005761159	06.02.2015	08.02.2016
82	Moninger Holding AG	DE0005247308	08.10.2018	28.02.2019
83	msg life AG	DE0005130108	16.01.2017	22.03.2017
84	MyHammer Holding AG	DE000A11QWW	17.06.2021	24.08.2021
85	n.runs AG	DE000A0LEFF5	17.02.2014	10.09.2014
86	net SE	DE000A1682B9	04.04.2016	05.07.2017
87	Nymphenburg Immobilien AG	DE0007600108	06.07.2016	30.06.2017
88	Online Marketing Solutions AG	DE000A0Z2318	18.07.2014	30.09.2014
89	OnVista AG	DE0005461602	27.11.2014	12.06.2015
90	Opera One AG	DE000A1H6YK2	03.12.2013	13.01.2014
91	Oppmann Immobilien AG	DE0007228504	25.06.2020	30.06.2021
92	OSRAM Licht AG	DE000LED4000	03.05.2021	29.09.2021
93	PETROTEC AG	DE000PET1111	20.03.2015	12.10.2015
94	Pfandfinanz Holding AG	DE000A1X3TA0	17.11.2014	30.12.2014
95	Pilkington Deutschland AG	DE0005588008	26.06.2015	09.02.2016
96	Piper Deutschland AG	DE0006924202	08.07.2016	30.12.2016
97	Pironet NDH AG	DE0006916406	12.09.2014	25.03.2015
98	Pixelpark AG	DE000A1KRMK3	20.11.2014	29.06.2015
99	Planar Semiconductor AG	DE000A1TNW41	21.10.2015	30.12.2015
100	POLIS Immobilien AG	DE0006913304	05.03.2015	07.10.2015
101	Powerland AG	DE000PLD5558	05.06.2015	29.12.2015
102	Primion Technology AG	DE0005117006	17.09.2014	02.04.2015
103	Pyrolyx AG	DE000A2E4L42	22.01.2020	31.08.2020
104	RA-MICRO Software AG	DE000A1MMD34	26.09.2019	30.09.2019
105	Rheintex Verwaltungs AG	DE0007034001	20.11.2015	17.04.2018
106	Rocket Internet SE	DE000A12UKK6	01.09.2020	30.10.2020
107	Ropal Europe AG	DE000A1MBGB4	31.03.2017	25.07.2017
108	Roth & Rau AG (Meyer Burger Germany AG)	DE000A0JCZ51	03.11.2014	10.02.2015
109	Sachsenmilch AG	DE000A0DRXC4	23.09.2016	22.12.2016
110	Sanacorp Pharmaholding AG	DE000A2BPP70	03.05.2016	13.06.2016
111	Schaltbau Holding AG	DE000A2NBTL2	07.10.2021	31.03.2022
112	Schlossgartenbau-AG	DE0007306003	10.04.2014	12.11.2014
113	Schuler AG	DE000A0V9A22	04.04.2014	30.10.2014
114	Sedlbauer AG	DE0007224602	03.11.2015	29.06.2016
115	SHF Communication Technologies AG	DE000A0KPMZ7	19.07.2018	19.10.2018
116	SHW AG	DE000A1JBPV9	05.03.2021	14.02.2022
117	Sinner AG	DE0007241002	03.07.2018	09.10.2018
118	Softship AG	DE0005758304	17.08.2017	16.01.2018
119	SOLARPRAXIS AG	DE0005495477	04.04.2014	06.02.2015
120	Sonne + Wind Beteiligungen AG	DE0005870919	24.09.2018	31.05.2019

VzfK e.V.	Liste ausgewertete Delisting-Verfahren			
lfd. Nr.	Zielgesellschaft	ISIN	Datum Delisting	
			Ankündigung	Wirksamwerden
121	Staatliche Mineralbrunnen AG	DE0007251407	14.12.2020	30.12.2021
122	Studio Babelsberg AG	DE000A1TNM50	30.09.2014	29.06.2016
123	Swarco Traffic Holding AG	DE0007236309	04.04.2014	05.11.2014
124	SWL Sustainable Wealth Lab AG	DE0005459556	05.11.2015	29.12.2015
125	Synaxon AG	DE0006873805	18.03.2015	07.10.2015
126	Tantalus Rare Earths AG	DE000A1MMFF4	21.10.2016	31.05.2017
127	Tele Columbus AG	DE000TCAG172	24.06.2021	08.09.2021
128	TLG IMMOBILIEN AG	DE000A12B8Z4	20.10.2021	09.12.2021
129	TonerPartner.de SE	DE000A1ML7M5	04.05.2016	04.05.2016
130	Travel Viva AG	DE000A0HNGF2	15.05.2014	15.10.2014
131	Triplan AG	DE0007499303	26.04.2017	02.01.2018
132	vOffice SE	DE000A0LYDS1	28.04.2021	30.11.2021
133	VSM Vereinigte Schmirgel- und Maschinen-Fabriken AG	DE0007637001	19.05.2014	30.12.2014
134	VTG AG	DE000VTG9999	25.02.2019	08.04.2019
135	Vtion Wireless Technology AG	DE000CHEN993	12.10.2017	12.12.2017
136	wallstreet:online capital AG	DE000A0HL762	28.08.2014	07.01.2015
137	Weber & Ott AG	DE0007762502	17.09.2015	29.06.2016
138	Weng Fine Art AG	DE0005181606	13.05.2016	27.06.2016
139	Württembergergische Lebensversicherung AG	DE0008405002; DE0008405028	10.12.2014	14.07.2015
140	Zapf Creation AG	DE000A11QU78	22.08.2018	22.03.2019
141	ZEAG Energie AG	DE0007816001	15.07.2015	26.01.2016
142	zooplus AG	DE0005111702	08.11.2021	13.01.2022

Anhang VII Stichwortverzeichnis

https://doi.org/10.1515/9783110769852-017

www.ingramcontent.com/pod-product-compliance
Lightning Source LLC
LaVergne TN
LVHW081351011026
849161LV00013BA/2791
* 9 7 8 3 1 1 0 7 6 8 0 4 6 *